Le Bac Géographie

POUR LES NULS

Nicolas Arnaud
Valérie Arnaud (cartographie)

FIRST Editions

Le Bac Géographie pour les Nuls

ISBN 2-75400-170-0
Dépôt légal : 1er trimestre 2006
Nous nous efforçons de publier des ouvrages qui correspondent à vos attentes et votre satisfaction est pour nous une priorité. Alors, n'hésitez pas à nous faire part de vos commentaires :

Éditions Générales First
27, rue Cassette
75006 Paris – France
e-mail : firstinfo@efirst.com
Site internet : www.efirst.com

Production : Emmanuelle Clément
Mise en page : Stéphane Angot
Illustrations intérieures : Denis Truchi
Cartographie : Valérie Arnaud
Imprimé en France

Sommaire

Deuxième partie : L'épreuve clés en main 51

Troisième partie : Le programme 65

Introduction

Comment ? Encore un livre de préparation au bac ?! Oui… Et non ! Car, fidèle à l'esprit de la collection *Pour les Nuls* qui a fait son succès, ce livre vous propose d'aborder la géographie au bac de manière un peu différente.

Rendre simple ce qui paraît compliqué : c'est la règle d'or de la collection *Pour les Nuls*, et c'est un bon principe. Des explications claires, illustrées de nombreux exemples pour que ce livre puisse profiter à tous. Bref, un contenu sérieux et rigoureux, mais concret, clair, efficace, le tout enrobé d'un peu d'humour. Nous resterons fidèles à cet esprit de la première à la dernière page. Il a fait ses preuves.

L'épreuve de géographie au bac, mode d'emploi…

Éliminons dès maintenant une première idée toute faite : non, la géographie n'est pas une épreuve difficile et vous n'êtes pas condamné à obtenir une note moyenne ! L'épreuve a beaucoup changé ces dernières années, la notation également. Terminé les catalogues de chiffres comme on le demandait autrefois ! Place à une géographie plus dynamique et recentrée autour de quelques notions clés qu'il vous faudra bien connaître et que nous allons bien vous expliquer. Ceci, trop d'élèves de terminale l'ignorent et c'est pour cela qu'il y a encore trop de notes moyennes au bac. Or n'en doutez pas : il est fini le temps où une bonne copie de géographie obtenait péniblement un petit 11 ou 12/20. Aujourd'hui, les copies qui obtiennent de bonnes, voire de très bonnes notes au bac ne sont plus rares ! Et l'objectif de ce livre est bien que vous en obteniez une, vous aussi ! Alors haut les cœurs, car ce livre est orienté sous le signe de la bonne humeur et de l'optimisme ! En tout cas pour nous, une chose est sûre : vous allez y arriver !

Nous vous expliquerons aussi les dessous de l'épreuve, comment les correcteurs notent, ce qu'ils apprécient (ou ce qui les exaspèrent !), bref, nous vous proposerons régulièrement des incursions dans les coulisses du bac.

Alors suivez le guide, nous avons beaucoup de choses à vous dire…

Vive la géographie !

Allez, je voudrais vous communiquer une vieille passion d'enfance : la géographie, c'est formidable ! Si, si ! D'abord cela fait voyager. Ouvrez un atlas, partez à la découverte de ces lieux magiques et exotiques qui remplissent notre monde, et vous êtes déjà ailleurs ! Et puis, elle nous fait comprendre le monde aussi. Et c'est un des objectifs majeurs de votre programme de terminale, entièrement tourné vers les problèmes les plus brûlants de l'actualité. Tiens, c'est l'occasion de vous donner un premier conseil : pour bien réussir votre année, suivez les infos ! Où vous voulez, comme vous voulez (télé, journaux, revues, radios… Les supports de qualité de manquent pas aujourd'hui) mais… collez aux problèmes de notre monde. Car en terminale, vous n'avez pas fini d'entendre parler de la mondialisation, de Georges Bush, du boom économique de la Chine et des problèmes de développement ! Remarquez, nous sommes vernis, car tous les jours, ou presque, l'actualité regorge d'exemples illustrant notre programme ! Que du bonheur, non ?!

Non, vraiment, la géographie ce n'est pas « rasoir ». Et le programme de terminale l'est moins encore. N'hésitons pas à le dire : c'est un bon programme ! Alors certes, nous allons surtout préparer le bac, mais nous allons aussi faire de la géographie et rendre ce programme le plus clair et le plus vivant possible.

Nos objectifs

- Aider les élèves qui ont des difficultés dans cette discipline
- Rappeler l'essentiel du cours
- Donner de nombreux conseils de méthode
- Donner également de nombreux conseils pratiques pour mettre toutes les chances de son côté
- Enfin bref, nous allons faire en sorte que vous ayez une bonne note au bac !

Comment ce livre est organisé

Première partie : Tout ce qu'il faut savoir pour réussir la géographie au bac

Cette première partie aborde tout ce que vous devez savoir avant de commencer à travailler les questions au programme, c'est-à-dire :

- Quel est le programme de géographie en terminale ?
- Quelles sont les épreuves du bac en géographie ?
- Comment s'organiser le jour du bac ?

Cette première partie est donc importante, car pour réussir un examen, il faut d'abord bien savoir sur quel programme il porte. Mais dans cette partie, nous n'allons pas nous contenter de vous servir un copier-coller des programmes officiels. Nous allons surtout vous expliquer comment les comprendre, ce que l'on attend de vous et comment il faut les travailler.

Deuxième partie : L'épreuve clés en mains

Deuxième question fondamentale : comment bien préparer le bac tout au long de l'année ? Réussir au bac ne s'improvise pas, il faut de la méthode et une bonne organisation. Prenez donc tout de suite les bons réflexes. Cela vous permettra de travailler efficacement. Ici, vous trouverez tous les conseils pour bien vous organiser du mois de septembre jusqu'à juin.

Troisième partie : Tout le programme

Là, nous rentrons dans le vif du sujet, c'est-à-dire les contenus. Normal. Inévitable, même. Cette partie occupe une place de choix dans ce livre. Nous avons respecté les titres officiels des différents chapitres du programme de terminale, pour que vous puissiez plus facilement vous y retrouver. Dans l'esprit de la collection *Pour les Nuls*, les chapitres de cours ne sont pas rédigés de façon tout à fait traditionnelle. La priorité, c'est d'être le plus clair possible. Donc pas de longs développements inutilement complexes ni de fiches écrites dans un style haché et souvent bien difficile à comprendre. Ici, tout est entièrement rédigé de façon claire et les exemples sont nombreux pour vous aider à mieux comprendre les idées importantes.

Bien sûr, les cours ne sont pas toujours les mêmes pour tout le monde : n'oublions pas que les terminales S n'ont pas le même programme que les L et les ES ! C'est clairement indiqué au début de chaque cours, vous ne pourrez pas vous tromper et tout le monde y trouvera son compte.

Quatrième partie : Ressources

Ici, vous trouverez quelques précieux « bonus » pour vous aider à bien préparer l'épreuve : un lexique des mots importants (toujours indispensable), des fonds de carte à photocopier pour vous entraîner, et surtout un important chapitre sur les sujets les plus probables ! Avec ça, difficile d'être pris par surprise le jour du bac… !

Cinquième partie : La partie des dix

Enfin, comme d'habitude dans la collection *Pour les Nuls*, la « partie des dix » rassemble quelques éléments indispensables pour comprendre et réussir. Ici, vous y trouverez tout le nécessaire pour préparer une épreuve essentielle : le croquis. Le croquis est une épreuve centrale de la géographie au bac, vous ne la négligerez pas !

Comment utiliser ce livre ?

L'idéal serait que vous commenciez par lire les deux premières parties du livre car elles vous disent tout sur le programme, l'épreuve, et les savoir-faire. Il faut donc les lire avant d'attaquer les cours à proprement parler car vous saurez comment les travailler.

En revanche, les parties quatre et cinq peuvent se « picorer » un peu quand et comme vous le voulez. Restera ensuite la partie trois, le gros morceau, qu'il faut prendre le temps de bien travailler et bien assimiler tout au long de l'année…

Les icônes utilisées dans ce livre

Les icônes, ceux d'entre vous qui sont déjà familiers de cette collection le savent : c'est une autre bonne idée de la collection *Pour les Nuls*. Elles balisent votre route, vous signalent un point important ou un exemple utile. Voici ci-dessous toutes celles que vous trouverez tout au long des pages qui suivent.

Pas de cours sans problématiques ! Situées au début de chaque cours, ces problématiques signalent les questions majeures auxquelles tentent de répondre les cours. Pour vous, elles constituent un précieux fil directeur. Ne les perdez pas de vue et… n'hésitez pas à les réutiliser dans les introductions de vos copies !

Une bonne copie de bac intègre toujours quelques exemples bien sentis afin d'argumenter une idée. Cette rubrique « Gros plan » vous proposera régulièrement de tels exemples, simples et efficaces, qui vous permettront de valoriser vos copies ou de mieux saisir une idée importante. Ce sera aussi l'occasion pour nous de mettre un petit coup de zoom de temps en temps sur un aspect intéressant d'une question.

En plus du lexique qui définit à la fin du livre un grand nombre de termes, nous vous signalerons au moyen de cette icône toutes les notions les plus importantes du programme, celles qu'il faut vraiment très bien connaître. Vous y ferez donc particulièrement attention !

Cette icône signale un schéma exprimant une des idées essentielles du cours. Ces schémas très simples montrent l'organisation des territoires. Ils sont indispensables en géographie et vous en trouverez beaucoup dans ce livre. Ils sont faciles à mémoriser et vous pourrez les utiliser dans vos copies (sans les faire trop petits ni oublier de leur mettre un titre et une petite légende le cas échéant !).

Il n'y a pas de géographie sans représentation des événements dans l'espace et donc sans des cartes ou des croquis. C'est plus vrai encore pour vous qui devrez faire obligatoirement un croquis si la géographie sort en épreuve courte le jour du bac ! Au début de chaque cours important, vous trouverez cette icône qui vous renverra à un croquis de synthèse en couleurs dans « La partie des dix ». Il y en a dix en tout. Ils sont fondamentaux.

En début de chapitre, vous trouverez quelques chiffres essentiels. Ils sont peu nombreux mais importants. Connaissez-les bien.

Faut-il en dire plus long sur le sens de cette icône ? Elle parle d'elle-même, non ? En tout cas, attention quand vous la verrez, car vous serez sur des notions fondamentales… À bien retenir !

Toutes ces petites choses que savent les profs et notamment les correcteurs, tous ces petits trucs souvent indispensables pour réussir, vous en trouverez beaucoup dans ce livre.

Première partie

La méthodologie

Dans cette partie…

Un peu de méthode pour commencer… Contrairement aux idées reçues, les compositions de géographie ne sont pas plus faciles que celles d'histoire. De même, apprendre à faire un croquis ne s'improvise pas ! Alors, faites un petit tour par cette partie du livre… essentielle pour maîtriser les épreuves du bac de géo !

Chapitre 1

Au menu cette année...

Dans ce chapitre :

- Quelles sont les questions au programme du bac en géographie ?
- Comment comprendre ce programme ?
- Quelles sont les notions clés à connaître pour bien préparer ce programme ?
- Tout ce qu'il faut savoir pour bien comprendre ce qui vous attend.

Le programme officiel...

Au menu cette année, pour tous : « L'espace mondial ». Mais, entre les terminales L et ES d'une part, et les terminales S d'autre part, il y a quelques vraies différences...

Pour les terminales L et ES : « programme commun » !

Inutile de se voiler la face : pour les terminales L et ES, le menu est assez copieux ! Le programme de géographie ne comprend en effet pas moins de douze questions regroupées en trois grandes parties différentes. Il conviendra donc de savourer tout cela régulièrement au cours de l'année pour éviter une indigestion !

1re partie : Un espace mondialisé

1. Mondialisation et interdépendance
2. Autres logiques d'organisation de l'espace mondial

2e partie : Les trois grandes aires de puissance

3. La superpuissance des États-Unis
4. La façade atlantique de l'Amérique du Nord
5. La puissance économique de l'Union européenne
6. L'Europe rhénane
7. L'Asie orientale, une aire de puissance en expansion
8. La mégalopole japonaise

3e partie : Des mondes en quête de développement

9. Unité et diversité des Suds
10. Une interface Nord/Sud, l'espace méditerranéen
11. Un État et un espace en recomposition : la Russie

Un menu à la carte pour les terminales S

Bonne nouvelle pour les terminale S, le programme est plus léger ! Quatre parties, mais au contenu sensiblement plus réduit.

1re partie : Un espace mondialisé

1. Les centres d'impulsion et les inégalités de développement
2. Autres logiques d'organisation de l'espace mondial

2e partie : Les États-Unis

3. La superpuissance des États-Unis
4. La façade atlantique des États-Unis

3e partie : L'Asie orientale

5. Une aire de puissance en expansion
6. La mégalopole japonaise

4e partie : Une interface Nord/Sud

7. Une interface Nord/Sud, l'espace méditerranéen

Quelles différences entre TL, TES et TS ?

Malgré les titres différents, on peut pratiquement considérer que la première partie (« Un espace mondialisé ») est presque la même pour tous les terminales. Dans ce livre, nous ne ferons d'ailleurs pas de différences : les deux chapitres sur cette première partie sont communs à toutes les terminales.

En deuxième partie, les TS n'ont que les États-Unis et pas toute l'Amérique du Nord. Cela induit quelques changements, mais peu importants.

L'Asie orientale est étudiée de la même façon par toutes les terminales.

Les TS n'ont pas l'Europe au programme. Mais attention, comme l'Europe est un des trois grands pôles de l'économie mondiale, il est demandé au TS d'en savoir tout de même un minimum sur la puissance européenne. C'est pourquoi nous consacrons un (petit) cours pour les TS sur ce thème. En revanche, les TS peuvent zapper l'Europe rhénane.

Enfin dans la dernière partie, seul un cours est commun (l'espace méditerranéen) et les TS peuvent ignorer les deux autres.

... et la façon de lire et de comprendre ce programme

Pas de panique !

Bon, eh bien si l'on regarde l'ensemble de ce programme, on pourrait légitimement se faire un peu peur (surtout pour les L et les ES !) en se disant que toute la géographie mondiale ou presque est à l'étude et qu'il faut tout savoir sur tout ! Rassurez-vous, ce n'est pas le cas ! Tous ces chapitres sont à étudier selon quelques angles bien précis, quelques « problématiques » précises, comme on dit. Comprendre ces problématiques est donc essentiel car elles vous permettront de prévoir les sujets et de savoir à quoi il faut vous attendre.

Quelle est la logique du programme de géographie de terminale ?

Que constate-t-on lorsque l'on observe le monde d'aujourd'hui ?

- La mondialisation est partout. C'est un phénomène majeur de notre époque. Elle n'est pas la seule force qui permet de comprendre le monde actuel, mais elle contribue en bonne partie à changer notre monde. C'est le premier thème de votre programme, intitulé « Un espace mondialisé ».
- Notre monde est très inégalitaire. Il est dominé par trois grands pôles (encore appelés « centres d'impulsion » ou « Triade » ; pour tous ces termes, voir le lexique) : l'Amérique du Nord, l'Asie orientale et l'Union européenne, qui concentrent l'essentiel des richesses et des pouvoirs sur terre. Ces grandes puissances constituent le cœur du programme de géographie de terminale.
- À côté de ces trois grands centres d'impulsion, les autres parties du monde forment un vaste ensemble (Afrique, Amérique latine, Russie, une partie de l'Asie) situé en marge de ces aires de puissance, et qui essaie de se développer sans toujours y parvenir. La dernière partie du programme est consacrée à l'étude de quelques parties de ces mondes en quête de développement.
- Vous l'aurez compris, il s'agit donc pour vous de comprendre comment fonctionne et comment s'organise notre monde. Et au cœur de ce programme, trois notions clés s'imposent.

Trois notions clés au cœur du programme !

À RETENIR

Tout votre programme de géographie repose sur trois notions clés fondamentales :

- La notion de « puissance »
- La notion d' « organisation du territoire »
- La notion de « développement ».

Il faut bien les comprendre et travailler tous les chapitres de géographie en fonction de ces trois notions majeures. Ne vous en éloignez pas, car les sujets que vous aurez au bac colleront, de près ou de loin, à ces problématiques.

« Puissance » et « aire de puissance »

Il est impératif de bien comprendre cette notion de « puissance ». Nous allons la définir ci-dessous, donc ne vous privez pas d'utiliser ces définitions dans vos copies quand vous aurez un sujet incluant ce terme de « puissance » !

La **puissance** d'un État est sa capacité à influer sur le monde et à l'organiser en fonction de ses intérêts.

Ainsi défini, on voit bien que ce sont les États-Unis qui sont les plus puissants : leur poids dans les affaires du monde (économie, politique, culture...) est en effet dominant.

Une **aire de puissance** est un espace regroupant plusieurs pays qui, de par leur importance, occupent une place dominante dans le monde.

L'Asie orientale, regroupant le Japon, la Chine littorale, la Corée du Sud, Taiwan et Singapour, est une aire de puissance.

Les problématiques autour de la notion de puissance au bac

Comment travailler cette notion de puissance dans la perspective du bac ? Pour les trois grandes aires de puissance au programme (États-Unis, Union européenne et Asie orientale), travaillez sur les problématiques suivantes :

- Quels sont les **aspects** de ces puissances ? Par exemple, être capable de décrire les aspects principaux de la puissance de l'Union Européenne. Ces aspects sont multiples : puissance économique, politique, démographique, militaire, culturelle, etc. C'est un tableau de la puissance qui appelle souvent des chiffres pour la mesurer.
- Quels sont les **facteurs** de ces puissances ? Autrement dit, qu'est-ce qui permet d'expliquer la puissance d'un pays : sa population, son territoire, ses ressources naturelles, sa technologie... ?
- Quelles sont les **limites** à ces puissances ? Cette question vise à préciser les faiblesses d'une puissance : faiblesse économique, politique, sociale, militaire...
- Quelle est la **géographie** de ces puissances ? Cette question pose bien sûr la question du « où ? ». Quelles relations une puissance entretient-elle avec l'espace ? Quels espaces privilégie-t-elle ?

Observez bien les cours de ce livre : ils sont tous construits autour de ces quatre problématiques fondamentales de la notion de puissance. Dans votre préparation, vous ferez la même chose.

Exemple de sujet tombé récemment sur ce thème :

« La puissance des États-Unis dans le monde » (tombé en juin 2005)

« Organisation du territoire »

C'est la deuxième notion majeure de votre programme. Elle est incontournable car vous verrez qu'un grand nombre de sujets du bac tournent autour de cette notion d' « organisation du territoire ». Expliquons un peu de quoi il retourne.

VOCABULAIRE

Un espace n'est pas une simple série de localisations placées au hasard. Les espaces possèdent des **atouts** et des **contraintes** variables et sont inégalement maîtrisés et mis en valeur par les hommes : certaines régions sont importantes et d'autres secondaires. **Les espaces sont donc organisés et hiérarchisés** : ils possèdent des régions qui dominent (on les appelle des « centres ») et des régions qui sont dominées (ce sont les « périphéries »). Tous les espaces possèdent également des **axes** plus ou moins importants (trains, routes…) sur lesquels circulent des **flux** (marchandises, capitaux…). Bref, un espace est un système regroupant un ensemble d'éléments qui sont en interaction les uns avec les autres.

Atouts, contraintes, maîtrise du territoire, axe, flux, centre, périphérie, pôle, dynamiques spatiales… Il y a tout un vocabulaire autour de cette notion d'organisation du territoire qu'il vous faut apprendre, maîtriser et utiliser. Sans surprise, vous trouverez également cette notion d'organisation du territoire dans la plupart des croquis du bac (voir tous nos croquis dans « La partie des dix » à la fin de ce livre).

Les problématiques autour de la notion d'organisation du territoire au bac

Presque tous les sujets du bac vous demanderont au moins en partie un développement sur l'organisation d'un territoire. Attention, car cela peut se traduire par des sujets libellés de façon très différente ! Par exemple :

À RETENIR

- Quelle est l'organisation du territoire de tel ou tel espace (un pays ou le monde) ?
- Centres et périphéries de tel ou tel espace
- Flux et dynamiques spatiales de tel ou tel espace

Pas de panique, cette notion est moins compliquée qu'elle n'en a l'air ! Lisez nos cours et les sujets corrigés et vous verrez concrètement de quoi il est question et ce que l'on attend de vous. Reportez-vous notamment au cours sur « L'organisation du territoire des États-Unis » dans lequel nous essayons précisément d'expliquer comment s'organise l'espace américain.

Exemples de sujets tombés récemment sur ce thème

« Centres d'impulsion et flux d'échanges en Asie orientale » (tombé en juin 2005)

« L'organisation du territoire des États-Unis » (tombé en juin 2004)

« La Russie, atouts et contraintes du territoire » (tombé en juin 2002)

Il faut donc faire de la géographie !

N'oubliez jamais que nous faisons de la géographie ! Pensez « espace » et « territoire » ! Attention donc à ne pas faire des copies trop économiques (notamment pour les TES !). Nous sommes en géographie, et cela veut dire que les logiques spatiales l'emportent.

Par exemple, sur la mondialisation, vous vous intéresserez davantage aux aspects et aux conséquences géographiques de la mondialisation plutôt qu'à ses aspects économiques et sociaux (des thèmes davantage développés en ES). Bien sûr, développer des aspects économiques et sociaux sera souvent nécessaire (et même parfois indispensable !), mais n'en restez pas là, et n'oubliez jamais dans vos copies les aspects spatiaux d'un sujet.

La notion de « développement »

C'est la troisième notion majeure du programme. Vous la retrouverez dans les cours sur la mondialisation et, plus encore, dans ceux consacrés aux mondes en quête de développement. C'est une notion importante car, vous le savez, notre planète est très inégalement développée. Dans un monde où les richesses ne font qu'augmenter, des millions d'êtres humains ne disposent toujours pas du minimum vital. Pourquoi ? Comment agir pour améliorer cette situation ? Telles sont, au fond, les questions qui se posent à vous dans ce programme de terminale. Mais pour commencer, soyons précis : qu'est-ce que le développement ?

Le **développement** désigne l'accroissement des richesses associé à l'amélioration des conditions de vie d'une population. Vous ne le confondrez donc pas avec l'augmentation des richesses. Bien sûr, richesses et développement sont un peu liés (on voit mal comment un État pourrait améliorer les conditions de vie de sa population sans richesses !), mais l'idée de développement va bien au-delà. Que fait un État des richesses produites par son économie ? Se préoccupe-t-il vraiment de l'amélioration des conditions de vie de sa population ? Cherche-t-il à mieux soigner, protéger et former sa population ? Assure-t-il une redistribution des richesses ? Telles sont les questions posées par le développement.

Le développement est donc une notion un peu complexe, plus complexe à mesurer en tout cas que le niveau de richesses produites par un pays. Ici, le PIB en donne une image assez bonne. Mais pour le développement ? Comment savoir si, dans un pays donné, le niveau de développement d'une population est satisfaisant ? On ne va pas décider de cela au hasard ! Il nous faut des indicateurs pour mesurer objectivement la situation et pouvoir faire des comparaisons entre États.

Vous le verrez, de très nombreux critères permettent de mesurer le niveau de développement d'un pays. Par exemple : l'espérance de vie, le nombre de médecins par habitant, la présence ou pas de bidonvilles auprès des grandes agglomérations… Et nous pourrions étendre la liste ! Pour essayer de simplifier un peu les choses, l'ONU a inventé un indicateur : l'IDH (indicateur de développement humain).

VOCABULAIRE

L'IDH

L'IDH est l'indicateur majeur de la mesure du développement humain. Il prend en compte le niveau de richesse d'une population (le PIB/hbt), l'espérance de vie et le niveau d'éducation. Sa valeur est comprise entre 0 et 1. Plus elle est proche de 1, plus le pays est développé.

L'IDH répond donc à trois questions essentielles :

- Les richesses produites par habitant dans ce pays sont-elles suffisantes ?
- L'espérance de vie est-elle conforme à ce que peut permettre aujourd'hui la médecine ?
- Le niveau d'éducation est-il bon ?

Autrement dit : le pays en question est-il riche et s'occupe-t-il correctement de tous ses habitants (hommes, personnes âgées, femmes, enfants, malades…) ?

Pays développés et pays en développement

VOCABULAIRE

En fonction de ce critère, nous pourrons distinguer des pays développés (surtout Amérique du Nord, Europe, ex-URSS, Japon, Corée du Sud, Taiwan, Singapour, Israël, Australie) et des pays en développement (en gros tout le reste du monde !). On les désigne toujours sous le sigle **PED**.

Vous le verrez, on utilise aussi les termes « Nord » (avec une majuscule !) pour les pays développés (car ils sont plutôt situés au nord…) et « Sud » pour les PED. Nous en reparlerons dans les chapitres sur les mondes en développement.

Les problématiques autour de la notion de développement

Il faut vous attendre à de nombreux sujets autour de cette notion de développement. Vous la retrouverez souvent sur les sujets sur la première partie du programme (« Un espace mondialisé ») et la dernière (« Des mondes en quête de développement »).

Comment l'aborder ? Voici les deux problématiques principales :

- Comment mesurer les inégalités de développement sur terre ?
- Quelle est la géographie du développement sur terre, c'est-à-dire quels sont les pays du Nord et les pays du Sud, et comment évolue-t-elle (des États sortent-ils du sous-développement ? Lesquels ?) ?

Exemples de sujets tombés récemment sur ce thème

« Les inégalités de développement dans le monde : des Nords, des Suds » (tombé en juin 2004)

« Les inégalités de développement dans le monde » (tombé en juin 2001)

Voilà. Ces éléments fondamentaux étant mis en place, nous pouvons passer à la suite. Mais… n'oubliez pas trop vite ce que nous avons dit dans ce chapitre, c'est la grille de lecture de tout votre programme et c'est sur ces thèmes-là que vous serez interrogés le jour du bac ! Donc n'hésitez pas à revenir de temps en temps sur ce chapitre et les notions clés présentées ici.

Chapitre 2

L'épreuve de géographie au baccalauréat

Dans ce chapitre :

- Quelles sont les épreuves de géographie au bac ?
- Coefficients, types d'épreuves… À quelle sauce allez-vous être « mangé » ?
- Composition, étude de documents, croquis : comment bien réussir ces différentes épreuves ?
- Toutes les réponses ci-dessous et, vous allez le voir, un certain nombre de bonnes nouvelles qui font que l'épreuve de géographie n'est pas si difficile qu'il n'y paraît…

L'histoire-géo au bac, ça se passe comment ?

Horaires et coefficients

Le jour du bac, vous passerez l'histoire et la géographie en même temps. En tout, vous disposerez de quatre heures pour rédiger une copie d'histoire **et** une copie de géographie. Ni plus, ni moins.

Les sujets sont désormais nationaux, il n'y a plus de différences entre les académies (je dis désormais, car auparavant c'était le cas), c'est-à-dire que, de Brest à Nice, de Perpignan à Strasbourg, tout le monde passe les mêmes sujets !

Que « pèse » l'histoire-géographie au bac ? Cela dépend. Les coefficients sont différents selon les filières. L'épreuve est essentielle en ES, importante en L et un peu moins en S :

À RETENIR

Les coefficients en histoire-géographie au bac : les TES en première ligne !

TS : coefficient 3 TL : coefficient 4 TES : coefficient 5

Une épreuve longue, une épreuve courte et un tirage au sort !

Autrefois, les candidats au bac devaient faire deux dissertations en quatre heures (à l'époque, on disait encore « dissertation » et pas « composition »). Inutile de vous dire qu'il ne fallait pas traîner ! Il fallait faire vite une première dissertation en deux heures et, à peine celle-ci terminée, attaquer la seconde dans la foulée ! Cela faisait deux longues copies en quatre heures, un vrai marathon ! C'est pourquoi le ministère (dans sa grande bonté…) a réformé l'épreuve d'histoire-géographie. Désormais, on ne vous demandera plus deux compositions en quatre heures.

À RETENIR

Vous passerez toujours l'histoire et la géographie en quatre heures, mais l'une des deux matières (l'histoire ou la géographie) sera plus importante que l'autre. C'est-à-dire que vous aurez une première partie dite « longue » à laquelle vous pourrez consacrer environ trois heures de travail (une composition, par exemple) et une deuxième partie dite « courte » que vous pourrez réaliser en une heure environ (en géographie, ce sera un croquis).

On choisit tous les ans l'épreuve longue par tirage au sort peu de temps avant le bac, ce qui fait que vous ne le saurez pas avant l'ouverture des sujets (et les professeurs non plus !).

Voilà ce qu'a donné cette règle du tirage au sort depuis qu'elle existe :

- Juin 2000 : Géographie épreuve longue
- Juin 2001 : Géographie épreuve longue
- Juin 2002 : Histoire épreuve longue
- Juin 2003 : Géographie épreuve longue
- Juin 2004 : Histoire épreuve longue
- Juin 2005 : Histoire épreuve longue
- Juin 2006 : ??

Peut-on prévoir quelle matière tombera en épreuve longue ?

Là, j'insiste, car beaucoup de nos lycéens ne nous croient jamais : les professeurs ne savent pas à l'avance quelle matière (histoire ou géographie) tombera en épreuve longue ! Vous pensez bien que si on le savait, on ne pourrait pas s'empêcher de vous le dire... ! Alors, peut-on faire des prévisions... ? Franchement, cela semble impossible et je ne vous le conseille pas. Regardez les tirages de ces dernières années : les matières ne tombent pas à tour de rôle. Je vous rappelle que le choix de la matière longue est tiré au sort... Et que tout calcul est donc hasardeux ! Alors bien sûr, pour juin 2006, il est tentant de se dire : « Cela fait deux fois de suite que l'histoire tombe en épreuve longue et il n'est jamais arrivé que la même matière tombe trois fois de suite ». C'est vrai. Mais qu'est-ce que cela prouve ? Rien du tout ! Le mieux est de bien vous préparer à tout et d'éviter les paris...

En tout cas, pour vous cette réforme instaurant une épreuve longue et une épreuve courte est une bonne affaire, car cela vous laisse réellement le temps nécessaire pour faire deux bonnes copies. Donc pas de stress inutile, le jour du bac, vous aurez le temps !

Composition, étude de documents ou croquis ?

Épreuve longue et épreuve courte : composition, croquis ou étude de documents ?

Voilà ce qu'il faut bien comprendre et retenir :

- Si la géographie tombe en épreuve longue, vous aurez toujours trois sujets au choix, toujours répartis de cette façon : deux sujets de composition et une étude de documents (pour être précis, on dit plutôt « étude d'un ensemble documentaire », ce qui, pour vous, ne change pas grand-chose...).
- Si la géographie tombe en épreuve courte, vous aurez toujours le choix entre deux croquis.

Vous reconnaîtrez tout de suite l'épreuve longue car, lorsque vous ouvrirez vos sujets le jour du bac, c'est elle qui sera en première partie et qui vous proposera trois sujets au choix. C'est tout de même assez rassurant d'avoir le choix entre plusieurs sujets, non ?

Un exemple concret...

Concrètement, qu'est-ce que cela donne ? Eh bien, en 2003 (la géographie était tombée en épreuve longue et l'histoire en épreuve courte), nous avions, pour les séries ES et L, les trois sujets suivants au choix :

- Sujet 1 - Composition : « Les grandes villes d'Afrique : activités, contrastes sociaux et organisation de l'espace urbain »,
- Sujet 2 - Composition : « L'organisation du territoire de l'Allemagne »
- Sujet 3 - Étude de documents : « Les États-Unis et l'espace latino-américain ».

Pas de panique pour les sujets sur l'Afrique ou l'Allemagne car, depuis 2004, le programme a changé, et vous ne pourriez plus avoir de tels sujets ! Cela vous donne néanmoins un exemple de ce qui vous attend.

En 2005, c'est cette fois l'histoire qui est tombée en épreuve longue et la géographie en épreuve courte. Deux croquis au choix étaient proposés :

- Croquis 1 : « Centres d'impulsion et flux d'échanges en Asie orientale »
- Croquis 2 : « La puissance des États-Unis dans le monde »

Contrairement à ceux de 2003, ces sujets de 2005 sont encore tout à fait à l'ordre du jour !

TES - TL, même combat !

Les terminales L et les terminales ES ont les mêmes programmes et passent les mêmes sujets. Pour eux, tout est donc pareil, seuls les coefficients changent. Pour les terminales S, c'est en revanche un peu différent. En classe de première et en terminale, les S n'ont pas le même programme que les L et les ES, ils ont donc des sujets différents, rien que pour eux, le jour du bac. Dans les faits, certains sujets sont souvent communs, mais pas toujours.

Épreuve courte et épreuve longue : comment est-ce que je serai noté ?

On a longtemps dit que l'épreuve longue était notée sur 12 et l'épreuve courte sur 8. Officiellement, il n'y a pas de barème. Cette répartition n'est qu'indicative, certains correcteurs la conservent pour avoir un repère, d'autres pas. En fait, on demande surtout aux correcteurs de mettre une

note globale sur 20 à votre copie sans faire de distinction entre épreuve longue et épreuve courte. Cela vous est favorable, car les correcteurs ont pour consigne de valoriser ce qui est le plus réussi dans une copie.

Et maintenant, un peu de méthode... !

Penchons-nous maintenant sur les trois types d'épreuves sur lesquelles vous pouvez tomber. Composition et étude de documents ne tombent que quand la géographie est en épreuve longue, et le croquis uniquement quand la géographie est en épreuve courte.

La composition

Comment faire une bonne composition de géographie ?

La composition (que l'on appelait autrefois la dissertation) fait souvent un peu peur aux futurs bacheliers. À tort ! Ce n'est pas une épreuve difficile et, quand la géographie est en épreuve longue, vous aurez toujours le choix entre deux sujets de composition. Au moins un des deux sujets sera un sujet large, un sujet « classique » proche du cours, et qui ne pose pas de grandes difficultés… Pour celui qui connaît son cours, bien évidemment !

Il faut donc dédramatiser cette épreuve : une composition, ce n'est rien d'autre qu'une question générale à laquelle on vous demande une réponse argumentée.

CONSEILS DU PROF

Maintenant, comment doit s'organiser une composition ? Dans les grandes lignes, vous le savez : une composition doit posséder une introduction, un développement et une conclusion. Rentrons un peu dans le détail pour voir comment bien mener ces différentes parties de votre devoir, et décortiquons tout spécialement l'introduction, qui est souvent la partie qui pose le plus de difficultés.

Que faut-il mettre dans une introduction ?

À RETENIR

Une bonne introduction possède toujours les trois qualités suivantes :

- Elle définit et situe le sujet
- Elle pose une problématique
- Elle annonce un plan

D'abord bien définir le sujet...

Votre introduction (et donc votre copie) débutera toujours par une présentation et une définition de votre sujet. Un passage obligé car il faut bien savoir de quoi l'on parle ! Indispensable également pour éviter tout hors sujet. Ainsi, si le sujet porte sur la puissance de l'Asie orientale, vous commencerez par dire ce que l'on entend par « Asie orientale ». Et ne tournez pas autour du pot, attaquez d'emblée sur le sujet ! Sur un tel sujet, vous pourriez par exemple débuter votre copie ainsi :

Exemple : les premières lignes de l'introduction :

« L'Asie orientale comprend le Japon, la Corée du Sud, Taiwan, la Chine littorale et Singapour. Régions littorales, archipels ou presqu'îles, l'Asie orientale est un espace de puissance original, très éclaté géographiquement, mais aussi fortement littoralisé et donc entièrement tourné vers la mer et vers les marchés extérieurs. C'est également un espace de puissance d'une grande diversité, englobant des pays très différents, tant du point de vue du développement que des systèmes politiques. C'est dire que nous sommes face à un espace complexe et très fragmenté, un espace de puissance bien différent des États-Unis, par exemple. »

En quelques lignes, vous venez de définir ce que l'on entend par « Asie orientale » et vous avez présenté la région.

Un autre exemple maintenant, sur un sujet portant sur la mondialisation (donc de la première partie du programme de géographie). Quel que soit l'intitulé exact du sujet, il vous faudra définir, présenter, situer la mondialisation. Il est possible de le faire de bien des manières différentes.

Par exemple, sur le sujet : « La mondialisation : une nouvelle géographie du monde ? » :

« La mondialisation peut être définie comme une mise en relation toujours plus étroite des différentes parties du monde. Elle se caractérise d'abord par des échanges toujours plus importants entre les pays. Elle est portée par les pays occidentaux qui ont diffusé leurs valeurs en même temps que leurs produits. Ainsi définie, elle désigne donc un processus ancien que nous pourrions faire remonter au moins jusqu'à la découverte de l'Amérique par Christophe Colomb. »

Ou encore, dans un style plus simple et plus direct :

« Commerce mondialisé, tourisme international, migrations, délocalisations, américanisation du monde... Dans la presse ou sur nos petits écrans, pas moyen d'y échapper : la mondialisation est partout aujourd'hui. Elle se traduit d'abord par une explosion des flux entre des pays que les nouveaux moyens de

transports et de communication ne font que rapprocher. Désormais, tout bouge et tout se redéploie en permanence sur terre : les capitaux, les hommes, les activités économiques. »

Il ne s'agit là bien sûr que d'exemples parmi d'autres possibles, car il n'y a pas d'introduction parfaite et il y a toujours bien des façons différentes de faire. Dans tous les cas, nous avons tenté de définir et présenter notre sujet. Vous devez parvenir à en faire autant.

Problématiques et définitions : anticipez !

Sur la douzaine de chapitres différents que vous avez au programme, votre préparation au bac doit vous amener à être capable de présenter et définir tous les espaces et les questions au programme comme nous venons de le faire. Soyez capable de faire une présentation et une définition satisfaisante des espaces et notions majeures du programme : mondialisation, notion de puissance, principaux espaces (comme l'Asie orientale, ci-dessus)... Vous saurez ainsi presque à coup sûr comment débuter votre copie.

Ensuite, la problématique !

Il faut ensuite problématiser. C'est le passage le plus délicat de l'introduction. Là aussi, il faut se préparer au cours de l'année, connaître les problématiques les plus pertinentes pour ne pas être totalement pris de court le jour du bac. La problématique donne du sens à votre copie, elle lui donne un fil directeur, un but. Elle permet d'éviter que votre copie ne soit qu'un simple exposé. Essayer de poser clairement un problème et tenter d'y répondre, voilà qui est beaucoup plus intéressant que de réciter des connaissances sans savoir où l'on va !

Trouver une problématique n'est pas si compliqué. Prenez le temps de réfléchir au sujet, de le lire et le relire, de bien peser tous les termes du sujet pour bien comprendre ce que l'on vous demande. Si j'osais (allez, j'ose !), je dirais qu'un sujet doit être longuement savouré en bouche, comme un bon vin, afin qu'il puisse révéler progressivement tous ses arômes, toutes ses subtilités...

Qu'est-ce qu'une problématique ?

Problématiser, c'est donc transformer votre sujet en une, deux ou trois questions fondamentales, des « problèmes » qui sont posés par le sujet. Et sur votre copie, le mieux est de faire apparaître ces questions directement après avoir défini et situé le sujet.

À nouveau, un exemple concret vous fera mieux comprendre comment vous y prendre. Sur un sujet intitulé : « La mondialisation, une nouvelle

géographie du monde ? », la problématique est assez évidente car le sujet est déjà formulé sous forme de question. À vous maintenant de l'expliciter.

Par exemple (et à la suite des quelques lignes que nous avons rédigées ci-dessus, bien sûr) voici comment vous pourriez problématiser le sujet : « **La mondialisation : une nouvelle géographie du monde ?** » :

« Dès lors, on perçoit aisément que la mondialisation a d'importantes conséquences spatiales. Loin d'être "seulement" un phénomène économique ou social, elle possède des aspects géographiques majeurs. Elle produit du territoire et remodèle les espaces. Mais jusqu'où ? Va-t-elle jusqu'à créer une nouvelle géographie du monde ? »

La démarche est la même si le sujet n'est pas posé sous la forme d'une question. Mais dans ce cas, à vous de le faire. Par exemple, si le sujet est : « Flux, lieux et acteurs de la mondialisation », vous sentez bien tout de suite les parties qu'il faudra aborder (flux, lieux et acteurs) mais vous courrez le risque de vous précipiter sur un simple exposé, c'est-à-dire de « raconter » les « flux » de la mondialisation, puis les « lieux » et enfin les « acteurs », sans relier tout cela ni lui donner du sens. Au total, vous aurez fait une copie peut-être bien remplie, mais sans problématique et donc pas très palpitante...

Une composition n'est pas un exposé !

À RETENIR

Une composition n'est pas une simple compilation de connaissances, ce ne doit pas être non plus un simple exposé : prenez le temps de problématiser le sujet et de traiter cette problématique. Votre copie aura du sens et sera bien meilleure.

Voilà comment faire pour problématiser le sujet « Flux, lieux et acteurs de la mondialisation » :

« L'histoire de la mondialisation s'est fortement accélérée après 1945 et plus encore à partir des années 1990, sous l'effet conjugué de la modernisation des moyens de transports et de communication ainsi que de l'extension du libéralisme à presque toute la planète. Jamais l'espace et le temps n'ont été comprimés dans de telles proportions. Jamais la mondialisation n'a concerné autant de peuples et de territoires. Le monde est entré dans une nouvelle étape de la mondialisation. Elle est d'une ampleur telle qu'elle est devenue un des phénomènes majeurs de notre époque. À la fin du XXe siècle, elle fait ainsi brusquement irruption dans le quotidien de milliards d'humains.

Dès lors, un certain nombre de questions se posent. Quels sont les flux qui parcourent cet espace mondial désormais globalisé ? Dans quelle mesure cette accélération de la mondialisation débouche-t-elle sur une nouvelle géographie du monde ? Quelqu'un contrôle-t-il ce nouveau « Monopoly » à

l'échelle planétaire, et si oui, qui sont ces acteurs ? En quoi notre monde est-il transformé par la mondialisation et quels défis pose-t-elle à l'humanité ? »

C'est un exemple possible, un peu long peut-être, mais c'est un peu volontaire afin de vous donner des idées. Vous pourriez facilement réduire et enlever une phrase ou deux. En écrivant cela, vous allez bien traiter des « flux, lieux et acteurs de la mondialisation », mais vous avez problématisé le sujet. Vous n'allez pas vous contenter de réciter, vous allez tenter d'utiliser vos connaissances pour éclairer et comprendre notre monde. Ce n'est pas grand-chose, mais cela change tout !

Enfin, annoncez votre plan

C'est le plus simple. Une fois que vous aurez défini puis problématisé votre sujet, annoncez votre plan, c'est-à-dire votre démarche. Cela permettra au correcteur de vous suivre facilement, de savoir où vous allez. Alors guidez-le, installez-le bien confortablement avant de démarrer ! Faites-le de manière simple, évitez peut-être d'être trop lourd, en annonçant votre plan par « Dans une première partie…, dans une deuxième partie… ». Encore que… Mieux vaut ceci que rien du tout ! Vous pouvez écrire par exemple : « Pour répondre à ces questions, nous montrerons que… puis… et enfin…. ». Ou bien : « Nous nous demanderons si, etc. ». Autant de formulations simples possibles et qui, de toute façon, ne posent pas de réelles difficultés.

Faire un plan

Le plan… indispensable ! Croyez-en mon expérience de correcteur : entre une copie avec un plan et une autre sans, la différence saute aux yeux ! Le plan organise et structure vos idées, il vous permet de construire intelligemment votre copie. Imaginez-vous écrire votre copie sans plan, à la « va comme je te pousse » ? C'est la certitude de multiplier les oublis et les répétitions, de rendre un travail confus et embrouillé. À bannir absolument !

Maintenant, comment faire un plan ? Votre plan doit structurer votre copie. Vous le ferez toujours en deux ou trois parties (vous verrez qu'en géographie, comme en histoire, c'est très souvent le plan en trois parties qui est le plus judicieux). Chacune de vos parties traite un aspect de votre problématique.

Rédiger un plan sous forme de questions

CONSEILS DU PROF

Essayez de formuler chacune de vos parties sous la forme d'une question, ce qui vous obligera à donner du sens à votre travail.

Votre plan doit être équilibré, il doit avoir trois parties de taille à peu près équivalente, sinon… il y a un problème et le plan ne va pas ! Chacune

de vos parties regroupe un certain nombre de sous-parties, c'est-à-dire toutes les idées que vous pensez devoir aborder dans votre copie. Pour voir concrètement comment faire, observez en détail tous les cours de géographie de ce livre : tous possèdent un plan apparent que vous retrouverez facilement et que nous vous conseillons de bien connaître ! Une fois que vos idées sont bien structurées, vous pouvez vous lancer dans la rédaction…

Ne rien faire sans un plan !

CONSEILS DU PROF

Ce conseil-là est absolument impératif ! N'attaquez jamais votre copie sans plan. Prenez le temps de faire un plan avant de commencer la rédaction, c'est vital ! Vous devez savoir où vous allez.

La conclusion : laissez le correcteur sur une bonne impression !

CONSEILS DU PROF

Trop de conclusions sont bâclées dans les copies du bac ! Quel dommage et quelle erreur ! Faire une bonne conclusion n'est pas quelque chose de très compliqué, mais c'est essentiel. Insistons lourdement : en aucun cas vous ne rendrez votre copie sans conclusion ou avec une conclusion expédiée en quatre lignes et trois minutes !

Cela étant dit, que devez-vous mettre dans votre conclusion ? Principalement une chose et une seule : on attend de vous une réponse à votre problématique. Rappelez-vous qu'une composition n'est rien d'autre qu'une large question à laquelle vous devez répondre. Vous avez posé le problème en introduction, vous avez développé une argumentation durant toute votre copie, votre conclusion est le moment d'apporter des réponses à votre problématique. Commencez par rappeler les idées essentielles de votre copie puis essayez de donner des réponses mais aussi du sens à votre copie dans ces quelques lignes qui constituent votre conclusion. Combien de lignes ? Comme pour l'introduction, il n'y a pas de « quantité imposée », dites ce que vous avez à dire sans vous imposer un certain nombre de lignes, en évitant – tout de même ! – une conclusion en deux phrases ou en deux pages ! Une dizaine ou une quinzaine de lignes (tout dépend aussi comme vous écrivez !) semble constituer une bonne mesure. Vous le verrez, tous les cours présents dans ce livre s'achèvent par un certain nombre de ces idées importantes que vous pourrez utiliser dans vos conclusions. Lisez-les et relisez-les, elles vous aideront à bien formuler une conclusion.

À nouveau, rien ne vaut un exemple concret pour comprendre ce qu'il faut faire. Reprenons notre sujet intitulé : « **La mondialisation, une nouvelle géographie du monde ?** » et voyons comment nous pourrions le terminer :

« La mondialisation recompose donc en bonne partie la géographie de notre monde. L'actuel système-monde résultant de la mondialisation est un système très hiérarchisé et très inégalitaire : nous l'avons vu, trois centres d'impulsion très dominants se différencient nettement de périphéries plus ou moins intégrées. Géographiquement, la mondialisation favorise les espaces de contact, et surtout les espaces les plus puissants et les mieux reliés. Elle survalorise donc les espaces déjà les plus favorisés et a donc pour effet d'augmenter les inégalités entre les territoires. Ces inégalités spatiales sont vérifiables à toutes les échelles, tant à l'intérieur des pays qu'entre les pays. Elles sont à l'origine de nouvelles difficultés pour nos sociétés : espaces saturés, espaces abandonnés, flux majeurs et instables... Il est temps que les hommes s'organisent davantage pour faire face aux défis posés par cette nouvelle géographie du monde. »

Une telle fin donne un peu de sens à votre copie et montre que « vous pensez », c'est-à-dire que vous mettez vos connaissances au service d'une réflexion sur notre monde. Une telle attitude sera toujours valorisée.

Une conclusion contient d'abord et avant tout des réponses aux problématiques posées en introduction. Donc, ne noyez pas le poisson et dites des choses précises !

L'étude d'un ensemble documentaire

L'étude de documents au baccalauréat est une épreuve bien particulière et qui a des règles précises. Elle se présente toujours de la même façon : un sujet et cinq documents au maximum. Pour les documents, attendez-vous majoritairement en géographie à des cartes ou des schémas.

Première partie : analyse des documents

Les questions qui composent l'étude de documents sont toujours divisées en deux parties :

- Une première partie vous amène à analyser les documents
- Une deuxième partie vous demande de produire ce que l'on appelle une « réponse organisée ».

Pour la première partie, il s'agit d'une série de quatre à cinq questions qui portent sur les documents que vous aurez sous les yeux. Pas de difficulté majeure, il suffit de répondre le plus précisément possible à ces questions, les unes après les autres. Elles peuvent amener à définir une notion ou à chercher des informations dans les documents. Elles appellent souvent une explication de votre part. Soyez précis, relevez des informations dans les documents. Citez et expliquez vos citations le cas échéant.

Attention à la paraphrase !

Dans cette première partie, évitez surtout de faire de la paraphrase, c'est-à-dire de recopier des extraits de texte ou des séries de chiffres sans rien en tirer. Cela fait de la longueur sur votre copie, mais reste sans valeur ! On attend de vous un peu d'explications.

Deuxième partie : une « réponse organisée »...

Ce que l'on appelle la « réponse organisée » est la deuxième partie de votre étude de documents. Il n'y aura pas de surprise car elle sera toujours formulée de cette façon : « À l'aide des réponses aux questions, des informations extraites des documents et de ses connaissances, le candidat rédigera une réponse organisée au sujet : ... ». Maintenant, qu'attend-on de vous exactement?

On vous demande de faire une réponse au sujet. Ce n'est donc pas une synthèse : il ne s'agit pas de reprendre ce que vous avez fait dans la première partie (aucun intérêt, en effet !) ni de faire une synthèse des documents. Attention, ce n'est pas non plus une « minicomposition ». Vous éviterez donc de faire une introduction, une conclusion et un plan comme vous le feriez pour une composition. Certains correcteurs pourraient en effet vous sanctionner, ce serait vraiment trop bête.

C'est en fait bien plus simple que cela... Vous vous contenterez de deux ou trois phrases d'introduction et de conclusion et, entre les deux, vous développerez votre argumentation en une série de paragraphes (qui constituent la réponse organisée) avec toujours le même et bon vieux principe d'une idée par paragraphe et le souci de traiter le sujet. Et c'est tout ! En termes de méthode, tout cela n'est donc pas très compliqué, l'essentiel est d'avoir les connaissances nécessaires pour faire un bon développement. Vous prendrez donc du recul par rapport aux documents et utiliserez toutes vos connaissances personnelles pour faire la meilleure réponse possible au sujet posé.

Attention, vos annales ne sont peut-être pas à jour !

Attention, l'épreuve a changé à partir de juin 2005 ! Ne soyez pas surpris de trouver dans certaines annales du bac des questions qui se présentaient sous une forme différente. Avant 2005, on demandait encore une « synthèse » en « 300 mots ». Tout cela est terminé, et restez-en bien à ce que nous avons détaillé ci-dessus.

Quelle longueur doit faire cette réponse organisée ? Aucune taille n'est fixée ! Donc c'est comme vous le voulez ! Et si vous avez beaucoup de choses intéressantes à dire, eh bien… ne vous en privez pas ! Mais attention, restez toujours bien dans les limites du sujet posé. Pas de hors sujet !

Pas de copies trop « light » !

Attention à ne pas faire trop court car vous seriez très certainement pénalisé. Faire une réponse organisée en une page n'est pas suffisant ! Au bac, les correcteurs attendent de vous une argumentation minimum. Ne faites pas moins de deux pages.

Épreuve longue, que choisir ?

Composition ou étude de documents ? Trop d'élèves de terminale croient – à tort ! – que l'étude de documents est plus facile. Ce n'est pas vrai. D'ailleurs, au bac, les notes sont souvent plus basses pour les études de documents car trop de candidats mal préparés croient qu'ils vont s'en sortir facilement avec cette épreuve. **Une seule chose doit guider votre choix : la difficulté des sujets**. Car il faut bien constater une chose : les sujets au bac sont de difficultés très variables. Il y a bien souvent des sujets faciles (qu'il faut prendre !) et des sujets difficiles (qu'il vaut mieux éviter !). Mais comment « renifler » le sujet le plus facile ? C'est tout simplement celui qui s'approche le plus des questions de cours, souvent un sujet assez large. Faites-y attention pour faire le bon choix.

Le croquis de géographie

Une épreuve incontournable si la géographie tombe en épreuve courte !

Tout comme l'étude de documents, le croquis de géographie au bac n'est pas une épreuve difficile, mais il y a un certain nombre de règles précises qu'il faut bien respecter pour pouvoir avoir une bonne note. Il faut vous préparer à cette épreuve car, si la géographie tombe en épreuve courte (tout de même une chance sur deux !), vous devrez obligatoirement faire un croquis.

Dans ce cas, vous aurez deux sujets au choix présentés sous la forme d'une simple phrase. Par exemple, en juin 2005, sont tombés les sujets suivants :

- Sujet 1 : « Centres d'impulsion et flux d'échanges en Asie orientale »
- Sujet 2 : « La puissance des États-Unis dans le monde ».

À partir de là, à vous de vous débrouiller ! Les fonds de carte sont bien sûr fournis.

Au fait, qu'est-ce qu'un croquis de bac ?

Les cinq qualités d'un bon croquis

À RETENIR

Dans tous les cas et pour tous les sujets, vos croquis devront toujours absolument posséder les cinq qualités suivantes :

- apporter une réponse au sujet ;
- avoir un titre, c'est-à-dire le sujet du croquis ;
- posséder une légende organisée, propre et écrite sur une feuille séparée ;
- utiliser des symboles bien adaptés ;
- avoir une nomenclature précise (les principaux noms de lieux).

Pour vous faire une idée de l'allure finale que doit avoir votre croquis, regardez de près ceux qui sont présents à la fin de ce livre.

Maintenant, voyons ensemble tout cela d'un peu plus près…

N'oubliez pas que les territoires sont organisés !

En 2004, un des sujets de croquis était « L'organisation du territoire des États-Unis » et en 2005 « Centres d'impulsion et flux d'échanges en Asie orientale ». Qu'avaient en commun ces deux sujets ? On vous demandait de montrer comment s'organisaient des espaces. Relisez le passage que nous consacrons sur cette notion dans le premier chapitre de ce livre. C'est le plus souvent cette organisation du territoire que l'on vous demandera de faire apparaître dans vos croquis. Votre croquis doit faire comprendre comment fonctionne un espace, où sont les pôles de commandement et où sont les espaces en marge, quels sont les axes majeurs et les interfaces de contact avec l'extérieur d'un territoire, etc. Vous verrez avec un peu

d'habitude que les sujets de croquis tournent presque tous autour de cette notion d' « organisation du territoire ».

Sur un espace, il y a des centres…

Pour étudier les espaces, les géographes utilisent souvent un modèle appelé « centre-périphérie ». C'est un modèle assez intéressant et que vous pourrez facilement utiliser dans tous vos croquis dont les sujets porteront sur les notions de « puissance » ou d' « organisation du territoire », c'est-à-dire la grande majorité des croquis que vous aurez à réaliser le jour du bac.

Qu'est-ce qu'un « centre » ?

Dans un espace donné, le centre est la région dominante. Elle possède trois éléments clés : le pouvoir, le savoir et la richesse. C'est elle qui dirige un territoire. Dit plus simplement, le centre, sur un territoire, c'est un peu l'endroit où tout se passe. On y trouve donc les grandes villes, les grands centres industriels, les plus fortes densités de population, les sièges du pouvoir politique, économique, financier, culturel… C'est exactement le cas de Tokyo ou de la mégalopole américaine entre Boston et Washington (en France, ce serait bien sûr Paris !).

… et des périphéries

À côté, du (ou des) centre(s), on trouve des périphéries. Ce sont des régions moins puissantes et surtout qui possèdent moins (ou pas du tout) de centres de décisions. Elles dépendent donc du centre. Cela dit, on trouve dans ces espaces périphériques des régions très différentes. Cela peut être des régions en crise industrielle, des régions rurales peu habitées ou des espaces en croissance qui sont en train de rattraper (et peut être demain supplanter ?) le centre.

Trois termes importants pour parler des périphéries

- **Périphéries intégrées** : pour désigner une région souvent proche du centre et dynamique.
- **Périphéries secondaires** : pour désigner un espace de moindre importance.
- **Périphéries marginales** : pour désigner un espace très peu occupé et comptant très faiblement dans la puissance d'un pays.

Vous retrouverez souvent cette typologie dans nos croquis.

Quels symboles utiliser pour faire mon croquis ?

Pas de fantaisies ! Utilisez toujours les quelques symboles présentés ici pour réaliser vos croquis. Ils sont simples, connus de tous, et faciles à mémoriser et à reproduire. Bannissez le reste et notamment les petits dessins ou symboles personnels parfois très jolis mais peu pratiques et le plus souvent inconnus, difficiles à reproduire et illisibles ! Voici l'essentiel de ce que vous devez savoir à ce sujet.

Rouge, orange et jaune pour vos espaces

Pour hiérarchiser vos espaces, utilisez toujours des aplats de couleurs et utilisez de préférence un dégradé pour mettre en évidence vos centres et vos périphéries. Le mieux, c'est d'utiliser le rouge pour les centres, l'orange pour les périphéries dynamiques, le jaune pour les périphéries secondaires et éventuellement laisser en blanc (ou en vert bien pâle) les espaces en déclin.

Hachures ou aplats ?

CONSEILS DU PROF

Évitez les hachures. L'expérience montre que le rendu n'est pas très propre et est moins lisible. N'utilisez les hachures qu'après avoir utilisé les aplats de couleurs et uniquement pour donner une seconde information sur un espace.

Des flèches et des traits pour les flux et les axes

Si vous devez représenter des axes (c'est-à-dire des axes de communication), faites simplement un trait (par exemple, l'axe du Shinkansen sur la carte de la mégalopole japonaise). Si vous devez représenter des flux (c'est-à-dire des mouvements, des déplacements d'hommes, de capitaux, de marchandises…), utilisez toujours des flèches.

À RETENIR

Dans tous les cas, faites vos traits et vos flèches proportionnels à l'importance du flux. Par exemple, si vous devez représenter les flux d'immigration arrivant aux États-Unis, faites une grosse flèche qui vient du Mexique et une petite flèche qui vient d'Europe, car les immigrés mexicains sont aujourd'hui bien plus nombreux que ceux en provenance d'Europe.

Des ronds pour les principaux pôles

Les pôles, ce sont surtout les grandes villes. Vous les représenterez de préférence avec un rond (bien rond, si possible !) et, là aussi, de taille proportionnelle à l'importance de ce pôle (donc New York plus gros que Boston).

Des formes géométriques simples pour les figurés ponctuels

Vous aurez très souvent à localiser des ressources d'énergie, des pôles touristiques, des parcs technologiques, des sommets, etc. Dans tous les cas, faites simple et utilisez prioritairement des figures géométriques simples, c'est-à-dire d'abord des triangles, des carrés ou des étoiles. Vous trouverez de nombreux exemples dans nos croquis.

Une nomenclature précise

N'oubliez pas les principaux noms de lieux ! Combien de croquis au bac retrouve-t-on tous les ans sans aucun nom ! Inutile de vous dire que c'est très pénalisant ! Grandes villes, fleuves, mers ou pays avoisinants… autant de noms qui doivent figurer sur votre croquis.

À RETENIR

Pour que votre croquis conserve une bonne lisibilité, ayez une certaine cohérence dans les couleurs et les styles. Par exemple, tous les noms de fleuve en bleu, les noms de pays en noir, les noms de villes en rouge, etc.

Une carte propre et lisible !

CONSEILS DU PROF

Faites le maximum pour réaliser la carte la plus propre et la plus lisible possible ! N'oubliez pas que le jour du bac, les correcteurs ont de grandes quantités de copies à corriger. Lorsque le correcteur ouvrira votre copie, il verra souvent la carte en premier. Une carte soignée sera un avantage immédiat. Donc appliquez-vous ! Rappelez-vous l'école primaire où vous vous appliquiez à faire de beaux coloriages en tirant la langue ! Et n'oubliez pas que vous avez une heure pour réaliser votre carte, cela vous laisse le temps de peaufiner un peu…

Le langage cartographique à utiliser dans vos croquis

- **Pour les espaces :**

  - Des aplats de couleurs pour hiérarchiser vos espaces :

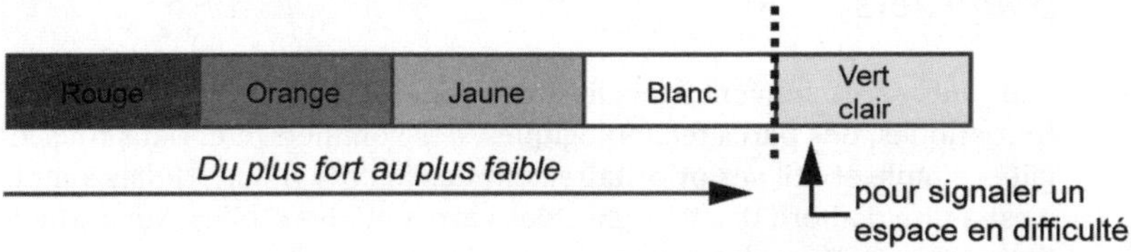

  - Des hachures pour indiquer une seconde information

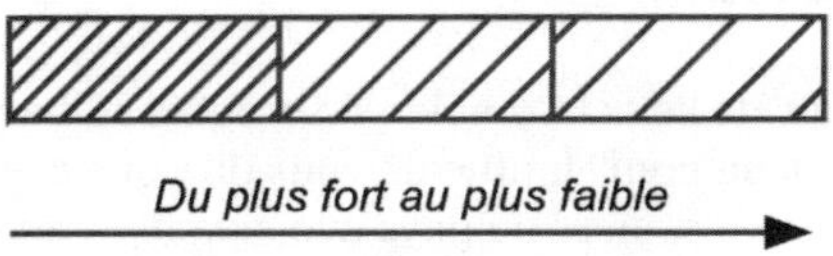

- **Pour les axes et les flux :**

  - Des traits proportionnels à l'importance de l'axe :

  - Des flèches pour tous les flux (marchandises, hommes, capitaux...):

- **Pour marquer une limite sur un territoire :**

  - Un trait plus ou moins épais (climat, chaînes de montagnes) :

- **Pour localiser un point précis :**

  - Des ronds proportionnels pour les pôles et villes :

Ville mondiale — Ville régionale

Du plus important au plus faible

  - Des figures géométriques simples pour les facteurs de localisation ponctuels :

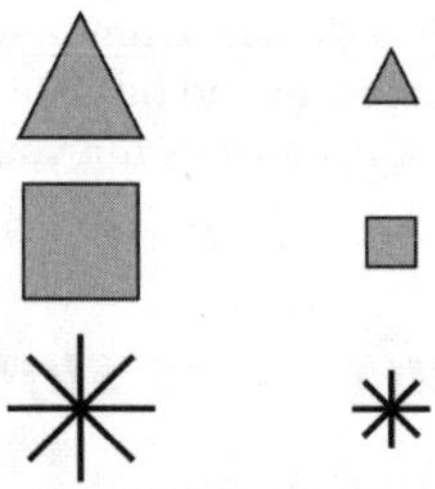

Energie

Matières premières

Pôles touristiques, points de conflits...

Du plus important au plus faible

- **Vous pouvez aussi combiner les informations :**

  - Exemple :

Grand pôle en difficulté

Pôle secondaire en forte croissance

N'oubliez pas votre trousse de travail !

Pour réaliser un croquis propre et soigné, il vous faudra du bon matériel. Donc n'oubliez pas vos crayons de couleur et bannissez absolument les surligneurs ! Vous aurez donc absolument :

- des crayons rouge, orange, jaune, vert, bleu et brun (et bien taillés !) ;
- des stylos de différentes couleurs ou des feutres fins pour écrire tous vos noms de lieux ;
- un crayon de papier et une gomme.

C'est tout bête, mais le jour du bac c'est tellement important ! Rien à faire, avoir de bonnes notes, cela se prépare !

À quels sujets faut-il s'attendre ?

Bien sûr, personne ne connaît les sujets de bac avant que les enveloppes ne soient ouvertes le jour J ! En revanche, quand on lit les instructions officielles de près, on trouve de précieux conseils qui vous aident à éviter les mauvaises surprises...

Composition ou croquis : des sujets larges !

C'est dit de manière très claire dans les instructions officielles du bac : « Le sujet doit être d'ampleur suffisante et correspondre à plusieurs heures de leçon. » Autrement dit, vous n'aurez pas de sujet de composition ou de croquis sur un tout petit morceau d'un cours. C'est déjà ça et c'est très important ! Cela veut dire que le nombre de sujets possibles est finalement plus réduit qu'on ne pourrait le croire. Regardez les sujets qui sont déjà tombés : ils concernent toujours un espace du programme (Asie orientale, Russie…) lié à une des problématiques du programme (puissance, organisation du territoire ou développement). Les sujets au bac sont presque toujours une combinaison de ces termes. Vous devez donc vous préparer en conséquence et vous n'aurez pas de grandes surprises.

Jamais deux sujets sur le même chapitre !

Ceci aussi est intéressant à savoir : en principe, les sujets ne doivent pas tomber sur un même chapitre. Ainsi il ne doit pas y avoir (et il n'y a jamais eu…) deux sujets sur les États-Unis, par exemple. Donc sur les douze chapitres de géographie au programme (pour les TES et les TL, car c'est

sept seulement pour les TS), les trois sujets au choix doivent tomber dans trois chapitres différents si la géographie est en épreuve longue.

La remarque est la même pour les croquis si la géographie tombe en épreuve courte : les deux croquis proposés ne doivent pas porter sur la même question. C'est d'ailleurs ce qu'il s'est passé en 2004 (un croquis sur la mondialisation et un croquis sur les États-Unis) et en 2005 (un croquis sur l'Asie orientale et encore un croquis sur les États-Unis !).

Pour les grandes puissances, attention aux États-Unis !

Les instructions officielles conseillent aux professeurs de consacrer un certain nombre d'heures sur chaque question au programme. Ainsi, pour les grandes puissances, en terminale L et ES, on nous conseille de traiter :

- L'Amérique du Nord en 9 ou 10 heures (c'est-à-dire essentiellement les États-Unis) ;
- L'Union européenne en 6 ou 7 heures ;
- L'Asie orientale en 7 ou 8 heures.

Cette répartition est intéressante. Cela signifie que certaines parties sont jugées plus importantes que d'autres. Cela a deux conséquences importantes : on attendra de vous que vous en sachiez plus sur l'Amérique du Nord que sur l'Union européenne et les sujets sur les États-Unis risquent d'être un peu plus nombreux et surtout plus variés. C'est pourquoi nous avons choisi de consacrer trois chapitres de ce livre à l'Amérique du Nord et deux seulement aux autres aires de puissance.

En revanche, pour les études de documents, c'est le brouillard...

Autant les sujets de composition sont souvent assez vastes, classiques et ne surprennent guère, autant il faut s'attendre à un peu tout et n'importe quoi en étude de documents ! Et il faut notamment vous attendre à des sujets beaucoup plus pointus qui ne tomberaient pas en sujet de composition. Un exemple : en juin 2003, la géographie était en épreuve longue et l'étude de documents était : « Les États-Unis et l'espace latino-américain ». Un sujet très localisé qui ne tomberait pas en composition. On peut donc faire une liste des sujets les plus probables en composition et s'y préparer. Mais en ce qui concerne les études de documents, c'est impossible.

Chapitre 3

On vient de distribuer les sujets, que faire ?

Dans ce chapitre :

- Comment s'organiser en quatre heures le jour du bac ?
- Combien de temps consacrer à faire une composition ou un croquis ?
- Comment réussir un plan ? Faire une introduction ? Un bon croquis ?
- Tous les bons réflexes pour réussir toutes les épreuves dans le temps imparti.

Cette fois ça y est, c'est le grand jour ! Vous êtes dans la salle d'examen et les examinateurs s'apprêtent à ouvrir les enveloppes contenant les sujets. Pas de stress, car vous êtes prêts…

Scénario numéro 1 : la géographie est en épreuve longue

Vous venez de récupérer les sujets et vous découvrez que la première partie vous propose trois sujets de géographie. Ce sera donc l'épreuve longue.

Prenez le temps de bien choisir votre sujet

À RETENIR

Prenez le temps de bien lire les sujets avant de faire votre choix. Car quand vous aurez choisi, il ne faudra plus changer ! Certains candidats réalisent en effet au bout d'une heure ou deux qu'ils ont pris un sujet qui ne leur convient pas car ils ont choisi trop vite ! Et là, c'est la panique ! Cela ne doit donc pas vous arriver. Pour l'étude de documents, prenez le temps de regarder les documents de près. Le sujet n'est-il pas trop difficile ? Se rapproche-t-il ou pas d'une question de cours ? Voyez-vous assez rapidement quel plan vous pourriez faire ?

C'est décidé : je prends une composition !

Ça y est, vous avez choisi. Maintenant, prenez un peu votre temps, relisez bien le sujet et faites attention à tous les mots pour ne pas vous tromper. En géographie, les risques de faire un hors sujet sont réduits, mais… restez vigilant !

Commencez par jeter toutes les idées qui vous viennent à l'esprit sur un brouillon, vous organiserez plus tard. Passez en revue dans votre tête tous vos cours et vos plans détaillés en vous demandant s'il faut ou non utiliser telle ou telle idée sur ce sujet. Ne cherchez pas à tout dire et n'utilisez que les idées qui entrent vraiment dans le sujet. Et si vous avez vraiment un doute, gardez l'idée (mieux vaut une idée limite sur le sujet que de risquer un gros oubli !).

Faire le plan

Rappelons que c'est une étape essentielle et qu'il est hors de question de démarrer la rédaction sans avoir un plan qui tienne debout !

Rappelez-vous « Le lièvre et la tortue »

Ne vous inquiétez pas si les autres candidats, à votre droite ou à votre gauche, sont déjà en train de rédiger au bout de 10 minutes. Pas de panique, ce n'est pas vous qui êtes en retard, ce sont eux qui prennent des risques ! Prenez le temps de faire bien et rappelez-vous la fable de La Fontaine : rien ne sert de courir, il faut partir à point !

Dans certains cas, l'élaboration du plan pourra aller assez vite :

- Parfois le plan est clairement suggéré dans l'énoncé du sujet. Par exemple : « Aspects, facteurs, limites de l'aire de puissance asiatique ». Dans ce cas, vos trois parties seront les « aspects », puis les « facteurs » et enfin les « limites » de la puissance asiatique. N'hésitez pas, il n'y a pas de piège, c'est réellement pour vous aider. Il vous suffira de problématiser le sujet. Autre exemple du même genre : « Flux, lieux et acteurs de la mondialisation ». Ce genre de sujet est assez fréquent.
- Dans d'autres cas, le sujet est un grand classique qui est quasiment l'intitulé d'un cours. Par exemple : « L'organisation du territoire des États-Unis d'Amérique » (ce sujet est tombé en juin 2001, les veinards !). Ou encore : « La superpuissance des États-Unis ». Si vous avez la chance d'avoir un tel sujet, il n'y a pas à hésiter longtemps : il faut plonger dessus ! Vous connaissez bien le cours et le plan, vous ne pouvez donc pas échouer.

Dans les autres cas, il va falloir réfléchir un peu plus...

Si ce n'est pas le cas, il faudra bien prendre le temps de construire le plan. Les mots du sujet doivent vous y aider. Surtout, rappelez-vous bien que le programme de géographie de terminale tourne principalement autour de trois notions majeures : « **l'organisation de l'espace** » celle de « **développement** » et la notion de « **puissance** ». La quasi totalité des sujets de bac seront toujours très proches de ces deux notions.

Si le sujet est centré sur la notion de « puissance »

Pensez tout de suite aux quatre problématiques clés (voir le chapitre 1 de ce livre) pour faire votre plan : **aspects** de cette puissance, éventuellement **facteurs** et, à coup sûr, **limites** et **géographie** de cette puissance. Vous pourrez très souvent construire vos plans autour de ces thèmes. D'ailleurs, vous remarquerez que nos cours dans ce livre s'articulent aussi autour de ces notions clés.

Exemple de sujet sur cette notion de puissance :

« L'Union européenne dans le monde ». Sur ce sujet, la notion de puissance est sous-entendue et vous devez comprendre : « La puissance de l'Union européenne dans le monde ». Et les thèmes évoqués ci-dessus (aspects, limites et géographie de cette puissance) vous fourniraient un plan tout à fait satisfaisant.

Si le sujet est centré sur la notion d'« organisation du territoire »

Il faut s'orienter vers un plan davantage géographique. Outre les termes ci-dessus (et toujours utiles !) d'**aspects** et de **limites**, pensez également aux notions de **centre**, de **périphérie** et de **flux** qu'appellent presque à coup sûr de tels sujets.

Exemple de sujet sur la notion d' « organisation du territoire » :

« La mondialisation : une nouvelle géographie du monde ? » Ou encore : « Centres et périphéries de la mondialisation ».

À quoi doit ressembler mon plan ?

Avant de démarrer la rédaction de votre copie, vous devez avoir un plan, nous l'avons dit. Mais encore ? Vous devez avoir absolument vos deux ou trois parties et vos sous-parties avant de commencer à rédiger. Cela vous permettra de voir si votre copie est bien équilibrée et si vous n'oubliez rien. Enfin, pour chacune de vos sous-parties, essayez d'avoir aussi un exemple

que vous pourrez développer sur quelques lignes et qui vous permettra d'argumenter efficacement chacune de vos idées. Par exemple, sur un sujet sur la mondialisation, une de vos sous-parties pourra être consacrée aux espaces les plus favorisés dans l'actuelle mondialisation, notamment les espaces de contact et les grandes métropoles. Après avoir écrit quelques idées essentielles, vous argumenterez en développant un peu le fonctionnement de l'interface entre les États-Unis et le Mexique ou le poids de New York (ou Tokyo) dans l'espace mondial.

Indispensable et vital : un plan minimum avant de démarrer

À RETENIR

Voici la structure de base qu'il vous faut avant d'entamer la rédaction :

- Première partie : première idée principale
- Sous-partie + un exemple
- Sous-partie + un exemple
- Etc.
- Deuxième partie : deuxième idée principale
- Sous-partie + un exemple
- Etc.

Méfiez-vous des sujets avec un « et » !

À RETENIR

Si le sujet est : « Les centres d'impulsion **et** l'organisation géographique du monde », il ne faudra surtout pas faire une première partie sur les centres d'impulsion puis une deuxième partie sur l'organisation géographique du monde ! Il faut lier les deux, c'est-à-dire se demander quels sont les liens entre les grands centres d'impulsion et l'organisation géographique du monde. Comme toujours, cherchez à problématiser le sujet. Que vous demande-t-on au juste ? Comment reformuler le sujet sous la forme d'une ou plusieurs questions ?

Voici quelques problématiques que nous pourrions isoler sur un tel sujet :

- Qu'est-ce qu'un centre d'impulsion ? (à définir en introduction)
- Quels sont les centres d'impulsion dans le monde et comment se caractérisent-ils ?
- Quelle est leur place au sein de l'espace mondial ? (Ils dominent, oui mais comment ?)

- Dans quelle mesure transforment-ils la géographie du monde ?
- Dominent-ils seuls, sans limites et sans partage ? (notion de « limite »).

Faites varier les échelles !

Pensez aussi à la notion d'échelle, toujours très pertinente en géographie. Par exemple, sur le sujet : « Centres et périphéries de la mondialisation », les notions de centre et de périphérie se déclinent à l'échelle mondiale (les centres seront les trois pôles de la Triade), à l'échelle continentale et à l'échelle des territoires (au Brésil, São Paulo). Pensez toujours à raisonner à ces différentes échelles.

Bichonnez votre introduction !

Bon, vous avez votre plan, vous pouvez vous lancer. Enfin, presque ! Avant toute chose, prenez le temps de rédiger une bonne introduction au brouillon. L'introduction est un élément essentiel de votre copie. Ce seront les premières lignes de votre copie que lira le correcteur : son attention sera maximum, il ne faut donc pas le décevoir d'entrée ! Au contraire, une excellente introduction mettra le correcteur dans de bonnes dispositions pour aborder la suite de votre copie. Vous m'avez donc compris : l'introduction est un moment stratégique de votre copie ! Vous la soignerez donc tout particulièrement. Le jour du bac, vous prendrez le temps de faire un brouillon pour votre introduction (votre conclusion aussi, mais le reste vous n'aurez pas le temps). Fignolez-la, bichonnez-la. À nouveau, prenez le temps de faire bien. En trois heures, vous le pouvez.

Pensez à votre conclusion dès le départ !

Juste après avoir fait votre introduction, je vous conseillerais de mettre d'ores et déjà au brouillon quelques idées de conclusion. Pourquoi dès maintenant ? Parce que votre composition est une démonstration. L'introduction pose des questions et votre conclusion amène des réponses. Si vous avez en tête les grandes idées de votre réponse au problème (donc la conclusion), votre développement sera plus cohérent, car vous saurez où vous allez, vous saurez où vous voulez emmener le correcteur et ce que vous souhaitez démontrer. La copie y gagnera en cohérence.

Rédiger la copie

Cette fois, nous pouvons y aller ! Mais de manière assez détendue car, à ce stade, le plus dur est fait. Pas convaincu ? Mais si, voyons : vous avez les problématiques, les réponses, le plan : il ne reste plus qu'à « dérouler » votre argumentation, en respectant bien les quelques remarques ci-dessous.

On travaille sans filet !

Pas de brouillon pour la rédaction de la copie ! Autant nous avons insisté pour que vous fassiez un plan et une introduction au brouillon, autant il ne faut pas le faire pour le développement. Pourquoi ? Parce que vous n'en aurez tout simplement pas le temps ! Le premier jet doit donc être le bon ! N'écrivez pas trop vite…

Une copie structurée !

La structure de votre copie doit être lisible. Sautez des lignes pour séparer clairement introduction, développement et conclusion. Sautez également une ligne entre chacune des parties. Vous souhaitez faire un plan apparent (c'est-à-dire écrire vos titres de parties) ? Ce n'est pas interdit, mais pas toujours très élégant. C'est comme vous le souhaitez, un correcteur ne doit pas vous pénaliser pour cela.

Un paragraphe = une idée + un exemple !

Chacune de vos parties doit également être la plus lisible possible. Faites absolument des paragraphes pour séparer vos idées (des sous-parties) en allant à la ligne. Une composition, c'est d'abord une suite d'idées, une argumentation. Chacun de vos paragraphes doit donc développer une idée et une seule. Mais évitez de rester trop vague. Comme nous l'avons dit plus haut, il faut pouvoir expliquer cette idée au moyen d'un exemple concret.

Pourquoi pas quelques schémas dans la copie ?

Mais oui, vous avez tout à fait le droit d'insérer quelques schémas dans une copie de géographie ! C'est même très conseillé et c'est pour cela que vous en trouverez de nombreux dans les cours de ce livre. Mais attention : ils doivent être utiles, compléter ou illustrer votre propos, posséder un titre, une petite légende si nécessaire et… ne pas être minuscules et tassés dans un coin ! Vous avez de la place, faites grand ! Pas moins d'un tiers de la page !

Une copie propre, sans fautes et écrite avec votre meilleure plume !

Prenez le temps d'écrire correctement. Si vous avez parfois des difficultés à formuler vos idées, faites des phrases courtes, répétez-les dans votre tête avant de les écrire. Évitez absolument un style trop familier ou trop proche de l'oral. Cherchez le mot juste et ne mettez pas des mots passe-partout ou vagues avec des guillemets en croyant – à tort ! – que ceux ci vous pardonneront vos approximations de langage ! Il faut faire le maximum pour soigner votre expression écrite. Cela compte, et à l'arrivée, cela fait vite un ou deux points de plus ! Et bien sûr, pas d'abréviations ni de langage SMS !

Dans tous les cas, relisez-vous !

Prenez absolument quelques minutes pour vous relire, modifier une phrase mal écrite, réécrire un mot où vous auriez laissé du correcteur blanc (cela arrive souvent et laisse toujours une mauvaise impression !) et, bien sûr, corriger les plus grosses fautes. C'est indispensable. Une copie truffée de fautes d'orthographe sera presque toujours pénalisée.

Gérez bien votre timing !

À RETENIR

Ci-dessous, le minutage de votre épreuve. Surveillez votre montre !

- Lecture des sujets et choix de votre sujet : 10 minutes ;
- Réflexion au brouillon, mise en plage d'un plan et rédaction d'une introduction : 50 minutes ;
- Rédaction de la copie au propre : 1 h 45 ;
- Relecture et marge de sécurité : 15 minutes ;
- Réalisation de l'épreuve courte (un croquis en géographie) : 1 heure.

Et si vous prenez l'étude de documents ?

La plupart des conseils ci-dessus restent valables. En termes de méthode, reportez-vous au chapitre 2 de ce livre. La mise en œuvre ne pose pas de difficultés particulières. Ainsi, la rédaction de votre réponse organisée se présente de la même façon que le développement d'une composition. Tout ce qui a été dit plus haut s'applique donc ici également.

Il vous faudra probablement un peu moins de temps pour faire une étude de documents qu'une composition. Vous en profiterez donc pour soigner votre rédaction et faire attention à bien exploiter tous les documents.

Encore deux petites choses importantes...

- La qualité de votre écriture et le soin apporté à la rédaction influencent toujours le correcteur, même parfois à son insu ! N'oubliez pas qu'il doit corriger souvent un nombre important de copies dans un laps de temps relativement réduit. Donc s'il doit déchiffrer votre écriture, votre note s'en ressentira. Dans le pire des cas, il risque même carrément de ne pas lire certains paragraphes !
- La qualité de vos connaissances paie toujours. Insistons : trop de copies sont vagues et allusives. Quelques idées générales mais pas ou pas assez d'exemples. Connaissez un certain nombre de cas concrets qui vous permettront d'illustrer efficacement votre copie. Vous en trouverez de nombreux dans les cours de ce livre. Ils vous permettront de faire la différence.

Scénario numéro 2 : la géographie est en épreuve courte

Pas de géographie en première partie et vous voyez des fonds de carte dans les feuilles que l'on vient de vous remettre ? Aucun doute : la géographie vient de tomber en épreuve courte.

Deux croquis au choix

Dans ce cas-là, vous aurez non pas trois, mais deux sujets au choix. Ce seront obligatoirement deux croquis sur deux parties différentes du programme.

Tout comme l'épreuve longue, prenez le temps de bien choisir. Les critères de réussite restent dans l'ensemble les mêmes : essayez de choisir le sujet le plus classique, le plus facile, celui qui est le plus proche de ce que vous connaissez le mieux. Méfiez-vous éventuellement d'un sujet dont la formulation vous surprendrait. En principe, c'est rarement le cas. L'expérience montre (ces dernières années au moins !) que les sujets de croquis sont le plus souvent classiques et sans surprise.

En 2005, les deux sujets de croquis au choix étaient :

Croquis 1 : « Centres d'impulsion et flux d'échanges en Asie orientale ».

Croquis 2 : « La puissance des États-Unis dans le monde ».

Et en 2004 :

Croquis 1 : « Les inégalités de développement dans le monde : des Nords, des Suds ».

Croquis 2 : « L'organisation du territoire des États-Unis ».

Franchement, je vous souhaite de tomber sur de tels sujets ! Ils sont bien centrés sur les programmes, c'est-à-dire sur deux notions majeures de votre année de terminale : « puissance » et « organisation de l'espace ». Ils font d'ailleurs partie de notre liste de dix croquis de base à connaître parfaitement que vous trouverez à la fin de ce livre.

Le sujet « Centres d'impulsion et flux d'échanges en Asie orientale » vous perturbe un peu ? Relisez-le, et vous verrez que l'on vous demande en fait un croquis sur l'organisation du territoire de l'Asie orientale. C'est dire que si vous avez fait une bonne préparation, les sujets de croquis ont peu de chances de vous surprendre.

D'abord, la légende !

Oui, faites d'abord votre légende au brouillon avant de commencer à colorier votre carte. Méfiez-vous car, en principe, vous n'aurez qu'un seul fond de carte. On ne vous en redonnera pas (les examinateurs n'ont pas de réserve !). Le premier coup sera donc le bon ! Donc organisez-vous avant de commencer. Comme d'habitude : de la méthode, encore de la méthode, toujours de la méthode !

Commencez par noter au brouillon tout ce que vous devez faire figurer sur votre croquis, puis regroupez vos idées en deux ou trois thèmes afin de réaliser une légende organisée. Une légende organisée, cela veut dire que vous ne mettrez pas tous vos symboles les uns au-dessous des autres sans logique. On attend de vous que vous regroupiez tous les éléments de votre légende en deux ou trois rubriques auxquelles vous aurez donné un titre. Un croquis, comme une composition, émet en effet des idées.

Choisissez aussi tout de suite les symboles les plus appropriés dès maintenant et avant de commencer au propre, cela évitera les mauvaises

surprises ensuite (comme : « Zut, j'ai déjà utilisé le rouge ici et j'en avais plus besoin ailleurs… ! »). Quand vous aurez une bonne légende, vous pourrez réaliser votre croquis.

Une légende propre et organisée !

Votre légende est un élément essentiel de votre croquis. Soignez-la, organisez-la en différentes rubriques et ne l'écrivez jamais au dos de votre croquis mais sur une feuille à part (en général, il y en a une de fournie). Prenez soin de soigner et aérer sa présentation.

Un beau croquis, avec de belles couleurs !

Eh oui, c'est essentiel ! Alors appliquez-vous, écrivez proprement, faites attention à ce que vos localisations soient justes et faites un coloriage, avec de beaux aplats, de belles flèches et pas de vulgaires gribouillages ! Cela n'a l'air de rien, mais le soin sur le croquis compte pour beaucoup dans la note finale. D'autant que ces dernières années, la qualité des croquis réalisés au bac est en hausse, preuve que les élèves de terminale y accordent toute leur attention ! Et ils ont bien raison ! Le croquis n'est pas une épreuve difficile et elle rapporte facilement des points ! Avec la notation globale de votre copie, vous pouvez même être presque certain que, même si votre composition est en partie ratée, un excellent croquis vous sauvera la mise et vous empêchera d'avoir une note inférieur à 9 ou 10. Rassurant, non ?!

Ne surchargez pas votre croquis !

Même si vous avez beaucoup de connaissances, l'objectif d'un croquis n'est pas de faire du remplissage ! Un croquis de géographie, ce n'est pas une carte Michelin ! Faites les choix judicieux et mettez uniquement les informations et les noms nécessaires au bon traitement du sujet, en n'oubliant pas qu'une des qualités premières de votre croquis doit rester sa parfaite lisibilité. Donc ne multipliez pas les symboles sur votre croquis. Pour chaque élément à représenter, n'allez guère au-delà de trois occurrences. Observez par exemple notre croquis sur la Russie : nous avons veillé à ne pas multiplier les triangles d'hydrocarbures ou de charbon pour maintenir la lisibilité. Nous ne conservons que les plus importants. Faites-en de même !

À propos de l'auteur

Nicolas Arnaud est professeur agrégé d'histoire-géographie. Il enseigne en classe de terminale depuis 1994 dans l'académie de Besançon. Il est déjà l'auteur d'un coffret DVD intitulé *La France et les Français pendant la Seconde Guerre mondiale* publié en 2005.
Il est marié et père de deux enfants.

Deuxième partie

L'épreuve clés en main

Dans cette partie...

Poursuivons le passage en revue du contenu de notre boîte à outils... Après la méthode, vous trouverez ici une foule de conseils pratiques pour vous aider à vous préparer au mieux. Servez-vous, en fonction de vos besoins !

Chapitre 4

Conseils à appliquer toute l'année

Dans ce chapitre :

- Comment s'organiser tout au long de l'année ?
- Comment prendre des notes et travailler efficacement ?
- Peut-on prévoir les sujets ou faire des impasses ?
- Toutes les réponses ici !

Réussir au bac, obtenir de bons, voire de très bons résultats, cela ne s'improvise pas. Vous savez, le jour du bac, il n'y a pas beaucoup de surprises. Ceux parmi vous qui auront fait une bonne préparation auront de bons résultats, et même de très bons ! Le bac est un examen, pas une loterie ! Et pour avoir de bons résultats, il faut bien sûr travailler, mais il faut surtout avoir de la méthode et être bien organisé. Trop souvent – hélas ! – nous voyons des élèves méritants travailler beaucoup pour des résultats moyens. Pour éviter cela, appliquez les quelques conseils ci-dessous…

Les bons réflexes en cours

L'année de terminale est un peu comme un marathon : c'est une épreuve d'endurance qu'il faut bien préparer. Partir trop vite et trop fort ? Vous risquez de vous épuiser et de ne pas tenir la distance. Partir trop lentement et trop tard ? Vous risquez d'accumuler rapidement beaucoup de retard et ne plus pouvoir faire face. Le bon rythme, c'est celui du coureur de fond : l'année de terminale, on « trottine »… Sans s'arrêter, ni faire de sprints inutiles...

Soyez attentif en cours !

On ne le répétera jamais assez : la clé de la réussite, c'est d'être attentif en cours. Vous passez beaucoup de temps en cours (souvent une trentaine d'heures par semaine), eh bien autant que cela serve le plus possible ! Vous y êtes, vous y êtes ! Rentabilisez donc au maximum votre présence ! Si vous êtes attentif, bien dans le cours et que vous parvenez à participer un peu, vous aurez retenu l'essentiel en sortant. Le plus gros du travail sera fait ! Chez vous, il suffira de réviser. Mais si vous n'avez pas été attentif, votre prise de notes ne sera sûrement pas fameuse et vous devrez travailler beaucoup plus chez vous pour rattraper le temps perdu… Et avec un résultat beaucoup moins bon à l'arrivée ! Autrement dit, si vous voulez être efficace, bien préparer votre bac et vous conserver tout de même un peu de temps pour vous, profitez des cours au maximum !

Comment bien prendre des notes en cours ?

En terminale, surtout en ES et en L, le programme est très chargé (vous avez dû vous en rendre compte !). Cela veut dire que votre professeur est sans doute obligé d'aller un peu vite. Ne lui en veuillez pas, il n'a guère le choix ! Donc il faut pouvoir noter l'essentiel et le noter correctement. Comment faire ?

Il n'y a pas qu'une seule bonne façon de prendre des notes, les méthodes peuvent varier un peu d'une personne à l'autre et on ne cesse de se perfectionner au cours du temps. Il y a néanmoins quelques bons réflexes à avoir :

- N'écrivez pas tout de suite. Écoutez votre professeur et quand vous êtes certain de bien avoir compris l'idée qu'il est en train de développer, notez-la.
- Essayez d'écrire un peu vite, voire d'utiliser certaines abréviations (pas trop tout de même, cela doit rester lisible !) pour avoir les cours les plus complets possibles.
- Surtout, aérez votre prise de notes. Sautez des lignes souvent. Quand votre professeur change d'idée, faites-le apparaître avec des tirets et évitez les « gros pâtés » compacts où toutes les idées se noient !
- Conservez toujours le plan du cours très lisible et très apparent. Le plan n'est pas un gadget, il est essentiel ! Il structure un cours. Dans un cours, c'est d'abord le plan que vous devez retenir.

Soyez à l'affût de tout !

N'attendez pas forcément que votre professeur vous fasse signe de noter. Soyez attentif en cours et attrapez tout ce qui passe ! Dès que quelque chose est dit qui vous semble intéressant – une idée, un exemple... –, notez-le ! Soyez à l'affût de tout ce qui peut être utile et prenez-le !

Apprendre et mémoriser les cours tout au long de l'année

L'histoire et la géographie sont des disciplines où vous construisez une culture en accumulant une certaine quantité (et même une quantité certaine, n'est-ce pas ?!) de connaissances. Cela ne peut pas se faire en cinq minutes, ni même en quelques jours. Gommez tout de suite de votre esprit que les quelques jours de révision que vous aurez avant de passer le bac suffiront pour réviser correctement tous les cours de l'année. En fait, pendant ces quelques jours, vous aurez tout juste le temps de relire une fois vos fiches personnelles ! Cela veut dire qu'il faut s'y prendre avant...

Travaillez régulièrement !

La clé de la réussite, c'est de parvenir à étaler son travail régulièrement. Travailler modérément mais tout le temps, vous le verrez, c'est la formule gagnante pour le mois de juin. C'est aussi rassurant, cela permet d'éviter trop de fatigue (si on en fait trop par à-coups) ou trop de stress (si on sent que l'on accumule du retard).

Il va donc falloir vous prendre en main et bien gérer votre travail, et ne surtout pas attendre d'avoir un gros devoir en classe ou un bac blanc pour tout ressortir et réviser !

Relisez vos notes le soir même de préférence

Ah, si vous pouviez appliquer ce conseil... comme ce serait bien ! De nombreuses études (sérieuses !) ont montré que la meilleure technique pour apprendre un cours est de revenir dessus le plus vite possible, lorsqu'il est encore bien frais dans votre esprit et que vous pouvez encore vous rappeler ce qui a été dit. Votre cerveau va le retenir beaucoup mieux que si vous le ressortez trois semaines plus tard, seulement à l'occasion de la préparation d'un devoir en classe.

Relire votre cours ne serait-ce qu'une fois correctement, le soir ou la veille du cours suivant pour ne pas perdre le fil, c'est peu de chose, mais comme c'est efficace ! Essayez de prendre le temps de le faire. Là aussi, au total vous passerez moins de temps sur votre travail et vous aurez de meilleurs résultats ! La plupart des lycéens qui travaillent ainsi obtiennent de meilleurs résultats que les autres.

Ne restez pas à rien faire pendant les vacances !

Bien sûr, les vacances, c'est fait pour se reposer, c'est vrai. Sauf qu'en terminale c'est un peu moins vrai que d'habitude… Il serait en effet très maladroit de passer vos vacances de février ou de Pâques sans réviser vos cours. Le défi de l'année de terminale, ce qui change tout pour vous par rapport aux années précédentes, c'est que vous devez encore savoir parfaitement au mois de juin ce que vous avez appris au mois de septembre ! Comptez vos semaines et vous verrez qu'à Noël, on est déjà presque à la moitié de l'année ! Donc, ne vous dites pas : « J'ai le temps… ». En terminale, l'année file vite (c'est à la fois une bonne et une mauvaise nouvelle… !).

La bonne stratégie est de profiter des vacances pour revoir les cours que vous venez de faire, les relire ou compléter vos fiches.

Faire un calendrier de révisions et s'y tenir

Vacances de Toussaint et de Noël : révision de tous les cours faits jusque-là, réalisation des fiches qui ne sont pas faites. Vous devez bien savoir cette partie du programme à la rentrée de janvier.

Vacances d'hiver (en février) : révision de ce qui a été fait depuis la rentrée de janvier. Puis relecture des fiches réalisées sur la première partie du programme.

Vacances de Pâques : à partir de là, c'est la dernière ligne droite ! Priorité à la révision de ce qui a été fait depuis la rentrée de février, puis relecture de toutes les fiches faites depuis le début de l'année.

Semaine de préparation en juin : relecture de toutes vos fiches.

Et en coulisses… ?

Impasses, rumeurs ?

Abordons les questions sensibles ! Peut-on faire des impasses ? La réponse est clairement et définitivement : non ! Les risques sont trop grands d'avoir une très mauvaise note. C'est hors de question.

Méfiez-vous aussi des rumeurs ! Tous les ans, certaines personnes (ou certains sites internet) vous disent quels sont les sujets qui vont très certainement tomber. Le bac, ce n'est pas le tiercé ! Personne ne sait par avance ce qui va tomber ! Ces rumeurs n'ont donc aucune valeur. Tout au plus, vous vous méfierez tout particulièrement des questions qui ne sont pas tombées depuis longtemps. N'allez pas au-delà.

De la même façon, ne sacrifiez pas une matière. Le jour du bac vous passerez l'histoire **et** la géographie, ne l'oubliez pas. Il est donc impensable de ne pas préparer les deux matières en même temps et avec le même sérieux. Autant de règles de bon sens, mais qu'il vaut mieux rappeler…

Un peu de stratégie tout de même pour finir…

Certes, vous ne devez pas faire d'impasse et vous devez être capable de traiter toutes les questions. Mais, le jour du bac, vous aurez plusieurs sujets au choix, alors autant en profiter, non ? Comment faire ? Une bonne stratégie peut être d'avoir un « joker », c'est à dire une partie du cours que vous connaissez parfaitement bien et que vous avez travaillé davantage que le reste. Une partie qui, si elle tombe, vous permettra d'avoir une très grosse note. Et si elle ne tombe pas, vous pourrez toujours assurer une note satisfaisante sur le reste.

Maintenant, quelle partie choisir ? Comme vous voulez, cela dépend de vos préférences personnelles. Rappelez-vous que le programme de terminale se décompose en trois parties :

- Partie 1 : un espace mondialisé (les deux cours sur la mondialisation) ;
- Partie 2 : les trois grandes aires de puissances (États-Unis, Asie, Europe) ;
- Partie 3 : des mondes en quête de développement (le reste).

Faire d'une de ces trois parties un « joker », cela peut être une stratégie très payante, sachant que :

- la première partie est la plus courte mais la plus difficile,
- la deuxième partie est la plus longue, mais la plus facile et tombe presque à coup sûr tous les ans (il n'est jamais arrivé qu'au moins une des trois grandes puissances ne tombe pas).

À vous de voir…

Courage, vous allez y arriver !

Allez, tenez le coup, cela vaut la peine ! Et dites-vous que vous vous offrirez de belles vacances d'été lorsque vous aurez en poche un bac avec de bons résultats ! C'est important pour vous, cette année de terminale. De plus en plus d'écoles après le bac vous demanderont votre dossier pour connaître vos résultats de terminale. Cette année-là, plus encore que les autres années, vous investissez pour votre avenir. Çà n'est pas rien, cela vaut le coup de vous mobiliser plus que d'habitude.

Chapitre 5

Apprendre à s'organiser : les outils pour réviser efficacement

Dans ce chapitre :

- Vous êtes motivé, prêt à faire ce qu'il faut pour réussir mais vous avez souvent l'impression de ne pas savoir comment vous y prendre ?
- Comment maîtriser la masse de contenu, l'avalanche de connaissances qu'on vous demande d'ingurgiter ?
- Comment réviser efficacement ?
- Fiches, croquis, entraînements… : vous trouverez ici tout ce qu'il faut savoir pour bien vous organiser.

Faire des fiches… oui, mais lesquelles et comment ?

Les bons réflexes

Faire des fiches, c'est souvent une bonne formule. Vous êtes nombreux à en faire et vous avez bien raison ! Deux intérêts au moins à cela :

- Faire une fiche vous oblige à reprendre le cours afin de le résumer et ne garder que l'essentiel. Rien qu'en faisant la fiche (le fait de réécrire et de résumer), vous apprenez votre cours. Croyez-moi, réécrire c'est très efficace !
- L'autre intérêt, c'est bien sûr d'avoir un condensé des notions importantes de votre cours qui vous permette de faire des révisions plus rapidement par la suite.

Que faut-il garder dans votre fiche ?

Vos fiches regroupent tout ce que vous devez savoir par cœur. C'est à dire :

- le plan détaillé ;
- les idées principales, de préférence au moyen de mots-clés ;
- les chiffres essentiels.

Une fiche comporte donc tout ce qui doit être parfaitement su. Mais entendons-nous bien : les fiches ne suffisent pas ! La lecture régulière des cours est irremplaçable.

Des fiches courtes et bien centrées sur les problématiques de l'année

Organisez vos fiches selon les principales problématiques du programme de terminale (c'est-à-dire les notions de puissance et d'organisation du territoire), et faites-le pour tous les chapitres.

Par exemple, pour les États-Unis :

Les fiches à faire sur la notion de puissance

- Les aspects de la puissance des États-Unis.
- Les facteurs de la puissance des États-Unis.
- Les limites à cette puissance des États-Unis.
- La géographie de la puissance américaine à l'échelle mondiale et continentale.

Les fiches à faire sur la notion d'organisation du territoire

- L'organisation du territoire des États-Unis.
- Les dynamiques spatiales du territoire américain.
- La maîtrise du territoire des États-Unis.

Bien évidemment, il faut faire des fiches équivalentes pour tous les chapitres, en adaptant un peu quand c'est nécessaire.

Par exemple, pour la mondialisation

- Les aspects de la mondialisation.
- Les acteurs de la mondialisation.
- La géographie de la mondialisation.
- Les limites de la mondialisation.
- Les États dans la mondialisation.
- Les flux de la mondialisation.
- Centres et périphéries de la mondialisation.
- Aires de civilisation et mondialisation.

À coup sûr, de telles fiches seraient utiles et prépareraient efficacement les sujets de composition à venir. Pour les contenus, vous retrouverez rapidement tous ces thèmes développés dans les cours de ce livre (ils constituent souvent nos titres de parties).

Relire aussi les cours

N'hésitez pas à relire de temps en temps vos cours, que ce soit ceux de votre professeur, ceux de votre manuel ou ceux de notre livre. Les phrases sont rédigées et les contenus sont donc moins « secs » que vos fiches. Cela ne vous prendra pas énormément de temps et vous fera progresser. C'est un travail qui est complémentaire des fiches et qui nourrit votre culture générale.

Un exemple de fiche

Les aspects de la puissance des États-Unis

Les hommes

- 300 millions d'habitants en 2006, 3ème rang mondial.
- Les minorités représentent 1/3 de la population (Noirs 13 %, Hispaniques 13 %, Asiatiques 4 %).
- Une population dynamique et qui augmente encore rapidement (fécondité : 2).

L'économie

CHIFFRES CLÉS

- 1er PIB du monde, 11 000 milliards de $, 30 % du PIB mondial.
- Une économie tertiaire (75 % de la population active)
- 1re puissance industrielle du monde (25 % de la production industrielle mondiale)
- 1re puissance agricole du monde (foodpower et agribusiness).
- 1re puissance technologique du monde. 3 % du PIB dans la recherche ; nombreuses grandes écoles très prestigieuses :MIT, Harvard, Stanford.
- Le dollar est la principale monnaie de paiement international.

La diplomatie

- Le pays le plus influent du monde capable d'influencer les décisions de nombreux autres pays.
- Rôle dominant dans la plupart des grandes organisations (ONU, OMC, FMI, G8…).

L'armée

- 1er budget militaire du monde, 400 milliards de dollars par an, 40 % des dépenses d'armement mondial.
- 1re puissance nucléaire du monde. Des flottes présentes sur toutes les mers du globe.
- La seule armée du monde capable d'intervenir rapidement et massivement n'importe où sur terre.

La culture

- L'anglais est la langue maternelle de 450 millions de personnes.
- L'anglais est la langue de l'Internet et de la plupart des revues scientifiques.
- Domination d'Hollywood dont les recettes en salles totalisent 85 % du marché mondial.
- Les grandes marques mondiales sont toutes américaines (Coca-Cola, Microsoft…).

Et, bien sûr, apprendre ces fiches !

Ensuite, ces fiches il faut les apprendre, les savoir par-fai-te-ment ! Vous ne pouvez pas réussir en ne sachant qu'un peu ou vaguement. Ne vous noyez pas dans trop de détails, mais les fondamentaux (c'est à dire vos fiches), connaissez-les par cœur. C'est pour vous la certitude de ne pas pouvoir vous faire piéger le jour du bac.

Si vous le voulez, vous pouvez vous organiser avec un(e) ou deux bons (bonnes) copains (copines) pour réviser et vous entraîner. Pourquoi pas ? Cela peut être sympa et assez efficace que quelqu'un vous pose des questions en essayant de vous coincer ! Petit à petit, les trous vont se combler et vous vous construirez une solide culture générale.

Compléter les fiches avec un glossaire des mots importants

CONSEILS DU PROF

Nous vous fournissons dans ce livre un lexique qui comporte tous les mots importants à connaître. Il faut vous en inspirer et vous y reportez dès que c'est nécessaire. À nouveau, le plus efficace serait sans doute que vous refassiez le votre, à votre façon, et au fur et à mesure de l'année.

S'entraîner

Ne pas réciter par cœur mais s'interroger !

Essayez de mettre vos connaissances en mouvement et de les utiliser sur des exemples concrets de sujets. Ne vous contentez pas de réciter les cours car ce n'est pas ce que l'on vous demandera le jour du bac. Il faudra que vous sachiez réutiliser vos connaissances pour traiter un sujet bien précis. Comment s'y prendre ? Prenez un sujet de bac et essayez de faire un plan. Prenez un cours ou une partie d'un cours et voyez si vous vous rappelez les idées importantes. Bref, ayez une utilisation dynamique de vos connaissances. Et pour les données précises à connaître (chiffres, noms, lieux…), la bonne vieille technique du test type QCM reste assez efficace ! Nous vous en proposons quelques exemples dans la partie « Ressources » de ce livre. À consommer sans modération !

Faites des croquis !

Il est un autre domaine où il est vital de vous entraîner : c'est bien sûr les croquis. Le minimum sera de bien connaître les croquis que nous avons inclus dans ce livre (dans « La partie des dix »). Ce sont les croquis majeurs, d'autres sont possibles, mais qui seraient le plus souvent des variantes de ceux-ci. Et pour bien les connaître, un seul moyen véritablement efficace : les refaire ! Vous prenez un fond de carte (vous les trouverez dans ce livre, il vous suffira de les photocopier en agrandissant la page pour la remettre à un format A4, car c'est le format des croquis au bac), vos crayons et vous vous lancez ! Et quand vous en avez fait un de bien réussi, ne le jetez pas : pourquoi ne pas le coller au-dessus de votre bureau ? Comme ça, vous tomberez dessus chaque fois que vous relèverez la tête ! Punaisez-en partout dans votre chambre, et à la fin de l'année, vous saurez tout !

Troisième partie

Le programme

La mondialisation, on la vit au quotidien :

Dans cette partie...

L'ensemble du programme, quelle que soit votre série (L, ES ou S).

Pour les terminales L et ES, tous les chapitres sont au programme sauf le chapitre 8 dédié aux terminales S.

Pour les terminales S, les chapitres 12, 13 et 18 ne sont pas au programme. Bien que le chapitre 16, ne soit pas non plus au programme des TS, nous vous conseillons néanmoins de le lire car il complète bien les chapitre 6 et 7 sur la mondialisation.

Chapitre 6

Mondialisation et interdépendances

Dans ce chapitre :

- La mondialisation : un monde de flux et de mobilité
- Les acteurs de la mondialisation : qui fait quoi ?
- Géographie de la mondialisation

La mondialisation est à la mode et on en parle tout le temps ! Pour vous, c'est un terme essentiel à bien comprendre dans l'objectif du bac, et c'est pour cela que nous avons décidé de lui consacrer deux pages complètes au début de ce cours pour bien vous en expliquer tous ses aspects. À lire dès maintenant !

Quels sont les flux majeurs de la mondialisation ?

Comment la mondialisation transforme-t-elle la géographie de la planète ?

Voir page II du cahier couleurs : l'organisation de l'espace mondial

- **6,5 milliards d'habitants sur terre en 2006**
- **Environ 200 États dans le monde**
- **70 % du commerce mondial contrôlés par la Triade**
- **2/3 du commerce mondial réalisés par les firmes multinationales**

Qu'est-ce que la mondialisation ?

Qu'est-ce que la mondialisation...? Le terme est devenu flou tant il a été mis à toutes les sauces pour désigner un peu tout et n'importe quoi ! Et pourtant, le mot n'est pas très vieux (il est apparu dans les années 1980)... L'essentiel à savoir est résumé ci-dessous en quatre idées principales.

Une explosion des échanges

Hommes, marchandises, services, sons, images, capitaux... tout circule toujours plus et toujours plus vite sur terre. Cet essor des flux mondiaux est la principale manifestation de la mondialisation.

Une occidentalisation du monde

... c'est-à-dire une domination et une diffusion des valeurs occidentales (l'Occident, c'est-à-dire surtout l'Europe et les États-Unis). Notre mode de vie, nos images, notre culture se diffusent dans la Terre entière. Cette occidentalisation du monde a été d'abord une européanisation ; c'est maintenant surtout une américanisation du monde (diffusion du mode de vie et des valeurs américaines). La mondialisation est ainsi devenue synonyme d'**américanisation** car les États-Unis jouent un rôle majeur au sein de la mondialisation. Au fond, cette occidentalisation de la planète est en marche depuis longtemps, au moins depuis la découverte de l'Amérique par Christophe Colomb en 1492 (qui s'est traduite par une mainmise du continent américain par les Européens et la diffusion de valeurs européennes en Amérique).

Le tournant : les années 1980

La mondialisation a en effet pris une ampleur nouvelle depuis environ 25 ans. Pourquoi ?

Les récents progrès dans les moyens de transport et de communication ont considérablement réduit deux contraintes traditionnelles fortes : le temps et les distances

Elles ont même dans certains cas quasiment disparu ! Alors qu'il fallait encore deux semaines à Napoléon pour faire parvenir un courrier d'un bout à l'autre de son empire, nous sommes désormais entrés dans l'ère du « temps réel » pour un nombre croissant de flux : sons, images, informations, capitaux...

Le monde s'est économiquement uniformisé

Avec la disparition de l'URSS en 1991, mère patrie du communisme (et donc du seul modèle concurrent au capitalisme), la planète entière s'est convertie au capitalisme. Même la Chine (pourtant théoriquement encore communiste !) a adopté l'économie de marché et participe pleinement à cette mondialisation des échanges (elle est entrée à l'OMC en 2001, c'est tout dire !).

Les obstacles au commerce (le protectionnisme : taxes, quotas...) ont également fortement reculé. **La mondialisation actuelle repose donc sur une idéologie : le libéralisme**. Pour les libéraux, la liberté du commerce constitue le moyen indispensable pour entraîner le monde vers plus de progrès, de libertés et de richesses.

Quelles sont les conséquences de ces évolutions survenues ces 25 dernières années ?

- Les flux ont explosé et concernent presque tous les pays ! Les échanges se font à l'échelle du monde entier pratiquement sans exception (peu de pays, comme la Corée du Nord, en sont totalement exclus). La planète est donc devenue un seul et unique marché.
- Les différents pays sont de plus en plus liés les uns aux autres : ce qui se passe à un endroit du monde a de plus en plus souvent d'importantes conséquences ailleurs (pollution, crises financières, croissance ou crise économique...). L'**interdépendance** entre toutes les parties du monde s'est donc beaucoup accrue.
- Les conséquences spatiales (retour à la géographie !) sont tout aussi importantes : puisque la mondialisation c'est l'explosion des échanges, les espaces les mieux reliés au monde sont favorisés et les autres marginalisés. Les grandes villes et les espaces de contact (frontières, littoraux) concentrent richesses, savoir et pouvoir. Ils sont les espaces les plus attractifs, c'est donc vers eux que convergent les hommes.

La mondialisation crée donc un contexte nouveau qui change en profondeur le fonctionnement de notre monde

Elle représente tout à la fois des opportunités et des contraintes nouvelles. Elle n'est ni bonne ni mauvaise en soi, tout dépend de la façon dont les hommes la géreront. Elle constitue probablement une rupture importante dans l'histoire de l'humanité.

Maintenant, pour vos copies (vos introductions notamment si vous avez un sujet portant sur la mondialisation), vous aurez besoin d'une définition plus synthétique ! Gardez celle-ci :

VOCABULAIRE

La mondialisation : on en parle partout, mais savez-vous de quoi il s'agit ?

La **mondialisation** peut être définie comme une mise en relation toujours plus étroite des différentes parties du monde. Elle se caractérise d'abord par une explosion des flux entre les pays du monde.

Aspects de la mondialisation : un monde de flux et mobilité

La planète a la bougeotte !

C'est la première caractéristique de la mondialisation : une explosion des mobilités à l'échelle mondiale. Les hommes s'échangent toujours plus de choses et se déplacent toujours plus et toujours plus vite !

Les échanges de marchandises : toujours plus !

Depuis les années 1950, le commerce international augmente sans cesse et a un rythme plus rapide que les productions. Cela veut dire que les pays exportent et importent toujours plus entre eux et deviennent ainsi de plus en plus **interdépendants** (chaque économie nationale est de plus en plus dépendante pour ses achats et ses ventes du reste du monde).

Qu'échange-t-on le plus ? D'abord et surtout des produits industriels (machines de bureau, équipements de télécommunication, acier, textile, produits pharmaceutiques…). Viennent ensuite des matières premières (bois, minerais…), de l'énergie (du pétrole, surtout) et des produits agricoles (blé, maïs, soja, viande…).

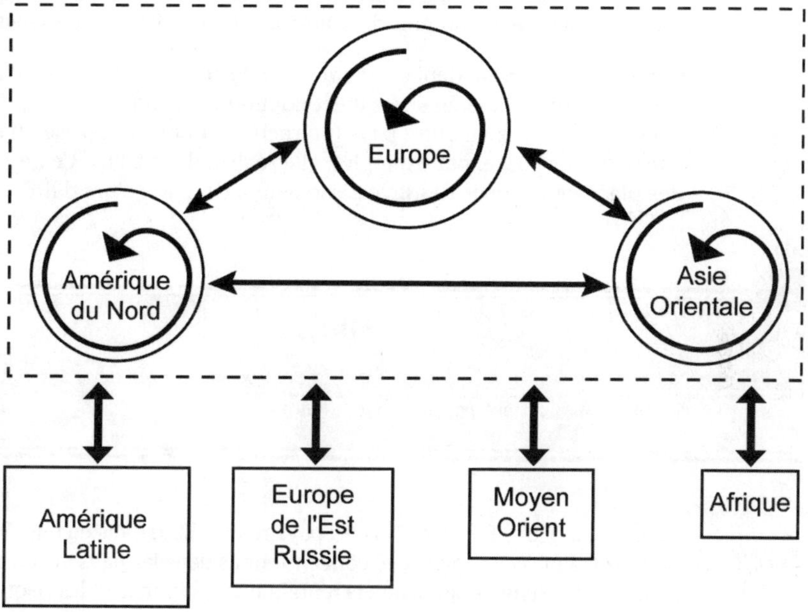

Figure 6-1 : Les États de la Triade contrôlent 70 % du commerce mondial !

L'essentiel des échanges se fait entre les trois grands pôles économiques mondiaux (voir figure 6-1). Les flèches au cœur de ces trois pôles indiquent qu'une grande partie du commerce se fait à l'intérieur même de ces espaces (les Européens commercent d'abord entre eux). Les autres parties du monde, en dehors du cadre principal, ne s'intègrent que partiellement à ces flux et ne réalisent qu'une faible part du commerce mondial.

Les flux de capitaux : des milliards de dollars déplacés en un clin d'œil !

C'est un des aspects les plus importants de l'actuelle mondialisation. Tous les jours circulent sur terre des sommes énormes en quête de fructueux placements. Ces capitaux circulent d'une bourse à l'autre en permanence. La monnaie étant dématérialisée, il devient en effet très facile de déplacer ces capitaux en un clin d'œil, ou plutôt en un clic de souris (d'ordinateur, bien sûr !). Les flux atteignent de nos jours des sommes gigantesques (des centaines de milliards de dollars tous les jours) et cela ne s'arrête jamais ! Quand la Bourse de Paris ferme, celle de New York vient d'ouvrir, puis, dans la nuit, celle de Tokyo prendra le relais en attendant le réveil des marchés européens ! Un investisseur peut ainsi faire fructifier son argent en continu !

Ces flux sont dits spéculatifs car ils n'ont pas de finalité économique et visent uniquement à obtenir de bons placements. Ils sont très instables.

Les flux financiers se déplaçant sur terre ne sont pas tous spéculatifs. Il y a aussi des flux dont la finalité est économique : quand une entreprise d'un pays investit dans un autre pays (en rachetant une entreprise ou en créant une usine sur place, par exemple), elle réalise de tels flux. Ce ne sont plus des placements, mais des investissements. On parle alors d'IDE.

VOCABULAIRE

L'IDE

IDE : investissements directs à l'étranger. Ce sont les flux de capitaux dont l'objectif est le contrôle ou la création d'une entreprise à l'étranger.

Où va cet argent ? D'abord dans les pays riches, États-Unis en tête. Mais pourquoi donc ces capitaux se concentrent-ils dans les pays qui en ont le moins besoin ? Simplement parce que la rentabilité y est bonne et les risques faibles…

SCHÉMA

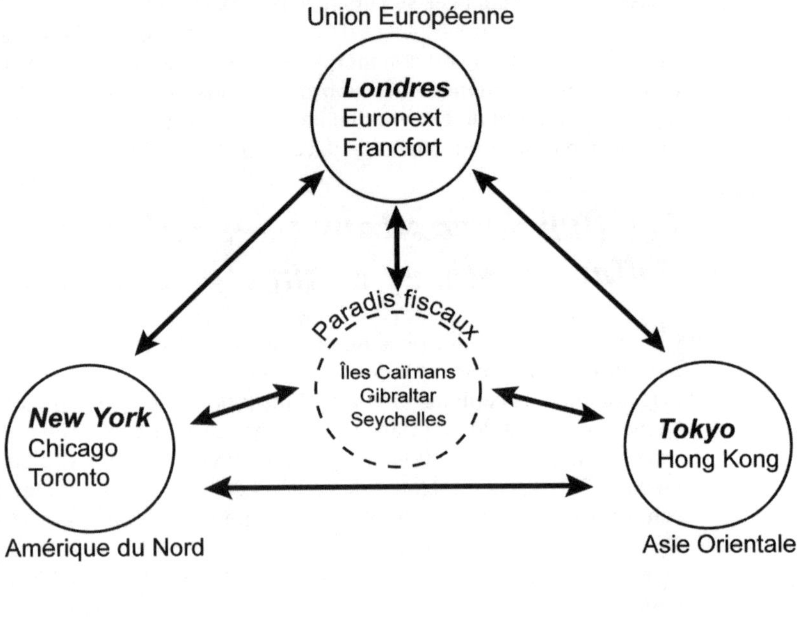

Figure 6-2 : La planète financière.

Comme le montre la figure 6-2, près de 90 % des flux financiers circulent entre un nombre réduit de places financières qui se situent très majoritairement dans les pays développés. C'est dire si le déséquilibre est important ! Trois marchés dominent : New York, Londres et Tokyo. Et les paradis fiscaux captent une part importante de ces flux.

L'information à la vitesse des réseaux

Les flux de sons et d'images ont également prodigieusement augmenté ces vingt dernières années. L'arrivée des chaînes satellites donne même accès à des programmes en provenance du monde entier et en direct. Informations, idées, événements circulent ainsi en continu sur la planète. 1980 est de ce point de vue presque une date fondatrice avec la naissance de CNN, la première chaîne (américaine) qui se donne d'emblée une vocation planétaire et qui diffuse en continu les informations venant de toute la planète. Les attentats sur le World Trade Center le 11 septembre 2001 furent ainsi diffusés immédiatement. L'opinion mondiale peut suivre en direct événements sportifs, guerres ou catastrophes naturelles survenus à l'autre bout du monde. Cela influence fortement nos modes de vie (circulation des modes, cultures, images et sons d'autres continents) et nos sensibilités. Que nous le voulions ou non (à moins de vivre en ermite !), l'actualité mondiale fait quotidiennement irruption dans nos foyers. Là encore, ce sont quelques pays parmi les plus développés qui contrôlent l'essentiel de ces images. Ce que nous voyons tous les jours aux infos, ce n'est pas la totalité du monde, c'est le monde vu par les grands médias européens et américains.

Et les hommes ? Immigrants, réfugiés, cerveaux et touristes

Environ 200 millions de personnes seraient des migrants vivant en dehors de leur pays, un chiffre très approximatif (car les données fiables manquent en la matière) et finalement pas si important que cela (cela représente à peine 3 % de la population mondiale), mais qui n'a cessé d'augmenter, et cela malgré les barrières de plus en plus épaisses érigées par la plupart des États du monde.

La grande majorité de ces immigrants sont des adultes jeunes (des hommes, surtout) qui quittent leur pays à la recherche d'un meilleur endroit pour vivre et travailler. La misère, les guerres et les famines sont donc les principaux moteurs de ces flux. Mais pas seulement. Les motifs et les occasions de se déplacer ont beaucoup augmenté : les étudiants se forment davantage à l'étranger, les hommes d'affaires sillonnent la planète en permanence et les retraités n'hésitent plus à aller chercher le soleil hors de chez eux (les Britanniques vers la France, les Allemands vers l'Espagne, les Français vers les DOM-TOM, voire le Maroc…). Les jeunes diplômés, très courtisés par les grandes entreprises, sont aussi une population très mobile. Bill Gates, le puissant patron de Microsoft, recrute de plus ses informaticiens en Inde. Les talents s'expatrient.

Ces flux sont d'abord Nord/Sud, c'est-à-dire des **PED** (pays en développement) vers les pays développés. Les États-Unis et l'Europe sont les deux principales terres d'accueil de ces immigrants (on estime qu'un immigré de la planète sur cinq vit aux États-Unis !). Mais 1/3 des migrations sont des flux Sud/Sud (les pays pétroliers du Moyen Orient comme l'Arabie saoudite, par exemple, attirent beaucoup d'immigrés). Avec la mondialisation, les flux migratoires se généralisent et concernent désormais presque tous les pays.

SCHÉMA

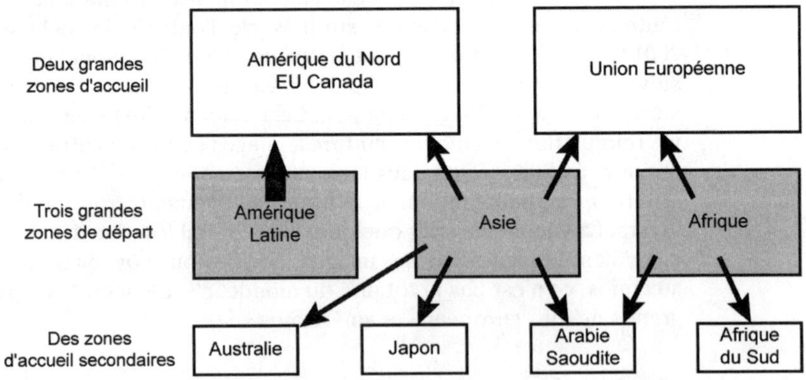

Figure 6-3 : Les flux migratoires sur terre : des flux à l'échelle mondiale !

Les flux du tourisme ont, eux aussi, considérablement augmenté. En 2004, ce sont environ 760 millions de touristes qui ont ainsi parcouru le monde en quête d'exotisme ou de farniente ! Les flux sont, là aussi, très déséquilibrés. Les zones de départ ne concernent pratiquement que les pays du Nord et se dirigent prioritairement… vers les pays du Nord ! La France, avec plus de 70 millions de touristes par an, est d'ailleurs la première destination mondiale, devant l'Italie, l'Espagne et les États-Unis.

Pourquoi ce boom des flux ?

Des progrès techniques considérables dans les transports et les télécommunications…

La raison la plus évidente de cette extraordinaire progression des flux est la récente révolution des moyens de transport et de communication. Ils ont été les moyens indispensables qui ont permis l'actuelle mondialisation. Quelques aspects :

- Le train (TGV) et la voiture (autoroutes) dominent sur courte et moyenne distance surtout. Le nombre de véhicules en circulation a connu une progression spectaculaire depuis 1950 ;
- Le transport aérien, né au xxe siècle, n'a fait que progresser techniquement (de l'invention du réacteur à l'Airbus A380 en 2005) ;
- Le transport maritime, essentiel lui aussi car les marchandises qui circulent sur terre le font très majoritairement par bateau. Les flottes ont beaucoup augmenté (des capacités multipliées par 20 entre 1950 et 2000 !), ainsi que les tailles des navires, et la généralisation des conteneurs a permis une augmentation du trafic ;
- Les réseaux (câbles, satellites, Internet) permettent la diffusion en continu des idées, des images, des flux financiers, etc.

Avec ce boom des moyens, c'est un peu comme si le monde avait rétréci, d'où l'expression de « village mondial » que l'on retrouve parfois pour parler de notre Terre. En fait, la Terre n'a bien évidemment pas rétréci, mais les hommes maîtrisent de mieux en mieux le temps et les distances.

…mais aussi une volonté politique de la plupart des pays du monde…

Des moyens pour intensifier ces échanges, c'est bien, mais ce n'est pas suffisant. Encore faut-il que les différents pays du monde acceptent que ces flux entrent chez eux ! Autrement dit, il ne sert à rien de transporter du soja du Brésil vers l'Europe si l'Europe en interdit les importations !

Dans les années 1930, un grand nombre de pays se protégeaient tellement que les échanges commerciaux étaient devenus très faibles. C'est pourquoi au lendemain de la Seconde Guerre mondiale, et sous l'influence des États-Unis, un certain nombre de pays ont souhaité rompre avec ce **protectionnisme** et développer leur commerce afin de faciliter leur reconstruction et leur développement. L'étape décisive fut franchie en

1947 lorsque 23 pays signèrent ensemble les accords du **GATT**. L'objectif de ce traité était de parvenir à progressivement diminuer toujours plus les entraves au commerce entre nations. Les effets ont été spectaculaires : de 1947 à nos jours, le taux moyen de protection douanière est passé de 40 % à 3 % ! Un produit importé est donc beaucoup moins taxé qu'auparavant lorsqu'il pénètre sur un marché extérieur.

VOCABULAIRE

Le GATT

GATT : *General Agreeement on Tariffs and Trade* ou Accord général sur les tarifs douaniers signé en 1947. L'objectif de ce traité signé entre les États les plus importants du monde était de favoriser le commerce en supprimant progressivement les entraves aux échanges, et notamment les droits de douane et les quotas qu'imposaient certains pays aux produits entrant sur leur territoire afin de protéger leur économie.

En 1994, le GATT devint l'OMC (Organisation mondiale du commerce) et poursuivit son objectif de libéralisation des échanges. De plus en plus de pays participent désormais à cette organisation essentielle en acceptant (en principe… !) de jouer le jeu du libre-échange. L'entrée de la Chine en 2001 fut une étape décisive et consacra l'OMC comme l'une des organisations internationales les plus importantes au monde.

GROS PLAN

L'OMC essaie d'organiser le commerce mondial en fixant des règles communes à tous et en essayant de les faire appliquer, n'hésitant pas à condamner à de lourdes sanctions un État qui ne les respecterait pas. Inutile de vous dire que les négociations donnent lieu à de furieuses bagarres et que cette position d'arbitre n'est pas facile, tant les intérêts divergent entre pays !

… et un effondrement des prix !

Un peu partout sur terre, cette vague d'ouverture et cette libéralisation des échanges ont rapidement permis une augmentation des marchés, mais aussi de la concurrence. Les États se désengagent progressivement de toutes leurs activités de production et les abandonnent à la libre concurrence. Le temps des monopoles publics est bien révolu ! Un exemple vous fera mieux comprendre les choses : jusque dans les années 1990, l'État français garantissait un monopole d'exploitation à Air France pour toutes les lignes intérieures françaises. Cela signifiait que si vous vouliez faire un Paris-Nice en avion, il fallait passer par Air France puisque la concurrence était interdite. Vous aurez pu remarquer à quel point la situation est différente aujourd'hui ! Depuis, le transport aérien a été totalement libéralisé : Air France n'appartient plus à l'État (elle a été privatisée en 1999) et la concurrence est désormais libre en Europe. Une des conséquences immédiates ? La baisse, non… l'effondrement des tarifs ! Et le phénomène n'a fait que s'amplifier avec l'arrivée des compagnies dites *low cost* qui pratiquent la vente par Internet à prix cassés. Réservé autrefois à une élite, le transport aérien s'est aujourd'hui totalement démocratisé et les flux ont évidemment explosé. La logique a été un peu la même pour de nombreux moyens de transport et de communication : depuis la signature du GATT en 1947, le coût du transport maritime a été divisé par 2, celui du transport aérien a baissé de 85 % et celui des appels téléphoniques a baissé de 99 % ! Dans ces conditions, il n'est pas étonnant que ces flux aient tant augmenté !

Les acteurs de la mondialisation : qui fait quoi ?

Quels sont les acteurs de la mondialisation ? Qui produit les règles qui font fonctionner notre monde ? Qui a le pouvoir ? Beaucoup d'acteurs en ont ! Mais, à l'heure de la mondialisation, deux dominent : les États et les grandes firmes multinationales.

Acteurs légaux…

Les États, des acteurs majeurs

Les États sont toujours probablement les acteurs principaux dans les relations internationales. Qu'on le veuille ou non, ce sont les États qui signent les traités, font les lois et règlements et qui animent les grandes organisations internationales. Les États sont donc encore à l'origine de la plupart des règles du jeu de la mondialisation. Ce sont eux qui disposent des moyens de l'organiser ou pas (quand ils décident, par exemple, la mise en place de règles internationales pour organiser le commerce mondial ou de lutter contre le réchauffement climatique).

Les firmes multinationales (FMN), l'autre acteur essentiel

Pour les entreprises, la grande nouveauté avec l'actuelle mondialisation, c'est que le marché est désormais vraiment mondial. Cela a des avantages (plus de clients, possibilité de produire dans des régions où la main-d'œuvre est moins chère en délocalisant la production…) mais aussi ses inconvénients (une concurrence accrue et une pression permanente sur les prix). En termes économiques, nous dirions que l'offre et la demande se sont mondialisées. Dans les faits, les grandes entreprises y ont le plus souvent beaucoup gagné. Profitant des opportunités se dégageant sur tous les marchés, les plus puissantes d'entre elles parviennent à tirer le meilleur parti de chaque région du monde. Que la crise frappe l'Europe : nous redéploierons nos ventes en Amérique et nous délocaliserons la production en Asie. Un nouvel acteur est ainsi apparu avec la mondialisation : **les firmes multinationales** ou **transnationales** (en abrégé **FMN** ou **FTN**, les deux termes sont proches). Coca-Cola, Microsoft, L'Oréal, Danone, Nestlé, Ford… sont autant de FTN. Elles se sont considérablement développées ces vingt dernières années et ont acquis une puissance énorme (leurs chiffres d'affaires cumulés représentent plus de 20 000 milliards de dollars… !). À elles seules, elles réalisent près des 2/3 du commerce mondial ! Parfois plus puissantes qu'un État, elles sont devenues un acteur majeur de la mondialisation. Sans surprise, les plus grosses sont presque toutes américaines, japonaises ou européennes.

VOCABULAIRE

Les FMN ou FTN

Ce sont toutes les entreprises exerçant leur activité à l'échelle mondiale. Elles possèdent ou contrôlent des entreprises dans plusieurs pays et élaborent des stratégies économiques à l'échelle mondiale.

Les grandes organisations internationales pour réguler le désordre ambiant

Peu à peu, avec la mondialisation, de nombreuses grandes organisations internationales sont nées où tous les États du monde pourraient, ensemble, créer les règles communes indispensables au fonctionnement harmonieux de notre planète. Vaste programme ! Car les différences et divergences d'intérêts entre les pays du monde sont telles que les grandes organisations internationales sont de véritables rings de boxe où les luttes sont rudes. À l'OMC, chaque cycle de négociation s'appelle d'ailleurs un « round », c'est tout dire sur l'âpreté des discussions !

Ces grandes organisations internationales sont maintenant très nombreuses (près de 350), preuve que de plus en plus de choses se passent à l'échelle mondiale. Quelques-unes ont une importance déterminante : l'**ONU** (qui regroupe un grand nombre de structures spécialisées comme l'**OMS**, le

HCR, l'**UNICEF**…), l'**OMC**, le **FMI,** la **Banque mondiale** et le **G8**. Si l'on souhaite que notre planète reste vivable, l'existence de telles organisations est indispensable. Sans règles internationales, c'est la jungle, c'est-à-dire rien d'autre que la loi du plus fort ! Mais elles dépendent du bon vouloir des États qui y participent pour fonctionner correctement, et là, il faut reconnaître qu'il reste encore beaucoup de progrès à faire... Car les grands pays du monde les dominent et leurs règles sont loin d'être toujours bien respectées.

Les indispensables ONG

Les **ONG** sont toutes les organisations non gouvernementales (c'est-à-dire des organisations privées, des associations surtout) qui ne dépendent pas d'un État. Elles sont souvent spécialisées dans l'humanitaire ou la protection de l'environnement. Un certain nombre sont devenues des acteurs essentiels de l'actuelle mondialisation. Quelques exemples, parmi les plus célèbres : la Croix-Rouge, Amnesty International (défense des droits de l'homme), Greenpeace (protection de l'environnement) ou Médecins sans frontières (MSF). Les ONG naissent souvent d'une indignation publique, d'un mouvement d'opinion sans lequel elles ne pourraient pas subsister.

GROS PLAN

Exemple d'ONG : MSF

MSF naît lors de la guerre du Biafra (au Nigeria, de 1967 à 1970). Envoyés sur place, des médecins français (les *French doctors*) sont horrifiés par le massacre auquel ils assistent et le manque de soins dont souffre la population. Ils décident de créer MSF pour agir vite et sans devoir rendre des comptes à un État (et parfois être obligé de tenir un discours officiel auquel ils ne croient pas…). Depuis, MSF est devenue une ONG très importante, intervenant dans toutes les parties du monde pour porter secours aux populations.

Avec la mondialisation, le nombre des ONG a beaucoup augmenté (environ 50 000 de nos jours !). Elles sont une des manifestations de la mondialisation (puisqu'elles agissent souvent à l'échelle mondiale) et jouent souvent le rôle de pompiers en intervenant là où il y a urgence. Elles sont le reflet de l'insuffisance ou de l'impuissance des États, mais prouvent également que bien des hommes et des femmes ne se résignent pas à la fatalité devant les difficultés de notre monde.

… et acteurs illégaux !

Il n'y a évidemment pas que les échanges légaux qui profitent de la mondialisation. La mondialisation est aussi une aubaine pour les trafiquants de tous les horizons. Une gigantesque économie souterraine profite pleinement de la mondialisation, de ses failles. Plongeons dans ces réseaux parallèles… (voir figure 6-4)

Criminalité organisée, mafias et cartels de la drogue

Trafics de drogue, d'armes, d'œuvres d'art, d'enfants ou prostitution : le crime organisé s'est lui aussi mondialisé ! Puisque les moyens se sont accrus en même temps que la richesse et la population mondiale, les mafias et les trafiquants de toutes espèces prospèrent dans la mondialisation. Et un État seul a bien des difficultés à lutter efficacement contre ces réseaux qui ne sont pas limités par des frontières. Pour l'instant, ils ont la partie belle : les échanges explosent, les entraves aux échanges diminuent et les coopérations internationales entre police et justice n'en sont encore qu'à leurs débuts. D'autant qu'ils peuvent utiliser une autre faille de la mondialisation pour recycler les recettes de leur trafic : les paradis fiscaux.

La grande délinquance financière et les paradis fiscaux

Les **paradis fiscaux** sont une autre plaie, ou « zone grise » comme on le lit parfois, de la mondialisation. Nous l'avons vu, des masses d'argent de plus en plus importantes circulent à la recherche de placements rentables… et discrets ! Car certains de ces capitaux sont issus d'activités illégales (argent de la drogue, trafics d'armes). Les paradis fiscaux sont des places financières qui offrent ce double avantage : elles posent peu de questions sur l'origine des fonds et taxent très peu ces capitaux. Il en existe environ 70, situés le plus souvent à proximité des États riches (îles Caïmans, Bermudes, Bahamas…). Ce sont en général de tout petits pays qui servent de plaques tournantes à cet argent « sale ». Et tout le monde le sait ! Toute une économie criminelle peut ainsi prospérer. Les chiffres sont incertains, mais les sommes transitant par ces places dites « off shore » sont gigantesques : 500 milliards de dollars ? 1 000 ? Davantage encore ? Les paradis fiscaux assurent aussi le « blanchiment » de cet argent « sale », en le réinvestissant dans des activités très légales (sous formes d'achats immobiliers, par exemple). Et le tour est joué !

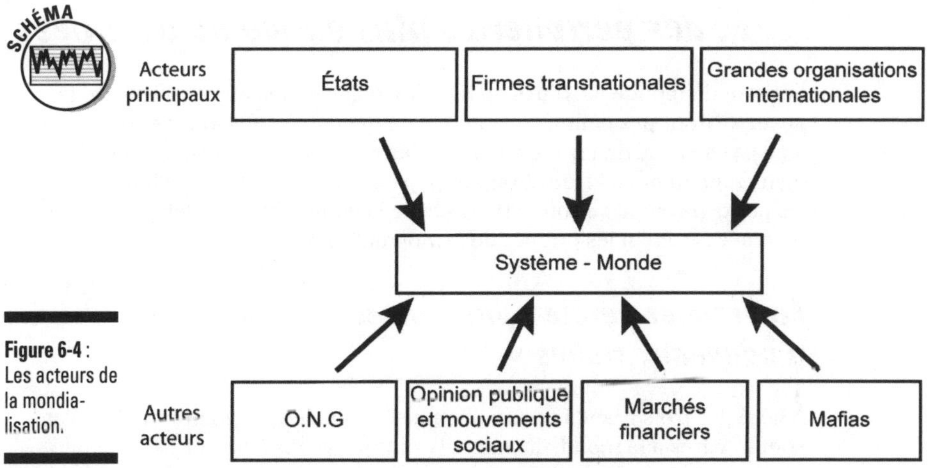

Figure 6-4 : Les acteurs de la mondialisation.

Géographie de la mondialisation

Certains espaces dominent et organisent cette mondialisation, d'autres sont dominés et la subissent. Mais les choses ne sont pas figées, car nombreux sont les pays qui cherchent à s'intégrer dans le peloton de tête.

Trois centres d'impulsion...

L'Amérique du Nord (États-Unis, Canada), l'Union européenne et le Japon : ces États qui constituent la **Triade** sont les principaux acteurs de la mondialisation. Ils réalisent à eux seuls les 70 % du commerce international et captent la grande majorité des flux de toute sorte (finance, Internet, trafic aérien...). La géographie de la mondialisation est donc très déséquilibrée et joue en faveur des États déjà les plus puissants. Ces pays dirigent et organisent la mondialisation. On dit qu'ils sont les **centres d'impulsion** du système-monde. Ils possèdent trois éléments déterminants : le pouvoir, le savoir et la richesse. Leur domination est très forte pour la recherche et l'enseignement supérieur. Ils contrôlent également la grande majorité des médias et donc des images et de l'information diffusées à travers le monde. Ils possèdent des infrastructures de transport et de communication exceptionnelles.

... et des périphéries plus ou moins dominées

Le reste du monde n'est pas un bloc homogène, bien au contraire. Ne le voyez surtout pas comme une masse de pays sous-développés condamnés à ne pas s'en sortir, les choses sont plus compliquées que cela ! Il faut distinguer au moins trois groupes de pays : les puissances régionales et les petits pays qui se sont enrichis avec la mondialisation, les périphéries dominées et enfin les oubliés de la mondialisation.

Le premier cercle : puissances régionales et « nouveaux riches »

À côté des trois grands centre d'impulsion, un certain nombre de pays se sont intégrés à la mondialisation. Ils sont parvenus à attirer des capitaux, participent de plus en plus au commerce mondial et en tirent profit. Parmi eux figurent peut-être les nouveaux géants de demain et tous sont déjà de grandes puissances régionales. Ce sont la Chine, la Russie, le Brésil, l'Inde, l'Afrique du Sud et l'Australie. Tous ces pays sont très différents, tant par leur histoire que par leur dynamisme ou leur niveau de développement. Mais ils ont tous un point commun : au sein de la mondialisation, ils comptent, et certains même de plus en plus...

Il faut mettre également dans ce premier cercle des États plus petits mais dont la réussite économique est telle qu'ils sont parvenus à sortir du sous-développement. Des « nouveaux riches » en quelque sorte (passez-moi l'expression...) dont le niveau de vie n'a plus rien à envier au nôtre. C'est le cas des **NPIA** : Corée du Sud, Taïwan, Singapour, Hong Kong. Ils doivent leur développement à la mondialisation, car leur réussite provient de leurs succès commerciaux. Sans commerce, sans capitaux extérieurs (les fameux **IDE**), jamais ces pays n'auraient pu se développer ainsi. La Chine suit le même chemin : grâce à la mondialisation, le pays le plus peuplé du monde connaît des taux de croissance de près de 10 % par an et est en train de sortir à vitesse rapide du sous-développement ! La Chine est déjà la 4e puissance économique du monde et à ce rythme, elle doublera l'Allemagne d'ici 2010 ! Et l'Inde semble vouloir suivre la même évolution. Bref, tout cela bouge très vite : la géographie de la mondialisation n'est pas figée !

Parmi ces « nouveaux riches » (cette fois l'expression colle plutôt bien), il faut enfin faire une place aux paradis fiscaux, ces 70 micro-États qui prospèrent grâce aux failles du système mondial. Voilà pour les gagnants.

Les périphéries dominées

Un nombre important de pays du Sud participent à la mondialisation sans pour autant parvenir à réellement s'enrichir et se développer. Pour l'instant, ces pays subissent la mondialisation. Ce sont surtout :

- les « pays ateliers » dont le seul atout est leur main-d'œuvre très bon marché (nombreux pays en Asie ou en Afrique du Nord), et qui se limitent à fabriquer des produits à faible valeur ajoutée pour le compte des pays industriels. Ils tirent très peu profit de ces échanges.
- les pays qui vendent uniquement des matières premières ou des produits agricoles. C'est un commerce peu rentable car le prix de ces matières premières fluctue beaucoup et n'est pas très élevé (les cours sont de nouveau à la hausse pour certains d'entre eux depuis 2 ou 3 ans…). Ces pays sont nombreux en Afrique ou en Amérique latine.

Les oubliés de la mondialisation

Reste, dans une dernière catégorie, une cinquantaine de pays totalement à l'écart des flux de la mondialisation. Ce sont les « oubliés » de la mondialisation. Des pays évités et marginalisés qui ne connaissent pratiquement aucun développement. Les raisons de cette marginalisation sont multiples.

- Elles sont d'abord politiques : pays en guerre, régulièrement victimes de coups d'État, pays non démocratiques (nombreux pays en Afrique subsaharienne, mais aussi en Asie du Sud-Est) ou encore pays déclarés comme « voyous » par les États-Unis (les rogue states de George Bush !) : Corée du Nord, Iran, Cuba.
- Elles peuvent aussi être géographiques : pays très enclavés et sans accès à la mer, comme les pays d'Asie centrale (le Tadjikistan…) ou la Mongolie, mais aussi les îles très éloignées (dans le Pacifique, notamment). Les contraintes climatiques peuvent également peser lourd (régions arides, températures extrêmes). Parfois les contraintes géographiques et politiques se cumulent (Afghanistan).

Ce dernier cercle regroupe au total les 49 pays classés comme **PMA** (pays les moins avancés). L'Afrique subsaharienne (au sud du Sahara) est le plus vaste de ces espaces oubliés de la mondialisation : elle ne réalise qu'1 % du commerce mondial et ne reçoit que 0,1 % des IDE…

Métropoles, frontières et littoraux : espaces majeurs de la mondialisation

Les grandes métropoles sont les espaces moteurs de la mondialisation

Au sein même des États de la Triade, il existe de nombreuses régions marginalisées (par exemple, en France, de nombreux départements comme la Corse, la Creuse ou la Lozère ne produisent qu'une toute petite part des richesses nationales). Le pouvoir et la puissance se concentrent en fait sur des espaces réduits, et surtout dans quelques puissantes métropoles que l'on appelle souvent des « **villes mondiales** » ou « **villes globales** ». Ces grandes agglomérations concentrent les fonctions de commandement (pouvoir politique, pouvoir économique et financier, pouvoir culturel…) et contrôlent les principaux flux de la mondialisation (commerce, information, finance). On parle aussi de « villes globales ». Elles produisent en outre à elles seules une part très importante des richesses mondiales. Tokyo, notamment, produit autant de richesses que tout le Royaume-Uni réuni ! Réduite à ces grandes métropoles, la mondialisation ne ressemble plus qu'à un simple archipel… Et si on changeait encore d'échelle, nous verrions qu'à l'intérieur de ces grandes métropoles, ce sont quelques quartiers qui maîtrisent l'essentiel… À se demander si la mondialisation est vraiment mondiale !

Des frontières et façades maritimes deviennent des interfaces

Les multiples accords de libre-échange rendent les frontières de plus en plus perméables aux flux de capitaux et de marchandises. Cela a une conséquence géographique importante : alors qu'elles étaient des barrières, les frontières deviennent dans certains cas des zones d'échanges, surtout lorsqu'elles mettent en contact des espaces dynamiques et complémentaires. C'est le cas entre le Mexique et les États-Unis depuis la signature de l'**ALENA**. En Europe, les régions frontalières profitent également de leur situation d'interfaces (Alsace). C'est la même chose pour les littoraux, car les mers sont elles aussi des zones de contact entre les continents. Le commerce international ne cessant de croître, les littoraux sont de plus en plus actifs. C'est là qu'arrivent les produits étrangers, c'est de là que partent les productions locales. Beaucoup d'industries se sont littoralisées, c'est-à-dire implantées sur les littoraux (on parle de **littoralisation** des activités). Par exemple la sidérurgie, depuis que les minerais arrivent du monde entier par bateau. L'exemple de la mégalopole japonaise (voir figure 6-5) est l'un des cas les plus frappants d'une économie presque totalement littoralisée. Ainsi, plus le commerce international s'accroît, plus les espaces frontaliers ou maritimes sont favorisés et plus les espaces enclavés sont défavorisés. La mondialisation accroît donc les inégalités spatiales. Ainsi, seule la Chine littorale s'intègre à la mondialisation et connaît un fort développement. Le reste du pays reste totalement sous-développé. Cela pose de redoutables problèmes pour les États : aménagement du territoire, saturation d'espaces, étalement des agglomérations et problème d'extension des réseaux.

CROQUIS DE BAC

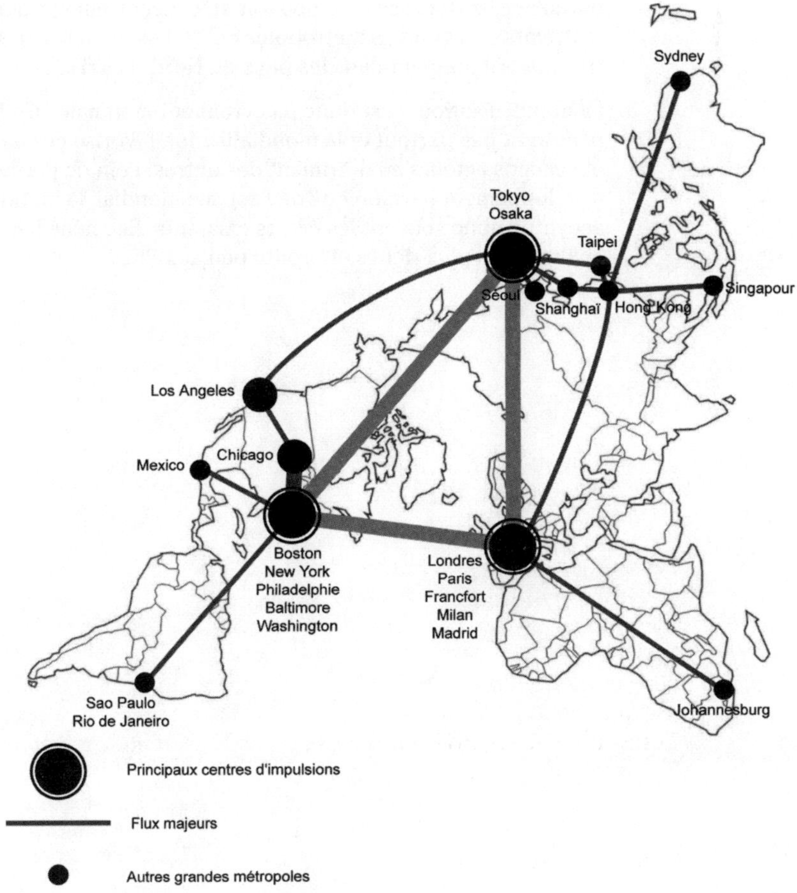

Figure 6-5 : Exemple du Japon. La mondialisation : l'économie mondiale réduite à un archipel.

Quelques idées importantes pour conclure...

1. La mondialisation impose à tous ses acteurs un environnement nouveau, difficile à maîtriser et à organiser car en perpétuel mouvement. C'est aussi un monde où tout semble toujours temporaire, un monde instable.

2. La mondialisation n'est pas qu'un phénomène économique : ses impacts géographiques sont très importants. La géographie de la mondialisation est une géographie très déséquilibrée où la puissance, la richesse et le pouvoir se concentrent sur des espaces restreints (les grandes métropoles ou « villes globales ») et situés très majoritairement dans les pays du Nord (la Triade).

3. La mondialisation n'est donc pas vraiment mondiale : les flux ne pénètrent pas partout et la mondialisation favorise certains espaces et certains acteurs au détriment des autres. Loin de permettre un développement harmonieux de l'espace mondial, la mondialisation accentue donc souvent les écarts existants. Elle bénéficie d'abord aux pays les plus riches et profite peu aux PED.

Chapitre 7

D'autres logiques d'organisation de l'espace mondial

Dans ce chapitre :

- La mondialisation en débat
- La mondialisation n'a pas rendu les États inutiles
- La mondialisation n'a pas supprimé les grandes aires de civilisation

La mondialisation est un phénomène majeur de notre époque. Organise-t-elle pour autant tout ? Parce que nous voyons en permanence sur nos écrans de télévision certains symboles ou certaines marques, nous pouvons avoir l'impression que le monde s'uniformise totalement. Ce n'est qu'en partie vrai. Non seulement la mondialisation est un processus inachevé et critiqué (première partie), mais surtout d'autres forces continuent d'organiser notre monde. Ainsi, la mondialisation n'a pas aboli le rôle des États (deuxième partie) ni les différentes aires de civilisation (troisième partie).

PROBLÉMATIQUES

Quelles sont les limites de la mondialisation ?

À l'heure de la mondialisation, quelle place reste-t-il pour les États et les grandes aires de civilisation ?

CROQUIS DE BAC

Page IV du cahier couleurs : l'espace mondial : des Nords, des Suds ?

CHIFFRES CLÉS

- **80 % de la richesse mondiale sont détenus par seulement 20 % de la population mondiale**
- **1,3 milliards d'hommes vivent avec moins d'1 dollar par jour**
- **850 millions d'hommes ne mangent pas à leur faim sur terre**

La mondialisation en débat

Depuis une dizaine d'années, la mondialisation est de plus en plus critiquée. La raison ? Notre planète accumule les déséquilibres…

S.O.S. planète Terre !

Gros temps sur la planète !

Déforestation grave en Amazonie, émissions en trop grande quantité de gaz à effet de serre avec des bouleversements importants du climat à venir, manque d'eau potable pour une partie grandissante de l'humanité, accumulation dramatique des déchets, diminution rapide des réserves pétrolières… Un fait est incontestable : notre belle planète bleue accumule les déséquilibres et les menaces en ce début de XXIe siècle. Bon nombre de signaux sont au rouge ! La biodiversité est en danger. Un grand nombre d'espèces animales et végétales ont déjà disparu et continuent de disparaître par milliers tous les ans !

GROS PLAN

Les forêts tropicales en danger

En Indonésie, en Amérique du Sud ou en Afrique équatoriale, la déforestation prend une ampleur de plus en plus alarmante. Tenez-vous bien : selon l'ONU, 2 000 arbres sont coupés chaque minute ! Toutes les quatre secondes, l'équivalent d'un terrain de foot de forêt disparaît en Amazonie ! Tous les ans, on coupe en Amazonie l'équivalent de la forêt landaise, la plus grande d'Europe. Sans replanter. Ce n'est – hélas ! – qu'une atteinte de plus commise par les hommes sur leur environnement. Or cette déforestation est grave et compromet notre avenir. Elle accentue l'érosion des sols et le réchauffement planétaire. Les Indiens vivant en Amazonie subissent des agressions constantes et leur nombre a beaucoup diminué ces dernières décennies. La déforestation a également une forte influence sur l'abondance des pathogènes qui affectent les humains, tels que la malaria ou le choléra, et elle favorise les risques d'émergence de nouvelles maladies. Mais le plus grave est peut-être ailleurs. L'Amazonie est un milieu d'une richesse exceptionnelle. Des centaines de milliers d'espèces animales et végétales y vivent, nombreuses sont celles qui restent peu ou pas connues. La déforestation détruit de façon irrémédiable cette biodiversité, or ce qui nous nourrit et nous soigne, c'est la nature. En appauvrissant la biodiversité, l'homme réduit ses chances et hypothèque son avenir…

La nécessité d'un développement durable

Les hommes ont modifié les écosystèmes plus rapidement au cours des cinquante dernières années qu'à tout autre moment de leur histoire. Nous avons aujourd'hui une attitude trop prédatrice avec notre planète. Une certitude désormais (à moins d'être un invétéré égoïste ou aveugle) : il est impossible que les 6,5 milliards d'êtres humains vivent tous « à l'américaine » ou même « à l'européenne ». Il va nous falloir changer, apprendre à mieux gérer les ressources de notre environnement si l'on veut tout simplement que l'humanité ait un avenir. C'est l'idée d'un nécessaire développement durable. Le pari est simple : il faut parvenir à offrir un niveau de vie décent à 9 milliards d'habitants d'ici 2050 sans détériorer de façon irrémédiable la planète. Ce n'est pas gagné ! Mais c'est possible si les hommes se mobilisent. Et inutile pour cela de revenir à l'âge de pierre : il suffit déjà de mieux se comporter. Notre modèle de développement n'est plus tenable.

Rio, Kyoto, Johannesburg : le monde au chevet du malade !

Depuis quelques années, les scientifiques tirent la sonnette d'alarme sur la question du réchauffement du climat dans le monde. Un réchauffement provoqué par les **gaz à effet de serre** (les **GES**, et notamment le CO_2) qui s'accumulent dans l'atmosphère. Les conséquences à venir sont jugées potentiellement très dangereuses pour l'humanité : hausse du niveau de la mer, hausse des pluies ici, aggravation des sécheresses là, cyclones plus fréquents et plus graves, etc. Et c'est au nom du principe de précaution (mieux vaut prévenir que guérir !) que l'ONU a organisé le premier Sommet de la Terre à Rio de Janeiro (au Brésil) en 1992.

Tous les États présents sont tombé d'accord sur la nécessité de contrôler leurs émissions de GES. Fin 1997, un protocole fut signé à Kyoto (au Japon), qui fixait pour chaque pays des niveaux d'émission de GES à ne pas dépasser. La ratification du protocole par les grands pays a été longue, et le revirement des États-Unis (George Bush refuse de signer) limite grandement la portée d'un tel accord (les États-Unis sont en effet à eux seuls responsables d'environ 1/3 des émissions de GES sur terre… !). Le protocole est jugé inacceptable par les États-Unis car ses effets risqueraient de trop pénaliser l'économie américaine, d'autant que la Chine a refusé, elle aussi, de s'engager. L'*American way of life* n'est pas négociable, comme l'a dit George Bush, mais ce mode de vie met en péril le monde et l'Amérique elle-même. (voir figure 7-3)

GROS PLAN

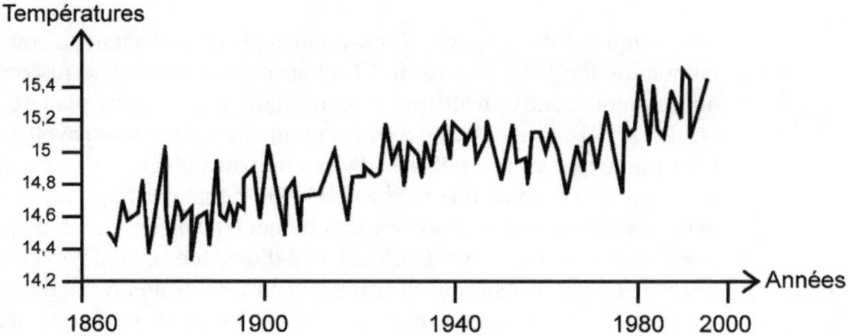

Figure 7-1 : Une certitude : les températures augmentent…

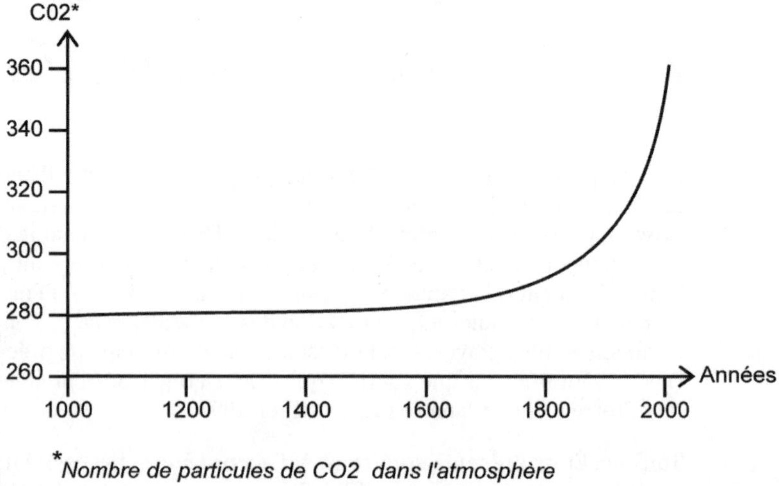

Figure 7-2 : …et ce n'est sans doute pas fini !

Les émissions de CO_2 dues aux activités humaines explosent depuis 50 ans… Or ce sont elles qui sont responsables de l'effet de serre et donc du réchauffement ! (voir figures 7-1 et 7-2)

En 2002, un nouveau Sommet pour la Terre s'est tenu à Johannesburg en Afrique du Sud pour relancer le développement durable. Un sommet très médiatisé, mais aux résultats bien minces, malgré de nombreuses grandes déclarations (objectifs vagues, sans réelles obligations ni dates obligatoires). Le dernier en date de ces grands sommets pour l'environnement s'est tenu à Montréal en 2005. Un accord a été conclu qui assure la pérennité des accords de Kyoto après 2012. Les États-Unis ont paru (un peu) mieux disposés. Les choses progressent. Un début de conscience mondiale est donc en train de se développer sur l'environnement, des premiers accords ont été signés, c'est encourageant. Mais est-ce suffisant ? Car le temps presse…

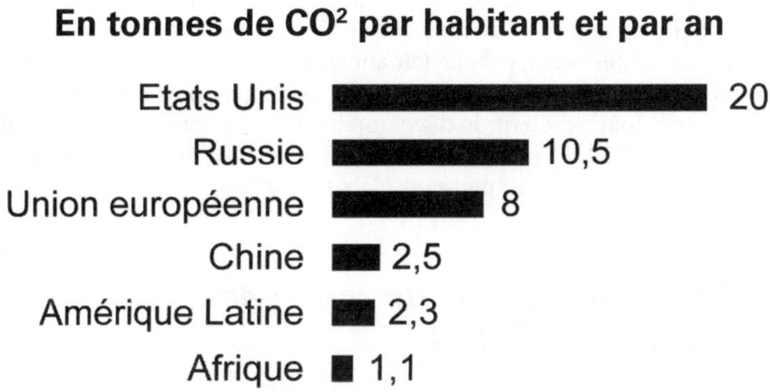

Figure 7-3 : Les plus gros pollueurs !

Le sous-développement, deuxième grand défi

L'inégal développement reste une terrible réalité de notre monde

Le monde n'a jamais produit autant de richesses qu'en ce début de XXIe siècle et pourtant la pauvreté et la misère touchent encore des milliards d'hommes. Au Moyen Âge, on pouvait le comprendre : le monde n'avait pas les moyens – ni financiers, ni techniques – de vaincre la misère. Mais aujourd'hui, nous les avons…

Nord et Sud : le grand écart !

Un Nord riche et développé côtoie des océans de pauvreté et de sous-développement au Sud. Une simple proportion rend compte de ces extrêmes inégalités : les États de la Triade possèdent à eux seuls 80 % de la richesse mondiale alors qu'ils ne regroupent que 20 % de la population. Les 500 personnes les plus riches du monde ont un revenu équivalent aux 420 millions les plus pauvres. Environ 1,3 milliards d'humains vivent dans une très grande pauvreté en disposant de moins d'1 dollar par jour. Un homme sur cinq ! 850 millions de personnes sur terre ne mangent pas à leur faim (un chiffre en progression depuis 10 ans) alors que la production alimentaire dans le monde augmente sans cesse et que, dans un nombre grandissant de pays du Nord, l'obésité pose de plus en plus de problèmes…

La mondialisation responsable ?

C'est bien sûr la question à 100 euros du moment : la mondialisation est-elle responsable de tous ces déséquilibres ? Pour certains (les altermondialistes), cela ne fait aucun doute, mais pour les autres (les libéraux), non seulement elle n'y est pour rien mais elle est le meilleur moyen pour accélérer le développement ! Avouons que le débat n'est pas facile : même les plus grands économistes sont divisés sur la question ! Essayons d'y voir un peu plus clair, en exposant les faits et les arguments de chacun.

Le développement sur terre : des progrès réels mais encore insuffisants

Les libéraux et les défenseurs de la mondialisation mettent en avant un fait indéniable : depuis 50 ans, la grande pauvreté a beaucoup reculé sur terre. La mondialisation a permis une augmentation du niveau de vie dans un certain nombre de pays. Comment cela se fait-il ? C'est simple : en permettant à ces pays de mieux vendre leurs produits et en facilitant le déplacement et donc l'acquisition des capitaux et des technologies. C'est le cas dans les pays d'Asie du Sud (Inde) et surtout de l'Est (NPIA, Chine). Ces pays participent pleinement au boom du commerce mondial et en tirent une grande partie de leurs revenus. L'enrichissement récent de la Chine ou de la Corée du Sud, par exemple, est impensable sans la mondialisation.

Tout ne va pas donc pas toujours de plus en plus mal sur notre terre ! Bien des choses se sont améliorées depuis 50 ans (voir figure 7-4). Sur une longue période, les progrès sont même assez remarquables (voir courbe ci-dessous). L'espérance de vie progresse presque partout, les niveaux d'IDH s'améliorent dans la plupart des régions du monde et de plus en plus d'enfants peuvent bénéficier d'un minimum d'instruction. Ce n'est pas rien ! Certains pays parmi les plus pauvres du monde et que l'on croyait condamnés pour toujours au sous-développement connaissent depuis quelques années un rattrapage rapide comme le Bangladesh, le Vietnam ou l'Ouganda, preuve qu'il n'y a aucune fatalité au sous-développement.

GROS PLAN

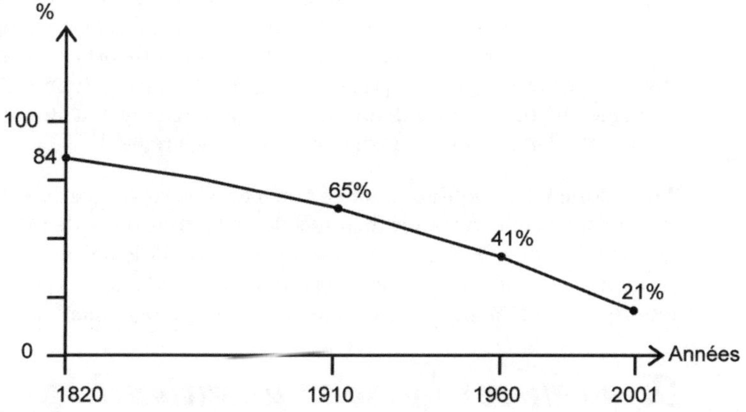

Figure 7-4 : Le recul de la grande pauvreté sur terre sur longue période (population vivant avec moins d'1 dollar par jour).

Vive le libre-échange ?

Tout irait donc pour le mieux dans le meilleur des mondes, alors ? Non, car le développement de l'humanité par le seul libre-échange trouve aujourd'hui ses limites et bute sur trois problèmes majeurs :

- **Seule une partie des PED profite de la mondialisation**. La diminution de la pauvreté est en grande partie due au décollage de l'Asie et notamment de la Chine. Beaucoup d'autres pays (en Afrique surtout) n'ont pas progressé et ont même parfois vu les conditions de vie de leur population se dégrader (l'IDH a reculé dans 18 pays depuis 1990).
- Deuxième problème : **la mondialisation s'accompagne souvent d'une progression des inégalités**, elles-mêmes à l'origine de très fortes tensions dans les sociétés. Les écarts entre les plus riches et les plus pauvres s'accroissent à l'intérieur de chaque pays. Pourquoi ? Parce que, si elle n'est pas rééquilibrée par l'État, la liberté profite toujours au plus fort. La croissance économique ne suffit donc pas pour lutter contre le sous-développement.
- Troisième problème : **malgré les progrès effectués, la misère reste insoutenable** en ce début de XXIe siècle. Alors que l'économie mondiale produit de plus en plus de richesses, le nombre de pauvres et de mal nourris ne baisse plus. Des centaines de millions d'êtres humains ne peuvent toujours pas subvenir à leurs besoins vitaux (se nourrir, se loger ou se vêtir). Une situation difficilement acceptable quand on sait que les hommes ont aujourd'hui les moyens d'agir.

Pour les libéraux, pas de problème, ces difficultés sont transitoires et tout cela se réglera avec le temps : il suffit de laisser faire les règles du marché et de la libre concurrence… Voire ! Au fil des années, sous-développement et problèmes d'environnement ne semblent pas se résorber spontanément, et vu la vitesse à laquelle la planète accumule les déséquilibres, il faut tout de même une bonne dose d'optimisme pour penser que la mondialisation comme elle fonctionne actuellement suffira à les régler !

Il faut donc faire un bilan nuancé : bien que la croissance économique soit indispensable, bien que le libre-échange puisse offrir de réelles opportunités aux PED, ils ne suffisent pas à assurer le développement. Il y a quelque chose qui ne tourne pas rond dans cette mondialisation. Elle souffre profondément d'un manque de règles et d'organisation.

Or-ga-ni-ser la mondialisation !

Y a-t-il un pilote dans l'avion ?

Au fait, qui dirige la mondialisation ? Car si elle n'est pas assez efficace pour améliorer le sort du monde, il faudrait pouvoir changer son fonctionnement. Mais quelqu'un a-t-il vraiment les moyens d'agir ? Car, jusqu'à preuve du contraire, il n'y a pas de gouvernement mondial ! Et c'est bien l'une des difficultés majeures de la mondialisation. Les problèmes se posent de plus en plus à l'échelle mondiale, mais il n'existe pas d'autorité supérieure qui pourrait définir des règles pour tous. Que trouvons-nous à la place ? Une foule d'acteurs (États, FTN, grandes organisations…), qui ont tous une parcelle de pouvoir et des intérêts très divergents.

Une mondialisation pas très démocratique…

Parmi tous ces acteurs, lesquels ont réellement du pouvoir ? D'abord les États les plus puissants (États-Unis et Europe surtout, donc le Nord), puis les grandes FTN (elles aussi au Nord) et enfin les grandes organisations internationales. Et qui a le plus de pouvoir au sein de ces grandes organisations ? À nouveau les États du Nord ! FMI, Banque mondiale et OMC sont dirigés par des Européens ou des Américains qui appliquent leurs règles (au FMI, seuls les États-Unis disposent d'un droit de blocage). Au **Conseil de sécurité** de l'ONU, quatre membres permanents sur cinq sont des États du Nord… Bref, la mondialisation est loin d'être encore très démocratique.

Des problèmes nouveaux à l'échelle mondiale

Avec la mondialisation, de nouveaux problèmes apparaissent également. Et comme toujours, les solutions vraiment efficaces seraient mondiales. C'est évident dans le cas de l'environnement – la pollution de l'air se moque totalement des frontières et les hommes doivent agir ensemble à l'échelle mondiale pour apporter des solutions. Or ces règles font encore cruellement défaut. Le boom du commerce mondial qui a entraîné celui du transport maritime – les 3/4 du commerce mondial s'effectuent par bateaux – en offre un excellent exemple.

GROS PLAN

Des « bateaux-poubelles » sur la mer : un monde en manque de règles !

Amoco Cadiz en 1978, *Erika* en 1999, *Levoli Sun* en 2000, *Prestige* en 2002... Régulièrement, c'est le drame sur les côtes françaises : un pétrolier s'échoue et provoque une marée noire. Le plus souvent en cause : des bateaux âgés (surnommés les « bateaux-poubelles », c'est tout dire...) dotés d'un équipage mal formé et recruté au rabais. Le dernier en date, le *Prestige,* était un vieux tanker construit en 1976 et, pour perdre un bout du pont et se casser en deux, il devait être bien fatigué et très rouillé ! La raison d'une telle situation ? Le manque de règles internationales. Détaillons un peu. La plupart des États immatriculent leurs bateaux non pas dans leur pays de résidence mais dans de petits pays comme le Panama, les Bahamas ou le Liberia. On dit qu'ils voguent sous **pavillon de complaisance**. L'intérêt ? Simple : peu de règles, peu de taxes, recrutement de marins peu formés mais pas chers et pas de contrôle sur l'état des bateaux... L'idéal pour naviguer pas cher et... dangereusement ! Résultat : armateurs, équipages, assureurs, cargaisons... Personne n'a la même nationalité ! Bien difficile alors pour un État de faire respecter des règles nationales ou de courir après les responsables en cas de drame ! La nécessité de règles mondiales sur le droit de la mer s'impose donc. Il existe bien une **Organisation maritime internationale (OMI)** censée fixer des règles, mais l'OMI donne le plus de pouvoirs aux pays disposant des plus grandes flottes et donc aux pavillons de complaisance. Et ceux-ci ont bien sûr intérêt à ce qu'il y ait le moins de règles possible ! En outre, l'OMI ne dispose d'aucun moyen pour faire respecter ses décisions... Il reste donc encore beaucoup à faire pour assurer une meilleure gestion et une meilleure protection des océans...

Les altermondialistes : pour une autre mondialisation

Les **altermondialistes** regroupent tous ceux qui s'opposent à la mondialisation libérale. Pour eux, c'est clair, notre planète marche sur la tête et il est évident que c'est la mondialisation libérale qui est en cause. Ils dénoncent les inégalités, la pauvreté, la « malbouffe » et souhaitent promouvoir une autre mondialisation, plus respectueuse de l'humain et de son environnement.

Leur mouvement est assez récent – il date des années 1990 – et s'exprime notamment lors des forums sociaux mondiaux. Il ne s'agit pas d'un mouvement uni, mais d'un vaste regroupement de multiples ONG et associations qui a pris une extension mondiale. Leurs cibles principales sont d'abord les grandes multinationales, les États et les grandes organisations internationales accusées de répandre les valeurs libérales sur terre (les États-Unis, le FMI, l'OMC…). Les problèmes pointés par les altermondialistes sont souvent bien réels. Comme toujours, les difficultés résident dans les solutions à apporter. Ce mouvement altermondialiste est en effet encore jeune et reste très divisé. Il peine à mettre en place un projet alternatif crédible. Jusqu'à maintenant, ces « alter » se sont beaucoup fait remarquer en essayant d'empêcher les réunions de l'OMC. Leurs idées se diffusent néanmoins et quelques-unes sont désormais partiellement prises en compte par certains dirigeants politiques.

La mondialisation n'a pas rendu les États inutiles !

Près de 200 en 2005 ! Jamais il n'y a eu autant d'États sur terre ! Trop nombreux, trop petits face à la mondialisation qui se joue des frontières, les États seraient-ils devenus inutiles et impuissants ? C'est moins vrai qu'il n'y paraît…

L'État, un acteur contesté

Le libéralisme contre l'État

Le libéralisme est une philosophie très critique vis-à-vis de l'État. Pour les libéraux, l'État coûte cher, est peu efficace et nuit au développement économique en imposant trop d'impôts et trop de réglementations. C'est à la faveur de la crise économique qui a éclaté dans les pays industrialisés à la suite du choc pétrolier de 1973 que le libéralisme est redevenu l'idéologie dominante dans les pays occidentaux. Il est apparu comme une solution pour lutter contre les problèmes économiques alors que les autres politiques montraient leurs limites. Dans les années 1980, Margaret Thatcher en Grande-Bretagne et Ronald Reagan aux États-Unis ont incarné ce retour au pouvoir du libéralisme (ou plutôt du « néolibéralisme », c'est-à-dire d'un libéralisme « nouvelle vague »). Aux États-Unis, la méfiance vis-à-vis de l'État est redevenue extrêmement forte. Ronald Reagan, dans les années 1980, est même allé jusqu'à affirmer que « l'État ne résout pas les problèmes, il est le problème ». Depuis une vingtaine d'années, sous l'influence des libéraux, l'État a ainsi beaucoup reculé et a cédé de plus en plus d'activités à des entreprises privées (en France, ce mouvement de privatisations a débuté en 1986). La disparition de l'URSS en 1991 (et donc du communisme, modèle concurrent au libéralisme) a permis une extension du libéralisme et de l'économie de marché à pratiquement l'ensemble de la planète.

La mondialisation contre l'État

C'est un fait : la mondialisation sape une partie du pouvoir des États. En acceptant la libre circulation des marchandises, des capitaux et parfois des hommes, les États ont perdu une partie de leur souveraineté et ont moins de pouvoir. Les grandes firmes multinationales se jouent des frontières, tout comme les marchés financiers. Les grandes organisations internationales imposent des règles que les États doivent respecter (enfin, en principe !). Et face à de nombreux défis posés par la mondialisation (pollution, paradis fiscaux...), les États sont devenus souvent trop petits pour agir seuls.

De plus, la mondialisation met les États en concurrence. Quand une grande entreprise veut s'implanter en Europe, elle compare les situations de chaque pays (fiscalité, coût de la main-d'œuvre, etc.) et choisit le plus avantageux. Certains États ont réagi en baissant de plus en plus les impôts pour éviter de voir s'en aller trop d'entreprises vers des pays plus attractifs. Faut-il alors qu'un État, pour rester compétitif, baisse continuellement sa protection sociale, ses impôts, etc. au risque de voir ses ressources baisser ? Voilà un redoutable défi ! Face à la mondialisation, la faiblesse d'un État, c'est qu'il reste prisonnier de ses frontières. Les États sont donc à la fois promoteurs et victimes de la mondialisation.

Les régions contre l'État

Cela ne vous aura pas échappé : un peu partout, les régions se font entendre contre leurs États. Pour en rester à la seule Europe (mais les tendances sont identiques ailleurs : Canada, Russie, Afrique...), le Pays basque, la Corse, la Catalogne, l'Écosse, la Flandre, l'Italie du Nord... Partout, les régions souhaitent affirmer de plus en plus leur autonomie face aux États. Et les États doivent souvent accepter des compromis et une perte de pouvoir face aux exigences de ces régions : les Écossais ont maintenant leur parlement (et donc leurs lois) et le Pays basque a même sa propre police. Quant à la Belgique, à force de donner de l'autonomie à ses deux grandes régions (Flandre et Wallonie), Flamands et Wallons n'auront bientôt plus en commun que le roi et l'équipe nationale de foot ! Indéniablement, cette affirmation des régions affaiblit les pouvoirs centraux.

L'État, un acteur toujours essentiel

L'État reste, malgré tout, un acteur majeur de notre monde.

Les États organisent la mondialisation

Ce sont les États qui ont voulu et qui organisent la mondialisation. Les États, s'ils en ont le désir, peuvent donc la limiter ou en modifier le fonctionnement en établissant des règles. Qui discute à l'ONU ou à l'OMC ? Qui organise les relations internationales ? Les États, et personne d'autre ! Ils restent donc incontournables dans le fonctionnement de notre planète. On ne fera rien sans eux.

Les États sont essentiels au bon fonctionnement d'un pays

Les États continuent d'organiser la vie de leurs sociétés. Seul l'État peut garantir les règles indispensables permettant aux hommes de vivre ensemble dans un pays. Les États restent également les seuls lieux où la démocratie peut fonctionner : comment penser des élections en dehors d'un État ? Même les Européens ne sont pas près d'élire un président commun ! On voit d'ailleurs toute l'importance de l'État lorsque celui-ci fonctionne mal, comme c'est le cas dans de nombreux PED : corruption, violence, mafia… La plupart des PED sont sans doute davantage malades d'une faiblesse de l'État plutôt que d'un État trop fort.

Les États jouent un rôle majeur dans la réussite économique d'un pays

L'État est donc indispensable au succès économique d'une nation. Les réussites des pays d'Asie se sont bâties sur des États forts, protégeant leurs industries naissantes, favorisant la formation de leur population et construisant les ponts et les routes nécessaires au développement du pays. D'ailleurs, malgré un discours d'apparence parfois très libéral, tous les États interviennent sans arrêt pour soutenir leur économie : avec la PAC, les pays d'Europe aident leurs agriculteurs, et à la suite des attentats du 11 septembre 2001, George Bush a mis en œuvre un plan d'aide sans précédent à l'industrie aéronautique américaine afin d'éviter qu'elle ne s'effondre. Ultralibérale, la mondialisation ?

Mondialisation ou... régionalisation du monde ?

Contrairement aux apparences, tout ne fonctionne pas à l'échelle mondiale, loin de là. Nous parlons beaucoup de mondialisation, mais savez-vous par exemple qu'à peine 10 % de la production agricole mondiale sont échangés sur les marchés mondiaux ? Et le reste, alors ? Il est échangé localement ou entre voisins. C'est la même chose en Europe : les 2/3 du commerce des pays de l'Union européenne se font en Europe. Les pays européens commercent d'abord entre eux. Le premier client et premier fournisseur de la France reste l'Allemagne. Vous voyez à quel point l'idée que tout viendrait de Chine est fausse ! N'inversons donc pas les réalités ! À l'heure du mondial, le local reste décisif ! Et la mondialisation n'abolit pas la géographie. Le « village mondial » est un mythe. Pour chaque pays, l'essentiel reste ses voisins. Et c'est pour cela que l'on voit éclore un peu partout sur terre des organisations régionales. Chaque État souhaite organiser sa proximité. On assiste à une régionalisation du monde, en quelque sorte. Le commerce, la sécurité (lutte contre le terrorisme ou les marées noires), beaucoup de choses trouvent du sens à cette échelle régionale. La plus aboutie de ces organisations est l'Union européenne, mais il en existe sur les cinq continents : l'**ALENA** en Amérique du Nord, le **MERCOSUR** en Amérique du Sud, l'**ASEAN** en Asie, etc.

La mondialisation n'a pas supprimé les grandes aires de civilisation

Oyez, oyez gentes dames et gentils messieurs, demain, je vous le dis, vous serez tous mangés par le rouleau compresseur américain : vous penserez Hollywood et vous mangerez Mac Do ! Comment ? La culture américaine serait-elle en train de détruire les autres cultures ? À y regarder de plus près, c'est, une fois encore, plus compliqué qu'il n'y paraît...

Vous êtes Pepsi ou Coca ?

Une culture mondiale... ?

Grâce aux nouveaux moyens de communication, des effets de mode se diffusent maintenant comme une traînée de poudre et peuvent avoir des succès planétaires. Qui ignore encore les Pokémon, les Sim's, *Matrix*, *Star Wars* ou *Harry Potter* ? Les jeunes jouent aux mêmes jeux vidéo et ont presque tous vu *Le Seigneur des anneaux*. Alimentation et habits s'uniformisent, la puissance des images et des sons venus d'Amérique (et un peu du Japon) ont converti plusieurs générations. *Harry Potter* s'est vendu à près de 300 millions d'exemplaires dans 200 pays et a été traduit en 60 langues ! Une culture mondiale serait-elle en train d'émerger ?

... ou une planète Hollywood ?

Cette mondialisation culturelle est bien sûr essentiellement une occidentalisation et même une américanisation du monde. Même si le Japon parvient à imposer depuis quelques années certains de ses produits culturels (Yu-Gi-Oh, Nintendo ou les Mangas), ce sont massivement les produits américains qui se diffusent. L'Inde produit plus de films que Hollywood, mais je doute que vous en connaissiez beaucoup ! En Europe, presque les 3/4 des films diffusés dans les salles sont américains, et les 2/3 des séries télé importées proviennent des États-Unis. Nombreux sont les cinémas européens à avoir été victimes du rouleau compresseur américain.

Un appauvrissement de la culture mondiale ?

Un autre aspect de cette uniformisation culturelle du monde est la disparition de nombreuses langues vernaculaires, tout comme de nombreuses traditions ou arts locaux. Quelques grandes entreprises (américaines ou japonaises) contrôlent le marché de l'audiovisuel sur terre et inondent la planète au moyen d'un marketing agressif (même au petit déjeuner, les paquets de céréales nous rappellent qu'il ne faut pas oublier d'aller voir le dernier dessin animé à la mode !). Difficile pour les plus jeunes d'échapper à un tel matraquage ! Ces œuvres de plus en plus formatées pour tout public représentent donc le risque de déboucher sur un appauvrissement culturel. En France, sur plusieurs milliers de disques qui sortent chaque année, quelques-uns réalisent à eux seuls la grande majorité des ventes. Il est très tentant dans ces conditions pour les grandes entreprises de l'industrie culturelle de laisser tomber les artistes peu rentables et de ne plus les diffuser, d'autant que seule une poignée de grandes entreprises contrôlent l'essentiel de la production culturelle mondiale (Warner, Sony, Universal…).

Limites et résistances à cette uniformisation culturelle

La mondialisation culturelle n'abolit pas les grandes aires de civilisation

En fait, cette diffusion à grande échelle des produits culturels américains ne semble pas déboucher sur une culture mondiale unique. Remarquons tout d'abord qu'une bonne partie de la planète reste en dehors de ces influences. À peine 15 % de la population mondiale se connectent à Internet ; en Inde, seuls quelques millions d'individus sont réellement en contact avec cette occidentalisation du monde. Par ailleurs, les principales aires de civilisation (hindoue, chinoise, arabe…) n'ont souvent qu'un vernis de culture occidentale et conservent leurs caractéristiques principales (langue, religion, coutumes et croyances ancestrales). Autrement dit, il ne suffit pas d'adopter quelques signes extérieurs d'une autre culture pour abandonner la sienne ! Ne pas confondre culture et biens culturels ! Tout cela se mélange, et toutes les cultures évoluent au contact des autres. Même la culture américaine, pourtant dominante, est très influencée par les cultures japonaise ou latino-américaine. Il en ressort un métissage culturel donnant souvent naissance à des produits originaux (la World Music). La mondialisation produit une certaine homogénéisation culturelle, mais elle n'abolit pas les grandes aires de civilisation. Elle débouche plutôt sur un grand métissage à l'échelle mondiale. La tendance est au « mix » !

GROS PLAN

Le Coca : mondial et… hybride !

Le Coca-Cola n'échappe pas à ce métissage des cultures : ne soyez pas surpris un jour ou l'autre de boire un « Mecca Cola » (un Coca soutenant la cause palestinienne) ou un « Breizh Cola » (le Coca breton !). Même la Corse a désormais son Coca (le « Corsica Cola ») ! Arabes, Bretons et Corses n'ont certainement pas renié leurs cultures ! Autrement dit, nous allons plus certainement vers un monde hybride et métissé qu'uniformisé et « macdonaldisé ». D'ailleurs, même les plus grandes firmes multinationales sont obligées d'adapter leurs produits selon les habitudes des consommateurs (même McDonald's ne parvient pas à vendre les mêmes hamburgers sur tous les continents et doit s'adapter). Le consommateur mondial n'existe pas : la culture unique n'est pas pour demain !

La défense s'organise : diversité et exception culturelle !

La France est très attachée à l'idée d'une « **exception culturelle** ». L'idée est simple : la France considère que la culture n'est pas un produit comme un autre, qu'elle constitue l'identité profonde d'un peuple, et les échanges de produits culturels ne doivent pas être totalement laissés au marché. Un pays a le droit et le devoir de défendre et de soutenir sa culture, sans quoi elle risquerait de disparaître. Cela constitue une entrave au libre-échange prôné par l'OMC, d'où l'expression d' « exception culturelle ». Une idée difficile à défendre car beaucoup de pays sur terre (à commencer par les États-Unis) y sont opposés. Pour soutenir sa culture, la France a mise en place des quotas : radios et chaînes de télé ont l'obligation de diffuser un minimum d'œuvres françaises. Indéniablement, ce soutien a permis le maintien et même l'émergence d'un grand nombre d'artistes locaux. Certains contestent : au nom de quoi faudrait-il que toute une population subventionne des films qui ne font pratiquement pas d'entrées dans les salles ? L'idée fait néanmoins son chemin : fin 2005, l'Unesco a adopté une convention sur la diversité culturelle qui stipule que « les activités, biens et services culturels ne doivent pas être traités comme ayant exclusivement une valeur commerciale » et qui autorise les pays à prendre « les mesures qu'ils jugent appropriées » pour protéger leur patrimoine culturel. La culture n'est décidément pas un bien comme un autre…

Replis identitaires, nationalisme et intégrisme religieux

Par bien des aspects, la mondialisation rapproche les hommes et crée un monde plus homogène : nous nous déplaçons plus, des images du monde entier nous font mieux connaître notre terre et les diverses cultures, les hommes apprennent à gérer ensemble leur planète (sommet de Kyoto, ONU…). Mais, dans le même temps, la mondialisation produit aussi plus de fragmentation : les pays éclatent et sont de plus en plus nombreux (200 aujourd'hui, sans doute davantage demain), les régions réclament toujours plus d'autonomie (Corse, Écosse, Flandre…), les cultures locales exigent d'être reconnues (les Inuits, les Indiens…), etc. Comme si les hommes cherchaient à réactiver des communautés réduites, plus proches d'eux et protectrices. Dans les pays développés où les inégalités progressent, les gens riches s'enferment dans des quartiers entourés de hauts murs et protégés par une police privée (les *gated communities* aux États-Unis)… On se regroupe entre soi. Le monde serait-il en train de se tribaliser ?

Sur cette planète trop souvent sans repères, imprévisible et chaotique, bien des hommes peuvent avoir le sentiment de ne plus maîtriser leur environnement et d'être dépassés par un monde qui va décidément trop vite : mondialisation, délocalisations, une science qui interroge et effraie certains (OGM, clonage…), etc. Tous les jours se bousculent sur nos écrans de télévision des flots d'images qui peuvent être porteuses d'angoisses (violence, catastrophes naturelles, chômage, attentats terroristes...). Les hommes peuvent alors être tentés de se replier sur eux-mêmes ou sur une identité qui leur paraît stable, solide et donc rassurante : un quartier, une culture, une nation, une religion. Parmi ces **replis identitaires**, deux sont particulièrement inquiétants : le réveil du nationalisme et du fondamentalisme religieux. Nous rejoignons là votre cours d'histoire.

Le repli sur la nation a toujours été un réflexe de défense d'un groupe qui, en excluant l'autre, croit pouvoir se protéger. Il débouche, aujourd'hui comme hier, sur l'exclusion, l'épuration ethnique (conflits en Yougoslavie dans les années 1990) et les génocides (au Rwanda en 1994). Le fondamentalisme religieux (ou l'intégrisme) réactivent des réflexes similaires. Dans le cas de l'Islam, cet intégrisme exprime un rejet de l'Occident (et donc de la mondialisation) et le repli sur un socle stable et rassurant. La religion, interprétée de façon archaïque et rigide (et donc plus pur, et plus authentique), répond à cette recherche de sens quand tout semble aller mal. Aucune des sociétés musulmanes n'a en effet réussi son développement économique. Dans le monde arabe, misère, sous-développement et humiliation sont le lot quotidien des populations. Comment ne pas voir dans ce repli sur un religieux presque moyenâgeux une réponse désespérée face à une quête déçue de la modernité ? Les réflexes ne sont guère différents dans le cas du fondamentalisme chrétien qui se porte bien dans de nombreux pays. Aux États-Unis, certains de ces chrétiens purs et durs se voient comme des croisés en lutte contre les « erreurs » de la modernité (le droit à l'avortement, par exemple) et se battent pour que le **créationnisme** soit enseigné dans les écoles au même titre que les théories sur l'évolution des espèces.

Comment éviter que les populations ne se replient trop sur elle mêmes face à un monde qu'elles ne comprennent plus, qui leur paraît inintelligible et dangereux ? Voilà un nouveau défi de taille pour les gouvernants du monde entier !

Conclusion : la nécessité d'un nouvel ordre international

1. La mondialisation n'est donc pas la seule grille de lecture de notre monde : histoire, culture, géographie, États et grandes civilisations continuent d'organiser notre monde.
2. La mondialisation permet à une bonne partie de l'humanité de sortir de la pauvreté, mais elle ne bénéficie pas à tous. Malgré ses bénéfices, la mondialisation, telle qu'elle fonctionne actuellement, ne suffira pas à répondre seule aux défis du sous-développement et du développement durable.

3. Culturellement, la mondialisation ne se traduit pas par une simple américanisation du monde. Les autres cultures ont une capacité de résistance très forte : quand elles adoptent une valeur occidentale, elles la transforment pour en faire un hybride. La mondialisation débouche plus sur un métissage culturel que sur une planète McDonald's.

4. La mondialisation a accru l'interdépendance entre les hommes : rien à faire, que nous le voulions ou non, ce qui se passe à l'autre bout du monde nous concerne aussi ! Il est indispensable – mais très difficile ! – que les hommes mettent en place des règles de fonctionnement démocratiques afin que l'humanité parvienne à faire face aux défis immenses qui sont devant elle (sous-développement, développement durable…). L'homme en a les moyens techniques. En aura-t-il la volonté, et surtout la sagesse ?

Chapitre 8

L'Union européenne, un centre original

(Terminale S uniquement !)

Dans ce chapitre :

- Un pôle incontournable de l'économie mondiale
- Des forces… et des faiblesses

Construite à 6 en 1957, l'Union européenne (l'UE) compte aujourd'hui 25 pays. Elle est un des trois grands pôles économiques du monde, avec les États-Unis et le Japon. Avec environ 7 % de la population mondiale (450 millions d'habitants pour 25 pays), l'UE produit environ 30 % des richesses mondiales (donc en gros autant que les États-Unis). Derrière cette puissance, se dissimulent pourtant des faiblesses inquiétantes et de grandes disparités entre des régions riches et d'autres plus en difficulté.

Un pôle majeur de l'économie mondiale

La première puissance commerciale du monde

Les pays de l'UE réalisent près de 40 % du commerce mondial de marchandises. C'est donc le premier espace d'échanges du monde. Cette performance, l'UE la doit d'abord à l'Allemagne, qui est actuellement la première puissance commerciale du monde : elle exporte en effet plus de produits que le Japon ou les États-Unis !

Une grande puissance industrielle

Les pays de l'UE possèdent une industrie diversifiée et puissante. L'industrie européenne occupe des positions fortes dans de très nombreux secteurs : automobile, aéronautique (Airbus), aérospatiale (Ariane), télécommunications, chimie, pharmacie, industrie pétrolière, luxe et cosmétiques...

La deuxième puissance agricole du monde

L'UE est la 2e puissance agricole du monde derrière les États-Unis. C'est une agriculture moderne et performante. L'agriculture française est la première en Europe.

Une grande puissance financière

À l'instar du Japon et surtout des États-Unis, l'Europe dispose de grandes places boursières. Les plus importantes sont Londres, puis Francfort et Paris. Un mouvement de concentration de ces marchés financiers est en cours (création de la société **Euronext** qui regroupe pour l'instant les bourses française, belge, hollandaise et portugaise). Preuve que l'Europe reste un espace très attractif, elle est toujours le premier pôle récepteur d'**IDE** (les investissements en provenance de l'étranger).

La première puissance touristique du monde

Le tourisme, c'est un secteur économique de plus en plus important et de plus en plus lucratif ! Et là, l'Europe écrase (non, non, le mot n'est pas trop fort !) tous les autres pays du monde. Les trois pays les plus touristiques du monde sont en effet trois pays européens : la France, l'Italie et l'Espagne. Le patrimoine de ces pays et leur variété géographique sont exceptionnels.

Une puissance qui repose sur du solide !

Une population nombreuse, riche et qualifiée

Avec 450 millions d'habitants, l'Union européenne est le pôle le plus peuplé de la Triade (300 millions d'habitants aux États-Unis et 127 millions au Japon). C'est aussi le premier marché de consommation du monde du fait du niveau de vie élevé de la population. Et l'Europe dispose d'une main-d'œuvre de qualité car bien formée.

Des infrastructures de transport et de communication de premier plan

L'Europe dispose d'un réseau de transport vraiment exceptionnel dans le monde :

- Le réseau routier et autoroutier est dense, les autoroutes sont nombreuses et de qualité ;
- Le réseau de train à grande vitesse (le TGV français ou l'ICE allemand) est tout simplement sans équivalent dans le monde ;
- Les aéroports internationaux sont nombreux (Paris, Londres, Francfort…) ;
- Présence de très grands ports internationaux (Rotterdam, Anvers) ;
- Les réseaux de télécommunication sont très modernes et permettent des communications quasi instantanées. L'Europe est un des espaces les plus connectés du monde à Internet et la taille des « tuyaux » (des débits) ne cesse d'augmenter.

Les contraintes naturelles ont donc été largement vaincues. Un grand nombre de ponts et tunnels de dimensions exceptionnelles le prouvent. Quelques exemples :

- le pont de l'Öresund entre le Danemark et la Suède (15 km de long !) ;
- le tunnel sous la Manche (c'est un fiasco financier car le tunnel a coûté trop cher, mais c'est un succès technique remarquable) ;
- le viaduc de Millau en France ;
- Et de plus en plus fort : un projet de pont suspendu de 5 300 m de long est prévu pour relier la Sicile au reste de l'Italie ! Ouverture prévue vers 2010 ou 2012.
- Bref, autant de prouesses techniques qui prouvent la qualité du savoir-faire des Européens.

Des grandes entreprises dynamiques et compétitives

L'UE dispose dans de nombreux secteurs des firmes multinationales de premier plan. Elles se sont bien adaptées à la mondialisation et sont souvent leaders sur leurs marchés : industries pétrolières (l'anglais BP, le Hollandais Royal Dutch Shell et le français Total), grande distribution (Carrefour, numéro 2 mondial), cosmétiques (l'Oréal), automobile (Daimler Chrysler et Volkswagen), électronique (l'allemand Siemens), optique (Essilor)... La plupart de ces entreprises ont pris une taille mondiale en se regroupant et en fusionnant entre elles : Peugeot a absorbé Citroën pour devenir PSA ; Total a d'abord absorbé Fina puis Elf Aquitaine pour devenir le plus grand groupe industriel français et un des plus gros pétroliers du monde, etc.

L'euro, une monnaie solide

La monnaie unique européenne a été créée en 1999. Elle est entrée en circulation pour les particuliers (apparition des pièces et des billets) en 2002. C'est une monnaie beaucoup plus stable et solide à l'échelle mondiale que ne l'étaient les anciennes monnaies nationales (à l'exception du mark allemand).

Mais aussi des faiblesses inquiétantes...

Quelles sont, à l'inverse de ce qui précède, les principales faiblesses de l'Union ?

25 États différents ne font pas une puissance globale !

Vingt-cinq pays différents, avec leurs lois et leurs pouvoirs politiques différents, font-ils une seule grande puissance ? Non. L'UE, ce n'est pas (et ce ne sera sans doute jamais) les États-Unis. Et c'est là une des grandes faiblesses de cette puissance européenne. Quelques exemples pour l'illustrer :

- En matière politique, les Européens sont souvent divisés (on l'a vu avec la guerre en Irak en 2003, lorsque la France et l'Allemagne s'y opposaient pendant que le Royaume-Uni, l'Italie et l'Espagne la soutenaient). C'est une réelle faiblesse. L'Europe, en tant qu'acteur sur la scène internationale, n'existe presque pas en comparaison des États-Unis.
- Même remarque en matière de défense : les Européens n'ont pas une grande défense commune mais 25 « petites » armées nationales. Cela coûte plus cher et c'est moins efficace qu'une défense commune !
- L'euro est la monnaie commune de douze des 25 pays européens. Elle est gérée par une Banque centrale (la BCE) qui siège à Francfort. Mais il est bien difficile pour la BCE de savoir comment gérer l'euro sans un gouvernement européen, avec des pays aux niveaux de développement différents, dont les politiques économiques divergent et dont les rythmes de croissance sont parfois opposés (quand certains sont en croissance, les autres sont en crise !).

La croissance économique manque de tonus !

Un des problèmes sérieux que rencontrent beaucoup de pays européens est leur incapacité à avoir une forte croissance économique : la France, l'Allemagne et l'Italie notamment affichent des taux de croissance de leur économie faible (à l'inverse des États-Unis). Le résultat, c'est que l'écart de puissance économique entre les pays de l'UE et les États-Unis n'a fait que s'accroître ces quinze dernières années. Une tendance inquiétante car, si elle se poursuit, le poids économique de l'Europe dans le monde passera de 25 % à 12 % d'ici 2050 !

Attention à ne pas sacrifier la recherche et les hautes technologies !

Les pays européens n'investissent pas assez dans la recherche et le développement et risquent de se faire distancer dans la course aux hautes technologies. Quand le Japon et les États-Unis dépensent 3 % de leurs richesses (part de leurs PIB) dans la recherche, les Européens restent à 2 %. C'est la capacité à innover de l'Europe et donc sa puissance économique qui se trouve en cause.

Le vieillissement de la population

Autre aspect de cette perte de dynamisme : le vieillissement démographique. Tout le monde le sait, la fécondité a beaucoup baissé en Europe (depuis le début des années 1970 et la fin du baby-boom). Elle est actuellement de 1,5 enfant par femme (il en faudrait 2,1 pour assurer le renouvellement des générations, un chiffre atteint par les États-Unis). Un des problèmes posés par ce vieillissement est le coût qu'il va représenter et qui risque de peser sur l'activité économique ou sur les finances des États (plus d'impôts).

Conclusion

1. L'UE est aujourd'hui un des trois premiers pôles économiques du monde (un des trois membres de la Triade).
2. Sa puissance économique est solide mais elle doit faire face à des difficultés importantes, sans doute plus importantes que les États-Unis ou le Japon. Les Européens ont les atouts nécessaires pour rebondir et pour tenter de jouer un rôle accru dans les affaires du monde.

Chapitre 9

La superpuissance des États-Unis

Dans ce chapitre :

- Les aspects de la puissance des États-Unis
- Une grande puissance régionale et mondiale
- Des faiblesses cependant… un colosse aux pieds d'argile ?

La chute de l'URSS en 1991 a mis fin à l'ordre bipolaire qui organisait toutes les relations internationales depuis 1945. L'URSS disparue, elle laisse un vainqueur par défaut, les États-Unis, qui sont désormais une superpuissance sans équivalent sur terre. Il n'est donc pas étonnant que l'Amérique soit omniprésente dans les affaires du monde. Pas moyen de comprendre notre monde sans un minimum de connaissances de cette superpuissance, de ses points forts et de ses points faibles.

Quels sont les aspects et les limites de la puissance des États-Unis ?

Quelle est la géographie de cette puissance ?

Page VI du cahier couleurs : la puissance des États-Unis dans le monde

La puissance américaine, c'est :

- **300 millions d'habitants en 2006**
- **le 1er PIB du monde avec 11 000 milliards de dollars**
- **le 1er budget de défense du monde avec 400 milliards de dollars**

Quels sont les principaux aspects de la puissance américaine ?

Les choses sont assez simples : la population mise à part, les États-Unis cumulent les premiers rangs mondiaux dans pratiquement tous les domaines ! Cette superpuissance est en effet économique, financière, politique, militaire et elle s'impose aussi dans les modes de vie. Tour d'horizon dans cette première partie des principaux aspects de cette superpuissance.

La troisième puissance démographique du monde

300 millions d'Américains… et tous les peuples de la terre !

Avec 300 millions d'habitants en 2006, les États-Unis sont la 3e puissance démographique du monde. Cette population est une véritable mosaïque ethnique. « Ce n'est pas tant une nation qu'un monde », disait Herman Melville, l'auteur de *Moby Dick*. Avec 13 % de Noirs, 13 % d'Hispaniques et près de 4 % d'Asiatiques, la population américaine est la plus bigarrée du monde.

L'explication est simple : les Américains sont un peuple d'immigrants. Cette immigration, qui fut longtemps européenne, est dorénavant presque exclusivement le fait d'Hispaniques (notamment des Mexicains) et d'Asiatiques. Et le flot ne semble pas près de se tarir : actuellement, c'est près d'1 million d'immigrés qui entrent aux États-Unis tous les ans ! Le très officiel *US census bureau* (qui recense la population) estime qu'un nouvel immigrant s'installe toutes les 25 secondes aux États-Unis ! Record battu…

À ce rythme-là, les États-Unis sont en train de se modifier de l'intérieur et à grande vitesse : vers 2050, un Américain sur deux fera partie d'une minorité... Les États-Unis auront forcément un visage très différent… et très latino !

Une population en augmentation rapide

CHIFFRES CLÉS

Cette très forte immigration, couplée à une forte natalité, a permis aux États-Unis de connaître une extraordinaire croissance démographique : 4 millions d'habitants en 1776, 300 millions en 2006 ! Dans le même temps, la France est passée de 20 à 60 millions d'habitants… La présence de fortes minorités explique que la fécondité moyenne soit restée plus élevée qu'en Europe :

environ 2 enfants par femme actuellement, ce qui fait des Américains une des rares populations de pays développés qui parvienne à assurer à peu près son renouvellement. La population devrait donc continuer d'augmenter à un rythme assez rapide dans les décennies à venir (une belle différence avec l'Europe ou le Japon !).

La première puissance économique du monde

30 % des richesses produites sur terre !

CHIFFRES CLÉS

Les États-Unis réalisent bien entendu le 1er PIB du monde, avec plus de 11 000 milliards de dollars de richesses produites en 2005. Pour vous donner une idée de l'écart avec le second, le Japon ne réalise « que » 4 500 milliards. Et la France ? Environ 1 500. Ce qui veut dire qu'avec moins de 5 % de la population mondiale, les Américains produisent environ 30 % des richesses mondiales ! Et cette économie est de plus encore très dynamique : son taux de croissance est régulièrement supérieur à 3 % par an, sensiblement plus qu'en Europe ou au Japon.

Ces richesses proviennent au 3/4 du secteur tertiaire. Les États-Unis sont en effet d'abord une économie de services : banques (JP Morgan), finance (Merrill Lynch), commerce (Wal-Mart), loisirs et tourisme (Walt Disney)... Ces secteurs emploient aujourd'hui environ trois Américains sur quatre.

La première puissance agricole du monde

Par l'importance des sols cultivés, par le volume de la production et par la place dans les échanges internationaux, l'agriculture américaine est la première du monde. Les États-Unis sont les premiers producteurs mondiaux de maïs, de soja ou de viande et occupent des positions très fortes dans le blé et le coton. Leur poids est tel sur ces marchés qu'ils ont la capacité de peser sur les cours et peuvent utiliser leur agriculture comme un moyen de pression sur certains pays dépendants en produits agricoles (c'est le *food power*). Et encore, l'espace américain est loin d'être entièrement utilisé ! C'est dire le potentiel dont ils disposent ! (voir figure 9-1)

Malgré le faible nombre de *farmers* (à peine 2 % de la population active), cette agriculture reste un secteur essentiel de l'économie américaine car elle fait travailler directement un très grand nombre d'autres activités (fabricants d'engrais ou de machines agricoles, ingénieurs agronomes, industries agroalimentaires...). C'est pourquoi on parle souvent d'*agribusiness* pour désigner cette filière.

Bien sûr, cette agriculture a aussi ses points faibles. Tout comme celle des pays de l'UE, elle produit à des coûts élevés et reste largement subventionnée par l'État américain. Comme quoi, on peut se dire libéraux et ne pas toujours laisser faire le seul marché… !

SCHÉMA

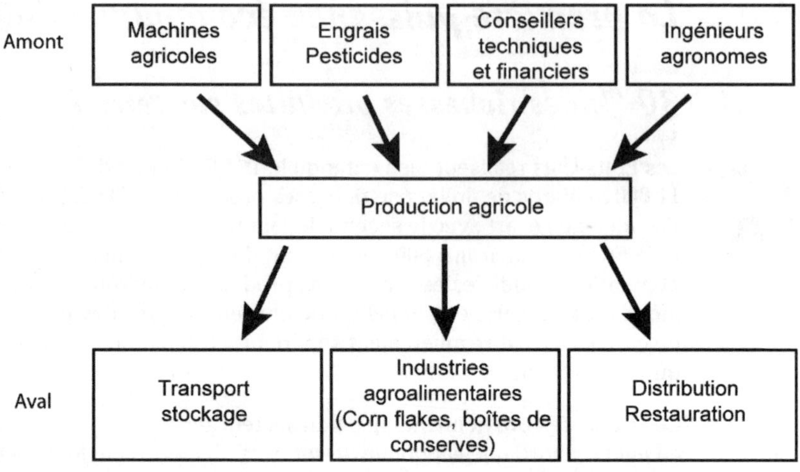

Figure 9-1 : L'agribusiness aux États-Unis, ou l'agriculture au cœur d'un secteur économique capital.

La première puissance industrielle du monde

L'industrie n'emploie plus qu'un Américain sur cinq. Elle est pourtant toujours la première du monde et représente encore 25 % de la production industrielle mondiale ! Cette industrie a changé de visage en vingt ans : à la faveur de la crise économique des années 1970-1980, elle s'est redéployée vers des secteurs d'avenir alors que les secteurs traditionnels ont reculé. Elle occupe actuellement souvent les premiers rangs mondiaux dans de nombreux secteurs : automobile (General Motors, Ford), chimie et pharmacie (Pfizer), pétrole (Exxon Mobil), agro-alimentaire (Coca-Cola), informatique (IBM, Microsoft), aéronautique civile et militaire (Boeing, Lockheed Martin), etc.

La première puissance commerciale du monde

Les États-Unis sont les premiers importateurs et les premiers exportateurs du monde, même si pour les exportations cette place est régulièrement concurrencée par l'Allemagne. Cela fait du marché américain le premier marché du monde, celui où il faut être présent. La taille exceptionnelle de ce marché intérieur est un atout pour les entreprises américaines. Car, quand une entreprise américaine lance un nouveau produit, elle le fait d'emblée pour 300 millions d'habitants ! En France, c'est cinq fois moins… Or on est toujours bien meilleur sur son marché qu'à l'étranger, ce qui permet d'atteindre plus vite une certaine taille critique… avant de se lancer à la conquête du monde !

La première puissance financière du monde

Wall Street

Les États-Unis possèdent les plus grandes places financières du monde (la Bourse, si vous préférez). Wall Street, à New York, représente près de 40 % de la capitalisation boursière mondiale, avec ses indices de référence pour toute la planète (le « Dow Jones », le « Nasdaq »…). Wall Street a tellement d'importance qu'elle influence directement toutes les places du monde qui, bien souvent, suivent ses tendances. Si Wall Street s'enrhume, c'est toute la planète financière qui éternue ! Ces Bourses drainent l'épargne mondiale vers les entreprises américaines qui peuvent donc trouver de l'argent plus facilement. La Bourse des matières premières à Chicago a elle aussi une grande importance puisque c'est là que l'on fixe les cours mondiaux d'un grand nombre de productions (cours du soja, du blé…).

« Le dollar est notre monnaie, mais c'est votre problème… »

Les États-Unis possèdent la seule vraie monnaie internationale : 50 % du commerce mondial se font en dollar et 60 % des réserves des banques centrales dans le monde sont en dollar. Concrètement, cela signifie que chaque fois qu'un pays veut acheter des produits ou des matières premières sur le marché mondial, il doit les payer en dollar. Par exemple, la France, comme tous les autres pays du monde, achète son pétrole avec des dollars. Cet énorme avantage a été octroyé aux États-Unis en 1944 lors de la conférence de Bretton Woods. Ils sont ainsi le seul pays du monde à ne pas avoir à se préoccuper de trouver des dollars puisqu'ils les fabriquent ! Or le cours du dollar varie sans cesse au gré des besoins de l'économie américaine. Et le reste du monde ? Eh bien… il ne lui reste qu'à s'adapter ! « Le dollar est notre monnaie, mais c'est votre problème », avait dit un des ministres du président Nixon. Assez vrai, non ?

La première puissance technologique du monde

Dans un monde où la majorité des produits que nous consommerons dans dix ou vingt ans n'existent pas encore, la capacité d'innover est plus que jamais un élément clé de la puissance d'un pays. Depuis la fin du XIXe siècle, les États-Unis sont à la pointe de la recherche technologique. Les laboratoires américains ont déjà « offert » au monde la télévision, l'ordinateur, le transistor, le laser, le microprocesseur... Et ce n'est pas fini ! De nos jours, les États-Unis se maintiennent largement en tête, et d'abord parce qu'ils s'en donnent les moyens : 3 % des richesses du pays sont investis dans la recherche et le développement. Les grandes entreprises et les grandes universités (Harvard, Columbia, Berkeley, Princeton…) possèdent parmi les meilleurs laboratoires du monde et attirent les meilleurs chercheurs, notamment dans les domaines scientifiques. Résultat : l'Amérique « produit » deux fois plus de prix Nobel et dépose deux fois plus de brevets que l'Union européenne. Depuis 1945, plus de la moitié des prix Nobel scientifiques ont été décernés à des Américains.

La première puissance militaire du monde

Depuis 1991 et la disparition de l'URSS, les États-Unis sont une puissance militaire sans équivalent. Là, nous entrons dans le domaine des chiffres hallucinants.

Plus d'1 milliard de dollars par jour dans la défense !

Depuis 2003, les États-Unis dépensent plus de 400 milliards de dollars pour leur défense (oui, vous avez bien lu !), soit plus d'1 milliard de dollars par jour. Cela équivaut tous les jours au PIB annuel d'un pays comme le Togo, peuplé de 5 millions d'habitants ! À eux seuls, les États-Unis réalisent presque la moitié des dépenses de défense de la planète (40 % pour être exact…), loin devant l'Europe, la Russie, la Chine ou le Japon. Ces chiffres pharaoniques sont une conséquence directe des attentats du 11 septembre 2001. Députés et sénateurs américains ont voté sans sourciller les augmentations de crédits militaires demandés par George Bush. L'Amérique est en guerre, qu'on se le dise !

Un arsenal complet et ultramoderne

Les États-Unis sont les seuls à disposer de tous les types d'armes, surtout les plus modernes : première force aérienne du monde, première force navale et aéronavale du monde (leurs flottes sont présentes sur toutes les mers du globe : 7e flotte dans le Pacifique nord, 2e flotte en Atlantique, 6e flotte en Méditerranée, 3e flotte en mer de Chine…), une panoplie complète de satellites d'observation et de drones (de plus en plus utilisés dans les conflits récents), et toujours un armement nucléaire considérable. Depuis le 11 septembre 2001, un grand nombre de nouveaux programmes ont été accélérés ou réactivés, notamment la reprise de la construction d'un bouclier antimissiles capable d'intercepter un missile en plein vol avant qu'il ne touche les États-Unis. Un projet de 100 milliards de dollars... : il faut ce qu'il faut ! Tout ce matériel est fabriqué par quelques grandes entreprises (américaines, bien sûr !) qui dominent le marché mondial de l'armement : Boeing-Mac Donnell Douglas et Lockheed-Martin notamment.

Le soft power : force et attraction de la première puissance culturelle du monde

Les États-Unis, seule puissance globale

Si l'Amérique est omniprésente, c'est aussi (et peut être d'abord ?) du fait de sa puissance culturelle, son *soft power,* comme on dit : à travers sa langue, sa culture et ses multinationales, l'Amérique est dans les têtes, dans nos têtes, partout et tout le temps. Cela lui confère une dimension exceptionnelle. C'est pourquoi on parle de puissance globale ou d'hyperpuissance. Non seulement cela rapporte gros (les milliards de dollars de l'industrie du cinéma !), mais cela rend le pays très attractif.

Un pouvoir de fascination et d'attraction encore très puissant

La langue anglaise n'est pas la langue maternelle du plus grand nombre d'individus sur terre (le chinois mandarin est imbattable !), mais c'est la seule langue internationale (dans le commerce, le monde scientifique, Internet…). Les plus grands réseaux de télévision du monde sont américains (NBC, CBS, ABC, CNN) et les États-Unis exportent beaucoup d'images (ouvrez votre programme télé et constatez-le par vous-même !). Véritable rouleau compresseur qui ne cesse de battre des records, Hollywood fait rêver toute la planète. En 2005, Georges Lucas a encore tout raflé avec le dernier épisode de *Star Wars* qui est immédiatement devenu un phénomène mondial !

Les grandes marques contribuent également très fortement à diffuser cet imaginaire et les valeurs américaines. Parmi les vingt marques les plus connues du monde, dix-huit sont américaines ! Les cinq premières ? Vous les connaissez : Coca-Cola, Microsoft, Google, McDonalds et IBM. Peu de surprises, n'est-ce pas ? Elles font partie de notre quotidien. Et l'Amérique garde une capacité incroyable à générer en un temps record de nouveaux labels (Google est numéro 3 : pas mal pour une société qui n'a pas 10 ans !). C'est la même chose si l'on considère les modes. La culture américaine pénètre ainsi en profondeur nos modes de vie et nos comportements. Oui, l'Amérique fascine encore…

Une superpuissance régionale et mondiale

La puissance des États-Unis s'exerce bien sûr à l'échelle mondiale, mais de façon différente selon les régions du monde. Loin d'être un « gendarme du monde » intervenant partout où le souhaiterait la communauté internationale (l'ONU), les États-Unis privilégient clairement les zones qu'ils jugent stratégiques et défendent leurs intérêts (ils font comme les autres… !).

Mexique et Canada, des voisins importants !

Beaucoup d'intérêts communs, une forte interdépendance

Parce qu'ils sont les deux États limitrophes, le Canada et le Mexique sont des partenaires essentiels pour les États-Unis. Par le passé, les rapports n'ont pas toujours été très cordiaux entre voisins, et notamment entre les Mexicains et les « gringos » ! De nos jours, les pays se sont rapprochés, chacun est devenu le partenaire indispensable de l'autre… tout en essayant de défendre au mieux ses intérêts ! Pour les États-Unis, l'objectif est surtout de mieux contrôler l'immigration mexicaine, le trafic de drogue (le Mexique est une importante plaque tournante) et l'accès à une main-d'œuvre bon marché. Pour le Mexique, un partenariat avec les États-Unis, c'est l'espoir d'investissements porteurs de développement et de diminution du chômage.

Une étape décisive : l'ALENA

L'entrée en application de l'**ALENA** en 1994 a été une étape très importante dans le rapprochement des trois pays. Ils sont maintenant très interdépendants et les échanges ont beaucoup progressé. Bien sûr, dans ce bal à trois, les États-Unis restent le maître d'orchestre, mais les pays s'influencent mutuellement. Il y a une américanisation de l'Amérique latine (les Mexicains sont les plus gros consommateurs de Coca-Cola du monde !) mais aussi une latinisation des États-Unis. L'Amérique latine est à l'origine des principaux flux d'immigrants et la culture « latino » a littéralement envahi tout le sud des États-Unis. Un conseil : révisez votre espagnol avant de vous rendre dans le sud du Texas ou du Nouveau Mexique ! George Bush lui même a dû, lors de sa dernière campagne électorale, passer ses messages publicitaires en espagnol sur les chaînes de télévision du Texas !

VOCABULAIRE

L'ALENA

L'ALENA (ou NAFTA en anglais) est l'Accord de libre-échange nord-américain signé entre les États-Unis, le Canada et le Mexique en 1994. Cet accord autorise la libre circulation des marchandises entre les trois pays, ce qui a favorisé le développement économique des régions frontalières des États-Unis. Mais contrairement à l'Union européenne, l'ALENA n'autorise pas la libre circulation des personnes. Les États-Unis souhaitent étendre cet accord à tout le continent américain afin de créer une grande zone de libre échange des Amériques (on parle de **ZLEA**) afin d'améliorer le dynamisme de leur économie.

L'Amérique latine, toujours une « chasse gardée » ?

L'arrière-cour des États-Unis

Depuis la doctrine Monroe de 1823, les États-Unis considèrent le continent américain un peu comme leur zone d'influence réservée. En clair, les États-Unis n'acceptent aucune ingérence extérieure sur « leur » continent. Pour cela, les États-Unis n'ont jamais hésité à intervenir plus ou moins directement dans les affaires intérieures de nombreux pays d'Amérique latine. Pendant la guerre froide, la peur du communisme a conduit les États-Unis à commettre de nombreux dérapages, l'Oncle Sam (surnom des États-Unis) favorisant l'installation de dictatures militaires (les juntes) du moment qu'elles ne portent pas atteinte aux intérêts économiques américains. Ainsi, lorsque Fidel Castro prend le pouvoir à Cuba, nationalise les plantations de canne à sucre de l'île jusque-là exploitées par la puissante *United Fruit* (une société américaine) puis rallie le camp communiste en 1960, il devient un homme à abattre (jetez un œil à votre cours d'histoire… !). Un réflexe déjà ancien : dans les années 1930, le président Roosevelt déclarait en effet à propos du dictateur du Nicaragua Somoza : « C'est un salaud, mais c'est notre salaud... ». Pour des raisons similaires, les États-Unis ont appuyé en 1973 le renversement du président chilien Salvador Allende afin d'éviter que ne s'installe un gouvernement « de gauche » et pour maintenir leur contrôle sur les riches gisements de cuivre du pays.

Vers une intégration du continent sous la bannière des États-Unis ?

Depuis la fin de la guerre froide, l'influence américaine est essentiellement économique. Actuellement, le grand projet des États-Unis est l'extension de l'ALENA à tout le continent pour créer une vaste ZLEA (zone de libre-échange des Amériques) afin de former un immense marché commercial, où les marchandises (pas les hommes !) circuleraient librement de l'Alaska à la Terre de feu. Le traité devait être conclu en 2005, mais il a pris du retard car les pays du **MERCOSUR** (et principalement le Brésil) traînent un peu les pieds, car les États-Unis souhaitent bien évidemment que ce grand marché fonctionne avec leurs propres règles.

À l'échelle mondiale : le pays le plus influent de la planète...

Un poids décisif dans les relations internationales

Aucun autre pays n'a la capacité d'influencer autant la destinée de notre planète que les États-Unis. Eux seuls ont réellement les moyens d'imposer la paix dans une région ou de faire plier tel ou tel pays jugé incontrôlable ou dangereux. La Corée du Nord, la Syrie, l'Iran... tout le monde craint la puissante Amérique et rares sont ceux qui osent la défier. De quoi sont réellement capables Européens, Chinois, Japonais ou Russes en comparaison ?

Une influence majeure au sein des grandes organisations internationales

Au sein des grandes organisations internationales comme le **FMI**, l'**OMC** ou l'**ONU,** c'est la même chose : le poids des États-Unis est sans commune mesure avec celui des autres pays. Au FMI, par exemple, que constate-t-on lorsqu'il faut aider financièrement un pays en crise ? Eh bien, comme par hasard, le FMI aide souvent de façon beaucoup plus importante les pays jugés vitaux pour les États-Unis (l'Argentine ou le Mexique, par exemple) que les autres (Afrique noire). Curieux, non ?

Mais une puissance qui s'exerce de façon inégale selon les régions du monde

Les États-Unis privilégient très clairement certaines régions jugées essentielles.

Économiquement, la grande majorité de leurs investissements se dirigent vers deux zones : l'Asie orientale et l'Europe. Pas de surprise, ce sont les deux autres pôles de la Triade.

Militairement aussi, les Américains concentrent leurs moyens sur quelques zones sensibles qui ont évolué depuis les attentats de septembre 2001. Alors qu'ils étaient encore très présents en Europe, les États-Unis ferment progressivement leurs bases sur le vieux continent et redéploient leurs troupes en Asie centrale et au Moyen-Orient. Il s'agit bien sûr de contrôler le danger islamiste et les réserves pétrolières de la région, mais aussi de ceinturer la vieille rivale russe en s'alliant avec ses anciens pays satellites.

GROS PLAN

Unilatéralisme ?

Ces dernières années, les États-Unis ont de plus en plus tendance à décider et agir seuls, ignorant les autres pays et les organisations internationales comme l'ONU. C'est pour cela que l'on parle d'unilatéralisme. Pourquoi diable encore s'embarrasser de règles internationales qui limiteraient leur liberté d'action alors que les États-Unis sont précisément le seul pays à pouvoir s'en passer ? Plus les grandes organisations internationales auront de pouvoir, plus elles créeront des règles internationales qui limiteront le pouvoir de tous les États, et donc des États-Unis. Ainsi les États-Unis n'ont pas signé le protocole de Kyoto visant à réduire les émissions de CO_2 dans l'atmosphère, n'ont pas ratifié l'accord visant à interdire les mines antipersonnelles (qui mutilent atrocement des milliers d'enfants dans les zones de combat), refusent la création d'une justice pénale internationale (où ils risqueraient d'être condamnés !) et luttent peu contre les paradis fiscaux (pourtant utilisés par les réseaux terroristes !). Un peu décevant quand on songe que c'est un Américain – F.D. Roosevelt – qui a été à l'origine de la création de l'ONU ! L'administration Bush est même revenue sur l'engagement pris par son prédécesseur Bill Clinton d'aider davantage les PED. Une autre époque, incontestablement…

Quelles sont les limites et les points faibles de cette superpuissance ?

Après ce tableau (assez impressionnant !) de la superpuissance des États-Unis, observons un instant l'envers du décor. Car après tout, toute puissance n'a-t-elle pas ses points faibles ? Et même la puissante Amérique n'échappe pas à la règle…

La puissance et la richesse, mais pas pour tous !

La société américaine est une société dynamique mais dure. Le niveau de protection sociale est moins élevé qu'en Europe et les inégalités sociales sont considérables.

Des inégalités sociales records !

Les États-Unis sont le pays développé où les inégalités sociales sont les plus fortes. Nulle part ailleurs l'écart entre les revenus d'un PDG et d'un salarié est aussi élevé. 57 % de la fortune nationale sont détenus par 10 % des Américains de l'*upper class*. Les revenus varient aussi fortement selon les communautés (les Noirs ont un revenu moyen deux fois plus faible que les Blancs ou les Asiatiques) et selon les régions (des variations là aussi du simple au double entre le Nord-Est et le Mississippi).

La raison de ces inégalités ? Les impôts sur les plus hauts revenus sont plus bas et les aides aux plus démunis plus réduites qu'en Europe. Autrement dit, l'Amérique redistribue moins les richesses produites qu'en Europe.

40 millions d'Américains sous le seuil de pauvreté !

Malgré un niveau de chômage toujours bas (environ 5 % de la population active), 13 % de la population vivent en dessous du seuil de pauvreté, soit plus de 40 millions d'Américains ! Beaucoup d'Américains doivent se contenter de petits boulots et de jobs à temps partiel qui sont insuffisants pour vivre décemment, d'où l'existence de nombreux *working poor*, les travailleurs pauvres. Bien sûr un tel chiffre choque, surtout dans le pays le plus riche du monde. Notons toutefois qu'il n'est – hélas ! – pas si différent de ce que nous connaissons chez nous. La France, avec un niveau de protection sociale plus complet, ne fait en effet pas beaucoup mieux…

GROS PLAN

Une protection sociale incomplète

La protection sociale est un bon exemple du fonctionnement de la société américaine. Elle n'est pas inexistante aux États-Unis, elle est incomplète : il n'y a pas de sécurité sociale généralisée aux États-Unis. Le système de la couverture automatique des dépenses de santé comme on le connaît en France n'existe pas. La « Sécu » à l'américaine repose sur deux structures essentielles : le « Medicaid » (aide gratuite aux plus pauvres) et le « Medicare » (aide pour les plus de 65 ans et les personnes handicapées). Ces systèmes sont loin de prendre complètement en charge la totalité des dépenses de santé qui sont en grande partie financées par des assurances privées (chaque salarié cotisant personnellement). Pas de problème pour celui qui a un bon emploi dans une entreprise solide, mais en revanche, pour les autres, on peut très vite être en grand danger. Pas moins de 45 millions d'Américains (petits salariés, indépendants) n'ont pas les revenus suffisants pour souscrire une assurance privée et sont encore « trop riches » pour bénéficier du « Medicaid ». Ils sont donc sans couverture médicale. Là, la précarité est forte.

Quelle menace pour la puissance américaine ?

Mais revenons à notre problématique : tout cela menace-t-il vraiment la puissance américaine ? Tous ces pauvres et ces minorités marginalisées vont-ils se soulever et faire exploser le système de l'intérieur ? Le croyez-vous vraiment ? Les États-Unis peuvent se permettre d'accumuler inégalités et problèmes sociaux, cela ne les empêchera sans doute pas beaucoup de continuer à dominer la planète.

Une puissance économique en déclin ?

À la fin de la Seconde Guerre mondiale, les États-Unis étaient le pays le plus riche du monde (ils possédaient 2/3 du stock d'or mondial !) et inondaient la planète de leurs produits. Leur balance commerciale était très excédentaire, autrement dit, ils vendaient beaucoup plus de produits qu'ils n'en achetaient. Les choses ont bien changé depuis ! De nos jours, les États-Unis sont très endettés et leur commerce extérieur est de plus en plus déficitaire. Serait-ce le signe d'une économie en déclin ?

Toujours plus d'importations !

Les Américains consomment trop et leur déficit commercial ne fait que se creuser, signe que leur industrie est de moins en moins compétitive. Dans tous les secteurs (sauf dans les technologies de l'information), l'industrie américaine perd des parts de marché, et notamment au profit des pays asiatiques avec qui les déficits sont de plus en plus importants (Chine et Japon au premier rang). Cela s'accompagne bien évidemment de fortes pertes d'emplois dans presque tous les secteurs industriels. Et ce constat ne concerne pas seulement les industries à bas salaires (comme le textile), mais touche aussi des secteurs à forte valeur ajoutée. Un tel déficit signifie aussi que les États-Unis vivent à crédit, empruntant de l'argent à l'étranger pour y acheter de l'énergie et des produits manufacturés (asiatiques surtout). La balance commerciale américaine ne fait que plonger… Jusqu'à quand ?

La prospérité à crédit !

Le déficit budgétaire de l'État américain a gonflé de manière démesurée et les États-Unis sont ainsi devenus l'État le plus endetté du monde ! L'explosion des dépenses d'armement après 2001 a pesé lourd dans les comptes du pays ! La présence des troupes américaines hors des États-Unis coûte cher (l'Irak). C'est pourquoi George Bush doit, tous les ans, faire en sorte que les autres pays du monde veuillent bien lui prêter de l'argent pour qu'il puisse boucler son budget ! Remarquez, cette situation de déficit n'est pas très originale : tous les pays européens sont dans le même cas ! Oui, mais dans le cas des États-Unis, les sommes affolent ! D'autant que les ménages américains sont eux aussi très endettés. Bref, c'est tout le pays qui vit à crédit ! Une situation qui ne pourra pas durer éternellement. Il faudra, un jour ou l'autre, que les Américains dépensent moins. Et donc qu'ils changent leur mode de vie.

Une puissance industrielle en déclin ?

Dans bien des domaines, des pans entiers de l'industrie américaine reculent et ne font que perdre des parts de marché et des emplois face à leurs concurrents. La concurrence de l'Europe ou de l'Asie est devenue un problème très sérieux. Depuis plusieurs années maintenant, la Chine, avec ses taux de croissance records, rattrape les États-Unis. Certes, la Chine vient de loin, et même si elle parvient à maintenir un tel rythme (ce qui n'est pas assuré), elle ne détrônera pas les États-Unis avant 20 ans. Mais les coups qu'elle assène à l'industrie américaine causent toujours plus de dégâts. Les industries de main-d'œuvre (comme le textile, par exemple) sont de plus en plus sinistrées, tout comme l'électronique grand public (télévisions, magnétoscopes…). Dans l'aéronautique, Boeing a perdu son premier rang mondial au profit d'Airbus. Un véritable séisme ! L'industrie automobile elle même, qui fut pourtant longtemps un des fleurons de l'industrie américaine, est, actuellement, menacée.

GROS PLAN

L'automobile américaine en faillite ?

Durant des décennies, les trois grandes entreprises automobiles américaines (General Motors, Ford et Chrysler, surnommées les *Big Three* et basées à Detroit) ont dominé leur marché sans partage. Les choses ont bien changé depuis. La concurrence étrangère (japonaise surtout) leur a porté des coups terribles et les firmes américaines n'ont fait que reculer, perdant des emplois, des parts de marché et... accumulant les déficits ! En 2005, les dettes de Ford et General Motors représentaient la bagatelle de... 450 milliards de dollars ! Soit le PIB de l'Australie ! Et les analystes financiers de Wall Street déconseillent fortement de leur prêter de l'argent car le risque de faillite (et donc de tout perdre) est devenu trop élevé ! Une véritable descente aux enfers... Jamais la part de marché de General Motors et de Ford aux États-Unis n'a été aussi faible qu'en 2005. D'ailleurs, Toyota est devenu le 2e constructeur mondial, reléguant Ford à la 3e place, et pourrait bien dépasser General Motors. Voiture de l'année 2005, la Toyota Prius fait un « carton » aux États-Unis avec son moteur hybride et Ford a dû se résoudre à acheter aux Japonais cette technologie. Quelle déchéance pour une marque qui fut une pionnière de l'automobile ! Aujourd'hui, toutes les craintes sont donc permises pour l'industrie automobile américaine. Et certains de se demander si Ford connaîtra un jour le même sort que Chrysler, rachetée en 1998 par l'Allemand Daimler (Mercedes)... ?

La concurrence est désormais mondiale et redoutable, même pour la puissante Amérique qui doit faire feu de tout bois pour maintenir ses positions. Cela dit, n'enterrons pas trop vite le géant : les États-Unis conservent encore de remarquables capacités et ont déjà montré maintes fois par le passé qu'ils possédaient de formidables capacités de réactions...

Conclusion

La puissance américaine s'impose à tous en ce début de XXIe siècle. Jamais en effet un pays n'a disposé d'un tel niveau de puissance dans l'histoire. Aucun autre pays n'a pour l'instant les moyens d'influencer le monde comme les États-Unis. Certes, tout bouge vite de nos jours, et les concurrents sont de plus en plus redoutables. Mais l'Amérique conserve malgré ses difficultés des capacités exceptionnelles. Les premières décennies du XXIe siècle (au moins !), seront à nouveau à coup sûr américaines...

Chapitre 10

L'organisation du territoire des États-Unis

Dans ce chapitre :

- L'espace, un des atouts des États-Unis
- Des régions inégalement développées
- Le poids considérable des grandes agglomérations et des interfaces actives dans l'organisation de l'espace

Par ses dimensions et ses richesses, le territoire des États-Unis offre un potentiel naturel considérable. Il est le premier fondement de la puissance du pays. À l'origine, peut-être aucun autre peuple de la terre n'a disposé d'un espace aussi favorable… Prêt pour un état des lieux ?

En quoi le territoire des États-Unis est-il un des fondements de la puissance du pays ?

Quelle est l'influence de la mondialisation sur le territoire des États-Unis ?

Quels sont les espaces où se concentre la puissance du pays ?

Page VIII du cahier couleurs : l'organisation de l'espace des États-Unis

Le territoire des États-Unis, c'est :

- **une superficie de 9,3 millions de km^2 ;**
- **trois métropoles majeures : New York (21 millions d'habitants), Los Angeles (16 millions), Chicago (8,5 millions)**
- **25 % de l'énergie consommée dans le monde avec 5 % de la population mondiale.**

L'espace, un des fondements de la puissance des États-Unis

Le territoire, un potentiel naturel considérable

Un pays aux dimensions d'un continent !

Le territoire des États-Unis est le 4e du monde par la superficie (après la Russie, le Canada et la Chine). Les chiffres sont véritablement impressionnants :

CHIFFRES CLÉS

- 9,3 millions de km², soit plus de 17 fois la France,
- 4 500 km d'est en ouest et près de 2 500 km du nord au sud,
- 4 fuseaux horaires (sans compter Hawaï et l'Alaska !).

Avec une densité moyenne de 30 habitants/km², les Américains ne sont pas encore près de manquer d'espace…

Des ressources inépuisables ?

Des climats variés permettant tous types de culture, des sols de qualité en abondance, des fleuves puissants qui offrent un potentiel hydroélectrique considérable (nombreux barrages sur le Colorado, la Columbia ou la rivière Tennessee), des minerais de toutes sortes et des sources d'énergie variées… le potentiel naturel du territoire américain est considérable. C'est bien simple, à l'origine, il ne manquait presque rien ! Le problème, c'est que les Américains ont cru trop longtemps que ces richesses étaient inépuisables et ils ont exploité et consommé sans compter…

Aujourd'hui, avec moins de 5 % de la population mondiale, les Américains consomment à eux seuls 25 % de l'énergie mondiale ! Une population terriblement « énergivore », donc. Combien nous faudrait-il de planètes si l'humanité adoptait leur mode de vie ? Au moins 5 !!

Cette surconsommation commence à poser de sérieux problèmes, notamment dans le cas du pétrole. Aujourd'hui, les États-Unis sont encore le 4e producteur de pétrole du monde, mais leurs réserves déclinent. Seules deux régions possèdent encore d'importantes réserves : le Texas (plus le golfe du Mexique, donc sous l'eau ! On parle de gisements *off-shore*), et l'Alaska. Pour compenser la diminution de leurs réserves pétrolières, les Américains extraient des quantités importantes de charbon dont les réserves sont encore abondantes (notamment à l'ouest).

GROS PLAN

La surexploitation des ressources : guerre pour l'eau dans le sud-ouest !

Le problème de la surexploitation des ressources concerne également l'eau qui commence à manquer dans de nombreux États du sud et de l'ouest. À l'ouest du 100e méridien, les précipitations sont en effet insuffisantes et la consommation augmente sans cesse (agriculture irriguée et usages domestiques épuisant les nappes phréatiques). La consommation a en effet explosé depuis 50 ans : tout compté, chaque Américain consomme en moyenne tous les jours environ 8 000 litres d'eau, soit près de 3 fois plus qu'un Japonais ! Et le problème ne fait que s'aggraver car les Américains sont de plus en plus nombreux à aller s'installer dans les États arides du sud-ouest comme le Nevada (Las Vegas) ou l'Arizona (Phoenix). Dans cette région, les États-Unis exploitent tellement les eaux du Colorado que le fleuve est réduit à un maigre filet d'eau lorsqu'il arrive au Mexique ! En Californie, une véritable « guerre pour l'eau » se déroule entre usagers et s'achève bien souvent devant les tribunaux. À terme, ce manque d'eau est une réelle menace pour l'activité économique de toute la région.

Malgré ces signes inquiétants, le bilan d'ensemble reste très flatteur. Pensons en comparaison aux territoires russe (enclavé et froid) ou japonais (c'est encore pire : petit, montagneux, pauvre en ressources et morcelé en de multiples îles !). (voir figure 10-1)

SCHÉMA

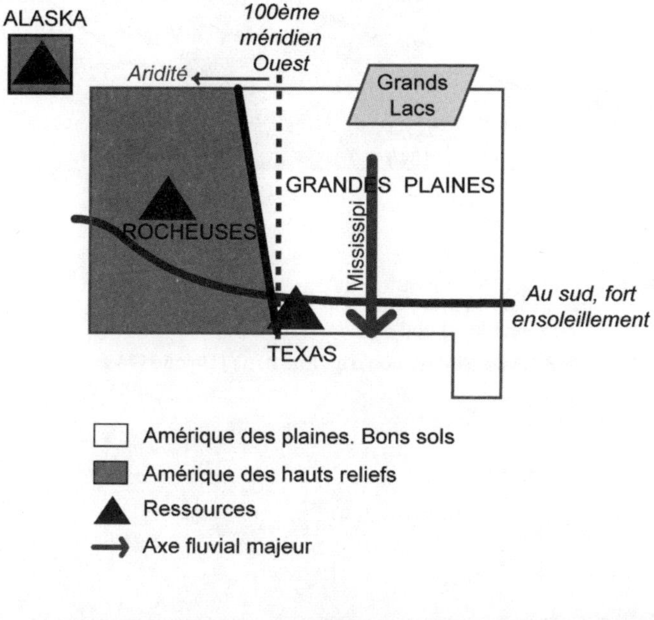

Figure 10-1 : Atouts et contraintes du territoire des États-Unis.

Une appropriation rapide du territoire

L'indépendance d'une colonie

Les États-Unis sont un pays jeune, c'est le « nouveau monde ». Un pays qui naît un certain 4 juillet, il y a 230 ans… Un bref rappel historique s'impose.

Ce sont surtout des Britanniques (mais aussi quelques Français et des Espagnols…) qui entament la colonisation de l'Amérique du Nord au début du XVIIe siècle (voir figure 10-2). Ils sont à l'origine de la création des 13 premières colonies anglaises d'Amérique. Mais l'Angleterre impose de telles contraintes à ces colons que, le 4 juillet 1776, ils décident de couper les ponts et proclament leur indépendance ! Après plusieurs années de lutte contre les Anglais, les « Américains » l'emportent (avec l'aide de la France tout de même !) et créent une république. Un événement à l'époque ! Leur premier président est un certain George Washington… Dès lors, la conquête du territoire sera rapide : en 1803, Napoléon vend la Louisiane aux Américains, ce qui ouvre la voie à la conquête de l'ouest. En 1848, la côte ouest est atteinte et la Californie entre dans l'Union. En quelques décennies, un territoire immense a été conquis ! Du jamais vu !

SCHÉMA

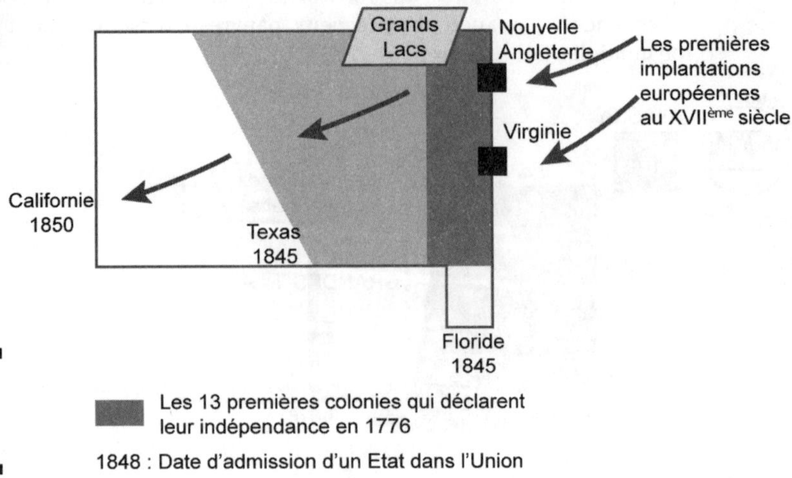

Figure 10-2 : Toujours plus à l'ouest !

Le territoire des États-Unis, un immense jeu de dames !

Le territoire vite conquis est également rapidement cadastré. Pour cela, les nouvelles terres sont découpées en lignes régulières, en suivant les parallèles et les méridiens, d'où l'aspect plutôt géométrique des États de l'ouest. Tout le territoire est ainsi découpé à angles droits et ressemble à un immense jeu de dames ! Et pour accélérer encore la mise en valeur du territoire, une loi de 1862 (le *Homestead Act*) remet 65 hectares de terre à tout citoyen qui s'engage à la mettre en valeur. Le tout quasiment gratuitement !

L'immensité vaincue !

Vous vous en doutiez : les États-Unis disposent d'un réseau de transport très performant. Il a permis de vaincre une des contraintes majeures du territoire américain : l'immensité. Il est une des clés de la réussite économique du pays. Ce réseau offre quelques originalités par rapport à ce que nous connaissons en France. Alors qu'il a été essentiel dans la conquête du pays, le rail a beaucoup décliné. Pas de lignes à grande vitesse ici et des trains parfois confortables mais pas très rapides : rien à voir avec nos puissantes lignes TGV ! Les Américains l'utilisent d'ailleurs peu pour se déplacer.

En fait, les Américains utilisent presque exclusivement leur voiture sur les distances courtes, et l'avion sur les distances plus longues. L'Amérique est véritablement le pays de l'automobile : on en compte 3 pour 4 habitants, un record mondial ! Le réseau routier est moderne et les grandes villes sont desservies par d'impressionnants réseaux de *highways*. Le maillage du territoire est toutefois très inégal : si les réseaux sont denses à l'est du pays, ils le sont beaucoup moins dès que l'on a franchi le Mississippi, et on se retrouve alors vite face à de grandes autoroutes qui se contentent de traverser le pays d'est en ouest.

Le recours systématique à l'avion sur longue distance est l'autre originalité du pays. New York, Chicago, Atlanta, Dallas et Los Angeles sont les aéroports les plus importants, mais les lignes intérieures relient de nombreuses villes moyennes. La concurrence est féroce entre les compagnies aériennes et les prix sont bas.

Les Américains disposent d'un autre atout naturel qu'ils ont bien su valoriser : le Mississippi. Bien aménagé et bien relié aux Grands Lacs et au fleuve Saint-Laurent au moyen de canaux et d'écluses, le Mississipi est devenu une véritable autoroute fluviale mettant en contact tout l'intérieur du pays avec les ports du nord et du sud.

Grandes villes et interfaces, au cœur de la puissance des États-Unis

Les Américains aiment les grandes villes…

De nos jours, 8 Américains sur 10 vivent en ville. Cela n'a rien de très étonnant, nous retrouvons en effet des chiffres similaires en Europe. En revanche, les Américains vivent dans de très grandes villes : 23 agglomérations ont plus de 2 millions d'habitants et regroupent près de la moitié de la population ! Là, c'est déjà beaucoup plus original, surtout quand on songe à l'espace dont les Américains disposent…

Parmi ces agglomérations (voir figure 10-3), quelques-unes ont véritablement une envergure mondiale : New York (21 millions d'habitants), Los Angeles (16 millions), Chicago (9 millions) et, bien sûr, Washington (7,5 millions). En dessous, quelques autres grandes agglomérations jouent un rôle de plus en plus important, notamment Dallas, Atlanta, Miami ou San Francisco.

SCHÉMA

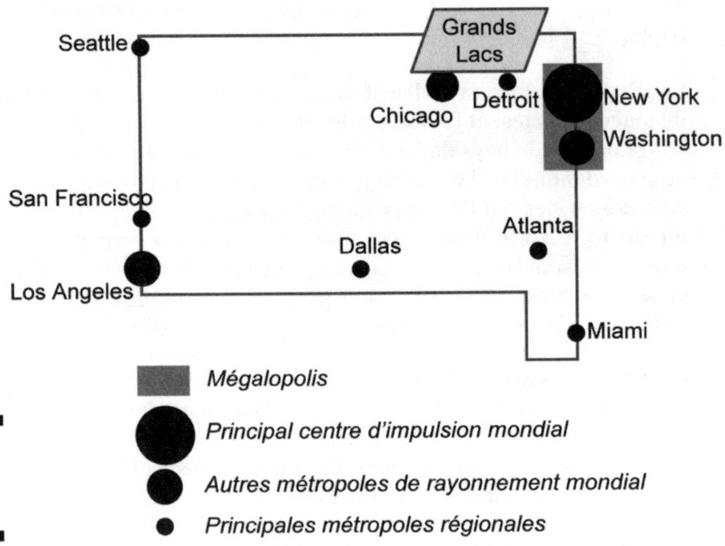

Figure 10-3 : Un territoire métropolisé.

Des centres-villes partout !

Les villes américaines sont très différentes de ce que nous connaissons en Europe. Ce sont des villes sans passé, qui ont été construites *ex nihilo*, à partir de rien : n'y cherchez donc pas le vieux centre avec ses ruelles typiques et sa cathédrale ! La plupart de ces villes ont adopté le modèle du *grid*, le plan en damier : des successions de rues et d'avenues qui se coupent à angles droits. Pratique pour se repérer ou étendre les villes à l'infini, mais un peu monotone tout de même.

Au cœur de ces grandes cités, trône le **CBD**, le *Central Business District* (le quartier central des affaires). Facilement repérable puisqu'il concentre souvent les principaux gratte-ciels. Le CBD reste le lieu privilégié des affaires : c'est là, dans les grandes tours de Manhattan (à New York) ou à l'intérieur du *Loop* (à Chicago), que l'on trouve les sièges sociaux des grandes entreprises, les cabinets comptables ou juridiques ainsi que les banques.

Autour du CBD se déploient les vieux quartiers résidentiels : si certains ont été rénovés et sont luxueux, la plupart sont devenus des quartiers défavorisés où se concentrent bien souvent les Noirs ou les Hispaniques.

Mais l'idéal de vie américain (la maison individuelle et le barbecue le dimanche entre voisins !) pousse de plus en plus de citadins (ceux qui en ont les moyens…) à aller s'installer dans des banlieues qui semblent s'étaler à l'infini (un réflexe opposé aux Français qui, quand ils en ont les moyens, s'installent dans les centres-villes). Les Américains s'y regroupent dans des quartiers socialement et ethniquement homogènes. La ville américaine est donc dévoreuse d'espace.

Ces banlieues ont à leur tour développé de nouveaux pôles d'activités, le long des bretelles d'autoroutes et souvent à proximité de grandes universités ou d'aéroports. Ces nouveaux quartiers d'affaires regroupent quantité d'entreprises de pointe et constituent de vastes parcs technologiques. C'est le cas, par exemple, à Boston, le long de la route 128, une bretelle autoroutière qui ceinture la ville et concentre des entreprises high-tech. À Atlanta, ces nouveaux centres d'activité prospèrent et concentrent désormais plus d'espaces de bureaux que le vieux CBD ! Les villes américaines sont donc de plus en plus polycentriques (on parle d'***edge cities***) et ces banlieues ont tendance à « tuer », le centre de la ville en lui prenant ses habitants les plus aisés et donc ses ressources (fiscales, notamment !). Ces périphéries sont les nouveaux espaces de puissance des villes américaines.

« L'effet frontière »

Avec la mondialisation de l'économie, les flux augmentent sans cesse et les entreprises doivent pouvoir échanger et communiquer vite et bien. Les espaces bien pourvus en moyens de communication et au contact d'autres territoires dynamiques sont donc favorisés. Et ce n'est pas un hasard si, aux États-Unis, les espaces les plus puissants sont situés sur les périphéries du territoire, c'est-à-dire :

- au nord-est (au contact entre l'Europe et le Canada peuplé) ;
- le long de la frontière mexicaine où une région transfrontalière s'est formée : la Mexamérique ;
- au nord-ouest également, bien que plus modestement (au contact entre l'Asie et Vancouver, on appelle parfois cette région la « Pugetopolis »).

La croissance économique phénoménale en Asie et la signature de l'**ALENA** ont joué dans le même sens en favorisant ces régions. De ce point de vue, la Californie est particulièrement bien placée.

La mondialisation n'abolit donc pas la géographie, bien au contraire : elle tend à favoriser certains espaces au détriment d'autres. Et ne pas pouvoir s'insérer dans cet espace mondial constitue désormais un réel handicap.

GROS PLAN

Une nouvelle région transfrontalière : la Mexamérique

La frontière entre les États-Unis et le Mexique offre un bon exemple des nouveaux espaces de croissance qui profitent de l'ouverture du territoire des États-Unis dans un contexte de mondialisation. Grâce à la signature de l'**ALENA**, de nombreuses entreprises américaines ont quitté le nord-est du pays et se sont installées à proximité du Mexique. Elles conçoivent leurs produits aux États-Unis mais les font fabriquer au Mexique, dans des entreprises de montage appelées **maquiladoras** et qui emploient une main-d'œuvre mexicaine bon marché. Les flux sont très intenses de part et d'autre de la frontière et de véritables villes jumelles (les ***twin cities***) se sont développées. Pour le gouvernement américain, c'est aussi le moyen de retenir et de fixer une partie du flot d'immigrés mexicains qui cherchent à entrer aux États-Unis tous les ans. Depuis peu pourtant, les maquiladoras connaissent elles aussi des difficultés face à la concurrence croissante de la Chine.

Des régions qui contribuent inégalement à la puissance des États-Unis

Le nord-est n'est pas mort !

SCHÉMA

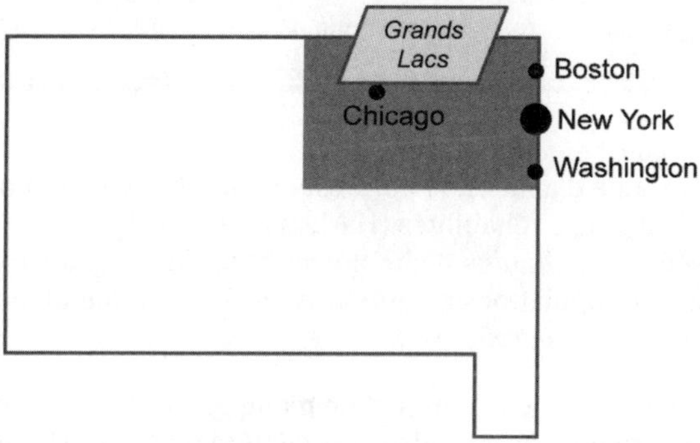

Figure 10-4 : Le nord-est.

Le nord-est est la plus « vieille » région dans ce « nouveau monde ». C'est par là que sont arrivés en masse les colons venus d'Europe. Avec le développement d'une industrie puissante (sidérurgie, automobile, chimie), le nord-est est rapidement devenu une grande région industrielle, d'où son surnom de *Manufacturing Belt* (ceinture industrielle). Jusqu'en 1950, le nord-est concentre la quasi-totalité des activités du pays et le territoire est alors très déséquilibré. Les choses ont rapidement changé par la suite…

La crise économique des années 1970-1980 a durement frappé toute la région. Les grandes villes industrielles le long de la vallée de l'Ohio et autour des Grands Lacs ont beaucoup souffert : Detroit (la capitale de l'automobile), tout comme Pittsburgh (la ville de l'acier, surnommée *smoky city* !) ont connu faillites et chômage. Bien des usines ont fermé, laissant la place à de vastes friches industrielles qui n'ont pas toutes disparu aujourd'hui. Et la vieille Manufacturing Belt s'est transformée par endroits en une véritable Rust Belt (ceinture de rouille !). La crise urbaine a frappé les centres-villes et de nombreux quartiers se sont paupérisés et transformés en ghettos. Certaines villes ont même vu leur population baisser (comme Detroit), au profit des agglomérations du sud ou de l'ouest.

VOCABULAIRE

Les Grands Lacs

Il s'agit des cinq lacs situés au nord-est des États-Unis, c'est-à-dire, d'ouest en est : le lac Supérieur, le lac Michigan, le lac Huron, le lac Érié et le lac Ontario. Ils ont été formés lors de la dernière grande glaciation. À eux cinq, ils forment une véritable mer intérieure de 250 000 km² (soit presque la moitié de la superficie de la France !). La frontière entre les États-Unis et le Canada les traverse. Avec le fleuve Saint-Laurent, ils constituent une remarquable voie de pénétration à l'intérieur du continent américain.

Depuis une quinzaine d'années, le nord-est connaît un réel renouveau. Des ghettos ont été en partie réhabilités (Harlem à New York), l'économie a été redynamisée par les hautes technologies et les municipalités essaient de faire revenir les populations à hauts revenus en réhabilitant certains quartiers. On parle de *gentryfication*.

Il faut bien reconnaître que le nord-est ne manque pas d'atouts : population nombreuse (encore près de 40 % de la population du pays), situation géographique favorable (position de carrefour, proximité des Grands Lacs et du Mississippi, interface avec l'Europe), concentration des capitaux (Wall Street, à New York, est le premier marché financier du monde), des pouvoirs (les sièges sociaux des grandes entreprises ou la Maison Blanche à Washington) et des grandes écoles (le MIT ou Harvard à Boston, par exemple). Avec ses villes géantes (la mégalopolis de New York à Washington concentre à elle seule 50 millions d'Américains), le nord-est est donc toujours le premier pôle de commandement du pays.

La Sun Belt, une périphérie dynamique mais très hétérogène

La *Sun Belt* (ou « ceinture du soleil ») regroupe les États du sud et de l'ouest des États-Unis. Ils ont un commun leur position périphérique, leur jeunesse et leur climat favorable. Mais ce qui les caractérise avant tout, c'est leur très fort dynamisme depuis quelques décennies. C'est là que sont les espaces les plus attractifs des États-Unis, là que se construit l'Amérique du futur… Jugez plutôt.

La *Sun Belt* concentre aujourd'hui deux fois plus d'habitants qu'en 1950, soit 40 % de la population du pays ! Beaucoup d'Américains sont partis s'y installer, à la recherche d'un cadre de vie plus favorable ou d'un meilleur job, fuyant le froid, la pollution ou la crise économique de la

Frost Belt (le nord-est). Les industries de hautes technologies pullulent ici : informatique, biotechnologie, aéronautique, aérospatial, cinéma... Citons en vrac quelques productions *made in Sun Belt* très symboliques de la réussite de ce croissant fertile : le 747 (Boeing), le système d'exploitation Windows (Microsoft), le microprocesseur Pentium (Intel), la navette spatiale ou *Star Wars* ! La région est aussi le lieu privilégié d'implantation des industries d'armement : cette *Sun Belt* est une véritable Gun Belt !

La *Sun Belt* (voir figure 10-5) n'est toutefois pas un espace homogène. C'est un espace immense et éclaté, une succession de centres dynamiques peu reliés entre eux. Elle regroupe des États très différents et qui ne réussissent pas tous aussi bien. En réalité, trois États concentrent l'essentiel de la puissance de la *Sun Belt* : la Californie, le Texas et la Floride. (voir figure 10-6)

SCHÉMA

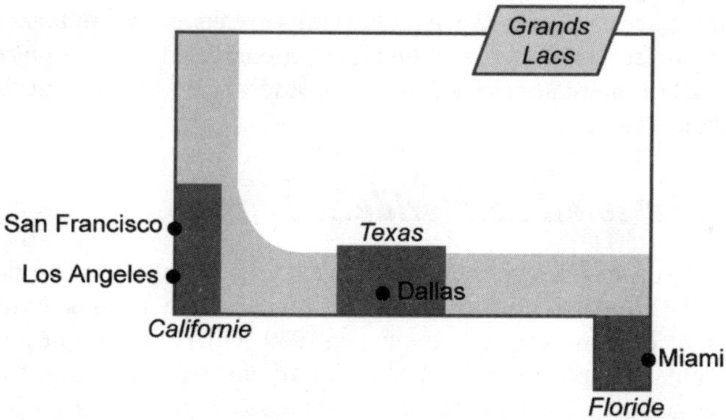

Figure 10-5 : La ***Sun Belt***.

La Californie : la 6e puissance économique du monde à elle toute seule !

La Californie jouit vraiment d'une situation exceptionnelle : superficie (2e État de l'Union avec 400 000 km^2, soit les 3/4 de la France !), position d'interface (entre l'Amérique latine et l'Asie), cadre naturel (l'océan Pacifique, la Sierra Nevada, le parc naturel du Yosemite…). C'est l'État le plus puissant de toute l'Union (6e PIB mondial, soit à peu près comme la France !) et l'État le plus peuplé (36 millions d'habitants). C'est aussi le 1er État industriel du pays, bien sûr très tourné vers les nouvelles technologies, et le 1er État agricole des États-Unis (le « panier à salade » du pays), spécialisé dans les productions « du soleil » (vignes, fruits et légumes) dans des vallées comme Imperial Valley où une irrigation massive a permis de développer les cultures sur le désert.

Le Texas : du bœuf et du pétrole d'abord !

Longtemps voué au ranching (bovin), le Texas doit d'abord sa richesse récente au pétrole. Cette manne pétrolière a été à l'origine du décollage de grandes métropoles comme Dallas et Houston. Aujourd'hui, le Texas est toujours le 1er État pétrolier du pays et il est devenu le 2e État le plus peuplé de l'Union avec 21 millions d'habitants. Depuis, le Texas s'est diversifié vers les hautes technologies (l'informatique, avec Texas Instrument ou Dell) et Houston, port industriel et pétrolier, est devenu le QG de la NASA. Comme les autres États de la *Sun Belt*, le Texas est un État de plus en plus métissé. Au sud, les Hispaniques sont tellement nombreux que même George Bush a dû faire campagne en espagnol !

Pour l'élevage : ranching ou feed lots ?

Aux États-Unis, l'élevage est pratiqué soit de façon industrielle et intensive dans des parcs à viande (les *feed lots*) où s'entassent des milliers de bêtes sur des surfaces réduites, soit de façon extensive en laissant paître les animaux librement sur des surfaces considérables (notamment dans le nord du pays). C'est le ranching.

Ah... Le soleil de Floride... !

Vous ne le croirez peut-être pas, mais c'est pourtant vrai : la Floride a longtemps été une région de marécages où personne ne voulait vivre ! Depuis, cet État a connu un véritable boom : en 1940, il ne comptait que 2 millions d'habitants et.... plus de 15 millions aujourd'hui ! La Floride doit d'abord sa réussite au soleil. Il est à l'origine de sa réussite agricole (agrumes, légumes, canne à sucre...), du tourisme et de l'arrivée de quantité de retraités ! Des parcs à thèmes (Disneyworld à Orlando) et des noms qui font rêver attirent des millions de vacanciers tous les ans : Miami, West Palm Beach ou les croisières dans les Caraïbes... L'implantation de nombreuses entreprises de hautes technologies n'a fait que renforcer la puissance de ce « jeune » État.

Vers une nouvelle Amérique...

Ces États ouverts, modernes et métissés préfigurent les États-Unis du XXIe siècle. Leur dynamisme est tel depuis quelques décennies que l'on assiste à un progressif basculement du territoire américain, du nord-est vers le sud et l'ouest. Depuis l'indépendance, le centre de gravité de la population n'a fait que se déplacer vers le sud-ouest et a franchi le Mississippi depuis près de 30 ans ! En 2025, Los Angeles sera probablement la première ville du pays devant Dallas, reléguant New York à la 3e place ! Composées en majorité de minorités hispaniques et asiatiques, ces grandes métropoles seront alors bien différentes de la très européenne Boston...

SCHÉMA

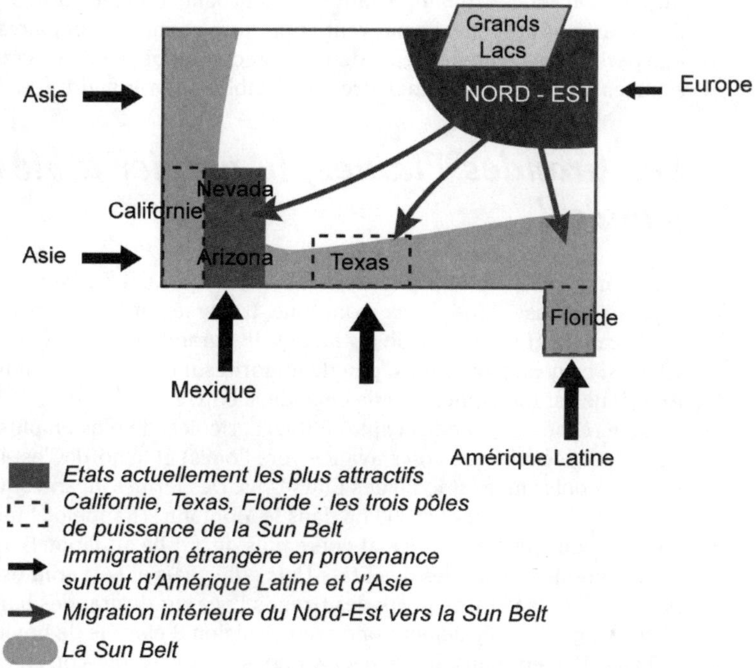

Figure 10-6 : Les dynamiques spatiales de la population américaine : la ***Sun Belt***, une région en forte croissance.

Des espaces centraux plus périphériques mais non sans atouts

SCHÉMA

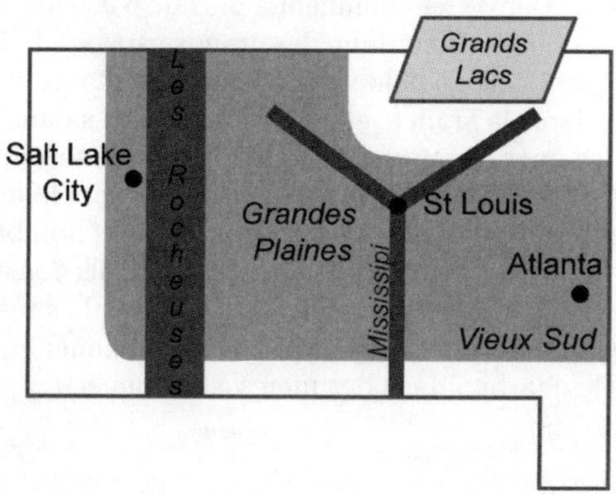

Figure 10-7 : Les espaces centraux.

Ce sont des espaces souvent peu peuplés, marqués par l'immensité, la ruralité, l'absence d'un important réseau urbain et même parfois par le déclin démographique. Ils peuvent apparaître comme secondaires, presque une périphérie au cœur même du pays. Économiquement, ces grands espaces sont pourtant loin d'être négligeables… (voir figure 10-7)

Les Grandes Plaines, le grenier à blé du monde !

Les Grandes Plaines occupent tout le cœur du pays. Il faut vous imaginer un espace immense, sans arbre, monotone, traversé par le Mississippi, que les Américains ont surnommé le *big muddy*, le « grand boueux ». Peu de grandes villes, si ce n'est Saint-Louis, peu de minorités noires ou hispaniques : cette Amérique est bien différente de celle de la côte est ou du sud.

C'est le règne des grandes exploitations agricoles, de plus en plus vastes au fur et à mesure que l'on s'avance vers l'ouest et le nord. C'est ici que réside la puissance agricole des États-Unis. Des fermes gigantesques, qui finissent par dépasser les 800 ha dans le Montana ! (Rappelons que c'est 40 ha en moyenne en France et guère plus de… 1 ha au Japon !). Les Plaines sont le grenier à céréales des États-Unis : blé, maïs et soja sont expédiés par Saint-Louis vers les ports des Grands Lacs sur de grandes barges *via* le Mississippi. C'est également une grande région d'élevage de bovins, élevés industriellement dans des parcs à viandes – les *feed lots* – ou en ranching à l'ouest.

Les Rocheuses : des espaces de réserve

À l'ouest de Denver, le paysage change totalement. Nous entrons dans l'Amérique des hauts-reliefs. Les Rocheuses s'élèvent brutalement à plus de 4 000 m au-dessus de Denver et culminent à plus de 6 000 m en Alaska (mont Mac Kinley). Là débute l'Amérique des grands espaces, le *Wild West*, un territoire encore quasi vide : à peine 10 millions d'habitants sur un espace grand comme 4 fois la France, et encore, concentrés dans quelques villes très éloignées les unes des autres ! Les Mormons qui se sont installés à Salt Lake City ont trouvé là l'isolement qu'ils recherchaient ! Ces espaces sont encore largement préservés et les parcs naturels sont nombreux : Yellowstone dans le Wyoming, Grand Canyon en Arizona. Ils constituent encore des espaces de réserve, prometteurs pour l'avenir. Les ressources y sont abondantes et sont d'ores et déjà exploitées, notamment certains minerais (cuivre) ou le charbon dans des mines à ciel ouvert.

Le vieux sud en partie revitalisé

Le « vieux sud » comprend les États autrefois esclavagistes et spécialisés dans les cultures de tabac ou de coton, qui s'opposèrent au nord industriel lors de la guerre civile de 1861-1865 (la guerre de Sécession). Ce sont des États qui sont longtemps restés très pauvres et concentrent encore aujourd'hui d'importantes minorités de Noirs. Le gouvernement américain a multiplié les efforts pour sortir le Sud de sa pauvreté. La région a connu un essor économique récent. Atlanta, ville de Coca-Cola, de CNN et des J.O. de 1996, est devenue le symbole de ce renouveau.

Quelques remarques pour conclure :

1. Les États-Unis bénéficient d'un espace très riche qui constitue un des fondements de leur puissance.
2. C'est un territoire ouvert, en perpétuelle recomposition et où tout bouge très vite.
3. Les espaces périphériques et les grandes métropoles sont actuellement les espaces les plus dynamiques et sont la traduction spatiale de la mondialisation.
4. Le sud et l'ouest sont aujourd'hui les espaces les plus dynamiques. Ils profitent d'un « effet sud » (héliotropisme), d'un « effet ALENA » et du boom économique de l'Asie, et de l'envolée des prix du pétrole !

Chapitre 11

La façade atlantique de l'Amérique du Nord

Dans ce chapitre :

- La principale interface entre le continent américain et le monde
- Du nord au sud, trois sous-ensembles nettement différenciés

La façade atlantique de l'Amérique du Nord est un espace qui s'étend sur plus de 4 000 km du Saint-Laurent au golfe du Mexique inclus et associe donc les trois pays de l'**ALENA** (États-Unis, Canada, Mexique). Cela veut dire qu'elle regroupe des espaces très différents, tant du point de vue de la géographie physique (relief, climat, littoraux) que du niveau de développement (le Mexique étant moins développé que ses voisins du Nord). Cette façade est d'une épaisseur très inégale : elle se réduit parfois à une simple bande littorale mais peut s'étendre sur une grande profondeur lorsque les régions intérieures sont très intégrées à ces littoraux. Les activités humaines ignorent de plus en plus les frontières et des synergies se développent entre États limitrophes. C'est tout l'intérêt de l'étude de cet espace transfrontalier.

Remarque préalable importante

Le cours ci-dessous correspond très précisément à celui des terminales L et ES. Pour les terminales S, le programme est légèrement différent puisqu'il s'intitule : « la façade atlantique des États-Unis » (et non pas de l'Amérique du Nord). Si vous êtes en TS, vous adapterez donc facilement ce cours. Il change peu, l'articulation reste la même, il vous suffira d'ignorer les développements consacrés au Canada et au Mexique.

PROBLÉMATIQUES

Dans quelle mesure la façade atlantique de l'Amérique du Nord est-elle un espace majeur du continent américain ?

Page X du cahier couleurs : l'organisation de l'espace de la façade atlantique de l'Amérique du Nord

La façade atlantique de l'Amérique du Nord, c'est :

- **220 millions d'habitants soit plus d'un Nord-Américain sur deux**
- **2/3 du PIB de l'Amérique du Nord**
- **50 millions d'habitants dans la mégalopolis**

La façade la plus active de l'Amérique du Nord

Un des espaces les plus dynamiques du monde

Un pôle de commandement majeur du continent américain et de la planète

La façade atlantique de l'Amérique du Nord concentre parmi les principaux pôles de commandement du monde :

- Washington, cœur du pouvoir politique (Maison Blanche) et militaire (Pentagone) des États-Unis (et donc du monde, tant l'influence des décisions prises aux États-Unis est forte !)
- New York et Chicago, grands pôles multiformes où se concentrent les marchés financiers, les grands médias ou les organisations internationales (ONU).
- Concentration d'un grand nombre de sièges sociaux de grandes entreprises, aux États-Unis surtout, mais également au Canada (IBM à New York, Coca-Cola à Atlanta).
- Présence, enfin, sur cet espace de la majorité des grandes universités américaines et canadiennes.

Une concentration d'hommes et d'activités considérables

Cette façade atlantique, c'est environ 220 millions d'hommes, soit plus d'un Nord-Américain sur deux (environ 430 millions d'habitants pour toute l'Amérique du Nord). Cela situe d'emblée son poids dans l'espace continental. De fait, un grand nombre de grandes métropoles de l'Amérique du Nord se situent dans cet espace. New York, Chicago, Washington, Miami, Atlanta, Toronto, Montréal, etc. Autant de très grandes agglomérations comptant chacune plusieurs millions d'habitants.

Économiquement, c'est encore plus flagrant. Un chiffre résume, au fond, le poids de cette façade en Amérique du Nord : elle produit à elle seule 2/3 du PIB de l'Amérique du Nord ! Nous sommes bien en droit de parler d'un espace majeur.

Une interface mondiale

Cette façade est également l'espace de contact privilégié entre le continent américain et le reste du monde. Elle constitue l'interface majeure du continent américain, sa porte d'entrée la plus active, et cela pour toutes sortes de flux : immigration, commerce, investissements, tourisme… Preuve de cette ouverture, l'exceptionnelle concentration portuaire et aéroportuaire par où transite une part considérable de ces flux. Sur les 25 premiers ports de l'espace nord-américain, 21 se situent sur cette interface. Et les proportions sont du même ordre concernant les aéroports ! Cette situation de contact est un réel atout car, ne l'oublions pas, au sein d'une économie mondialisée, ce sont les flux qui sont à l'origine du développement. (voir figure 11-1)

Ces grands ports drainent les richesses d'un immense **hinterland**, qui s'étend des Grands Lacs à tout le bassin du Mississipi. Depuis cette façade, les États-Unis, le Canada et le Mexique réalisent les 3/4 de leurs échanges. Le Mexique expédie son pétrole, le Canada ses minerais. Le trafic le long de l'interface est également très important. Trafic routier et aérien naturellement, mais également fluvial *via* l'*Intercoastal waterway*, un long canal côtier qui longe tout le littoral est-américain.

SCHÉMA

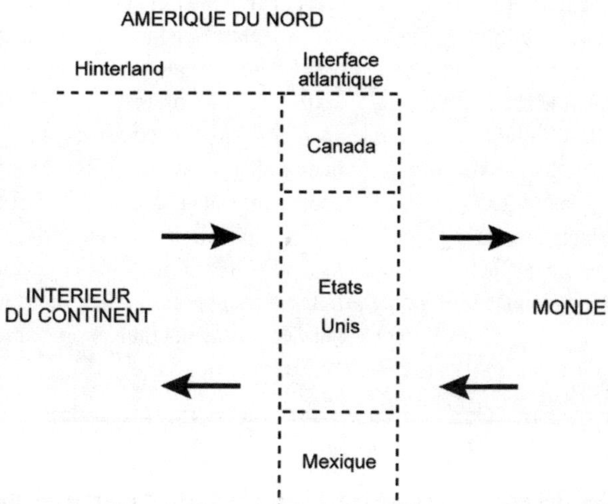

Figure 11-1 : La façade atlantique de l'Amérique du Nord : une interface majeure entre le continent américain (l'hinterland) et le monde.

D'importants atouts historiques et géographiques

L'Amérique est née à l'est !

Les États-Unis, tout comme le Canada, sont nés à l'est. C'est depuis cette façade atlantique que s'est faite la conquête de l'Amérique. Elle a été le premier espace peuplé et urbanisé par les Européens.

Conquistadores, trappeurs et puritains

Le voyage de Christophe Colomb en 1492 vers les Amériques aura finalement eu un impact décisif. Lui qui espérait trouver un chemin plus court pour accéder aux Indes, il aura en fait ouvert à la colonisation européenne un nouveau continent ! À sa suite, bien des colons et aventuriers de tout poil allaient se précipiter.

Ce sont surtout trois pays, la France, l'Espagne et la Grande Bretagne, qui ont entrepris cette conquête de l'Amérique du Nord. Les Français, en petit nombre, ont pénétré à l'intérieur du continent par les fleuves. Le Saint-Laurent, principalement, dont l'estuaire fut découvert par un Malouin (de Saint Malo !) du nom de Jacques Cartier en 1534. Ils ont fondé une colonie au Canada (avec beaucoup de trappeurs…) et créé les villes de Québec et de Montréal. Pendant ce temps-là, les Espagnols s'octroyaient progressivement presque tout le sud du continent. Le conquistador Hernan Cortes fonda la ville de Vera Cruz en 1519 et entreprit la conquête (et le pillage !) de tout le Mexique depuis cette base. L'influence espagnole devait se faire sentir jusqu'en Floride et en Californie (Los Angeles, San Francisco…). Au début du XVIIe siècle enfin, les Britanniques (et quelques Hollandais…) occupèrent toute la cote est des futurs États-Unis, et cela à partir de deux foyers principaux : le premier, en 1607 en Virginie, où les colons mirent en place une économie de plantations (du coton et du tabac surtout) fondée sur l'esclavage des Noirs ; le second, en Nouvelle-Angleterre (la région autour de Boston) en 1620, où l'arrivée des premiers colons à bord du bateau le *Mayflower*, marqua profondément les futurs États-Unis. Ces protestants austères (aussi appelés « puritains ») voyaient en effet l'Amérique comme une nouvelle Terre promise où ils pourraient enfin construire une société fidèle aux Évangiles. Bien des valeurs des États-Unis d'aujourd'hui trouvent leurs origines dans la réussite de ces premières implantations (liberté individuelle, démocratie, protestantisme).

Pendant des décennies, la côte est va être la porte d'entrée de millions d'immigrants européens fuyant la misère ou les persécutions et débarquant à Ellis Island (le passage obligé de tout immigré arrivant à New York) dans l'espoir de refaire leur vie.

Ils vont être à l'origine de la puissance de l'Amérique et vont permettre une croissance exponentielle de ses villes. Donnons-nous le tournis un instant : Chicago ne comptait que 4 000 habitants en 1833 et plus de 8 millions aujourd'hui ! Presque la population de Paris et toutes ses banlieues ! Pas mal pour une ville de moins de deux siècles…

Les conséquences de cette histoire sur l'organisation du territoire américain sont bien évidemment décisives. Prenez une carte représentant les grandes densités de population ou les grands pôles économiques américains : vous y lirez encore les marques de cet héritage et cette domination de l'est. Même si de nos jours cette façade atlantique s'ouvre de plus en plus sur l'Amérique latine et desserre ses liens avec l'Europe, et même si c'est la façade Pacifique qui est désormais la plus dynamique, elle reste encore l'espace dominant du continent.

Des espaces naturels aux atouts variables

Sur cette façade atlantique, les littoraux sont très différents de part et d'autre du Cap Hatteras (un cap situé juste au sud de Washington). Alors qu'au sud les lagunes dominent, au nord les côtes sont rocheuses, et les grandes baies sont très favorables à l'implantation de ports en eaux profondes dans des sites protégés (New York dans la baie de l'Hudson et Philadelphie dans la baie de la Delaware). Elles sont le résultat des dernières glaciations (les glaciers ont creusé ces baies). C'est une des raisons de la présence des grandes métropoles au nord.

Autre potentiel naturel bien mis en valeur, les cours d'eau (utilisé comme voie de navigation ou pour produire de l'hydroélectricité). Les grands fleuves ont été domestiqués, et l'ensemble formé par le Saint-Laurent, le Mississipi et les Grands Lacs (un ensemble bien relié au moyen de canaux et d'écluses) constitue un axe majeur pour le pays permettant d'acheminer vers le littoral les productions des Grandes Plaines (les céréales par exemple, *via* le port fluvial de Saint-Louis). Cette véritable autoroute fluvial accroît considérablement l'**hinterland** des ports de la côte est.

Dans les Appalaches et à proximité des Grands Lacs, d'importants gisements de fer et de charbon ont été à l'origine de la première vague d'industrialisation au XIXe siècle fondée sur l'acier. Et c'est tout naturellement que les grandes entreprises automobiles (General Motors et Ford) se sont installées à Detroit. La même logique a prévalu côté canadien. Au Canada, les provinces orientales du Québec et de l'Ontario produisent l'essentiel de l'hydroélectricité du pays et sont, elles aussi, très riches en ressources diverses (minerais, bois).

Plus au sud, les activités se sont développées autour du soleil (le tourisme) et plus encore des hydrocarbures qui ont fait la fortune des États littoraux, aussi bien aux États-Unis qu'au Mexique. Le golfe du Mexique est devenu une des plus importantes régions productrices du monde, que se partage les États-Unis et le Mexique (gisements off-shore, c'est-à-dire sous la mer).

Du nord au sud, trois sous-ensembles très différenciés

Si la façade atlantique est globalement la plus puissante du continent américain, tous les espaces de cette façade ne participent pas tous autant à cette puissance. En réalité, trois espaces (le nord-est, la Floride et la côte du golfe du Mexique) sont réellement moteurs et fortement insérés dans le système-monde. Entre ces régions puissantes, des espaces plus faibles et dominés existent, comme la côte du sud-est atlantique (entre Washington et la Floride), les Appalaches ou le vieux sud.

Le nord-est atlantique, le centre

Une concentration de puissance sans équivalent

Le nord-est atlantique comprend la mégalopolis (de Boston à Washington) et la région des Grands Lacs en contact étroit avec tout le sud-est canadien. Le cœur de la puissance des États-Unis et du Canada est ici, ainsi que la plupart des plus grandes agglomérations. Poids démographique, pôles de commandement, puissance économique et financière : à tout point de vue, le nord-est atlantique est bien l'espace central de cette façade.

La mégalopolis : le centre du centre !

La **mégalopolis** constitue dans ce nord-est un véritable hypercentre concentrant sans doute les trois éléments déterminants de la puissance d'un État : les pôles de décision, les grandes universités et les capitaux (c'est-à-dire le pouvoir, le savoir et la richesse).

La mégalopolis est l'espace le plus peuplé et le plus urbanisé de la façade atlantique (voir figure 11-2). Elle s'étend sur environ 800 km de long, de Boston au nord à Washington au sud. Là vivent environ 50 millions d'Américains, principalement concentrés dans quelques grandes agglomérations (Boston, New York, Philadelphie, Baltimore, Washington). Entre ces grandes villes, un grand nombre de villes moyennes et d'immenses lotissements pavillonnaires qui semblent s'étaler à l'infini et ont progressivement grignoté les espaces ruraux. D'où l'impression d'une très grande ville, d'une mégalopolis. L'intensité des flux Nord/Sud entre ces grandes agglomérations conforte d'ailleurs largement ce sentiment. Certes, l'urbanisation n'est pas continue sur 800 km et bien des espaces verts subsistent. N'imaginez pas non plus des quartiers continus fortement urbanisés : les densités sont le plus souvent encore modestes et seuls les centres-villes sont très densément peuplés. C'est plutôt le règne d'immenses banlieues résidentielles, des bretelles autoroutières et des zones industrielles et portuaires.

Sur cet espace, se concentrent tous les pôles de commandement des États-Unis et donc de la façade atlantique : les marchés financiers (Wall Street), le siège du **FMI,** de l'**OTAN** et de l'**ONU**, le tiers des sièges sociaux des grandes entreprises américaines, le Pentagone (le ministère de la Défense), le Congrès, la Maison Blanche. Impressionnant ! C'est là aussi que l'on trouve les grandes universités et la plupart des médias du pays.

SCHÉMA

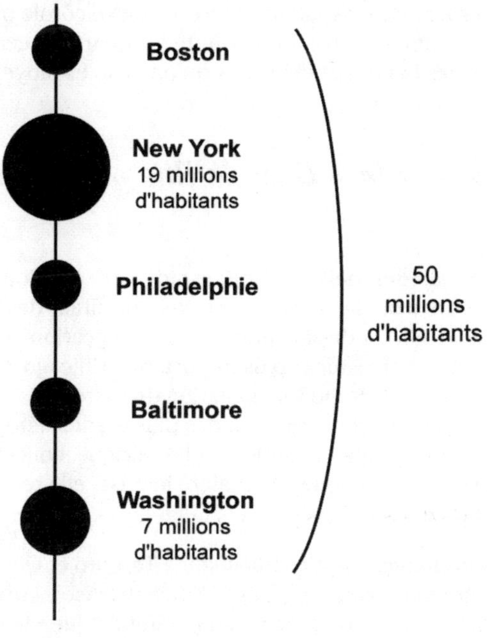

Figure 11-2 : La mégalopolis américaine.

New York, la « grosse pomme »...

Au cœur de cette mégalopolis, trône New York, surnommée *Big Apple*. Une ville à part, hors norme. Une immense tour de Babel de 21 millions d'habitants (deux fois et demie toute la population de l'Île-de-France !) mêlant toutes les communautés ethniques de la planète. La ville demeure le plus important pôle de commandement du monde, malgré les attentats du 11 septembre 2001 qui ont entraîné la disparition des deux tours du World Trade Center. Au sud de la ville, Manhattan reste un des quartiers symboliques de cette puissance et concentre encore tout ce qui compte en matière économique, financière ou culturelle, même si après les attentats, bien des entreprises ont quitté le quartier. Cette ville est le lieu de tous les excès et de toutes les excentricités. New York est une véritable ruche d'un étonnant dynamisme. C'est également une incroyable mosaïque sociale où la plus grande pauvreté voisine avec les plus grandes richesses. Comme dans bien des villes d'Amérique, les communautés se regroupent par quartiers homogènes : les Portoricains dans le Bronx, les Italiens dans Little Italy, etc. Et en pénétrant Chinatown, on peut encore se demander si l'on est toujours en Amérique ! Les quartiers s'enchevêtrent ainsi sans véritable plan d'ensemble. La ségrégation spatiale est forte : on se côtoie plus que l'on se mélange entre communautés. Et on quitte les quartiers centraux pour s'installer dans des banlieues chics dès qu'on en a les moyens. New York est un monde à elle seule.

Les Grands Lacs et la « Grande Rue » (ou « Main Street »)

Plusieurs grandes villes industrielles se sont rapidement développées le long des cinq Grands Lacs ou de la vallée de l'Ohio, profitant des ressources de la région (fer et charbon) et des facilités de communication : Detroit, Cleveland, Pittsburgh… et bien sûr la plus importante, Chicago. Chicago doit une bonne partie de sa fortune à sa situation de carrefour ; la ville reste le principal carrefour ferroviaire et un des plus grands aéroports du pays. Cette région fut longtemps « la forge » de l'Amérique, concentrant les grandes industries métallurgiques. Et malgré la crise, elle reste la plus industrialisée du continent.

Les Grands Lacs se prolongent au Canada jusqu'à Toronto et Québec, formant comme un grand corridor urbanisé et industrialisé : *Main Street*, comme disent les Américains (à Québec on dit « Grande Rue » !). C'est dans ce couloir que se situe le cœur du Canada, sur l'axe Windsor-Toronto-Ottawa-Montréal-Québec. Deux Canadiens sur trois vivent dans ce couloir et les pôles majeurs du pays sont ici : Ottawa, la capitale fédérale et Toronto, la principale agglomération du pays. Toronto a d'ailleurs supplanté Montréal et est devenue une ville mondiale avec ses 5 millions d'habitants.

Le Canada « utile » se concentre dans cet espace réduit (à l'échelle du pays, tout du moins !). Tout le long de cet axe circulent des flux considérables. Le Canada exporte ses matières premières et son énergie vers les États-Unis (fer, électricité, bois...) et les États-Unis ont implanté beaucoup d'usines d'assemblage, notamment automobile, au Canada. Detroit et Windsor sont d'ailleurs devenues des villes jumelles, reliées par un pont et un tunnel, et bon nombre de cadres américains vivent au Canada. Les fronts de lac forment des cadres agréables et accueillent beaucoup de touristes. Grâce au Saint-Laurent, totalement aménagé (écluses, brise-glace l'hiver, canaux) et navigable sur 3 800 km, les Grands Lacs constituent un **hinterland** puissant des grands ports de la côte est.

GROS PLAN

Le MIT, véritable « Mecque » des chercheurs !

Le MIT (Massachussets Institute of Technology) est probablement un des campus universitaires les plus réputés des États-Unis et donc du monde. Campus immense regroupant cinq facultés, le MIT illustre bien la puissance des États-Unis en matière de recherche. Les secteurs les plus prestigieux y sont les sciences (la physique est la matière reine du campus) et l'économie. Très sélectif, cette immense pépinière à cerveaux située près de Boston dispose de moyens réellement impressionnants : 1 000 enseignants pour 10 000 étudiants (dont une centaine de Français), plus de 50 laboratoires ultramodernes sur des secteurs de pointe. Pour les étudiants du monde entier, c'est un peu le paradis sur terre ! L'université fonctionne à l'américaine : l'école est privée, elle fournit à ses professeurs un salaire et des locaux pour ouvrir un laboratoire, à eux ensuite de bien diriger tout cela, d'embaucher leurs collaborateurs et de trouver les fonds ! Auprès de qui ? Grandes entreprises, fondations ou agences fédérales. L'armée américaine est également très présente et subventionne le plus important « labo » (top secret !) qui travaille sur l'électronique militaire, les dispositifs antimissiles et les réseaux de communication cryptés... La plus grosse partie du budget du MIT ne va pourtant pas à l'enseignement mais à la recherche. Et les résultats sont à la hauteur : le MIT, c'est 59 prix Nobel (un record !), plus de 150 brevets déposés en 2003 et des centaines d'articles publiés tous les ans dans les plus prestigieuses revues scientifiques du monde (elles aussi américaines, d'ailleurs...). Tous les ans, une vingtaine de start-up (ces petites entreprises spécialisées dans les hautes technologies) naissent ici. Impressionnant palmarès. Bien évidemment, les étudiants les plus brillants de la planète se bousculent au portillon pour pénétrer dans le prestigieux MIT (40 % des étudiants sont étrangers). Les États-Unis ne sont pas encore près d'être décrochés des hautes technologies...

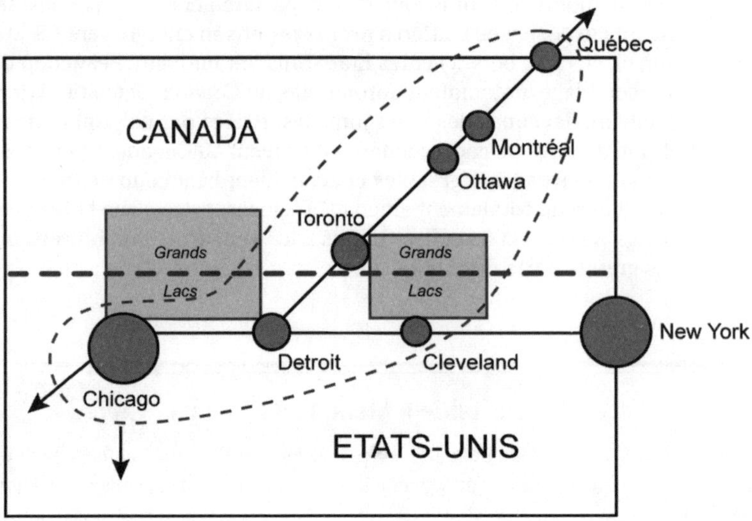

Figure 11-3 : La « Grande Rue » (ou « Main Street »), un espace transfrontalier majeur entre les États-Unis et le Canada.

La Floride, une périphérie dynamique

Une croissance phénoménale

Le géographe Gérard Dorel a eu une belle expression pour résumer les principales étapes du boom extraordinaire qu'a connu la Floride ces cinquante dernières années : « C'est une autre histoire de la création : le premier jour, il y eut le soleil ; le second jour, le tourisme ; le troisième, les oranges ; le quatrième, les Latinos ; le cinquième, l'industrie ; le sixième, la banque ; le dimanche, Miami se reposa en fumant un joint, puisque la ville est aussi devenue, dans les années 1970, la capitale des narcodollars » !

De fait, cet État a connu une véritable métamorphose en quelques décennies. Entre 1940 et 2000, la population est passée de 2 à 16 millions d'habitants !

Des oranges, Cap Canaveral et Disney !

La Floride, c'est tout à la fois une grande région agricole exportatrice, la première région touristique des États-Unis et un centre financier majeur (Miami est le 2e centre bancaire pour les transactions internationales après New York).

Le soleil fut sans doute un des atouts décisifs pour cet État. Il a permis le développement d'une puissante agriculture (oranges, ananas, pamplemousses, canne à sucre…) et du tourisme. Entre les plages de West Palm Beach, le parc régional des Everglades (un espace marécageux, rempli d'alligators et de mangroves !), les croisières organisées au départ de Miami vers les Caraïbes (les Américains en raffolent !) et les très nombreux parcs à thèmes autour d'Orlando (depuis la création de Disneyworld en 1971, une dizaine de parcs à thèmes géants se sont développés : Epcot center, les studios Universal, Kennedy Space center…), la Floride est imbattable en matière de loisirs ! Mais elle ne se résume pas à cela. Une puissante industrie de haute technologie a également vu le jour : la base de lancement de la NASA à Cap Kennedy bien sûr, mais aussi une véritable *Electronic Belt* (informatique et défense) entre Cap Kennedy et Tampa.

Miami, capitale mondiale des retraités !

La population de la Floride possède bien des originalités. Comme dans la plupart des États américains (et notamment ceux de la *Sun Belt*), les inégalités sociales sont considérables, d'autant que la Floride compte un très grand nombre de Latinos. La Floride, c'est le luxe, la frime et les cocotiers… et c'est aussi beaucoup de pauvreté. Parmi les populations à revenus moyens ou élevés figurent les retraités. Combien d'Américains quitte la *Frost Belt* (le nord-est) dès leur retraite acquise pour aller couler des jours heureux au soleil ? La Floride est l'État qui en compte le plus grand nombre, à tel point que de véritables « villes pour retraités » avec clubs et activités en tous genres ont fleuri un peu partout. Et Miami est une des rares villes du monde à posséder une pyramide des âges totalement inversée (les classes les plus nombreuses sont les plus âgées !).

La côte du golfe du Mexique : du pétrole et du soleil

De La Nouvelle-Orléans jusqu'à Cancun, s'étire un littoral plat, dont la partie mexicaine fut longtemps délaissée (les Aztèques vivaient dans les montagnes de l'intérieur) car insalubre. Aujourd'hui tout a bien changé. L'industrie pétrolière a été à l'origine d'une transformation et d'une industrialisation de la région. Cette richesse a entraîné, par la suite, le décollage d'un grand nombre d'activités (hautes technologies aux États-Unis).

Le golfe du Mexique est une région riche en pétrole et en gaz, l'exploitation est massive et très rentable quand le prix du baril flambe, comme c'est le cas depuis 2002 ! À l'instar de la famille Ewing dans la série *Dallas*, combien d'Américains doivent-ils leur richesse à cet or noir ? Tous les grands pôles industriels de la région sont d'abord de grands centres qui traitent, raffinent et commercialisent des hydrocarbures : La Nouvelle-Orléans, Houston aux États-Unis, Vera Cruz ou Tampico au Mexique sont de grands ports largement spécialisés dans les hydrocarbures.

Le long de la frontière, entre le Texas et le Mexique, les **maquiladoras** concentrent encore beaucoup d'industries d'assemblage, attirées par les faibles salaires mexicains, malgré la concurrence de plus en plus forte de la Chine. Le soleil et la mer ont également permis le développement de grandes stations touristiques balnéaires où viennent majoritairement des Américains (Cancun reste la plus célèbre d'entre elles).

Pour conclure...

1. Malgré la percée du Pacifique, la façade atlantique de l'Amérique est bien encore l'interface majeure du continent. Elle constitue à la fois une interface entre le monde et l'Amérique, mais aussi entre le nord et le sud du continent.

2. À tout point de vue, cette façade reste largement organisée et dominée par les États-Unis.

Chapitre 12

La puissance économique de l'Union européenne

(Terminales L et ES uniquement)

Dans ce chapitre :

- L'Union européenne, un pôle majeur de l'économie mondiale
- Une Europe aux bases solides mais cependant en perte de vitesse actuellement
- Un espace multipolaire

Construite à six en 1957, l'Union européenne (l'UE) compte aujourd'hui 25 pays. Elle est un des trois grands pôles économiques du monde, avec les États-Unis et le Japon. Avec environ 7 % de la population mondiale (450 millions d'habitants pour 25 pays), l'UE produit environ 30 % des richesses mondiales (donc en gros autant que les États-Unis). Derrière cette puissance, se dissimulent pourtant des faiblesses inquiétantes et de grandes disparités entre des régions riches et d'autres plus en difficultés.

PROBLÉMATIQUES

Quels sont les aspects, les limites et la géographie de cette puissance économique ?

CROQUIS DE BAC

Page XII du cahier couleurs : l'organisation de l'espace de l'Union européenne

CHIFFRES CLÉS

L'Union européenne, c'est :

- **450 millions d'habitants**
- **30 % du PIB mondial**
- **40 % du commerce mondial**

Un pôle majeur de l'économie mondiale

Contrairement à ce que l'on croit trop souvent, tout ne va pas mal en Europe, bien au contraire ! L'Europe, c'est un PIB équivalent à celui des États-Unis, le double de celui du Japon et cinq fois celui de la Chine. Économiquement, le tableau est plutôt brillant…

La première puissance commerciale du monde

Les pays de l'UE réalisent près de 40 % du commerce mondial de marchandises. C'est donc le premier espace d'échanges du monde. Cette réussite est d'abord celle du grand marché européen qui offre de réelles opportunités à tous les pays membres. Les pays européens commercent en effet d'abord et surtout entre eux. La construction européenne s'est traduite depuis longtemps par une suppression des frontières intérieures pour les marchandises, les capitaux, mais aussi les hommes. La liberté de circulation est donc presque totale entre les pays de l'UE. Cela augmente la concurrence, obligeant souvent les entreprises à améliorer leurs produits et à baisser leurs tarifs : une bonne préparation avant d'aller se confronter au marché mondial !

L'UE est le premier exportateur mondial (eh non, ce n'est pas la Chine…) et son commerce extérieur est excédentaire : l'Europe gagne donc plus qu'elle ne perd dans ses échanges commerciaux (au jeu du libre-échange, l'Europe est donc loin d'être la plus mal placée).

Cette performance, l'UE la doit d'abord à l'Allemagne, qui est actuellement la première puissance commerciale du monde (si !) : elle exporte désormais plus de produits que le Japon ou les États-Unis ! Belle performance pour un pays beaucoup moins peuplé que ses concurrents et avec des salaires plus élevés, non ?

Une grande puissance industrielle

Les pays de l'UE possèdent une industrie diversifiée et puissante. L'Europe fut à l'origine de la révolution industrielle (à partir du XVIIIe siècle), la tradition industrielle est donc ancienne et solide dans de nombreux pays, les qualités de la main-d'œuvre et des productions sont reconnues, le savoir-faire est réel et envié par tous ses concurrents.

L'industrie européenne occupe des positions fortes dans de très nombreux secteurs. Quelques exemples :

- L'UE, c'est la première industrie automobile du monde : Daimler-Benz (Mercedes et Chrysler), Renault, PSA (Peugeot-Citroën), BMW, Fiat et surtout Volkswagen. C'est une industrie conquérante sur tous les marchés du monde. Preuve de sa vitalité, le rachat par Renault du Japonais Nissan et son redressement (Nissan était en grande difficulté il y a quelques années, elle est à nouveau profitable).
- L'UE, c'est aussi la première industrie aéronautique du monde. Qui ne connaît pas le succès international d'Airbus ? Renommée méritée : EADS vend désormais plus d'avions que Boeing. Tout un symbole…

GROS PLAN

Airbus : une « success story » à l'américaine en Europe

Quatre pays (France, Allemagne, Grande-Bretagne et Espagne) ont uni leurs compétences pour fabriquer les avions Airbus. Chacun de ces quatre pays construit un morceau des avions et le tout est transporté puis assemblé à Toulouse. Avec environ 46 000 personnes, le groupe européen EADS détient aujourd'hui plus de 50 % du marché mondial des avions de plus de 100 places. Le succès est tel qu'il vend désormais plus d'avions que l'Américain Boeing ! Une extraordinaire performance pour une société créée en 1970, non ?

- La réussite dans l'aérospatiale est également remarquable avec la fusée Ariane. La réussite d'Ariane 5 montre à nouveau la maîtrise des plus hautes technologies par les Européens. Arianespace est le leader mondial sur le marché des lanceurs commerciaux (plus de la moitié des satellites qui tournent au-dessus de nos têtes sont lancés par Ariane !), un marché porteur, tant les pays souhaitant avoir leurs satellites sur orbite sont nombreux.
- Les télécommunications sont un autre secteur où les Européens sont performants. Leurs grandes entreprises sont innovantes (Nokia, France Télécom, Deutsche Telekom) et le projet Galileo (un concurrent européen au GPS américain) devrait permettre à l'Europe de faire jeu égal avec les États-Unis.
- Bien d'autres secteurs industriels sont à la pointe en Europe : la chimie et surtout la pharmacie (avec les géants allemands et français Sanofi, BASF, Bayer), l'industrie pétrolière (Royal Dutch, Shell, BP, Total), la sidérurgie (Arcelor), les industries agroalimentaires (Unilever, Danone) qui s'appuient sur la puissance agricole de l'UE, etc. Faut-il encore compléter ce brillant palmarès ? Un dernier exemple : le luxe et les cosmétiques, particulièrement bien représentés en France et en Italie. L'Europe est en effet à nouveau numéro 1 mondial dans ces deux secteurs (L'Oréal et LVMH), avec des produits qui se vendent bien et… très cher (les Japonais raffolent des sacs Louis Vuitton ou du cognac Hennessy !).

La deuxième puissance agricole du monde

L'UE est la 2e puissance agricole du monde derrière les États-Unis. C'est une agriculture globalement moderne et performante (avec toutefois des écarts encore considérables entre Europe de l'Est et Europe de l'Ouest). Une performance obtenue d'abord grâce à la puissance de l'agriculture française. Cette agriculture bénéficie de conditions naturelles favorables (climats tempérés et variés, peu de régions arides, beaucoup de bons sols). Elle s'appuie également sur une recherche agronomique de très haut niveau qui permet d'améliorer sans cesse les productions.

GROS PLAN

La PAC, victime de son succès !

La PAC (la politique agricole commune) a joué un grand rôle dans cette réussite de l'agriculture européenne. La PAC est la plus ancienne et la plus importante des politiques communes que mènent ensemble les pays européens. Elle a été décidée lors de la signature du traité de Rome en 1957 et est entrée en vigueur en 1962. À l'époque, son objectif était surtout d'augmenter les productions (l'Europe ne produisait alors pas assez) et de garantir un niveau de vie décent aux agriculteurs. Pour atteindre ces objectifs, les pays européens ont décidé de fixer des prix garantis pour un certain nombre de produits agricoles essentiels (comme le blé, par exemple). Les agriculteurs étaient donc assurés de pouvoir vendre toute leur récolte à un bon prix car l'Europe s'engageait à racheter leurs productions s'ils ne trouvaient pas preneur. Les productions ont donc fortement augmenté… ainsi que les stocks ! À tel point que l'on a fini par ne plus savoir qu'en faire (l'Europe accumulait des montagnes de lait, de beurre…) ! Et les prix garantis finissaient par coûter de plus en plus cher à l'Europe (les 2/3 du budget européen y passaient !). La PAC avait trop bien réussi… Depuis une douzaine d'années, la PAC est en cours de réforme (baisse des prix garantis et aide directe aux producteurs). Une réforme difficile à faire accepter, mais sans doute inévitable. Il n'empêche que le bilan est assez remarquable.

Une grande puissance financière

À l'instar du Japon et surtout des États-Unis, l'Europe dispose de grandes places boursières qui permettent de drainer l'épargne des ménages vers les entreprises et l'État. La plus importante est Londres, puis Francfort et Paris. Un certain nombre de marchés boursiers européens (Paris, Amsterdam, Bruxelles puis Lisbonne) ont amorcé depuis quelques années un rapprochement et ont donné naissance à la société Euronext. Peu à peu, tout cela se concentre pour offrir aux intervenants la possibilité d'agir plus vite, n'importe où et à moindre coût avec un seul intermédiaire. Encore une des conséquences directes de la mondialisation qui pousse à être toujours plus gros pour survivre. Va-t-on, à terme, vers la constitution d'un unique grand marché boursier européen ?

Preuve que l'Europe reste un espace très attractif, elle est toujours le premier pôle récepteur d'**IDE** (les investissements en provenance de l'étranger). Toutes les grandes entreprises du monde cherchent à être présentes en Europe (en rachetant une entreprise ou en construisant des usines) afin de pouvoir vendre directement sur le marché européen, le plus gros du monde.

La première puissance touristique du monde

Le tourisme, c'est un secteur économique de plus en plus important et de plus en plus lucratif ! Et là, l'Europe écrase (et de loin) tous les autres pays du monde. Les pays les plus touristiques du monde sont en effet tous européens : France, Italie, Espagne. Le patrimoine de ces pays et leur variété géographique sont en effet exceptionnels.

Fondements et limites de la puissance de l'Union européenne

Une puissance qui repose sur du solide !

La puissance économique de l'Union européenne ne date pas d'hier, et ses fondements sont encore solides...

Les Européens sont nombreux, riches (en moyenne, bien sûr !) et bien formés !

Avec 450 millions d'habitants, l'Union européenne est le pôle le plus peuplé de la Triade (300 millions d'habitants aux États-Unis et 127 millions au Japon).

C'est aussi le premier marché de consommation du monde du fait du niveau de vie élevé de la population. Enfin l'Europe dispose d'une main-d'œuvre de qualité car bien formée : dans tous les pays, la scolarité est généralisée et les écoles sont performantes (dans les tests internationaux, les Scandinaves obtiennent des scores particulièrement élevés).

Des infrastructures de transport et de communication au top !

Sur un espace relativement réduit, l'Union européenne offre un réseau de transport d'une densité et d'une qualité sans équivalent dans le monde. Ils laissent peu d'espace à l'écart et permettent de relier tous les points du continent à grande vitesse :

- Le réseau routier et autoroutier est dense, les autoroutes sont nombreuses et de qualité.
- Le réseau de train à grande vitesse (le TGV français ou l'ICE allemand) est tout simplement sans équivalent dans le monde.
- Les aéroports internationaux sont nombreux (Paris, Londres, Francfort…).
- Présence également de très grands ports internationaux : Rotterdam, Anvers.
- Les réseaux de télécommunication sont très modernes et permettent des communications quasi instantanées. L'Europe est un des espaces les plus connectés du monde à Internet, et la taille des « tuyaux » (des débits) ne cesse d'augmenter.

Les contraintes naturelles ont donc été largement vaincues. Un exemple l'illustre bien et prouve, à nouveau, le haut niveau de technicité des ingénieurs européens : la construction d'un grand nombre de ponts et tunnels de dimensions exceptionnelles :

- le pont de l'Öresund entre le Danemark et la Suède (15 km de long !) ;
- le tunnel sous la Manche (c'est un fiasco financier car le tunnel à coûté trop cher, mais c'est un succès technique et commercial) ;
- le viaduc de Millau en France ;
- Et de plus en plus fort : un projet de pont suspendu de 5 300 m de long est prévu pour relier la Sicile au reste de l'Italie ! Ouverture prévue vers 2010 ou 2012.

Bref, autant de prouesses techniques qui prouvent la qualité du savoir-faire des Européens.

Il faut absolument insister sur l'importance de ces réseaux. C'est un atout majeur, indispensable même, dans la compétition économique mondiale. Dans une économie mondialisée où tout circule toujours plus vite, une entreprise doit pouvoir être en contact rapide avec ses fournisseurs et ses clients. La qualité des réseaux est une des raisons qui expliquent que de nombreuses entreprises étrangères s'installent en Europe.

Des grandes entreprises dynamiques et compétitives

L'UE dispose dans de nombreux secteurs de firmes multinationales de premier plan. Elles se sont bien adaptées à la mondialisation et sont souvent leaders sur leurs marchés. Ces grandes multinationales bénéficient à plein de la mondialisation. Elles sont présentes dans un très grand nombre de domaines, prouvant que les Européens ont les moyens de s'imposer. Les plus grosses se retrouvent dans le secteur du pétrole : l'Anglais BP est numéro 1 en Europe avec plus de 200 milliards d'euros de chiffre d'affaires, suivi du Hollandais Royal Dutch Shell et du Français Total. Mais d'une manière générale, un grand nombre de secteurs sont représentés parmi ces multinationales, prouvant la diversité de l'économie européenne : grande distribution (Carrefour), cosmétiques (L'Oréal), automobile (Daimler Chrysler et Volkswagen), électronique (Siemens), optique (Essilor). La plupart de ces entreprises ont pris une taille mondiale en se regroupant et en fusionnant entre elles. Aucun secteur n'a échappé à cette concentration. Pour rester sur des exemples français : Peugeot a absorbé Citroën pour devenir PSA ; Total a d'abord absorbé Fina puis Elf Aquitaine pour devenir le plus grand groupe industriel français et un des plus gros groupes pétroliers du monde ; la banque BNP a « mangé » Paribas, etc. Et les exemples sont légion !

L'euro, c'est du solide !

La monnaie unique européenne a été créée en 1999. Elle est entrée en circulation pour les particuliers (apparition des pièces et des billets) en 2002. Les Européens voulaient en finir avec le désordre monétaire qui régnait jusque-là : la valeur des monnaies changeait tout le temps (le mark montait, la lire baissait…) et cela limitait le commerce entre pays européens (les frais de change étaient élevés, l'instabilité des monnaies créait des risques, etc.). Bref, c'était loin d'être l'idéal ! Avec l'euro, c'est la fin de tous ces problèmes. Les Européens commercent et voyagent désormais avec la même monnaie, une monnaie en outre beaucoup plus stable et solide à l'échelle mondiale que ne l'étaient les anciennes monnaies nationales (à l'exception du mark allemand…). La Banque centrale européenne (**BCE**), dont le siège est à Francfort, est chargée de gérer l'euro.

Mais aussi des faiblesses inquiétantes…

Quelles sont, à l'inverse de ce qui précède, les principales faiblesses de l'Union ?

Vingt-cinq États différents ne font pas une puissance globale !

Jusqu'à présent, nous avons parlé de l'Europe comme s'il s'agissait d'un seul et même pays. Et bien sûr, quand on additionne les richesses et la population de ces vingt-cinq pays, la comparaison est souvent flatteuse avec ses principaux concurrents (États-Unis, Japon ou Chine). Raisonner ainsi est en partie justifié car les pays européens sont dans un processus de rapprochement toujours plus étroit. Mais ce raisonnement est aussi critiquable car, au fond, vingt-cinq pays différents, avec leurs langues, leurs lois, leurs réglementations et leurs pouvoirs politiques différents, font-ils une seule et même grande puissance ?

Non, l'UE, ce n'est pas (et ce ne sera sans doute jamais) les États-Unis. Et c'est là une des grandes faiblesses. Quelques exemples pour vous le faire mieux comprendre :

- En matière politique, les Européens sont souvent divisés (on l'a vu avec la guerre en Irak en 2003, lorsque la France et l'Allemagne s'y opposaient pendant que le Royaume-Uni, l'Italie et l'Espagne la soutenaient). C'est une réelle faiblesse. L'Europe, en tant qu'acteur sur la scène internationale, n'existe presque pas en comparaison des États-Unis,
- Même remarque en matière de défense : les Européens n'ont pas une grande défense commune mais vingt-cinq « petites » armées nationales. Cela coûte plus cher et c'est moins efficace ! On est là à des années-lumière de la puissance américaine ! Bruxelles n'est pas Washington !
- Et c'est un peu la même chose avec l'euro. L'euro est une monnaie unique, la même pour tous les pays de l'Union. Elle est gérée par une Banque centrale européenne (la BCE) qui siège à Francfort. Mais il est bien difficile pour la BCE de savoir comment gérer l'euro sans gouvernement européen, avec vingt-cinq pays aux niveaux de développement différents, menant des politiques économiques différentes et dont les rythmes de croissance sont parfois inverses (quand certains sont en croissance, les autres sont en crise !).

La croissance économique manque de tonus !

Un des problèmes sérieux que rencontrent beaucoup de pays européens est leur incapacité à avoir une forte croissance économique : la France, l'Allemagne, l'Italie notamment affichent des taux de croissance de leur économie faibles, à l'inverse des États-Unis. Le résultat, c'est que l'écart de puissance économique entre les pays de l'UE et les États-Unis n'a fait que s'accroître ces quinze dernières années. Si cette tendance se poursuit, le poids économique de l'Europe dans le monde passera de 25 % à 12 % d'ici 2050 ! Ce manque de dynamisme économique a de graves conséquences : chômage élevé, fort endettement de la plupart des États et difficulté à innover. Seuls quelques pays tirent leur épingle du jeu, comme l'Espagne, l'Irlande ou le Royaume-Uni. Mais pour les deux premiers, il y a sans doute un effet de rattrapage qui ne durera peut-être pas éternellement (ils étaient très en retard il y a vingt ans).

Attention à ne pas sacrifier la recherche et les hautes technologies !

Les pays européens n'investissent pas assez dans la recherche et le développement et risquent de se faire distancer dans la course aux hautes technologies (le projet Galileo est – hélas ! – plus une exception qu'un cas général). Quand le Japon et les États-Unis dépensent en gros 3 % de leurs richesses (part du PIB) dans la recherche (c'est même 3,5 % pour le Japon qui ne cesse d'intensifier ses efforts en la matière), les Européens restent à 2 %. C'est peut être un des éléments les plus graves pour l'avenir et nos gouvernants seraient bien inspirés de s'en préoccuper urgemment !

Quand on sait que la plupart des produits que nous consommerons demain ne sont pas encore inventés, on comprend à quel point il est vital de se maintenir dans la course aux nouvelles technologies ! C'est la capacité d'innover de l'UE et sa possibilité d'être présente sur les marchés de l'avenir qui se trouvent en cause.

Bientôt une Europe « aux cheveux gris »... ?

Autre aspect de cette perte de dynamisme : le vieillissement démographique. Tout le monde le sait, la fécondité a beaucoup baissé en Europe (depuis le début des années 1970 et la fin du baby-boom). Elle est actuellement de 1,5 enfant par femme (il en faudrait 2,1 pour assurer le renouvellement des générations, un chiffre atteint par les États-Unis) et connaît en outre de fortes disparités (en Allemagne, en Italie, en Espagne elle s'est littéralement effondrée, elle résiste en Pologne, en Irlande et même assez bien en France). Un des problèmes posé par ce vieillissement est le coût qu'il va représenter (car il faudra bien que, d'une façon ou d'une autre, toujours moins d'actifs financent toujours plus de retraités !). Cela risque de peser sur l'activité économique ou sur les finances des États (plus d'impôts ?).

Géographie de la puissance économique européenne : un espace multipolaire

Centres et périphéries en Europe

Un espace très hétérogène

L'espace européen est économiquement très hétérogène. À côté de centres puissants subsistent de vastes espaces périphériques. Les niveaux de PIB/hbt, d'**IDH** ou les taux de chômage sont en effet très variables entre les États (IDH de 0,94 en Suède et de 0,80 en Lettonie, par exemple) ou entre les régions d'un même pays (Allemagne de l'Est et de l'Ouest, Italie du Nord et Italie du Sud). Cette distinction centre-périphérie s'observe donc à toutes les échelles.

Quand on observe une carte européenne des PIB par région et des densités de population, les écarts sont également très importants. Un centre, qui concentre l'essentiel des richesses, ressort nettement. Il est entouré de périphéries plus ou moins lointaines et intégrées.

Au centre : la mégalopole européenne et les grandes métropoles

L'organisation du territoire de l'UE est plus complexe qu'aux États-Unis ou au Japon (très forte polarisation sur les mégalopolis). Dans le cas de l'Europe, un centre ressort (entre le sud de l'Angleterre et le nord de l'Italie, formant une mégalopole européenne entre Londres, Milan, Francfort et Paris), mais il est très éclaté et il est relayé par un grand nombre de grandes métropoles. L'Europe est un espace multipolaire. Rien d'étonnant à cela : n'oublions pas que l'UE n'est pas un pays, mais vingt-cinq pays qui conservent tous leurs pôles de puissance et de commandement. Bien sûr, même si toutes ces métropoles sont au carrefour d'importants nœuds de communication et sont parfaitement reliées au reste du monde, elles n'ont pas toutes un rayonnement mondial. Seules Londres, Paris ou Francfort peuvent réellement prétendre à ce titre. Il n'en reste pas moins que nous sommes face à un espace dont l'organisation reste assez complexe, plus éclatée que celle du Japon, plus polycentrique surtout.

Des périphéries plus ou moins intégrées

À côté de ces espaces centraux subsistent essentiellement trois types de périphéries :

- Des périphéries proches qui sont bien intégrées au centre et bien développées : ce sont en gros tous les espaces autour de la mégalopole européenne, jusqu'à l'Irlande qui connaît depuis quelques années un développement économique remarquable. Dans cet espace existent de nombreuses métropoles puissantes qui constituent d'importants pôles secondaires (autour de Barcelone, Stockholm, Hambourg, Rome…).
- Des périphéries marginales ou en difficulté. Des espaces peu intégrés au reste, souvent délaissés et en retard de développement : sud de l'Italie (le Mezzogiorno), Corse, Sardaigne, une grande partie de la Grèce et du Portugal, l'Écosse… Plus loin encore, quelques espaces « ultrapériphériques » sont lourdement pénalisés par l'éloignement et l'isolement : départements d'outre-mer, Canaries, grand Nord scandinave…
- Dernier type de périphéries : les pays d'Europe de l'Est qu'il faut encore mettre à part car leur entrée dans l'Union est récente (2004). Leur retard économique est encore important, mais la plupart sont en train de rattraper ce retard et ils devraient peu à peu bien s'intégrer au reste de l'Europe et adopter l'euro.

Difficile de réduire ces inégalités spatiales…

Un des principaux objectifs de l'UE est d'aider les régions en difficulté afin de réduire ces inégalités spatiales. Vaste chantier…

Le FEDER : un fonds pour aider les régions en difficulté

Nous l'avons dit, l'UE est globalement riche, mais cette richesse est mal répartie. Alors qu'une minorité de régions produit l'essentiel des richesses, un Européen sur quatre vit dans une région où le PIB est inférieur à 75 % de la moyenne européenne. Cela fait tout de même beaucoup ! Face à cette disparité, l'Union a décidé d'agir en consacrant 35 % de son budget à l'aide aux régions en difficulté, ce qui en fait le deuxième budget juste derrière la PAC.

Le FEDER (Fonds européen pour le développement régional) est le principal fonds chargé de cette aide. Il consacre l'essentiel de ses moyens aux régions les plus en retard en termes de développement et connaissant des taux élevés de chômage. Jusqu'à l'arrivée des pays d'Europe de l'Est, les aides (on les appelle aussi les « fonds structurels ») se sont concentrées surtout sur l'Espagne, le sud de l'Italie, le Portugal, la Grèce, l'Allemagne de l'Est et la France. Les actions menées sont très variées : financement d'autoroutes, traitement des déchets, adduction d'eau, amélioration des télécommunications, formation professionnelle, etc. Bref, un peu tout ce qui peut permettre aux régions en retard de se développer !

Les plus riches payant pour les plus pauvres (le budget de l'Union provient d'abord d'une cotisation des États en fonction de leurs richesses), cette politique régionale de l'Union est donc une vaste politique de solidarité et de transfert de richesses à l'échelle européenne. Comme quoi, l'Union est loin de n'être qu'un grand marché économique…

Pour quels résultats ?

Les résultats ont été très importants. En partie grâce à ces aides, les écarts de revenus moyens par habitant entre les pays de l'Europe des quinze ont baissé, les régions les plus pauvres rattrapant la moyenne européenne.

GROS PLAN

L'Espagne, grande gagnante des aides régionales européennes !

L'exemple de l'Espagne illustre bien ce rattrapage et le rôle du FEDER car l'Espagne est le pays à avoir, jusqu'à présent, le plus bénéficié de ces aides. Lorsque l'Espagne sort du franquisme (mort du dictateur Franco en 1975) et entre dans l'UE (en 1986), c'est un pays encore très en retard économiquement. Le pays possède notamment des infrastructures de transport très insuffisantes, condition pourtant essentielle au développement. Il faut lancer de nombreux grands travaux et construire plusieurs milliers de kilomètres d'autoroutes, mais l'Espagne ne peut pas financer seule un tel programme. D'où l'intervention de Bruxelles, *via* le FEDER. L'UE participe ainsi au financement d'autoroutes autour de Madrid, à la construction de lignes de TGV, à la modernisation du port de Valence, au développement du métro de Madrid, à l'agrandissement des aéroports de Madrid et de Barcelone… Incontestablement, si l'Espagne a pu rattraper aussi vite le niveau de développement des autres pays européens, l'UE y est pour quelque chose !

Mais c'est encore insuffisant. Les disparités restent fortes entre les régions européennes. Ne nous leurrons pas : le FEDER ne peut pas tout. Il ne peut créer seul le développement économique. Le FEDER est, de plus, confronté aujourd'hui à deux problèmes : l'essentiel des fonds devra partir vers les dix pays d'Europe de l'Est qui viennent d'entrer dans l'Union et qui en ont furieusement besoin ! Vu l'ampleur du travail à effectuer, il faudrait donc plus d'argent… Et c'est bien là où réside le deuxième problème : les pays riches de l'UE refusent, pour l'instant, d'augmenter le budget de l'UE, donc les aides régionales pour dix nouveaux pays entrants. Les Européens deviendraient-ils radins ? Dommage, car, à terme, cette politique généreuse bénéficie à tous ! En tout cas, pour les années à venir, il y aura moins d'aides à se partager. Les écarts entre régions diminueront donc moins vite.

Conclusion

1. L'UE est aujourd'hui un des trois premiers pôles économiques du monde (un des trois membres de la Triade).

2. Sa puissance économique est solide mais elle doit faire face à des difficultés importantes, sans doute plus importantes que les États-Unis ou le Japon. Les Européens ont les atouts nécessaires pour rebondir et pour tenter de jouer un rôle accru dans les affaires du monde.

3. Mais depuis le refus du projet de Constitution européenne (refus de la France et des Pays-Bas en 2005), le projet européen est en panne et la solidarité entre membres est régulièrement remise en cause. Une tendance qu'il faudrait inverser sans tarder si les États européens veulent compter dans le monde de demain.

Conclusion

Chapitre 13

Un espace central : L'Europe rhénane

(Terminales L et ES uniquement)

Dans ce chapitre :

- L'Europe rhénane, au cœur de la puissance économique de l'Union européenne
- Un espace de hautes densités, industriel et multipolaire

L'Europe rhénane est un espace original, difficile à définir et à délimiter. C'est une portion d'Europe traversée du nord au sud par le Rhin et qui s'étend approximativement des Alpes suisses jusqu'à la mer du Nord. Ainsi définie, l'Europe rhénane parcourt six pays au cœur de l'Europe, incluant même une partie de la Suisse qui n'est pas membre de l'UE.

Tentons de mieux définir cet espace et de comprendre quelle est sa place en Europe.

PROBLÉMATIQUES

Qu'est-ce que l'Europe rhénane ?

Quelle est sa place au sein de la puissance économique de l'Europe ?

CROQUIS DE BAC

Page XIV du cahier couleurs : l'organisation de l'espace de l'Europe rhénane

CHIFFRES CLÉS

L'Europe rhénane, c'est :

- **25 % du PIB de l'Union européenne**
- **plus de 80 millions d'habitants**
- **le Rhin, 1 300 km de long**

Un espace unique en Europe par sa puissance et ses densités

Le cœur économique de l'Union européenne

L'Europe rhénane est un des espaces économiques les plus puissants de la planète. À elle seule, elle produit environ 25 % du PIB de l'Union européenne. Il s'agit d'un espace toutefois différent des mégalopolis américaine ou japonaise.

Cette Europe rhénane est d'abord une vaste zone d'industries traditionnelles, et c'est l'un des plus grands ensembles industriels du monde. Les industries lourdes se sont installées depuis longtemps (dès la révolution industrielle) sur les bords du Rhin, utilisant les ressources naturelles abondantes de la région : minerai de fer et charbon (d'où l'acier). Entre la Ruhr et la Sarre allemandes, le Luxembourg, la Belgique et la Lorraine française, c'est bien là qu'était la forge de l'Europe. La sidérurgie et la chimie ont fait la puissance de cet espace. De véritables empires industriels s'y sont édifiés (Krupp, Thyssen, Bayer…). Le XXe siècle a vu la poursuite de cette industrialisation avec l'automobile (Daimler Benz) et le pétrole. Actuellement les industries se sont fortement diversifiées (pharmacie, électronique), mais les industries traditionnelles restent prépondérantes (l'usine géante de BASF à Ludwigshafen reste le premier site industriel d'Europe).

Ce bastion de l'industrie européenne a été relayé depuis longtemps (dès la fin du Moyen Âge) par un puissant pôle financier. Luxembourg, Zurich, Francfort (siège de la BCE), Amsterdam et Genève sont des places financières internationales de premier plan. Les industriels et les banquiers ont donc fait la puissance de cet espace au cours des siècles. Finalement, on pourrait presque dire que le capitalisme moderne, celui de la grande industrie et de la banque, est né ici (dès le XIVe siècle avec les Fugger, une grande famille de banquiers allemands). Sa critique aussi d'ailleurs… puisque c'est là qu'est né Karl Marx (à Trèves) !

Des villes, des villes et encore des villes !

Sur un espace sensiblement plus petit que la France vivent plus de 80 millions d'habitants, majoritairement de langue allemande. Des densités presque partout très élevées : 380 hbt/km^{2} aux Pays Bas et 340 en Belgique, soit plus de trois fois les densités françaises ! Et pourtant pas de ville géante comme Paris ou Londres dans cet espace. C'est une des spécificités de l'Europe rhénane : un espace très urbanisé (un grand nombre de villes) mais des villes petites ou moyennes. Le morcellement politique (l'espace rhénan s'étale sur six pays différents) y est pour beaucoup. Cela dit, la concentration de ces villes moyennes est telle (une soixantaine de villes de plus de 100 000 habitants !) que, par endroits, elles peuvent constituer des grandes conurbations et de véritables métropoles. Au moins deux sont très importantes : la Randstadt hollandaise autour d'Amsterdam avec 6 millions d'habitants et surtout la conurbation Rhin-Ruhr autour de Cologne regroupant 11 millions d'habitants (c'est plus que Paris et toute l'Île-de-France !). Cet espace n'a donc pas un centre, mais plusieurs, plus ou moins spécialisés dans des fonctions différentes. (voir figure 13-1)

CROQUIS DE BAC

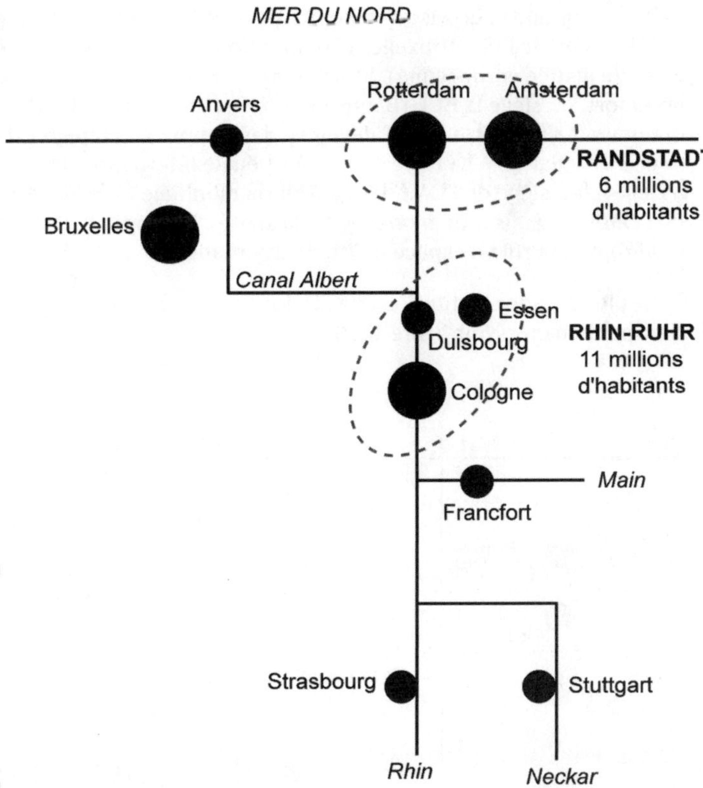

Figure 13-1 : L'Europe rhénane : un espace de fortes densités et de villes moyennes.

Le cœur politique de l'Union européenne

L'Europe rhénane souffre de l'absence d'une grande ville mondiale de l'envergure de New York, Londres ou Paris. C'est un réel handicap car c'est d'abord dans ces grandes villes globales que s'installent les grands centres décisionnaires (pouvoir politique, sièges sociaux des grandes entreprises, tertiaire supérieur, grands marchés financiers…). Et le transfert de la capitale allemande de Bonn à Berlin a encore accentué cette faiblesse politique.

Cela ne veut pas dire que l'Europe rhénane ne dispose d'aucun centre de commandement, mais ce sont les centres de l'Union européenne car c'est dans cet espace qu'est née l'Europe. Ce sont en effet des Belges (Paul-Henri Spaak), des Lorrains (Robert Schuman) et des Allemands rhénans (Konrad Adenauer) qui ont créé l'Europe (ce sont les « pères fondateurs » de l'Union). Cet espace, qui fut longtemps une zone de guerres et de divisions, est ainsi devenu le berceau de la réconciliation des peuples européens. C'est donc sans grande surprise que nous trouvons là tous les principaux centres de décisions de l'UE : Bruxelles (Commission européenne), Luxembourg (la Cour de justice européenne), Strasbourg (Parlement européen), sans oublier Francfort, où siège la **BCE** (Banque centrale européenne). Un poids politique qui devrait s'accroître si l'UE devait se développer et s'intégrer davantage. Avec l'installation à La Haye de la Cour pénale internationale et la présence à Genève du siège de l'**OMC** (Organisation mondiale du commerce) et de l'**OMS** (Organisation mondiale de la santé), l'Europe rhénane voit se confirmer son rôle d'espace politique international.

Toutes les grandes institutions de l'Union européenne sont au cœur de cette Europe rhénane. (voir figure 13-2)

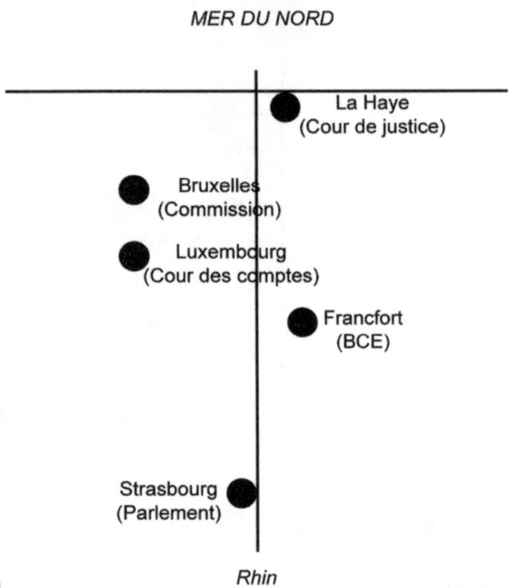

Figure 13-2 : L'Europe rhénane au cœur de l'Europe politique.

Un espace totalement aménagé et mis au service de la puissance économique

L'espace rhénan est un lieu de hautes densités que les hommes ont totalement aménagé pour leurs activités. Une nature totalement domestiquée, mais qui est parfois surexploitée.

Le Rhin : la voie fluviale la plus fréquentée du monde

Le Rhin est bien sûr un axe majeur pour la région et donne un semblant d'unité à cet ensemble géographique plutôt hétérogène qu'est l'Europe rhénane. Long de plus de 1 300 km, le Rhin naît en Suisse et se jette dans la mer du Nord à Rotterdam.

Dès l'Antiquité, et tout au long du Moyen Âge, le Rhin connaît un trafic fluvial intense, mais les nombreux droits de douane et autres droits de stockage dont il fallait s'acquitter le long du fleuve freinaient son essor. Tout change à partir du début du XIXe siècle : une Commission centrale pour la navigation sur le Rhin est créée, des grands travaux d'aménagement sont entrepris sur le fleuve et les droits de douane sont progressivement démantelés (instaurant déjà une sorte de marché commun avant l'Union !). Construction de digues, correction des principaux méandres, dragage des zones marécageuses et travaux de canalisation permettent un développement important du trafic, malgré la concurrence du rail. Les nombreux canaux construits autour du Rhin ont en effet fortement accru son **hinterland** en reliant le Rhin à une grande partie de l'Europe (canal Albert en Belgique, canal Rhin-Main-Danube, Mittelandkanal jusqu'à la Weser et l'Elbe). De nos jours, le Rhin est ainsi devenu la voie fluviale la plus fréquentée du monde. C'est une véritable « autoroute liquide », navigable de Bâle à Rotterdam et parcourue par des bateaux de fort tonnage (barges et péniches essentiellement, tourisme fluvial également). Un convoi de barges peut représenter jusqu'à l'équivalent de 400 camions ! Cela reste un moyen de transport privilégié pour les pondéreux et les matières premières. Un moyen de transport un peu lent, mais peu polluant et relativement peu coûteux pour ces gros volumes. Une dizaine de grands ports jalonnent le fleuve, notamment Duisbourg, qui est le premier port fluvial du monde. Le Rhin est donc à la fois frontière et lieu d'échanges au cœur de l'Europe.

Les Pays-Bas, un pays qui se construit sous la mer !

Les Pays-Bas sont un excellent exemple d'une nature domestiquée par l'homme. Il s'agit en effet d'un pays original puisque les 2/3 de la superficie du pays se trouvent en dessous du niveau de la mer ! D'où son nom de « Pays-Bas »… Ce sont les hommes qui, à force de labeur et d'ingéniosité, ont gagné ces immenses superficies sur la mer. Le principe est simple : on assèche les terres inondables et on construit des digues pour empêcher la mer d'avancer. Ainsi sont nés les polders. Une aventure qui ne date pas d'hier, puisque les premiers travaux d'assèchement et d'endiguement ont débuté dès l'an 1000 ! Aujourd'hui, le résultat est impressionnant et un immense réseau de digues de plus de trois mètres de haut fait face à la mer. Avec toujours la crainte d'un scénario catastrophe en cas de rupture de ces digues… comme en 1953 où elles ont lâché, entraînant une inondation majeure et faisant plus de 1 800 morts.

Les tunnels alpins

Les Alpes ne sont plus depuis longtemps une entrave à la circulation. L'Italie du Nord est en étroite relation avec l'Europe rhénane tant les infrastructures routières ont été développées. Et de nouveaux tunnels sont prévus pour 2006 et 2012 sous le Simplon et sous le Saint-Gothard avec le projet de mettre les camions sur des trains. Point noir de ces flux toujours plus intenses : les riverains et les vallées commencent à saturer face au trafic ! La récente catastrophe du Mont-Blanc (incendie terrible sous le tunnel où trente-neuf personnes ont trouvé la mort le 24 mars 1999) a aussi pointé les problèmes et les risques liés à un trafic trop soutenu. Mais, malgré le coût énorme de ces nouveaux tunnels et les problèmes environnementaux, il va néanmoins falloir faire face à l'augmentation prévue du trafic pour les années à venir…

Des flux massifs

Tous ces aménagements ont permis une forte augmentation du trafic. L'espace rhénan est maintenant un gigantesque couloir parcouru par de nombreux réseaux où circulent des flux considérables. De Bâle, au sud, à Rotterdam, au nord, circule sans discontinuité tout ce que vend et achète l'Europe ! Les grands ports de Rotterdam et Anvers sont les portes d'entrée des matières premières consommées par les industries étalées le long du Rhin. En sens inverse, les produits finis redescendent vers les ports. L'axe rhénan s'est doublé d'un réseau routier, autoroutier et ferroviaire extrêmement dense. Aucun espace en Europe ne possède une telle concentration d'axes routiers. Deux autoroutes principales jalonnent le Rhin et les bretelles et ramifications sont considérables aux abords des grandes villes. Aujourd'hui, ce sont ces flux routiers qui sont les plus importants, puisqu'ils représentent environ les 2/3 du trafic total. Plusieurs aéroports internationaux complètent cette impressionnante panoplie, notamment Francfort (3e aéroport d'Europe) et Amsterdam.

Ces aménagements et ces flux, qui sont les moyens et les manifestations de cette puissance de l'Europe rhénane, montrent toutefois leurs limites. Ce couloir rhénan est en effet totalement saturé : la circulation routière et ses nuisances provoquent la grogne des habitants. La nature souffre, le cadre de vie se dégrade. L'exemple du Rhin illustre bien ces limites environnementales au développement économique intensif de la région.

GROS PLAN

S.O.S. Rhin !

Rançon de ce succès, l'axe rhénan est aujourd'hui saturé et connaît des problèmes liés à ces hautes densités : pollution, terrains rares et chers, problèmes de circulation. Cela génère des coûts et l'environnement s'est dégradé.

Les grandes concentrations industrielles et les villes notamment avaient pris la fâcheuse habitude de déverser leurs déchets dans le Rhin… C'était tentant, mais catastrophique d'un point de vue écologique : le Rhin était devenu un véritable égout où marinaient ensemble du plomb, des métaux lourds, des pesticides… Charmant ! Depuis une vingtaine d'années, et sous la pression de plus en plus importante de l'opinion publique, les pays rhénans se sont mis au chevet du malade pour limiter ces rejets. Incontestablement, il y a du mieux. On dit même que les truites seraient revenues… ! Malgré cela, le convalescent reste encore bien fragile…

L'organisation spatiale de l'Europe rhénane

Au cœur de l'Europe économique

L'Europe rhénane, c'est donc d'abord des flux, des allers et venues perpétuels. Une véritable ruche ! Ces flux ne mettent pas en contact seulement les centres qui jalonnent le Rhin : l'axe rhénan se prolonge en effet dans toutes les directions, mettant ainsi en contact tous les grands centres économiques de l'Europe. Cette situation géographiquement assez centrale en Europe a d'évidence favorisé le développement de la région : tous les centres majeurs du continent sont en effet à proximité (sud de l'Angleterre, région parisienne, Nord de l'Italie). Elle communique facilement avec la plaine d'Allemagne, le bassin du Danube, l'Italie, le sillon rhodanien et le Bassin parisien, et possède une large ouverture maritime sur une mer très fréquentée (au contact de la mer du Nord, la mer Baltique et l'océan Atlantique). L'**hinterland** de ses ports est donc particulièrement étendu et puissant. L'Europe rhénane est donc bien au cœur de l'Europe économique. C'est un espace très « extraverti », c'est-à-dire très ouvert sur le reste de l'Europe et sur le monde.

Au sein de cette Europe rhénane, deux régions sont particulièrement remarquables : la Randstadt hollandaise et la Ruhr allemande.

La Randstadt hollandaise : une puissante façade maritime

La Randstadt hollandaise est une vaste conurbation qui s'est peu à peu constituée à partir de villes proches les unes des autres. La Randstadt fait face à la mer et ceinture un espace agricole appelé le « Cœur vert ». La Randstadt regroupe les principales villes des Pays-Bas, et notamment Amsterdam, la capitale, La Haye, le siège du gouvernement et le grand port de Rotterdam. Au total, la Randstadt regroupe 6 millions de Hollandais, soit 40 % de la population totale. Pour l'Europe rhénane, l'essentiel est bien sûr Rotterdam.

GROS PLAN

Rotterdam, la station-service de l'Europe !

Rotterdam est la troisième ville des Pays-Bas, mais c'est surtout le premier port d'Europe. Il bénéficie d'une position de carrefour assez remarquable : situé dans le delta du Rhin et de la Meuse, il ouvre sur la mer du Nord et est à proximité de la Manche et de la mer Baltique. Il est surtout devenu le débouché principal de l'Europe rhénane, laissant son principal concurrent, Anvers, loin derrière lui. Une situation d'interface donc assez exceptionnelle entre le monde et l'axe rhénan. Sa fortune n'était pourtant pas assurée car Rotterdam est un port de fond d'estuaire dont le site n'est guère facile et qui a nécessité de lourds aménagements. Des plans d'eau immenses ont été construits (avec des tirants d'eau de plus de 22 mètres, un record mondial !), les déchargements sont rapides et le port, qui s'étale désormais sur plus de 30 km, est désormais accessible 24 heures sur 24 sans écluse. Bref, un bel outil ! Rotterdam est la principale porte d'entrée européenne pour toutes sortes de pondéreux et de matières premières, et notamment le pétrole dont le port s'est longtemps fait une spécialité (près de la moitié de son trafic !). Rotterdam est en quelque sorte la station-service de toute l'Europe ! Et tout le long des quais se sont installés de grands complexes industriels (raffineries et chimie). Depuis quelques années, Rotterdam intensifie toutefois le trafic des conteneurs, en plein développement. Avec Anvers, Rotterdam est l'ouverture maritime de cet **hinterland** dynamique que constitue l'Europe rhénane. Malgré cette hausse continue du trafic et des marchandises traitées, Rotterdam n'est pourtant plus le premier port du monde. Signe des temps ? Il vient en effet (en 2004) d'être dépassé par les ports de Singapour et de Shanghai, portés par l'incroyable boom économique que connaît la Chine actuellement.

La région Rhin-Ruhr, la plus grosse concentration d'usines du continent !

La région Rhin-Ruhr est entièrement située en Allemagne. Avec ses 11 millions d'habitants, une trentaine de villes de plus de 100 000 habitants et ses usines géantes, elle regroupe sur un espace réduit (dans un triangle Cologne-Dortmund-Duisbourg) une concentration de grandes villes et de zones industrielles sans équivalent en Europe.

La Ruhr, c'est d'abord un bastion d'industries traditionnelles issues de la révolution industrielle qui s'est construit sur la principale ressource de la région : le charbon. La région est également un très important nœud de communications : pas moins de deux aéroports, trois autoroutes parallèles, le premier centre ferroviaire d'Allemagne (Cologne) et le premier port fluvial du monde (Duisbourg) !

Pourtant, la Ruhr a perdu de son éclat d'antan car la crise de la sidérurgie a durement frappé la région. Licenciements et fermetures d'usines ont été nombreux et les hauts fourneaux ont souvent cédé la place à des friches industrielles. Des difficultés que l'on retrouve dans de nombreuses régions de cette Europe rhénane qui avaient, elles aussi, bâti leur puissance industrielle sur le charbon et le minerai de fer (Belgique, Lorraine, Sarre…).

Malgré les efforts entrepris, la reconversion vers des activités nouvelles reste difficile – le chômage est supérieur à la moyenne nationale allemande. Les atouts de la région, pourtant nombreux, ne sont pas toujours suffisants. Malgré son excellent réseau de transport, la Ruhr peine à attirer des services de premier plan et des industries de haute technologie. Elle reste pénalisée par son image de « pays noir » et par l'absence d'une grande métropole mondiale (comme Londres ou Paris).

Conclusion : au fait, l'Europe rhénane, ça existe ?

1. Alors, qu'est-ce que l'Europe rhénane ? Un fleuve, des routes et des villes, voilà l'image qui domine pour ce cœur économique et industriel européen ! C'est un espace transfrontalier original où les réseaux et les flux ont pu fortement se développer malgré les frontières, jusqu'à permettre la construction d'un espace puissant (et là, nous retrouvons nos problématiques des premiers cours sur la mondialisation : un monde de flux qui se jouent des frontières !). Elle est un peu la colonne vertébrale (les réseaux) et le poumon économique (la façade maritime) de l'Europe.

2. L'existence de cette Europe rhénane est-elle la preuve de l'affaiblissement des États dans une Union européenne toujours plus unifiée ? En partie, oui. Mais n'exagérons pas : malgré sa forte couleur culturelle germanique et le Rhin qui lui donne un semblant d'unité, l'Europe rhénane ne constitue pas un espace unifié, ni politiquement (huit États différents) ni culturellement. D'ailleurs, nous n'y avons trouvé ni capitale ni siège de gouvernement ! Elle reste d'abord un agrégat de villes et de petits territoires différents mais en relation. Il y a donc quelque chose d'artificiel à parler d' « Europe rhénane » car au fond, cet espace reste à bien des égards qu'une construction intellectuelle des géographes. Les différences entre les États restent fortes (lois, cultures…). Les frontières existent toujours.

Chapitre 14

L'Asie orientale, une aire de puissance en expansion

Dans ce chapitre :

- Une région puissante et en pleine expansion
- Le Japon, un modèle
- L'invasion du « made in China »
- Une puissance économique concentrée sur les littoraux

L'Asie orientale… mais de quoi parle-t-on au juste ? Il faut, avant toute autre chose, commencer par situer précisément cet espace. La question au programme englobe le Japon, la Corée du Sud, Taiwan, la Chine littorale (uniquement les côtes et pas l'intérieur du territoire) et Singapour. Cette aire asiatique ainsi définie est un espace très éclaté en zones littorales, archipels et presqu'îles. C'est aussi un espace où la diversité domine : diversité des niveaux de développement (entre le Japon et la Chine), des territoires (de la minuscule cité-État de Singapour aux provinces maritimes d'un « État-continent » comme la Chine) et des systèmes politiques (dictature à parti unique en Chine, démocratie dans les autres pays).

Si ces États sont si différents, qu'est-ce qui peut bien justifier ce regroupement ? N'ont-ils rien en commun ? Bien sûr que si ! Le dynamisme et la puissance économique, voilà les points communs. L'Asie orientale connaît depuis quelques décennies des taux de croissance économique élevés qui lui ont permis de devenir un des pôles économiques majeurs de la planète, le troisième pôle de la Triade. C'est donc à nouveau la notion de puissance – ce thème central de votre année de terminale ! – qui nous servira de fil conducteur.

PROBLÉMATIQUES

Quels sont les aspects, la géographie et les limites de la puissance de l'Asie orientale ?

CROQUIS DE BAC

Page XVI du cahier couleurs : l'organisation de l'espace de l'Asie orientale

CHIFFRES CLÉS

L'Asie orientale, c'est :

- **800 millions d'habitants, et presque le double si on intègre toute la Chine**
- **25 % du PIB mondial**
- **10 % de croissance annuelle pour l'économie chinoise**

Une région puissante et en pleine expansion

800 millions d'hommes, au moins !

La puissance de l'Asie orientale provient d'abord de son poids démographique : environ 800 millions d'habitants dans les limites définies par le programme, mais beaucoup plus si l'on intègre toute la Chine. Première puissance démographique du monde, la Chine compte en effet à elle seule 1,3 milliard d'habitants. Le Japon, avec 127 millions d'habitants, et la Corée du Sud, avec 48 millions, viennent loin derrière. En tout, ces pays représentent un quart de l'humanité. Un écart très net avec l'Union européenne (450 millions d'habitants) et les États-Unis (300 millions)… Le potentiel de main-d'œuvre est donc considérable, tout comme le nombre de clients potentiels. On comprend mieux pourquoi tant d'industriels européens ou américains se ruent à la conquête du marché chinois, vu comme un nouvel eldorado !

Cela dit, la population, qui a longtemps été en augmentation rapide, vieillit désormais car la fécondité a beaucoup diminué depuis quelques décennies, même en Chine où le taux de fécondité est de l'ordre de 1,8 enfant par femme (soit à peu près comme la France).

Quant aux densités, elles sont souvent très élevées car la population se regroupe de plus en plus sur les littoraux. C'est d'ailleurs sur ces littoraux que l'on retrouve les principales agglomérations, et notamment Tokyo (30 millions d'habitants), Séoul (20 millions), Shanghai (17 millions), Singapour (3 millions) ou Taipei (3 millions).

Une croissance économique phénoménale

L'Asie orientale, nouveau poids lourd de l'économie mondiale

L'Asie orientale est une région économiquement très puissante. Elle est un des trois pôles de la Triade (avec les États-Unis et l'Union européenne). Globalement, elle produit actuellement environ 25 % de la richesse mondiale, c'est donc un peu moins que l'Europe ou les États-Unis. Pour l'instant…

Oui, pour l'instant, car ces pays asiatiques sont en forte croissance et comblent peu à peu leur retard. Si le Japon a perdu son dynamisme et connaît depuis 1991 des taux de croissance médiocres (c'est-à-dire équivalents à ceux de la France ou de l'Allemagne actuellement, de l'ordre d'1 à 2 % par an), les NPIA et la Chine continuent de se développer rapidement. Le résultat, c'est que la part de l'Asie orientale dans le PIB mondial a beaucoup augmenté en quelques décennies : une croissance tellement rapide que l'on parle parfois de « miracle asiatique ». (voir figure 14-1)

L'Asie orientale s'octroie une part toujours plus grosse du gâteau !

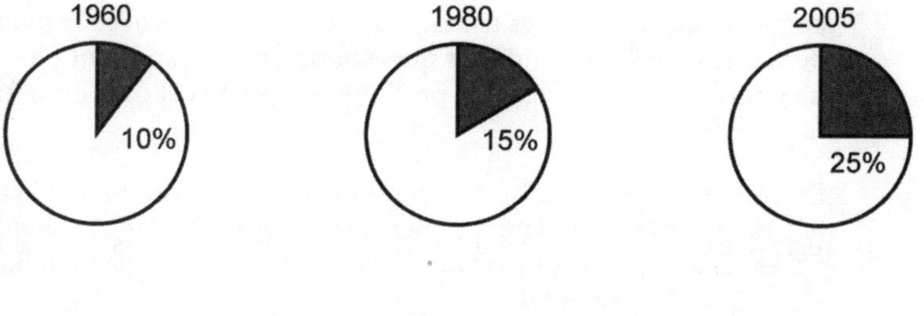

Figure 14-1 : Part de l'Asie orientale dans le PIB mondial.

Des années de folle croissance pour la Chine

Depuis quelques années, c'est surtout la Chine qui attire l'attention. Elle est en effet le pays asiatique qui se développe le plus rapidement. Un chiffre résume ce dynamisme : l'économie du pays croît à un rythme de 10 % par an depuis plusieurs années ! 10 % par an : insistons lourdement sur l'importance de ce chiffre. Cela signifie que tous les ans, en moyenne, les Chinois produisent 10 % de richesses supplémentaires. Stupéfiant ! C'est beaucoup plus que les pays de l'Union européenne ou les États-Unis.

Après le « made in Japan » et le « made in Taiwan », voici le « made in China » !

Ce succès économique de l'Asie orientale, vous pouvez le mesurer tous les jours en faisant vos courses : il suffit de retourner les étiquettes pour savoir où l'objet que vous convoitez a été fabriqué. Pulls, jouets, montres, caméscopes, imprimantes, téléviseurs, ordinateurs ou portables… Dans de nombreux domaines, il y a fort à parier que vous tombiez sur un produit fabriqué en Asie. Des produits qui inondent la planète, et des marques (surtout japonaises jusqu'à maintenant) de plus en plus connues et de plus en plus souvent synonymes de qualité et d'innovation comme Sony, Toyota, Canon, Honda ou Samsung (Corée)…

Cette réussite commerciale est l'aspect le plus manifeste de la réussite économique de l'Asie orientale. La région représente aujourd'hui environ 20 % des exportations mondiales. Le Japon est le 3e exportateur mondial (derrière l'Allemagne et les États-Unis), devant la Chine, actuellement au 4e rang. Autre façon de mesurer ces succès commerciaux : la balance commerciale de ces pays asiatiques est excédentaire avec la plupart des autres pays du monde. Ce qui veut dire qu'ils exportent plus qu'ils n'importent. C'est le signe de produits compétitifs et d'un excellent rapport qualité/prix.

Et cela ne devrait pas s'arrêter de sitôt ! Car la Chine a rejoint l'**OMC** en 2001 afin de pouvoir vendre plus facilement ses produits dans le monde entier. S'il est une région sur terre qui a pleinement profité de la mondialisation, c'est bien l'Asie orientale…

Une formidable réussite industrielle

Derrière ces succès commerciaux, on trouve une formidable réussite industrielle, et une stratégie, toujours la même : fabriquer d'abord des produits bon marché en profitant des faibles coûts de main-d'œuvre, puis, progressivement, améliorer les productions et monter en gamme afin de se positionner sur des produits à plus forte valeur ajoutée. C'est ce qu'ont fait le Japon et les NPIA il y a quelques décennies, et c'est ce qu'est en train de faire la Chine, mais à une tout autre échelle (vu sa taille !).

GROS PLAN

La Chine : déjà un impressionnant palmarès…

Spécialisée autrefois dans les produits peu élaborés comme le textile et les jouets, la Chine affiche en effet aujourd'hui clairement ses ambitions et investit de plus en plus les secteurs de haute technologie. La route est encore longue avant de faire jeu égal avec l'Union européenne et surtout les États-Unis, mais le pays apprend vite… La Chine fabrique en effet déjà 75 % des montres, horloges et jouets vendus dans le monde, 60 % des vélos, 50 % des appareils photo, 50 % des ordinateurs, 60% des chaussures, 25 % des machines à laver, 20 % des réfrigérateurs, etc. Un véritable raz de marée !

Comment s'organise l'Asie orientale ?

L'Asie orientale, c'est trois pôles bien différents : le Japon, les NPIA et la Chine.

Japon, Chine, NPIA : trois pôles et beaucoup de différences

Le Japon, l'élève le plus précoce

Le Japon est le premier pays asiatique à s'être développé, et cela ne date pas d'hier. Le pays a en effet débuté sa modernisation à partir de l'ère Meiji, en 1868. À l'époque, le pays copiait l'Occident. Les choses ont bien changé depuis…

Anéanti en 1945 (à la suite des deux bombes atomiques lancées par les États-Unis sur Hiroshima et Nagasaki), le Japon se reconstruit sur des bases démocratiques et connaît une croissance économique fulgurante à partir des années 1950. Trente ans plus tard – au début des années 1980, donc –, le Japon est déjà la 2e puissance économique du monde, menaçant même les États-Unis ! À l'époque, nombreux sont les économistes et journalistes à annoncer la fin proche de la puissance américaine et l'inévitable domination du « pays du Soleil-Levant ». Changement brutal de scénario en 1991, date à partir de laquelle le pays entre dans une sévère crise économique. La croissance est en panne, la consommation intérieure chute et le Japon connaît de graves difficultés (krach boursier, explosion de la dette), dont il semble enfin sortir en 2005. Le pays conserve toutefois des atouts exceptionnels : puissance financière, maîtrise des hautes technologies, industries très performantes, grandes entreprises puissantes et innovantes. Malgré le dynamisme actuel de la Chine, le Japon est toujours le pôle le plus puissant de la région et continue de dominer les autres à tout point de vue.

Les NPIA, les petits doués de la classe

Les **NPIA** sont les pays que l'on a longtemps appelés les « quatre dragons asiatiques ». Ce sont la Corée du Sud (à ne pas confondre avec la Corée du Nord !), Taiwan, Singapour et Hong Kong. Hong Kong ayant été rattaché à la Chine en 1997, il n'en reste donc que trois. Ces petits pays se sont développés à la suite du Japon à partir des années 1960 et en s'inspirant d'ailleurs du modèle japonais. Ils ont eux aussi connu une croissance économique très forte et sont sortis du sous développement. Leur niveau de vie est désormais comparable à celui de l'Europe. Tout comme le Japon, ces pays tirent leurs succès de leur industrie et de la conquête des marchés extérieurs.

La Chine, le futur premier ?

C'est le pays de tous les records qui monopolise l'actualité économique depuis quelques années. Première puissance démographique du monde, la Chine est un pays original à plus d'un titre.

La Chine devient un pays communiste lorsque Mao Tsé-Toung (on dit plutôt Mao Zedong maintenant) s'empare du pouvoir en 1949. Mao dirige le pays jusqu'à sa mort en 1976. Malgré plusieurs tentatives de modernisation, la Chine reste un pays économiquement sous-développé pendant toute la période.

Tout va changer à partir de 1978, sous l'impulsion d'un nouveau dirigeant, Deng Xiao Ping. Pour sortir le pays du sous-développement, Deng décide de convertir progressivement l'économie chinoise au capitalisme et laisse s'installer les capitaux étrangers en Chine. La Chine change de voie, s'ouvre et se modernise. Elle adopte, selon les dirigeants chinois, une « économie socialiste de marché ».

L' « économie socialiste de marché » : késaco ?

La Chine passe à une économie capitaliste mais, à la différence de la Russie, progressivement et avec prudence. Le parti communiste reste seul au pouvoir, la Chine reste donc une dictature et, dans un premier temps, seules quelques régions côtières sont ouvertes aux capitaux étrangers (ces régions sont appelées les **« zones économiques spéciales », les ZES**). Les prix sont libérés. Les sociétés anonymes, l'actionnariat privé et l'ouverture de marchés financiers sont autorisés. Les entreprises d'État sont peu à peu privatisées. C'est bien du capitalisme, mais… dans un pays qui se dit toujours communiste ! Une première mondiale ! D'où la naissance d'un concept original, un véritable hybride : une « économie socialiste de marché », selon les termes employés par le gouvernement chinois lui-même. Un mélange improbable et détonnant : d'une part, la permanence en Chine d'un système politique rigide qui refuse toute évolution vers la démocratie et, d'autre part, le développement d'un libéralisme économique de plus en plus débridé (sans mauvais jeu de mots…).

Cette conversion à l'économie de marché a permis un décollage économique impressionnant du pays qui accumule aujourd'hui les records. Croissance phénoménale, conquête des marchés extérieurs, la Chine semble vouloir tout rafler et se lance maintenant dans la conquête des produits de haute technologie. Le pays semble en effet disposer de tous les atouts : main-d'œuvre inépuisable, peu chère et de mieux en mieux formée, ainsi qu'un marché de consommation colossal. Fin 2005, la Chine est devenue la 4e puissance économique du monde, reléguant la France à la 6e place… Dure réalité ! Et au rythme où elle se développe, elle devrait dépasser l'Allemagne rapidement, puis le Japon pour devenir la 2e économie mondiale en 2020. Si elle ne trébuche pas entre-temps, bien évidemment…

Une puissance économique concentrée sur les littoraux

Observez les cartes et vous verrez que la quasi-totalité des activités économiques des pays de la région se concentre sur les littoraux (dans ce cas, on parle souvent de **littoralisation** de l'économie). Les ports sont nombreux et puissants, les deux plus grands ports du monde sont d'ailleurs Singapour et Shanghai. C'est bien la preuve d'économies ouvertes sur le monde et tournées vers l'exportation. Et c'est aussi très révélateur de la montée en puissance de l'Asie orientale au sein de l'économie mondiale.

Le Japon, la plus grande mégalopole du monde

Au Japon, la grande mégalopole littorale qui s'étend au sud-ouest de Tokyo concentre l'essentiel de la puissance économique du pays. Avec ses 30 millions d'habitants, Tokyo est le pôle majeur du pays et de toute l'Asie orientale (voir le schéma dans le cours sur la mégalopole japonaise).

Les NPIA, des économies tournées vers l'extérieur

La littoralisation de l'économie est également une réalité pour les NPIA dont les territoires s'organisent autour d'un ou deux grands pôles qui sont d'abord des ports (voir figures 14-2 et 14-3) :

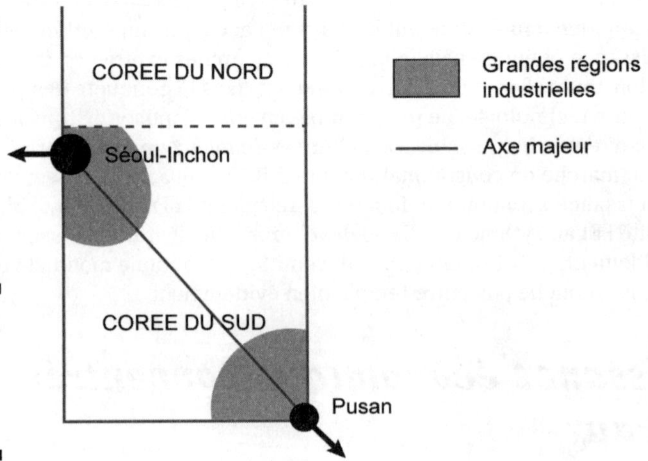

Figure 14-2 : La Corée du Sud, autour de Séoul et Pusan.

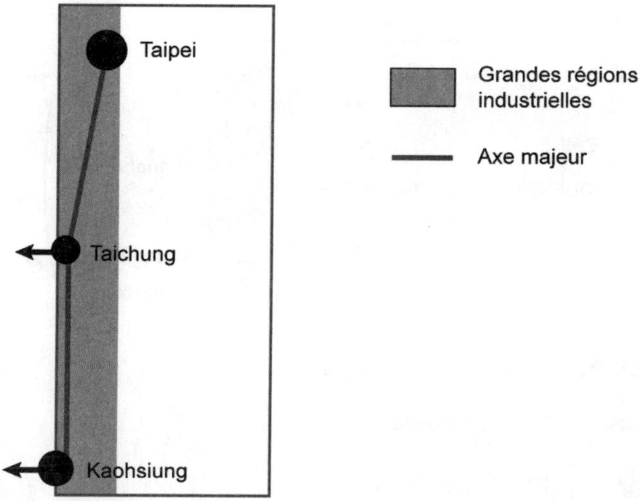

Figure 14-3 : L'île de Taiwan, organisée autour des pôles de Taipei et Kaohsiung.

Quant à Singapour, cette minuscule cité-État de 40 km de long sur 20 km de large est avant tout un port, qui plus est remarquablement bien situé (en face du détroit de Malacca, l'un des plus fréquentés du monde) !

La Chine a tout misé sur ses provinces littorales

Le développement de l'économie chinoise se fait elle aussi à partir des provinces littorales qui ont été les premières ouvertes à l'économie de marché. Trois grandes régions industrielles dominent actuellement : le delta de la rivière des perles (avec les pôles de Guangzhou et Hong Kong), le delta du fleuve Yangzi (avec Shanghai), et le nord-est, entre Tianjin et Beijing (c'est-à-dire Pékin). Cette Chine littorale réalise à elle seule les 90 % du commerce extérieur de la Chine, capte les 90 % des investissements étrangers et réalise 60 % du PIB du pays ! C'est dire si les écarts avec les régions de l'intérieur et de l'ouest lointain (Tibet, Xinjiang) sont importants ! (voir figure 14-4)

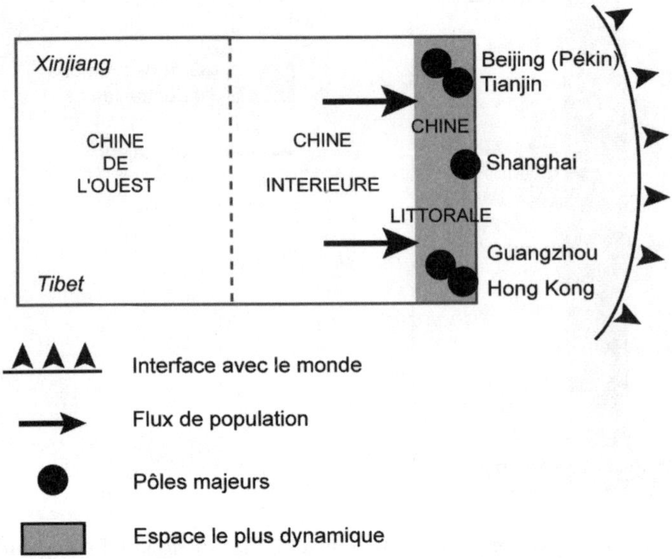

Figure 14-4 : La Chine littorale, moteur du pays.

Des flux de plus en plus importants au sein de la région

Entre tous ces pôles circulent des flux de plus en plus intenses et une nouvelle division internationale du travail s'instaure. C'est-à-dire ? C'est simple : chaque pays se spécialise dans ce qu'il fait de mieux. Le Japon investit dans la région en apportant ses capitaux et sa technologie et fait fabriquer ses produits en Chine en profitant de ses très bas coûts de main-d'œuvre. Cette complémentarité entre les économies de la région est à l'origine d'une forte augmentation des échanges entre les pays. Ainsi, un produit est souvent fabriqué par morceaux dans certains pays, qui sont assemblés encore ailleurs ! Les produits sont plus souvent *made in Asia* que simplement *made in Japan* ou *made in Taiwan* !

Cette complémentarité durera-t-elle ? Rien n'est moins sûr, car la Chine n'a en effet nullement l'intention de se cantonner dans des activités à faible valeur ajoutée : pas question pour elle de se contenter de faire des pulls ou d'assembler des télés pour le compte des autres ! La Chine a un tel potentiel qu'elle est en effet capable de tout faire en même temps : des pulls et de la haute technologie ! Une mutation de ses activités vers le high-tech qu'elle a déjà démarrée avec un réel succès puisqu'elle est d'ores et déjà capable d'envoyer dans l'espace ses propres cosmonautes… euh… pardon, ses « taïkonautes », puisque c'est le terme employé lorsque l'on parle de cosmonautes chinois (la Chine a envoyé avec succès son deuxième vol habité dans l'espace en octobre 2005) !

Une région en voie d'intégration ?

Il n'existe pas (encore ?) en Asie orientale de grandes organisations régionales comme l'Union européenne en Europe. Vu les différences, les divergences et les contentieux entre les États, nous en sommes sûrement encore assez loin ! Pourtant, des liens se nouent progressivement entre ces pays qui prennent conscience de leur intérêt à travailler ensemble. Les nombreuses tensions au sein de la région poussent également ces États à rechercher des solutions pacifiques aux difficultés. Tout cela est encore balbutiant, mais deux organisations, au moins, jouent tout de même un rôle croissant.

L'ASEAN, pour développer le libre-échange

La plus importante de ces organisations régionales est l'**ASEAN** (Association of South East Asian Nations, en anglais). Créée en 1967, l'ASEAN unissait alors des pays anticommunistes (nous étions en pleine guerre froide !). Son objectif est aujourd'hui principalement économique (création d'une zone de libre-échange entre les pays membres). Parmi les pays de l'Asie orientale, seul Singapour en est membre, mais la Chine, la Corée du Sud et le Japon s'y sont associés depuis.

L'APEC, un vaste forum entre les deux rives du Pacifique

L'autre organisation régionale est l'**APEC**. L'APEC (Asia-Pacific Economic Cooperation, à nouveau en anglais) compte 21 membres (dont les États-Unis et le Canada), mais elle est surtout un forum de discussion dont le but est de faciliter le développement économique des États membres. Peu à peu, les États de l'APEC tentent de coopérer sur d'autres domaines que l'économie. En 2005, la lutte contre le terrorisme ou contre la grippe aviaire sont ainsi à l'ordre du jour. À tout point de vue, la région émerge et cherche à se structurer.

Une aire de puissance invulnérable ?

La puissance du Japon et les succès actuels de la Chine font parfois oublier un peu vite que la région a, elle aussi, ses points faibles. Elles sont de trois ordres : politique, économique et environnemental.

Une région à hauts risques !

Bientôt un conflit majeur en Asie orientale ?

Les actualités en parlent peu souvent et pourtant l'Asie orientale est une véritable poudrière. Les contentieux et conflits potentiels entre les États de la région sont nombreux. Tout le monde se bagarre autour de limitation de frontières ou de possession d'îles. Quelques exemples, parmi d'autres :

- Chine, Vietnam, Taiwan, Malaisie et Philippines s'opposent sur la possession des îles Spratley, un groupe de récifs perdus et inhabités en mer de Chine… mais qui recèleraient du pétrole (d'où l'intérêt !). Plusieurs de ces pays occupent déjà militairement une partie des îlots ;
- La Chine revendique les îles Senkaku japonaises ;
- Opposition également entre le Japon et la Russie à propos des îles Kouriles, au nord du Japon…

Et ce ne sont là que quelques-unes des situations qui menacent la stabilité et la paix de la région ! Deux conflits dépassent en effet pour l'instant tous ceux-ci en intensité : le « conflit des deux Chine » et le problème autour du nucléaire en Corée du Nord.

Deux Chine en conflit !

Cela va peut-être vous surprendre, mais c'est pourtant vrai : il n'existe non pas une, mais deux Chine ! La plus importante (celle que tout le monde connaît) est la république populaire de Chine, dont la capitale est Pékin (Beijing). Et l'autre, alors ? C'est la république de Chine (notez la différence… !), plus connue sous le nom de Taiwan, avec pour capitale Taipei. Et ces deux Chine sont en conflit. Pour mieux comprendre la situation, il faut remonter près de soixante ans en arrière…

Dès les années 1920, la Chine est en guerre civile. Deux camps s'affrontent : d'un côté, les nationalistes de Tchang Kaï-Chek (il dirige un parti appelé le Kuomintang), de l'autre, le jeune parti communiste chinois dirigé par Mao Zedong. Après 1945, les communistes de Mao prennent peu à peu le dessus et Tchang Kaï-Chek doit s'enfuir avec ses partisans. Grâce au soutien des États-Unis, il trouve refuge sur l'île de Formose, aujourd'hui plus connue sous le nom de Taiwan. En 1954, les États-Unis et Tchang Kaï-Chek signent un traité qui assure une protection militaire américaine à Taiwan. Une protection sans doute pas superflue car Pékin refuse de reconnaître l'existence de Taiwan. Et depuis cinquante ans, nous en sommes toujours là ! La Chine populaire répète sans cesse qu'elle entend bien, un jour ou l'autre, récupérer l'île qu'elle considère comme faisant partie de la Chine. Et bien sûr, les Taiwanais souhaitent absolument conserver leur indépendance et dépensent pour cela des sommes folles en armement pour se défendre… au cas où la Chine qui les menace régulièrement déciderait d'intervenir militairement ! En réalité, c'est surtout le soutien des États-Unis qui garantit l'indépendance de Taiwan. Le conflit est donc latent, entre les deux Chine et, régulièrement, Pékin mène des manœuvres militaires au large de Taiwan pour faire monter la pression. Et pour aggraver encore les choses, la Chine a adopté en mars 2005 une loi « antisécession » prévoyant le recours à la force si Taiwan osait déclarer officiellement son indépendance… Bref, la situation est très tendue !

Échos de la guerre froide et menaces nucléaires en Corée

Depuis 1945, la péninsule coréenne est partagée par une frontière hermétique et infranchissable, un véritable « rideau de fer » entre deux États que tout oppose : au sud (capitale : Séoul), une démocratie libérale, et au nord (capitale : Pyongyang), une des dernières dictatures communistes du monde qui vit repliée sur elle-même et qui menace, depuis quelques années, les autres pays de la région d'une éventuelle attaque nucléaire. La menace est prise au sérieux par les États-Unis et par les États voisins, notamment la Corée du Sud, déjà victime d'une invasion du Nord en 1950 (guerre de Corée, 1950-1953). Qu'en est-il au juste ? La Corée du Nord se risquerait-elle vraiment à une telle folie ? Il est probable que Pyongyang ne brandisse cette menace que pour obtenir en échange de l'arrêt de son programme nucléaire une aide économique car le pays va mal (il sort d'une terrible famine). Une sorte de chantage à la bombe, en quelque sorte… Mais le régime en plein échec économique, incapable de nourrir sa propre population et dirigé par un dictateur aussi omnipotent que mégalomane, est imprévisible. Le jeu est donc dangereux…

Une croissance économique irrésistible ?

La croissance économique chinoise va-t-elle se poursuivre longtemps à un tel rythme ? Bien malin qui pourrait le dire ! C'est possible. Mais, dans tous les cas, la Chine va devoir faire face, tôt ou tard, à de sérieux problèmes qui sont en train de s'accumuler et pèseront, à terme, sur sa croissance. Rappelons quelques vérités sur les limites de ce « miracle asiatique »…

Une croissance économique construite sur des bases fragiles

Les difficultés rencontrées par le Japon depuis 1991 et la crise économique qui a touché de nombreux pays d'Asie en 1997 ont montré toute la fragilité des économies asiatiques que l'on croit trop souvent invulnérables. Des économies souvent gangrenées par la corruption et où les comptes des banques, qui accumulent des créances douteuses, sont très fragiles et peuvent s'effondrer à tout moment. C'est tout particulièrement vrai en Chine aujourd'hui.

Autre problème de taille : celui de l'énergie. La Chine consomme de plus en plus de pétrole et doit en acheter toujours plus à l'étranger. La hausse des cours du pétrole depuis 2002 est d'ailleurs en partie le résultat de cette très forte demande chinoise. Déjà les coupures d'électricité sont régulières en Chine, le pays peinant à faire face à cette demande boulimique d'énergie. Quant aux autres États de la région, c'est encore pire puisqu'ils ne disposent de presque aucune ressource en énergie (le Japon doit presque tout importer).

Une bombe à retardement social pour la Chine ?

Chômage, retraites, démocratie : les tensions sociales sont en train de s'accumuler en Chine, et il faudra bien y faire face un jour ou l'autre :

- Le développement s'est effectué uniquement sur les provinces littorales et le contraste avec l'intérieur du pays est désormais considérable. Cela alimente un exode rural considérable, des millions de paysans pauvres venant s'entasser dans les villes côtières en espérant trouver du travail. En vain, car le chômage, en Chine, reste considérable et les espaces urbains de plus en plus saturés.

- À la suite de la politique de « l'enfant unique » (lancée en 1979) et de la réduction autoritaire de la natalité en Chine (un couple est durement pénalisé s'il a plusieurs enfants), la population de la Chine est en train de vieillir à une vitesse accélérée. Déjà problématique au Japon, le vieillissement de la population chinoise risque de coûter fort cher au pays, d'autant que, pour l'instant, rien n'est prévu ou presque pour faire face à cet inévitable raz de marée de retraités !

- Combien de temps le parti communiste chinois pourra-t-il diriger le pays d'une main de fer et interdire certaines libertés individuelles ? Quand reverra-t-on une demande démocratique en Chine (la dernière a eu lieu sur la place Tian'anmen en 1989, mais a été brisée par la force par le pouvoir qui a envoyé ses chars contre les étudiants) ? Construira-t-on un jour des systèmes sociaux dignes de ce nom ? Les Chinois accepteront-ils longtemps leurs très bas salaires ? Il est impossible de répondre à ces questions mais, à mesure que le pays s'enrichit et s'ouvre sur l'extérieur, ces pressions augmentent. En 2005, la contestation sociale a été très forte, et elle a à nouveau été réprimée dans le sang. Combien de temps une telle situation pourra-t-elle durer ?

Des contraintes géographiques et environnementales importantes

Une région entre séismes et tsunamis

L'Asie orientale est une zone fragile. Les catastrophes naturelles (tremblements de terre, typhons, tsunamis...) y sont régulières. Un terrible tsunami à balayé l'Asie du Sud en 2004, et le Japon vit constamment sous la menace des tremblements de terre (voir le cours sur « La mégalopole japonaise »).

La nature sacrifiée...

Le développement économique intensif de l'Asie orientale s'est fait au détriment de l'environnement. Les dégâts faits à la nature sont de plus en plus graves. C'est bien sûr une mauvaise nouvelle pour la planète, mais c'est aussi une menace pour le développement même de ces pays. Déjà ces nuisances pèsent sur l'économie, et ce n'est qu'un début. Car il faudra un jour ou l'autre s'en occuper, et la note risque d'être salée ! Quelques exemples :

- La dégradation continue des sols qui sont surexploités, un phénomène renforcé par la déforestation, l'utilisation de plus en plus massive des pesticides et les pluies acides qui accélèrent la désertification de la Chine.
- L'accès à une eau de qualité est un autre souci. La plupart des villes chinoises souffrent déjà d'une pénurie d'eau, dont les coûts de traitement sont appelés à exploser car le traitement de l'eau est à peine commencé. L'absence d'une bonne politique de gestion de l'eau entraîne une pollution accélérée des réserves.

- La pollution de l'air augmente elle aussi à vitesse rapide, certaines villes sont déjà polluées très au-delà des normes limites fixées par l'OMS !
- Quelles dépenses supplémentaires ces dégâts environnementaux auront-ils sur la santé des Chinois et sur l'économie de la Chine ? Nul ne peut le dire précisément aujourd'hui mais, dans un pays d'1,3 milliard d'habitants, elles seront à coup sûr colossales…

Conclusion

1. L'Asie orientale est le pôle le plus dynamique de la Triade. Chaque jour elle se renforce et se rapproche de la puissance de l'Europe et des États-Unis. Si elle maintient sa croissance actuelle, la Chine dominera le monde avec (ou contre !) les États-Unis, d'ici 2020 ou 2030.
2. Cette aire de puissance asiatique n'a pas de limites géographiques précises : derrière ces cinq États émergent de nombreux autres pays en Asie du Sud-Est qui rêvent de réaliser les mêmes exploits (Vietnam, Indonésie, Philippines, Thaïlande…). Ce pôle asiatique est donc probablement amené à se renforcer.
3. Les facteurs d'instabilité restent cependant nombreux dans une région sous tension qui se développe à marche forcée et accumule les déséquilibres. Derrière cette puissance perdurent en effet de réelles fragilités.

Chapitre 15

Un espace central : la mégalopole japonaise

Dans ce chapitre :

- La mégalopole japonaise, un des plus puissants centres du monde
- Mais un espace fragile et saturé

Le Japon est la terre de tous les paradoxes et de tous les contrastes. Détruit et occupé par les États-Unis en 1945, le Japon est aujourd'hui la 2e puissance économique du monde (avec un PIB de 4 500 milliards de dollars) et exporte ses produits sur toute la planète. Et pourtant, le territoire japonais est bien ingrat : un archipel de plusieurs milliers d'îles (dont quatre îles principales), à la superficie réduite (380 000 km^2, soit à peine 70 % de la superficie de la France), très montagneux (seuls 16 % du territoire sont des plaines) et très pauvre en ressources naturelles. Manifestement, avec leur territoire, les Japonais ont été moins bien gâtés que les Américains ! Cela n'a pas empêché cette formidable réussite économique. Comme quoi, il n'est bien de richesse que d'hommes…

D'un point de vue spatial, cette puissance économique se concentre principalement sur une étroite bande littorale pour former une immense mégalopole, la troisième de notre programme, après les mégalopoles américaine et rhénane, mais la plus puissante et la plus peuplée des trois. C'est cette mégalopole qui est au programme et elle seule (donc pas la totalité du Japon). Elle constitue le centre, le cœur de la puissance économique du Japon.

PROBLÉMATIQUES

Comment s'organise la mégalopole japonaise ?

Quels sont les aspects et les limites de cette puissance ?

CROQUIS DE BAC

Page XVIII du cahier couleurs : l'organisation du territoire de la mégalopole japonaise

CHIFFRES CLÉS

La mégalopole japonaise, c'est :

- **100 millions d'habitants**
- **80 % de la puissance économique du Japon**
- **Tokyo, la plus grande agglomération du monde avec 30 millions d'habitants**

La mégalopole japonaise, un des plus puissants centres du monde

Une mégalopole de plus de 1 000 kilomètres de long !

Localisons tout d'abord précisément cette mégalopole japonaise. Elle s'étend de Tokyo à Fukuoka sur une étroite bande littorale de plus de 1 000 km de long. Si l'on parle de **mégalopole**, c'est pour désigner un espace jalonné de grandes – voire de très grandes ! – villes qui, en se développant, ont parfois fini par se rejoindre, formant ainsi un immense complexe urbain parcouru par des flux intenses. Du fait de l'exiguïté des plaines littorales japonaises, cette mégalopole n'est pas très large. Elle est majoritairement située sur la principale île du Japon (Honshu), mais empiète également sur les deux îles du sud-ouest, Kyushu et Shikoku.

La mégalopole s'étire donc le long d'un littoral très découpé, alternant entre des grandes baies favorables à l'installation de ports (comme la baie de Tokyo ou celle de Nagoya) et des espaces beaucoup plus réduits à flanc de montagne.

100 millions d'habitants !

Cette immense mégalopole s'est progressivement constituée depuis les années 1950. Peu à peu, avec le développement des zones industrielles et l'augmentation de la population, les grandes agglomérations se sont étendues jusqu'à donner cette impression de « très très grande ville ». Là, sur cette étroite bande littorale, vivent environ 100 millions de personnes, soit à peu près 4 Japonais sur 5 ! Autrement dit, et même s'il ne s'agit pas d'un corridor urbain continu de Tokyo à Fukuoka (des espaces verts subsistent entre les grandes agglomérations), les densités de population sont très élevées.

Au nord, la principale agglomération est bien sûr Tokyo et ses 30 millions d'habitants. Avec respectivement 16 et 8 millions d'habitants, Osaka-Kobe et Nagoya sont les deux autres pôles majeurs de cette mégalopole. À elles seules, ces trois grandes agglomérations regroupent plus de 40 % de la population du pays ! (voir figure 15-1)

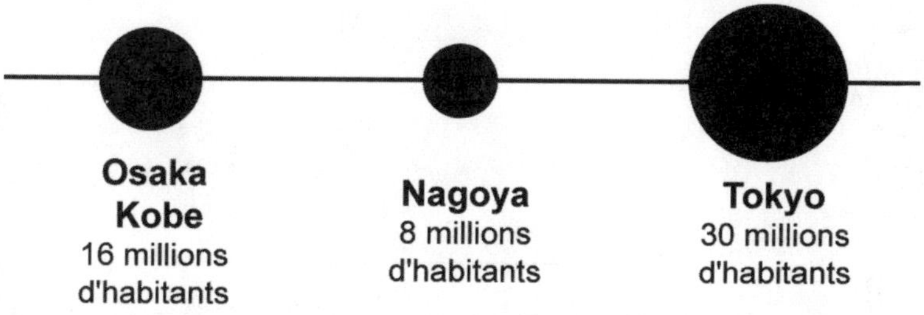

Figure 15-1 : Les trois pôles majeurs de la mégalopole japonaise

80 % de la puissance économique du Japon !

Le Japon est une très grande puissance industrielle, occupant des positions de premier plan dans des secteurs aussi essentiels que la construction navale, la construction automobile, la sidérurgie, la chimie, l'horlogerie ou la bureautique. Sans parler des industries de haute technologie où le Japon excelle. Biotechnologies, optique, robotique, télécoms, informatique, jeux vidéo ou pharmacie : ce « petit » pays dénué de ressources naturelles est bien un géant industriel ! Il est bien loin le temps où le Japon se contentait de copier et de reproduire les innovations produites en Europe ou aux États-Unis. Aujourd'hui, c'est bien souvent le contraire ! Le Japon est un des pays les plus innovants du monde, maîtrisant des techniques de pointe comme très peu d'autres pays sur terre sont capables de le faire.

Le Japon voit votre avenir avec des robots !

Les Japonais sont fous de technologie. Portables et autres gadgets électroniques sont une spécialité du pays depuis longtemps (qui n'a jamais entendu parler des Tamagoshi ?). Une des nombreuses spécialités high-tech du Japon, ce sont les robots ! Les Japonais investissent beaucoup dans ce secteur, convaincus qu'il y a ici un marché d'avenir qui va tout révolutionner. Des robots pour passer la tondeuse, faire le ménage, assister les personnes âgées, guider les aveugles ou assurer la sécurité : les Japonais voient notre avenir rempli de ces humanoïdes ! Et les modèles présentés depuis deux ou trois ans sont de plus en plus convaincants ! À ce rythme-là, nous devrions en voir arriver dans nos foyers dans les prochaines années. Si cela marche et que la mode prend, les Japonais pourraient bien faire un fabuleux « carton » commercial ! À quand des robots militaires comme ceux de *Star Wars* ?

Géographiquement, les 80 % cette puissance économique se concentrent sur la mégalopole. De Tokyo à Fukuoka, se succèdent d'immenses zones industrielles et portuaires qui occupent les 3/4 des emplois industriels du pays.

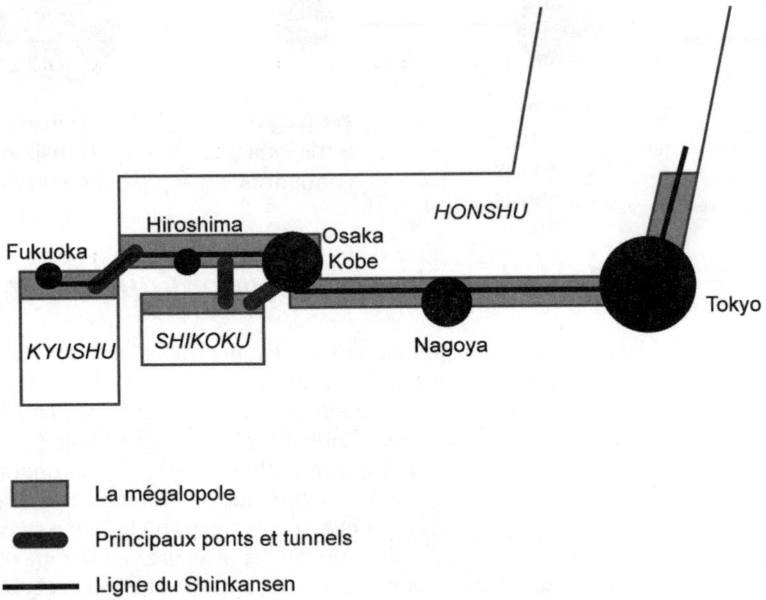

Figure 15-2 : La mégalopole japonaise.

Un espace totalement aménagé

Tout cela n'a été possible qu'au prix d'un très important aménagement du territoire. Très vite en effet, les Japonais se sont retrouvés un peu à l'étroit sur les plaines côtières de Honshu. Le développement des villes et des zones industrielles a pris une telle extension que l'on a décidé de gagner des terres nouvelles… sur la mer ! Un travail de titan, tant les contraintes naturelles sont fortes au Japon ! Les travaux ont démarré dans les années 1950. Depuis, les littoraux ont été totalement transformés et mis au service de la puissance japonaise. Plusieurs techniques ont été utilisées, mais c'est surtout la constitution de terre-pleins qui s'est imposée. Le principe est simple : on apporte des remblais afin de gagner de la terre sur la mer. (voir figure 15-2)

Les terre-pleins : la réponse du Japon à son manque d'espace

Les grandes baies de Tokyo, Osaka ou Nagoya sont désormais en partie occupées par ces terre-pleins et les photos aériennes offrent un spectacle toujours surprenant d'un littoral à angles droits. Là, sur ces vastes terre-pleins, se sont installées des zones industrielles et des extensions portuaires. À Osaka, on est même allé jusqu'à construire l'aéroport du Kansai sur un terre-plein situé à 5 km au large de la côte et relié au littoral par un pont ! Un aéroport qui repose sur un millier de piliers et qui a résisté au tremblement de terre de Kobe en 1995. Comme quoi, la technique est au point !

Des flux majeurs et des contraintes spatiales largement maîtrisées

Sur ces littoraux exigus circulent des flux impressionnants. Les grandes métropoles nippones sont en effet toutes reliées entre elles par des infrastructures de transport de premier plan (un réseau autoroutier, doublé du TGV japonais, appelé le Shinkansen, en service depuis 1964).

Une autre forte contrainte est liée à l'insularité du Japon. La mégalopole s'étale en effet sur les trois grandes îles du sud de l'archipel. Une contrainte, elle aussi, largement maîtrisée grâce à la construction de nombreux ponts et tunnels qui relient ces trois îles en de nombreux points.

Un espace ouvert sur l'océan Pacifique et sur le monde

La mégalopole japonaise concentre l'essentiel de la puissance économique du pays. Avec 30 000 km de côtes, le Japon est entièrement tourné vers la mer. La mer a d'ailleurs toujours été un élément fondamental du territoire japonais. Entre le XVIIe et le XIXe siècle, elle a joué un rôle de barrière avec le reste du monde, permettant au Japon de se protéger de l'extérieur.
Aujourd'hui, c'est l'inverse : elle est l'instrument de l'ouverture du pays sur le monde. Le littoral de la mégalopole, presque totalement industrialisé, en est le meilleur symbole.
Quel contraste avec les littoraux situés au nord du Japon (face à la Russie et la Corée) qui sont en effet beaucoup moins développés ! C'est pourquoi on oppose parfois deux Japon, un Japon dit de « l'Endroit », ouvert et dynamique, et un Japon de « l'Envers », beaucoup moins développé. C'est donc sur le Japon de l'Endroit que se trouve la mégalopole japonaise. Elle est véritablement le poumon économique du pays : c'est de là que tout part,

mais c'est là que tout arrive également, car le Japon, qui manque de tout, est très dépendant de l'extérieur et doit importer de grandes quantités de produits alimentaires, d'énergie et de matières premières. La mégalopole japonaise est ainsi la première façade portuaire du monde, et le Japon la 3e puissance commerciale du monde, derrière l'Allemagne et les États-Unis. Le territoire du Japon est donc très déséquilibré, tant la concentration d'hommes et d'activités est forte sur la mégalopole.

Tokyo, hypercentre et ville mondiale

Cette mégalopole est elle-même déséquilibrée en raison du poids de Tokyo, cœur de la mégalopole, véritable « centre du centre » ! L'agglomération écrase de toute sa puissance non seulement les autres grands pôles japonais mais aussi ceux de toute l'Asie. Tokyo, avec ses 30 millions d'habitants (trois fois la population de toute l'Île-de-France, donc de Paris et ses banlieues !), est une agglomération sans équivalent, économiquement la plus puissante du monde. À elle seule, l'agglomération produit chaque année 1/3 du PIB japonais, soit autant de richesses que toute la France (pourtant peuplée de 60 millions d'habitants !).

Le Kanto (la région autour de Tokyo) est la première région industrielle du monde. Tout le long de l'immense baie de Tokyo s'égrènent sur des dizaines de kilomètres des zones industrielles aux activités très variées et de nombreux ports comme Yokohama, Kawasaki et Chiba. Leurs trafics cumulés feraient d'ailleurs de Tokyo le premier port du monde.

Tokyo concentre également les principaux pouvoirs politiques, économiques, financiers et culturels du Japon. Elle abrite, entre autre, le plus gros marché financier d'Asie (la principale Bourse japonaise est le Kabuto-chô) ainsi que le plus important quartier d'affaires du pays (Shinjuku). Y sont regroupés également les sièges sociaux des grandes sociétés japonaises, mais aussi les grandes écoles (l'université de Tokyo est la plus réputée du pays), la cité scientifique de Tsukuba, (une des plus grandes concentrations en recherche fondamentale du monde), les grands médias (presse et télé), etc. Bref, vous l'aurez compris, au Japon, il y a d'abord Tokyo, puis le reste !

Un espace confronté à d'importantes difficultés

Un espace étroit, fractionné et... plein !

Le Japon est un petit pays… en termes de superficie, bien sûr, pas en termes de puissance économique ! Seulement 380 000 km^2 (rappelons que c'est

550 000 pour la France), plus de 3 000 îlots (dont environ 400 sont habités) et, de plus, un relief très accidenté. Les plaines littorales sont souvent étroites et l'intérieur du pays est couvert de montagnes jeunes aux pentes abruptes (le point culminant du pays est le célèbre mont Fuji avec ses 3 776 m) dévalées par des fleuves courts et violents. L'espace plat utilisable est donc rare, puisque les montagnes et coteaux (souvent couverts de forêts) occupent les 3/4 du territoire : seul 1/4 du territoire reste adapté aux activités industrielles. Le Japon possède l'espace le plus difficile de tous les pays industrialisés. Et sur ce territoire très contraignant vivent 127 millions d'habitants, soit plus de deux fois la population française ! C'est dire que l'aménagement du territoire et la gestion de l'espace posent de redoutables problèmes aux Japonais !

Un espace saturé et pollué

Cette surconcentration d'hommes et d'activités sur la mégalopole entraîne des nuisances nombreuses : pollution très élevée, circulation saturée, prix de l'immobilier exorbitant... Prendre le métro à Tokyo est une expérience étonnante (des employés du métro sont là pour pousser et tasser les gens à l'intérieur afin de bien remplir les rames !). Un espace qui est aujourd'hui saturé (la baie de Tokyo est encombrée de terre-pleins) et qui doit s'étendre à l'intérieur du pays ou vers le nord pour se désengorger un peu. Or, la prise de conscience de ce nécessaire desserrement des activités a été tardive et les nuisances à gérer se sont accumulées.

Un espace fragile, des contraintes naturelles fortes

Tout le monde le sait : le Japon est un pays de tremblements de terre. Les petites secousses sont régulières et le Japon subit tous les siècles au moins un tremblement de terre majeur ! L'explication est simple et malheureusement imparable pour les Japonais : le pays se trouve à la jonction de trois plaques tectoniques (la plaque eurasiatique d'une part, les plaques pacifique et philippine d'autre part, deux plaques qui glissent sous le Japon) qui entretiennent une instabilité constante.

Au cours du XXe siècle, le Japon a ainsi été mortellement frappé à deux reprises par des séismes majeurs : le plus grave à Tokyo en 1923 (140 000 morts) et plus récemment à Kobe en 1995 (6 000 morts). Et comme on manque de place, on reconstruit aux mêmes endroits, jusqu'au prochain séisme… Les Japonais vivent avec cette hantise permanente (la population s'entraîne régulièrement pour savoir comment réagir en cas de séisme, notamment les enfants dans les écoles), d'autant que le tremblement de terre de Kobe a ébranlé bien des certitudes et a érodé la confiance de la population envers les bâtiments qui, leur avait-on dit, étaient bâtis de telle façon qu'ils devaient résister à de forts tremblements de terre…

Et s'il n'y avait que cela ! Car en termes de risques naturels, le pays doit subir bien d'autres calamités : volcanisme important (encore une soixantaine de volcans en activité), raz de marée (ou tsunamis) qui peuvent dévaster les côtes, typhons, enneigement prolongé ou même sécheresse… L'histoire du Japon est ponctuée de ravages souvent majeurs. Le Japon est donc une terre à risque. (voir figure 15-3)

SCHÉMA

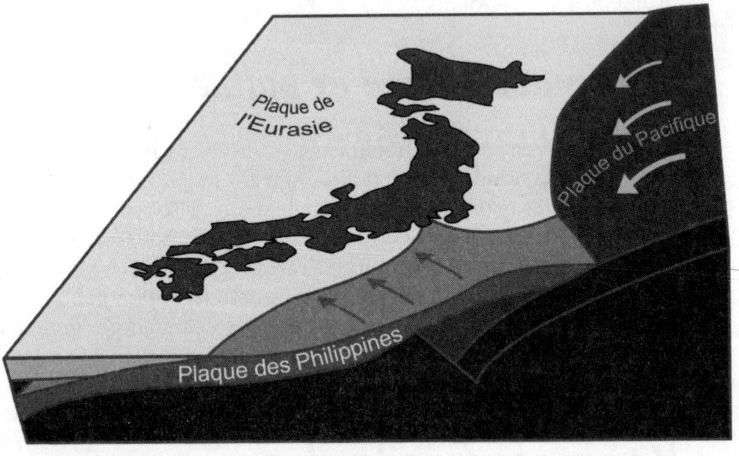

Figure 15-3 : Plaques tectoniques et séismes au Japon.

Conclusion

Le Japon est un géant économique, un pays riche et d'une puissance considérable. Les Japonais forcent d'ailleurs l'admiration pour être parvenus à construire une telle puissance sur un pays aussi fragile, aussi petit et pour ainsi dire sans ressources naturelles !

Le pays doit pourtant désormais faire face à d'importantes difficultés :

1. Depuis 1991, c'en est fini de la très forte croissance économique que connaissait le pays dans les années 1970 et 1980. Depuis quinze ans, la croissance est molle, le pays a été distancé par les États-Unis et se fait rattraper par la Chine. Le Japon doit en outre faire face à des difficultés nouvelles : apparition du chômage et fort vieillissement de sa population.

2. La montée en puissance de la Chine va très probablement faire de plus en plus d'ombre à la puissance japonaise en Asie orientale, d'autant que le Japon n'est pas une grande puissance militaire, ne joue qu'un rôle réduit dans les relations internationales et reste dépendant des États-Unis pour sa sécurité (interdiction de construire des armées nucléaires).
3. Enfin la gestion d'un espace fragile et saturé reste un défi permanent pour le pays.

Alors, quel sera l'avenir du « pays du Soleil-Levant » ? Le XXIe siècle s'ouvre avec de réelles incertitudes. Le Japon profite toutefois de la croissance chinoise et se porte mieux depuis peu. Il conserve par ailleurs des atouts formidables, exceptionnels même, et notamment une population remarquablement bien formée et une impressionnant maîtrise des hautes technologies. Il n'empêche : l'arrivée de la Chine bouscule tout et les cartes de la puissance sont en train d'être redistribuées en Asie.

Chapitre 16

Unité et diversité des Suds

(Terminales L et ES uniquement)

Dans ce chapitre :

- Notre monde est très inégalement développé
- Amérique latine, Moyen-Orient, Asie, Afrique : un Sud à plusieurs vitesses

Nous l'avons vu dans les deux premiers cours sur la mondialisation : notre monde est très inégalitaire. Un Nord développé se différencie nettement d'un Sud encore largement sous-développé. Mais cette vision du monde un peu binaire, en « noir et blanc », de notre monde correspond-elle à la réalité ? Le monde est-il aussi « simple » que cela ?

Certes, nous verrons que la fracture Nord/Sud existe encore bel et bien. Mais elle est de plus en plus difficile à suivre car, avec la mondialisation, le monde se fragmente en de nombreux espaces dont les rythmes de développement divergent fortement. Certains pays décollent, d'autres stagnent, d'autres enfin régressent. Les écarts grandissent. Notre univers est multiple et complexe.

PROBLÉMATIQUES

Comment différencier le Nord et le Sud ?

Quels sont les différents Suds sur terre ?

Dans quelle mesure le Brésil est-il représentatif de nombreux pays du Sud aujourd'hui ?

CROQUIS DE BAC

Page IV du cahier couleurs : l'espace mondial : des Nords, des Suds ?

CHIFFRES CLÉS

Le Brésil, grand pays du Sud, c'est :

- **80 millions d'habitants**
- **un pays-continent de 8,5 millions de km^2**
- **São Paulo, 18 millions d'habitants dont 2 millions dans des favelas**

Un monde inégalement développé

La fracture entre le Nord et le Sud existe toujours !

Qu'est-ce que le « Sud » ?

D'abord une rapide définition : qu'est-ce que le « Sud » ? Entendons par là l'ensemble des pays en voie de développement (les PED). Ces PED forment un groupe de pays très hétérogènes, mais qui présentent néanmoins un certain nombre de caractéristiques communes. Il existe un grand nombre d'indicateurs du sous-développement. Ces indicateurs différencient encore nettement un Nord développé d'un Sud sous-développé.

Et qu'est-ce que le sous-développement ?

On dit qu'un pays est sous-développé si une majorité de sa population ne parvient pas à satisfaire certains besoins essentiels. Lesquels ? Ils sont nombreux ! Notons les plus importants : pouvoir se nourrir, avoir accès à de l'eau potable, bénéficier d'une instruction minimum, pouvoir se soigner et avoir une espérance de vie pas trop éloignée de ce que la médecine autorise actuellement. Un indicateur de l'ONU, l'**IDH**, mesure les niveaux de développement sur terre en retenant trois critères majeurs : les richesses (le PIB/hbt), l'espérance de vie et le niveau d'éducation. Et pour ces trois critères, le clivage Nord/Sud est encore très net.

Premier critère du développement : le PIB par habitant (PIB/hbt)

Le PIB/hbt mesure la quantité de richesses produites en un an pour 1 habitant. Attention, il ne s'agit pas de ce que touche la population : le PIB/hbt ne mesure pas les revenus, mais les richesses produites. Cela permet de savoir si un pays produit beaucoup de richesses ou pas, donc si son économie est puissante. C'est le premier critère du développement et il est fondamental : sans richesses, aucun développement n'est en effet possible. Les écarts entre les pays développés du Nord et les PED du Sud sont très importants.

GROS PLAN

Le PIB/hbt-ppa, un indicateur à connaître !

Le PIB/hbt est un indicateur majeur pour mesurer les différences de richesses produites entre les pays, mais il pose un petit problème. Calculé pour tous les pays en dollar américain, le PIB/hbt ne rend pas bien compte des écarts de niveaux de vie d'un pays à l'autre car, c'est une évidence, 1 dollar en Afrique ou en Europe ne donne pas du tout le même pouvoir d'achat !

C'est pourquoi les économistes lui préfèrent souvent le PIB/hbt-ppa, c'est-à-dire le PIB/hbt en parité de pouvoir d'achat, qui offre le gros avantage de tenir compte du coût de la vie, différent d'un pays à l'autre. En utilisant cet indicateur, les écarts entre le Nord et le Sud diminuent sensiblement.

Les PIB-PPA par habitant : un écart de 1 à 15 entre l'Afrique noire et les pays du Nord !

Le Nord, (moyenne Europe, États-Unis, Japon) : 30 200 dollars
Le Sud :
Amérique latine : 7 400 dollars
Asie de l'Est : 5 100 dollars
Asie du Sud : 2 900 dollars
Afrique subsaharienne : 1 800 dollars

Il existe bien un Nord à fort PIB et un Sud à faible PIB ! Remarquez cependant déjà la réelle hétérogénéité des pays du Sud (un écart de 1 à 4 entre l'Afrique subsaharienne et l'Amérique latine).

Second marqueur du développement : l'espérance de vie

L'espérance de vie est un bon critère du développement car ce seul chiffre offre un condensé de l'état sanitaire d'une population : mortalité infantile, qualité de la médecine, importance des dépenses de santé, état des hôpitaux, niveau d'hygiène de la population… Autant d'éléments essentiels au développement d'une population qui transparaissent dans l'espérance de vie. Ce seul critère est donc une synthèse fondamentale du développement. Là aussi, les écarts sont très forts sur terre et la fracture Nord/Sud reste patente.

GROS PLAN

L'espérance de vie : on vit presque deux fois plus longtemps au Nord qu'en Afrique subsaharienne !

Espérance de vie dans les pays du Nord développés (Europe, États-Unis, Japon) : 79 ans

Et au Sud :

Amérique latine : 72 ans

Asie du Sud : 63 ans

Afrique subsaharienne : 46 ans

Nous pouvons faire la même remarque que précédemment : les écarts Nord/Sud restent élevés, mais les écarts entre les grandes régions du Sud présentées ici sont très forts. Les différences de développement entre l'Afrique subsaharienne et l'Amérique latine s'amplifient.

Troisième marqueur du sous-développement : le niveau d'éducation

Comment espérer voir une population progresser si elle ne possède pas un niveau d'éducation minimum ? L'éducation, c'est la clé du développement. Il existe de nombreux moyens pour mesurer le niveau d'éducation (nombre d'enfants scolarisés, pourcentage d'adultes analphabètes…), mais tous vont dans le même sens : les écarts entre les grandes régions du monde sont considérables.

GROS PLAN

Quel pourcentage d'adultes alphabétisés sur terre ?

Pays les plus développés du Nord : 98 %

Et au Sud :

Asie orientale : 90 %

Amérique latine : 89 %

Pays arabes : 64 %

PMA (Afrique subsaharienne surtout) : 54 %

À nouveau, que de différences d'un continent à l'autre ! Mais là, les frontières entre le Nord et le Sud se brouillent fortement. Amérique latine et Asie orientale se rapprochent en effet très fortement des pays développés. C'est là une des raisons de leur décollage. Il existe donc de grandes différences entre les pays du Sud.

Bilan : la fracture Nord/Sud est toujours d'actualité mais elle s'est complexifiée

La fracture Nord/Sud est toujours d'actualité. Richesses produites, espérance de vie, niveau d'éducation (et nous pourrions prendre encore bien d'autres indicateurs) : tous ces indicateurs révèlent qu'il existe bien un Sud sous-développé qui s'oppose à un Nord très développé. Mais ce que montrent nos chiffres, c'est qu'il existe aussi de très importants écarts entre les pays du Sud. Que de différences entre l'Amérique latine et l'Afrique subsaharienne ! Cela signifie qu'une partie du Sud bouge pendant qu'une autre stagne ou même recule dans certains cas. Le Sud n'est donc pas un bloc homogène. La Chine et l'Angola d'une part, ou le Brésil et le Niger d'autre part ont ainsi de moins en moins de points communs...

Mais les choses bougent aussi au Nord. Alors que les États de la Triade continuent de se développer, l'Europe de l'Est et l'ex-Union soviétique ont reculé en termes de développement à la suite de la chute du communisme en 1991 et de leur transition vers l'économie de marché. Une situation peut-être temporaire car depuis quelques années la situation s'améliore à nouveau à l'est. Il n'empêche, notre planète devient furieusement complexe à analyser ! Et les écarts entre l'Est et le Sud sont loin d'être toujours évidents ! L'**IDH** en Argentine, en Uruguay ou au Mexique est aujourd'hui nettement supérieur à celui de la Russie, de la Roumanie ou de l'Ukraine. Bref, entre le Nord et le Sud, il est de plus en plus difficile d'y voir clair !

Un Sud à plusieurs vitesses

Aujourd'hui, c'est donc un Sud éclaté et diversifié qui apparaît. Différencier un Nord développé et un Sud en développement est devenu très insuffisant. Le monde est beaucoup plus complexe que cela. Le Sud est devenu un espace très hétérogène.

D'un continent à l'autre, les situations sont désormais très différentes. Petit tour d'horizon de ces Suds…

L'Asie, un développement irrésistible ?

Quel retournement de situation ! Et quel progrès ! Il n'y a pas si longtemps, l'Asie semblait vouée aux guerres et aux dictatures et personne ne voyait beaucoup de lumière au bout du tunnel. Rappelons-nous les drames de la dictature de Mao en Chine, de la guerre du Vietnam ou des carnages perpétrés par les Khmers rouges au Cambodge. Aujourd'hui, l'Asie est, globalement, le continent qui se développe le plus vite. C'est le « bon élève » de la mondialisation. Beaucoup de pays décollent, c'est presque tout le continent qui bouge. Même le Bangladesh, longtemps synonyme d'échec absolu, progresse.

L'Asie n'en reste pas moins un continent multiple avec des situations très contrastées. Il y a encore de très grands écarts de développement et la progression du continent se fait à des rythmes très variés.

Quelles sont les idées essentielles à retenir à propos de cet immense continent ?

- Deux « géants » sont en train de naître : l'Inde, et surtout la Chine dont la progression est stupéfiante depuis une vingtaine d'années.
- Globalement, l'Asie de l'Est (autour de la Chine) progresse plus vite que l'Asie du Sud (autour de l'Inde).
- Un certain nombre d'États restent à l'écart du développement, d'abord pour des raisons politiques (pays en guerre ou dirigés par une dictature) : Birmanie, Afghanistan, Corée du Nord.
- L'enrichissement réel d'un grand nombre de pays s'accompagne souvent d'un renforcement des inégalités à l'intérieur des pays. Un océan de pauvreté subsiste toujours, même s'il tend à diminuer dans de nombreux pays. L'enrichissement progresse plus vite que le développement et les inégalités entre régions et au sein de la population s'accroissent.

L'Amérique latine, un développement en panne ?

De toutes les régions du Sud, l'Amérique latine est sans doute celle qui s'est engagée le plus tôt dans la voie du développement. Avec d'ailleurs de réels succès : espérance de vie et éducation de la population ont connu une bonne évolution. Le développement s'est mis en marche, le continent s'est urbanisé, la démographie est maîtrisée. Une industrie s'est développée dans de nombreux pays qui parviennent peu à peu à s'intégrer dans le commerce mondial. Le Brésil est bien sûr la grande puissance régionale, un pays aux très fortes inégalités mais en plein développement. L'Amérique latine est parvenue également à sortir des dictatures (les nombreuses juntes militaires des années 1960 et 1970, dont celle d'Augusto Pinochet au Chili de 1973 à 1990) et la démocratie semble s'installer.

Bon. Tout va bien, alors ? Non, car la région connaît de nombreuses difficultés depuis les années 1980 et le développement patine. La région progresse désormais à une vitesse très ralentie. Ainsi, depuis 1980, la proportion de population vivant avec moins d'1 dollar par jour stagne aux environs de 10 %. L'Argentine traverse depuis 2001 une crise économique et sociale sans précédent (avec à la clé un retour massif de la pauvreté) et les pays andins (Colombie, Pérou, Bolivie) ne sortent pas du sous-développement. Ces pays restent encore très endettés et les inégalités très fortes. L'Amérique latine apparaît moins en forme en 2005 qu'il y a quelques années. Les récents progrès économiques du Brésil sont pourtant de bon augure, le continent possède les atouts pour repartir de l'avant.

Le monde arabe, un développement bloqué ?

Tout d'abord une idée essentielle : le « monde arabe » ne forme certainement pas un bloc uni. Les différences et les tensions entre pays sont très fortes du Maroc à l'Iran et l'Islam est loin de suffire à créer une unité. En fait, c'est même plutôt l'inverse : ces pays commercent peu entre eux, échangent peu.

Il faut distinguer, dans ce vaste ensemble, au moins deux types de pays : des États riches et peu peuplés (pays pétroliers du golfe Persique comme l'Arabie Saoudite et les petits États comme le Qatar ou les Émirats arabes unis) et les pays pauvres et très peuplés (comme l'Égypte ou l'Iran). Mais dans tous les cas, les inégalités sont très fortes et le développement ne progresse pas aussi vite que les cours du pétrole ! Entre le PIB/hbt et l'**IDH**, c'est ainsi souvent le grand écart dans la région ! Preuve que les richesses sont très mal redistribuées et ne profitent qu'à une minorité.

GROS PLAN

Richesses produites et développement ne vont pas toujours ensemble !

Il y a parfois de fortes distorsions entre le PIB/hbt et l'**IDH** dans un pays. Un pays peut être bien classé en termes de PIB/hbt et mal classé en termes d'IDH, ou inversement. Ces différences nous renseignent beaucoup sur le fonctionnement du pays et sur la bonne ou mauvaise répartition des richesses. Un exemple pour mieux comprendre : l'Arabie Saoudite est au 35e rang mondial pour le PIB/hbt et au 77e rang mondial pour l'IDH. Inversement, la France est au 14e rang mondial pour le PIB/hbt et au 16e rang pour l'IDH. Quel sens donner à ces chiffres ? Tout simplement que la richesse produite par la France est mieux répartie et profite plus à la population qu'en Arabie Saoudite.

Au fond, le monde arabe souffre de deux problèmes majeurs : l'évolution des sociétés est trop souvent bloquée par des pouvoirs rigides et conservateurs (le sort des femmes, souvent très pénalisées, est un frein majeur au développement) et les guerres à répétition épuisent les pays et empêchent toute croissance durable. Contrairement à ce que l'on croit trop souvent, il ne suffit pas d'avoir du pétrole pour se développer.

La « malédiction » du pétrole

Avec l'envolée des cours depuis 2003, les pays producteurs de pétrole encaissent 2 milliards de dollars par jour ! Et pourtant, aucun de ces États n'est parvenu jusqu'à présent à se développer ! Mais où passe donc l'argent... ? En fait, la majorité des pays pétroliers ne sont pas des États démocratiques. L'argent est souvent détourné par les dirigeants et ne profitent que peu au pays et souvent encore moins à la population. Corruption, détournements et pots-de-vin enrichissent ainsi une minorité et laissent la masse de la population dans la misère. Au Nigeria, 300 milliards de dollars de revenus pétroliers sont venus remplir les caisses du gouvernement au cours des vingt-cinq dernières années, mais le revenu par tête est resté inférieur à 1 dollar par jour ! La raison ? L'argent atterrit sur des comptes bancaires en Suisse, comme celui de l'ancien dictateur Sani Abacha (au pouvoir dans les années 1990). Trop souvent, les pays pétroliers se contentent de vivre de la rente pétrolière et ne profitent pas de ces revenus pour développer l'économie et investir dans l'industrie. Ils restent donc totalement dépendants du pétrole et de la fluctuation des cours. Quand le pétrole est cher, l'État algérien lance des grands programmes de construction de logements... qui s'arrêtent quand les cours baissent. Dans les monarchies pétrolières du Moyen-Orient (l'Arabie Saoudite en tête), les familles régnantes ont amassé des sommes considérables mais investissent d'abord leur argent en bourse, aux États-Unis ou en Europe ! D'ailleurs, au Moyen-Orient, le nombre de millionnaires augmente plus vite qu'ailleurs dans le monde, alors que la plupart des pays de la zone ont vu leur PIB/hbt baisser depuis 1973....

L'Afrique subsaharienne, un développement impossible ?

L'Afrique subsaharienne (au sud du Sahara) va mal. Sur les 50 **PMA** (les **pays les moins avancés du monde**) recensés par l'ONU, 32 appartiennent à l'Afrique subsaharienne. Bel euphémisme que ce terme de « pays les moins avancés » ! Ce sont bien en fait les pays où se concentre de plus en plus toute la misère du monde. Dans ces pays, le développement progresse peu ou même recule. Alors que le monde ne cesse de s'enrichir, le nombre de ces PMA n'a cessé d'augmenter. Depuis 1990, dix-huit pays ont même vu leur **IDH** reculer alors que la planète a connu, dans son ensemble, une assez forte croissance ! La conclusion est simple à formuler : la croissance économique mondiale ne profite pas à tous. Une partie de l'humanité continue de s'enfoncer dans la misère et le sous-développement. Et au premier rang de ces laissés-pour-compte, l'Afrique subsaharienne dont l'écart en termes de richesses ou de développement avec le reste du monde ne cesse de s'accroître. Non, tout ne va pas toujours mieux sur terre… Il faudra une action énergique des pays les plus développés pour en finir avec cette misère.

Le problème majeur pour l'Afrique : la faiblesse de l'État

Si un pays ne possède pas un État solide et respecté, tout développement est impossible. Pourquoi ? Parce que seul l'État peut scolariser et améliorer le niveau de formation d'une population, créer les indispensables infrastructures de transport, mener des politiques pour maîtriser la démographie, garantir le droit de tous et notamment des plus faibles (les femmes et les enfants). Seul un État stable et garantissant la liberté et la sécurité du commerce peut attirer les investissements. Plus important encore : seul l'État peut garantir la sécurité des populations, sécurité contre la criminalité ou les mafias de toutes sortes. Il existe un lien très fort entre l'insécurité et le sous-développement.

C'est le problème majeur de l'Afrique subsaharienne. Trop d'États faibles, gangrenés par la corruption et depuis trop longtemps dirigés par des hommes qui se préoccupent plus de leur fortune personnelle que du développement de leurs populations. La réussite des pays asiatiques s'appuie d'abord sur des États solides qui ont su construire le développement de leur pays. L'absence de démocratie est toujours facteur d'instabilité politique.

Des inégalités de développement à toutes les échelles : l'exemple du Brésil

Changeons d'échelle et observons le Brésil. Ce pays est en effet un excellent exemple des actuelles réussites et limites de nombreux pays du Sud.

Le Brésil, un géant en formation ?

Le potentiel d'un « grand »

Le Brésil est un des États les plus puissants du Sud. Il a déjà presque tout d'un « grand » :

- une superficie à la taille d'un continent (8,5 millions de km2, soit 15 fois la France) ;

- une population nombreuse (180 millions d'habitants, soit le 5e rang mondial) ;
- un PIB de 500 milliards de dollars, désormais proche de l'Australie (soit le 15e rang mondial, et même le 9e si l'on prend le PIB en parité de pouvoir d'achat).

Le pays est riche, possède beaucoup de ressources naturelles et maîtrisent de mieux en mieux les hautes technologies. Aéronautique, aérospatial (le Brésil construit ses propres satellites), recherche génétique, énergie nucléaire : le Brésil a du potentiel et développe ses savoir-faire. Le pays est sorti de la dictature en 1985 et la démocratie semble s'être implantée pour de bon. Un gage de développement pour le futur.

Le réveil du géant latino ?

Après vingt ans de quasi-stagnation économique, le Brésil sortirait-il enfin de sa léthargie ? La croissance économique est de retour, le chômage a un peu baissé et la dette du pays diminue. La lutte contre la pauvreté donne, elle aussi, ses premiers résultats. Succès fragile et à confirmer ? Sans doute. Il faudra attendre encore un peu pour savoir si la gestion du président Lula porte ses fruits. Pour l'heure, Lula est critiqué car il a déçu une partie de son électorat qui espérait un Brésil plus « à gauche » en portant cet ancien syndicaliste à la tête du Brésil.

En tout cas, le Brésil participe de plus en plus activement à la mondialisation (le pays sait de mieux en mieux se faire entendre au sein de l'OMC) et l'économie brésilienne est conquérante, notamment en matière agricole.

Socialement, le Brésil est une « Belindia » : un peu de Belgique et beaucoup d'Inde...

Ne nous emballons pas trop vite. Le Brésil va mieux, mais il n'est pas encore tiré d'affaire. Les signes de sous-développement sont en effet toujours nombreux. Le Brésil reste le champion des inégalités sociales malgré une très légère amélioration ces dernières années. Le Brésil, c'est la « Belindia », comme l'avait baptisé un économiste du pays, c'est-à-dire une petite Belgique (une minorité de la population vivant très bien) et une immense Inde (une grande majorité de la population toujours en grande difficulté). Voilà tout le paradoxe de ce grand pays qui concentre à la fois une richesse parfois insolente et d'immenses poches de grande pauvreté.

GROS PLAN

Le Brésil, bientôt la « ferme du monde » ?

La puissance agricole est un des signes les plus évidents de l'actuelle réussite du Brésil. Le pays, de la taille d'un continent, affiche en effet ses ambitions : sur des surfaces colossales, les grands propriétaires développent une agriculture ultramoderne et très rentable. Maïs, soja, viande bovine, sucre, poulet, jus d'orange, café : le Brésil est souvent aux premiers rangs mondiaux en termes de production agricole. Avec plus de 180 millions de têtes de bétail (soit plus de bovins que d'habitants !). Le pays est prêt à inonder les marchés mondiaux ! Et les Brésiliens peuvent doubler cette production et casser les prix s'il le faut ! Lors des grandes réunions de l'OMC (comme à Hong Kong en décembre 2005), le pays réclame l'ouverture massive des frontières à ses produits. Bref, beaucoup plus de libéralisme dans le commerce international. Le pays a les atouts pour un tel défi : recherche agronomique performante, surfaces gigantesques, matériel moderne (des « armées » de moissonneuses guidées par GPS sont mobilisées pour les récoltes). Si les pays de l'Union européenne renonçaient à soutenir leurs agricultures (au moyen de la PAC), nul doute que nous serions rapidement submergés par les produits brésiliens ! L'agriculture rapporte déjà à elle seule plusieurs dizaines de milliards de dollars par an au Brésil. Une réussite qui se retrouve aussi sur les routes : tous les Brésiliens roulent en effet avec des voitures « Flex », c'est-à-dire des véhicules qui roulent aussi bien à l'essence qu'à l'éthanol, le « carburant vert » produit à partir de végétaux. Toutefois, ce succès a aussi un coût : il se paie souvent cher en termes de dégâts sur l'environnement, car les cultures intensives sont obtenues en utilisant massivement des produits chimiques… Sans parler de l'utilisation systématique des OGM. Une solution durable ?

CHIFFRES CLÉS

Un chiffre pour illustrer notre propos : 37 % des Brésiliens sont pauvres et doivent survivre avec moins de 2 dollars par jour (soit 65 millions de personnes). 44 millions de Brésiliens ne mangent pas à leur faim. Indéniablement, les images du carnaval ou de la célèbre plage de Copacabana à Rio sont bien trompeuses : sous le soleil et derrière les plages s'étale la grande pauvreté. À deux pas des quartiers chic, des millions de Brésiliens s'entassent dans les *favelas* (les immenses bidonvilles du pays), le tout dans des conditions de vie très misérables (insalubrité et insécurité).

Des paysans sans terre dans un pays de 8,5 millions de km² !

C'est en effet à peine croyable… Dans un pays aussi vaste et aussi peu densément peuplé que le Brésil (la densité moyenne est de 20 hbts/km², cinq fois plus faible qu'en France), des millions de paysans sont sans terre ! Cela à cause de l'extrême concentration des terres : moins de 300 très grands propriétaires terriens exploitent près de 37 millions d'hectares (chiffre sidéral et sidérant !) tandis qu'environ 5 millions de familles de paysans sans terre survivent à peine et ne parviennent pas à posséder leur propre lopin.

D'où la naissance en 1985 du **Mouvement des sans-terre (MST)**, afin d'exiger une redistribution de ces immenses superficies. Le président Lula avait promis de les appuyer. Un petit nombre de ces paysans a trouvé une terre depuis son arrivée, mais la réforme agraire ne progresse pas au rythme souhaité (1 % des plus riches possèdent toujours presque 50 % des terres) car Lula ne souhaite pas affronter les grands propriétaires de front. L'État s'oriente vers une autre voie : la déforestation de l'Amazonie pour y installer les milliers de paysans sans terre. Certes, le Brésil est vaste, mais la déforestation de la forêt amazonienne progresse extrêmement vite depuis quelques années. L'Amazonie et la planète pourront-elles le supporter ?

Des inégalités spatiales à toutes les échelles

Le Brésil est ainsi assez représentatif des problèmes rencontrés par bon nombre d'États du Sud en croissance. Car souvent une partie seulement de la population profite de la mondialisation et les inégalités sociales augmentent, d'où ces très forts contrastes. Des contrastes visibles également dans l'espace. (voir figure 16-1)

À l'échelle du pays, de grandes inégalités spatiales

Au Brésil, les inégalités régionales sont extrêmement fortes. La richesse se concentre principalement dans le sud-est qui est le véritable centre du pays avec les deux grandes agglomérations de Rio de Janeiro et São Paulo. Le Nordeste, reste agricole et pauvre, le centre-ouest bénéficie de la présence de la capitale Brasilia et l'ouest – l'espace amazonien – est une réserve d'espace de plus en plus convoitée.

SCHÉMA

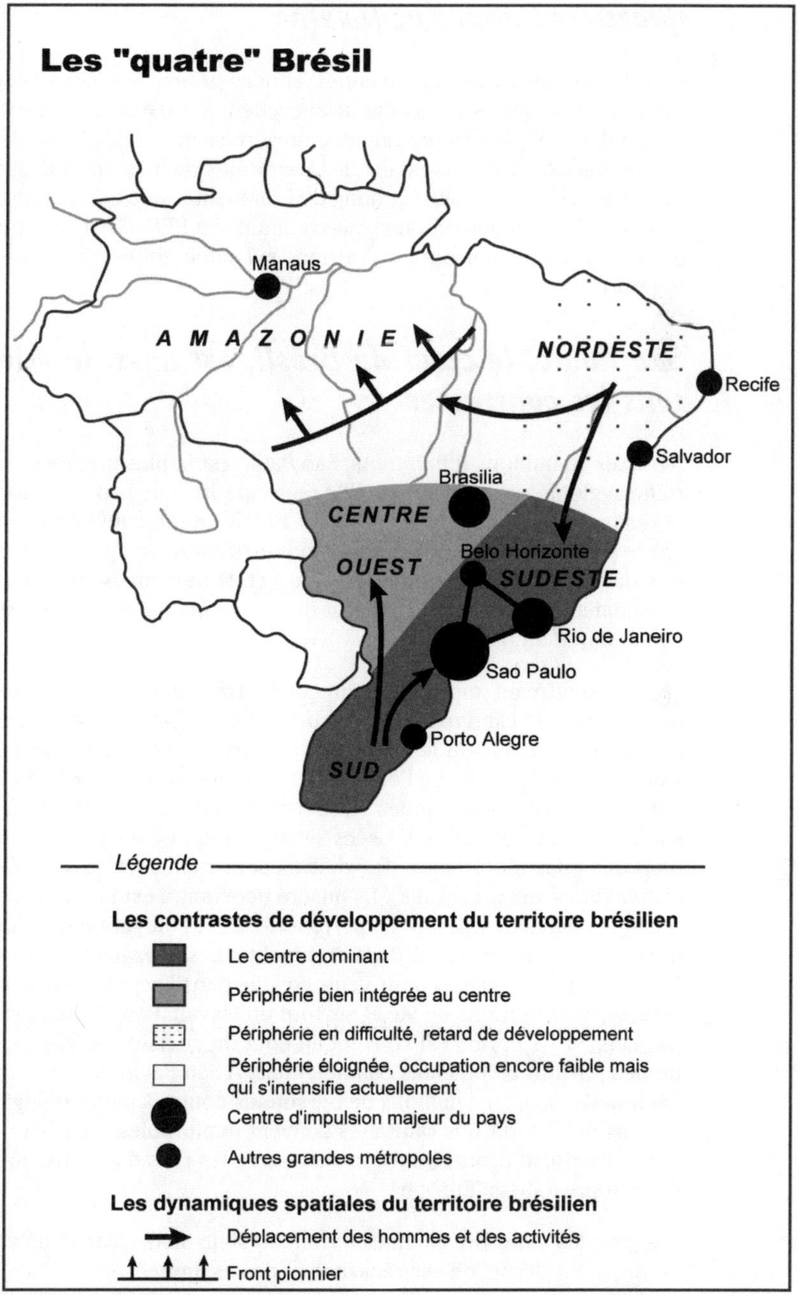

Figure 16-1 : Les « quatre » Brésil.

À l'échelle des villes, les mêmes contrastes : quartiers huppés et favelas

Dans les grandes villes brésiliennes, situées principalement au sud-est du pays, des kilomètres de favelas se succèdent à proximité des centres-villes, signes d'une explosion urbaine et d'une croissance anarchique des villes. La population s'y entasse dans des conditions de forte insalubrité. Dans les rues, beaucoup de misère et donc de criminalité. Une urbanisation rapide et mal maîtrisée est souvent un trait commun aux PED. C'est bien pire encore dans les grandes métropoles d'Afrique subsaharienne (comme Lagos au Nigeria).

São Paulo, le cœur du Brésil, est aussi la ville de tous les contrastes

Avec ses 18 millions d'habitants, São Paulo est la plus grande et la plus riche agglomération du Brésil. Elle regroupe 10 % de la population du pays et réalise plus de 20 % de son PIB ! Le Brésil est donc lui aussi concerné par le phénomène de **métropolisation** qui s'est développé à la faveur de la mondialisation de l'économie. La ville s'étale désormais sur une centaine de kilomètres et a acquis un statut de ville mondiale avec le développement économique du pays.

São Paulo offre un impressionnant concentré des inégalités qui règnent dans le pays. La ville est dynamique et concentre les quartiers d'affaires dans un centre-ville regroupant les tours et les quartiers aisés. Ces quartiers sont très proches de ceux que l'on connaît en Amérique du Nord. Et comme dans de nombreuses grandes villes des États-Unis, la ségrégation urbaine est forte et les populations aisées se regroupent de plus un plus souvent dans des quartiers fermés, des ghettos pour riches (on les appelle les *gated communities* aux États-Unis). La misère pourtant n'est jamais très loin, à quelques pâtés de maison. En périphérie, c'est l'univers des bidonvilles à perte de vue, des gangs et de la criminalité. Les paysans sont nombreux à quitter les campagnes pour venir en ville dans l'espoir de trouver de meilleures conditions de vie et surtout un travail. Pour la plupart des paysans, la déception est souvent au bout du chemin. Les favelas poussent un peu partout comme des champignons. À São Paulo, ils regrouperaient désormais environ 2 millions de personnes contre à peine 100 000 en 1970 ! Et dans des conditions sanitaires souvent déplorables : sans eau courante, ni électricité, ni égout. Quel contraste avec les rues du centre où l'on se croirait presque en Europe !

Les grandes villes brésiliennes offrent ainsi un instantané et un concentré du Brésil moderne, de ses réussites et de ses limites.

Conclusion

- La géographie des inégalités a donc changé. Les notions de Nord et de Sud évoluent. L'idée d'un tiers-monde homogène, tel qu'il avait été défini en 1952 par Alfred Sauvy, doit être remise en cause. Il n'existe pas un tiers-monde, mais des Suds.
- La situation entre le Nord et le Sud n'est pas figée. Les évolutions sont permanentes et la mondialisation redessine en permanence la géographie de notre monde. Nous vivons dans un monde de fortes mobilités.
- Si la plupart des pays du monde essaient de se développer, peu nombreux sont ceux qui y parviennent vraiment. Le développement résulte de la conjonction de plusieurs facteurs qu'il n'est pas toujours facile de réunir. Sur le chemin du développement, beaucoup d'États sont donc au départ mais bien peu sont à l'arrivée… Même ceux qui progressent le plus souffrent souvent d'un développement déséquilibré (inégalités sociales ou régionales) et restent fragiles.

Conclusion

Chapitre 17

Un exemple d'interface Nord/Sud : l'espace méditerranéen

Dans ce chapitre :

- Un Interface Nord/Sud plus complexe qu'il n'y paraît
- Des flux Nord/Sud très déséquilibrés
- Le Nord oublierait-il son Sud ?

Méditerranée signifie « la mer au milieu des terres ». L'espace méditerranéen correspond à l'ensemble des États baignés par la mer Méditerranée. Un espace de civilisation, de contact, d'échanges et de conflits depuis des siècles. Une mer presque fermée et contrôlée par trois points de passage (le détroit de Gibraltar, le détroit du Bosphore et le canal de Suez).

Aujourd'hui, ce sont plus de 400 millions d'hommes qui cohabitent sur le pourtour méditerranéen et qui se répartissent dans des États aux développements très différents. La limite entre un Nord développé et un Sud sous-développé traverse d'ailleurs la Méditerranée. Quelles en sont les conséquences ? Comment fonctionne cette interface Nord/Sud ?

PROBLÉMATIQUES

La Méditerranée est-elle aujourd'hui davantage une ligne de fracture ou de contact entre le Nord et le Sud ?

CROQUIS DE BAC

Page XX du cahier couleurs : la Méditerranée, espace de clivage ou de contact entre le Nord et le Sud ?

CHIFFRES CLÉS

L'espace méditerranéen, c'est :

- **un total de 400 millions d'habitants**
- **une coupure de moins de 700 m de large au détroit du Bosphore**
- **90 % du PIB produits par les pays européens alors qu'ils ne représentent que 40 % de la population**

Une interface Nord/Sud plus complexe qu'il n'y paraît

La Méditerranée est-elle bien une limite entre le Nord et le Sud ? La réalité est un peu plus compliquée qu'il n'y paraît...

Géographiquement, une coupure ? Oui, mais...

La Méditerranée, une coupure physique Nord/Sud...

Si l'on considère uniquement les choses sous l'angle de la géographie physique, alors la Méditerranée est bien une fracture entre l'Europe et l'Afrique. Une coupure plus ou moins bien marquée toutefois selon les endroits. Libye, Égypte ou Algérie se situent assez loin de l'Europe, la mer étant ici très large (700 km entre Marseille et Alger).

... mais qui se resserre à l'est et à l'ouest !

Mais à l'ouest ou à l'est les choses se compliquent un peu, car cette fracture n'existe presque pas. Entre le Maroc et l'Espagne, le détroit de Gibraltar éloigne-t-il ou rapproche-t-il les deux continents ? Le détroit ne fait guère que 15 km de large et, en Afrique même, l'Espagne possède encore des territoires, quelques petites enclaves – Ceuta et Melilla – qui mettent directement en contact l'Europe et l'Afrique.

À l'est, cette coupure physique existe également, mais elle est encore plus fine : le détroit du Bosphore coupe la Turquie en deux et ne fait guère plus d'1 à 2 km de large en moyenne (moins de 700 m à l'endroit le plus étroit). Istanbul étant située sur le continent européen, le détroit est probablement plus un point de contact qu'une ligne de fracture...

Un dernier exemple pose aussi des difficultés : Chypre. L'île, partagée entre une communauté grecque au sud et une communauté turque au nord, doit-elle être intégrée au Nord ou au Sud ?

Peuples, cultures et religion : chrétienté au nord et islam au sud ?

Oui, bien sûr, ce n'est pas faux. Mais seulement dans les grandes lignes et sans faire de détail ! Car les choses sont, à nouveau, plus compliquées que cela. En fait, la région est une extraordinaire mosaïque culturelle.

Catholiques, orthodoxes, juifs, sunnites et chiites

Les trois grandes religions monothéistes sont fortement représentées autour du bassin de la Méditerranée. En gros, l'islam est au sud, la chrétienté au nord, et le judaïsme entre les deux, dans le petit État d'Israël.

Mais attention ! Car à trop vouloir simplifier, nous finirions par dire des choses fausses ! Ces grandes lignes souffrent en effet de nombreuses exceptions et nuances :

- L'Europe du Nord-Ouest regroupe des pays de culture chrétienne, mais l'idée doit être nuancée du fait du fort recul des pratiques et convictions religieuses au sein d'une majorité de la population. Les minorités musulmanes sont par ailleurs très importantes. La France, par exemple, compte 6 millions de musulmans.
- Les Balkans sont bien une terre de chrétienté mais, contrairement à l'Europe du Nord-Ouest qui est catholique (au sud), et protestante (au nord, de l'Allemagne à la Scandinavie), c'est le christianisme orthodoxe qui domine. Et les différences sont très fortes. La rupture (très ancienne : depuis 1054 !) entre Rome et Constantinople est loin d'être effacée.
- Dans les Balkans toujours, pourtant situés au nord, l'influence de l'islam est plus forte encore qu'en Europe de l'Ouest. La conquête et la présence turque pendant des siècles (l'Empire ottoman s'étendait jusqu'aux portes de Vienne au XVIIe siècle !) a entraîné des conversions massives de populations à l'islam. Aujourd'hui, Bosnie et Albanie sont majoritairement peuplés de musulmans.
- Au Sud aussi il existe de fortes minorités religieuses. Une importante communauté chrétienne subsiste en Égypte (les Coptes), et également au Liban.
- Au Sud, enfin, il n'existe pas un mais deux islams. Si la majorité des musulmans sont des sunnites, de fortes minorités chiites existent également. Et les oppositions sont souvent très fortes entre les deux. Quant à la Turquie, sa situation est originale : dotée d'une population musulmane à 98 %, la Turquie est un État laïc depuis fort longtemps et la religion n'y a pas la même influence que dans les autres pays musulmans. Pas si simple, tout cela…

Et les peuples ? Des minorités partout !

À côté de groupes de populations dominants existent un peu partout d'importantes minorités qui relativisent aussi la simple opposition Nord/Sud. Ainsi au Sud, si les populations sont majoritairement arabes – et parlent donc principalement l'arabe ! –, de nombreuses minorités font exception :

- Les Turcs parlent turc, et pas arabe ;
- La forte minorité kurde, un peuple sans État vivant à cheval sur la Turquie, la Syrie et l'Irak et longtemps persécuté pendant l'histoire, parle kurde ;
- L'Afrique du Nord elle-même est bien loin de n'être peuplée que d'Arabes : les Berbères y sont très nombreux et très différents des Arabes (langues, culture, traditions).

Bref, il ne faut surtout pas voir le monde arabo-musulman comme un monde uniforme, homogène et uni.

Au Nord, les minorités sont également très nombreuses, mais c'est indéniablement dans les Balkans que cette mosaïque culturelle est la plus complexe. Là, les peuples se mêlent et s'enchevêtrent de façon inextricable (Serbes, Bosniaques, Croates, Hongrois, Albanais…).

Et en termes de développement ? La fracture Nord/Sud est-elle si nette que cela ?

À l'ouest de la Méditerranée, entre l'Afrique du Nord et l'Europe de l'Ouest, la fracture Nord/Sud est considérable

C'est entre l'Europe du Nord-Ouest et l'Afrique du Nord que les contrastes de richesses et de développement sont les plus forts. En fait, le fossé est même gigantesque… Peu d'endroits sur terre mettent en contact des régions avec un différentiel aussi important.

Tous les indicateurs économiques ou de développement vont dans le même sens. Par exemple, en matière de richesses produites, les écarts entre la rive nord et la rive sud de la Méditerranée sont extrêmement importants. Les pays européens produisent près de 90 % du PIB du bassin méditerranéen alors qu'ils ne représentent que 40 % de la population ! Et l'essentiel de ce

PIB est produit par l'Europe du Nord-Ouest. Ainsi, le PIB/hbt espagnol est quinze fois supérieur à celui du Maroc, une proportion identique entre la France et l'Algérie alors que la différence n'est que de six contre un entre les États-Unis et le Mexique.

Afrique du Nord et Europe du Nord-Ouest : le grand fossé en matière de développement...

Tous les indicateurs permettant de mesurer le développement (niveau d'industrialisation, qualité des infrastructures de transport, encadrement médical ou scolaire...) vont dans le même sens : les différences sont très fortes. Là encore, l'**IDH** offre une synthèse très parlante de ces contrastes :

France : 0,94
Espagne : 0,93
Algérie : 0,72
Maroc : 0,63

Que d'écarts... Rappelons comme repère qu'un pays aussi pauvre et peu développé que Madagascar possède un IDH de 0,5. L'écart entre les niveaux de développement du Maroc et de Madagascar est ainsi bien moins important (0,13 point) qu'entre le Maroc et la France (0,21 point).

Les dynamiques démographiques sont, elles aussi, bien différentes. Si la fécondité est partout à la baisse, elle reste beaucoup plus élevée au Sud qu'au Nord et oppose des populations jeunes et en croissance rapide au Sud à des populations vieillissantes et à croissance très lente au Nord ! Un exemple parmi d'autres : l'Égypte. Le pays comptait 20 millions d'habitants en 1950 et plus de 70 millions aujourd'hui ! Dans le même laps de temps, la France, loin d'être un des pays les moins dynamiques d'Europe, est passée de 42 à 61 millions d'habitants ! Et la dynamique démographique est telle en Afrique du Nord que la population va continuer d'augmenter à vitesse rapide dans les années à venir. Le déséquilibre va donc encore s'accentuer entre le Nord et le Sud.

Mais à l'est de la Méditerranée, la fracture Nord/Sud doit être nuancée !

La fracture Nord/Sud offre un visage bien différent entre l'ouest et l'est de la Méditerranée.

Au nord... deux Nords !

Le versant nord de la Méditerranée est loin de ne compter que des États riches et développés ! Richesse et développement se concentrent dans l'Europe de l'Ouest. En Europe de l'Est, c'est beaucoup moins vrai. Les Balkans comptent de nombreux États dont la situation n'est guère différente de celle qui prévaut en Afrique du Nord. Par exemple, la Bosnie et l'Albanie ont des **IDH** de 0,78 alors que la Tunisie est à 0,75. On ne peut pas dire que les écarts soient flagrants ! La Bosnie et l'Albanie sont, en termes de développement, davantage des États du Sud que du Nord. La Turquie est, elle aussi, en situation d'intermédiaire (mais faut-il la considérer au Nord, donc européenne, ou au Sud ?), avec un **IDH** également à 0,75.

CONSEILS DU PROF

L'esprit critique, ça a du bon !

N'hésitez pas à critiquer un peu les documents quand cela s'impose. Si l'on vous soumet des cartes positionnant sans état d'âme les Balkans au Nord, vous serez en droit de n'être que très moyennement convaincus… En utilisant les remarques faites ci-dessus, vous pourrez adopter une position nuancée, et plus proche de la réalité.

Un Sud pas toujours si pauvre que cela…

À l'inverse, le versant méridional de la Méditerranée est inégalement sous-développé. Un exemple est flagrant : celui d'Israël. Avec un **IDH** de 0,91, ce pays du Proche-Orient est indiscutablement un pays du Nord à rapprocher des États de l'Europe de l'Ouest, donc du Nord riche !

Et, si l'on écarte l'Europe du Nord-Ouest, l'Algérie, la Tunisie ou la Libye ne sont pas si pauvres que cela… Algérie et Libye bénéficient d'une rente pétrolière et leurs PIB/hbt ne sont pas si éloignés d'un bon nombre de pays du nord de la Méditerranée. Le tableau ci-dessous vous le prouvera aisément.

PIB/hbt : une fracture Nord/Sud ou Est/Ouest ?

(en parité de pouvoir d'achat)

Europe du Sud-Ouest	**Europe du Sud-Est**	**Sud de la Méditerranée**
France 27 600 $	Bulgarie : 7 500 $	Israël : 19 500 $
Italie : 26 800 $	Bosnie : 6 200 $	Tunisie : 6 800 $
Espagne : 22 200 $	Albanie : 4 700 $	Algérie : 6 000 $

Donc...

La fracture Nord/Sud n'est véritablement nette qu'à l'ouest de la Méditerranée. Parler d'une fracture Nord/Sud identique à l'est de la Méditerranée est une erreur, que prouvent aisément tous les chiffres invoqués.

Dans le bassin de la Méditerranée, seul le quart nord-ouest apparaît comme réellement très développé. Une autre ligne de clivage apparaît donc au Nord, très marquée, entre l'est et l'ouest de l'Europe. Résumons ces conclusions dans le petit schéma ci-dessous (voir figure 17-1).

SCHÉMA

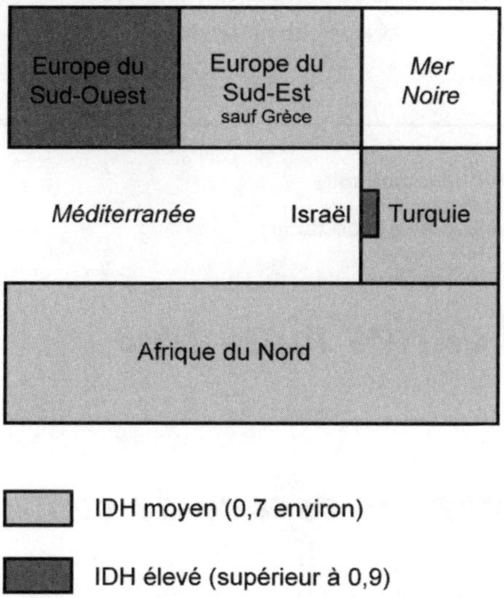

Figure 17-1 : La Méditerranée vue selon le critère de l'IDH : seul le quart nord-ouest est réellement développé.

Sud du Nord ou Nord du Sud ?

En changeant d'échelle et en prenant un peu de recul, nous pouvons affiner notre réflexion. À l'échelle mondiale, l'Afrique du Nord est un Sud en transition, entre un Sud pauvre au sud du Sahara et une Europe riche au nord. L'Afrique du Nord apparaît alors comme un espace intermédiaire entre un Nord riche (Europe de l'Ouest) et un Sud très pauvre, une sorte de Nord du Sud si vous voulez ! Et si l'on compare les niveaux d'**IDH**, une autre fracture Nord/Sud très forte apparaît par-delà le Sahara.

L'Afrique du Nord est un espace intermédiaire. Le Sahara est une fracture tout aussi forte que la Méditerranée, et même bien plus nette à l'est (voir figure 17-2).

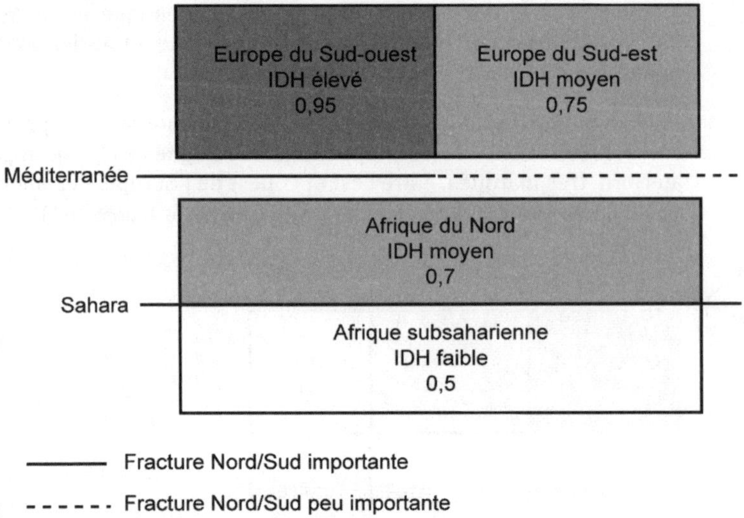

Figure 17-2 : À la recherche de la fracture Nord/Sud…

Des flux Nord/Sud variés mais très déséquilibrés

La Méditerranée, un espace de contacts

Des flux anciens

Depuis l'Antiquité, la Méditerranée a toujours été un espace où les hommes et les marchandises se sont beaucoup déplacés. Ces flux ont été à l'origine de nombreux liens et les civilisations successives ont essaimé sur les littoraux de tout le bassin méditerranéen. Les Grecs, notamment, ont fondé un grand nombre de colonies sur les côtes de la Méditerranée (Marseille, par exemple), et pour les Romains la Méditerranée est la *Mare Nostrum* qu'ils occupent aussi bien au nord qu'au sud. L'importance de ces contacts anciens est évident quand on observe la géographie : les villes sont nombreuses, et toutes littorales. La fonction d'échanges, au contact d'une mer qui les permettait, a donc bien été essentielle. Comment se caractérisent ces flux aujourd'hui ?

Les contrastes de développement à l'origine de flux intenses

Les contrastes de développement que nous avons soulignés entre les deux rives de la Méditerranée sont à l'origine de flux très variés mais surtout très déséquilibrés. Un exemple simple : les travailleurs immigrés se déplacent du Sud vers le Nord mais les touristes du Nord vers le Sud ! Ces flux sont très importants. Ils accréditent l'idée que la Méditerranée est une zone de contacts et d'échanges tout autant qu'une ligne de fracture.

Les flux de personnes

Le bassin de la Méditerranée est un espace où les flux humains sont de grande ampleur. (voir figures 17-3 et 17-4)

Du Sud vers le Nord : travailleurs et réfugiés

Pendant toute la période des trente glorieuses, les flux de travailleurs immigrés en provenance de l'Afrique du Nord et à destination de l'Europe du Nord-Ouest ont été très importants. L'Europe connaissait une forte croissance et manquait de main-d'œuvre. D'importantes minorités en provenance du Sud vivent désormais en Europe : environ 3 millions de Turcs, 1 million de Marocains, 600 000 Algériens… Ces flux ont connu un coup d'arrêt après 1973, à la suite du premier choc pétrolier, du début de la crise économique et de la montée du chômage. Il ne subsiste aujourd'hui essentiellement que deux façons pour un immigré de venir s'installer en Europe : demander le droit d'asile et le statut de réfugié (un statut accordé au compte-gouttes par les Européens) ou demander à bénéficier d'un regroupement familial (si une personne a une partie de sa famille en Europe, il peut faire une demande d'installation). Actuellement en France, cela donne environ 80 000 entrées par an.

En fait, les pays européens ont cherché depuis une vingtaine d'années à se protéger et se barricadent toujours plus contre les flux migratoires jugés indésirables. L'Europe a érigé une véritable « forteresse » à ses frontières afin d'empêcher les immigrés d'entrer sur son sol (barbelés, murs, miradors, déploiement de police, etc.). Avec la signature des accords de Schengen, les pays de l'Union européenne ont décidé de faciliter la libre circulation des hommes entre les pays européens, mais aussi de renforcer encore les contrôles aux frontières extérieures de l'Europe. Toujours le thème d'une Europe forteresse, donc…

l'UE avant et après Schengen.
Avant les accords de Schengen : chaque État contrôle lui-même ses propres frontières

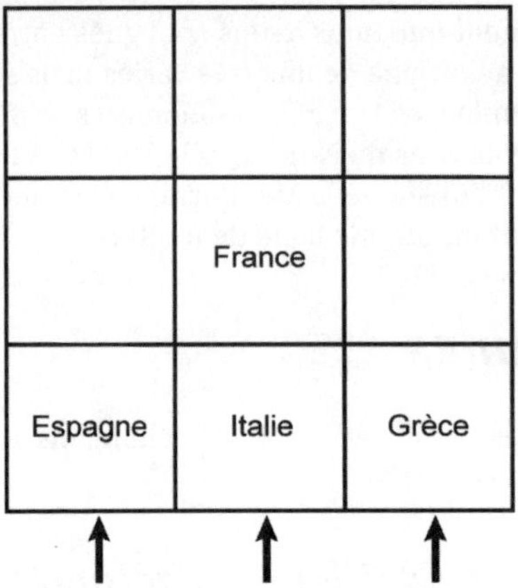

Figure 17-3 : l'UE avant Schengen.

Le carré principal représente l'Union européenne, chaque carré un pays.

Après Schengen : seuls les États aux périphéries de l'Union assurent un contrôle aux frontières, mais il est renforcé. À l'intérieur, c'est la libre circulation.

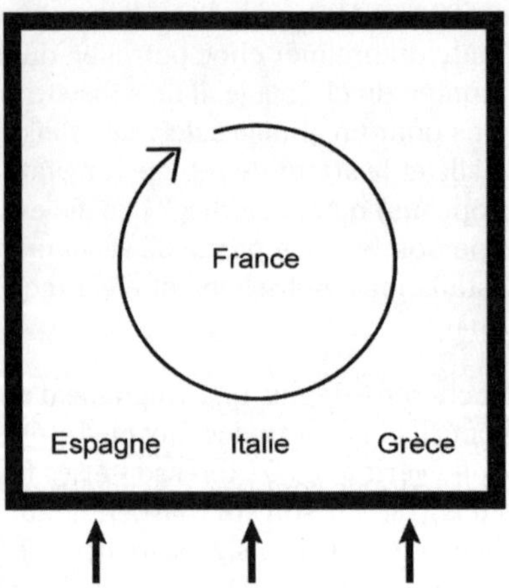

Figure 17-4 : Après Schengen.

La forteresse Europe, pas si imprenable que cela !

Quels sont les résultats ? Le déploiement policier aux frontières de l'Europe coûte cher et il est moyennement efficace. Ne nous leurrons pas : jamais il ne suffira à arrêter les flux d'immigrés en provenance du Sud. Des flux toujours plus massifs de clandestins qui fuient la misère de l'Afrique ou de l'Asie centrale et qui se ruent sur l'Europe de l'Ouest. De plus en plus, ces immigrés proviennent d'Afrique subsaharienne et l'Afrique du Nord n'est plus qu'une zone de transit : on fuit la guerre civile en Côte-d'Ivoire ou la misère au Mali…

La ruée d'immigrés africains sur les enclaves espagnoles (mais situées en Afrique) de Ceuta et Melilla en octobre 2005 a montré clairement à l'Europe que la pression migratoire allait sans doute continuer à enfler. Tant que le différentiel de développement sera si fort entre l'Afrique et l'Europe, rien n'arrêtera ces réfugiés qui n'ont plus rien à perdre…

Alors que faut-il faire ? La seule solution durable serait sans doute de mener une véritable politique de développement dans les pays de notre flanc sud. Une action de longue haleine et sans doute difficile à mener.

Du Nord vers le Sud, les touristes

Autre flux important dans le bassin méditerranéen et un sujet moins dramatique que le précédent : le tourisme ! La Méditerranée est la première destination touristique du monde et le 2e espace de croisière du monde après les Caraïbes. Ce n'est pas vraiment une surprise… En revanche, contrairement à ce que l'on croit souvent, les trois premiers pays touristiques de la région sont au Nord. Ainsi, la France, l'Italie et l'Espagne – qui sont aussi les plus grands pays touristiques du monde – accueillent à eux seuls presque 80 % des touristes de la région ! Les sites sont connus : Côte d'Azur, Costa del Sol, Baléares... Entre les deux rives de la Méditerranée, ce sont bien évidemment des flux Nord/Sud : les Européens affectionnent de plus en plus de prendre quelques jours de soleil au Maroc ou en Tunisie (le tourisme y a véritablement décollé ces quinze dernières années), à moins que ce ne soit pour une découverte des pyramides d'Égypte. On dit que ces flux touristiques sont très dissymétriques (ils vont tous du Nord vers le Sud et pas l'inverse).

Ce tourisme est donc très largement balnéaire et littoral (la seule véritable exception au Sud est l'Égypte, visitée d'abord pour son exceptionnel patrimoine). Le tourisme représente souvent un apport en devises très important pour les pays du Sud et permet la création de très nombreux emplois.

Mais ce tourisme n'entraîne pas d'industrialisation de ces pays. Il est à l'origine d'un développement économique très localisé (stations littorales très intégrées, d'où les touristes sortent peu) et souvent fragile (il peut fortement reculer en cas d'attentats terroristes, comme ce fut le cas en Égypte à la suite de l'attentat à Louxor en 1997). Ce tourisme peut aussi apporter un certain nombre de nuisances environnementales (la mode actuelle des hôtels chic avec piscine dans des milieux aussi fragiles que les oasis du désert est une véritable aberration en termes de développement durable…).

Les flux de marchandises et les flux financiers

Les flux de marchandises

Le bassin méditerranéen n'est pas une zone d'échanges intenses comparativement à la mer du Nord ou l'aire Pacifique. En fait, c'est surtout le trafic des hydrocarbures qui est important, car la Méditerranée est un important lieu de passage des navires en provenance du Moyen-Orient *via* le canal de Suez. Mais ces flux évitent souvent les ports de la Méditerranée. Cette mer intérieure est donc d'abord un espace de transit.

Les principaux flux Nord/Sud de marchandises s'organisent selon le modèle centre-périphérie. C'est-à-dire ? Le centre, l'espace le plus puissant, c'est-à-dire l'UE, attire les matières premières et redistribue ses produits finis vers les périphéries qui se situent au Sud.

Autrement dit, l'Algérie vend ses hydrocarbures, le Maroc son phosphate ou, comme la Tunisie, ses agrumes, et ils achètent en retour des produits industriels (donc à bien plus forte valeur ajoutée) aux pays européens. Ces flux vers l'UE sont bien sûr très importants pour les pays du Sud : ils représentent en effet les 2/3 de leurs échanges et ils sont en constante augmentation. Mais ils sont beaucoup plus secondaires pour les pays du Nord pour qui c'est une nouvelle raison de se désintéresser de leur flanc sud… Quant aux échanges Sud/Sud, ils sont très peu importants.

La Méditerranée n'est donc pas une importante zone commerciale. De toute évidence, les pays européens s'impliquent très peu au Sud. Un constat encore plus évident lorsque l'on parle des flux financiers…

Les flux financiers

Quels sont les flux de capitaux qui circulent entre le nord et le sud de la Méditerranée ? L'un des plus importants est le rapatriement des revenus des travailleurs à l'étranger. Nombreux sont en effet les travailleurs immigrés qui renvoient en Afrique une partie de leurs revenus gagnés en Europe afin d'aider leurs familles restées sur place (environ 4 milliards d'euros par an rien que pour le Maghreb). Ils sont bien évidemment très insuffisants pour insuffler un réel développement dans ces régions. Ils permettent juste d'améliorer la vie quotidienne des familles restées en Afrique. Guère plus.

Pour initier un réel développement au Sud, il faudrait que des investissements plus conséquents proviennent d'Europe. Et là, c'est plutôt faible... Les investissements en provenance du Nord sont réduits (quelques délocalisations vers les *call centers* ou pour implanter des usines de production textile, mais qui ont tendance à filer en Chine maintenant...), l'aide au développement (**APD**) stagne. Le constat s'impose à nouveau : l'Europe joue peu l'Afrique et délaisse son flanc sud. Est-ce bien raisonnable ?

Le Nord oublie-t-il son Sud ?

Entre le Nord et le Sud, de plus en plus d'intérêts communs...

Nous le voyons bien depuis le début de ce chapitre, la Méditerranée est une région fracturée par de nombreux clivages, une mosaïque très complexe, un espace qui n'a plus jamais été uni depuis l'Empire romain (la Méditerranée s'appelait alors *Mare Nostrum*).

Et pourtant la géographie s'impose, une fois de plus ! Car elle met en contact les 400 millions d'habitants du pourtour méditerranéen. La Méditerranée est une ligne de fracture, mais c'est aussi une zone de contacts, un espace où les peuples échangent, communiquent et se mêlent. Les relations sont nombreuses, on l'a vu. Alors, qu'est-ce que cela signifie ? C'est bien simple : s'ignorer est impossible. La géographie, qui crée cette proximité, nous rappelle régulièrement à l'ordre pour nous dire que le Sud est là, bien là, tout près de nous. Et avec l'entrée dans l'UE du Portugal, de l'Espagne, et plus récemment de Malte, de Chypre, et peut-être demain de la Turquie, les points de contact entre les deux rives de la Méditerranée ne font que se multiplier. Désormais presque toutes les îles de la Méditerranée sont intégrées à l'Europe. La Méditerranée est une mer de plus en plus européenne. Les frontières de l'Europe ne s'arrêtent donc plus au littoral de Marseille mais plutôt le long des côtes du Maroc ou de la Tunisie ! Et avec l'Espagne, l'UE est présente sur le sol même de l'Afrique (enclaves de Ceuta et Melilla) ! Nord et Sud se sont donc rapprochés. Enfin, géographiquement, car pour le reste, c'est plutôt l'inverse...

...mais une coopération Nord/Sud toujours à la traîne

Un début de coopération a débuté, timidement, entre l'Europe et la Méditerranée dans les années 1970. Mais avec la chute du mur de Berlin en 1989, l'histoire s'est brusquement accélérée en Europe et l'Union européenne s'est tournée vers l'est. Certes, il y avait urgence. Mais en se tournant vers l'est, les Européens ont aussi pris le risque d'oublier leur Sud.

En 1995, certains pays du sud de l'UE (comme la France, l'Espagne ou l'Italie) ont souhaité relancer un partenariat euro-méditerranéen moribond. Une grande conférence à Barcelone a marqué cette volonté de relance. En 2000, un programme d'aide au développement, baptisé MEDA, a été adopté. Dix ans après, le bilan est pourtant bien mince... Les fonds alloués sont faibles, beaucoup plus faibles que ceux engagés en Europe de l'Est. De toute évidence, les PSEM (pays du sud et de l'est de la Méditerranée) ne constituent pas une priorité pour l'UE.

Or, les rives sud et est de la Méditerranée sont des zones instables, et dont les conflits ont des répercussions de plus en plus fortes en Europe. Les écarts de richesse augmentent entre le Nord et le Sud, donc les tensions. Et le boom démographique actuel en Afrique du Nord va encore accroître ces tensions. L'ignorer devient impossible.

L'Europe se ferme donc sans résoudre les problèmes qui, pourtant, s'accumulent. L'Europe a peur de son flanc sud, l'ignore même trop souvent. Elle se replie, se barricade. Cette « politique du hérisson » est-elle une tactique gagnante ? On peut vraiment en douter... L'UE a sans doute tout intérêt à tenter de favoriser un vrai développement au sud de la Méditerranée, c'est la seule solution viable à long terme. Le cafouillage actuel en Europe (depuis la victoire du « non » au référendum sur la Constitution européenne en 2005) n'arrange pas les choses et n'incite guère à l'optimisme : l'UE patine et les pays membres refusent de dépenser 1 euro de plus pour l'Europe. Déjà les crédits sont-ils limités pour l'est. Alors, le sud... Il risque d'attendre ! Un choix à court terme. Et risqué.

Conclusion

Situé à l'intersection de trois continents, l'espace méditerranéen est à la fois :

- une ligne de fracture Nord/Sud et donc un bon observatoire des inégalités Nord/Sud ;
- un espace intermédiaire entre un Sud pauvre (Afrique subsaharienne) et un Nord riche (Europe du Nord-Ouest) ;
- une zone de multiples contacts Nord/Sud.

C'est un espace où les fractures sont fortes, les contacts fragiles, les préjugés nombreux. Or ces pays riverains ont de plus en plus d'intérêts en commun. Qu'on le veuille ou non, Nord et Sud jouent une partie importante de leur avenir ensemble. La nécessité d'une gestion commune s'impose. Plus facile à dire qu'à faire ! Mais la fermeture et le repli ne sont en aucun cas une solution. Au fond, on peut se demander si l'espace méditerranéen n'est pas représentatif du peu d'intérêt que le Nord porte vers le Sud à l'échelle mondiale…

Chapitre 18

La Russie, un État et un espace en recomposition

(Terminales L et ES uniquement)

Dans ce chapitre :

- De l'URSS à la Russie : un État en recomposition
- L'espace russe, un territoire difficile à maîtriser et très déséquilibré

La Russie est la principale héritière de l'ex-URSS. Mais les choses ont bien changé pour les Russes depuis ce 25 décembre 1991, jour où Mikhaïl Gorbatchev a mis fin à l'Union soviétique. L'empire a disparu, le communisme a été abandonné. L'État, la société, l'économie et le territoire, tout est en recomposition. Une nouvelle donne pour la Russie. Depuis, le pays tente de se reconstruire et de maintenir, difficilement, son rang de grande puissance.

Alors, quinze ans après ce grand virage de 1991, que reste-t-il de la puissance russe ?

Quels sont les aspects et limites de la puissance russe ?

Comment se recomposent l'État et le territoire russe ?

Page XXII du cahier couleurs : la Russie, un territoire maîtrisé ?

La Russie, c'est :

- **une superficie record de 17 millions de km²**
- **144 millions d'habitants**
- **30 % des réserves mondiales de gaz**

De l'URSS à la Russie : un État en recomposition

Le grand virage de 1991

Avec la chute du communisme et la disparition de l'URSS en 1991, le pays a complètement changé du jour au lendemain. Économie, pouvoir, société : dans quel état se trouve la Russie quinze ans après le séisme de 1991 ? (voir figure 18-1)

De Lénine à Gorbatchev : la Russie à nouveau en révolution

En 1917, une révolution communiste balaie l'ancienne Russie des tsars. Lénine, chef du parti communiste russe (le parti bolchevique), prend le pouvoir. En 1922, l'URSS (Union des républiques socialistes soviétiques) naît : c'est un vaste empire, dirigé depuis Moscou, et qui impose sa domination aux peuples voisins de la Russie (Ukraine, Biélorussie, Kazakhstan…). Jusqu'en 1991, l'URSS est une dictature communiste : la démocratie est supprimée (seul le parti communiste est autorisé et son dirigeant, le secrétaire général, détient, de fait, l'essentiel des pouvoirs). L'économie passe elle aussi sous le contrôle du parti communiste. L'État fixe les prix et possède une grande partie des entreprises. La libre entreprise est interdite. Cette dictature communiste va se maintenir jusqu'en 1991. L'URSS est alors une grande puissance militaire, rivale des États-Unis, dont l'influence s'est étendue à toute l'Europe de l'Est après 1945 (Pologne, Roumanie, Bulgarie… jetez un oeil sur votre cours d'histoire !).

Lorsque Gorbatchev arrive au pouvoir en 1985, l'URSS est un empire bien malade et dont l'économie est de plus en plus improductive. Afin de redresser le pays, Gorbatchev entreprend de profondes réformes, redonnant notamment un peu de liberté à la population et aux entreprises. Mais cette politique produit l'effet inverse de ce qu'escomptait Gorbatchev et conduit rapidement à un effondrement de tout le système ! En 1989, Gorbatchev accepte la chute du mur de Berlin. C'était accepter la disparition de l'Empire soviétique. En 1991, toutes les républiques de l'URSS proclament leur indépendance. L'URSS disparaît officiellement le 25 décembre 1991.

Reste à la place une quinzaine d'États indépendants dont le plus important est la Russie. Tous ces États abandonnent le communisme et choisissent de passer à la démocratie et au capitalisme.

Ce passage au capitalisme se fait rapidement sous Boris Eltsine qui dirige la Russie de 1991 à 2000. Depuis l'an 2000, c'est Vladimir Poutine qui est président de la Russie.

SCHÉMA

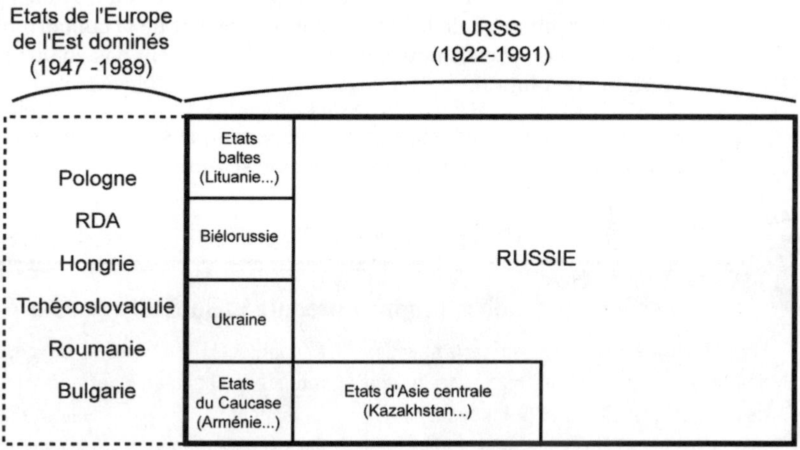

Figure 18-1 : De l'URSS à la Russie : l'éclatement de l'empire.

La Russie de Poutine : une démocratie encore très autoritaire

Depuis 1991, la Russie est devenue une démocratie. Mais c'est une bien jeune démocratie (les Russes n'en ont jamais connu avant !) et qui a encore bien des progrès à faire. Le président est élu au suffrage universel tous les 4 ans. Il a beaucoup de pouvoirs, Poutine les a d'ailleurs encore renforcés. La presse et la télévision demeurent libres mais sont surveillées de près par l'État qui leur impose une véritable autocensure. Avec Poutine, la dérive autoritaire de cette jeune démocratie est évidente. Pour l'instant sa popularité semble solide, sans doute du fait d'une réelle amélioration de l'économie depuis quelques années que le président met bien évidemment à son compte. Réélu en 2004 avec 71 % des voix, Poutine n'a pour le moment aucun opposant sérieux.

Le « bain glacé » du libéralisme économique

Passer d'une économie d'État à une économie de marché n'a pas été une mince affaire ! L'essentiel de cette transformation a constitué en une vente massive des entreprises de l'État au profit d'investisseurs privés. Une privatisation de l'économie, donc. Une réforme menée à la hussarde par Boris Eltsine et expédiée en quelques années. Le choc fut très brutal et la désorganisation a été telle que, dans un premier temps, le PIB russe s'est littéralement effondré (il a reculé de moitié dans les années 1990 !). Ce passage rapide au libéralisme fut également un choc pour les Russes. Le pays et toute la société ont été profondément bouleversés par cette transformation. Pour la population, c'est tout un monde qui s'est effondré. Du jour au lendemain, il a fallu réapprendre à vivre et à travailler autrement, faire l'apprentissage de la liberté mais également de la concurrence et de la précarité. Des réflexes nouveaux qui ne s'acquièrent pas en un jour… Une véritable révolution.

Depuis les années 2000, la situation économique s'améliore. Le PIB est de nouveau en croissance, la Russie semble se redresser.

GROS PLAN

Les « oligarques », propriétaires de la nouvelle Russie ?

Le passage rapide au libéralisme et la privatisation de l'économie russe ont été l'occasion pour des hommes ambitieux et proches du pouvoir de construire en un temps record de gigantesques empires industriels… et d'amasser au passage des fortunes colossales ! Lorsque l'État a vendu – et parfois bradé – les entreprises publiques, certains hommes bénéficiant de complicités au plus haut niveau de l'État (parmi les proches de Boris Eltsine, notamment) ont en effet senti les bonnes affaires et ont rapidement pris le contrôle des grands groupes pétroliers ou des médias. C'est le cas de Mikhaïl Khodorkovski (aujourd'hui en prison) qui a racheté la compagnie pétrolière Ioukos pour seulement 350 millions dollars alors qu'elle est estimée aujourd'hui à plusieurs dizaines de milliards ! C'est également le cas de Boris Berezovski, un ancien « parrain du Kremlin » ou de Roman Abramovitch, un proche de Poutine qui contrôle le géant pétrolier Sibneft et qui a acheté le Football club anglais de Chelsea en 2003. Ces oligarques, comme on les appelle, sont les magnats de cette nouvelle Russie capitaliste.

Un Russe sur cinq seulement en bonne santé ?

Si l'économie semble repartir de l'avant, la société russe, en revanche, connaît toujours une crise extrêmement grave, un phénomène qui n'est pas nouveau et qui remonte à l'époque soviétique. Cette crise se manifeste d'abord du point de vue démographique : la Russie est l'un des rares pays au monde à voir sa population reculer ! Tous les ans, les Russes sont moins nombreux. À l'origine de ce déclin, une fécondité très basse (1,2 enfant par femme) et une espérance de vie moyenne en recul. En Russie, l'espérance de vie des hommes est désormais la plus basse de tous

Cahier couleurs

Au fait, quels sont les croquis qui peuvent tomber au bac ?!

Deux choses importantes à savoir :

- tous les chapitres peuvent donner lieu à un croquis,
- les sujets des croquis seront proches de ceux pouvant tomber en composition, c'est-à-dire autour des trois grandes notions de votre programme de terminal : la puissance, l'organisation du territoire ou l'inégal développement. Nous avons bien décortiqué ces trois notions dans les premiers chapitres de ce livre.

Ici, vous trouverez tous les croquis essentiels à connaître parfaitement. Ils traitent majoritairement de l'organisation des territoires. Bien sûr, nous n'avons pas la prétention d'avoir mis tous les croquis susceptibles de tomber au bac. Disons que ce sont les incontournables, les fondamentaux, ceux qui risquent de tomber le plus. Il y en a 12 en tout. Bien les connaître ne vous demandera pas un travail très important. Et cela a toutes les chances de payer...

L'organisation de l'espace mondial

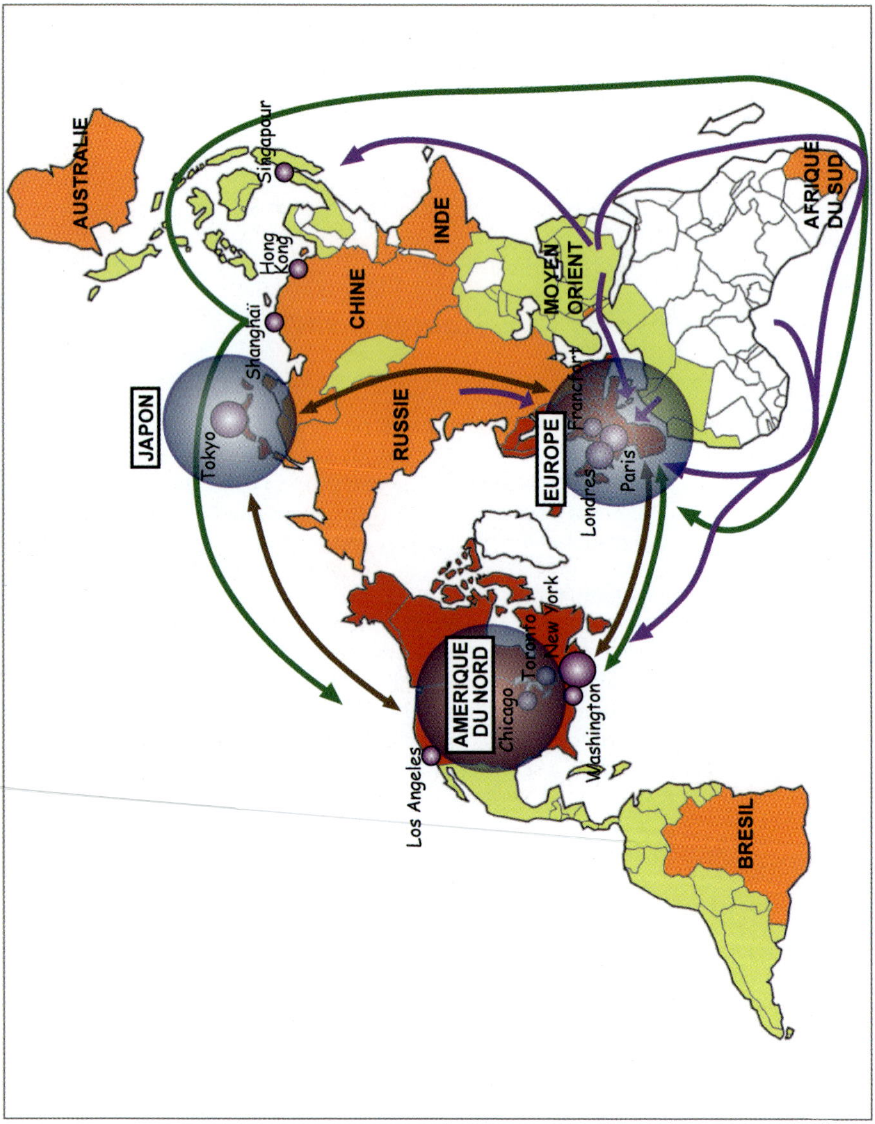

Légende

Les centres d'impulsion organisent l'espace mondial

- La Triade domine l'espace mondial
- Les villes mondiales, au coeur de la mondialisation
- Les trois centres d'impulsion majeurs de l'économie mondiale

Des périphéries plus ou moins intégrées dans l'espace mondial

- Puissances régionales ou grandes puissances en devenir jouant un rôle de plus en plus important dans l'espace mondial
- Pays du Sud en situation intermédiaire
- PMA et périphéries marginalisées

Les flux majeurs de l'espace mondial

- Flux de produits industriels
- Flux de capitaux
- Flux de matières premières et d'énergie

L'espace mondial : des Nords, des Suds

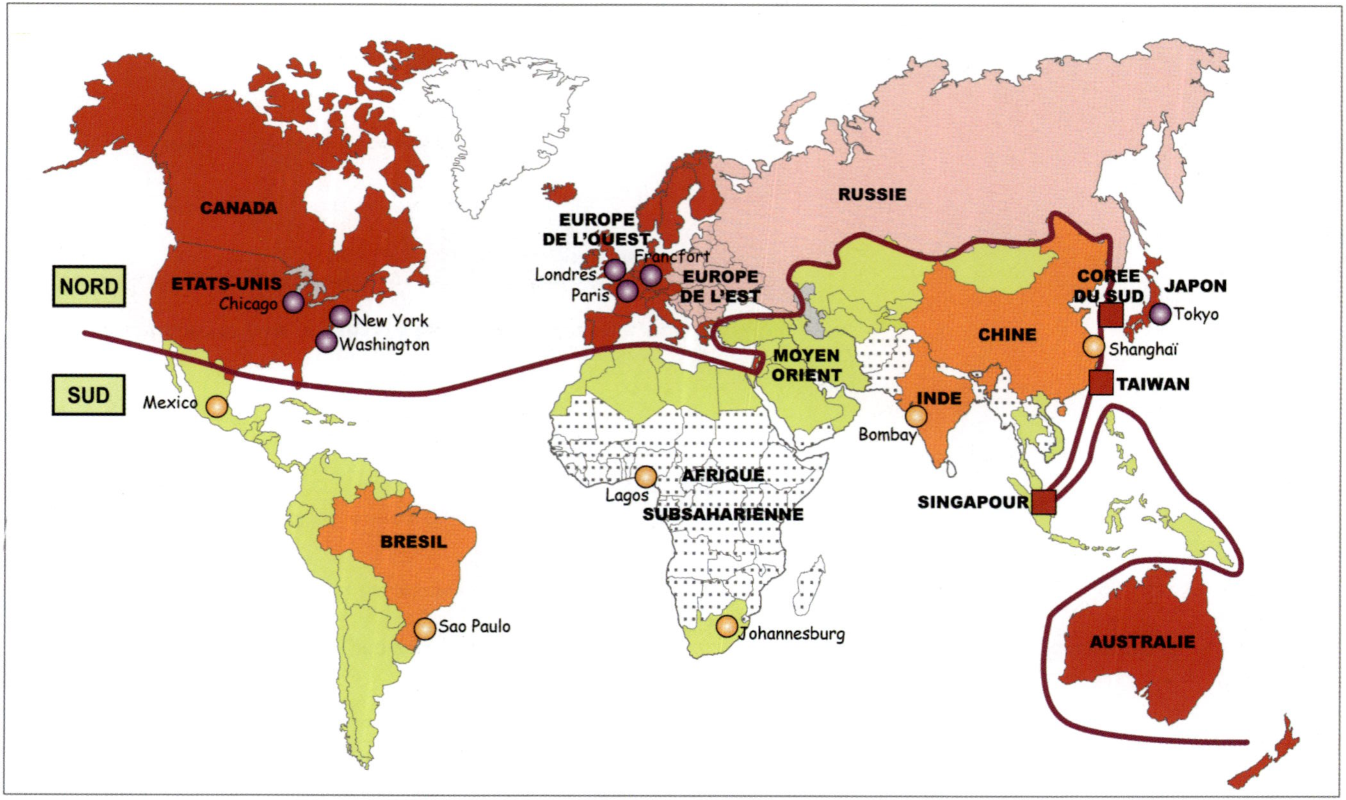

Légende

Des Nords dominants au sein de l'espace mondial

- Pays du Nord à hauts niveaux de vie
- Pays d'Europe de l'Est et de l'ex-URSS, un Nord en reconstruction
- NPIA
- Principales villes globales du Nord, jouant un rôle moteur au sein de la mondialisation

Des Suds à des niveaux de développement très différents

- Grandes puissances du Sud
- Pays du Sud en situation intermédiaire
- PMA et périphéries marginalisées
- Grandes métropoles du Sud

La limite Nord/Sud, une fracture majeure de l'espace mondial

- Limite Nord/Sud

La puissance des Etats-Unis dans le monde

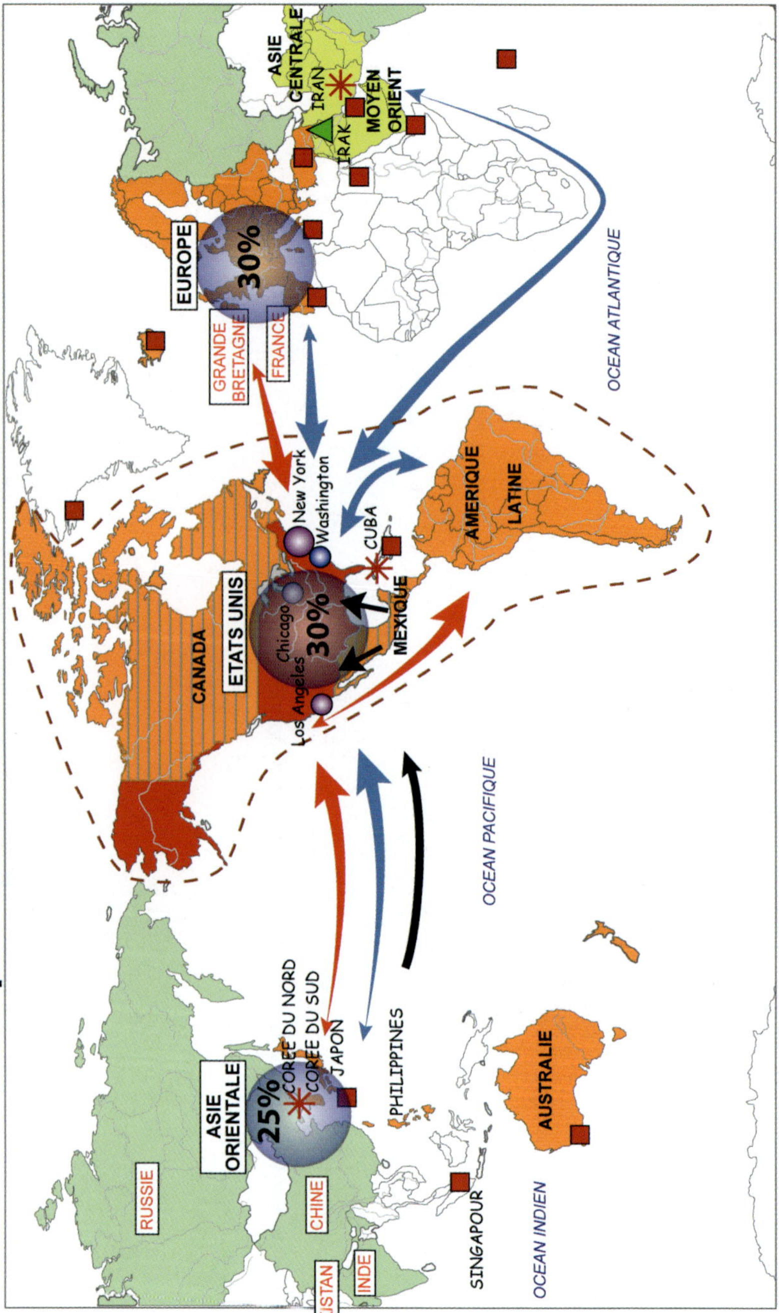

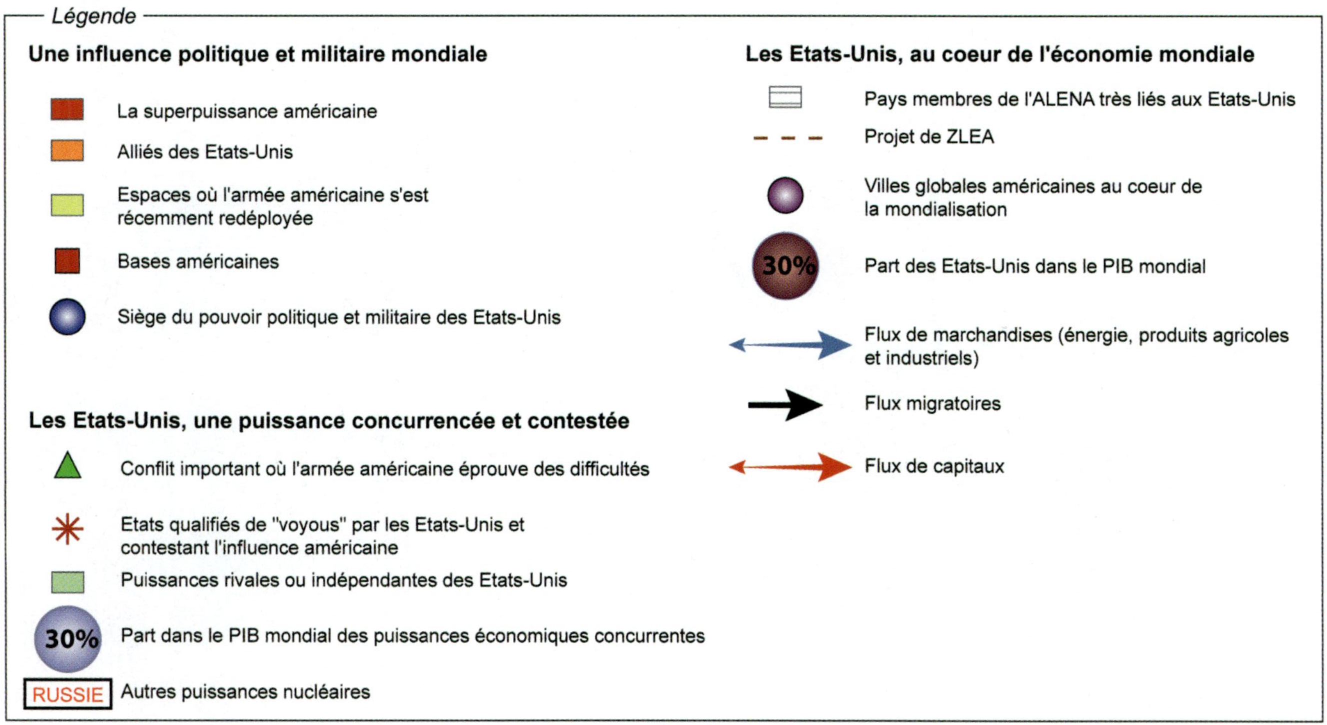
Légende
Une influence politique et militaire mondiale
La superpuissance américaine
Alliés des Etats-Unis
Espaces où l'armée américaine s'est récemment redéployée
Bases américaines
Siège du pouvoir politique et militaire des Etats-Unis
Les Etats-Unis, une puissance concurrencée et contestée
Conflit important où l'armée américaine éprouve des difficultés
Etats qualifiés de "voyous" par les Etats-Unis et contestant l'influence américaine
Puissances rivales ou indépendantes des Etats-Unis
30%
Part dans le PIB mondial des puissances économiques concurrentes
RUSSIE
Autres puissances nucléaires
Les Etats-Unis, au coeur de l'économie mondiale
Pays membres de l'ALENA très liés aux Etats-Unis
Projet de ZLEA
Villes globales américaines au coeur de la mondialisation
30%
Part des Etats-Unis dans le PIB mondial
Flux de marchandises (énergie, produits agricoles et industriels)
Flux migratoires
Flux de capitaux

L'organisation de l'espace des Etats-Unis

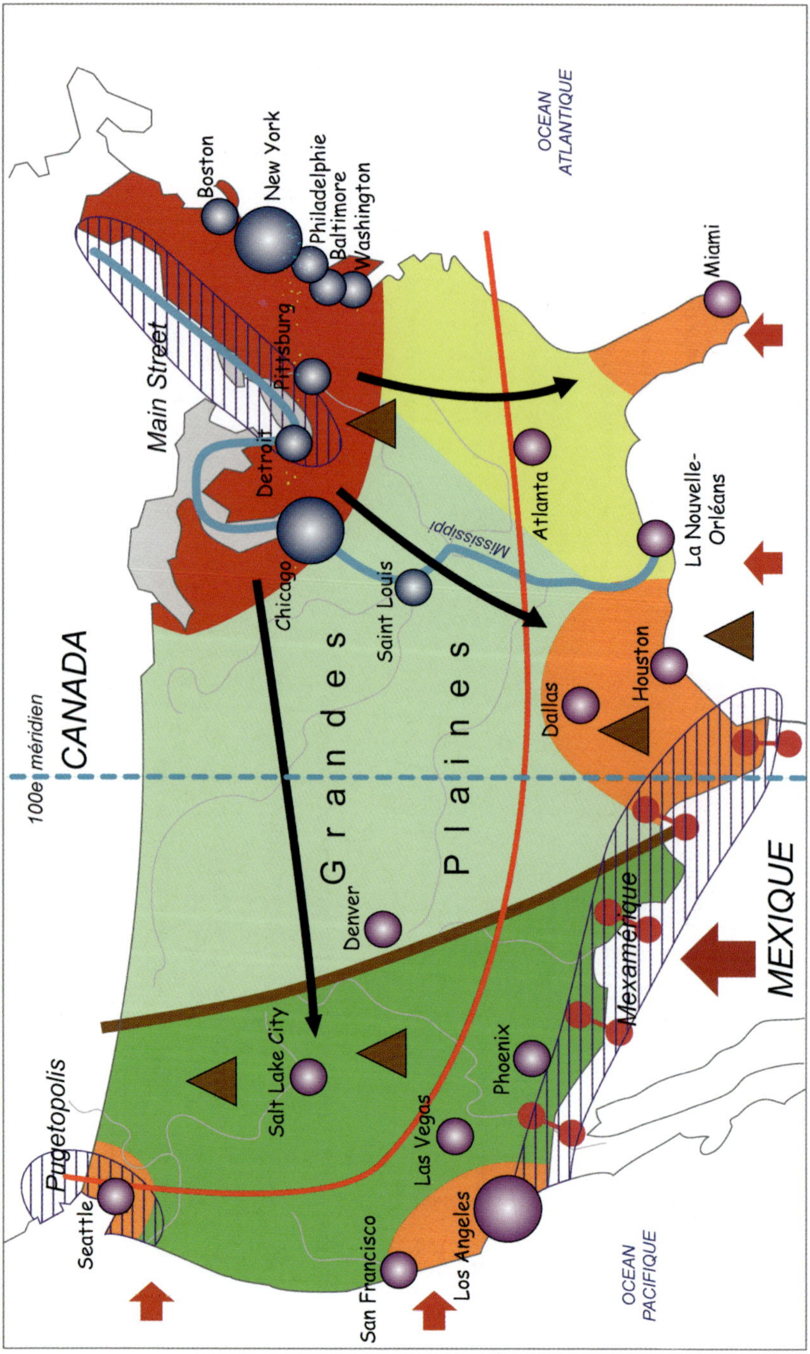

Légende

Un territoire très hiérarchisé et métropolisé

- Le Nord-Est, centre du pays
- Principaux espaces de puissance de la Sun belt
- Vieux Sud et Appalaches, des espaces de faible dynamisme en partie redynamisés par un déplacement des activités
- Les Grandes Plaines, coeur de la puissance agricole
- Les espaces "neufs" de l'Ouest, espaces de réserve et attractifs
- Villes mondiales
- Autres grandes agglomérations

Les dynamiques spatiales, reflet d'une puissance mondiale

- Flux d'immigration
- Redistribution des activités et des hommes à l'intérieur du territoire
- Espaces transfrontaliers dynamiques de l'ALENA
- Villes jumelles
- Agglomérations dynamiques dont la croissance est rapide
- Agglomérations dont l'augmentation de population est faible ou nulle

Les principaux facteurs structurant le territoire

- Limite de la Sun belt (au sud climat favorable et attractif)
- Axe fluvial majeur du Mississippi au Saint Laurent
- Hydrocarbures, charbon et minerais
- Chaînes de montagnes
- 100ème méridien, à l'ouest précipitations insuffisantes

La façade atlantique de l'Amérique du Nord

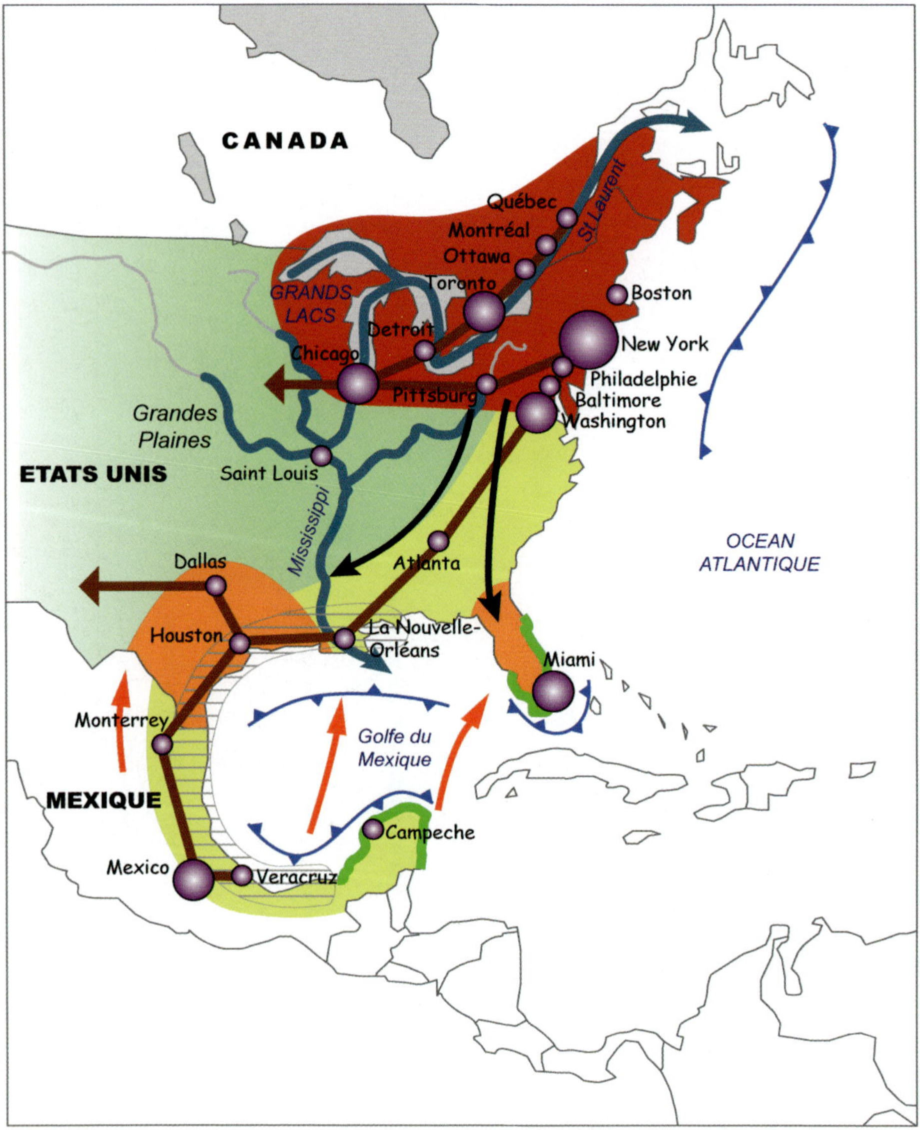

Légende

Des espaces hiérarchisés et diversifiés

- Le centre de la façade atlantique
- Les périphéries dynamiques
- Les périphéries secondaires
- Les Grandes Plaines, immense hinterland de la façade atlantique
- Littoraux fortement spécialisés dans les hydrocarbures
- Principales métropoles de la façade atlantique
- Métropoles secondaires
- Littoraux touristiques

La façade atlantique, une interface entre le monde et le continent américain

- Déplacement des hommes et de certaines activités
- Flux migratoires
- Axe fluvial majeur reliant l'intérieur aux littoraux
- Interface avec le monde
- Principaux axes de transports intérieurs

L'organisation de l'espace de l'Union européenne

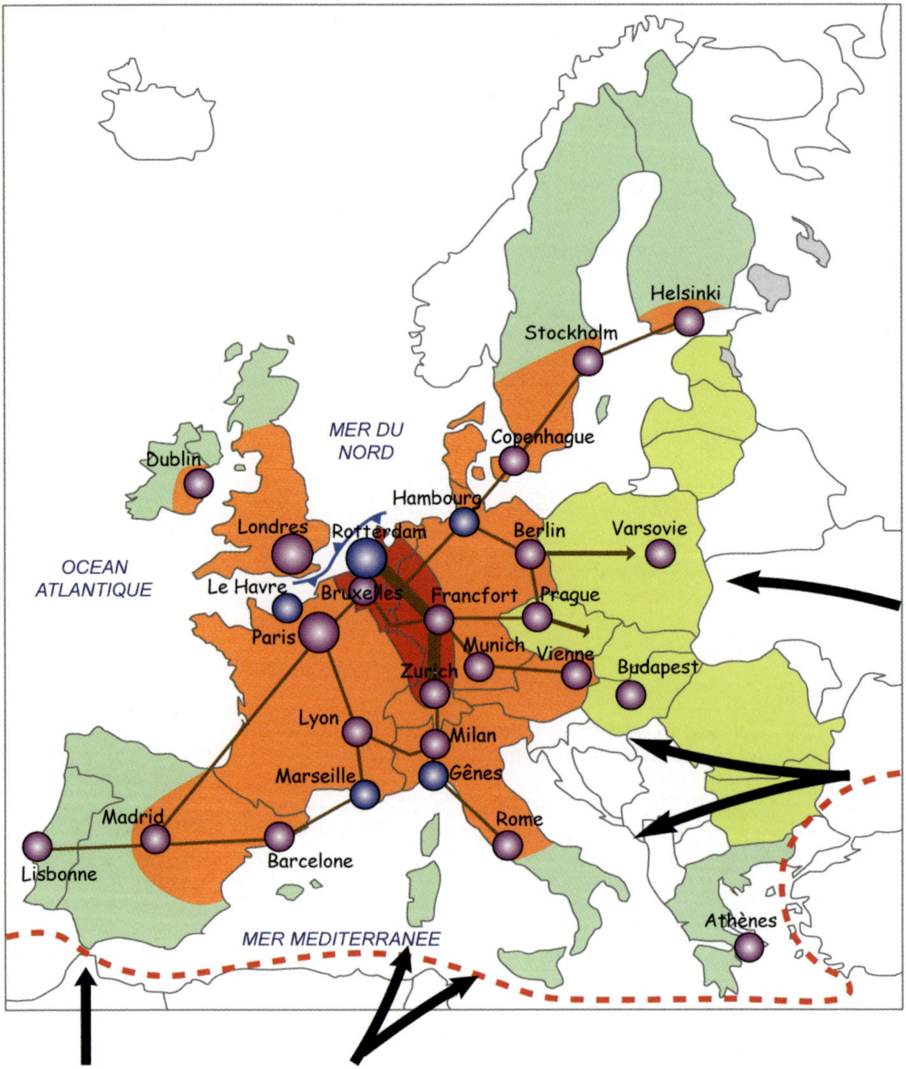

Légende

Des disparités spatiales très importantes

- L'Europe rhénane, centre de la puissance européenne
- Périphéries proches et bien intégrées au centre
- Nouveaux espaces d'Europe de l'Est
- Périphéries éloignées plus ou moins en marge

Un espace multipolaire organisé en réseaux

- Pôles d'influence mondiale
- Autres grands pôles
- Principaux axes de communication

Un espace au coeur des flux de la mondialisation

- Principaux flux d'immigration
- Grands ports internationaux
- Principale ouverture maritime et interface avec le monde
- Limite entre le Nord et le Sud

L'organisation de l'espace de l'Europe rhénane

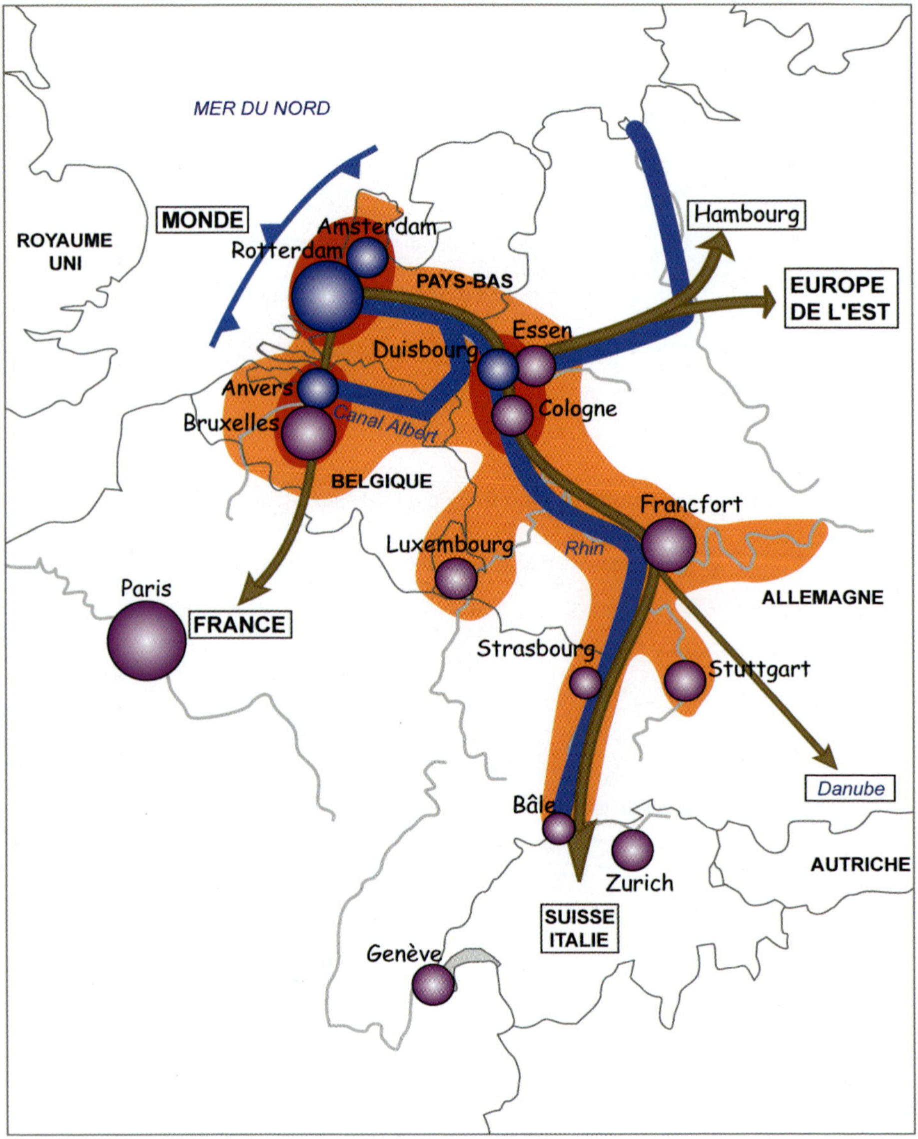

Légende

Un espace de hautes densités et multipolaire

- Espaces majeurs, les plus peuplés et les plus puissants
- L'Europe rhénane, un espace fortement urbanisé et industrialisé
- Grands pôles d'influence internationale
- Autres pôles régionaux importants

Un espace ouvert sur l'Europe et sur le monde

- Axes routiers et ferroviaires
- Axe fluvial majeur : le Rhin et ses principaux canaux
- Grands ports
- Interface avec le monde

L'organisation de l'espace de l'Asie orientale

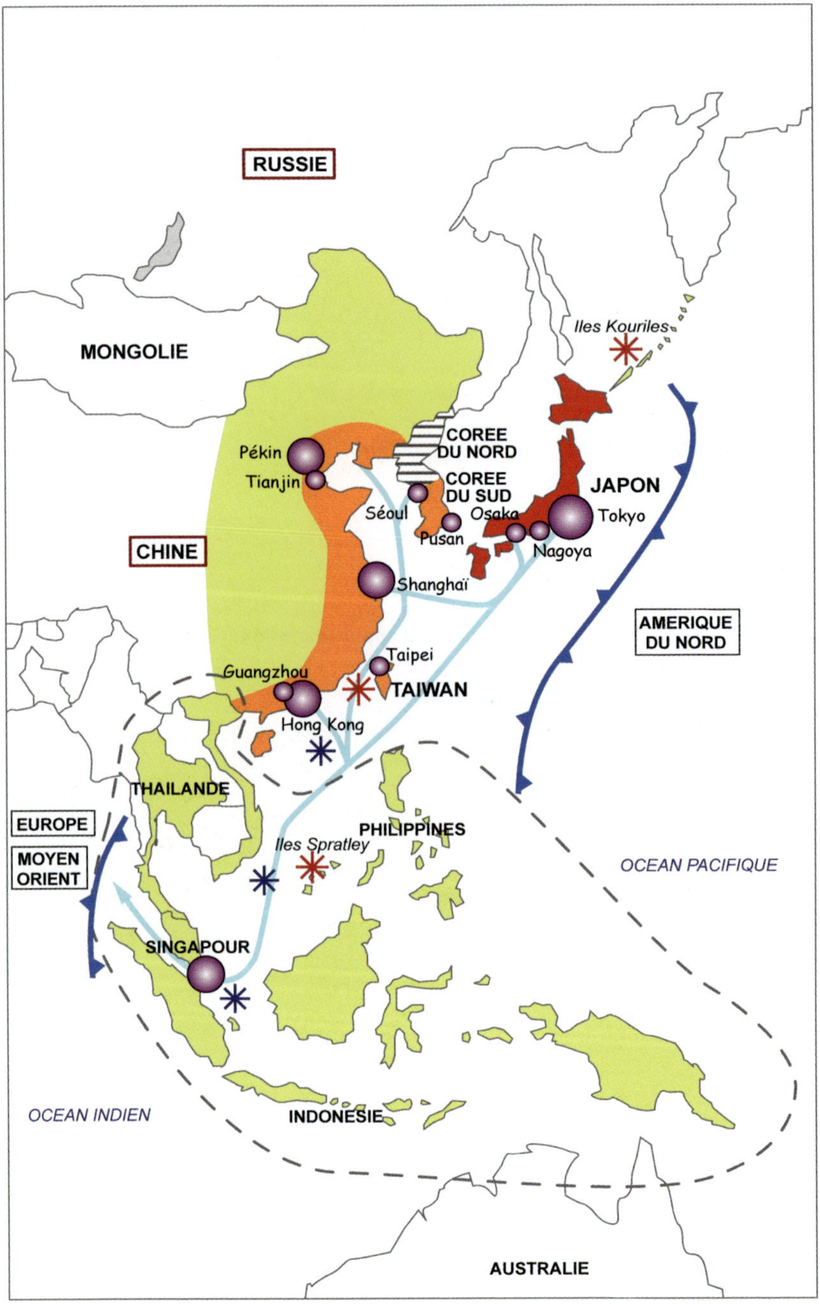

Légende

Une aire de puissance multipolaire et en expansion

- Le Japon, centre de l'aire asiatique
- Les NPIA et la Chine littorale, des espaces en forte croissance
- Les pays ateliers d'Asie du Sud-est et la Chine intérieure, des périphéries secondaires en voie d'intégration
- Grands pôles d'influence mondiale
- Autres pôles régionaux importants

Une aire encore faiblement organisée et fragile

- RUSSIE — Etat possédant l'arme nucléaire
- Piraterie importante
- Conflits territoriaux entre Etats
- Etat replié sur lui-même et exerçant une menace nucléaire
- ASEAN, une des seules et encore très incomplète organisation régionale

Une aire parcourue par des flux intenses et très ouverte sur le monde

- Principales liaisons maritimes parcourant toute la région : flux de produits bruts et de produits industriels
- Interfaces majeures avec le monde

L'organisation du territoire de la mégalopole japonaise

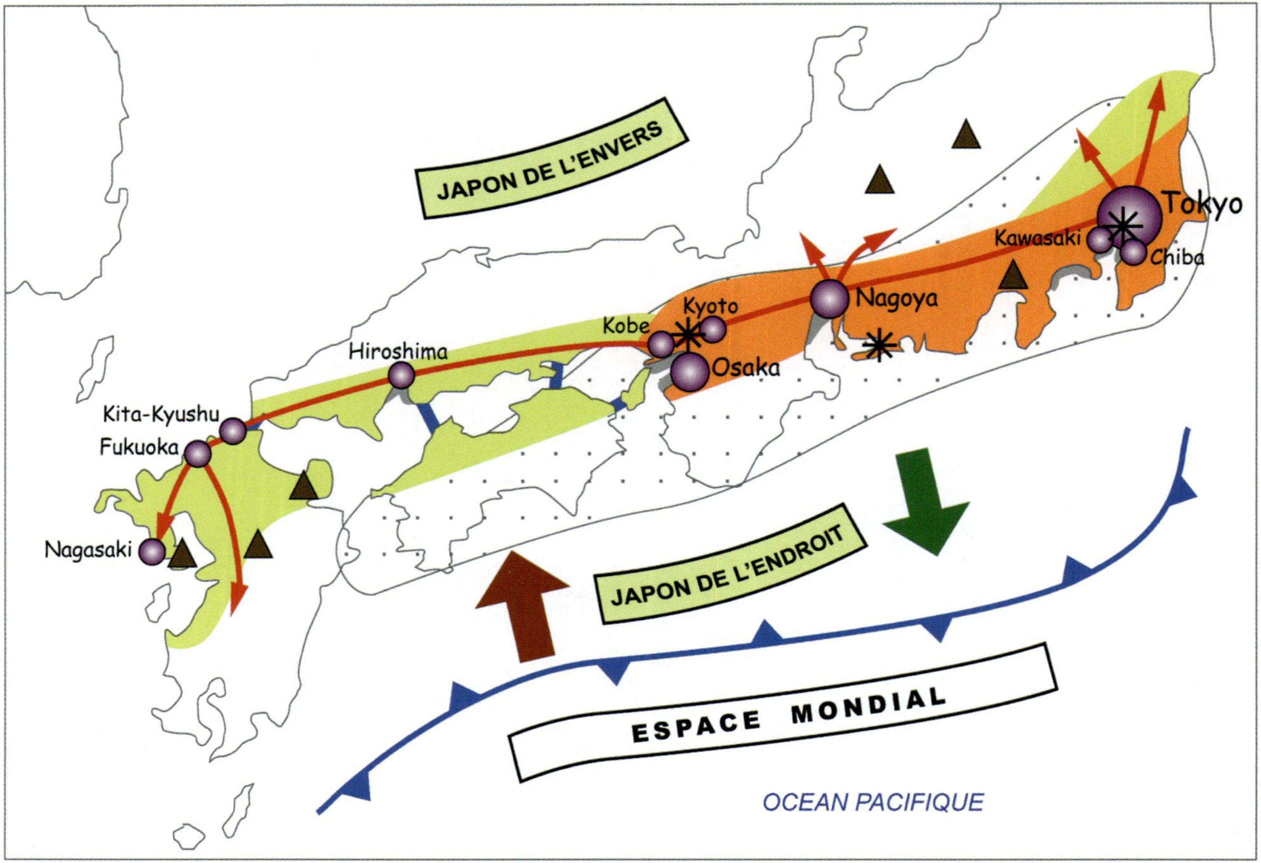

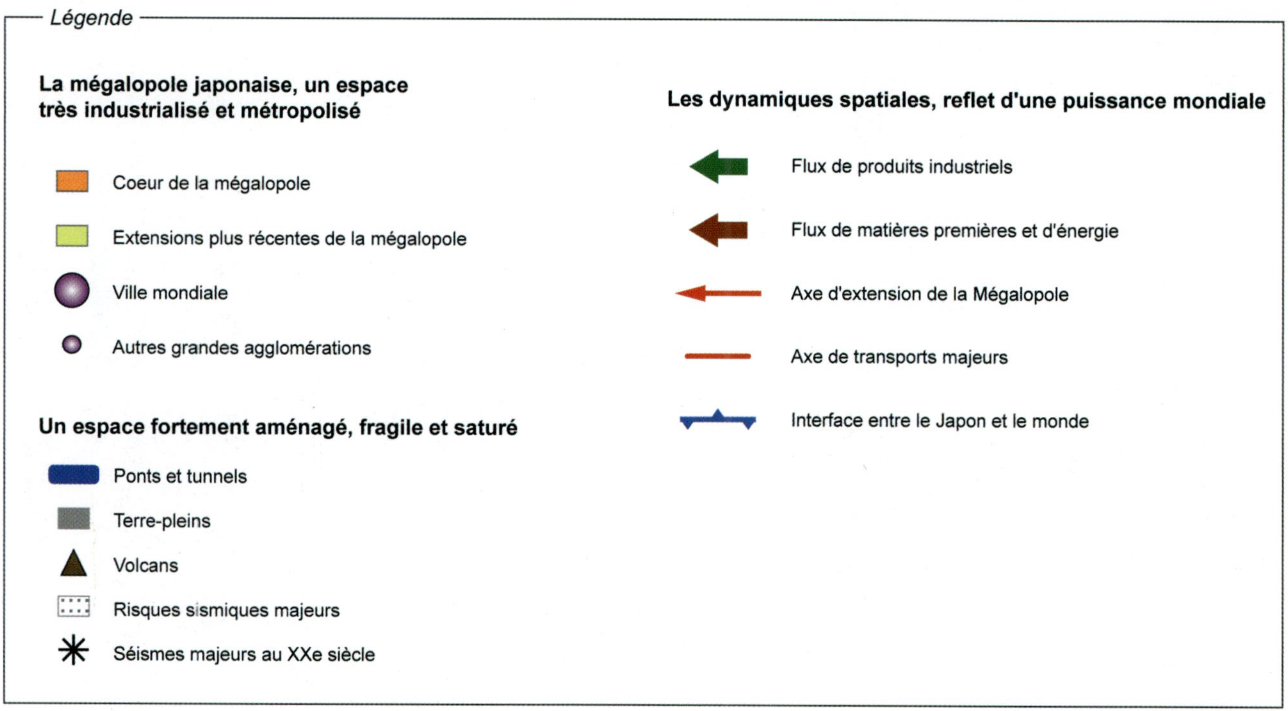
Légende
La mégalopole japonaise, un espace très industrialisé et métropolisé
Coeur de la mégalopole
Extensions plus récentes de la mégalopole
Ville mondiale
Autres grandes agglomérations
Un espace fortement aménagé, fragile et saturé
Ponts et tunnels
Terre-pleins
Volcans
Risques sismiques majeurs
Séismes majeurs au XXe siècle
Les dynamiques spatiales, reflet d'une puissance mondiale
Flux de produits industriels
Flux de matières premières et d'énergie
Axe d'extension de la Mégalopole
Axe de transports majeurs
Interface entre le Japon et le monde

La Méditerranée, espace de clivage ou de contact entre le Nord et le Sud ?

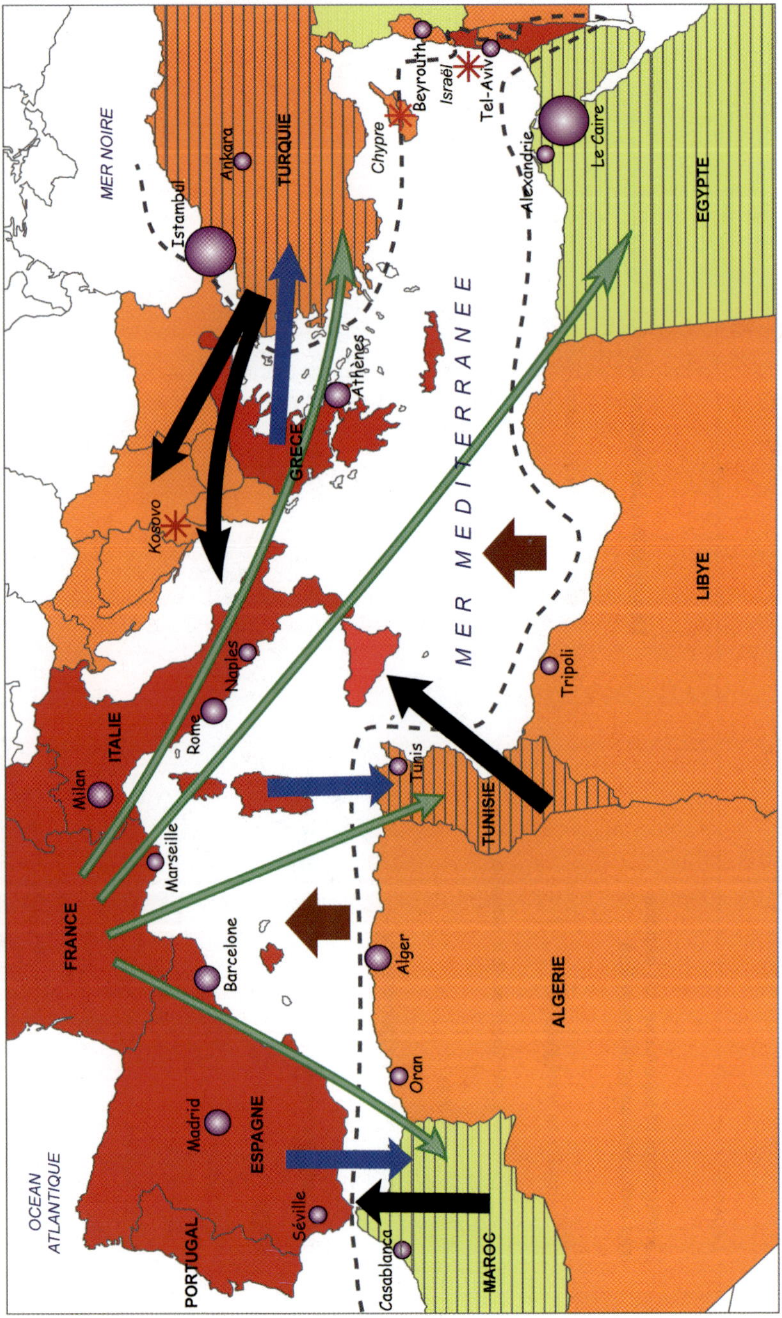

Légende

L'espace méditerranéen,
un espace de clivage entre le Nord et le Sud

Des contrastes de développement très importants

- IDH élevé
- IDH moyen
- IDH faible
- Limite Nord/Sud
- Points de tensions majeurs

L'espace méditerranéen, un espace de contact entre le Nord et le Sud

- Flux migratoires
- Flux de capitaux et délocalisations
- Flux de touristes
- Flux de matières premières
- Pays tirant une part importante de leurs revenus du tourisme

La Russie, un territoire maîtrisé ?

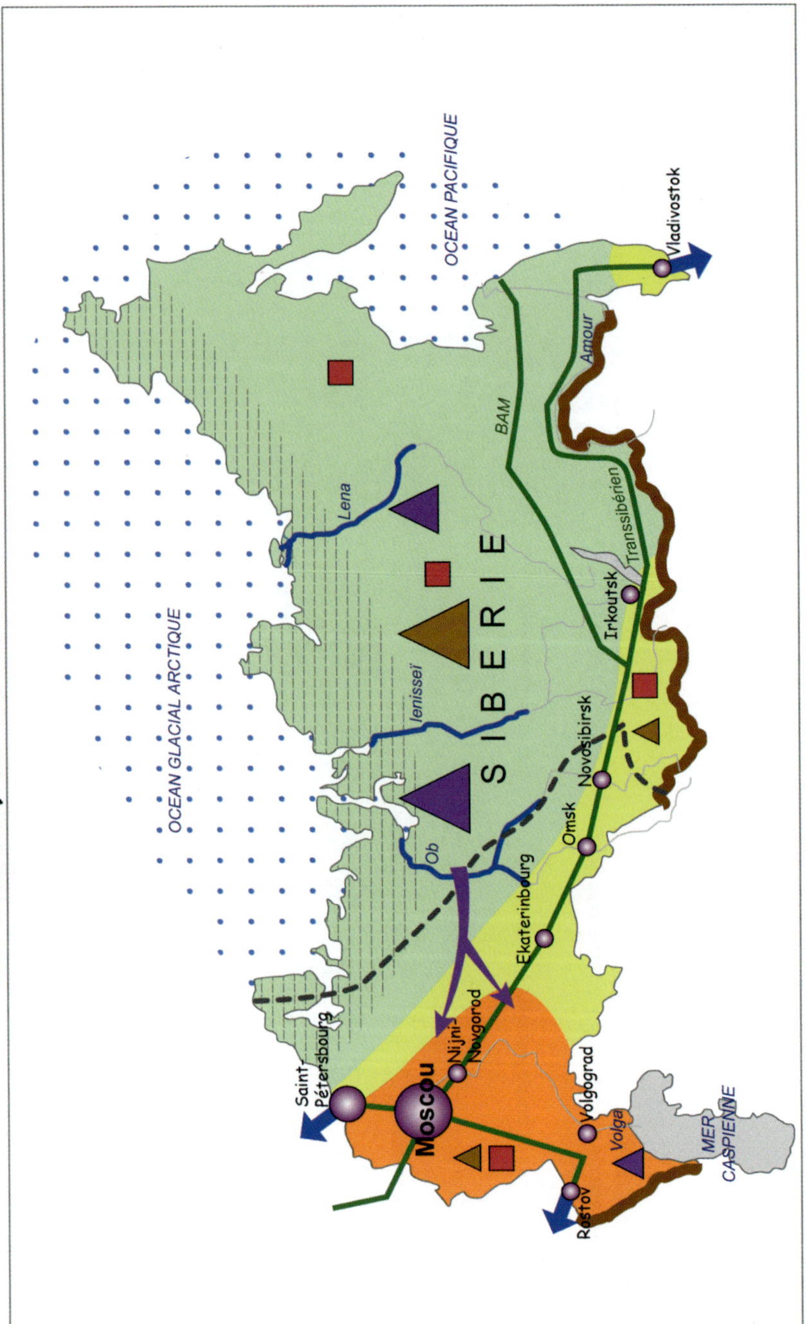

Légende

Des contraintes fortes

- Chaînes de montagnes
- Banquise
- Fleuves gelés en hiver
- Limite sud de la merzlota (sol gelé en permanence)

Des ressources considérables

- Charbon
- Hydrocarbures
- Minerais (nickel, or, fer, diamant...)

Un espace encore très inégalement valorisé

- Pôle majeur
- Autres agglomérations importantes
- Principaux ports : des débouchés très périphériques
- Axes majeurs
- Flux d'hydrocarbures et de matières premières

Un contraste centre/périphérie très fort

- Russie de l'Ouest, espace le plus peuplé et le mieux relié au centre
- Périphéries intégrées au centre
- Sibérie : une périphérie peu peuplée et mal intégrée au reste du pays
- Périphéries nordiques marginales aux contraintes extrêmes

les pays développés : seulement 57 ans ! Suicides (le 2e taux le plus élevé du monde !), consommation d'alcool (l'alcool frelaté fait des ravages en matière de santé !) ou tabac expliquent en partie cette situation catastrophique et sont bien les révélateurs d'une société malade. Le sida devient, lui aussi, un problème préoccupant (officiellement plus de 300 000 séropositifs, mais trois fois plus en réalité, et un chiffre en constante augmentation). D'où le constat du ministre de la Santé, Youri Sevchenko en 2003, affirmant que « seulement 20 % de la population est en bonne santé » ! À ce rythme-là, la Russie devrait passer de 144 millions d'habitants en 2005 à 100 millions en 2050 !

La Russie est-elle encore un pays du Nord ?

La question peut paraître incongrue pour un pays aussi septentrional que la Russie… C'est bien sûr en termes de développement que la question se justifie ! Car avec un PIB de 400 milliards de dollars (alors qu'il s'élève à 1 500 milliards pour la France et 11 000 pour les États-Unis), la Russie est une puissance pauvre. La petite minorité de Russes (au plus une dizaine de millions) qui est parvenue à s'enrichir dans les affaires et mène parfois grand train de vie ne doit pas faire illusion : le revenu moyen n'est que de 220 euros par mois et une grande partie de la population vit pauvrement. Les retraités perçoivent souvent des pensions de misère qui ne leur permettent pas de vivre décemment. La pauvreté est forte (1 Russe sur 5 vit avec moins de 80 euros par mois). Preuve de ce faible niveau de développement, la Russie n'est qu'au 62e rang mondial du développement humain (l'**IDH**), c'est-à-dire au même niveau que le Brésil (63e rang) et loin derrière l'Argentine ou le Mexique.

Un pouvoir central affaibli

21 républiques, 7 territoires, 48 oblast (arrondissements)… et plus d'une centaine de peuples !

La Russie est un État fédéral composé de 88 régions aux statuts différents et disposant de plus ou moins d'autonomie (21 républiques, 7 territoires, 48 arrondissements, 1 région autonome, 9 districts autonomes plus Moscou et Saint-Pétersbourg ! Ouf !). Chaque région a en effet son gouverneur et son assemblée qui vote des lois propres à chaque circonscription. Une structure indispensable dans un pays aussi vaste et regroupant des populations aussi différentes. Car, même si son territoire a été réduit en 1991, la nouvelle Russie reste un pays immense regroupant des populations très variées.

Les Russes sont très majoritaires (80 % de la population), mais les minorités sont très nombreuses et d'une très grande diversité : Turco-mongols de la Volga (les Tatars), musulmans du Caucase ou Inuits du grand Nord sibérien... au total, plus d'une centaine de peuples.

Minorités et forces centrifuges

Un des défis qui s'est rapidement posé à la nouvelle Russie lors de la « révolution » de 1991 fut d'éviter l'éclatement de son territoire. Car si la disparition de l'URSS s'est accompagnée d'une indépendance des peuples soviétiques à l'extérieur de la Russie (les Ukrainiens, les Lituaniens...), elle s'est aussi traduite par une demande d'autonomie – voire d'indépendance – à l'intérieur même de la Russie, parmi certaines populations victimes depuis longtemps de la répression russe (ce fut surtout le cas des régions les plus périphériques et peuplées de minorités non russes). L'occasion était trop belle... Pendant la présidence de Boris Eltsine, certaines régions éloignées de la capitale se sont ainsi octroyées une large autonomie, vendant elles-mêmes leurs productions sans rendre de comptes à Moscou. Vladimir Poutine a entrepris de reprendre les choses en mains, utilisant la force quand le besoin s'en faisait sentir. C'est à la faveur de cet affaiblissement du pouvoir central à Moscou qu'a éclaté la guerre de Tchétchénie.

Deux guerres en Tchétchénie

La Tchétchénie est une minuscule parcelle de la grande fédération de Russie. C'est une des petites républiques du Caucase qui n'a jamais vraiment accepté la domination russe. La population est d'origine turque et de religion musulmane. Cette Russie du Caucase est donc bien différente de la Russie slave et orthodoxe de Moscou. La répression, au temps des tsars puis pendant la période soviétique, a toujours été très forte. Les Tchétchènes ont tenté de profiter d'un affaiblissement du pouvoir russe en 1991 pour proclamer leur indépendance. Moscou ne l'a pas accepté et, depuis 1992, les Russes mènent en Tchétchénie une guerre terriblement meurtrière. Cela en toute impunité, car bien rares sont les protestations officielles venant d'Europe ou des États-Unis...

Cette nouvelle Russie est-elle toujours une grande puissance ?

Assurément, le pays n'est plus la grande puissance d'antan capable de rivaliser avec les États-Unis. La Russie conserve néanmoins de l'ancienne URSS un certain nombre d'atouts qui lui permettent de maintenir une position importante, quoique désormais secondaire, sur la scène internationale. En tout cas encore suffisamment puissante pour continuer à se faire respecter.

La Russie a tout d'abord hérité de l'ancienne URSS une formidable puissance militaire et surtout nucléaire. Et cela compte ! Parce que les Russes disposent de l'arme atomique, on les embête moins… S'ils peuvent massacrer « tranquillement » les Tchétchènes, c'est d'abord parce qu'ils possèdent la bombe atomique. D'une manière générale, la Russie reste une grande puissance militaire, même s'il n'est pas facile de connaître exactement la puissance actuelle de l'armée russe qui s'est beaucoup réduite depuis 1991. Les troupes sont mal payées, le matériel est mal entretenu (la flotte rouille dans les ports…) : incontestablement, l'arsenal russe est beaucoup moins opérationnel que par le passé (le drame du *Koursk*, ce sous-marin nucléaire russe qui a coulé en juillet 2000, en fut une preuve parmi d'autres). Il n'empêche que cette armée a encore de beaux restes…

La Russie est également membre de plusieurs importantes organisations internationales. Elle est membre permanent du Conseil de sécurité de l'ONU, et à ce titre dispose d'un droit de veto sur toutes les décisions prises par l'Organisation. Elle fait également partie du G8, ce groupe des pays les plus riches du monde (même si elle ne fait pas partie des pays riches, c'est à nouveau un signe de reconnaissance de sa puissance).

L'espace russe : un territoire difficile à maîtriser et très déséquilibré

Un espace bien difficile à mettre en valeur

Est-ce vraiment une chance de posséder le plus vaste territoire du monde ?

La Russie possède le territoire le plus vaste du monde. Accrochez-vous bien car les chiffres sont assez astronomiques : 10 000 km d'est en ouest – 11 fuseaux horaires ! – et 3 000 km du nord au sud, en tout 17 millions de km^2, soit 34 fois le territoire de la France ou presque deux fois celui des États-Unis ! Le territoire russe est vraiment hors catégorie !

Est-ce pour autant un atout ? À première vue, oui, car les ressources peuvent paraître quasiment illimitées sur un espace aussi vaste… Mais encore faut-il pouvoir maîtriser cet immense territoire. Car de telles distances imposent la construction d'infrastructures de transport gigantesques pour pouvoir exploiter ce potentiel, sans quoi cet immense espace n'est guère utile… Et quand ils mesurent les investissements nécessaires à la domestication de leur espace, les Russes peuvent parfois se dire qu'ils se seraient bien contentés d'un territoire un peu plus petit et surtout moins contraignant !

Le froid…

Le froid : c'est, avec les distances, la contrainte majeure du pays. Combien d'envahisseurs (Hitler le dernier en date) se sont en effet cassé les dents sur le terrible hiver russe ?

Située à de hautes latitudes, la Russie est clairement un pays nordique. Observez le territoire russe sur un atlas et vous remarquerez que la quasi-totalité du territoire se trouve au nord du 50e parallèle, c'est-à-dire à la même latitude que le Canada…. Et comme la Russie est un pays immense et éloigné de toute mer tempérée, le climat y est très continental, ce qui accentue encore la rigueur de l'hiver. L'hiver est donc très froid et très long : 5 mois à Moscou, 8 mois à Iakoutsk en Sibérie ! En janvier, plus d'un tiers du territoire russe a des températures moyennes inférieures à -30 °C, avec de fortes variations entre l'ouest (-11 °C à Moscou) et l'est (-40 °C à Iakoutsk). C'est en Sibérie (à Oïmiakon) qu'a été relevée la température la plus basse jamais enregistrée dans l'hémisphère Nord : -78 °C !

Tout gèle donc pendant des mois, et les conséquences négatives sur les transports (fleuves gelés) et les activités humaines sont considérables (conditions de travail extrêmes en Sibérie). L'arrivée du printemps n'améliore pas forcément les choses. Les eaux issues de la fonte des neiges ne parviennent pas à s'évacuer car les embouchures des fleuves, au nord, restent gelées jusqu'en juin. La Sibérie se transforme alors en immense marécage, les fleuves sont impraticables, les chemins sont de véritables bourbiers où les voitures s'enfoncent. Au nord, le sol ne dégèle qu'en surface, le sous-sol reste gelé en profondeur car l'été n'est pas assez chaud (c'est la *merzlota*, un sol continuellement gelé). Seule pousse une pauvre toundra sur ce sol marécageux où les racines des arbres ne parviennent pas à s'enfoncer.

Un territoire enclavé

Autre problème majeur pour les Russes depuis toujours : le très fort enclavement du territoire. Ce n'est pas le moindre des paradoxes de ce grand pays. Avec une superficie pourtant gigantesque, la Russie éprouve de grandes difficultés à se relier au reste du monde. Le pays ne donne que sur des steppes, des chaînes de montagnes ou un océan glacial gelé la plus grande partie de l'année ! Les quelques ports sont très périphériques, très éloignés des ressources naturelles et pas toujours idéalement situés.

Des fleuves géants, excessifs et qui ne coulent pas dans le bon sens !

La Russie dispose de quelques très puissants fleuves. Dans de nombreux pays, ils structurent le territoire et facilitent les échanges. Ainsi le Rhin en Europe ou l'axe Mississippi–Saint-Laurent en Amérique du Nord. Le problème des grands fleuves russes est que leur débit est extrêmement irrégulier (hiver gelé, crues au printemps, débit faible en été) et qu'ils coulent souvent du sud vers le nord (la Léna, l'Ob ou l'Ienisseï), se jetant donc dans l'océan Glacial Arctique, un océan presque inutilisable ! Vu la configuration du pays, il aurait mieux valu qu'ils coulent dans un sens est-ouest. Seuls quelques fleuves comme la Volga ou le Don à l'ouest peuvent donc être réellement utilisés. Les grands fleuves sibériens aident peu au désenclavement du pays.

Des richesses naturelles considérables

Cet immense territoire regorge de ressources naturelles. Elles constituent un des meilleurs atouts pour la Russie.

Les riches terres noires de l'ouest

Avec la disparition de l'URSS en 1991, la Russie a perdu le contrôle sur les très bonnes terres à blé de l'Ukraine. Sur l'immense territoire russe, une grande partie des sols ne vaut pas grand-chose pour l'agriculture : terres peu fertiles ou *merzlota* inapte aux cultures. Malgré cela, l'ouest russe reste un espace très favorable à l'exploitation agricole. Le pays possède encore plusieurs millions d'hectares de bonnes terres riches en humus appelées « terres noires ». C'est encore plus qu'il n'en faut pour satisfaire les besoins de la population.

Des forêts à perte de vue

La Russie est un pays très peu peuplé et près de la moitié de cet immense territoire est couverte de forêts. C'est dire le potentiel gigantesque dont dispose le pays en la matière ! Bien sûr, toutes ces forêts sont de qualité inégale et toutes ne sont pas facilement exploitables. Les forêts les plus utilisées sont celles de l'ouest du pays, même si les plus grosses ressources sont à l'est, en Sibérie. Mais l'exploitation de l'immense taïga est encore peu rentable du fait de l'éloignement des centres industriels et des zones de consommation.

Pétrole et gaz, les deux meilleures cartes de la Russie

L'atout majeur de la Russie, ce n'est pourtant ni le bois ni ses minerais : c'est son potentiel énergétique et minier. Fer, nickel, cuivre, or, diamant, bauxite… le sous-sol russe est riche en minerais de toutes sortes. Même remarque pour le charbon dont les réserves sont considérables (environ 20 % des réserves mondiales).

Mais l'essentiel n'est pas là. Le plus important, ce sont les hydrocarbures, c'est-à-dire le pétrole et le gaz. La Russie est actuellement le second producteur de pétrole au monde devant l'Arabie Saoudite (les réserves russes sont toutefois moindres que celles de l'Arabie). L'envolée des cours du pétrole depuis 2002 est une aubaine pour la Russie qui en tire des revenus considérables. Cela donne également au pays une position stratégique dans un monde où la consommation d'énergie ne fait qu'augmenter et où les réserves pétrolières sont comptées. Autrement dit, avec le pétrole, la Russie devient un partenaire incontournable. Et la Russie possède un autre « joker » : ses réserves en gaz. Le gaz, c'est la grande richesse du pays. Et les réserves sont énormes, beaucoup plus que celles de pétrole : la Russie posséderait à elle seule 30 % des réserves mondiales de gaz, soit le plus gros potentiel du monde ! Les Russes sont les premiers producteurs et premiers exportateurs de gaz du monde et ils le seront encore longtemps. Et cela à un moment où le pétrole est de plus en plus rare et cher (les réserves de gaz dans le monde sont plus importantes que celles de pétrole), et que l'utilisation du pétrole et du charbon est critiquée car leur utilisation produit trop de gaz à effet de serre (accentuant le réchauffement de la planète). Avec ses gazoducs, la Russie approvisionne déjà toute l'Europe et demain sans doute la Chine. Même les États-Unis s'intéressent au gaz russe. Le gaz… un nouvel eldorado pour la Russie ?

Un territoire mal maîtrisé et très déséquilibré

C'est le défi principal de l'immensité de la Russie : comment parvenir à maîtriser un tel espace ? Pour cela, il faut impérativement un système de transport performant, d'autant que les contraintes climatiques (le froid notamment) n'arrangent pas les choses ! Seulement voilà : les transports ont toujours été le talon d'Achille de la puissance russe…

Inégal peuplement et occupation de l'espace

La Russie est peu peuplée. Seuls 144 millions d'habitants occupent cet espace immense. La densité moyenne est donc très faible (8 habitants au km^2). De plus, cette population est très inégalement répartie sur le territoire, les 3/4 des Russes vivant à l'ouest de l'Oural, donc dans la partie européenne de la Russie. C'est dire que l'immense Sibérie est bien peu peuplée… Seules quelques villes au sud s'étirent le long du transsibérien jusqu'à son terminus, Vladivostok, et voilà tout. À l'exception de quelques villes minières qui survivent tant bien que mal, le grand Nord est quasiment vide. Les grandes agglomérations se situent ainsi presque toutes à l'ouest du pays et, un peu, au sud. Le déséquilibre du peuplement du pays est donc très fort, ce qui, vu les distances, pose un redoutable problème en termes d'aménagement et de maîtrise du territoire.

L'éternel problème des transports

Pour maîtriser un tel territoire, pour vaincre l'immensité et exploiter les immenses ressources de la Sibérie, les Russes ont absolument besoin d'un réseau de transport très efficace. Car les distances entre les grandes villes de l'ouest et les richesses situées au nord et à l'est sont véritablement gigantesques ! Pour vaincre les contraintes climatiques également. Exploiter les richesses du sous-sol malgré le froid, les crues des fleuves et la *raspoutitsa* du printemps (la période du dégel) n'est pas une mince affaire non plus ! Comment acheminer l'électricité produite par les barrages sur l'Ienisseï, le charbon, le gaz ou le pétrole sibérien à moindre coût et sans perdre en cours de route une trop grande partie de cette énergie ? Voilà les défis ! Et il faut bien reconnaître que les transports russes n'ont jamais été à la hauteur. Routes, voies de chemin de fer, lignes aériennes ou oléoducs sont en nombre et en qualité très insuffisants. Seule la partie ouest du pays est à peu près correctement desservie. Au-delà des monts Oural, les trains sont lents, les autoroutes presque inexistantes, les routes rares et mal entretenues, et les oléoducs en mauvais état (les fuites dans ces immenses tuyaux provoquent des pertes et une pollution assez considérables !). Le transsibérien et le BAM (la ligne Baïkal Amour Magistral) sont les seuls axes ferroviaires reliant l'est et l'ouest du pays, et encore ne font-ils que longer le sud du pays. Ce problème des transports est récurrent depuis la période soviétique. Sans une meilleure maîtrise de leur territoire, les Russes ne parviendront pas à en exploiter correctement toutes les potentialités. Mais ils n'en ont aujourd'hui pas les moyens financiers et devront sans doute faire appel à des investisseurs étrangers. (voir figure 18-2)

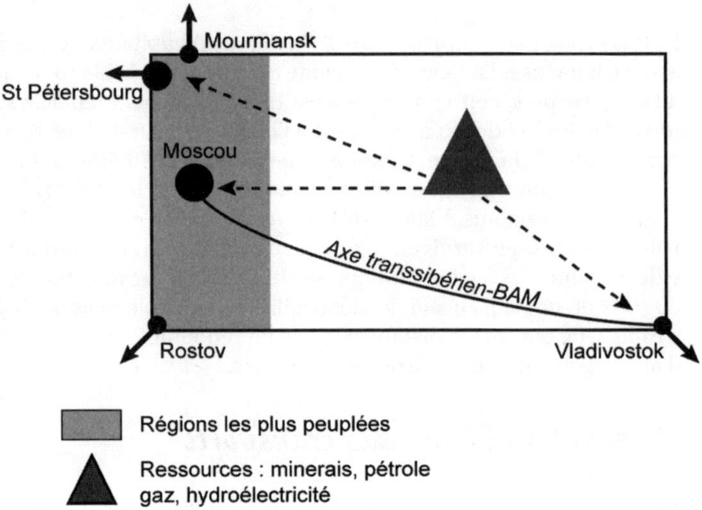

Figure 18-2 : Le défi des transports : comment exporter les ressources ?

Centre et périphérie : le grand écart !

Les inégalités régionales, notamment entre l'est et l'ouest du pays, ont toujours été considérables (la population et l'économie se concentrant à l'ouest du pays). Depuis 1991, ces inégalités se sont encore amplifiées, car la dégradation des conditions de vie dans les régions reculées de la Sibérie ont poussé bien des Russes à abandonner ces régions pionnières pour rejoindre l'ouest du pays. (voir figure 18-3)

Tous les pôles de commandement de la Russie se situent à l'ouest et notamment à Moscou (et aussi un peu à Saint-Pétersbourg), la capitale, qui, avec ses 10 millions d'habitants, domine le pays. Elle est le siège du pouvoir politique (le Kremlin) et de l'essentiel du pouvoir économique et culturel du pays (les grandes entreprises y ont leur siège ainsi que les grands médias). Cette ville active et dont la modernisation est rapide (Moscou est couverte de grands chantiers !) est un peu la vitrine de la nouvelle Russie. De nouveaux quartiers d'affaires se développent et la capitale russe affirme de plus en plus son rôle de ville mondiale. Quel contraste avec l'est du territoire, espace immense peu peuplé, qui manque de tout (écoles, médecins…) et qui survit à l'écart de tout !

Centre et périphérie en Russie

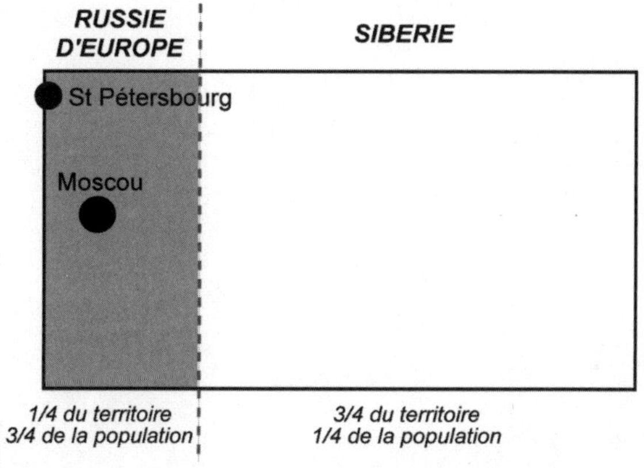

Figure 18-3 : Le rapport centre-périphérie en Russie

Conclusion

1. La Russie de ce début de XXIe siècle reste un pays atypique et inclassable. Elle a incontestablement perdu une bonne partie de son ancienne puissance et n'est plus en état d'influencer le cours du monde comme elle le faisait au temps de l'URSS. Elle conserve néanmoins un certain nombre d'atouts et possède encore les moyens de se faire respecter. Elle est aujourd'hui une puissance pauvre, un pays du Nord en reconstruction, mais elle reste un acteur incontournable de notre monde.

2. La Russie est encore en pleine transition et anticiper sur son avenir n'est pas chose facile. La démocratie, toute jeune, est encore mal assurée et fragile, et l'autoritarisme de Poutine inquiète. L'économie du pays est toujours convalescente. La croissance est là depuis quelques années, certes, mais est-elle durable ? Sera-t-elle suffisante pour faire sortir de la pauvreté les millions de Russes qui restent aujourd'hui en marge de ce récent dynamisme ? Le pays saura-t-il utiliser intelligemment l'argent tiré de ses exportations d'hydrocarbures pour favoriser un meilleur développement du pays ? La Russie n'a pas fini de susciter les interrogations…

Quatrième partie

Ressources

Mise en pratique des révisions :

Dans cette partie...

Maintenant que vous avez digéré le programme de géographie et compris la méthode de la dissertation et du commentaire de documents, vous avez droit à une petite récréation... studieuse, bien sûr !

Chapitre 19

Des tests pour vous mettre à l'épreuve !

Dans ce chapitre :

- Savez-vous tout, ou tout du moins l'essentiel ?
- Le meilleur moyen pour le savoir est encore de se tester pour voir où l'on en est. À vos méninges !
- Les résultats et solutions p. 264

Les tests sur la 1re partie du programme : « Un espace mondialisé »

Test n° 1 : QCM

1. Les IDE désignent :
   - les investissements directs à l'étranger.
   - les investissements directs d'exportation.
   - les investissements directs d'entreprises.
2. Le premier pôle commercial du monde est :
   - l'Amérique du Nord.
   - l'Union européenne.
   - l'Asie orientale.
3. La première place financière du monde est :
   - Paris.
   - Tokyo.
   - New York.

4. De nos jours, combien d'hommes sur terre ne mangent-ils pas encore à leur faim ?

- 450 millions.
- 650 millions.
- 850 millions.

5. Quel est, parmi ces trois acteurs, celui qui a le plus de pouvoir dans la mondialisation ?

- Les ONG.
- L'ONU.
- Les FTN.

6. Quel sigle désigne les États les plus pauvres et les plus sous-développés du monde ?

- Les PMA.
- Les PED.
- Les NPI

7. Selon les démographes, combien d'hommes devrait-il y avoir sur terre en 2050 ?

- 9 milliards.
- 11 milliards.
- 13 milliards.

8. Quelle est la partie du monde à connaître de nos jours les problèmes de sous-développement les plus sérieux ?

- Le Moyen Orient.
- L'Afrique subsaharienne.
- L'Amérique du Sud.

9. Combien a-t-on dénombré de touristes dans le monde en 2004 ?

- 560 millions.
- 760 millions.
- 960 millions.

10. Le commerce a beaucoup augmenté sur terre depuis les années 1950. Mais qu'échangent surtout les hommes ?

- Des produits industriels.
- Des produits agricoles.
- De l'énergie.

Test n° 2 : vrai ou faux ?

1. Un oléoduc est un conduit qui transporte du gaz.
2. Le premier port du monde est Rotterdam.
3. Les États de la Triade contrôlent 90 % des échanges mondiaux.
4. Environ 10 % des hommes sont actuellement des immigrés.
5. Le premier pays de destination des immigrés sur terre est les États-Unis.
6. L'IDH prend en compte trois critères fondamentaux du développement : l'espérence de vie, le niveau d'éducation et le PIB par habitant.
7. Il y a un nombre toujours plus grand d'hommes vivants sur terre avec moins d'1 dollar par jour.
8. Il y a un pourcentage toujours plus grand d'hommes vivants sur terre avec moins de 1 dollar par jour.
9. Le déferlement de produits culturels américains est en train de détruire les autres cultures.
10. Le droit d'ingérence est le droit pour des États de la communauté internationale d'intervenir à l'intérieur d'un pays, même contre son gré, lorsque, notamment, certaines populations sont en danger dans cet État.

Test n° 3 : qui suis-je ?

1. Je suis une organisation régionale dont le but est de favoriser le libre-échange. Entrée en vigueur en 1967, je regroupe de nombreux pays du sud-est asiatique. Je suis… ?
2. Né en 1975, je réunis régulièrement les pays les plus riches du monde afin de discuter des grands problèmes économiques du monde. Récemment, j'ai admis la Russie dans ce club de riches. Je suis… ?

3. Je suis un acteur majeur de la mondialisation, responsable des 2/3 du commerce mondial et de 1/3 de la production mondiale. ; je suis… ?

4. Nous sommes des pays très recherchés pour notre discrétion et la faiblesse de notre fiscalité. Nous attirons ainsi des capitaux du monde entier, et parfois même de l'argent sale issu de divers trafics illégaux. Nous sommes… ?

5. Je suis une idée défendue par la France au sein des grandes organisations internationales (et notamment l'OMC). Mon objectif est d'autoriser chaque État à pouvoir protéger sa culture s'il le souhaite. Je viens d'être reconnue par l'UNESCO en 2005. Je suis… ?

6. Je suis un quartier où se regroupent des populations aisées, gardé et souvent ceinturé de murs (aux États-Unis surtout, mais de plus en plus souvent dans d'autres pays). Je suis une expression anglaise, ma traduction française signifiant « communauté fermée ». Je suis… ?

7. Je suis une grande organisation internationale créée en 1995. Mon but est de tenter de promouvoir des règles internationales pour organiser et libéraliser les échanges sur terre, mais je suis très critiquée par les altermondialistes. Mon président actuel est le Français Pascal Lamy. Je suis… ?

8. Je suis un des lieux privilégiés par l'actuelle mondialisation. Concentrant les hommes, le pouvoir et la richesse, je forme, avec les membres qui me composent, une sorte d'archipel sur terre qui monopolise l'essentiel des échanges. Je suis… ?

9. Je suis probablement la plus grande agglomération du monde, concentrant pouvoir, savoir et capitaux. À lui seul, mon PIB serait à peu près équivalent à celui de la France. Je suis… ?

10. Nous sommes des organisations ne dépendant pas d'un gouvernement, donc indépendantes. Nous jouons un rôle souvent essentiel dans la mondialisation, notamment en matière d'environnement et d'aide aux populations. Nous sommes… ?

Test n° 4 : complétez par les mots manquants

Qu'est-ce que la mondialisation ?

La principale manifestation de la mondialisation est l'explosion des _____ sur terre. Les échanges se font désormais à l'échelle du _______ entier, pratiquement sans exception. Les différents pays sont de plus en plus liés les uns aux autres : _______________ entre toutes les parties du monde s'est donc beaucoup accrue.

Les conséquences spatiales sont tout aussi importantes : les espaces les mieux _______ avec le reste du monde sont favorisés et les autres marginalisés. Les grandes _______ et les _________ actives (certaines frontières, certains littoraux) concentrent les richesses, le savoir et le pouvoir. Ils sont les espaces les plus _________, c'est donc vers eux que convergent les _________ et les activités.

La mondialisation désigne aussi une _______________ du monde, c'est-à-dire une domination et une diffusion des valeurs occidentales.

Ces phénomènes sont anciens, mais ils se sont récemment fortement accélérés, notamment depuis _____ avec la disparition du communisme en ______. Même un pays comme la _______ (pourtant théoriquement encore communiste) a adopté l'économie de _________ et participe pleinement à cette mondialisation des échanges.

Avec la signature des accords du ______ en 1947, remplacé en ______ par l'OMC, la _______________ des échanges n'a fait que progresser. Les obstacles au _____________, comme les taxes ou les _______, ont ainsi fortement reculé. Chaque État a donc dû peu à peu renoncer au _______________ pour laisser plus librement les produits étrangers pénétrer sur son sol. Les constants progrès dans les moyens de _______ et de _______________ ont également permis cette accélération de la mondialisation.

La mondialisation actuelle repose donc sur une idéologie : __ _________. Pour ses partisans, les _______, la liberté de _______ constitue le moyen indispensable pour entraîner le monde vers plus de progrès, de libertés et de richesses. Ils sont toutefois critiqués par les ___________ qui revendiquent une autre _______________ au nom de la défense de l'environnement et de la lutte contre les inégalités

Il est vrai que les richesses restent très mal _______ : les trois pôles les plus riches sur terre, que l'on appelle la _______ et qui regroupent __________________, _______________ et _______________, réalisent _______ des échanges mondiaux. Peu de pays du _______ parviennent à sortir durablement du sous-développement. Certains parmi les pays les plus pauvres du monde, les PMA, ont même vu récemment leur niveau de développement (mesuré au moyen de l'IDH) reculer.

Les tests sur la 2e partie du programme : « Les trois grandes aires de puissance »

Test n° 5 : QCM

1. Quel est le PIB des États-Unis ?

- 7 000 milliards de dollars.
- 9 000 milliards de dollars.
- 11 000 milliards de dollars.

2. Quelle part du commerce mondial réalisent les pays de l'Union européenne ?

- 30 %.
- 40 %.
- 50 %.

3. Au nombre de 25, les pays de l'Union européenne comptent :

- 450 millions d'habitants.
- 550 millions d'habitants.
- 650 millions d'habitants.

4. Où siège la Banque centrale européenne (BCE) ?

- À Berlin.
- À Munich.
- À Francfort.

5. Tokyo est probablement la plus grande agglomération du monde avec :

- 30 millions d'habitants.
- 40 millions d'habitants.
- 50 millions d'habitants.

6. Quelle part du PIB mondial représente l'Asie orientale en 2005 ?

- 10 %.
- 15 %.
- 25 %.

7. Le plus puissant port d'Asie est :

- Séoul.
- Singapour.
- Taipei.

8. Quelle part de la puissance économique du Japon concentre la mégalopole japonaise ?

- 60 %.
- 70 %.
- 80 %.

9. Le nom de la principale île japonaise est :

- Honshu.
- Kyushu.
- Shikoku.

10. Le plus grand port fluvial sur le Rhin est :

- Cologne.
- Essen.
- Duisburg.

Test n° 6 : vrai ou faux ?

1. Le Japon n'est plus la 2e puissance économique du monde, il a été dépassé en 2005 par la Chine.
2. Le Shinkansen est l'équivalent chinois du TGV français.
3. L'euro n'est pas la monnaie commune de tous les pays de l'Union. Quatre pays l'ont refusé : la Grande Bretagne, l'Irlande, le Danemark et le Portugal.
4. Le projet Galileo est un projet européen visant à concurrencer le GPS américain.
5. Depuis 1991, la croissance économique annuelle moyenne aux États-Unis est plutôt faible, de l'ordre d'1,5 %.
6. Le FEDER est le fonds européen chargé d'aider les régions européennes en difficulté économique et en retard de développement.
7. La capitale de la Corée du Sud est Taipei.
8. La mégalopole japonaise regroupe à elle seule 100 millions d'habitants.

9. Le dernier gros tremblement de terre au Japon a eu lieu à Kobe en 1995 et a fait 6 000 morts.

10. Rotterdam est le plus grand port du monde.

Test n° 7 : complétez par les mots manquants

Les _____ sont la première superpuissance du monde. Troisième puissance démographique avec près de ____________ d'habitants, ils réalisent un PIB de _____________ de dollars, ______________ est le plus grand marché financier du monde et ils possèdent le plus grand nombre de firmes ______________ comme Ford ou McDonald's. Le dollar est la seule vraie monnaie de paiement international. Ils possèdent également la plus puissante _______ du monde et consacrent environ ______________ à la défense, soit au total environ ______ des dépenses mondiales d'armement. Leur maîtrise des ______________ (aérospatial, informatique…) et leurs importantes dépenses en matière de _____________________ leur assurent une domination exceptionnelle dans de nombreux secteurs de pointe. Leurs grandes universités, comme le _____ ou _______ à Boston, ont une renommée internationale. Enfin, les produits _________ américains sont diffusés massivement sur toute la terre. L'_______, langue internationale, et le _______ sont le fer de lance de cette domination. Les films produits par Hollywood totalisent une part de ____ du marché mondial. Les États-Unis jouent également un rôle majeur sur le continent _________, considérant depuis la doctrine _________ de 1823 l'Amérique latine comme leur chasse _______.

Pourtant, cette hyperpuissance n'est pas sans faiblesses. _____ millions d'Américains sont en dessous du seuil de pauvreté. Des secteurs industriels majeurs comme l'___________ sont en grande difficulté : les champions américains ______ et General Motors sont durement concurrencés par le Japonais _______ et ne cessent de perdre des parts de _______ aux États-Unis mêmes.

Les tests sur la 3e partie du programme : « Des mondes en quête de développement »

Test n° 8 : QCM

1. La capitale du Brésil est :

- São Paulo.
- Rio de Janeiro.
- Brasilia.

2. L'actuel président de la Russie est :

- Boris Eltsine.
- Vladimir Poutine.
- Mikhaïl Gorbatchev.

3. La Russie est un État immense qui s'étend sur :

- 13 millions de km^2.
- 15 millions de km^2.
- 17 millions de km^2.

4. L'immense forêt qui couvre une grande partie de la Sibérie s'appelle :

- la toundra.
- la raspoutitsa.
- la taïga.

5. Le détroit de Gibraltar, entre l'Afrique et l'Europe, n'est pas très large, environ :

- 1 km.
- 15 km.
- 30 km.

6. L'IDH moyen des pays d'Europe du Nord-Ouest est :

- supérieur à 0,9.
- entre 0,8 et 0,9.
- entre 0,8 et 0,7.

7. Quelle est la région du monde où l'espérance de vie est la plus basse ?

- L'Asie du Sud.
- Le Moyen Orient.
- L'Afrique subsaharienne.

8. Combien y a-t-il de PMA sur terre ?

- Environ 30.
- Environ 40.
- Environ 50.

9. Quel est la capitale de la Libye ?

   - Beyrouth.
   - Rabat.
   - Tripoli.

10. L'un de ces trois fleuves russes n'est pas situé en Sibérie. Lequel ?

   - Le Don.
   - L'Ienisseï.
   - L'Ob.

Test n° 9 : vrai ou faux ?

1. L'IDH est l'indicateur de précarité sur terre.
2. L'IDH prenant en compte les PIB/hbt, il évolue toujours dans le même sens.
3. Depuis quinze ans, l'IDH progresse dans tous les pays du monde.
4. Le Brésil compte 180 millions d'habitants et c'est la 5e puissance démographique du monde.
5. La Russie possède les plus grandes réserves de gaz du monde.
6. Alors que le Brésil possède une immense superficie de 8,5 millions de km2, des millions de paysans restent sans terre.
7. Le territoire russe s'étend sur environ 10 000 km d'est en ouest, soit six fuseaux horaires.
8. Les Coptes sont une minorité religieuse chrétienne vivant en Égypte.
9. L'Argentine a été frappée en 2001 par une crise économique et sociale sans précédent.
10. La conférence de Barcelone de 1985 a relancé le partenariat entre l'Union européenne et les pays du sud de la Méditerranée.

Test n° 10 : qui suis-je ?

1. Nous sommes des accords signés entre la plupart des pays européens dans le but d'autoriser la libre circulation entre pays européens et de renforcer le contrôle aux frontières extérieures. Nous sommes… ?

2. Je suis le principal pôle économique du Brésil et je réalise à moi seul plus de 20 % du PIB du pays. Je suis… ?

3. Très nombreux en périphérie des grandes villes brésiliennes, nous sommes l'équivalent des bidonvilles que l'on rencontre dans tous les PED. Notre nom est… ?

4. Je désigne un phénomène que survient en Russie au printemps lors de la fonte des neiges. La Sibérie se transforme alors en marécage, les fleuves sont impraticables, les chemins sont de véritables bourbiers où les voitures s'enfoncent. Je suis… ?

5. Je suis la principale ville à l'extrême orient de la Russie, terme du transsibérien, je suis le principal port russe du Pacifique. Je suis… ?

6. Je suis une des petites enclaves territoriales marocaines sur le sol africain. Le nom de ma voisine est Melilla. Je suis devenu un des points de passage majeurs de l'immigration africaine vers l'Europe. Mon nom est… ?

7. L'hiver, le sol gèle en profondeur dans le nord de la Russie et souvent l'été n'est pas assez chaud pour que ce sol dégèle en profondeur. Cela empêche alors une végétation à fortes racines de se développer, et seule une maigre toundra peut pousser. Ces sols gelés en permanence s'appellent… ?

8. Nous sommes les monts séparant la Russie d'Europe à la Sibérie. Rien à voir avec une haute montagne infranchissable. C'est pourtant la limite orientale que le général de Gaulle fixait au continent européen. Nous sommes… ?

9. Je suis l'ancien dictateur qui a régné sans partage sur le Chili entre 1973 et 1990. La période pendant laquelle je suis resté au pouvoir a vu se développer une dure répression contre les opposants. Je suis… ?

10. Nous sommes les deux détroits séparant la Turquie de l'Europe continentale. Une séparation pour le moins réduite car, au plus étroit, la largeur maximum est inférieur à 1 km. Nous sommes les détroits… ?

Solutions des tests du chapitre 19

Test n°1 : QCM

1. Les IDE désignent les investissements directs à l'étranger
2. Le premier pole commercial du monde est l'Union européenne
3. La première place financière du monde est New York
4. De nos jours, 850 millions d'hommes sur terre ne mangent pas encore à leur faim
5. L'acteur qui a le plus de pouvoir dans la mondialisation sont les FTN
6. Le sigle qui désigne les États les plus pauvres et les plus sous développés du monde est les PMA
7. Selon les démographes, la Terre devrait compter au moins 9 milliards d'hommes en 2050
8. L'Afrique subsaharienne est la partie du monde à connaître les problèmes de sous développement les plus sérieux
9. On a dénombré 760 millions de touristes dans le monde en 2004
10. Les hommes échangent d'abord des produits industriels

Test n°2 : Vrai ou faux ?

1. Faux (un gazoduc)
2. Faux (Singapour)
3. Faux (70% du commerce mondial)
4. Faux (environ 3%)
5. Vrai
6. Vrai
7. Vrai
8. Faux
9. Vrai et faux ! Une forte diffusion des produits culturels américains mais sans détruire les caractéristiques fondamentales des grandes aires de civilisation.
10. Vrai

Test n°3 : qui suis-je ?

1. L'ASEAN
2. Le G8
3. Les firmes multinationales
4. Les paradis fiscaux
5. L'exception culturelle
6. Les gated communities
7. L'OMC
8. Les villes mondiales ou villes globales
9. Tokyo
10. Les ONG

Test n°4 : complétez par les mots manquants

Qu'est-ce que la mondialisation ?

La principale manifestation de la mondialisation est l'explosion des **flux** sur terre. Les échanges se font désormais à l'échelle du **monde** entier pratiquement sans exception. Les différents pays sont de plus en plus liés les uns aux autres : **l'interdépendance** entre toutes les parties du monde s'est donc beaucoup accrue.

Les conséquences spatiales sont tout aussi importantes : les espaces les mieux **reliés** avec le reste du monde sont favorisés et les autres marginalisés. Les grandes **villes** et les **interfaces** actives (certaines frontières, certains littoraux) concentrent les richesses, le savoir et le pouvoir. Ils sont les espaces les plus **attractifs**, c'est donc vers eux que convergent les **hommes** et les activités.

La mondialisation désigne aussi une **occidentalisation** du monde, c'est à dire une domination et une diffusion des valeurs occidentales.

Ces phénomènes sont anciens, mais ils se sont récemment fortement accélérés, notamment depuis **1991** avec la disparition du communisme en **URSS**. Même un pays comme **la Chine** (pourtant théoriquement encore communiste) a adopté l'économie de **marché** et participe pleinement à cette mondialisation des échanges.

Avec la signature des accords du **GATT** en 1947 remplacé en **1995** par l'OMC, la **libéralisation** des échanges n'a fait que progresser. Les obstacles au **commerce**, comme les taxes ou **quotas** ont ainsi fortement reculé. Chaque État a donc dû peu à peu renoncer au **protectionnisme** pour laisser plus librement les produits étrangers pénétrer sur son sol. Les constants progrès dans les moyens de **transport** et de **communication** ont également permis cette accélération de la mondialisation.

La mondialisation actuelle repose donc sur une idéologie, le **libéralisme**. Pour ses partisans, les **libéraux**, la liberté du **commerce** constitue le moyen indispensable pour entraîner le monde vers plus de progrès, de libertés et de richesses. Ils sont toutefois critiqués par les **altermondialistes** qui revendiquent une autre **mondialisation** au nom de la défense de l'environnement et de la lutte contre les **inégalités**.

Il est vrai que les richesses restent très mal **réparties** : les trois pôles les plus riches sur terre, que l'on appelle la **Triade** et qui regroupent **l'Amérique du Nord**, **l'Union européenne** et **l'Asie orientale**, réalisent **70%** des échanges mondiaux. Peu de pays du **Sud** parviennent à sortir durablement du sous-développement. Certains parmi les pays les plus pauvres du monde, les **PMA**, ont même vu récemment leur niveau de développement (mesuré au moyen d'IDH reculer.

Test n°5 : QCM

1. PIB des États-Unis : 11 000 milliards de dollars
2. Part du commerce mondial réalisée par les pays de l'Union européenne : 30%
3. Á 25, les pays de l'Union européenne comptent 450 millions d'habitants
4. La Banque centrale européenne (BCE) siège à Francfort
5. Tokyo est probablement la plus grande agglomération du monde avec 30 millions d'habitants
6. Part du PIB de l'Asie orientale en 2005 dans le monde : 25%
7. Le plus puissant port d'Asie est Singapour
8. Part de la puissance économique du Japon dans la mégalopole japonaise : 80%
9. Le nom de la principale île japonaise est : Honshu
10. Le plus grand port fluvial sur le Rhin est Duisburg

Test n° 6 : vrai ou faux ?

1. Faux (le Japon est toujours, et de loin, la deuxième puissance économique du monde)
2. Faux (le Shinkansen est le TGV japonais)
3. Faux (ce sont le Royaume Uni, le Danemark et la Suède qui l'ont refusé)
4. Vrai
5. Faux (croissance assez soutenue, aux environs de 3% par an)
6. Vrai
7. Faux (c'est Séoul)
8. Vrai
9. Vrai
10. Faux (c'est Singapour)

Test n°7 : complétez par les mots manquants

Les **États-Unis** sont la première superpuissance du monde. Troisième puissance démographique avec près de **300** millions d'habitants, ils réalisent un PIB de **11 000** milliards de dollars, **Wall Street** est la plus grand marché financier du monde possèdent le plus grandes nombre de firmes **multinationales** comme Ford ou MacDonald's. Le **dollar** est la seule vraie monnaie de paiement **international**. Il possède également la plus puissante **armée** du monde et consacre environ **400** milliards de dollars dans la défense, soit au total environ **40**% des dépenses mondiales d'armement. Leur maîtrise des **hautes technologies** (spatial, informatique…) et leurs importantes dépenses en matière de **recherche** et **développement** leur assurent une domination exceptionnelle dans de nombreux secteurs de pointe. Leurs grandes universités, comme le **MIT** ou **Harvard** à Boston ont une renommée internationale. Enfin, les produits **culturels** américains sont diffusés massivement sur toute la Terre. L'**anglais**, langue internationale et le **cinéma** sont le fer de lance de cette domination. Les films produits par **Hollywood** totalisent une part de **85**% du marché mondial. Les États-Unis jouent également un rôle majeur sur le continent **américain**, considérant depuis la doctrine **Monroe** de 1823 l'Amérique latine comme leur chasse **gardée**.

Pourtant, cette hyperpuissance n'est pas sans faiblesses. **40** millions d'Américains sont sous le seuil de pauvreté. Des secteurs industriels majeurs comme l'**automobile** sont en grande difficulté : les champions américains **Ford** et General Motors sont durement concurrencés par le Japonais **Toyota** et ne cessent de perdre des parts de **marché** aux États-Unis même.

Test n°8 : QCM

1. La capitale du Brésil est Sao Paulo
2. L'actuel président de la Russie est Vladimir Poutine
3. La Russie est un État immense qui s'étend sur 17 millions de km^2
4. L'immense forêt qui couvre une grande partie de la Sibérie s'appelle la taïga
5. Le détroit de Gibraltar, entre l'Afrique et l'Europe, n'est pas très large. Environ : 15 km
6. L'IDH moyen des pays d'Europe du Nord-ouest est supérieur à 0,9
7. La région du monde où l'espérance de vie est la plus basse est l'Afrique subsaharienne
8. Il y a environ 50 PMA sur terre.
9. La capitale de la Libye est Tripoli
10. Le Don est un fleuve russe qui n'est pas situé en Sibérie

Test n°9 : vrai ou faux ?

1. Faux, l'IPH signifie indicateur de pauvreté sur terre
2. Faux, IDH et PIB/hbt n'évoluent pas toujours dans le même sens.
3. Faux (l'IDH a baissé dans 18 pays du monde depuis 1990)
4. Vrai
5. Vrai
6. Vrai
7. Faux (le territoire russe s'étend sur environ 10 000 km d'est en ouest, soit onze fuseaux horaires)
8. Vrai
9. Vrai
10. Vrai (pour l'idée) et faux pour la date (la conférence de Barcelone a eu lieu en 1995)

Test n°10 : qui suis-je ?

1. Les accords Schengen
2. Sao Paulo
3. Les favelas
4. La raspoutitsa
5. Vladivostok
6. Ceuta
7. La merzlota
8. Les monts Oural
9. Augusto Pinochet
10. Les détroits du Bosphore et des Dardanelles

Chapitre 20

Tous les sujets les plus probables au bac expliqués et corrigés !

Dans ce chapitre :

- Quels sont les sujets de composition qui risquent le plus de tomber au bac ?
- Comment les aborder et les problématiser ?
- Quels plans faire ?
- Toutes les réponses ici afin de laisser le moins de place possible au hasard !

Petit rappel...

Répétons-le : les professeurs et correcteurs du bac ne connaissent pas les sujets. Ils les découvrent en même temps que vous lors de l'ouverture des enveloppes le jour même de l'épreuve.

Cela dit, nous connaissons bien les programmes et avons un certain recul. Il nous est donc possible de recenser les sujets les plus probables au bac.

Ce chapitre n'a pas la prétention de faire une liste de tous les sujets possibles au bac, c'est sans doute impossible, mais il s'agit de vous proposer une explication de ceux qui ont le plus de chances de tomber. Cela semble un élément important de votre réussite.

Les remarques ci-dessous s'entendent pour les sujets de composition. Pour les études d'un ensemble documentaire, tout balayage des sujets est presque impossible vu la quantité importante de sujets possibles. Surtout, il faut s'attendre à des sujets beaucoup plus pointus sur les études de documents.

Nous expliquons ici les sujets et nous vous proposons des plans détaillés. Pour les contenus, il vous suffira de vous reporter aux cours.

Les sujets sur la 1re partie du programme : un espace mondialisé

Les sujets sur la première partie du programme peuvent être assez variés. Les sujets que nous vous proposons ci-dessous sont les sujets de composition les plus probables car les plus larges et les plus centrés sur les programmes. Cela vaut sans doute la peine de les préparer un peu car leur probabilité de chute nous semble importante !

En gros, il faut vous attendre à trois types de sujets possibles :

- Des sujets centrés sur la mondialisation, ses aspects, ses limites.
- Des sujets centrés sur l'organisation de l'espace mondial, c'est-à-dire sur la géographie de la mondialisation.
- Des sujets centrés sur la notion de développement et surtout d'inégal développement sur terre.

Les sujets centrés sur la mondialisation

Attendez-vous tout d'abord à des sujets de cours sur les principales caractéristiques de la mondialisation. C'est-à-dire : les **aspects**, les **acteurs**, les **facteurs**, les **limites** et les **résistances** à la mondialisation. Pour tous ces thèmes, vous aurez intérêt à avoir préparé des fiches bien renseignées,et, dans ces conditions, ces sujets ne vous poseront pas de difficultés. Le sujet 1 est tout à fait de ce type, nous pourrions facilement en imaginer d'autres de ce genre.

Sujet 1 : « Aspects, acteurs, limites de la mondialisation »

Pas de problème pour vous, c'est vraiment du cours. En plus, le plan est donné, il ne vous reste qu'à problématiser le sujet et à développer une solide argumentation. Bon, plus concrètement, quel plan détaillé pourrions-nous faire ? Reprenez les cours et notamment les plans des deux premiers cours. Passez en revue tous les paragraphes en vous demandant quel sont les aspects, les acteurs et les limites à la mondialisation. Vous verrez que vous trouverez beaucoup d'idées pour argumenter ! Voici une proposition.

Plan détaillé :

I. Les aspects de la mondialisation : un monde de flux

1. Un boom du commerce mondial
2. Une explosion des flux de capitaux

3. Une plus grande mobilité des hommes
4. La mondialisation, facteur de croissance pour une partie de l'humanité

II. Les acteurs de la mondialisation : y a-t-il un pilote dans l'avion ?

1. Les États, à la fois promoteurs et victimes de la mondialisation
2. Les firmes multinationales, principal agent de la mondialisation économique
3. Les marchés financiers au cœur de la mondialisation financière
4. Les grandes organisations internationales à la recherche d'une gouvernance mondiale (ONU, OMC, FMI...)
5. Les ONG, des acteurs aux pouvoirs réduits mais indispensables
6. Les sociétés civiles, des acteurs encore marginaux
7. Les acteurs illégaux prospèrent sur les failles de la mondialisation

III. Les limites à la mondialisation : une mondialisation inachevée et contestée

1. La mondialisation est un processus encore inachevé (manque de règles à l'échelle mondiale)
2. La mondialisation ne parvient pas, seule, à éradiquer le sous-développement (problèmes des inégalités)
3. La mondialisation ne parvient pas, seule, à garantir un nécessaire développement durable
4. La mondialisation est critiquée (par les altermondialistes) et se voit opposer de nouveaux modèles

Pensez toujours bien à énoncer des idées et ne vous contentez pas de réciter. C'est ce que nous tentons de faire avec notre plan. Il y a une différence importante entre notre deuxième partie et celle-ci :

II. Les acteurs de la mondialisation

1. Les États
2. Les firmes multinationales
3. Les marchés financiers
4. Les grandes organisations internationales
5. Les ONG
6. Les sociétés civiles
7. Les acteurs illégaux

Dans cette deuxième partie, nous courons le risque d'énumérer un certain nombre d'arguments sans émettre d'idées. Par exemple, se contenter de faire une énumération des grandes organisations internationales et de dire comment elles fonctionnent. Ce serait tout à fait insuffisant ! Car ce qui compte vraiment, c'est de traiter le sujet et d'avancer des idées sur le sujet ! Qui sont ces acteurs de la mondialisation ? Quelle est leur place et leur pouvoir dans le contrôle de ce monde globalisé ? C'est bien de cela dont il faut traiter. Ne l'oubliez pas.

Sur le même thème, des sujets plus problématiques sont possibles. Intéressants, ils sont aussi plus difficiles à traiter. C'est le cas du sujet 2.

Sujet 2 : « Les États et la mondialisation »

Beau sujet, n'est-ce pas ? Un peu délicat aussi et sans doute moins probable pour vous au bac que le précédent (Comment ça : « Tant mieux ! » ?).

Si vous devez traiter un tel sujet, ne vous faites pas peur inutilement. Vous allez voir que si vous prenez le temps d'y réfléchir un peu, ce sujet est moins compliqué qu'il n'en a l'air. Commençons par le décortiquer un peu afin de le problématiser. Que savez-vous sur les États et la mondialisation et que vous demande-t-on ici ? Réfléchissons ensemble.

Ce que vous savez, c'est que la mondialisation est un phénomène global et planétaire, qu'elle se manifeste par une explosion des échanges et des mobilités de toutes natures et qu'elle se joue des frontières. Elle a donc tendance à court-circuiter les États. Face à la mondialisation des flux financiers, des flux migratoires ou des stratégies d'entreprises (délocalisations, par exemple), un État peut en effet se sentir bien à l'étroit dans ses frontières ! Or les États ne sont-ils pas les acteurs à l'origine de cette mondialisation ? Car qui a en effet établi les règles facilitant cette mobilité et ces flux sinon ces mêmes États ? Beau paradoxe, non ? Vous tenez votre sujet et votre problématique.

Plan détaillé :

I. Les États à la fois promoteurs, victimes et bénéficiaires de la mondialisation

1. Ce sont les États qui ont voulu l'actuelle mondialisation libérale
2. La mondialisation met les États en concurrence (dumping fiscal, social...)
3. Les stratégies mondiales des grandes firmes multinationales
4. La mondialisation offre de formidables opportunités aux pays qui savent en profiter (de l'Irlande à la Chine)
5. La criminalité et le terrorisme se sont eux aussi mondialisés

II. Les États, seuls remèdes efficaces contre les excès et les manques de la mondialisation ?

1. Les États s'adaptent à la mondialisation et édictent des règles pour se protéger
2. Les États sont les seuls acteurs à pouvoir organiser la mondialisation (au sein des grandes internationales comme l'ONU ou l'OMC, par exemple)
3. Les États coopèrent pour apporter des réponses efficaces (organisations régionales comme l'Union européenne, coopération contre le crime)
4. Les États à la défense de l'environnement (depuis le sommet de Rio en 1992 jusqu'à celui de Montréal en 2005)
5. Dépasser les États ? Les États sont-ils suffisamment efficaces face aux enjeux ? On peut en douter. Mais aujourd'hui, force est de constater qu'il n'existe pas d'autres acteurs capables d'intervenir.

Les sujets centrés sur la géographie de la mondialisation

Les sujets possibles sur ce thème sont nombreux et nous ne pourrons certainement pas ici tous les énumérer. Mais, comme vous allez le voir, ils vont toujours tourner autour des mêmes thèmes. L'idée sera de vous faire réfléchir sur la géographie de la mondialisation, ses lieux (ou ses espaces), ses centres (centres d'impulsion, Triade), ses périphéries et, bien sûr, ses flux. Bref, tout ce qui permet d'expliquer et de comprendre cette nouvelle géographie du monde. Quelques exemples.

Sujet 3 : « La mondialisation, une nouvelle géographie du monde ? »

Le sujet se présente sous la forme d'une question, mais la problématique est-elle évidente pour autant ? Décortiquons le sujet pour mieux le comprendre et savoir ce que l'on vous demande exactement.

La mondialisation se caractérise d'abord par un monde de flux et de mobilités. Tout bouge en permanence sur cette terre globalisée ! Des acteurs nouveaux sont à l'origine de ces flux. Notre planète en est-elle totalement transformée ? Ces flux sont-ils à l'origine d'une nouvelle géographie du monde ? La mondialisation crée-t-elle une nouvelle organisation géographique du monde ? Voilà bien vos problématiques.

Que répondre à cette vaste question ?

Nous vivons dans un monde de mobilité et de flux. Nous l'avons vu dans tous les cours de ce livre, ces flux favorisent certains espaces au détriment d'autres. Ce sont les espaces de contact (les interfaces) et les espaces les mieux reliés au monde qui sont favorisés. Les espaces qui parviennent à s'intégrer dans la mondialisation progressent, les autres stagnent ou s'enfoncent dans le sous-développement car ils restent en marge de la prospérité créée par la mondialisation. La mondialisation contribue donc en partie à bousculer la géographie du monde. Produit-elle pour autant une géographie du monde totalement nouvelle ? Dire cela serait très exagéré. Car ce sont les espaces déjà les plus favorisés qui sont valorisés par les flux de la mondialisation. New York, ville mondiale, reste le lieu privilégié des capitaux du monde entier. Il n'y a donc que peu d'évolution entre les centres et les périphéries au niveau mondial. Les grandes puissances d'hier sont encore en grande partie celles d'aujourd'hui. Certes, les lignes bougent un peu, notamment dans cette partie du sud en développement et qui parvient à prendre le train de la mondialisation (la Chine, l'Inde sans doute, le Brésil…). Ces dynamiques finiront peut-être par déboucher un jour sur une nouvelle géographie du monde, remettant en cause la superpuissance des États-unis et la domination des États de la Triade sur les échanges mondiaux. Peut-être. Et demain. Car nous n'en sommes pas là !

Nous pouvons passer au plan détaillé.

Plan détaillé :

I. Un monde de mobilité et de flux à l'échelle mondiale

1. Un boom du commerce mondial
2. Une explosion des flux de capitaux
3. Une plus grande mobilité des hommes

II. La mondialisation favorise l'affirmation d'espaces moteurs

1. À l'échelle des États : métropoles, interfaces frontières et littoraux, lieux privilégiés de la mondialisation
2. À l'échelle du monde, de nombreux États qui sont parvenus à s'insérer dans la mondialisation (Asie orientale, Chine, décollage récent de l'Inde).
3. Nombreux sont les espaces à profiter des flux illégaux de la mondialisation (paradis fiscaux)

III. Sans pour autant remodeler totalement la géographie du monde (tout du moins pour l'instant)

1. Les centres d'impulsion restent les États de la Triade
2. Une grande partie du Sud reste en marge du développement

Sujet 4 : « Les centres d'impulsion de l'espace mondial »

Ce sujet est plus facile que le précédent. Il est sans doute aussi plus probable. Il peut se traiter sans grande difficulté en ressortant notre jeu de questions habituelles en géographie de terminale : aspects, facteurs limites.

Nous pouvons problématiser le sujet autour de ces questions. Qu'est-ce qu'un centre d'impulsion (en introduction) ? Quels sont les centres d'impulsion sur terre (bien sûr les États dominants de notre Triade, c'est-à-dire l'Amérique du Nord, l'Union européenne et l'Asie orientale) ? Quel est leur place dans le système-monde ? Quelles sont les limites à leur puissance ? Naturellement, il faudra étudier ces centres d'impulsion dans le cadre de la mondialisation.

Plan détaillé :

I. Comment se caractérisent ces trois centres d'impulsion au sein de l'espace mondial ?

1. Ils contrôlent les flux de la mondialisation (commerce, capitaux, IDE...)
2. Ils concentrent la puissance sous toutes ses formes : économique, politique, militaire, culturelle...
3. Ils possèdent les métropoles les plus puissantes (villes mondiales)
4. Ils maîtrisent les hautes technologies
5. Ils possèdent des infrastructures de transport et de communication sans équivalent

II. Hiérarchie et typologie de ces trois centres d'impulsion

1. L'Amérique du Nord reste le centre d'impulsion dominant à l'échelle mondiale
2. L'Asie orientale est le centre d'impulsion le plus dynamique
3. L'Union européenne est le seul espace intégré (Union), le premier pôle commercial, mais le moins dynamique de ces centres

III. Quelles sont les limites à la puissance et à la domination de ces centres ?

1. La concurrence des pays émergents et l'apparition de probables et futures grandes puissances (Chine, Inde)
2. Le développement durable trop menacé par le développement économique des trois centres d'impulsion
3. Les inégalités au sein même de leurs populations

Les sujets centrés sur la notion de développement

Sujet 5 : « Des Nords, des Suds ? »

Un grand classique pour les sujets de composition ou de croquis ! Voilà le genre de sujet auquel il faut s'attendre et que vous devez bien sûr parfaitement maîtriser. Ce sujet pose le problème de l'inégal développement sur terre. Il pose aussi le problème des dynamiques, c'est-à-dire des évolutions, de ce développement. Le sujet libellé sous forme de questions recèle de nombreuses problématiques : quels sont ces Nords et ces Suds (il faudra faire une typologie) ? Combien y a-t-il de Nords et de Suds ? Comment évoluent ces Nords et ces Suds ? Le monde s'uniformise-t-il ou se diversifie-t-il de plus en plus ? Sans oublier le point de départ : qu'est-ce que le Nord et qu'est-ce que le Sud ? Comme souvent, plusieurs plans sont possibles. En voici un parmi d'autres. Comme pour les sujets précédents, il faut replacer celui-ci dans la problématique de la mondialisation. Ce sujet fait également appel au cours sur « Les Suds ». N'hésitez pas à utiliser vos connaissances sur la Méditerranée, le Brésil ou la Russie pour aller chercher les exemples nécessaires à votre démonstration.

Plan détaillé :

I. Des Nords développés et dominants

1. Qu'est-ce que le Nord ? (Ce sont les espaces de puissance concentrant richesses, pouvoirs et savoirs).
2. Les caractéristiques de domination du Nord (contrôle des flux, de la puissance…)
3. Typologie de ces Nords nettement dominants (la Triade)

II. Des Suds sous-développés et dominés

1. Qu'est-ce que le Sud ? Les espaces sous-développés et dominés
2. Critères et analyse du sous-développement (IDH)
3. Des inégalités de développement à toutes les échelles (exemple du Brésil)
4. Typologie de ces Suds (Amérique latine, Asie, Afrique)

III. Entre les deux, des Nords et des Suds en limite

La limite Nord/Sud est-elle en mouvement ? Les flux de la mondialisation contribuent en effet à bousculer les hiérarchies.

1. Des Nords fragilisés : pays de l'ex-URSS et d'Europe de l'Est.
2. Des Suds appelés à intégrer le Nord ? Exemple de la Chine ou du Brésil
3. Un « Sud » au Nord (pauvreté et exclusion) et un « Nord » au Sud (richesses de minorités ayant réussi comme en Inde ou au Brésil)

Conclusion : Une limite Nord/Sud de plus en plus floue ?

Ce plan a l'avantage de présenter une vision un peu dynamique des notions de Nord et de Sud, montrant que, même si les clivages sont forts et très marqués, les lignes entre les deux ne sont pas définitivement figées. Cela vous permet de conclure sur deux idées majeures au centre du sujet : les clivages Nord/Sud sont et restent forts ; ils sont néanmoins remis partiellement en cause par les dynamiques de la mondialisation, à l'origine d'un monde plus mobile et contribuant à bousculer (un peu) les hiérarchies.

Les sujets sur la 2e partie du programme : les grandes puissances

Sujets sur l'Amérique du Nord

Il faut s'attendre à des sujets très ressemblants entre les trois grandes puissances (deux seulement pour les TS). Comme l'Amérique du Nord est la partie la plus détaillée en cours (les professeurs doivent y consacrer plus de temps), c'est sans doute là où faut s'attendre à la plus grande variété de sujets.

Bien sûr, les sujets classiques autour des notions de puissance et d'organisation du territoire sont les plus probables, mais ils peuvent se décliner sous des formes variables.

Les sujets centrés sur la notion de « puissance »

Tout d'abord des sujets de cours, sans difficulté et sur lesquels il faudrait vous précipiter s'ils venaient à tomber ! Quelques exemples.

Sujet 1 : « La puissance des États-Unis »

Quelles seraient les problématiques d'un tel sujet ? Nous retombons sur les problématiques classiques de la notion de puissance et il faudrait construire votre plan autour :

- Quels sont les aspects de la puissance des États-Unis dans le monde ?
- Quels sont les facteurs de la puissance des États-Unis ?
- Quelle est la géographie de cette puissance ?
- Quelles sont les limites de la puissance des États-Unis ?

Dès lors, deux plans sont possibles :

1er plan possible, du type « Aspects, géographie, limites » de la puissance américaine :

I. Quels sont les principaux aspects de la puissance américaine ?

1. La troisième puissance démographique du monde
2. La première puissance économique du monde
3. La première puissance financière du monde
4. La première puissance militaire et diplomatique du monde
5. Le soft power : la première puissance culturelle du monde

II. Une superpuissance à toutes les échelles : régionale, continentale et mondiale

1. Mexique et Canada, deux partenaires privilégiés
2. États-Unis et Amérique latine, une chasse gardée en voie d'intégration ?
3. À l'échelle mondiale : le pays le plus influent de la planète

III. Quelles sont les limites et les points faibles de cette superpuissance ?

1. La puissance et la richesse, mais pas pour tous
2. Des ressources naturelles surexploitées
3. Une puissance économique menacée ?
4. Une puissance internationale menacée ?

2e plan possible, du type « Aspects, facteurs, limites » de la puissance américaine :

I. Quels sont les principaux aspects de la puissance américaine ?

1. La troisième puissance démographique du monde
2. La première puissance économique du monde
3. La première puissance financière du monde
4. La première puissance militaire et diplomatique du monde
5. Le soft power : la première puissance culturelle du monde

II. Quels sont les facteurs de la puissance américaine ?

1. Les hommes, le nombre et le dynamisme
2. Le territoire, la maîtrise et la richesse
3. La maîtrise des hautes technologies
4. Économiquement : les grandes FTN et la monnaie

III. Quelles sont les limites et les points faibles de cette superpuissance ?

1. La puissance et la richesse, mais pas pour tous
2. Des ressources naturelles surexploitées
3. Une puissance économique menacée ?
4. Une puissance internationale menacée ?

Dans tous les cas, nous sommes très proches du cours. D'où l'intérêt pour vous de tomber sur un tel sujet !

Sujet 2 : « Les États-Unis et le monde »

Le sujet 2 est très proche du premier, car, sans apparaître, la notion de puissance reste au cœur du sujet. Ce sujet avec « et » vous impose en effet de vous poser deux questions :

À RETENIR

- La première : quelles sont les relations qu'entretient la puissance américaine avec le monde ? Autrement dit, comment se comporte les États-Unis dans le monde et comment se manifeste leur puissance ? Problématique classique qui rejoint le sujet 1.
- Et la seconde : comment le monde se comporte-t-il vis-à-vis des Etats-Unis ? Parvient-il à influer sur la puissance des États-Unis ? Cette problématique induit une petite variante mais, au fond, elle est assez proche du thème sur les limites de la puissance des États-Unis.

Sur un tel sujet, vous pourriez adopter le plan « Aspects, géographie, limites » de la puissance américaine (voir ci-dessus). Le sujet étant « Les États-Unis et le monde », ce plan est sans doute préférable à celui d' « Aspects, facteurs, limites » de la puissance américaine. Et pour coller au sujet, il faudrait insister davantage, dans la troisième partie, sur les aspects internationaux que sur les aspects intérieurs.

Sujet 3 : « Les États-Unis, une puissance mondiale sans limites ? »

À nouveau un sujet sur la notion de puissance, mais cette fois il est problématisé. Qu'est-ce que cela change ? Sur le plan et les arguments, pas grand-chose ! Il va en effet falloir commencer par définir et présenter la puissance américaine, puis en étudier les aspects avant d'insister sur ses limites. Et, vous le voyez, nous retombons sur les sujets 1 et 2 ! Vous pourriez donc traiter ce sujet de la même façon.

Sujet 4 : « Puissance et évolution de l'espace agricole des États-Unis »

Ce genre de sujet plus pointu semble moins probable au vu des derniers sujets tombés ces dernières années. Tous les sujets sur la notion de puissance sont susceptibles de tomber. En revanche, sur l'agriculture… cela semble bien précis et plus trop dans l'air du temps. Mais sait-on jamais ? Ci-dessous, de quoi faire face le cas échéant !

Plan détaillé :

I. Un espace favorable et bien mis en valeur

1. Un espace favorable aux activités agricoles (superficie, qualité des sols, variété des climats…)
2. Des contraintes naturelles largement vaincues (irrigation, érosion des sols, rigueurs du climat…)
3. Des moyens techniques très performants

II. Un espace agricole en évolution : la fin des *belts* ?

1. Un espace agricole traditionnellement organisé en belts
2. Une remise en cause croissante sous le poids des contraintes de marché
3. Un nouvel espace agricole (carte)

III. L'espace agricole, un élément important de la puissance du pays

1. La première agriculture du monde
2. Une agriculture très intégrée à l'économie du pays : l'agrobusiness
3. Des problèmes subsistent néanmoins pour cette agriculture (aides de l'État, endettement, concurrence…)

Les sujets autour de la notion d'« organisation du territoire »

De nombreux sujets sont possibles, ils peuvent être formulés de nombreuses manières différentes mais cela ne doit pas vous inquiéter car, vous allez le voir, ils vont souvent vous amener à des plans assez proches.

Sujet 5 : « L'organisation du territoire des États-Unis »

Ce sujet est tombé en croquis en juin 2004. Il est également très probable en composition. C'est un grand classique, une question de cours sans piège ni difficulté. Bref, on vous le souhaite !

Pour traiter ce sujet, reportez-vous à notre cours intitulé de la même façon.

Sujet 6 : « Les États-Unis, un territoire maîtrisé ? »

Nous tombons là sur un sujet beaucoup plus délicat, n'est-ce pas ? La notion de maîtrise du territoire est importante en géographie et vous devez bien la… maîtriser !

Expliquons le sujet, vous comprendrez mieux comment l'aborder.

Maîtriser un territoire, c'est le mettre en valeur, se l'approprier et l'organiser pour le mettre au service de la puissance d'un pays. Cela suppose donc de parvenir à maîtriser les principales contraintes de ce territoire avec des moyens performants. Un territoire maîtrisé est un gage de puissance essentiel. C'est la bonne maîtrise d'un territoire qui permet qu'un espace soit réellement un facteur de puissance et non pas un problème ! De ce point de vue là, les exemples russe et américain sont révélateurs. Les États-Unis sont parvenus à maîtriser l'essentiel de leurs contraintes, les Russes beaucoup moins. Cette maîtrise est bien sûr un reflet de l'efficacité de la machine économique américaine. Mais attention : le challenge à relever n'était pas le même ! Que pèsent les contraintes de l'espace américain face à celles, autrement plus redoutables, de l'espace russe ? Les Américains ont en effet été gâtés…

Bien. Un tel sujet est-il vraiment possible ? Difficile à dire car c'est, certes, un sujet tout de même pointu ! En croquis, il faut s'y attendre, mais en composition… c'est moins évident.

Proposons néanmoins un plan détaillé (cela fait toujours un peu d'entraînement !). Pour la troisième partie, pensez à la notion de « Limites », toujours très utile :

En introduction, présentation de l'espace américain, problématique autour de la maîtrise du territoire : dans quelle mesure cet immense territoire est-il bien maîtrisé, c'est-à-dire mis au service de la puissance des États-Unis ?

Plan détaillé :

I. Maîtriser le territoire américain : un défi de longue date

1. Conquérir l'immensité américaine : l'appropriation du territoire et les défis de l'immensité
2. Un espace présentant de fortes potentialités (richesses naturelles nombreuses et variées, climat…)
3. Mais également des contraintes réelles

II. Transport et communication : des résultats édifiants, l'immensité vaincue

1. Des moyens de transport modernes et variés (rail, route, avion tubes, câbles, satellites, etc.)…
2. Et d'importants aménagements (barrages, canaux, etc.)…
3. Ont permis la maîtrise du territoire américain

III. Un territoire largement maîtrisé mais à ménager

1. Une densité des moyens de transport inégale
2. Un territoire surexploité
3. Des catastrophes naturelles violentes incontrôlable (exemple : cyclone Katrina à l'automne 2005 ayant ravagé La Nouvelle-Orléans).

Bon, cela irait, mais le sujet est tout de même un peu plus délicat à manipuler, non ?

Sujet 7 : « La Sun Belt, nouveau centre du territoire des États-Unis ? »

Un sujet, là aussi, assez pointu ! De tels sujets tombaient auparavant… Tomberaient-ils encore aujourd'hui ? C'est toute la question ! Alors, juste pour le cas où, ci-dessous un plan pour pouvoir le traiter.

Le sujet est moins compliqué qu'il n'y paraît car, au fond, ce n'est qu'une variante du sujet 4 sur l'organisation du territoire. Il est simplement problématisé, voilà tout, et propose d'observer les dynamiques spatiales du territoire américain depuis la Sun Belt.

Introduction et problématique :

Définition et présentation de la *Sun Belt* : cette « ceinture du soleil » correspond à l'ensemble du croissant sud et ouest des États-Unis, soit une quinzaine d'États au total. C'est l'espace le plus dynamique du pays depuis quelques décennies, et c'est ce dynamisme qui donne son caractère principal à la Sun Belt.

À RETENIR

Et la problématique ? Vous savez qu'historiquement c'est l'est du territoire américain qui a concentré richesse et puissance. Mais depuis une trentaine d'années, les États de la Sun Belt sont plus dynamiques. Alors la Sun Belt est-elle devenue le nouveau centre du pays à la place du nord-est qui a traversé une forte crise dans les années 1970 et 1980 ? La périphérie serait-elle en train de détrôner le vieux centre ? Le territoire américain basculerait-il vers le sud et l'ouest ?

Plan détaillé :

I. La *Sun Belt*, un espace en plein essor

1. L'espace le plus dynamique du pays (dynamisme démographique, économique…)
2. Les facteurs de ce dynamisme (climat, ressources, main-d'œuvre…)
3. Une position d'interface privilégiée (avec l'Asie, avec le Mexique)

II. La Sun Belt, un espace hétérogène et fragile

1. Des noyaux de développement isolés plus qu'une grande région intégrée (Californie, Texas, Floride)
2. Un important « angle mort » : le Mississipi au cœur d'une *Poverty Belt*
3. Un espace fragile (problème de l'eau, absence de grands centres de commandement)

III. Un nord-est difficile à détrôner

Malgré les difficultés du nord-est et le dynamisme de la Sun Belt, le nord-est reste difficile à détrôner, tant il cumule encore les facteurs de puissance.

1. Le nord-est s'est en grande partie remis de la crise des années 1980
2. Le nord-est concentre toujours davantage de puissance que la Sun Belt (puissance politique, démographique, économique et financière)
3. Contrairement à la Sun Belt, le nord-est est un espace puissamment intégré (mégalopolis, Grands Lacs et Canada).

Conclusion

La géographie et l'organisation du territoire des États-Unis sont en mutation constante. Les rééquilibrages récents n'ont fait qu'apporter toujours plus de puissance aux États périphériques. La Sun Belt, c'est finalement le lieu où il se passe des choses, une nouvelle frontière, là où se prépare l'Amérique du XXIe siècle. Le nord-est reste encore au cœur de la puissance actuelle du pays mais, incontestablement, la Sun Belt préfigure les États-Unis de demain.

Les sujets combinant les notions de « puissance » et d'« organisation du territoire »

Oui, il est possible que certains sujets combinent les deux notions majeures du programme pour donner des sujets toujours bien dans l'esprit de celui-ci. Deux exemples.

Sujet 8 : « Puissance et espace aux États-Unis »

Le sujet vous amène à faire le lien entre la puissance et l'espace aux États-Unis. Le sujet n'est pas très compliqué, mais c'est un sujet de synthèse et il faut prendre le temps de bien préciser les problématiques. Au fond, ce sujet vous demande de répondre à trois questions qui vont former vos trois parties :

- Dans quelle mesure l'espace est-il un des fondements de la puissance des États-Unis ?
- Quels sont les espaces où se concentre la puissance des États-Unis ?
- Comment s'organise le territoire des États-Unis aujourd'hui ?

Les deuxième et troisième parties traitent les mêmes aspects du sujet, mais selon des échelles différentes. C'est souvent un axe intéressant pour vous.

Plan détaillé :

I. Dans quelle mesure l'espace est-il un des fondements de la puissance des États-Unis ?

1. L'espace, un potentiel naturel considérable (immensité, climats favorables, richesse des sols et des sous-sols, façades maritimes, axe Mississipi-Grands Lacs-Saint-Laurent)
2. Un territoire rapidement conquis et mis en valeur
3. Des contraintes naturelles limitées et largement maîtrisées (parler des transports ici)

II. Quels sont les espaces où se concentre la puissance des États-Unis ?

1. Les grandes agglomérations au cœur de la puissance des États-Unis
2. Les parcs technologiques en périphérie des villes, nouveaux pôles de puissance (dynamisme des banlieues)
3. Frontières et façades maritimes, des espaces très dynamiques

III. Comment s'organise le territoire des États-Unis aujourd'hui ?

1. Le nord-est, moins dominant et moins dynamique, est toujours le cœur de la puissance des États-Unis
2. Une *Sun Belt* très dynamique, futur centre du pays ?
3. Des espaces centraux plus périphériques mais pas sans atouts

Il faut considérer ce type de sujet comme très probable car bien centré sur les programmes actuels.

Sujet 9 : « Le territoire, facteur de la puissance américaine ? »

Il s'agit également d'un sujet pointu et combinant puissance et organisation du territoire. Pouvez-vous avoir un tel sujet ? Ce n'est pas inconcevable, mieux vaut vous y préparer.

Ce sujet n'est pas très compliqué, d'autant qu'il est clairement problématisé. La seule difficulté sera d'avoir des connaissances suffisamment précises pour pouvoir le traiter.

Plan détaillé :

I. Un espace riche, base de la puissance

1. La richesse du sous-sol, atout pour l'industrie (minerai, énergie)
2. La qualité des sols et la diversité des climats, atouts pour l'agriculture
3. La taille et la diversité du territoire, atouts pour le tourisme
4. La disposition du territoire, atout pour les communications (Saint-Laurent-Mississippi-Grands Lacs, les trois façades maritimes, les baies en eaux profondes au nord-est.

II. Des contraintes peu nombreuses et largement maîtrisées

1. Une appropriation rapide du territoire
2. L'immensité vaincue par un réseau de transport performant
3. Des contraintes naturelles en grande partie dominées

III. Mais un espace surexploité et fragile

1. Une utilisation trop intensive du territoire (gaspillage, pollution, épuisement des réserves)
2. Une inégale densité des réseaux de transport
3. Une maîtrise du territoire globalement réussie mais encore incomplète (certaines contraintes restent des menaces : cyclones, tornades, inondation, faille de San Andréas, hivers parfois très rudes…)

Les sujets sur la façade atlantique de l'Amérique du Nord

Vu la place réduite de cette question dans les programmes, les sujets ne demanderaient très probablement qu'une simple reformulation du cours et ne devraient pas poser de grandes difficultés.

Sujets probables sur cette question :

À RETENIR

Sujet 10 : « L'organisation du territoire de la façade atlantique de l'Amérique du Nord »

Sujet 11 : « La puissance de la façade atlantique de l'Amérique du Nord »

Sujet 12 : « La façade atlantique de l'Amérique du Nord, une interface majeure de l'espace mondial ? »

Dans tous les cas, vous pourriez traiter ces sujets en reprenant le plan de notre cours, organisé à la fois autour des notions de puissance, d'interface et d'organisation du territoire.

Sujets sur l'Union européenne

Pour l'Union européenne et l'Asie orientale, il faut s'attendre aux mêmes sujets qu'à ceux sur les États-Unis, mais moins variés, et donc plus simples ! Nous irons donc plus vite.

Les sujets autour de la notion de « puissance »

Sujet 1 : « La puissance de l'Union européenne dans le monde »

Il s'agit d'un sujet classique et vous pouvez adopter le plan vu sur les États-Unis ci-dessus, du type « Aspects, facteurs, limites ».

Plan détaillé :

I. Quels sont les principaux aspects de la puissance européenne ?

1. Un des trois pôles majeurs de l'économie mondiale (industrie, service, tourisme, agriculture)
2. La première puissance commerciale du monde
3. Une grande puissance financière

II. Quels sont les fondements de la puissance de l'Union européenne ?

1. Une population nombreuse, riche et qualifiée
2. Des infrastructures de transport de premier plan
3. Des grandes entreprises dynamiques et compétitives
4. Une bonne maîtrise de certaines hautes technologies
5. L'euro ?

III. Quelles sont les limites et les points faibles de la puissance de l'Union européenne ?

1. Une puissance incomplète : faiblesse politique, militaire et internationale
2. Une puissance économique menacée car peu dynamique
3. Une puissance démographique vieillissante

Sujet 2 : « L'Union européenne et le monde »

Ce sujet est très proche du précédent. Vous pouvez adopter le même plan.

Les sujets autour de la notion d'« organisation du territoire »

Ils peuvent être formulés de façons différentes mais tous vont vous amener à travailler sur les disparités spatiales en Europe.

Sujet 3 : « L'organisation du territoire de la puissance européenne »

L'Union européenne n'est pas le territoire d'une seule grande puissance mais le résultat d'une union encore bien parcellaire de 25 États souverains. Il en découle une organisation du territoire originale par rapport à un État comme les États-Unis, un espace de puissance très hiérarchisé, plus fragmenté et beaucoup plus multipolaire. C'est ce qu'il faudrait démontrer. Plusieurs plans sont possibles. Nous vous en proposons un parmi d'autres ci-dessous.

Plan détaillé :

I. Un territoire sans grande contraintes et largement maîtrisé

1. Un espace relativement réduit et au contact des mers (interfaces avec le monde)
2. Un espace favorable aux activités humaines (plaines, climats, encore quelques ressources naturelles)
3. Des moyens de transport d'une qualité sans équivalent sur terre

II. Un espace de puissance multipolaire et polarisé par de grandes et puissantes métropoles

1. Au centre, l'Europe rhénane
2. Des espaces de puissance nombreux et diversifiés dans tout l'espace de l'Union
3. Des métropoles importantes et souvent d'envergure mondiale

III. Des périphéries plus ou moins intégrées

1. Des espaces périphériques nombreux et variés (départements d'outre-mer ultrapériphériques, espaces ruraux, vieux centres industriels en crise, espaces éloignés…)

2. Une politique régionale active pour compenser ces déséquilibres, mais des résultats inégaux

3. Un défi : un important élargissement vers l'Europe de l'Est

Sujet 4 : « Centres et périphéries en Europe »

Ce sujet est très proche du précédent. Peut-être pourrait-il se traiter sans aborder la première partie. Un plan simple, en deux parties (« Centres » et « Périphéries ») pourrait en effet convenir. Il est toutefois possible de l'améliorer un peu, comme nous vous le proposons ci-dessous.

Plan détaillé :

I. Un centre dominant, mais un espace multipolaire

1. Au centre, l'Europe rhénane
2. Des espaces de puissance nombreux et diversifiés dans tout l'espace de l'Union
3. Des métropoles importantes et souvent d'envergure mondiale
4. Des espaces remarquablement desservis par des moyens de transport de premier plan
5. Des espaces souvent en position centrale et bien reliés à l'espace mondial

II. Des périphéries plus ou moins intégrées

1. Des espaces souvent pénalisés par leur éloignement, leurs contraintes climatiques sévères ou leur histoire (anciens pays communistes)
2. Typologie des périphéries de l'espace européen avec quelques exemples. Des espaces périphériques nombreux et variés (départements d'outre-mer ultrapériphériques, espaces ruraux, vieux centres industriels en crise, espaces éloignés…)

III. Une politique d'aménagement du territoire ambitieuse pour lutter contre ces disparités spatiales

1. La politique régionale, deuxième budget de l'Union
2. Des résultats inégaux, un espace toujours à plusieurs vitesses malgré de réels progrès
3. Un défi : un important élargissement vers l'Europe de l'Est (dix nouveaux pays en 2004 et deux de plus en 2007 ou 2008, la Roumanie et la Bulgarie, qui auront besoin d'aides importantes)

Les sujets sur l'Europe rhénane

Même remarque que pour les sujets sur la façade atlantique de l'Amérique du Nord. En composition, les sujets seront forcément proches du cours. Traitez-les à partir du plan de notre cours.

Exemples de sujets possibles :

Sujet 4 : « Pôles et flux de l'espace rhénan »

Sujet 5 : « Organisation et dynamiques de l'espace rhénan »

Sujets sur l'Asie orientale

Tout comme pour les sujets sur l'Union européenne et les sujets sur l'Asie orientale, il faut s'attendre aux mêmes sujets que ceux sur les États-Unis mais moins variés, des sujets plus proches du cours et donc moins compliqués !

Les sujets autour de la notion de « puissance »

Les sujets devront aborder l'Asie orientale dans sa globalité. Donc (en principe !) vous ne devez pas avoir de sujets sur la Chine, la Corée du Sud ou Taiwan.

Les plans du type « Aspects, facteurs, limites » ou « Aspects, géographie, limites » semblent les mieux appropriés dans la plupart des sujets possibles sur ce thème.

Par exemple…

Sujet 1 : « La puissance de l'Asie orientale dans le monde »

I. Une aire de puissance en expansion rapide

1. Le plus grand « réservoir » humain du monde (ingénieurs, consommateurs et main-d'œuvre bon marché)
2. La puissance économique la plus dynamique du monde
3. Une puissance commerciale conquérante

II. Une aire multipolaire très hétérogène et très littoralisée

1. Un espace très hétérogène articulé autour de trois pôles majeurs (mégalopole japonaise, Chine littorale, NPIA)
2. Une puissance économique concentrée sur les littoraux
3. Des flux économiques majeurs au sein de la zone

III. Une puissance invulnérable ?

1. Une aire de fortes tensions, politiquement instable et encore faiblement intégrée
2. Une croissance économique fragile ?
3. D'importants problèmes sociaux à venir ?
4. Un environnement sacrifié

Sujet 2 : « L'Asie orientale, une aire de puissance en expansion »

Ce sujet est proche du précédent. Le même plan peut convenir. Il serait bon tout de même de rajouter quelques éléments sur l'extension géographique de cette aire asiatique (une extension est en cours dans le Sud-Est asiatique) et d'insister sur les fortes dynamiques économiques.

Les sujets autour de la notion d'« organisation du territoire »

Là aussi, peu de sujets semblent réellement envisageables car, vu le temps qu'il est possible de passer sur cette question, vous seriez vite en difficulté. Le plus probable est donc que les sujets jouent la prudence et proposent des libellés proches des cours. Si tel n'était pas le cas et que le sujet vous surprenne trop, il faudrait alors vous méfier et envisager d'en choisir un autre !

Sur ce thème, les sujets chercheraient sans doute à vous amener à distinguer les facteurs d'unité et de diversité de cette aire asiatique.

Sujet 3 : « Unité et diversité de l'Asie orientale »

Le sujet n'est pas si éloigné du sujet 1 que nous avons traité ci-dessus. Quels sont les éléments d'unité entre les pays de l'aire asiatique ? La diversité domine et c'est bien la montée en puissance, le dynamisme économique et commercial qui caractérisent cette aire de puissance. Et la diversité ?

Des pays à des stades de développement différents, une aire politiquement très fragmentée, ce qui la rend relativement fragile. Une problématique possible : entre ces deux forces (unité ou diversité que l'on peu traduire par éloignement et division), laquelle va l'emporter ?

Plan détaillé :

I. Une aire de puissance en expansion rapide

1. Le plus grand « réservoir » humain du monde (ingénieurs, consommateurs et main-d'œuvre bon marché)
2. La puissance économique la plus dynamique du monde
3. Une puissance commerciale conquérante

II. Un espace très hétérogène articulé autour de trois pôles majeurs

1. La mégalopole japonaise
2. La Chine littorale
3. Les NPIA

III. Une aire en voie d'intégration ?

1. Une puissance économique concentrée sur les littoraux
2. Des flux économiques majeurs au sein de la zone
3. Mais une aire de fortes tensions, politiquement instable et encore faiblement intégrée

Les sujets sur la mégalopole japonaise

Comme les autres études régionales (façade atlantique de l'Amérique du Nord et Europe rhénane), les sujets possibles sont extrêmement réduits car le temps que nous pouvons y consacrer en cours est très limité. Autrement dit, seul un sujet de cours reprenant pratiquement l'intitulé de la question au programme semble envisageable. À nouveau, une bonne connaissance des cours et des plans s'impose donc !

Exemple de sujet :

Sujet 4 : « La mégalopole japonaise au cœur de l'Asie orientale et de l'espace mondial »

Les sujets sur la 3e partie du programme : « Des mondes en quête de développement »

Sujets sur les Suds

Sujet 1 : « Unité et diversité du Sud »

Encore un sujet classique auquel il vaut mieux s'attendre. Il peut être formulé de façon différente, par exemple :

Sujet : « **À l'échelle mondiale, peut-on encore parler d'un Sud ?** »

Ou encore :

Sujet : « **Un ou des Suds ?** »

Mais c'est toujours bien le même sujet ! C'est un sujet de cours, donc pas de difficulté pour vous.

La problématique reprendra donc celle du cours : le tiers-monde a éclaté pour céder la place à plusieurs Suds. Quels sont les points communs de ces Suds ? Qu'est-ce qui les différencie ? Le monde est inégalement développé, certes, mais le monde sous-développé présente-t-il un visage homogène ?

I. Le Sud se différencie du Nord par un ensemble de critères de sous-développement

1. Analyse des critères de l'IDH pour quelques zones géographiques (voir notre cours)
2. Une urbanisation rapide et mal maîtrisée
3. Certains facteurs sont particulièrement pénalisants (enclavement, climats, surtout instabilité politique).

II. Mais le Sud est lui-même à des stades différents de développement

1. L'Asie, un développement irréversible ?
2. L'Amérique latine, un développement en panne ?
3. Le monde arabe, un développement bloqué ?
4. L'Afrique subsaharienne, un développement impossible ?

Une éventuelle troisième partie développant le cas du Brésil comme un exemple des pays du Sud, est envisageable, mais en le présentant bien comme cela (il faut qu'une éventuelle partie sur le Brésil s'insère en effet bien dans votre problématique d'ensemble).

Autre piste possible pour développer une autre partie (et sans doute meilleure), celle de la recherche des principaux facteurs du sous-développement et l'exposé des différentes voies possibles pour au moins initier le développement. Dans ce cas, il faudrait insister sur les critères politiques (stabilité de l'État) qui apparaissent comme un critère déterminant. L'analyse de la voie suivie par les pays asiatiques pour parvenir à se développer pourrait fournir un bon exemple. Il faudrait conclure dans tous les cas qu'il n'existe pas un modèle magique pour parvenir à se développer. C'est un processus long et toujours fragile.

La conclusion doit vous permettre de confirmer les hypothèses de départ, à savoir un Sud avec des traits communs de sous-développement, mais de plus en plus divers. Au total, c'est progressivement la diversité qui l'emporte sur l'unité. Cela ne facilite pas la mise en place de politiques d'aide et joue en défaveur des plus défavorisés.

Sujets sur l'interface méditerranéenne

Il ne faut pas s'attendre à des sujets très variés sur cette question dans la mesure où elle est articulée autour d'une problématique très précise d'où il sera difficile de sortir.

Rappelons cette problématique : la Méditerranée est-elle aujourd'hui davantage une ligne de fracture ou de contact entre le Nord et le Sud ?

Les sujets ne s'en éloigneront sans doute guère.

Sujet 2 : « La Méditerranée, quelle interface Nord/Sud ? »

Le sujet de cours par excellence ! Donc reprenez le cours pour le traiter !

Sujet 3 : « La Méditerranée, espace de clivage ou de contact entre le Nord et le Sud ? »

Voyez-vous une réelle différence avec le sujet précédent ?

Sujet 4 : « Flux et inégalités de développement dans l'espace méditerranéen »

Voilà enfin un sujet un peu plus original ! Il met en relation la question du développement (la notion majeure de cette troisième partie du programme de géographie) et l'exemple de cette interface Nord/Sud qu'est la Méditerranée. Bien sûr, vous éviteriez de traiter les flux dans une première partie et les inégalités de développement dans une seconde. Il faut essayer de lier tout cela.

Problématisons le sujet : il s'agit bien de s'interroger sur les relations entre les flux de toutes sortes (hommes, marchandises, capitaux…) et le niveau de développement d'un pays. Comment les inégalités de développement de part et d'autre de l'espace méditerranée expliquent-t-elles les flux ?

I. Les flux de marchandises, reflet des écarts économiques entre le Nord et le Sud

1. Produits industriels (du Nord vers le Sud), énergie et matières premières (du Sud vers le Nord) : des flux Nord/Sud très déséquilibrés
2. Peu de flux Sud/Sud, preuve d'une faible industrialisation du Sud et d'une faible coopération
3. De part et d'autre de la Méditerranée, des espaces à des niveaux de développement industriel très décalés

II. Les flux humains, reflet des inégalités de développement

1. Du Sud vers le Nord, une immigration de plus en plus forte (réfugiés, recherche d'un emploi)
2. Du Nord vers le Sud, des flux de touristes importants
3. Des flux révélateurs d'un véritable fossé en termes de développement (IDH) et de situations démographiques inverses (jeunesse au Sud, vieillissement au Nord)

III. Les flux de capitaux

1. Tous les flux vont du Nord vers les Suds, ce qui en soi est déjà très parlant ! Les flux sont par ailleurs assez faibles, preuve d'un intérêt limité du Nord vers le Sud (IDE, délocalisations).
2. L'aide au développement est également limitée (développer la coopération euro-Méditerranée)
3. Les flux financiers les plus importants sont ceux constitués par l'argent renvoyé par les travailleurs immigrés africains travaillant en Europe vers leurs familles restées au Sud. C'est tout dire…

4. Ces flux très déséquilibrés sont le reflet d'un écart de puissance financière absolument gigantesque (le Nord possède la puissance financière et attire les capitaux).

Que conclure ?

Les flux entre le Nord et le Sud sont bien révélateurs des écarts considérables en matière de développement humain et économique entre le Nord et le Sud. Pour rééquilibrer ces flux, seule une vraie politique de coopération semble pouvoir être efficace. Bien qu'elle ait été relancée en 2005, elle est encore loin de pouvoir relever de tels défis. Les flux risquent de rester déséquilibrés pour longtemps.

Sujet sur la Russie

La question au programme sur la Russie est centrée sur une problématique précise, celle d'un État et d'un espace en recomposition. Dès lors, il sera difficile pour des sujets de composition de beaucoup s'en éloigner. Les sujets de cours, ou proches du cours, seront donc les plus probables.

À tel point que vous pouvez très bien avoir des sujets de composition qui ne soient pas autre chose que la question au programme (La Russie : « Un État et un espace en recomposition »). Évidemment, si c'est le cas… champagne ! Et, bien sûr, n'hésitez pas : prenez ce sujet !

D'autres sujets sont possibles, mais de toute façon probablement guère éloignés de cette problématique. Un exemple.

Sujet 5 : « La Russie est-elle encore un État du Nord ? »

Voici un sujet de synthèse qui permet d'aborder les thèmes d'un État et d'un territoire en recomposition, mais également la notion de développement, central dans cette troisième partie du programme.

Si bien des facteurs militent pour attester d'un affaiblissement et d'une paupérisation de la Russie, lui faire perdre définitivement son statut d'État du Nord et l'assimiler à un État du Sud n'est-il pas excessif ? Il faudrait montrer les éléments qui plaident en faveur de cet affaiblissement, puis terminer en nuançant le propos.

Plan détaillé :

I. Un État, une société, une économie en transition depuis 1991 et victime d'affaiblissement

1. Une transition difficile vers la démocratie et l'économie de marché
2. Un recul économique important
3. Des traits réels de sous-développement au sein de la population

II. Un espace lui aussi recomposé et qui, en l'état, ne participe que partiellement au développement du pays

1. Un territoire réduit et toujours très contraignant
2. Un territoire toujours mal maîtrisé
3. Permanence de forces centrifuges menaçant la cohésion du territoire (forte autonomie des régions, guerre de Tchétchénie)

III. Mais la Russie conserve des bases solides

1. Les richesses naturelles sont considérables
2. Une puissance qui a encore les moyens de se faire respecter
3. Une économie qui se redresse sensiblement depuis quelques années

Chapitre 21

Lexique des mots et notions que vous ne pouvez pas ignorer

Dans ce chapitre :

- Agribusiness, mondialisation… Tous les termes à connaître
- Et à utiliser dans vos copies

Nous avons regroupé ici tous les mots essentiels de votre année de terminale. Pas de superflu, seuls sont présents les mots que vous devez absolument connaître et utiliser ! N'hésitez donc pas à parcourir ce lexique de temps en temps…

Agribusiness

Le terme désigne toutes les activités en relation avec le secteur agricole. Ainsi, en amont de la production agricole (fabrication de semences, de produits chimiques, de tracteurs…) et en aval du secteur agricole, l'agriculture est au centre d'un secteur essentiel de l'économie générant indirectement des emplois.

Altermondialisme

Les altermondialistes s'opposent à l'actuelle mondialisation et souhaitent une autre mondialisation, plus respectueuse du développement et de l'environnement. Leurs cibles principales sont l'OMC et les États-Unis accusés de favoriser l'instauration d'une mondialisation jugée trop libérale.

ALENA

Accord de libre-échange nord-américain signé entre les États-Unis, le Canada et le Mexique en 1994.

APEC

Ou *Asia-Pacific Economic Cooperation*, c'est à dire Coopération économique Asie-Pacifique.

Aide publique au développement (APD)

L'APD recouvre l'aide fournie aux pays développés à destination des pays en développement. Il s'agit de dons ou de prêts consentis à des conditions financières favorables.

ASEAN

Ou *Association of South-East Asia Nations*, c'est-à-dire Association des pays d'Asie du Sud-Est.

Banque mondiale (ou BIRD)

Institution de l'ONU créée en 1944 lors de la conférence de Bretton Woods. Son but est d'aider les PED à se développer en finançant certains projets (transports, projets industriels, formation…) à des conditions favorables (prêts à long terme à taux réduits). C'est une des grandes organisations internationales jouant un rôle important dans l'actuelle mondialisation.

Banque centrale européenne (BCE)

La BCE a pour mission la gestion de l'euro. Elle contrôle la politique monétaire de l'Union européenne et fixe notamment le niveau des taux d'intérêts directeurs en Europe. Elle est implantée à Francfort.

Brain drain

Ou « flux des cerveaux ». Ce terme désigne les flux de personnes très qualifiées d'un pays vers un autre. On l'utilise le plus souvent pour désigner les flux des chercheurs du monde entier vers les États-Unis.

CBD

Central Business District ou quartier central des affaires. Il désigne, à l'origine dans les villes américaines, le principal quartier d'affaires d'une agglomération. Le CBD regroupe souvent des institutions importantes et des sièges sociaux d'entreprises. On le reconnaît à ses nombreux gratte-ciel. De plus en plus, les villes américaines n'en ont plus un mais plusieurs, illustrant la tendance actuelle à l'éclatement des centres.

Centre d'impulsion

Désigne un pôle ou un espace qui, de part sa richesse et ses capacités de commandement, exerce une influence dominante dans le monde. À l'échelle mondiale, la Triade regroupe les trois principaux centres d'impulsion. À l'échelle du Brésil, São Paulo constitue le principal centre d'impulsion du pays.

CNUCED

Conférence des Nations-Unies pour la coopération et le développement. La première CNUCED a vu le jour en 1964 et se tient depuis tous les quatre ans. Elle essaie de mieux intégrer les pays en développement dans l'économie mondiale. La CNUCED est un forum intergouvernemental qui réalise des travaux de recherche et d'expertise et offre une assistance technique aux pays en développement, notamment aux pays les moins avancés.

Commerce équitable

Il s'agit d'une forme de commerce où les acheteurs s'engagent à payer un bon prix aux producteurs des pays en voie de développement afin que ceux-ci puissent vivre décemment de leurs productions. Max Havelar est un des labels les plus connus du commerce équitable.

Conseil de sécurité de l'ONU

Le Conseil de sécurité de l'ONU est la principale institution de l'ONU (voir ONU).

Créationnisme

Théorie selon laquelle la création du monde et l'apparition de l'homme ne seraient pas le résultat de l'évolution des espèces mais serait conforme à ce qu'enseigne la Bible dans son premier livre, la Genèse.

Déréglementation

Suppression progressive des règles. C'est un des aspects de l'actuelle mondialisation libérale qui vise à rendre plus aisé le développement du commerce et de l'économie.

Développement

La notion de développement veut dépasser la simple idée de croissance économique au sein d'un pays. Le développement désigne en effet un enrichissement mis au service de l'amélioration des conditions de vie et de travail d'une population. Le principal critère pour le mesurer est l'IDH.

Développement durable

Le développement durable complète la notion de développement. Apparu en 1987 dans le rapport Brundtland, le terme de « développement durable » désigne un développement des activités humaines qui soit soutenable dans le temps et compatible avec la préservation de l'environnement. Il s'agit d'un développement qui réponde au besoin des populations présentes sans compromettre la possibilité des générations futures de répondre au leur. Il introduit donc une solidarité entre générations et la nécessité de préserver l'environnement.

Diaspora

Du mot grec « dispersion ». Une diaspora est une communauté vivant en dehors de son pays d'origine. La communauté juive vivant hors d'Israël forme une diaspora. Les Chinois vivant hors de Chine (en Asie du Sud-Est notamment) forment une importante diaspora de 60 millions de personnes environ.

Edge cities

Aux États-Unis principalement, ce terme désigne les nouveaux centres qui se développent en périphérie des agglomérations (et donc en dehors des centres anciens). Ce phénomène illustre la tendance à l'étalement et l'éclatement des grandes villes américaines.

Espace Schengen

Treize pays de l'Union européenne ont signé les accords de Schengen (Royaume-Uni et Irlande ne les ont pas signés) en 1985. Ces accords instaurent une libre circulation des personnes entre les pays signataires (donc abolition des frontières) ainsi qu'un renforcement des frontières aux limites extérieures de l'Europe (au sud de l'Espâgne et de l'Italie, par exemple).

Exception culturelle

Principe défendu par la France qui demande que la culture ne soit pas traitée comme une marchandise et puisse être protégée et subventionnée par un État qui le désire. C'est donc une dérogation aux principes de l'OMC qui défend l'idée de libéralisation des échnages.

Façade maritime

C'est un espace littoral qui joue le rôle d'interface entre un arrière-pays et un espace maritime. C'est donc un espace de contact souvent très important, entre l'intérieur d'un pays et le reste du monde.

Fécondité

Ou indicateur de fécondité. C'est le nombre moyen d'enfants par femme pour une année. Il est d'environ 1,5 en Europe, 2 aux États-Unis, 1,4 au Japon et 1,8 en Chine. Ce n'est que lorsque ce chiffre est supérieur à 2,1 qu'une population assure le renouvellement de sa population.

Fonds monétaire international (FMI)

Créé en 1944 lors de la conférence de Bretton Woods, le rôle du FMI a évolué avec le temps. De nos jours, il se consacre principalement à l'octroi des prêts aux pays qui traversent de graves crises financières (pays ne pouvant faire face à ses obligations, pays surendettés…). Son action est très critiquée depuis quelques années car il impose souvent des cures d'austérité très fortes aux pays bénéficiaires de ces prêts (c'est-à-dire de fortes réductions des dépenses publiques qui amènent souvent davantage de misère pour une partie de la population).

Fonds structurels

Il s'agit de l'argent accordé par l'Union européenne aux régions en difficulté. Ces fonds structurels (ou aides régionales) représentent environ 1/3 du budget de l'Europe et sont la deuxième dépense de l'Union après la Politique agricole commune (PAC).

Firmes multinationales ou transnationales (FMN ou FTN)

Les firmes multinationales sont toutes les entreprises exerçant leur activité à l'échelle mondiale et possédant des usines ou des participations dans des entreprises installées dans des pays différents (Nestlé, L'Oréal, Ford, Toyota… sont des FMN). Les FMN sont des acteurs majeurs de la mondialisation. Notons que l'on utilise aussi parfois le terme proche de « FTN » ou « firmes transnationales ».

G7 ou G8

Le G7 est une sorte de club réunissant les sept pays les plus puissants du monde économiquement. Il est né en 1975 par la volonté du président français Valéry Giscard d'Estaing afin de favoriser les rencontres entre grandes puissances pour tenter de trouver ensemble des solutions aux grands problèmes économiques et financiers du monde (à l'époque, il s'agissait surtout de faire face à la crise de 1973). Bien que ne faisant pas partie de ce « club des riches », la Russie est invitée aux réunions du G7, devenu donc G8.

GATT

General agreeement on tariff and trade ou Accord général sur les tarifs douaniers signé en 1947. L'objectif de ce traité signé entre la majorité des États du monde était de favoriser le commerce en supprimant progressivement les entraves aux échanges, et notamment les droits de douane et les quotas qu'imposaient certains pays aux produits entrant sur leur territoire afin de protéger leur économie. De nombreux cycles de négociation ont été conduits et ont abouti à une forte diminution de ces entraves, ce qui a favorisé un fort essor du commerce. Le GATT a été remplacé en 1995 par l'OMC.

Héliotropisme

Dans la plupart des pays développés, l'héliotropisme désigne les mouvements de population se dirigeant vers les régions ensoleillées du sud. Ce mouvement est perceptible dans la plupart des pays développés (le sud de la France ou le sud des États-Unis sont l'un comme l'autre très attractifs).

HCR

Haut commissariat des Nations-Unies pour les réfugiés. Organe de l'ONU qui apporte du secours aux populations réfugiées où qu'elles se trouvent sur terre (très souvent des populations en fuite à la suite d'un conflit).

Hinterland

Ou « arrière-pays ». L'hinterland est la région constituant l'arrière-pays d'un port.

IDE

Investissements directs à l'étranger. Ce sont les flux de capitaux dont l'objectif est le contrôle ou la création d'une entreprise à l'étranger.

IDH

Indicateur de développement humain. C'est un des meilleurs outils pour développer le niveau de développement d'une population car il fait la synthèse entre trois paramètres : le niveau de richesse d'une population

(PIB/hbt), l'espérance de vie et le niveau d'éducation. Sa valeur est comprise entre 0 et 1. Plus elle est proche de 1, plus le pays est développé. En 2005, le pays ayant l'IDH le plus élevé était la Norvège (0,963) et celui ayant l'IDH le plus faible le Niger (0,281).

Interface

C'est un espace de contact qui met en relation deux ensembles géographiques différents. Cela peut être un littoral, une frontière, une chaîne de montagnes... Lorsqu'elle met en contact deux espaces complémentaires, elle peut devenir un espace très attractif et dynamique (frontière entre le nord-est des États-Unis et le Canada, ou entre le Mexique et les États-Unis, par exemple).

IPH

L'IPH, ou indicateur de pauvreté humaine, a été créé par le PNUD pour compléter l'IDH. Il combine les trois critères suivants :

- le risque de mourir avant 40 ans,
- le taux d'analphabétisme des adultes,
- les conditions de vie mesurées à la fois par l'accès aux services de santé, l'accès à l'eau potable et la sous-nutrition chez les enfants de moins de 5 ans.

Libéralisme

Idéologie apparue à partir du XVIIe siècle en Grande-Bretagne qui considère la liberté individuelle comme la valeur principale dans une société. À l'origine, les libéraux se sont beaucoup battus contre la monarchie. De nos jours, on parle surtout de libéralisme économique. L'objectif principal des défenseurs du libéralisme est de favoriser la croissance économique en laissant un maximum de liberté aux entreprises, d'où la réduction des règles et la diminution du rôle de l'État.

Libéralisation des échanges ou libre-échange

Politique visant à favoriser le commerce sur terre en supprimant les entraves aux échanges, c'est-à-dire les quotas d'importation et les taxes douanières ainsi que toutes les réglementations considérées comme infondées. Ce libre-échange s'oppose au protectionnisme.

Littoralisation

La littoralisation des activités humaines (habitations ou, souvent, industries) désigne le déplacement de ces activités vers les littoraux. C'est un des aspects de la mondialisation.

Lobby

Le terme désigne les groupes de pression qui, dans tous les domaines d'activité d'un pays, cherchent à faire pression sur les pouvoirs politiques pour obtenir des décisions qui leur soient favorables. Ces groupes de pression sont très nombreux et variés : lobby agricole (pour la défense des agriculteurs), lobby nucléaire (pour favoriser l'utilisation du nucléaire), etc.

Maquiladoras

Ce sont des entreprises situées au Mexique mais à proximité de la frontière américaine, et dont les employeurs sont souvent américains. Ces derniers apportent les capitaux et la technologie et bénéficient ainsi d'une main-d'œuvre mexicaine bon marché pour leurs productions qu'ils réexportent ensuite vers les États-Unis.

Mégalopole ou mégalopolis

Étymologiquement, une mégalopole est une très grande ville. En fait, ce terme désigne trois concentrations urbaines très particulières sur terre, en Europe rhénane, aux États-Unis (de Boston à Washington) et au Japon. Il s'agit d'ensembles particuliers ayant une exceptionnelle concentration d'hommes, de pouvoirs et de capitaux dans un espace relativement réduit.

Mercosur

Marché commun d'Amérique du Sud créé en 1991 autour du Brésil, de l'Argentine, de l'Uruguay et du Paraguay dans le but d'instaurer une zone de libre-échange entre ces États.

Métropole

Une métropole est une ville mère, c'est-à-dire, dans un pays, une très grande ville, une ville principale.

Métropolisation

Le terme désigne la tendance à la concentration des hommes et des activités au sein d'un nombre réduit de grandes villes qui prennent ainsi une place grandissante dans l'espace mondial,

NPIA

Nouveaux pays industrialisés d'Asie. À l'origine, cet ensemble regroupe quatre pays d'Asie : Hong Kong, Taiwan, la Corée du Sud et Singapour. Ces quatre pays se sont fortement développés économiquement à partir des années 1960 en s'inspirant du modèle japonais, d'où le terme de « nouveaux pays industrialisés ».

OMC

Organisation mondiale du commerce créée en 1994 en remplacement des accords du GATT. Il s'agit d'une organisation internationale dont le but est double : développer le commerce mondial en le libéralisant (réduction des entraves au commerce) et mise en place de règles commerciales communes entre les États du monde pour instaurer un minimum d'ordre au sein du commerce mondial. C'est actuellement une des principales organisations internationales.

OMS

Organisation mondiale de la santé. Institution de l'ONU créée en 1948, dont le but est d'améliorer l'état sanitaire de tous les habitants de la terre. L'OMS intervient dans de nombreux pays pour mener des campagnes de prévention ou de vaccination contre de nombreuses maladies.

ONG

Organisations non gouvernementales. Il s'agit de toutes les organisations qui agissent au niveau international sans dépendre d'un gouvernement.

ONU

Organisation des Nations-Unies créée en 1945 (charte de San Francisco) dont le but est de prévenir et d'éviter les conflits dans le monde en favorisant le dialogue et la concertation entre pays. Tous les pays sont représentés au sein d'une assemblée générale, mais c'est le Conseil de sécurité qui a la réalité du pouvoir car ses 15 membres votent les résolutions (décisions) de l'organisation. Cinq de ces membres sont permanents (ils siègent toujours, alors que les autres changent tous les deux ans) et disposent d'un droit de veto (pouvoir de dire non) sur les décisions de l'ONU, d'où leurs pouvoirs très importants au sein de cette organisation. Ce sont les États-Unis, la Russie, la Chine, la France et le Royaume-Uni.

Paradis fiscal

Désigne environ 70 petits pays offrant des conditions de placement des capitaux internationaux très avantageuses (très peu d'impôts et très peu de questions sur l'origine des fonds). Ils permettent à des sommes considérables d'échapper au contrôle des pays développés.

Pavillon de complaisance

On nomme ainsi les pays qui acceptent d'accueillir sous leur propre pavillon (drapeau) des bateaux appartenant à d'autres pays. Certains de ces pavillons sont très recherchés (Panama, Liberia…) car ils permettent de faire naviguer un bateau en imposant des taxes et des règlements extrêmement faibles.

Pays atelier

Un pays atelier est un pays où l'activité principale est la fabrication ou l'assemblage de pièces élaborées ailleurs. Les autres pays les utilisent pour leurs très faibles coûts de main-d'œuvre (nombreux pays ateliers en Asie du Sud-Est ou en Afrique du Nord). C'est un stade initial du développement, mais encore insuffisant pour véritablement créer des richesses.

Pays émergents

Pays en développement dont la croissance économique actuelle est assez forte et qui sont parvenus à faire preuve d'un développement bien amorcé mais qui reste encore fragile, comme l'Argentine, le Brésil, l'Inde ou la Turquie.

Pays les moins avancés (PMA)

Les PMA sont les pays les moins avancés, c'est-à-dire les pays les moins développés du monde. Ce sont des pays où le PIB par habitant et l'IDH sont particulièrement faibles. Il y avait 25 PMA en 1971, et 49 en 2004, dont 34 en Afrique. Cet ensemble de pays montre à lui seul toutes les limites de l'actuelle mondialisation.

Pentagone

Ministère de la Défense aux États-Unis. Cet énorme bâtiment en forme de pentagone (cinq côtés) est installé à Washington.

PIB

Produit intérieur brut. C'est le principal indicateur pour mesurer les richesses produites en une année par un pays, c'est-à-dire la somme des richesses produites par l'agriculture, l'industrie et les services (il est obtenu en faisant la somme des valeurs ajoutées produites à l'intérieur d'un pays). Il représente toutes les richesses. Il est donné en dollar. Les États-Unis ont le PIB le plus élevé du monde et de loin.

PIB ppa

PIB en parité de pouvoir d'achat. Cet indicateur permet de corriger un défaut du PIB. Le PIB mesure la richesse produite par un pays en dollar. Or, on n'achète pas la même chose avec un dollar selon que l'on se trouve aux États-Unis ou en Inde ! D'où l'idée de tenir compte des différents pouvoirs d'achat des monnaies dans le calcul de ce PIB. Les différences de classement obtenues sont importantes.

Polder

Terre gagnée sur la mer par endiguement (voir les Pays-Bas).

PNUD (Programme des Nations-Unies pour le développement)

Créé en 1965, le PNUD est un organisme dépendant de l'ONU dont l'objectif est d'aider les pays les plus pauvres du monde à se développer. Il publie également tous les ans un rapport sur le développement humain avec les niveaux d'IDH de chaque pays sur terre.

Protectionnisme

Désigne une politique menée par un gouvernement dans le but de protéger son économie des importations en provenance d'autres pays. Les moyens utilisés peuvent être nombreux : mise en place de normes, de lourdes taxes, de quotas à l'importation… C'est le contraire du libre-échange.

Protocole de Kyoto

Accord international de l'ONU dont le but est la diminution des émissions de gaz à effet de serre de 5 % d'ici à 2008. Le traité est entré en vigueur en 2005, seuls les États-Unis ont pour le moment refusé de le ratifier.

Termes de l'échange

C'est le rapport entre la valeur des produits exportés par un pays et la valeur des produits importés par ce même pays. Si ce rapport diminue, on dit que les termes de l'échange se dégradent. Cela signifie que pour ce pays la valeur de ses exportations baisse et parvient de moins en moins à couvrir le prix de ce qu'il doit importer. La dégradation des termes de l'échange est un problème important pour de nombreux pays du Sud.

Triade

Ce sont les trois grands pôles de l'économie mondiale : Amérique du Nord, Union européenne et Asie orientale. La Triade domine les échanges mondiaux et organise encore largement le monde malgré la progressive montée de certains pays émergents.

Twin cities

Ou « villes jumelles ». Le terme désigne les villes qui sont installées de part et d'autre de la frontière américano-mexicaine. Elles symbolisent l'essor des échanges entre les deux pays et l'implantation de nombreuses entreprises le long de la frontière (par exemple, Laredo au Texas et Nuevo Laredo au Mexique sont deux *twin cities*).

UNICEF

C'est le fonds des Nations-Unies pour venir en aide aux enfants du monde. Cet organe de l'ONU a été créé en 1946. Il aide les gouvernements de nombreux pays sur terre à améliorer la situation des enfants.

Ville globale

Ville globale ou ville mondiale. On entend par là des villes qui disposent des principales fonctions de commandement d'un pays et ont une forte influence sur le monde. New York, Paris, Londres, Chicago, Tokyo sont de villes globales.

Cinquième partie

La partie des dix

Le Matin du Bac le réveil est parfois difficile :

Dans cette partie…

Notre « partie des X » est intégralement consacrée à une des épreuves clés de votre bac de géographie : le croquis. Pourquoi épreuve clé ? Car réaliser un croquis est obligatoire lorsque la géographie tombe en épreuve courte (c'est-à-dire, en moyenne, un an sur deux tout de même !). C'est, de plus, une épreuve qui n'est pas très difficile et qui peut assez facilement rapporter gros (un très bon croquis peut vous permettre de compenser une copie d'histoire ratée, ça n'est pas rien !). Donc… Préparez-là bien ! Et pour cela, vous avez besoin de deux choses :

- Bien connaître les principaux croquis susceptibles de tomber au bac,
- Et disposer de fonds de cartes pour vous entraîner

Vous trouverez les deux dans cette partie…

Chapitre 22

10 fonds de cartes à photocopier pour s'entraîner

Dans ce chapitre :

- Où se trouvent exactement Nagoya, Dallas ou Francfort ?
- Et les trois grands fleuves sibériens, l'Ob, la Léna ou l'Ienisseï, savez-vous les placer à coup sûr au bon endroit ? La seule façon de le savoir est de vous tester comme si vous étiez au bac, c'est à dire avec un fond de carte vierge !

Localisez les villes, replacez les différents éléments de l'organisation des territoires (flux, fleuves, ports, énergie…), bref entraînez-vous à refaire vos croquis. Nous vous fournissons ici tous les fonds de cartes nécessaires pour cela. Ils sont identiques à ceux que vous aurez le jour du bac. N'hésitez pas à les photocopier, en les agrandissant un peu (le jour du bac, les fonds de carte sont de la taille d'une feuille A4).

Le monde

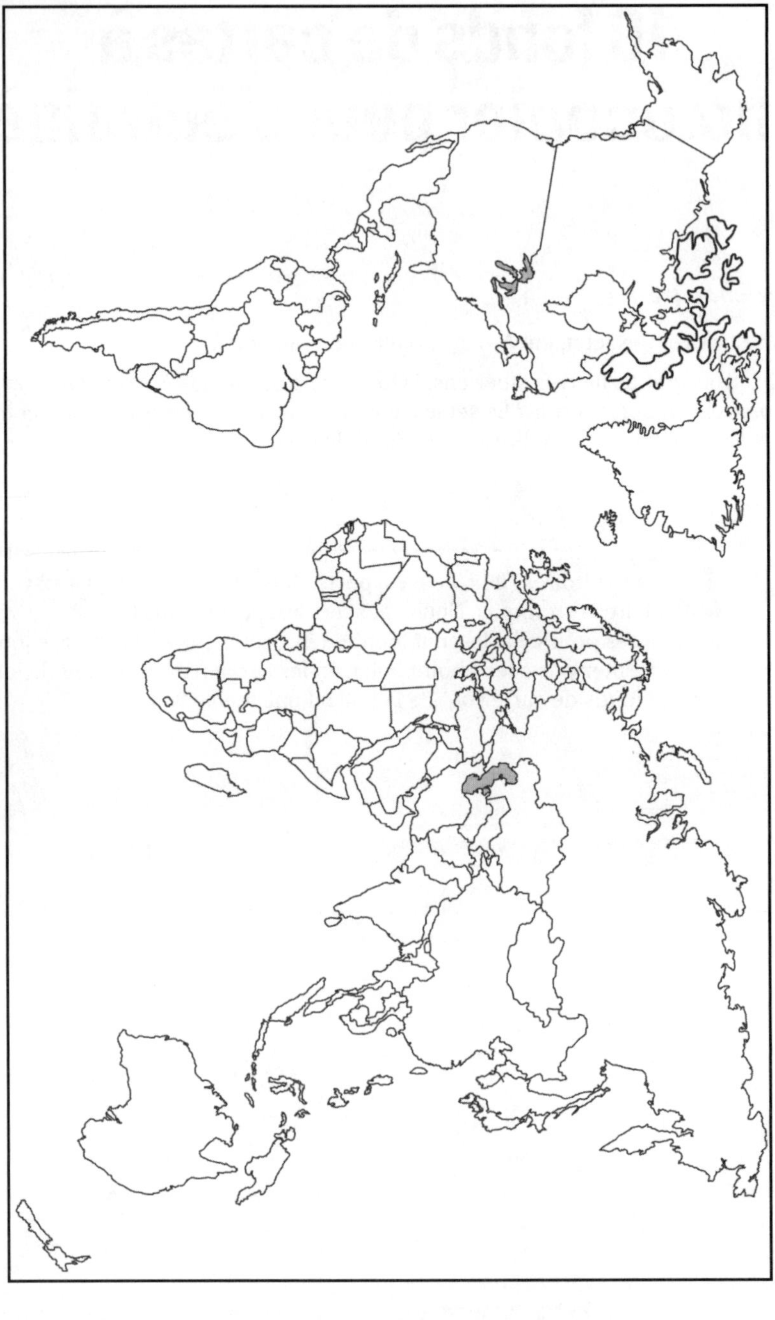

Le monde (projection polaire)

Les Etats-Unis

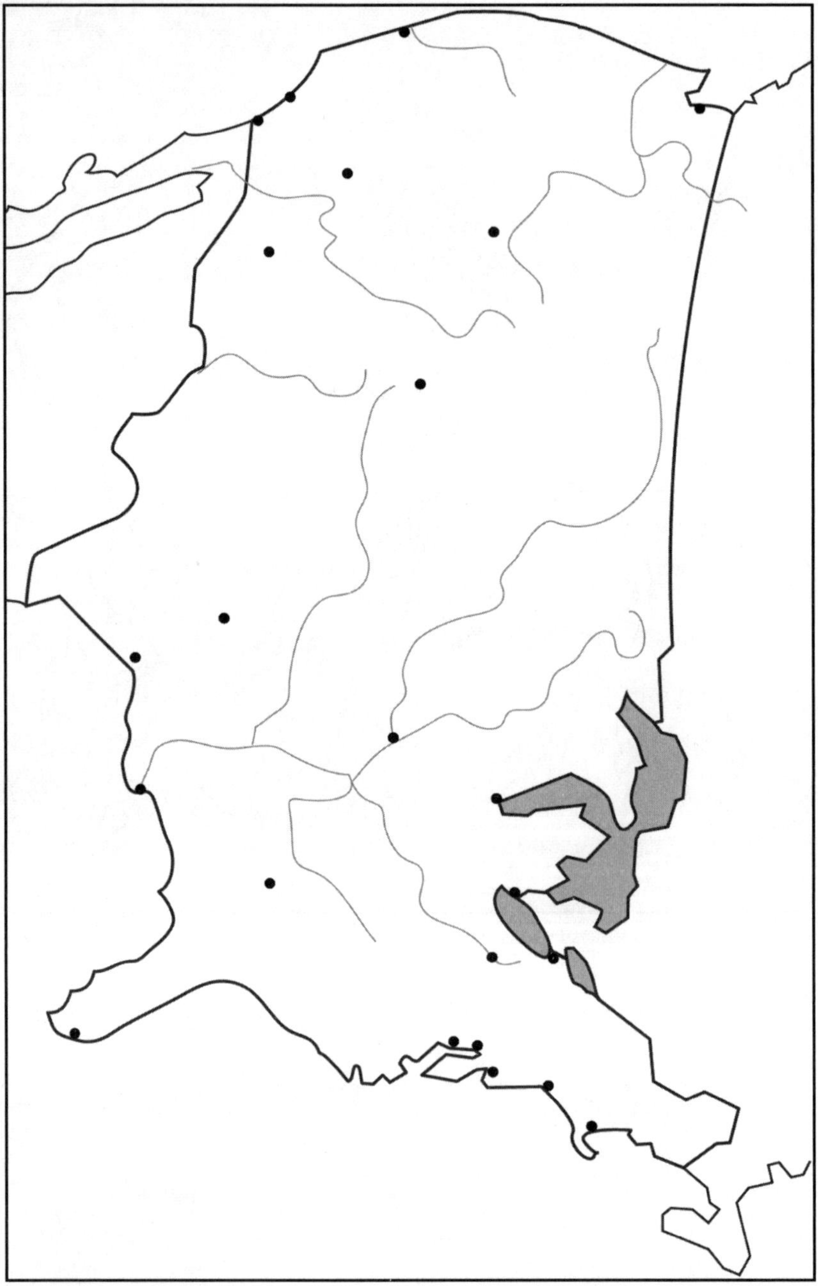

La façade atlantique de l'Amérique du Nord

L'Union européenne

L'espace rhénan

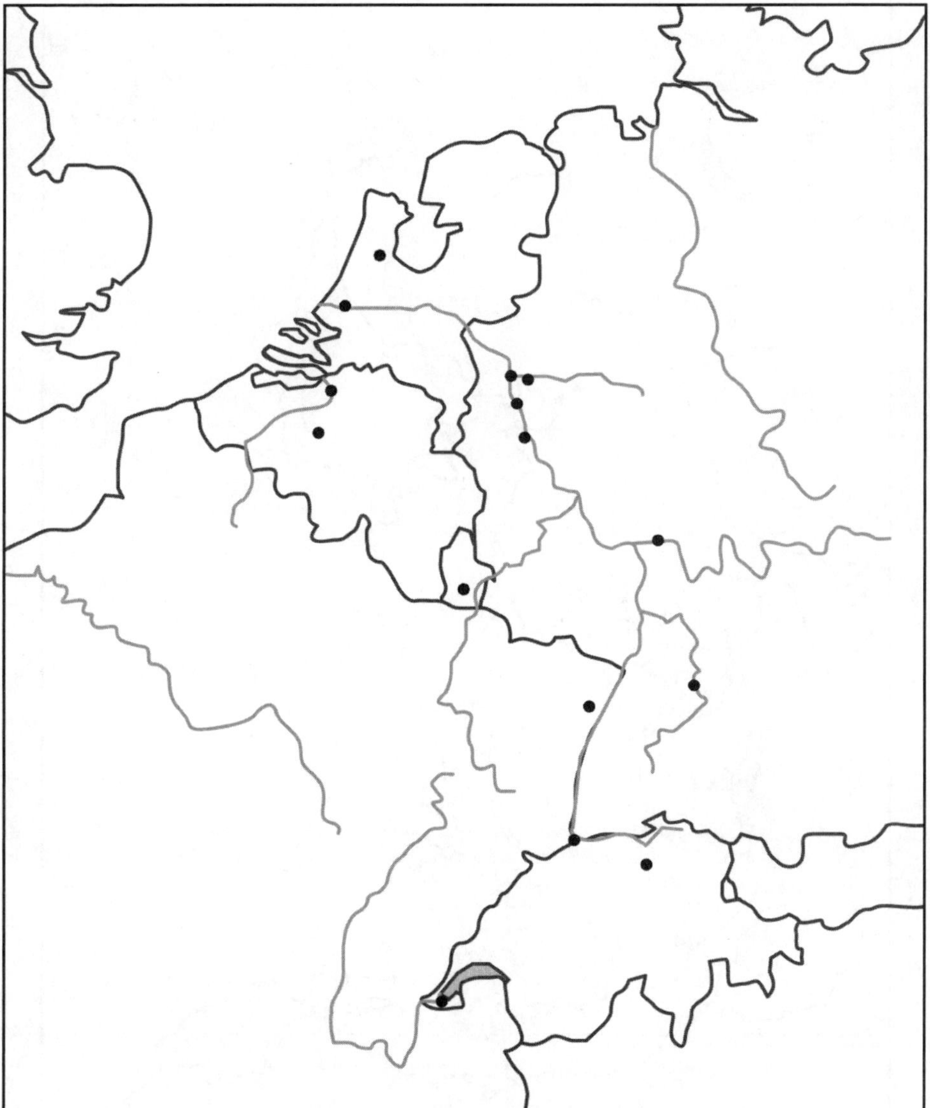

L'Asie orientale

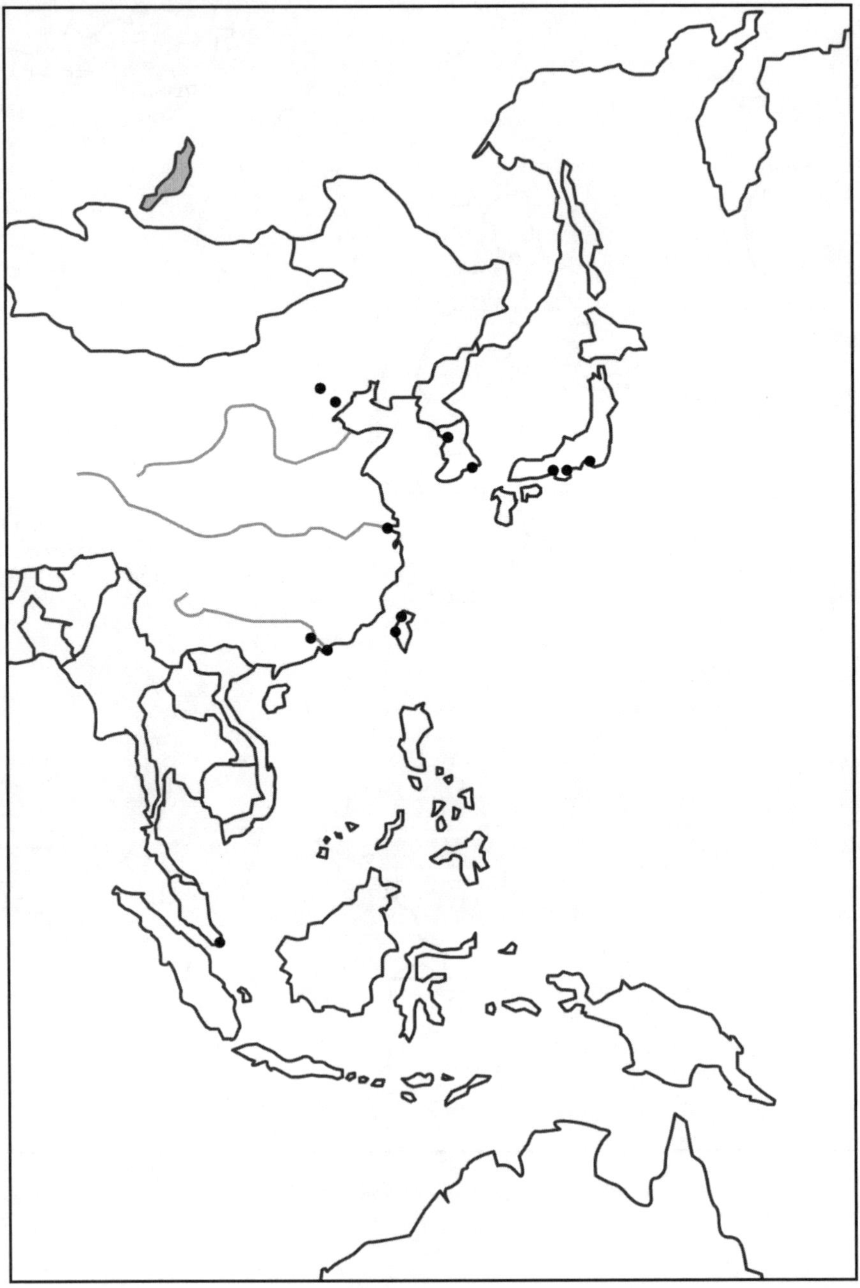

La mégalopole japonaise

L'espace méditerranéen

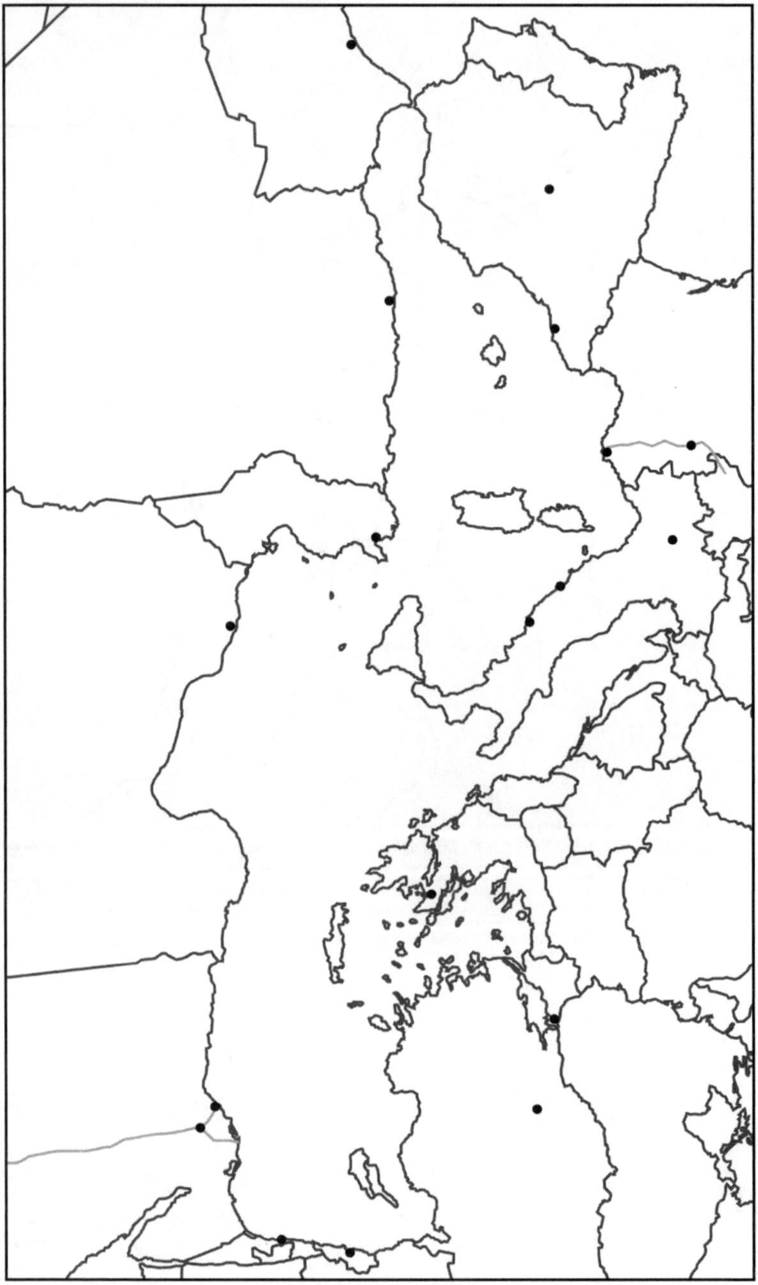

La Russie

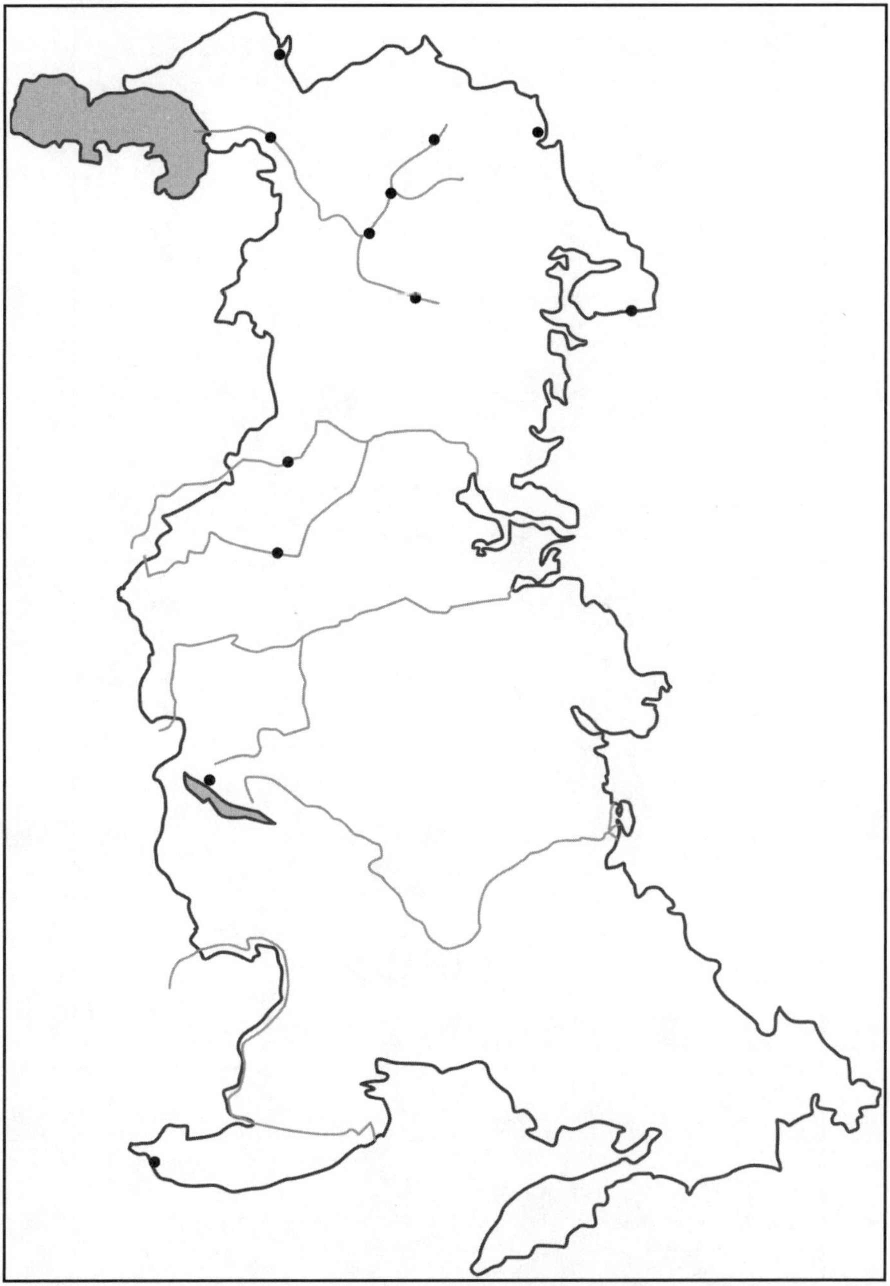

Index des cartes et croquis

Cahier couleurs

Croquis et schémas

Fonds de carte

Avec les Nuls, apprenez à mieux vivre au quotidien !

Disponibles dans la collection Pour les Nuls

Pour être informé en permanence sur notre catalogue et les dernières nouveautés publiées dans cette collection, consultez notre site Internet à www.efirst.com

Pour les Nuls **Business**

ISBN	Code Article	Titre	Auteur
2-87691-644-4	65 3210 5	CV pour les Nuls (Le)	J.-L. Kennedy, A. Dumesnil
2-87691-652-5	65 3261 8	Lettres d'accompagnement pour les Nuls (Les)	J.-L. Kennedy, A. Dumesnil
2-87691-651-7	65 3260 0	Entretiens de Recrutement pour les Nuls (Les)	J.-L. Kennedy, A. Dumesnil
2-87691-670-3	65 3280 8	Vente pour les Nuls (La)	T. Hopkins
2-87691-712-2	65 3439 0	Business Plans pour les Nuls	P. Tifany
2-87691-729-7	65 3486 1	Management pour les Nuls (Le)	B. Nelson
2-87691-770-X	65 3583 5	Le Marketing pour les Nuls	A. Hiam

Pour les Nuls **Pratique**

ISBN	Code Article	Titre	Auteur
2-87691-597-9	65 3059 6	Astrologie pour les Nuls (L')	R. Orion
2-87691-610-X	65 3104 0	Maigrir pour les Nuls	J. Kirby
2-87691-604-5	65 3066 1	Asthme et allergies pour les Nuls	W. E. Berger
2-87691-615-0	65 3116 4	Sexe pour les Nuls (Le)	Dr Ruth
2-87691-616-9	65 3117 2	Relancez votre couple pour les Nuls	Dr Ruth
2-87691-617-7	65 3118 0	Santé au féminin pour les Nuls (La)	Dr P. Maraldo
2-87691-618-5	65 3119 8	Se soigner par les plantes pour les Nuls	C. Hobbs
2-87691-640-1	65 3188 3	Français correct pour les Nuls (Le)	J.-J. Julaud
2-87691-634-7	65 3180 0	Astronomie pour les Nuls (L')	S. Maran
2-87691-637-1	65 3185 9	Vin pour les Nuls (Le)	Y.-P. Cassetari
2-87691-641-X	65 3189 1	Rêves pour les Nuls (Les)	P. Pierce
2-87691-661-4	65 3279 0	Gérez votre stress pour les Nuls	Dr A. Elking
2-87691-657-6	65 3267 5	Zen ! La méditation pour les Nuls	S. Bodian
2-87691-646-0	65 3226 1	Anglais correct pour les Nuls (L')	C. Raimond
2-87691-681-9	65 3348 3	Jardinage pour les Nuls (Le)	M. MacCaskey
2-87691-683-5	65 3364 0	Cuisine pour les Nuls (La)	B. Miller, A. Le Courtois
2-87691-687-8	65 3367 3	Feng Shui pour les Nuls (Le)	D. Kennedy
2-87691-702-5	65 3428 3	Bricolage pour les Nuls (Le)	G. Hamilton
2-87691-705-X	65 3431 7	Tricot pour les Nuls (Le)	P. Allen
2-87691-769-6	65 3582 7	Sagesse et Spiritualité pour les Nuls	S. Janis

Avec les Nuls,
apprenez à mieux vivre
au quotidien !

Disponibles dans la collection Pour les Nuls

Pour être informé en permanence sur notre catalogue et les dernières nouveautés publiées dans cette collection, consultez notre site Internet à www.efirst.com

Pour les Nuls **Pratique**

ISBN	Code Article	Titre	Auteur
2-87691-748-3	65 3534 8	Cuisine Minceur pour les Nuls (La)	L. Fischer, C. Bach
2-87691-752-1	65 3527 2	Yoga pour les Nuls (Le)	G. Feuerstein
2-87691-767-X	65 3580 1	Méthode Pilates pour les Nuls (La)	H. Herman
2-87691-768-8	65 3581 9	Chat pour les Nuls (Un)	G. Spadafori
2-87691-801-3	65 3682 5	Chien pour les Nuls (Un)	G. Spadafori
2-87691-824-2	65 3728 6	Echecs pour les Nuls (Les)	J. Eade
2-87691-823-4	65 3727 8	Guitare pour les Nuls (La)	M. Phillips, J. Chappell
2-87691-800-5	65 3681 7	Bible pour les Nuls (La)	E. Denimal
2-87691-868-4	65 3853 2	S'arrêter de fumer pour les Nuls	Dr Brizer, Pr Dautzenberg
2-87691-802-1	65 3684 1	Psychologie pour les Nuls (La)	Dr A. Cash
2-87691-869-2	65 3854 0	Diabète pour les Nuls (Le)	Dr A. Rubin, Dr M. André
2-87691-897-8	65 3870 6	Bien s'alimenter pour les Nuls	C. A. Rinzler, C. Bach
2-87691-893-5	65 3866 4	Guérir l'anxiété pour les Nuls	Dr Ch. Eliott, Dr M. André
2-87691-915-X	65 3876 3	Grossesse pour les Nuls (La)	Dr J.Stone
2-87691-943-5	65 3887 0	Vin pour les Nuls (Le)	Ed. Mcarthy, M. Ewing
2-87691-941-9	65 3885 4	Histoire de France pour les Nuls (L')	J.-J. Julaud
2-87691-984-2	65 0953 3	Généalogie pour les Nuls (La)	F. Christian-
2-87691-983-4	65 0952 5	Guitare électrique pour les Nuls (La)	J. Chappell
2-87691-973-7	65 0943 4	Anglais pour les Nuls (L')	G. Brenner
2-87691-974-5	65 0944 2	Espagnol pour les Nuls (L')	S. Wald
2-75400-025-9	65 4151 0	Mythologie pour les Nuls (La)	Ch. et A. Blackwell
2-75400-037-2	65 4161 9	Léonard de Vinci pour les Nuls	J. Teisch, T. Barr
2-75400-062-3	65 4172 6	Bouddhisme pour les Nuls (Le)	J. Landaw, S. Bodian
2-75400-060-7	65 4170 0	Massages pour les Nuls (Les)	S. Capellini, M. Van Welden
2-75400-061-5	65 4171 8	Littérature française pour les Nuls (La)	J.-J. Julaud
2-75400-078-X	65 4188 2	Golf pour les Nuls (Le)	G. McCord
2-75400-092-5	65 4236 9	Immobilier pour les Nuls (L')	L. Boccarna, C. Sabbah
2-75400-093-3	65 4237 7	Maths pour les Nuls (Les)	J.-L. Boursin
2-87691-110-7	65 4254 2	Histoire de France illustrée pour les Nuls (L')	J.-J. Julaud
2-75400-102-6	65 4246 8	Piano pour les Nuls (Le)	B. Neely, M. Rozenbaum

MARTIN HEINZELMANN

GREGOR VON TOURS
(538–594)

›Zehn Bücher Geschichte‹
Historiographie und Gesellschaftskonzept im 6. Jahrhundert

WISSENSCHAFTLICHE BUCHGESELLSCHAFT
DARMSTADT

Einbandgestaltung: Neil McBeath, Stuttgart.

Die Deutsche Bibliothek – CIP-Einheitsaufnahme

Heinzelmann, Martin:
Gregor von Tours: „Zehn Bücher Geschichte“, Historiographie und Gesellschaftskonzept im 6. Jahrhundert / Martin Heinzelmann. – Darmstadt: Wiss. Buchges., 1994
ISBN 3-534-08348-2

Bestellnummer 08348-2

Gedruckt auf säurefreiem und alterungsbeständigem Offsetpapier
Satz: Jung Satzcentrum GmbH, Lahnau
Druck und Einband: Wissenschaftliche Buchgesellschaft, Darmstadt
Printed in Germany
Schrift: Linotype Garamond, 9.5/11

ISBN 3-534-08348-2

INHALT

ABBILDUNGEN UND KARTEN

VORWORT

Das Projekt eines Bandes über Gregor von Tours mit der Wissenschaftlichen Buchgesellschaft datiert von 1978 und wurde 1979 vertraglich festgelegt, die Beschäftigung mit dem Gegenstand geht bis in die ersten Zeiten unserer wissenschaftlichen Tätigkeit überhaupt zurück. Bis auf wenige Nachträge vom ersten Halbjahr 1993 war das Buchmanuskript im Dezember 1992 abgeschlossen.

Nach dieser langen, wenn auch dem Thema angemessenen Entstehungszeit ist nun unser erstes Anliegen der Dank an den Verlag für seine Geduld und die Betreuung bei der Drucklegung und in besonderer Weise an Freunde und befreundete Kollegen für Zuspruch und Anregungen, mit denen sie das Projekt direkt und indirekt gefördert haben. Zu diesem „Förderkreis“ gehören in erster Linie das Deutsche Historische Institut in Paris als großzügiger Arbeitgeber und die geduldige Ehefrau Anneliese. Von unseren Freunden ist Herr Dr. Hartmut Atsma zu nennen, mit dem schon in den sechziger Jahren ›Gregor von Tours‹ diskutiert wurde, ebenso wie mit Karl Ferdinand Werner (heute Rottach-Egern), unserem Lehrer von Heidelberg und Mannheim und späteren Institutsdirektor in Paris. Neueren Datums sind Gespräche und Anregungen mit und von Herrn Dr. Leopold Auer (Wien), Pascale Bourgain (Paris), François Dolbeau (Paris), Jean Durliat (Toulouse) und Joseph-Claude Poulin (Québec); nicht vergessen werden Christian Settipani und Jean Vezin (beide Paris). Die Anregungen durch unseren Freund Walter Goffart (Toronto) gingen von seinem großartigen Buch aus, von dem in der Folge häufiger die Rede sein wird.

Spezielle Verdienste um den vorliegenden Band kommen der Effizienz von drei Damen zu: Frau Pascale Bourgain, Professeur an der École nationale des Chartes, die uns mit ihrem Computer ein Stemma der Handschriften der Historien Gregors fabrizierte, Frau Ursula Hugot (DHI Paris), die bei der Herstellung der Karten und der Stammtafel Gregors unersetzlich war, sicher nicht zuletzt Frau Birgit Martens (Maisons Laffitte), ohne die – ebenso wie ohne ihren Ehemann, Herrn Dr. Stefan Martens – unser eigener Computer heute noch unbenutzt ruhen würde; ihnen allen sei hiermit aufrichtiger Dank mitgeteilt.

Einige Sätze noch zu den Besonderheiten unserer **Zitierweise:** Um den Anmerkungsapparat zu entlasten, haben wir reine Verweise in den Text selbst inkorporiert; die Anmerkungen enthalten dementsprechend neben den bibliographischen Belegen Ergänzungen und Erläuterungen zum Text. Die dabei verwendeten Siglen sind im Literaturverzeichnis aufgelöst.

Gregors Werke werden selbstverständlich nach der maßgeblichen Monumentaausgabe zitiert: die ›Historiarum libri decem‹ (Hist.) in der zweiten Auflage in drei Faszikeln von 1937, 1942 und 1951 (vgl. im Literaturverzeichnis: SRM I–^{2}1), die hagiographischen Werke im Nachdruck von 1969 der Ausgabe von 1885 (SRM I–2); auf diese Editionen beziehen sich die Seiten- und Zeilenangaben (Z.), die die jeweilige Kapitelangabe präzisieren.

Die für das hagiographische Werk benützten Abkürzungen sind:
GM: Liber in gloria martyrum,
VJ: Liber de passione et virtutibus sancti Juliani martyris,
VM: Libri I–IV de virtutibus sancti Martini episcopi,
VP: Liber vitae patrum,
GC: Liber in gloria confessorum.

Für sonst verwendete **Abkürzungen** wurde das Verzeichnis im Lexikon des Mittelalters zugrunde gelegt, das sich in dessen Band I, 1980, S. XVII–LXIII abgedruckt findet.

EINFÜHRUNG: GREGORFORSCHUNG 1992

Vor einer beträchtlichen Anzahl von Jahren ist der Verfasser der vorliegenden Zeilen mit der Wissenschaftlichen Buchgesellschaft übereingekommen, einen Forschungsbericht zum Thema ›Gregor von Tours‹ in der Reihe ›Erträge der Forschung‹ vorzulegen. Es verging dann eine längere Zeit mit entsprechenden Vorarbeiten, bis sich bei uns die Einsicht durchgesetzt hatte, daß die Idee des Forschungsberichtes weit weniger glücklich war, als ursprünglich angenommen werden konnte; gleichzeitig stieß die Vorstellung einer völlig neuen Interpretation des Hauptwerkes Gregors auf das wohlwollende Verständnis des Verlags.

Die Gründe für die Zurückstellung des Forschungsberichtes beruhen zum einen auf der Erkenntnis, daß grundsätzliche, in umfassender Form das Werk Gregors behandelnde Arbeiten nur in erstaunlich geringer Zahl vorliegen und weit davon entfernt sind, das Thema zu erschöpfen. Gegenüber diesem Mangel liegt ein zweiter Grund eher bei der kaum übersehbaren Anzahl von Studien zur Merowingerzeit, die gleichzeitig den Autor ihrer Hauptquelle mehr oder minder beiläufig behandeln mußten. Die hier sich andeutende Problematik des wechselseitig sich beeinflussenden Bildes des Autors Gregor von Tours, seines Werkes und seiner „finsteren", „archaischen" oder „barbarischen" Zeit, ist zwar von erheblichem wissenschaftlichen Interesse, bedarf aber einer eigenen Behandlung, die ihrerseits voraussetzt, daß das Thema „Gregor" selbst einen gewissen Abschluß gefunden hat. Es ist kein Zufall, wenn ein Spezialist der Merowingerzeit wie Karl Ferdinand Werner bei der Vorbereitung eines einschlägigen Kolloquiums zum Thema des (merowingischen) Neustrien die Erforschung dieses Gegenstandes *ohne* Gregor als ein Ziel der Veranstaltung konzipieren und in den gedruckten Akten des Kolloquiums wie folgt ausdrücken konnte: «... c'était une tentative consciente de libérer, si j'ose dire, l'histoire mérovingienne de l'emprise encombrante de Grégoire de Tours.»[1]

Das eklatante Mißverhältnis zwischen dem durch sein gewaltiges Material stets präsenten Geschichtsschreiber – «l'emprise encombrante» – und dem gleichzeitigen Unvermögen zur entsprechenden Bewältigung seines Materials stellt eine tatsächliche Crux sowohl der Gregor- als auch der Merowingerforschung dar. Mit anderen Worten: Da für alle Bereiche der merowingischen Geschichte beispielhafte Episoden unter den Erzählungen Gregors vorzuliegen schienen, hat man sich ihrer regelmäßig bedient, ohne ihre jeweilige, spezielle Funktion innerhalb des Werkplanes zu hinterfragen. Die Unkenntnis der tatsächlichen, didaktischen Absichten des Autors, der sein Material, wie wir jetzt wissen, in extremer Weise ausgewählt und bearbeitet hat, führte dann zur inadäquaten Verwendung der scheinbar naiv präsentierten Beispiele. Gregor wurde benutzt, aber nicht verstanden oder gar verständlich gemacht.

Diese Situation hat ein anderer großer Kenner der Merowingerzeit, John M. Wallace-Hadrill, in bezug auf Gregor (und Beda) wie folgt charakterisiert: "We use them so often, as *storehouses of information* [unsere Hervorhebung] that we forget that they are historians."[2] Für den Turoner Historiographen gilt das hier angedeutete Schicksal nicht sachgemäßer Ausbeutung, ja gewaltsamer Mißhandlung seiner Arbeit in ganz besonderer Weise. Es setzte ein mit einer exzessiv verfälschenden Überlieferung im 7. Jahrhundert, kaum zwei Generationen nach dem Tod des Bischofs (vgl. Teil IV.3). Die zu diesem Zeitpunkt schon offenbar werdende Tendenz, Gregor auf die Funktion des Zeugen einer gloriosen fränkischen Vergangenheit zu reduzieren, fand eine kongeniale Fortsetzung in den zahlreichen Handschriften der D-Familie, die dem Werk seit dem 10. Jahrhundert regelmäßig den Titel ›Historia Francorum‹ voranstellten.[3] Neu aufgegriffen wurde diese Tradition im Zusammenhang des Aufschwungs der französischen Monarchie im 16./17. Jahrhundert: Im Verlauf der gleichzeitig sich abzeichnenden Gregorrenaissance avancierte der Bischof von Tours zum nationalen Historiographen der Geschichte der französischen Monarchie, der «histoire françoise» oder „historia nostra";[4] selbst für den gelehrten Mauristen Dom Ruinart lag nach der Einleitung zu seiner epochemachenden Edition von 1699 das Hauptinteresse für Gregor bei dem Material, das dieser für die früheste Geschichte des „regnum Francorum" bereitstellte.[5]

Endgültig besiegelt aber wurde die Kategorisierung des Geschichtsschreibers im Zeitalter der „Lumières"; die Beurteilung, die er im dritten Band der «Histoire literaire de la France» vom Jahr 1735 gefunden hat und die in der «Histoire littéraire de la France» von Jean-Jacques Ampère (Bd. II 1839) wieder zu finden war, konnte sich zumindest in Umrissen bis heute durchsetzen.[6] So lassen sich schon 1735 unter den „positiven" Eigenschaften Gregors als Tenor finden: «sa sincérité & sa naïveté dans le récit des faits, sa piété dans la manière de les rapporter à la religion» (S. 392), unter den Einschränkungen, daß er ein «Ecrivain crédule jusqu'à l'excès» gewesen sei und vor allem: «On n'y trouve ni choix de matieres ni arrangement» (S. 391); dem Eindruck, den das nichtklassische Latein des Turoners auf die Gebildeten der frühen Neuzeit machte, hatte schon Ruinart vergeblich versucht entgegenzuwirken (vgl. Zitat Anm. 5 und passim).

Die hier in den positiven wie negativen Eigenschaften durchgeführte Charakterisierung Gregors, die a posteriori als der wohlmeinende Beginn eines außerordentlich erfolgreichen Rufmordes eines merowingischen Autors und seiner Zeit deutlich wird, entspricht durchaus den Verstümmelungen, die dessen Werk schon im 7. Jahrhundert erlebte. So schien in der Folge die Sprache der Historien die Barbarisierung der Zeit in idealer Weise zu reflektieren (vgl. Teil II Anm. 44 zu Erich Auerbach); festgeschrieben seit 1735 wurden ebenfalls das scheinbare Unvermögen des Autors zur sinnvollen Gliederung, sein Hang zur Frömmelei und zur übertriebenen Heiligenverehrung, was auf seine Naivität, ja Beschränktheit, zurückgeführt wurde.[7] Abweichungen von diesem bis zum Überdruß präsentierten Klischee ergaben sich stets dann, wenn dem Historiographen des 6. Jahrhunderts sachliche Fehler seiner Darstellung nachgewiesen werden konnten. Auf diese Weise hat Siegmund Hellmann (1911) das Bild unseres Autors durch die Beschreibung eines maliziös-tendenziösen Gregors, Louis Halphen (1925), durch das eines erfindungsreichen Literaten bereichert.[8]

Während die Konzeption des Bischofs von seinem historischen Gegenstand weiterhin im dunkeln blieb und – bis auf den mehr intelligenten als gelungenen Interpretationsversuch von Gustavo Vinay[9] – eigentlich auch nicht befragt wurde, sind bei der sachlichen Erschließung seines Werkes unübersehbare Fortschritte gemacht worden. Dazu gehört in allererster Linie die neue Edition der Historien im Rahmen der MGH durch Bruno Krusch, assistiert von Wilhelm Levison und, nach ihrer beider Tod, besorgt und präsentiert von Walther Holtzmann. In den gleichen Zusammenhang gehört auch die deutsche Übersetzung des Textes durch Rudolf Buchner seit 1955, einem der besten Kenner der Textproblematik überhaupt.[10] Gegenüber den englischen Übersetzungen von O. M. Dalton (1927) und L. Thorpe (1974), der französischen von R. Latouche (1963 und 1965) und der italienischen von M. Oldoni (1981)[11] bietet Rudolf Buchner den erheblichen Vorteil, daß er gleichzeitig den besten verfügbaren lateinischen Text, das heißt den der Monumentaausgabe, anbietet.

Neben diesen fundamentalen Instrumenten, die durch ihre wissenschaftlichen Apparate und ihre Indizes höchsten Standard der Präsentation des Geschichtswerks gewährleisten, haben sich nennenswerte

Anstöße für unsere eigene Arbeit aus der Benutzung von zwei sonst weniger bekannten Publikationen ergeben. Unverzichtbar für jede Behandlung der Historien erscheint uns der Rückgriff auf die wichtige Abhandlung von Felix Thürlemann über den historischen Diskurs bei Gregor und seine formale Analyse der literarischen Strukturen des Textes; seine Verdienste liegen nicht nur im Nachweis der *Rede* („Eigenrede" und „Fremdrede") als regelmäßig eingesetztes Mittel gregorianischer „Geschichtsdeutung", sondern auch in dem nicht voll ausgeschöpften Hinweis auf die Bedeutung typologischer Bezüge im Werk des Bischofs von Tours.[12] Bescheidener im Anspruch, aber kaum weniger wichtig hat sich eine 1979 in Montréal ausgedruckte Wortkonkordanz zu den Historien erwiesen, die das Computermaterial zu den 119 904 Wörtern des Geschichtswerks alphabetisch und statistisch aufbereitet; daß diese Zusammenstellung anhand der ersten Edition der Historien von 1884 durch Arndt gemacht wurde, erschwert ihre Benutzung nur geringfügig.[13]

Einen durchschlagenden „Boom" erlebte die Gregorliteratur seit den achtziger Jahren dieses Jahrhunderts. Das Interesse an dem merowingischen Autor war häufig mentalitätsgeschichtlich bedingt und beruhte dementsprechend auf dem hagiographischen Teil seines Schrifttums;[14] ein weiterer Interessenbereich ergab sich aus der verstärkten Beschäftigung mit der Merowingerzeit und hatte eine Reihe sachlicher Korrekturen der historischen Angaben Gregors zur Folge, die aber seine Gesamtkonzeption kaum oder überhaupt nicht berühren.[15] Fortgesetzt wurde auch die inhaltliche Erschließung von Gregors Werk, zum einen durch handbuchartige Darstellungen aus der Feder von Luce Pietri und Margarete Weidemann, die beide an Vorarbeiten von May Vieillard-Troïekouroff anschließen konnten, zum anderen durch einige gute Lexikonartikel, die, wie speziell der Beitrag von Benedikt K. Vollmann, einen guten Überblick über den Forschungsstand geben.[16]

Einen Durchbruch in der Gregorforschung, wie wir glauben, haben dann aber erst die Arbeiten von Kathleen Mitchell und ganz besonders von Walter Goffart bewerkstelligt, die seit 1735 als erste den allzu erfolgreichen Klassifizierungen der ›Histoire literaire de la France‹ hinsichtlich eines abergläubischen («crédule») und jeglicher geistigen Ordnung unfähigen Gregor gute Gegenargumente entgegenzusetzen hatten.[17] Anders als Giselle de Nie, die zur gleichen Zeit (1987) Schwierigkeiten des Gregorverständnisses auf das "non-rational element in Gregory's writings" (S. 8) zurückführte, dessen Werk sie als das eines "unconscious poet" würdigte[18], erkannten sowohl Mitchell wie Goffart die planmäßige Verwendung insbesondere von „Heiligkeit" und „Heiligen“ für die meist antithetisch präsentierten Aussagen des Bischofs von Tours. Walter Goffart hat dies auf die ebenso stimulierende wie provokatorische Formel gebracht: “Gregory was no more superstitious than Augustine had been.”[19]

Wenn wir für unser eigenes Buch eine Devise gewählt hätten, wäre es sicherlich dieser Satz gewesen. Sein Verständnis macht den Weg zu der Erkenntnis frei, daß Wunder und Heilige, in der Paarung von “Miracles and Slaughters” (Goffart 1987: 174), nicht nur einen Teil einer in sich schlüssigen Geschichtsphilosophie darstellen, sondern auch als Ordnungsfaktoren einer existierenden Gesellschaft und ihrer Geschichte dienen können. Diesen letzten Punkt hat Kathleen Mitchell ausführlich behandelt und demzufolge die Rolle der Heiligen als Exponenten und als Instrumente der sozialen Aussagen Gregors erkannt und beschrieben. Während für Goffart das gleichmäßige Auf und Nieder des Geschehens zwischen menschlicher Schlechtigkeit und exemplarischer Existenz der Heiligen als roter Faden der Historien dient, erkennt Mitchell mit ebensoviel Berechtigung eine “overarching message of redemption and reformation” als Faktoren der Geschlossenheit und der Ordnung des Geschichtswerks (Mitchell 1983: 129); daß sie hier den von Gregor hergestellten Bezug von der bestehenden Gegenwartsgesellschaft des 6. Jahrhunderts zur christologischen Gesellschaft aller Rechtgläubigen in der „*ecclesia Christi*“ nicht gefunden hat, verwehrte ihr den entscheidenden Schritt zur Erklärung der literarischen wie spirituellen Strukturen der ›Libri historiarum decem‹.

I. GREGOR VON TOURS UND SEINE VERWANDTSCHAFT: PROSOPOGRAPHISCHE UND BIOGRAPHISCHE VORAUSSETZUNGEN FÜR EIN SOZIALES, RELIGIÖSES UND CHARISMATISCHES GESCHICHTSVERSTÄNDNIS

I.0 Vorbemerkung: Die Selbstaussagen des Autors

Der Hinweis auf Interdependenzen zwischen literarischen Werken und den historischen Lebensumständen ihres jeweiligen Autors ist ein Gemeinplatz, der bei der Behandlung einzelner Autoren allzu häufig als biographische Pflichtübung ausfällt. Studien zu Gregor von Tours machen dabei keine Ausnahme, was um so verständlicher ist, als seine literarische Aktivität weitgehend im Zusammenhang mit seinem Kirchenamt gesehen wurde. Dieser Zusammenhang bedarf bei den hagiographischen Schriften keiner weiteren Begründung und wird in unserer eigenen Deutung der Historien als einer kompetenten christlichen, auf episkopaler Autorität beruhenden Interpretation von Geschichte und Gesellschaft im 6. Jahrhundert noch mehr unterstrichen. In dieser Perspektive steht die Rolle des Autors als Interpret der Geschichte und zugleich als beispielhaft handelnde Person doppelt im Vordergrund. Entsprechend ist es für beide Bereiche angezeigt, den sozialen und prosopographischen Traditionen nachzugehen, denen Gregor verpflichtet war oder an die er gar bewußt anknüpfte. Es soll deshalb mehr als nur eine Pflichtübung sein, wenn hier die sozialen und prosopographisch-biographischen Voraussetzungen seines literarischen Werkes relativ ausführlich behandelt werden. So wie wir in Teil II regelmäßig auf die Problematik „biographischer" Angaben Gregors in seinen eigenen Werken zurückkommen werden müssen, wird auch hier als erstes die Frage zu stellen sein, welche Funktion und welche Repräsentativität seinen Angaben zu den eigenen Vorfahren, also zur eigenen Prosopographie zuzumessen ist.

Zu den zahlreichen festgefahrenen Vorstellungen, die sich in der Literatur über Gregor immer noch häufig finden lassen, gehört sein angeblich ständig geäußerter Stolz auf die Herkunft aus einer vornehmen gallo-römischen Familie. Diesem Forschungstopos hat zuletzt Walter

Goffart einige treffende Bemerkungen gewidmet (Goffart 1988: 192, mit Verweis auf Stroheker: 112, Pietri 1983: 251, Kurth 2: 104). In Wirklichkeit spricht der Verfasser der Historien – um diese zunächst allein zu behandeln – nur in drei von insgesamt 443 (!) Kapiteln von direkten, das heißt nicht erschlossenen, eigenen Verwandtschaftsbeziehungen:

– Hist. V 5: Familiendrama im burgundischen Zweig von Gregors Familie, wobei der Bruder des Historikers mit Namen Petrus, ein Verwandter (wahrscheinlich Onkel) Silvester sowie dessen namentlich nicht genannter Sohn die Hauptrolle spielen, mit Nebenrollen für Bischof Gregor von Langres („mein Urgroßvater") und dessen Sohn Tetricus, sowie Bischof Nicetius von Lyon, „Onkel meiner Mutter".

– Hist. V 11: Erwähnung des Gundulfus als „Onkel meiner Mutter": mit 14 Nennungen, davon zwei in den Historien, ist die Mutter Gregors die am meisten von ihm genannte Verwandte, ohne daß dabei ihr Name auch nur ein einziges Mal genannt würde! Hätten wir nicht Venantius Fortunatus und sein Carm. X 15, wäre die Identifizierung der *neptis Armentaria* des Gregor von Langres in dessen Biographie (VP VII) mit der Mutter Gregors von Tours allenfalls in hypothetischer Form erlaubt!

– Hist. V 14: Erwähnung des Necetius als „Gatte meiner Nichte", wobei diese nicht genannt wird; sie wird in der Forschung aber mit der aus VM IV 36 bekannten Nichte Gregors Eusthenia identifiziert, wogegen der Name ihrer Mutter, also der eigenen Schwester Gregors, nicht bekannt ist.

Neben diesen mehrheitlich akzidentiellen Belegen ist die Liste der *nicht* ausdrücklich erwähnten, wenn auch tatsächlich bestehenden Verwandtschaftsbeziehungen bei weitem eindrucksvoller: In den Historien führt Gregor an keiner Stelle seine Verwandtschaft mit seinem Onkel Bischof Gallus von Clermont an, ebensowenig diejenige mit seinem direkten Amtsvorgänger in Tours, Eufronius, der ein Vetter seiner Mutter oder gar ihr Bruder war, mit dem Märtyrer Vettius Epagatus und dem Senator Leocadius von Bourges, mit Bischof Sacerdos von Lyon und vielen anderen mehr; die Justina von Hist. X 15 läßt sich nur durch Fort. Carm. VIII 13 und IX 7 (Verse 81 ff.) als Nichte Gregors identifizieren (Goffart 1988: 192). Der sicherlich vorhandene Familienstolz wäre demnach auf indirekte Angaben zu reduzieren, wenn etwa der Leocadius *„primus senator Galliarum"*, verwandt mit dem Lyoner Märtyrer Vectius Epagatus (Hist. I 31), in Beziehung zu Gregors Großmutter Leocadia gesetzt wird, die ebenfalls als *„ab stirpe Vetti Epagati"* und, zusammen mit ihrem Gatten, „*de primoribus senatoribus*“ qualifiziert wird; freilich erscheint Leocadia nur in der Biographie des Gregor-Onkels Gallus (VP VI 1) und hier wiederum ohne jeden direkten Bezug auf Gregor. Ähnliches gilt für die zweifellos ehrenvolle Qualifizierung als „*prima et magna generatio*“, die König Chlothar der Familie Gregors von Langres zuteil werden ließ (Hist. IV 15), wodurch für dessen Enkel Eufronius der Weg zur Erlangung der Bischofswürde in Tours geöffnet wurde; daß der gleiche Befund aber auch für Gregor selbst zutrifft, wird nur indirekt und auf Grund von Rückschlüssen ersichtlich. Insgesamt wird man dem Autor der Historien ein gutes Maß persönlichen Stolzes auf seine Familie nicht absprechen können – die wichtigste Aussage in diesem Zusammenhang wird noch zu behandeln sein (Hist. V 49 zur Verbindung seiner Verwandtschaft mit der Bischofsreihe von Tours; dazu Teil I.2) –, aber es ist ebenso deutlich, daß er keinesfalls gewillt war, diesem Gefühl in den Historien literarischen Ausdruck zu verleihen oder es gar zum Gegenstand seiner Ausführungen zu machen.

Etwas reicher fließen die Belege für direkte Verwandtschaftsbeziehungen im hagiographischen Werk Gregors, wobei aber regelmäßig der Bezug zur jeweiligen hagiographischen Aussage im Vordergrund steht. Die aufgeführten Verwandten treten dementsprechend meist als Zeugen für wunderbare Vorfälle auf. Die heiligen Bischöfe Gallus, Gregor (von Langres) und Nicetius, denen der (Groß-)Neffe oder Urenkel eine eigene Heiligenbiographie geschrieben hat, werden ihrerseits zu Ausgangspunkten solcher wunderbaren Ereignisse. Dabei wird das Familienband des jeweiligen Heiligen mit seinem Biographen für uns nur durch die Kenntnis des Gesamtwerks Gregors erkenntlich, was für die Zeitgenossen durch eine gewisse Vertrautheit mit dem gallischen Adelsgotha möglich war. Gewiß mußte die Erwähnung des „*splendor generis*“ bezüglich des Gallus von Clermont, Onkel Gregors, auf den Verfasser der Vita zurückwirken (VP VI Prolog): Wenn aber der Autor auf diesen Verwandten so stolz war, dann gerade durch die Tatsache, daß Gallus seine vornehme Abkunft „*tamquam stercus*“, also „als Kot“ angesehen hat, was der Neffe als Leitmotiv der Biographie ausgewählt hat (vgl. auch Goffart 1988: 192 Anm. 342). Zur Demonstration eigenen Sozialprestiges hätte sich die Hervorhebung anderer prosopographischer Beziehungen ohne Zweifel besser geeignet: Zu denken ist hier etwa an Sacerdos von Lyon, den aus patrizischer Familie stammenden ersten Reichsbischof Childeberts I., dessen Verbindung mit Gregor in den Historien überhaupt nicht (IV 36) und in der Biographie des Nicetius (VP VIII 3) nur indirekt kenntlich wird. Ebenso bleiben die angedeutete Familienbande mit der Mehrzahl der Bischöfe von Tours (Hist. V 49) ganz im dunkeln; zu den wenigen Personen dieser Reihe, deren nähere Verwandtschaft mit Gregor außer Zweifel steht, sind gerade die Prälaten zu nennen, die gleichzeitig mit den Familien der *Ruricii* und *Aviti* verwandt waren und die damit zu einer Gruppe innerhalb der senatorischen Aristokratie gehörten, deren Ansehen über Gallien hinaus in der gesamten römischen Welt verbreitet war.

Indirekt wird der in diesem Zusammenhang eher gemäßigte Standpunkt Gregors auch durch das Zeugnis des mit ihm befreundeten Zeitgenossen Venantius Fortunatus erkenntlich. Dieser erfahrene Panegyriker, der um die Schwächen und Vorlieben seines Mäzens wohl wußte, hat in den zahlreichen Gregor betreffenden Gedichten dem Lob des Adels der Familie nur eine untergeordnete Rolle eingeräumt. Dieser Umstand wird besonders deutlich, wenn man die entsprechenden Texte mit den Gedichten vergleicht, die Venantius für Bischof Leontius von Bordeaux verfaßt hat.[1]

Die Haltung Gregors bei der Beschreibung der eigenen Herkunft und seiner Verwandtschaft ist folglich weder einseitig durch «vanité nobiliaire» (Kurth 2: 104) noch durch eine natürliche Bescheidenheit (Goffart 1988: 198) zu erklären, auch wenn ihm letztere ebensowenig wie aristokratisches Selbstverständnis gefehlt hat. Als Autor ist das Selbstverständnis Gregors, wie noch zu sehen sein wird, in erster Linie von einer überhöhten Einschätzung des ihm anvertrauten Bischofsamtes geprägt, die ihn in eine direkte Linie zu den alttestamentarischen Propheten und zu dem für ihn bedeutendsten Heiligen der Neuzeit, seinem Vorgänger Martin von Tours, setzte. Vor diesem Hintergrund dürfte die Abstammung aus einer großen gallo-römischen Senatorenfamilie für Gregor kaum mehr als die selbstverständliche Voraussetzung für die eigene Position in der Welt und für das eigene Bischofsamt gewesen sein. Diese Voraussetzung teilte er freilich wohlwissend mit einer Vielzahl von Standeskollegen.

I.1 Stammtafel und erläuternde Notizen zur Prosopographie Gregors (Vgl. Stammtafel: S. 12)

(1) Petrus

Geboren 534/vor 538 als älterer Bruder Gregors (VJ 24: *„frater meus senior“*). – Diakon in Langres, bei seinem Großonkel Tetricus. Nach Bf. Felix von Nantes hätte er den Episkopat von Langres angestrebt, nach Gregor hat er aber vielmehr die Kandidatur seines Verwandten Silvester, wohl seines Onkels (n° 10), betrieben (Hist. V 5). Gestorben 574, ermordet vom Sohn des Silvester; begraben in Dijon bei seinem Urgroßvater Gregor von Langres.

(2) *soror* Gregors und deren Familie

Es dürfte sich um eine ältere Schwester Gregors gehandelt haben, welcher sie nur akzidentiell in ihrer Eigenschaft als Gattin des Justinus nennt (GM 70 und VM II 2, „*Iustinus, vir sororis meae*"). Demnach hat das Ehepaar zumindest zeitweise in Besançon gelebt. Ob Justinus mit dem gleichnamigen Grafen Sigibert für Tours (VM I 40 und Selle-Hosbach: Nr. 87) identisch ist, läßt sich ebenfalls nicht entscheiden. – Diesem Ehepaar werden die beiden *neptes* Gregors zugesprochen, von denen die wohl ältere, Justina, um 590 *praepositissa* des Heiligkreuzklosters zu Poitiers (Hist. X 15), den Namen des Vaters trägt (Stroheker: Nr. 208), was Rückschlüsse auf den hohen sozialen Rang der Familie des Justinus erlaubt. Eusthenia (VM IV 36 zum Jahr 591; Hist. V 14) war spätestens 576 Gattin des Nicetius (Stroheker: Nr. 260), der später als Graf der Auvergne und Statthalter in der Provence bezeugt ist.

(3) Georgius Florentius Gregorius

Vgl. zu ihm Teil I.2 und passim. Er dürfte das jüngste Kind des Florentius gewesen sein: Die in VM III 10 („Vom Bein meiner Mutter") erwähnte Geburt, bei der sich Armentaria einen bleibenden Schmerz im Bein zuzog, der erst 34 Jahre später (kurz nach Gregors Bischofsweihe) durch die Hilfe des hl. Martin verschwand, bezieht sich sicherlich auf Gregor („*postquam transactis parturitionis doloribus* [Hs. 1a hat dann: *me*] *edidit...*") und ist wohl ihre letzte Geburt gewesen. Zu seinem Todesdatum am besten Weidemann 1: 219 f.

(4) Florentius

Vater Gregors, der ihn viermal in seinen hagiographischen Schriften erwähnt (vgl. Stroheker: Nr. 163). Er war ein jüngerer Bruder des Gallus (* 486/7) und dürfte ca. 495 geboren worden sein: Sein Vater lebte noch um 502 (vgl. Notiz 5), war aber bereits tot, als Florentius elf Jahre alt war (VP XIV 3). In diesem Alter lebte er in oder bei Clermont, wo er später die Familienbesitzungen verwaltet zu haben scheint. Kurz nach seiner Heirat 534 mußte er als auvergnatische Geisel in das austrasische Kernland. 546/vor 551 ist er gestorben.

(5) Gallus

Geboren 486/7 als *primogenitus* des auvergnatischen Senators Georgius, der deshalb für ihn eine administrative (weltliche) Laufbahn und eine entsprechende Ehefrau („*filia cuiusdam senatoris*") vorgesehen hatte (VP VI 1). Gallus dürfte etwa 15/20 Jahre alt gewesen sein, als er das Kloster Cournon östlich von Clermont aufsuchte. Wegen seiner guten Gesangsstimme vom Bischof Quintian (516–525) bemerkt, wurde er Kleriker in Clermont. Zum Dienst in der Trierer Kirche „zwangsverpflichtet", scheint er sich aber als Diakon im Palast

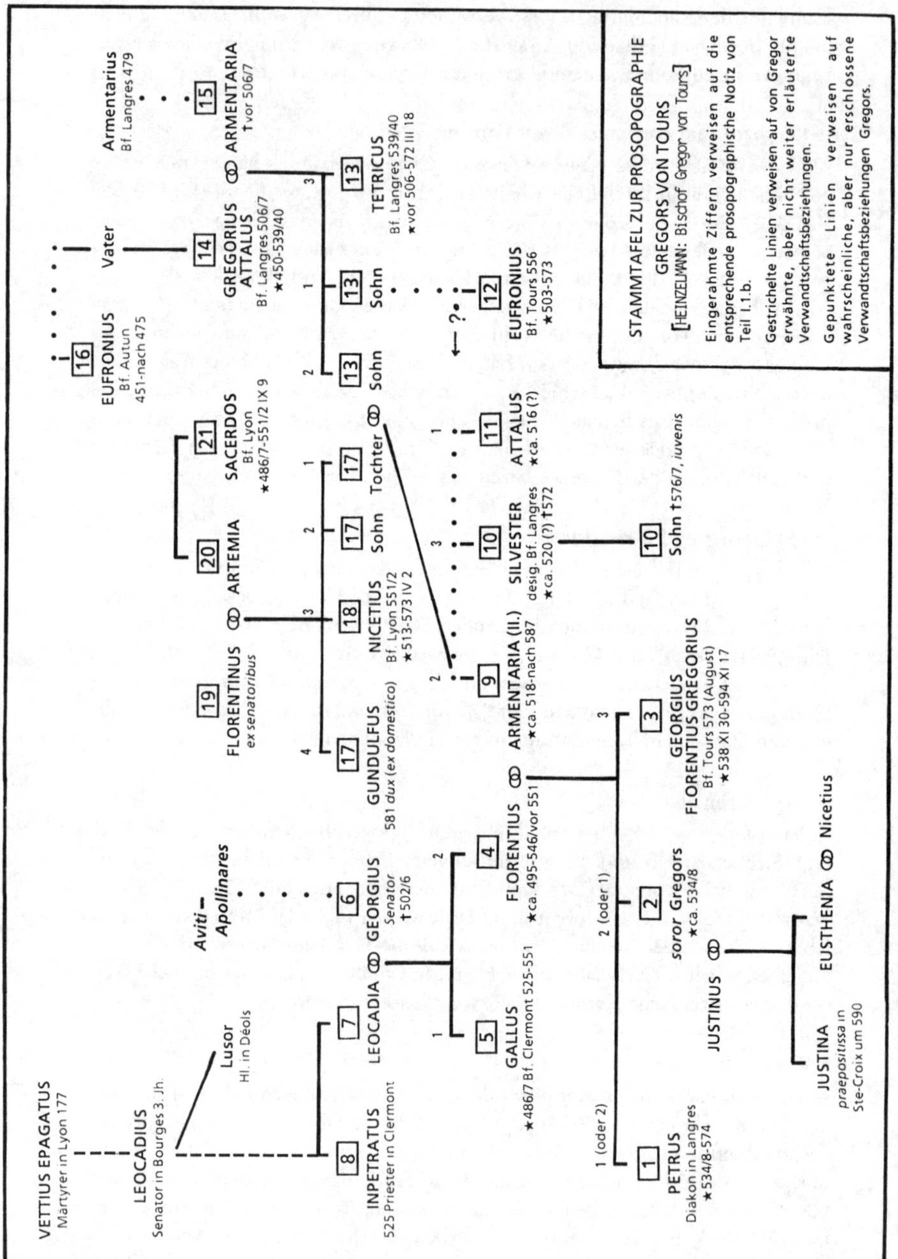
STAMMTAFEL ZUR PROSOPOGRAPHIE GREGORS VON TOURS
[HEINZELMANN: Bischof Gregor von Tours]
Eingerahmte Ziffern verweisen auf die entsprechende prosopographische Notiz von Teil I.1.b.
Gestrichelte Linien verweisen auf von Gregor erwähnte, aber nicht weiter erläuterte Verwandtschaftsbeziehungen.
Gepunktete Linien verweisen auf wahrscheinliche, aber nur erschlossene Verwandtschaftsbeziehungen Gregors.
VETTIUS EPAGATUS
Märtyrer in Lyon 177
LEOCADIUS
Senator in Bourges 3. Jh.
Lusor
Hl. in Déols
Aviti – Apollinares
16 EUFRONIUS
Bf. Autun
451-nach 475
Vater
Armentarius
Bf. Langres 479
19 FLORENTINUS
ex senatoribus
20 ARTEMIA
21 SACERDOS
Bf. Lyon
★486/7-551/2 IX 9
14 GREGORIUS ATTALUS
Bf. Langres 506/7
★450-539/40
15 ARMENTARIA
†vor 506/7
8 INPETRATUS
525 Priester in Clermont
7 LEOCADIA
6 GEORGIUS
Senator
†502/6
17 GUNDULFUS
581 dux (ex domestico)
18 NICETIUS
Bf. Lyon 551/2
★513-573 IV 2
17 Sohn
17 Tochter
13 Sohn
13 Sohn
13 TETRICUS
Bf. Langres 539/40
★vor 506-572 III 18
5 GALLUS
★486/7 Bf. Clermont 525-551
4 FLORENTIUS
★ca. 495-546/vor 551
9 ARMENTARIA (II.)
★ca. 518-nach 587
10 SILVESTER
desig. Bf. Langres
★ca. 520 (?) †572
11 ATTALUS
★ca. 516 (?)
12 EUFRONIUS
Bf. Tours 556
★503-573
10 Sohn †576/7, iuvenis
1 (oder 2)
2 (oder 1)
1 PETRUS
Diakon in Langres
★534/8-574
2 soror Gregors
★ca. 534/8
3 GEORGIUS FLORENTIUS GREGORIUS
Bf. Tours 573 (August)
★538 XI 30-594 XI 17
JUSTINUS
EUSTHENIA
Nicetius
JUSTINA
praeposit(i)ssa in Ste-Croix um 590

König Theuderichs eine gute Ausgangsposition für die Nachfolge von Bischof Quintian 525 geschaffen zu haben. Im Jahr 543 (VP VI 6: 8 Jahre vor seinem Tod) institutionalisierte er die jährlichen Rogationen von Clermont nach dem Juliansheiligtum Brioude, das unter anderem auch das Grab von Kaiser Avitus († 456) barg und entsprechend eine Art von Nationalheiligtum der auvergnatischen Aristokratie war. Nach dem Tod seines Bruders Florentius ca. 546/8 nahm er sich auch Gregors an. Er selbst starb am 14. Mai 551 und wurde als Heiliger verehrt; Gregor schrieb seine Vita VP VI. Begraben wurde er in einer Laurentiuskirche, die der westgotische *dux* Victorius, enger Freund der Familie des Sidonius Apollinaris, in den 70er Jahren des 5. Jh. erbaut hatte (Hist. II 20), vgl. MGH SRM VII: 458. Vgl. zu ihm auch Stroheker: Nr. 171 und Weidemann 1: 153–5.

(6) Georgius

Neben einer beiläufigen Erwähnung als bereits verstorbener Vater des Florentius in VP XIV 3 wird sein sozialer Rang in der Biographie seines ältesten Sohnes Gallus unterstrichen, wonach in ganz Gallien niemand vornehmer sei (VP VI 1); diese Bemerkung im Zusammenhang mit seiner auvergnatischen Herkunft weist auf eine Verbindung mit den *Aviti/Apollinares* hin (vgl. unten S. 23 [mit Anm. 7] zum Bf. Ommatius von Tours sowie Notiz 5 zur Grablege seines Sohnes Gallus!).

(7) Leocadia

Großmutter Gregors väterlicherseits, Gattin des Georgius, Mutter von Gallus und Florentius. Sie stammte von dem Senator Leocadius in Bourges ab *(„primus Galliarum senator“*, Hist. I 31), der nach Gregor maßgeblich an der Einführung des christlichen Kultes in Bourges im 3. Jh. beteiligt war: Er stellte sein Haus zur Verfügung, das, mit Reliquien des Erzmärtyrers Stephanus versehen, später Kathedrale wurde. Die Familie des Leocadius, dessen Sohn Lusor nach GC 90 in Déols bei Châteauroux begraben lag und als Heiliger verehrt wurde, wird von Gregor auf Vettius Epagathus zurückgeführt, der 177 in Lyon das Martyrium erlitt (Hist. I 31, VP VI 1).

(8) Inpetratus

Bruder der Leocadia; er war um 525 als Priester in Clermont tätig, wo er eine führende Rolle gespielt haben muß, da sich die Honoratioren der Civitas in seinem Hause versammelten, um einen Nachfolger für Bischof Quintian zu finden. Dabei konnte er seinen Neffen Gallus (Nr. 5) erfolgreich beraten.

(9) Armentaria (II.)

Mutter Gregors, die ihrem Sohn die Tradition zweier großer burgundischer Familien (vgl. unten zu Gregor von Langres und Nicetius von Lyon) vermittelte und die in langjähriger Beziehung starken Einfluß auf ihn ausübte.

A., die den Namen ihrer Großmutter trug, war bei ihrer Heirat 534 mit dem

Auvergnaten Florentius gute 20 Jahre jünger als ihr Gatte; wenn man ihr Alter in dieser Zeit auf ca. 16 Jahre ansetzt, ist sie ca. 518 geboren. Im Spätjahr 587 hat sie noch gelebt (VM III 60; zur Datierung der Episode Heinzelmann 1981: 240). Die Namen ihrer Eltern sind nicht überliefert; möglicherweise sind diese relativ früh gestorben, da Armentaria selbst wohl im Hause ihres Großvaters Gregor von Langres aufgewachsen ist (vgl. unten Anm. 18). Geschwister könnten Silvester (Nr. 10), Attalus (Nr. 11), ja sogar Bf. Eufronius von Tours (Nr. 12) gewesen sein. – Seit ihrer Heirat hat sie bis in die 50er Jahre des 6. Jh. in der Auvergne gelebt; nach dem Tode ihres Gatten 546/8 fiel ihr die Sorge um Gregor und dessen Geschwister sowie um die Besitzungen der Familie zu (GM 83: Sie überwacht Feldarbeiten in der Limagne). Als Gregor in den Klerikerstand eingetreten (und dessen Schwester durch Heirat versorgt) war, ließ sie sich im Witwenstand (VM I 36: *„venerabilis mater"*) im burgundischen Chalon nieder (Pietri 1983: 253 Anm. 40; vgl. auch unten mit Anm. 20).

Gregor, der seine Mutter allein im hagiographischen Werk 12mal nennt, war offensichtlich beeindruckt von ihrer mütterlich-liebevollen Zuneigung – aus der Zeit seiner Krankheit überliefert er mit einer bei ihm seltenen Gefühlsbetonung ihre Worte *„maestum hodie, dulcis nate, sum habitura diem ..."* (VP II 2) – und von ihrer religiösen Haltung: Nach seinem Bericht war sie im Gegensatz zu anderen Anwesenden beim Gottesdienst in der Lage, das göttliche Mysterium zu begreifen (GM 85). So schreibt er ihr auch visionäre Begabung zu (GM 50; 85) sowie das Vermögen, die Richtigkeit einer Vision Gregors zu erkennen (GC 39). In dem Gedicht ›Ad Armentariam matrem domni Gregorii episcopi‹ (Carm. X 15) wird sie von Venantius Fortunatus mit der ebenfalls als Heilige verehrten Mutter der sieben Makkabäer gleichgesetzt. Ihre ausgeprägte Heiligenverehrung hat Gregor zweifellos beeinflußt; so ist es bezeichnend, daß er betont, die Familienreliquien seines Vaters von *ihr* erhalten zu haben (GM 83). Ihre Benignus-Verehrung (GM 50) hat sie von ihrem Großvater, dem Begründer des offiziellen Kultes, in die Auvergne mitgenommen; gleiches dürfte für den hl. Polycarp gelten, der der Lehrer des Benignus gewesen ist (GM 85; vgl. die Notiz Nr. 14). Ihr eigenes Oratorium in Chalon stattete sie mit Reliquien des Ketzer bekämpfenden Euseb von Vercelli aus (GC 3); sie besaß auch Reliquien vom Grab des hl. Silvester von Chalon. Auf familiäre Tradition geht ihre Martinsverehrung zurück (VM I Prolog und III 10). Ein Denkmal seiner Beziehung mit der Mutter hat Gregor dann auch in seinem wichtigsten hagiographischen Prolog gesetzt, den er den Martinsschriften vorangestellt hat: Nach seinen Worten war es Armentaria, die ihn in einer Vision mahnte, die Wunder beim Martinsgrab niederzuschreiben; seinen Einwand der eigenen literarischen Unfähigkeit zerstreute sie durch die Versicherung, daß gerade die Sprache Gregors *(„sicut tu loqui potens es")* durch ihre Verständlichkeit *(intelligentia)* bei seinem zeitgenössischen Publikum *(nobiscum)* bestens ankomme: *„habetur praeclarum"* (vgl. dazu Teil III Vorbemerkung).

(10) Silvester

Er ist der unglückliche Held eines Dramas in der „burgundischen Linie" der Familie Gregors, der ihn als *„propinquum vel nostrum vel beati Tetrici"* bezeichnet (Hist. V 5). Diese Formel trifft am ehesten auf einen Onkel Gregors zu, der damit Neffe des Tetricus wäre. Damit ist Silvester mit hoher Wahrscheinlichkeit Bruder der Mutter Gregors gewesen (Hinweis von Christian Settipani); möglich wäre eventuell noch die Abkunft von einem dritten Sohn Gregors von Langres. Da die oben zitierte Formel des turonischen Gregor gleichzeitig erklären will, daß Silvester mit Bf. Tetricus von Langres, für den er noch zu dessen Lebzeiten als Nachfolger designiert wurde (ca. 572), ebenso wie mit ihm selbst verwandt gewesen ist – Gregor war in dieser Angelegenheit ja persönlich angegriffen worden –, ist es nicht ungewöhnlich, daß die Verwandtschaft nicht noch genauer präzisiert wird, was Gregor ja auch sonst nicht getan hat (vgl. oben die Vorbemerkung). Die Nachfolge des Laien Silvester auf das Amt eines Bischofs von Langres war vom älteren Bruder Gregors, dem Diakon Petrus, betrieben worden, der somit eigene Ansprüche zugunsten des älteren Onkels zurückstellte. Silvester starb noch vor der Bischofsweihe, was dem Petrus zur Last gelegt wurde; zwei Jahre danach (ca. 574) tötete der ungenannte Sohn des Silvester, ein Jüngling *(aetate iuvenis)*, den Petrus und wurde selbst „im 3. Jahr danach" (576/7) Opfer einer Blutrache. – Vgl. auch die folgende Notiz.

(11) Attalus

nepus Gregors von Langres. Mit anderen Senatorensöhnen wurde er im Rahmen eines Austauschs von Geiseln zwischen den Königen Childebert I. und Theudebert um 532 in die Trierer Gegend gebracht; dort verfiel er bei erneut aufbrechendem Krieg staatlicher Leibeigenschaft. Da er um 532 als *puer* bezeichnet wird, dürfte er ebenso wie Bf. Eufronius (Nr. 12) nicht Neffe, sondern eher Enkel Gregors von Langres gewesen sein und nur wenig vor oder nach der Armentaria (Nr. 9) geboren worden sein. Auffällig ist bei der Episode Hist. III 15, der einzigen Quelle für seine Existenz, daß sich nicht die Eltern, sondern allein der Großvater um seine Befreiung aus der Leibeigenschaft bemühten. Demnach waren wie bei der Armentaria die Eltern bereits früh gestorben, was ein weiteres Indiz dafür ist, daß er ein Bruder der Armentaria und des Silvester gewesen ist. – Interessant in diesem Zusammenhang könnte eine Urkunde von 539 für Abt Silvester von Réomé (Diözese von Langres) sein, die ein Atalus *obtulit et subscripsit* (Pardessus I: Nr. 136, S. 102).

(12) Eufronius, Bf. von Tours

556–573 Bf. von Tours und Vorgänger Gregors. Nach dem Tod Bf. Gunthars 555 war der auvergnatische Priester Cato wohl wegen alter familiärer Ansprüche der allgemein erwartete Kandidat für die Nachfolge in Tours, welche aber durch dessen Interessen in Clermont selbst vereitelt wurde (Weidemann 1: 203f.); das Bistum blieb ein Jahr vakant. Da Chlothar I. damals Gesamtherrscher gewesen ist, war es möglich, einen Vertreter der burgundischen Linie dieser Familie zu berufen, und zwar mit dem ausdrücklichen Hinweis auf die Abstammung von Bf. Gregor von Langres (Hist. IV 15; vgl. dazu Teil I.2). – Eufronius, geboren 503, war Kleriker von frühester Jugend an; er war vielleicht identisch mit einem Mönch dieses Namens, der 533/4 das Kloster Ile-Barbe bei Lyon verließ und sich dann zunächst in der Diözese Chartres niederließ (Vita Leobini 19, MGH AA IV-2: 75). Während seiner Amtszeit als Bischof von Tours wurden die Vinzenzbasilika gebaut und in den *vici Tausiriacus* (wohl Toiselay in der Diözese von Bourges), Céré-la-Ronde und Orbigny Pfarreien errichtet; bei den beiden Kirchen der Diözese von Tours handelt es sich ebenfalls um Vinzenzkirchen (vgl. GM 89, sowie: Paroisses et communes de France. Indre-et-Loire, Bd. 37, 1985: 181 mit Anm. 2 und S. 346), was mit der burgundischen Herkunft des Eufronius zusammenhängen könnte: Ein Vinzenzpatrozinium hatte schon das bischöfliche Oratorium seines Großvaters in Dijon (Topographie chrétienne IV: 61; vgl. auch Ewig 2: 163 f.), wie auch die Kathedralen von Chalon und Mâcon (Pietri 1983: 495 f. stellt die Vinzenzreliquien in den Zusammenhang des Spanienfeldzugs Childeberts von 541).

Als Sohn eines der *filii* Gregors von Langres ist Eufronius Vetter der Mutter Gregors gewesen oder sogar, als ihr eventueller Bruder, ein Onkel seines späteren Nachfolgers: Auch hier ist das argumentum e silentio (scil. Gregorii) nicht durchschlagend; da Eufronius aber doch um gute 13–17 Jahre älter als Armentaria, Attalus und wohl auch Silvester gewesen ist, spricht dies eher für eine Abstammung von einem älteren Sohn Gregors von Langres. – Vgl. zu ihm auch die Notizen zu Gregor von Langres und Eufronius von Autun, sowie Teil I.2. (Den bei Stroheker: Nr. 56 aufgeführten Sohn Aventius wird man mit Pietri 1983: 207 Anm. 148 als einen geistlichen Sohn identifizieren.)

(13) Tetricus und *filii* Gregors von Langres

Nach Gregors Biographie des Gregor von Langres (VP VII 1) hat der Vater des Tetricus *„et filios“* von seiner Frau erhalten, also mehr als einen Sohn. Der Ausdruck *filii* ist wohl nicht im Sinn von „Kinder“ zu verstehen, was Gregor stets mit dem Wort *liberi* wiedergibt, vgl. VP VIII 1; das *„et“* könnte aber auch an zusätzliche Töchter denken lassen. In der Literatur hat man sich meist mehr oder minder willkürlich auf drei Söhne festgelegt, von denen nur Tetricus namentlich bekannt ist; seine beiden Brüder wären der Großvater Gregors und der Vater des Eufronius von Tours gewesen (vgl. aber Notiz Nr. 9 zu Armentaria). Da zumindest einer seiner Brüder schon 503 einen Sohn (= Eufronius) hatte und folglich ca. 480 geboren wurde, dürfte Tetricus eher ein jüngerer Sohn Gregors gewesen sein. – 539/40 wurde Tetricus Amtsnachfolger seines Vaters und war nach seinem Epitaph (Fort. Carm. IV 3) 33 Jahre lang Bischof von Langres, muß also 572/3 gestorben sein. In den GC war nach Ausweis der Kapitelüberschriften ein Kapitel über ihn geplant, aber leider nicht ausgeführt (oder ging verloren). In einem Traum König Gunthchramns hatte Tetricus zusammen mit Nicetius von Lyon und Agroecula von Chalon König Chilperich bestraft und damit dessen Verurteilung durch das göttliche Gericht angezeigt (Hist.

VIII 5); die drei Bischöfe haben damit gewissermaßen den Episkopat des Gunthchramnreiches repräsentiert.

(14) Gregorius Attalus

Er war „Spitzenahn“ für Gregor von Tours, das heißt Leitfigur einer *generatio* (*„prima haec est et magna generatio“*, Hist. IV 15), an die der Urenkel bewußt anknüpfte, vielleicht sogar durch seinen Rufnamen (vgl. dazu allerdings unten mit Anm. 23). Gründe für diese „Ansippung“ liegen in der Eigenschaft Gregors von Langres als einziger Bischof unter den *direkten* Vorfahren Gregors von Tours (vgl. unten mit Anm. 18) und in den institutionell verankerten Beziehungen dieses Familienzweiges zu St-Martin von Tours (vgl. dazu Teil I.2). Darüber hinaus dürfte der Einfluß der Mutter Gregors v. T. bedeutsam gewesen sein, die – selbst wohl noch bei ihrem Großvater großgeworden – ihrem Sohn die Traditionen dieser Linie überliefern konnte (vgl. Notiz Nr. 9).

Hauptquelle für den Bischof von Langres ist die Vita aus der Feder seines Urenkels (VP VII); das Epitaph des Venantius Fortunatus (Fort. Carm. IV 2) dürfte ebenfalls auf dessen Angaben (oder von Gregors Mutter) zurückgehen. Die Chronologie seiner Laufbahn beruht auf der Vita, wonach G. v. L. 90jährig gestorben ist (539/40); zuvor hätte er 32 Jahre lang den Episkopat von Langres innegehabt (so Epitaph; Vita: Er starb im 33. Jahr *„episcopatus sui“*), nachdem er 40 Jahre *comes* von Autun gewesen sei. Damit hätte er 466/7, also im Alter von 16/17 Jahren den *comitatus* in Autun erhalten, was denkbar ist, wenn er das Amt geerbt hat: Das gut belegte Parallelbeispiel des *„comes civitatis“* von Trier aus der gleichen Zeit zeigt tatsächlich die Erblichkeit des erst in der zweiten Hälfte des 5. Jh. belegten Amtes (dazu H. H. Anton, in: Francia 14, 1986: 8 mit Anm. 36; ibid.: 4 ff. auch zu Gregor v. L.). Zweifel an der Gregorchronologie sind durch den Brief des Sidonius Apollinaris Ep. V 18 (hrsg. von Loyen [wie Anm. 5] 2: 206) aufgekommen, der vom Herausgeber um 471–474 datiert wird und an einen Attalus *familiari vetusto* (des Sidonius) gerichtet ist, der nun der *civitas* Autun vorstehe. Während Stroheker: Nr. 182 annimmt, es handle sich bei Attalus um einen zweiten Namen des Gregor (vgl. oben Nr. 11 zu dem Enkel Gregors), glaubt Pietri 1983: 205 Anm. 140, daß sich Gregor v. T. bezüglich des Alters seines Vorfahren getäuscht habe und daß Attalus eine frühere Generation repräsentiere. Damit übersieht sie aber, daß man den 503 geborenen Eufronius (Nr. 12) kaum mehr als Enkel eines um 480 geborenen Gregor von Langres ansprechen kann! Tatsächlich ist ein Irrtum Gregors v. T. gerade im vorliegenden Fall schwer vorstellbar: Sein Bruder war Kleriker beim Sohn des Gregor v. L., und die Mutter Gregors v. T., die wohl bei Gregor v. L. erzogen worden ist, lebte noch, als ihr Sohn die Biographie seines Urgroßvaters verfaßte. Der Brief des Sidonius war also tatsächlich an Gregorius Attalus gerichtet und beglückwünschte diesen in dem erwähnten Brief der 70er Jahre (Loyen 206 Anm. 60: spätestens 477), daß er die Herrschaft über die *civitas* Autun übernommen habe. Mit Gregor v. T. dürfen wir annehmen, daß er schon seit 466/7 rechtliche Funktionen in dieser Stadt innehatte, vielleicht als militärischer Assessor eines überregionalen *comes;* auf Grund dieser Funktionen konnte Sidonius ihn als *iustus* und *severus* preisen, welche Tugenden als Leitmotiv seiner Tätigkeit in der Vita wie im Epitaph deutlich werden. Da Sidonius sich auch als Freund des Attalus (und seiner Familie?) bezeichnet, könnte er ihn schon seit frühester Jugend gekannt haben; möglicherweise ist die Anrede als *„familiaris vetustus"* gerade unter dem Vorzeichen der Jugend des Angesprochenen ironisch aufzufassen.

Nach dem Tode seiner Frau (Notiz Nr. 15) wurde Gregor Bischof von Langres, residierte aber hauptsächlich in Dijon. Dort besorgte er auch die Entstehung und Verbreitung des Kultes von Benignus, eines Polycarpschülers, dem er eine Basilika bauen ließ und für den er eine Passio „fand" (GM 50; der Text der Passio entspricht BHL 4457f., hrsg. von J. Van der Straeten, AnalBoll 79, 1961: 465–468; ibid. 5: 466 die Erwähnung Polycarps, der nach GM 85 von Armentaria, der Enkelin Gregors v. L., speziell verehrt wurde). Auf eigenen Wunsch wurde er in seinem Mausoleum beerdigt, das dem Apostel Johannes geweiht war, der Lehrer des Polycarp gewesen ist (vgl. Hist. I 28); der Bruder Gregors v. T., Petrus, wurde ebenfalls dort niedergelegt. – Vgl. zu ihm noch Weidemann 1: 163f., Gall. Prosop.: 563, sowie die Notizen zu Armentaria (Nr. 15) und Eufronius von Autun (Nr. 16).

(15) Armentaria (I.)

Großmutter der Mutter Gregors von Tours, die ihren Namen erhielt; sie war *„de genere senatorio"* (VP VII 1). Sie wurde Gattin des Gregorius Attalus, der nach ihrem Tod in den Klerus eintrat und 506/7 Bischof von Langres wurde. Nach dem Indiz ihres Namens könnte sie eine Tochter von Bf. Armentarius von Langres gewesen sein, der sein Amt ca. 479 angetreten haben muß (vgl. Gall. Prosop.: 560, s. v. Armentarius). Da ihr Gatte wohl aus Autun stammte, dürfte für diesen die Verbindung mit ihrer Familie zum Erwerb des Bischofsamtes in Langres beigetragen haben.

(16) Eufronius, Bf. v. Autun

Priester in Autun, seit 451 wohl Bischof der Civitas (Chronica Gallica a. DXI, MGH AA IX: 663 erwähnt zu diesem Jahr seine Beerdigung, was aber wohl eher seiner Ordination entsprochen haben dürfte, vgl. RE VI–1, 1907: 1220); bezeugt bis nach 475. Die Chronik des Hydatius erwähnt einen Brief des Eufronius an den *comes* Agrippinus über Himmelserscheinungen des Jahres 451 (MGH AA XI: 26). Als Priester erbaute (stiftete) er die Symphorianusbasilika in Autun, und als Bischof übersandte er eine Marmorplatte für das Grab Martins in Tours; dieses Detail hat Gregor von Tours in einem eigenen Kapitel der Historien (Hist. II 15) im direkten Anschluß an ein Kapitel über die Bischöfe Eustochius und Perpetuus von Tours festgehalten.

Mehrere Indizien legen nahe, ihn mit der Familie des Gregor von Langres in verwandtschaftlichen Zusammenhang zu bringen und seine Stiftung für St-Martin in Tours als Zeichen der institutionellen Verbindung einer „burgundischen" Senatorenfamilie mit dem Martinsheiligtum in Tours zu werten; die Marmorplatte dürfte dabei sichtbarer Ausdruck einer Beteiligung am Kirchenbau des Perpetuus („*cum magno votorum consensu*", VM I 6) gewesen sein. Nach der Festordnung des Bfs. Perpetuus von Tours (458/9–488/9) wird das Fest des Symphorian neben dem des Hilarius von Poitiers als einziges „auswärtiges" Heiligenfest in der Martinsbasilika begangen (Hist. X 31: VI), was zweifellos mit der Stiftung des Eufronius in Zusammenhang zu bringen ist; die Liturgie war hier folglich nicht nur Träger einer ›Memoria‹ für einen Heiligen, sondern gleichzeitig für die erwähnte Stiftung. Vielleicht geht auch die Gründung der um 600 für Autun belegten Martinsbasilika auf diese Zeit zurück; nach L. Pietri (1983: 467) hätten die Bischöfe Perpetuus und Eufronius eine «jumelage de leurs Eglises» abgeschlossen.

Eufronius stammte sicher aus Autun (vgl. Pietri 1983: 205 Anm. 140); während seiner Amtsperiode erreichte der Jüngling Gregorius (später Bischof von Langres) den Stadtcomitat von Autun, was ohne die Mitwirkung des Bischofs undenkbar gewesen wäre. Ein Enkel Gregors trägt seinen Namen (vgl. Nr. 12); da gerade dieser mit den Bischöfen Eustochius und Perpetuus von Tours als verwandt bezeichnet wird (vgl. Teil I.2), muß entsprechend eine verwandtschaftliche Beziehung dieser Bischöfe auch mit Eufronius von Autun angenommen werden.

(17) Gundulfus und die *duo liberi* des Florentinus

Im Jahr 581 wird der *dux* Gundulfus, „*de genere senatorio*", von Austrasien nach Marseille gesandt und muß bei Umgehung des Gunthchramnreiches über Tours reisen. Dort wird er von Gregor empfangen: „*recognosco matris meae avunculum esse*" („*recognoscere*" bei Gregor stets – 6mal – im Sinne von „anerkennen", z. B. den König). Gundulf war also der Bruder der Mutter Armentarias (Nr. 9) und gehörte zur Familie des Florentinus (Nr. 19). Bei der Identifizierung seiner Person haben der germanische Name und sein Lebensalter Forschungsdebatten ausgelöst. Zum letzteren Problem: Die Vita des Nicetius, VP VIII, berichtet, daß bei der Geburt des Nicetius (im Jahr 513) dessen Vater Florentinus „*duos iam haberet liberos*", also wohl eine Tochter und einen Sohn; von diesen wird letzterer meist mit Gundulf identifiziert, der damit im Jahr 581 älter als 68 Jahre gewesen wäre. Nun steht aber keineswegs fest, daß Gundulf ein *älterer* Bruder des Nicetius gewesen ist, da auch eine Geburt *nach* Nicetius in Betracht gezogen werden kann (vgl. K. F. Werner, Vom Frankenreich zur Entfaltung Deutschlands und Frankreichs, 1984, 38 f.). Da die Mutter auch weiterhin mit Nicetius zusammengelebt hat, scheint eine zweite Heirat, nach dem Tod des Florentinus, wenig wahrscheinlich zu sein; auf dieser falschen Prämisse baut aber (mit vielen Nachfolgern) M. Chaume auf: Les origines du duché de Bourgogne, Bd. II–1, 1927, 204 f. besonders Anm. 4, der G. mit dem späteren Bf. v. Maastricht identifiziert, der ca. 607 gestorben ist; die späte Vita BHL 3705 schildert diesen Gundulf als Sohn des durch Hist. III 14 bekannten Munderich. Der Ursprung des germanischen Namens Gundulf ist demnach eher bei der Familie des Florentinus zu suchen; die Bischofsliste von Mâcon führt in der Tat neben einem Florentinus („*vir inluster*" von Autun, vgl. Stroheker: Nr. 162) einen „*vocatus episcopus Gundulfus*" (6. Jh.?, vgl. L. Duchesne, Fastes épiscopaux de l'ancienne Gaule, 2, Paris ^{2}1910: 196). – Vgl. zu ihm Stroheker: Nr. 184, Weidemann 1: 57 und die Notizen 19–20.

(18) Nicetius

Großonkel Gregors von Tours, den dieser von mehreren, teilweise wohl längeren Aufenthalten in Lyon gut kannte, auch wenn er sicher nicht von ihm das Diakonenamt erhalten hat, wie oft angenommen wird (vgl. Teil I.3). Gregor hat seine Lebensweise als vorbildlich identifiziert und ihm die ausführlichste seiner Heiligenbiographien geschrieben (VP VIII; zuvor war schon eine andere Vita in Lyon selbst geschrieben worden, MGH SRM III: 518 ff.); er hat seinen Kult in der Touraine eingeführt und verbreitet.

Nicetius ist das dritte Kind des Florentinus und der Artemia und war seit frühester Jugend Kleriker, weshalb er auch mit seiner Mutter weiterhin zusammenlebte. Um 543 wurde er Priester der Bischofskirche von Chalon und 551/2 designierter Nachfolger seines Onkels Bf. Sacerdos von Lyon; er starb am 2. April 573. – Vgl. Stroheker Nr. 259; Heinzelmann 1976: 152–175 (ibid. 130 zum Datum des Beginns seines Episkopats); Weidemann 1: 168–170.

(19) Florentinus

„*Ex senatoribus*", Vater des Nicetius (VP VIII 1). Im Geburtsjahr 513 des Nicetius wurde ihm der Episkopat von Genf angetragen, wofür er auch die Zusage des (burgundischen) Königs erhielt. Durch seine Gattin, die mit dem zukünftigen Bischof von Lyon Nicetius schwanger war, wurde er von der Annahme des Amtes zurückgehalten und blieb wahrscheinlich Laie. Er dürfte bald nach der mutmaßlichen Geburt eines weiteren Sohnes Gundulf gestorben sein. – Der Name des Sohnes Gundulf (vgl. Notiz Nr. 17) legt nahe, daß Florentinus mit einer Familie des Burgunderadels liiert war; nach einem Hinweis von Frau C. Sicot wäre dabei an den „*comes Gund(e)ulfus*" zu denken, der mit anderen die Lex Gundobads (in der Edition Sigismunds?) unterschrieb (vgl. MGH Leges II–1 Leges Burgundionum, 1873, 35: Zeilen 24, 29, 30) und der zwei Urkunden Sigismunds für St-Maurice mitunterzeichnete (Pardessus I: Nrn. 103, 104, zu 523); er könnte ein Bruder des Florentinus gewesen sein.

(20) Artemia

Gattin des Florentinus (Nr. 19), Mutter des Nicetius (VP VIII 1 und 2) und wohl auch von weiteren Kindern (Nr. 17). Sie hielt ihren Gatten davon ab, Bischof zu werden; nach dessen Tod hat sie mit dem jungen Kleriker Nicetius in der „*domus paterna*" (in Chalon?) gelebt. Ihr Urenkel Gregor könnte sie noch selbst gekannt haben, da er im Anschluß an eine Episode von ca. 546, bei der er selbst beteiligt war, den Gehorsam des Nicetius gegenüber seiner Mutter hervorhebt. Vgl. auch Nr. 21.

(21) Sacerdos

Er wird von Gregor nur beiläufig zum Anlaß der Designation seines Neffen Nicetius als Nachfolger auf dem Lyoner Bischofsstuhl genannt (VP VIII 3; Hist. IV 36 erwähnt die Designation ohne die verwandtschaftliche Bindung). Tatsächlich handelt es sich bei ihm um eine, vielleicht *die* überragende politische Figur des Childebertreiches der 40er Jahre des 6. Jh.; sein Sohn Aurelian konnte Metropolit von Arles werden (dazu ausführlich Heinzelmann 1976: 146 ff.). 486/7 in einer patrizischen Familie geboren, wurde er nach 541 Bf. v. Lyon und starb am 11. 9. 551/2. Seine Familie, zu der mehrere seiner Amtsvorgänger zählten, dürfte nach Christian Settipani in den Verwandtschaftskreis des Ruricius von Limoges gehören (vgl. Francia 18–1, 1991: 206–209); demnach liegt es näher, Sacerdos als Bruder der Artemia und nicht des Florentinus anzusehen (vgl. ibid. Stemma S. 208).

I.2 Gregor und die Bischöfe von Tours

Bezeichnend für die Zurückhaltung Gregors bei der Preisgabe prosopographischer Einzelheiten der eigenen Verwandtschaft ist der Umstand, daß seine Zugehörigkeit zum auvergnatischen Senatorenadel nach dem Zeugnis der Historien nur einem einzigen und darüber hinaus indirekten Beleg zu entnehmen ist. Bei dieser singulären Aussage handelt es sich um eine Reaktion auf polemische Äußerungen des Priesters Riculf aus dem Turoner Klerus, die dieser in Abwesenheit seines Bischofs vorbrachte; letzterer mußte sich zum gleichen Zeitpunkt vor einem Bischofsgericht in Berny-Rivière verantworten, das König Chilperich gegen ihn veranlaßt hatte (Hist. V 49). Demnach rühmte sich jener Riculf – vorschnell, wie sich zeigen sollte –, Tours von den „*Arverni populi*" gereinigt zu haben. Zu diesem Ausspruch gab nun der angesprochene Autor der Historien einen Kommentar ab, der indirekt seine Verbindung zu dem angesprochenen Personenkreis bestätigt. Er meinte nämlich, „der Elende (scil. Riculf) ließ unberücksichtigt *(ignorans miser)*, daß bis auf fünf Bischöfe alle anderen, die das Turoner Bischofsamt erhielten, meiner Verwandtschaft verbunden sind *(parentum nostrorum prosapiae sunt coniuncti)*." Im gleichen Zusammenhang hatten auch übelwollende „Freunde" Gregor den Rat erteilt, mit den Kirchenschätzen von Tours nach Clermont, also in die Auvergne zu fliehen.

Die Äußerungen Riculfs und Gregors, die häufig Gegenstand historischer Kommentare waren[2], verlangen zweifellos nach einer Klarstellung. So ist der Ausdruck Riculfs „*Arverni populi*" fast immer auf die

Familie Gregors bezogen worden, obwohl der Priester von Tours neben seinem Bischof in erster Linie an dessen Archidiakon Plato (*„archidiaconus meus"*) und den Freund Gregors Galienus (*„amicus noster"*) gedacht haben wird, die damals beide aufgrund seiner Anzeige eingekerkert worden waren (Hist. V 49: 259 Z. 23–25); zudem hatte Riculf „als armer Leute Kind" seine gesamte Karriere dem Vorgänger und Verwandten Gregors, Bischof Eufronius, verdankt und folglich kaum Grund, gegen die Familie als solche eingestellt zu sein (ibid. S. 262 Z. 6). Gregors Replik ist dagegen weniger klar als wünschenswert. Das Problem liegt hier in geringerem Maß an der genauen Zahl der Vorgänger Gregors[3], als an der fehlenden Präzision der Verwandtschaftsverhältnisse zu den jeweiligen Prälaten der Liste. Dabei ist nicht zu übersehen, daß unser Autor nur in einem einzigen Fall die auvergnatische Herkunft eines seiner Vorgänger ausdrücklich erwähnt hat (Hist. X 31 zu Ommatius).

Dennoch ist es möglich, ausgehend von der kommentierten Bischofsliste im Schlußkapitel X 31, die engere Verwandtschaft Gregors zu einigen seiner Vorgänger näher zu präzisieren und damit gleichzeitig sein Selbstverständnis als Glied dieser Bischofsreihe deutlicher werden zu lassen. Näher bekannt ist uns bereits die Beziehung Gregors zu seinem Vorgänger Eufronius, der ein naher Verwandter seiner Mutter war und unter Umständen sogar deren Bruder gewesen sein könnte (oben Notiz 12). Der Abschnitt zu Eufronius, als Nr. XVIII in besagter Bischofsliste geführt, wurde nun durch die Bemerkung eingeleitet, daß er *„ex genere illo, quod superius senatores nuncupavimus"* abstamme, also aus dem Zweig der Familie Gregors, den dieser weiter oben in der gleichen Liste als „senatorisch" gekennzeichnet habe. Das Prädikat *„de (ex) genere senatorio"* oder *„de (ex) senatoribus"* hatte der Verfasser der Historien in der Tat auf die Bischöfe Eustochius, Perpetuus, Volusianus (Nrn. V–VII der Liste), sowie Ommatius (Nr. XII) und Francilio (Nr. XIV) beschränkt, obwohl es ohne Zweifel auch für weitere Bischöfe der Turoner Liste gegolten haben wird.[4]

Unter den fünf genannten Bischöfen sind in erster Linie drei (Nrn. V–VII) hervorgehoben, da ausschließlich bei ihnen die jeweilige direkte Beziehung als *„propinquus"* des Vorgängers oder Nachfolgers erwähnt wird. Damit verfügen wir über eine direkt bezeugte Gruppe von tatsächlich nah miteinander verwandten Senatoren, zu der die späteren Bischöfe Ommatius und Francilio und endlich Eufronius und Gregor selbst hinzutreten.

Die Heimat dieser Dreiergruppe ist nicht mit letzter Sicherheit festzulegen, zumal es sich bei ihnen als Senatoren um Personen überregionaler Bedeutung handelte, deren Besitz sich auf mehrere *civitates* verteilte (vgl. dazu weiter unten). Für Perpetuus (458/9–488/9) weist die von ihm erbaute Laurentiuskirche in Montlouis nach Clermont und Lyon, wo jeweils zur gleichen Zeit Kirchen mit diesem spezifischen Patrozinium errichtet wurden (Ewig 2: 307 Anm. 426). Die letztere geht wohl auf Bischof Patiens zurück, die erstere, in der später Gregors Onkel Gallus zusammen mit einem unidentifizierten *„sanctus Bricius"* (Name des Vorgängers von Bf. Eustochius von Tours!) begraben werden sollte (vgl. Notiz 5), verdankt ihre Entstehung dem Westgotenherzog Victorius, der in engsten freundschaftlichen Beziehungen zu Sidonius Apollinaris und dessen Familie stand. Dieser Victorius war gleichzeitig ein großer Förderer des Clermonteser Klosters St-Cirgues, das sich im Besitz oder zumindest in der Verfügungsgewalt eines Volusianus befand[5], der kein anderer als der Verwandte und Nachfolger des Perpetuus gewesen ist (Gall. Prosop.: 717 s. v. Volusianus 2). Obwohl dieser Volusianus Besitzungen in der Gegend von Bayeux hatte, sind seine besonderen Beziehungen zur Auvergne und im übrigen auch schon früh zu Tours[6] deutlich: Er gehörte zur *„propinquitas"* des Bischofs Ruricius von Limoges (Ruricius, Ep. 2, 64), dessen Sohn Ommatius 522 selbst Bischof von Tours werden würde. Dieser Ommatius aber, den wir nach dem bereits Gesagten als Angehörigen der Gruppe der engeren Verwandten unter den Vorgängern Gregors kennen, ist gleichzeitig der einzige Prälat der Liste von Hist. X 31, der ausdrücklich als Auvergnate bezeichnet wird. In diesem Zusammenhang ist noch erwähnenswert, daß Gregor durch die verwandtschaftliche Beziehung mit diesem Ruriciussohn gleichzeitig an die Familie der *Aviti* anknüpfte, also an das Haus des gallischen Kaisers von 455/6, der im Juliansheiligtum von Brioude begraben lag, was nicht zuletzt die Promotion Julians zum emblematischen Heiligen des auvergnatischen Adels gefördert haben wird.[7]

Zur gleichen Gruppe dürfte schließlich noch Francilio *„ex senatoribus"* zu rechnen sein (Nr. XIV), dessen Herkunft als *„civis Pictavensis"* freilich mit Poitiers festgelegt wird; möglicherweise ist in seinem Fall die Gattin Clara, die Gregor in der betreffenden Bischofsnotiz ausnahmsweise miterwähnt, die eigentliche Verwandte der Vorfahren Gregors gewesen.[8] Gerade nach Poitiers verweist allerdings der *„Eustochius Pictavinsis"* (VM I 30, Titel), Homonymus des fünften Bischofs von Tours, der zur Zeit von Bischof Eufronius (556–573) diesen zur Herausgabe eines Teils der Schenkung zwingen konnte, die sein *„cognatus Baudulfus"* (vgl. den 552 verstorbenen Bf. *Baud*inus!) der Martinsbasilika in Tours gemacht hatte. Der Sachverhalt legt nahe, in

Eustochius und Baudulf Verwandte der besagten Bischofsgruppe von Tours zu sehen, von denen der letztere durch seine Schenkung an die Basilika des Heiligen einer längst bestehenden Beziehung Rechnung getragen hatte.

Bevor Eufronius selbst den Turoner Stuhl bestieg, war dieser offensichtlich für den auvergnatischen Priester Cato reserviert, was zunächst auch von König Chlothar bei der Vergabe des Bistums respektiert worden war (Weidemann 1: 203); es ist kaum zweifelhaft, daß auch dieser Cato zur engeren Verwandtschaft Gregors gehört hat, selbst wenn er von der Kritik des Autors der Historien nicht verschont blieb. Dagegen scheint Eufronius auf den ersten Blick keine Beziehungen zur Auvergne gehabt zu haben; er ist ja mit ausdrücklicher Berufung auf seine Abstammung von Gregor von Langres Bischof von Tours geworden (vgl. Notiz Nr. 12). Nun hat aber Gregor gerade ihn mit der Gruppe der Bischöfe *„ex senatoribus"* in Verbindung gebracht, was die oben ausgesprochene Vermutung zur Verwandtschaft der Gregor von Langres/ Eufronius von Autun mit den Bischöfen von Tours Eustochius und Perpetuus weiter bestätigt (vgl. Notiz Nr. 16). Für Gregor selbst ergibt sich daraus, daß er mit seinen zuletzt genannten Vorgängern sowohl über die väterliche als auch die mütterliche Linie verwandt gewesen sein dürfte.

Dem außerordentlichen sozialen Gewicht der von uns identifizierten Gruppe von Bischöfen entspricht nach den Angaben Gregors auch die wirtschaftliche Bedeutung dieser Auserwählten. So ist etwa Perpetuus *„dives valde et per multas civitates habens possessiones"*, ähnlich wie der reiche Ommatius, der in mehreren Städten Besitz an die betreffenden Bischofskirchen vermachte; Volusianus, Francilio und seine Gattin Clara sind ebenfalls jeweils *„dives valde"*, womit die erwähnte Gruppe *alle* Superreichen der Liste Hist. X 31 führt! Diese Feststellung ist darum bemerkenswert, weil der jeweilige Reichtum zu entsprechenden Investitionen im Bistum und vor allem in der Bischofsstadt selbst geführt hat. Durch entsprechende Investitionen haben die Prälaten nicht nur sich selbst ein dauerndes Denkmal gesetzt[9], sondern gleichzeitig entscheidende Voraussetzungen für die zukünftigen Karrierechancen ihrer Familien geschaffen; da, wo Mitglieder einer gleichen Familie durch regelmäßig wiederholte Schenkungen an die Investitionen ihrer Vorfahren angeknüpft haben, waren ihre Chancen, das höchste Kirchenamt zu besetzen, ungleich höher als die der konkurrierenden Mitbewerber. Dieser Befund, dessen Nachweis in der uns interessierenden Zeit aufgrund der Quellenlage nur anhand von Indizien möglich ist, läßt sich gerade am Beispiel Tours illustrieren. So baute Eustochius die

Gervasius- und Protasiuskirche um die Mitte des 5. Jahrhunderts, die von seinem Nachfolger und Verwandten Ommatius etwa 75 Jahre später ausgebaut und verschönert und endlich von einem weiteren Mitglied der gleichen Gruppe, Bischof Eufronius, restauriert wurde (Topographie chrétienne V: 29). Ommatius selbst baute eine Marienkirche (ibid.: 29f.), die 558 abbrannte und von Eufronius wieder aufgebaut wurde, Perpetuus eine Petersbasilika (ibid.: 35, Apostel Peter und Paul) und die bereits erwähnte Laurentiuskirche in Montlouis. Von der größten Tragweite erwies sich freilich seine Konstruktion einer neuen Martinsbasilika, die er *„cum magno votorum consensu"* (VM I 6) durchführte.[10] Im Zusammenhang dieses Riesenunternehmens, bei dem sich gleichzeitig Prestige und Karriere einer ganzen Familie mit der Basilika und ihrem Heiligen (Martin) aufs engste verbanden, haben wir bereits auf die folgenreiche Geste des Bischofs von Autun, Eufronius (Notiz Nr. 16), verwiesen. Seine Schenkung einer Marmorplatte für das Martinsgrab hat wohl schon den buchstäblichen Grundstein für den Episkopat des auch seinen Namen tragenden Nachfahren Eufronius gelegt, der seinerseits seiner Verpflichtung gegenüber der Martinsbasilika durch eine zusammen mit König Chlothar getätigte Stiftung eines neuen Zinndaches für die Kirche sichtbaren Ausdruck gab (Hist. X 31). Vor die gleichen sozialen Anforderungen und Konventionen gestellt, ließ der Bischof Gregor die Ausmalung der Basilika erneuern und tat sich besonders bei der Ausgestaltung und Einrichtung des Annexbereiches von St-Martin hervor: Das von seinem Verwandten Perpetuus eingerichtete Baptisterium wandelte er um in ein dem hl. Benignus geweihtes Oratorium, errichtete ein neues Baptisterium und, im Atrium der Basilika, ein Johannesoratorium (Topographie chrétienne V: 34f.). In der Bischofsresidenz *(„domus ecclesiae")* transformierte er ein von Eufronius errichtetes Vorratsgebäude in ein Oratorium.[11] Als einen Höhepunkt seiner eigenen bischöflichen Tätigkeit hat er freilich die Wiederherstellung und Erweiterung der von Bischof Litorius errichteten Kathedralkirche, *„in qua beatus Martinus vel ceteri sacerdotes Domini ad pontificatus officium consecrati sunt"*, und deren Neuweihe im 17. Jahr seiner Amtszeit in seinem Vermächtnis aufgeführt, das sich an die Berichte über die Leistungen seiner Vorgänger anschließt und direkt an seine Nachfolger adressiert ist (Hist. X 31: 534f.).

In der Periode vor Eustochius hatte der zweite Bischof von Tours, Litorius, die Bischofskirche errichtet und das Haus eines Senators zur Basilika umgewandelt; sein Nachfolger, Bischof Martin, baute in sechs *vici* Pfarrkirchen, und dessen Nachfolger wiederum, Brictius, war Gründer einer *„basilica parvula"* als Grabkirche für Martin und sich selbst, die den anschließenden Bischöfen freilich unwürdig erschien.[12] In der Periode nach 442 haben von den 16 Prälaten, die Gregor in seiner Bischofsliste hinter Brictius anführt, allem Anschein zufolge sechs Bischöfe ein absolutes Monopol bei Kirchenbauten in der Metropole besessen.[13] Für das Selbstverständnis Gregors kann es nicht ohne Bedeutung gewesen sein, daß diese sechs Personen ohne Ausnahme der Gruppe der sieben enger mit ihm verwandten Bischöfe angehört haben!

Hinweise auf ein Gruppenverständnis ergibt auch die Grablege der Turoner Bischöfe. Die Praxis „demonstrativer" Grablegen ist seit dem Bestehen der christlichen Religion als Staatsideologie ein wichtiger Bestandteil des sozialen Standards der führenden Familien gewesen; es sollte sichtbar Zeugnis abgelegt werden über die Verbindung von Personen und ihren Familien mit einer Kirche und der zugehörigen Gemeinschaft, wobei Art und Situation der Grablegen Aufschluß über den Rang der Toten und ihrer Familie im öffentlichen Leben abgaben. Die Ausnahmesituation in Tours, wo sich im Gegensatz zu anderen gallischen Civitates schon vor dem 7./8. Jahrhundert eine echte Bischofsgrablege entwickelt hat[14], dürfte nicht zuletzt gerade an dem dort eingegangenen Bündnis einer großen Familie mit der Ausstrahlungskraft eines apostelgleichen Heiligen gelegen haben. Die nicht der Verwandtschaft Gregors angehörigen Bischöfe ließen sich unter diesen Umständen „ansippen". In der Tat wurden in St-Martin bei dem spätestens seit Perpetuus als apostelgleich gefeierten Martin (Pietri 1983: 818 ff.) bis in Gregors Zeiten alle Bischöfe von Tours niedergelegt, mit den einzigen Ausnahmen von Volusianus und Verus, die beide im Exil verstorben sind. In allen Fällen hat Gregor in der definitiven Bischofsliste von Hist. X 31 die Grablege erwähnt, was die Bedeutung dieses Phänomens als solches unterstreicht. Nicht erwähnt hat er die genaue Lage der Gräber in ihrem Verhältnis zum Heiligengrab *(„iuxta corpus")*, die möglicherweise ein weiteres Mal die Zusammengehörigkeit unserer Stiftergruppe zum Ausdruck gebracht hat.[15]

I.3 Die Jahre vor dem Episkopat (538–573)

Im Jahr 534 oder kurz zuvor wurde die Ehe des auvergnatischen Senatorensprößlings Florentius und der Armentaria geschlossen (GM 83); letztere war eine Enkelin des Bischofs Gregorius von Langres, dessen Familie König Chlothar als *„prima et magna generatio"* bezeichnet hatte (Hist. IV 15). Bald nach dieser Union wurde der junge

Ehemann mit anderen Geiseln, die König Theudebert bei seinem Regierungsantritt aus der fernliegenden Auvergne genommen hatte, für eine wohl kurze Zeit in die austrasischen Kernlande geholt. Aus dieser Ehe wurden ein Sohn Petrus geboren, eine Tochter unbekannten Namens und als jüngerer Sohn Georgius Florentius Gregorius, dessen Geburtstag auf den 30. November (Andreastag: Miracula s. Andreae 38) des Jahres 538 festgelegt werden kann (Weidemann 1: 205). Trotz einer besonders engen Beziehung zu seiner Mutter und deren Familie steht fest, daß Gregor sich selbst als Auvergnaten betrachtet hat[16] und daß er dementsprechend im Gebiet der Civitas Clermont (heute Clermont-Ferrand) zur Welt gekommen ist. Diese Region hat er als die „seine" bezeichnet (*noster territurium*, GM 47), ebenso wie einen Besitz (*ager noster*, GM 83), den seine Mutter in der Limagne nach dem Tod des Vaters bewirtschaftete. Neben einer Stadtwohnung in Clermont (vgl. VP II 2) haben Gregor und seine Familie die Limagne bewohnt, das heißt das Tal des Allierflusses im Osten von Clermont (GM 83, GC 30; cf. auch Hist. III 9; V 33). Während die Familie zu Lebzeiten des Vaters († ca. 548) regelmäßig die Julianskirche in Brioude im Süden der Limagne jeweils zum Fest des Heiligen am 28. August aufgesucht hat (VJ 24, 25), dürfte ihr Stammsitz eher im Norden dieser Landschaft gelegen haben; an einem 26. Januar hat Gregor in seiner *adolescentia* mit seiner Mutter das Fest des hl. Polycarp in Riom begangen (GM 85), und nicht weit davon, in Marsat, hat er das dortige Marienoratorium beim Fest der Gottesmutter (18. Jan.) aufschließen lassen. Da der Ort im 9. Jahrhundert Besitz von St-Martin gewesen ist, liegt die Vermutung nahe, daß er aus dem Eigenbesitz Gregors an die Kirche von Tours übergegangen ist (Weidemann 1: 206 und 233).

Der gesundheitlich anfällige Vater Gregors, Florentius (vgl. VP XIV 3 und besonders GC 39), ist gestorben, als Gregor etwas älter als acht Jahre war und gerade vor kurzem begonnen hatte, Lesen und Schreiben zu lernen.[17] Danach, also in der Zeit ca. 548–551, scheint sich der jüngere Sohn des Florentius mit seiner Mutter häufiger in Clermont aufgehalten zu haben, wo er mehrfach von seinem Onkel Gallus, Bischof der Civitas 525–551, besucht wurde (VP II 2; vgl. aber auch GM 83, wonach Gregor und seine Mutter in dieser Periode in der Limagne weilten). In diese Zeit vor dem Tod des Onkels am 14. Mai 551 fiel eine schwere Magenerkrankung Gregors, während der sich der Knabe zweimal zum Grab des hl. Illidius tragen ließ und für seine Genesung den Eintritt in den Klerikerstand versprach (VP II 2). Die ausführliche Schilderung und die Betonung der Entscheidung können nur bedeuten, daß zu jenem Zeitpunkt sein Entschluß weniger selbstverständlich war, als es in der Literatur regelmäßig angenommen wird, nach der die kirchliche Laufbahn Gregors wegen seiner zahlreichen verwandtschaftlichen Beziehungen zu Bischöfen einem vorgegebenen Konzept entsprochen hätte. Da aber der ältere Bruder Petrus seinen Übertritt in den Klerikerstand beim Großonkel Tetricus in Langres wohl bereits vollzogen hatte, war im Rahmen familiärer Karriereplanung für Gregor eher die Fortsetzung der säkularen Traditionen des Geschlechts vorgesehen: In direkter Linie ist unter seinen Vorfahren tatsächlich nur der Urgroßvater Gregor von Langres Kleriker gewesen, und auch dies erst nach einer späten *conversio*.[18] Ganz ähnlich hatte auch eine Generation zuvor Florentius, der Vater Gregors, die Wahrung der familiären Traditionen übernehmen müssen, nachdem sich sein älterer Bruder Gallus überraschend und gegen die Planung des Vaters der Kirche verschrieben hatte (vgl. Notiz zu Gallus).

Die unter dem Eindruck der offensichtlichen eigenen körperlichen Anfälligkeit – von den Krankheiten Gregors wird noch häufiger die Rede sein – getroffene Entscheidung hatte zweifellos zur direkten Folge, daß der junge Kleriker in den 50er Jahren des Jahrhunderts der Obhut des Avitus anvertraut wurde, der als Geistlicher der Bischofskirche von Clermont den Unterricht seines Zöglings in erster Linie durch das Studium von *eclesiastica scripta* bestimmte.[19] In diesen Jahren muß die Mutter Gregors nach Chalon umgezogen sein;[20] vielleicht hat sie dort sogar das Anwesen bezogen, das ihr Onkel Nicetius mit seiner Mutter als Kleriker und Priester der Kirche von Chalon bewohnt hatte und das er bei seinem Amtsantritt als Bischof von Lyon im Jahr 552 aufgegeben haben wird.[21]

Ein einmaliges Schlaglicht auf sein Leben vor der Erlangung der bischöflichen Würde läßt Gregor durch seine Schilderung einer vielleicht nicht ersten, aber doch existentiellen Begegnung mit dem hl. Martin fallen (VM I 32–36). Die Bedeutung des Ereignisses wird durch dreifache Datierung unterstrichen: zum ersten durch die Angabe einer eigenen Martinschronologie, der „martinischen Ära“ (Pietri 1982: 581 mit Anm. 95 und passim), danach durch die Jahre des amtierenden Bischofs Eufronius, eines Vetters der Mutter Gregors, endlich durch die Regierungsjahre König Sigiberts, der zu jener Zeit über die Auvergne, nicht aber über Tours (oder Lyon) herrschte.[22] In jenem Jahr 563 war der 25jährige Gregor so hoffnungslos krank geworden, daß er, wie er selbst aussagt, nur noch an sein eigenes Begräbnis denken konnte. Endlich machte er sich mit Freunden und ihm persönlich unterstellten Klerikern (VM I 33, *„unus ex clericis meis“*) auf den Weg nach Tours, um sich entweder dem hl. Martin lebend zu präsentieren oder bei dessen Heiligengrab in der Martinsbasilika eine letzte Ruhestätte zu finden (VM I 32). Nicht bemerkt hat man bisher, daß die Realisierung dieser Vorstellung zweifellos nur unter der Voraussetzung längst bestehender, ja institutioneller Beziehungen mit St-Martin denkbar war (vgl. dazu Teil I.2), was auch in der Bezeichnung *votivum iter* anklingen wird, die ein Gefährte dem Unternehmen Gregors von 563 gegeben hat.

Gegen alle Erwartung fanden Gregor und einer seiner Kleriker schließlich doch wunderbare Heilung, die er dem Heiligen zuschrieb. Nach der Rückkehr von der Reise bewiesen in der Folge Kerzen vom Heiligengrab ihre Wunderkraft auf dem Besitz Gregors (VM I 34: *„agrum quendam possessionis nostrae“*), und einem seiner Reisegefährten, der sich Holz vom Bett Martins mitgenommen hatte, wurde in einer Vision befohlen, die Reliquie *„Gregorio diacono“* zu übergeben (VM I 35). Dadurch erfahren wir nicht nur, daß Gregor seinen Rufnamen mindestens schon zehn Jahre vor seinem Bischofsamt geführt hat[23], sondern auch, daß er 563 Diakon gewesen ist.[24] Wo Gregor in diesem Augenblick zu Hause war und zu welcher Bischofskirche er folglich gehörte, zeigt die anschließende Episode VM I 36: Im Anschluß an seinen Aufenthalt auf eigenem Besitz reiste der Diakon Gregor besuchshalber *(„visitationis studio“)* zu seiner Mutter *„in Burgundia“*, wobei er den Weg über den Fluß Besbre nach Chalon einschlug; ohne Zweifel ist der Ausgangspunkt seiner Reise in der nördlichen Limagne (Marsat?) zu suchen und nicht in Brioude, welcher Ort den Weg über Lyon nahegelegt hätte (vgl. VJ 2!). Gregor war also auch als Diakon in der Auvergne zu Hause und dürfte vor allem als Verwalter der eigenen Besitzungen tätig gewesen sein, auf denen sich auch Kirchen *(oratoria)* mit eigenen Klerikern befanden (vgl. z. B. GM 8 zu Marsat). Die Aufenthalte bei seinem Großonkel Nicetius in Lyon (VP VIII 2; ibid. 3; VJ 2) sind dementsprechend als mehr oder minder ausgedehnte Besuche zu deuten; daß Nicetius selbst seinen jungen Verwandten zum Diakon gemacht hätte (so Pietri 1983: 259 Anm. 76), kann aus dem Werk Gregors nicht belegt werden. Das Fehlen eines Hinweises auf den Ursprung seines klerikalen Ranges läßt sich vielleicht damit erklären, daß der Historiker seinem mutmaßlichen Ordinator, Bischof Cautinus von Clermont (551–571), kaum Achtung entgegenbringen konnte (Hist. IV 12);[25] e contrario spricht das Schweigen Gregors gegen die Hypothese, der von ihm so hochgeschätzte Nicetius habe ihn tatsächlich in seinen Klerus aufgenommen.

Noch weniger sichere Anhaltspunkte zu seiner vorbischöflichen Existenz hat Gregor für die Periode 563–573 hinterlassen. An der grundsätzlichen Bewegungsfreiheit des Diakons dürfte sich nichts geändert haben, vielmehr gibt es Indizien, die darauf hinweisen, daß Gregor am austrasischen Hof gut bekannt gewesen sein muß; das unterstreicht im übrigen wiederum, daß er Angehöriger des Klerus des austrasischen Clermont und nicht des burgundischen Lyon gewesen ist. Am austrasischen Hof wird er auch 565/567 die Bekanntschaft seines Freundes Venantius Fortunatus gemacht haben.[26] In seinem auf den gerade zum Bischof erhobenen Gregor verfaßten Gedicht von 573 hat Fortunat drei Gönner des Auvergnaten genannt, deren Gunst mit der erlangten Würde in Zusammenhang gebracht wird: Radegundis und das königliche Paar Sigibert und Brunichild (Fort. Carm. V 3, Verse 14–16). Das Vorhandensein einer entsprechenden Beziehung zeigt auch der Umstand, daß die Weihe Gregors in Reims und nicht in Tours stattfinden sollte, wie es die kanonischen Vorschriften erfordert hätten (so die Bestimmungen der Konzilien von Clermont 535, can. 2; Orléans 538, can. 3; Orléans 541, can. 5). Die Vertrautheit mit der königlichen Klostergründerin Radegund darf man wohl auf Aufenthalte Gregors in Poitiers zurückführen, dessen Territorium seit der Neuverteilung des Reichs im Jahr 567 (Tod Königs Chariberts) zu Austrasien gehörte. Dagegen muß die Bekanntheit des auvergnatischen Diakons beim austrasischen König und seiner Königin durch gemeinsame Aufenthalte am Hof seit 565 erklärt werden; noch im 10. Jahrhundert führt Odo, der Biograph Gregors, dessen Wahl zum Bischof u. a. darauf zurück, daß er „*principibus notum*" gewesen sei.[27]

Die Pest von 571 im Bistum Clermont (vgl. Hist. IV 31) veranlaßte Gregor, mit den Seinen (*nostri, mei,* VJ 46a) für einige Zeit den Schutz des hl. Julian in Brioude aufzusuchen. Daß er freilich in fester Anstellung, vielleicht als Priester, hier gewirkt habe (so Weidemann 1: 206), wird nicht deutlich; eine Hypothese in diesem Sinn ist aufgrund der Selbstbezeichnung Gregors als *alumnus* Julians aufgestellt worden[28], die auch in dem oben schon erwähnten Gedicht Fortunats erscheint: „*Martino proprium mittit Julianus alumnum*" (Fort. Carm. V 3, Vers 11). Die besonderen Beziehungen Gregors zu dem Hauptheiligen der auvergnatischen Aristokratie[29] sind allerdings bereits durch familiäre Tradition vorgegeben: Die regelmäßigen Besuche seines Vaters Florentius in Brioude wurden bereits erwähnt und passen gut zu dem Umstand, daß der bischöfliche Onkel Gallus seit 543 regelmäßige Prozessionen von der Bischofskirche Clermont nach Brioude und zurück institutionalisiert hatte (VP VI 6). Natürlich kann nicht ausgeschlossen werden, daß Avitus, der neue Bischof von Clermont im Jahr der Pest von 571, seinem ehemaligen Schüler die Leitung eines so bedeutenden Heiligtums wie das des auvergnatischen Hauptheiligen anvertraute. Eine dadurch entstandene Einschränkung der Bewegungsfreiheit Gregors läßt sich aber kaum feststellen, da er in dieser Periode gemeinsam mit Bischof Avitus mindestens das Kloster Méallet und die Germanuskirche von Moissat, in erheblicher Entfernung von Brioude, besucht hat (VP XI 3; GC 40).

II. DIE FUNKTION AUTOBIOGRAPHISCHER ELEMENTE IM KONZEPT DER ZEITGESCHICHTE DES BISCHOFS GREGOR (BUCH V – X): ZUR PROBLEMATIK DES VERHÄLTNISSES VON BISCHOF UND KÖNIG, AUTOBIOGRAPHIE UND GESCHICHTSSCHREIBUNG, GESCHICHTE UND GESCHICHTSKONZEPT

II.0 Vorbemerkung: Problematik des „biographischen" Forschungsansatzes

Im Gegensatz zu einer weit verbreiteten communis opinio sind die historiographischen Impulse Gregors von Tours nicht nur in seinem Wunsch zu suchen, Geschichte „wie sie war" darzustellen und zu erzählen. Dieses für ihn – wie wir noch sehen werden – eher sekundäre Motiv wurde von seinem ausgeprägten Gestaltungswillen übertroffen, dessen Ziel die angemessene, pädagogisch-didaktische Präsentation historischer Gegenstände ist und dessen wichtigstes Mittel eine kunstvolle Zusammenstellung gezielt ausgewählter Episoden des gesellschaftlichen Zusammenlebens darstellt. Dieser Prozeß der Selektion und Komposition von Elementen des „historischen" Geschehens erfolgte dabei von dem bewußt eingenommenen, subjektiven Standpunkt eines Bischofs aus und damit in der Perspektive eines ideologischen Führers der christlichen Gesellschaft im Frühmittelalter. Gregor hat also Daten und Ereignisse der allgemeinen Geschichte, ja der erlebten Zeitgeschichte so berichtet, daß übergeordnete Gesichtspunkte seines Verständnisses vom Wesen der Geschichte deutlich werden konnten. Damit stand er in den Historien ständig vor der doppelten Aufgabe, so gut wie möglich „objektive" Geschichte zu erzählen und gleichzeitig die ihm vorliegenden, historischen Episoden so auszuwählen oder zu gestalten, daß sie der pädagogischen Zielsetzung des Bischofs förderlich sein würden. Bereits durch Walter Goffart wissen wir, daß für den Turoner Historiographen „Geschichte" die Summe der kontinuierlichen Koexistenz von Gut und Böse, Auf und Ab, Heiligem und Ungeratenem bedeutet; ebensosehr verbindet Gregor dieses Phänomen aber auch mit bestimmenden, gottgegebenen Faktoren oder Institutionen wie „König" oder „Bischof" („Prophet"), wozu noch die in der Natur erkennbaren Zeichen *(signa, prodigia)* des göttlichen Eingreifens in die Geschichte gerechnet werden müssen. Die variable Konstellation solcher Faktoren hat in den Historien typologisch wiederkehrende Situationen zur Folge, die für das angesprochene Publikum, und hier sind in allererster Linie die Könige selbst zu nennen, erlernbar sind und damit letztlich anwendbar werden. In dieser Perspektive stellt Gregor gerade auch die der engeren Zeitgeschichte entsprechenden Abschnitte (Bücher V–X) unter eine deutlich erkennbare Thematik, die sich in den Anfangs-, Mittel- und Endkapiteln der einzelnen Bücher sowie in einigen weiteren Kapiteln profiliert (dazu ausführlich Teil III.2); bei diesen handelt es sich um *thematische* Kapitel, die sich durch ausgewählte Handlungen und wichtige, fingierte Reden der handelnden Personen sowie Kommentare Gregors (Eigenrede) als paradigmatisch und Träger von Leitmotiven erweisen. Bei Berücksichtigung solcher kompositioneller Elemente läßt sich nun konkret eine geschlossene Thematik: „der gottlose König Chilperich“ oder auch: „der von Habgier geleitete König verursacht den Bürgerkrieg“ in den Büchern V und VI erkennen, wobei die beiden einzelnen Bücher über eine zusätzliche eigene Unterthematik verfügen: „der gottlose König und der Bischof des Herrn“ (Buch V), „Machtfülle und plötzlicher Fall (Bestrafung) des gottlosen Königs“ (Buch VI). Die drei folgenden Bücher VII–IX sind in Gestalt einer Gunthchramn-Trilogie der Thematik des *„bonus rex sacerdos* und die Übel seiner Zeit“ zugeordnet (vgl. weiter unten), während das abschließende Buch X auf die Präsenz der *ecclesia Dei* in der Welt verweist, gleichzeitig einen Ausblick auf das kommende Reich Gottes mit dem Ende aller menschlichen Geschichte gibt und damit den in Buch I konstruierten spirituellen Rahmen der Geschichte abschließt.

Diesen Schemata, deren formale und kompositorisch-stilistische Elemente in Teil III ausführlicher analysiert werden, sind nun die einschlägigen Angaben zur Biographie Gregors untergeordnet; daß es sich dabei nicht um wirkliche Autobiographie handelt, wurde an anderer Stelle schon ausgedrückt (Goffart 1988: 183ff. und Heinzelmann 1992). Tatsächlich betreffen alle Texte den *Bischof* Gregor, der, wie immer wieder deutlich werden wird, als solcher eine paradigmatische Funktion als *"champion of orthodoxy"* (Mitchell 1987: 83) neben der des – guten oder schlechten – Königs einnehmen wird. Entsprechend fallen alle ihn selbst, das heißt den Bischof Gregor betreffenden Angaben mit den Büchern V–X des Geschichtswerks zusammen, die die Zeit seines Episkopats abdecken.

Für unsere eigene, folgende Darstellung verlangt dieser Befund ein anderes Vorgehen als im vorangehenden Kapitel, wo die verstreuten Nachrichten aus hagiographischen Quellen in der Regel ein leichter zugängliches Material für eine biographische Darstellung im traditionellen Sinn erlaubten; das historiographische Material Gregors ist durch seinen exegetischen Hintergrund weit weniger direkt verwertbar als die unabhängigeren hagiographischen Erzählungen. Auf alle Fälle ist es weder möglich noch wünschenswert, die von Gregor in den Büchern V–X seiner Historien überlieferten biographischen Angaben von ihrem durch das jeweilige Buch vorgegebenen thematischen Zusammenhang zu lösen. Folglich muß die Erklärung der die Biographie des Bischofs betreffenden Abschnitte der Historien einhergehen mit der gleichzeitigen Erklärung der Funktion, die die einzelnen Bücher und die entsprechende historische Periode im didaktischen Konzept Gregors einnehmen. Die Beobachtung der wechselseitigen Beziehung von biographischen, historischen und historiographischen Gesichtspunkten soll neben einer chronologisch-biographischen Beschreibung der Aktivitäten des Turoner Prälaten einen konkreten Einblick in die Prinzipien seiner Geschichtsschreibung und der ihr immanenten historiographischen Konzeption geben. Damit stellt dieser Teil unserer Darstellung gleichzeitig eine praktische Einführung für Teil III dar, in dem Plan und Struktur der Historien und die Elemente ihrer Realisierung behandelt werden, wobei dann auch der erste Teil des Werks besondere Berücksichtigung erfahren wird.

II.1 573–575: Das Schweigen der Historien

Bemerkenswert stumm bleibt Gregor in seinem Werk zu den Umständen der eigenen Bischofswahl; dieses Schweigen dürfte weniger auf eine Befangenheit des Autors wegen der unkanonischen Begleiterscheinungen der Weihe in Reims zurückzuführen sein als auf das bereits angedeutete Konzept des Bischofs, wonach die Auftritte seiner Person nicht eigentlich biographischen als vielmehr didaktischen Zielsetzungen untergeordnet sind. Eine entsprechende Rolle hatte sich Gregor freilich erst für das fünfte Buch seines Geschichtswerks zugedacht, das heißt für die Zeit nach dem Jahr 575 ...

Im Bereich des politischen Geschehens in Gallien stand die erste Zeit von Gregors Episkopat unter dem Vorzeichen einer Situation, die der Tod des ältesten Chlotharerben, König Charibert, hatte entstehen lassen. „Chilperich riß Tours und Poitiers an sich, die nach dem Vertrag (von 567, Tod Chariberts) König Sigibert zugefallen waren" (Hist. IV 45). Das erwähnte Zitat steht symbolisch für eine Reihe von gleichgearteten Situationen bis zum Tode Sigiberts 575. Seit diesem Zeitpunkt, der in den Historien dem Beginn von Buch V entspricht, verfügte Chilperich unangefochten bis zu seinem Tode (584) über die beiden Städte aus dem Chariberterbe (vgl. Karte S. 37).

Diese allgemeine politische Lage, die den Bischof von Tours kirchenpolitisch in seinem Verhältnis zu den anderen Diözesen seines Metropolitanverbandes (die alte dritte lugdunensische Provinz) erheblich schwächte (Pietri 1983: 293 ff.), wertete dagegen sein politisches Gewicht stark auf. Bei der Entscheidung über die Nachfolge von Bischof Eufronius (gestorben Juli/August 573) hatte das *„iudicium regis"* Sigiberts zugunsten Gregors (Fort. Carm. V 3, Vers 16) diesem Gesichtspunkt um so mehr Rechnung zu tragen, als damals auch ein gespanntes Verhältnis des austrasischen Königs mit Gunthchramn bestand, das im übrigen zum Pariser Konzil vom September 573 führte (Pontal: 140–2). Ein ebenso zu berücksichtigender Faktor bei der Neubesetzung des exponiert gelegenen Bistums stellte eine pro Chilperich eingestellte lokale Partei dar, die sich in den Jahren der Besetzung von Tours zwischen 568 und 570/1 um den Chilperichsohn Chlodwig (Pietri 1983: 211 Anm. 164) konstituieren konnte; mit dem Priester Riculf und einem gleichnamigen Subdiakon kennen wir zumindest zwei Mitglieder dieser Gruppe, die möglicherweise gerade im Klerus Anhänger hatte (Hist. V 49: 262 Z. 1–4). Die Herkunft Gregors aus der Auvergne, deren Zugehörigkeit zu Austrasien damals längst schon selbstverständliche Tradition geworden war – über eine Generation früher hatte der Onkel Gregors bereits drei austrasischen Königen als Bischof von Clermont gedient –, dürfte deshalb für ihn gesprochen haben, als seine Wahl anstand. In Reims, wo sich vielleicht seine Weihe zum Priester, mit Sicherheit aber zum Bischof von Tours vollzog[1], hat der neugebackene Bischof seinem König und eventuell schon dessen Nachkommen (der spätere Childebert II. war gerade drei Jahre alt) den Treueid geleistet. Auch wenn sich der Autor der Historien über die Umstände seiner Wahl ausschweigt, kann auf Grund mehrerer Parallelen ein solcher Eid tatsächlich vorausgesetzt werden (Heinzelmann 1988: 72 f.). So sollte später unter anderen seinem Ordinator, Bischof Egidius von Reims, ein Bruch des Treueids gegenüber Sigibert vorgeworfen werden (Hist. VII 33). Dieser Treueid wurde für die entsprechende Regionalherrschaft geleistet, *„pro regionis utilitate vel regni nostri* (scil. des Königs) *sospitate"* (Hist. VIII 2), die im 6. Jahrhundert ein wichtiger Bestandteil des Bischofsamtes geworden ist. In diesem Sinn ist zu verstehen, wenn

Venantius Fortunatus in dem Empfangsgedicht für den ankommenden Bischof dessen „Advent" als *„commune bonum"* und ihn selbst als *„plebis pater"* und *„urbis amator"* bezeichnet (Fort. Carm. IV 3) oder wenn er ihn gar wiederholt als *„summe pater patriae"* (ibid. V 10; VIII 15. 16. 21), *„caput Turonis"* (ibid. V 10), ja *„caput regionis"* und *„publica turris"* (ibid. VIII 15) apostrophiert.[2] Unter Berücksichtigung der politisch speziell schwerwiegenden Aspekte seines Amtsantritts könnte Gregor schon damals die berühmte *„optio"* mit dem König ausgehandelt haben, die das Recht der Civitas Tours unter dem Vorsitz ihres Bischofs beinhaltet, den Grafen der Region selbst zu ernennen.[3] Dies läßt sich auch daraus entnehmen, daß der Chilperichsohn Theudebert bei der neustrischen Einnahme von Tours nur wenige Monate nach dem Amtsantritt des neuen Bischofs seinen Grafen als den Vertreter der Zentralgewalt nicht gewaltsam in der Stadt einsetzte, sondern diesen der Oberhoheit des Bischofs unterstellte *(commendatur);*[4] besagter Graf hat daraufhin dem Bischof gegenüber Treueide geschworen: *„iurans ... seque mihi tam in causis propriis quam in eclesiae necessitatibus in omnibus esse fidelem"* (Hist. V 48).

Die neuerliche Besetzung von Tours dauerte nur wenige Monate und wurde 574 beendet; im folgenden Jahr stellte dann ein Aufgebot aus der Region den von seinen Leuten verlassenen Prinzen Theudebert zum Kampf, tötete ihn und beraubte seinen Leichnam, was der Bischof von Tours seinem regionalen Publikum gegenüber auffallend bitter vermerkt hat.[5] Das Außergewöhnliche an dieser Anteilnahme am Schicksal des Prinzen läßt ein vorangehendes gutes Einvernehmen des Bischofs mit ihm erahnen und weist auf dessen noch nicht definitiv festgelegte Haltung gegenüber dem Hause Chilperichs hin, was sich nur wenig später grundlegend ändern sollte. Ansonsten war der Beginn seiner Amtszeit durch eine erste schwere Krankheit – *„non remansisset spes vitae"* (VM II 1) –, der Ermordung seines Bruders Petrus in Burgund[6] und einer ersten Verbreitung und Einrichtung seiner „Hausreliquien" in Tours gekennzeichnet (GC 20, VP II 3, VJ 34–35). Im politisch-militärischen Bereich schien sich die Niederlage Chilperichs und damit eine ruhigere Zukunft für Tours abzuzeichnen, als im Dezember 575 Sigibert ermordet wurde.

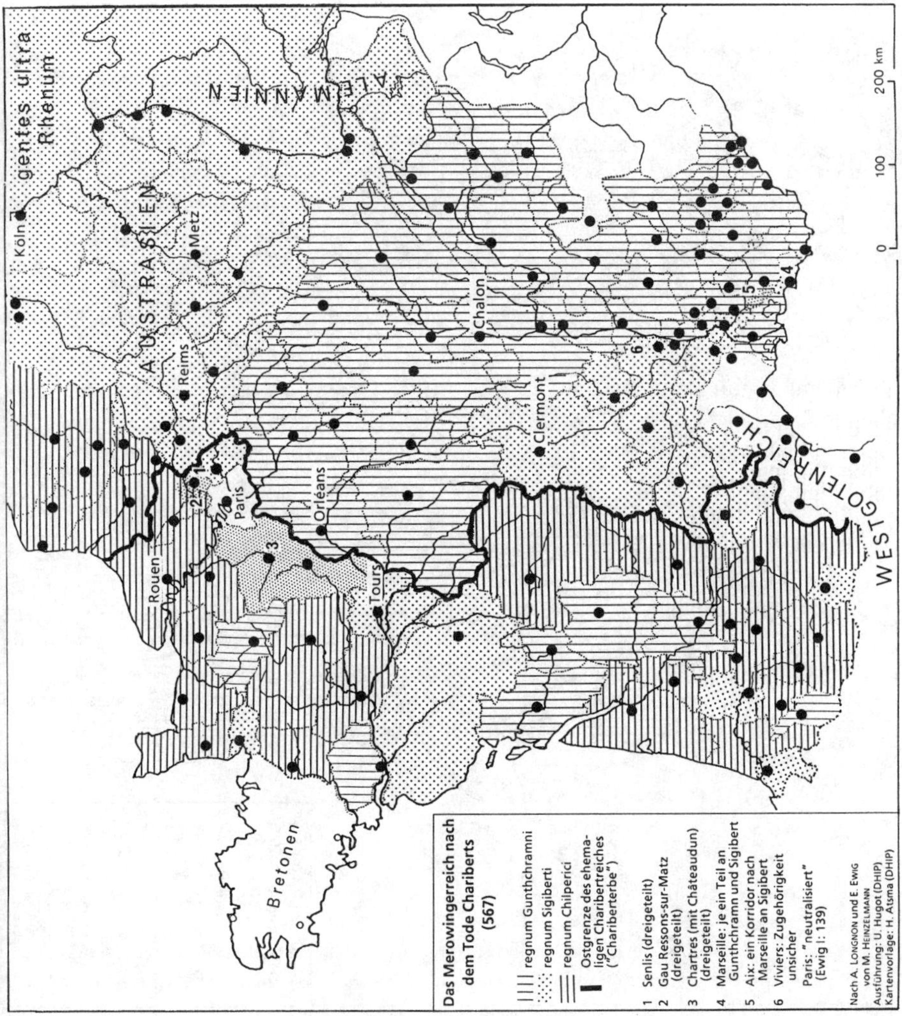
Köln
gentes ultra Rhenum
ALEMANNIEN
AUSTRASIEN
Metz
Reims
Chalon
Clermont
Paris
Orléans
Rouen
Tours
Bretonen
WESTGOTENREICH
0
100
200 km
Das Merowingerreich nach dem Tode Chariberts (567)
regnum Gunthchramni
regnum Sigiberti
regnum Chilperici
Ostgrenze des ehemaligen Charibertreiches („Chariberterbe")
1 Senlis (dreigeteilt)
2 Gau Ressons-sur-Matz (dreigeteilt)
3 Chartres (mit Châteaudun) (dreigeteilt)
4 Marseille: je ein Teil an Gunthchramn und Sigibert
5 Aix: ein Korridor nach Marseille an Sigibert
6 Viviers: Zugehörigkeit unsicher
Paris: „neutralisiert" (Ewig I: 139)
Nach A. Longnon und E. Ewig von M. Heinzelmann
Ausführung: U. Hugot (DHIP)
Kartenvorlage: H. Atsma (DHIP)

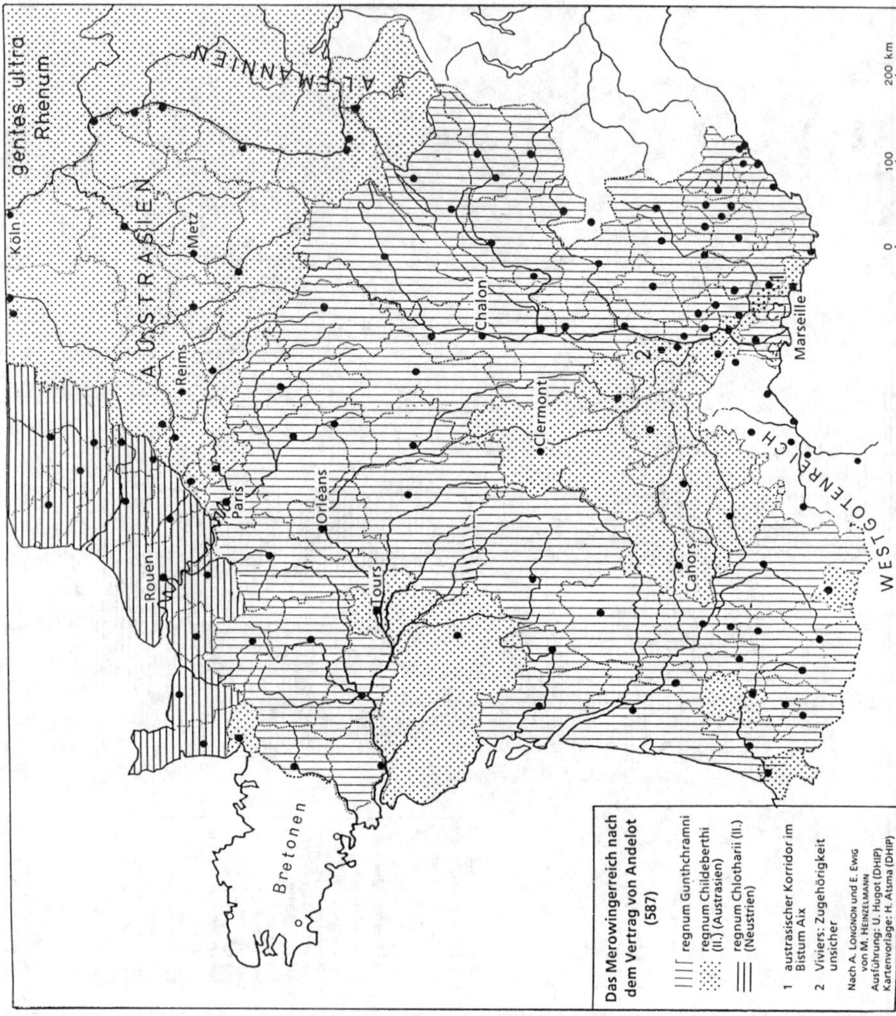
Das Merowingerreich nach dem Vertrag von Andelot (587)
regnum Gunthchramni
regnum Childeberthi (II.) (Austrasien)
regnum Chlotharii (II.) (Neustrien)
1 austrasischer Korridor im Bistum Aix
2 Viviers: Zugehörigkeit unsicher
Nach A. Longnon und E. Ewig von M. Heinzelmann
Ausführung: U. Hugot (DHIP)
Kartenvorlage: H. Atsma (DHIP)
gentes ultra Rhenum
ALEMANNIEN
AUSTRASIEN
Köln
Metz
Reims
Paris
Rouen
Orléans
Tours
Chalon
Clermont
Cahors
Marseille
WESTGOTENREICH
Bretonen
0
100
200 km

Auszug 1: Die Familie der austrasischen Könige

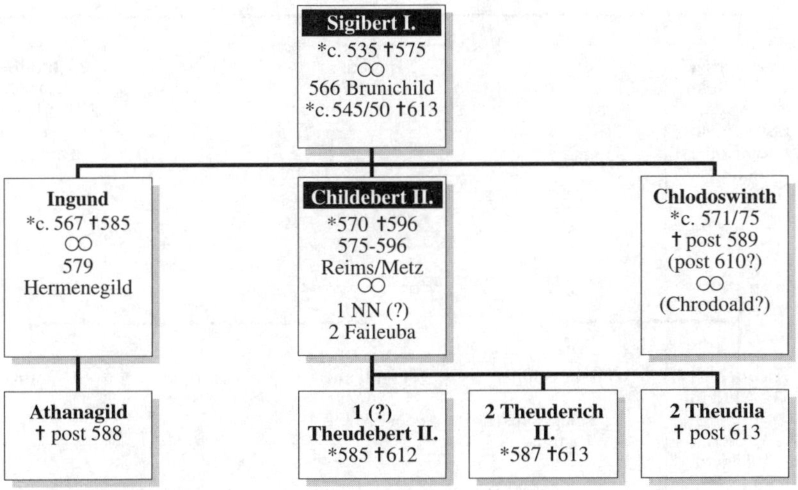

Auszug 2: Die Familie Chilperichs von Neustrien

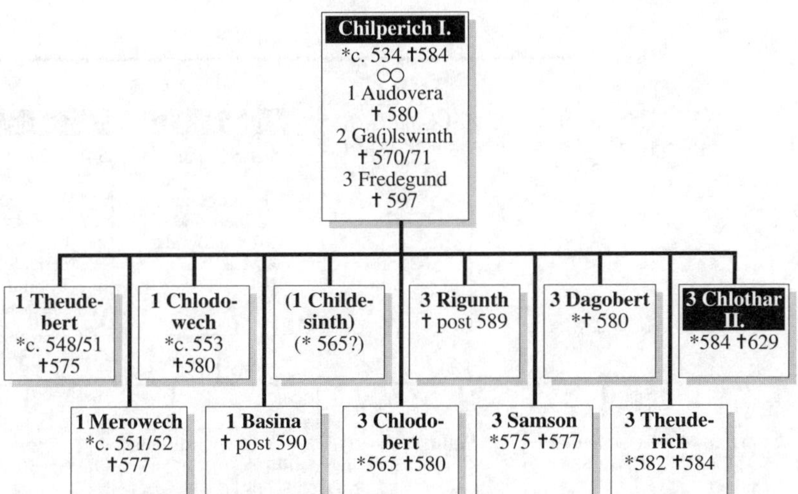

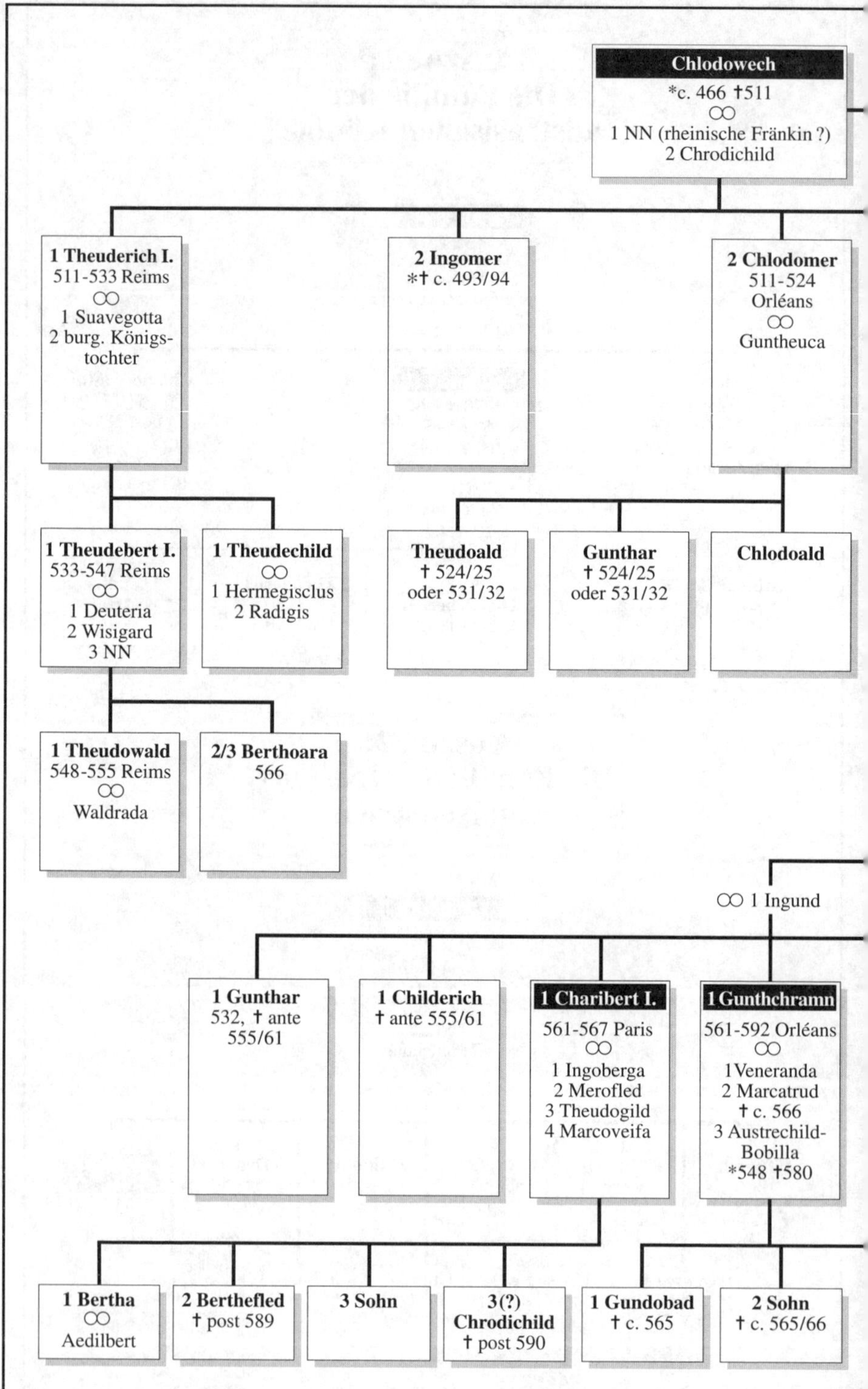
Chlodowech
*c. 466 †511
∞
1 NN (rheinische Fränkin ?)
2 Chrodichild
1 Theuderich I.
511-533 Reims
∞
1 Suavegotta
2 burg. Königstochter
2 Ingomer
*† c. 493/94
2 Chlodomer
511-524
Orléans
∞
Guntheuca
1 Theudebert I.
533-547 Reims
∞
1 Deuteria
2 Wisigard
3 NN
1 Theudechild
∞
1 Hermegisclus
2 Radigis
Theudoald
† 524/25
oder 531/32
Gunthar
† 524/25
oder 531/32
Chlodoald
1 Theudowald
548-555 Reims
∞
Waldrada
2/3 Berthoara
566
∞ 1 Ingund
1 Gunthar
532, † ante
555/61
1 Childerich
† ante 555/61
1 Charibert I.
561-567 Paris
∞
1 Ingoberga
2 Merofled
3 Theudogild
4 Marcoveifa
1 Gunthchramn
561-592 Orléans
∞
1 Veneranda
2 Marcatrud
† c. 566
3 Austrechild-Bobilla
*548 †580
1 Bertha
∞
Aedilbert
2 Berthefled
† post 589
3 Sohn
3(?)
Chrodichild
† post 590
1 Gundobad
† c. 565
2 Sohn
† c. 565/66

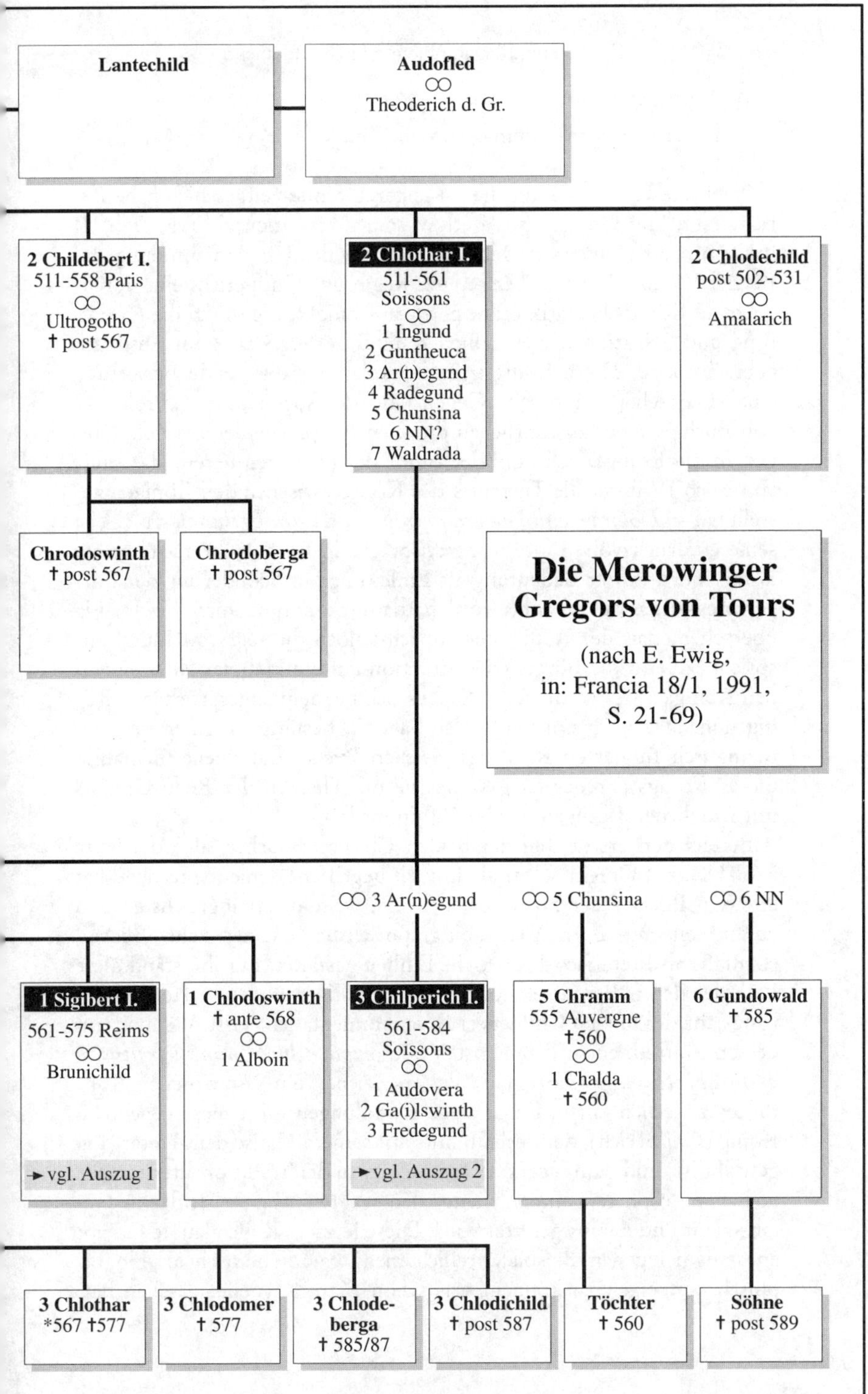
Lantechild
Audofled ∞ Theoderich d. Gr.
2 Childebert I. 511-558 Paris ∞ Ultrogotho † post 567
2 Chlothar I. 511-561 Soissons ∞ 1 Ingund 2 Guntheuca 3 Ar(n)egund 4 Radegund 5 Chunsina 6 NN? 7 Waldrada
2 Chlodechild post 502-531 ∞ Amalarich
Chrodoswinth † post 567
Chrodoberga † post 567
Die Merowinger Gregors von Tours
(nach E. Ewig, in: Francia 18/1, 1991, S. 21-69)
∞ 3 Ar(n)egund
∞ 5 Chunsina
∞ 6 NN
1 Sigibert I. 561-575 Reims ∞ Brunichild
→ vgl. Auszug 1
1 Chlodoswinth † ante 568 ∞ 1 Alboin
3 Chilperich I. 561-584 Soissons ∞ 1 Audovera 2 Ga(i)lswinth 3 Fredegund
→ vgl. Auszug 2
5 Chramm 555 Auvergne † 560 ∞ 1 Chalda † 560
6 Gundowald † 585
3 Chlothar *567 †577
3 Chlodomer † 577
3 Chlode-berga † 585/87
3 Chlodichild † post 587
Töchter † 560
Söhne † post 589

II.2 Buch V der Historien (575–580): Der Prophet vor dem gottlosen König

Nach dieser Zäsur setzt die im engeren Sinne zeitgeschichtliche Berichterstattung Gregors mit Buch V seiner Historien ein (vgl. Teil III mit Anm. 36); ihr erster Teil erhält durch die Übereinstimmung der Bücher V und VI mit den Zeiten der Regierung Chilperichs eine durchgehende Königsthematik („der gottlose König"), die durch die Gestaltung und Selektion der einzelnen Kapitel in der Folge zum Ausdruck gebracht wird. Diese Königsthematik oder moralisierende Bewertung eines Herrschers ist bereits Gegenstand des sogenannten „Prologes" von Buch V, einer ausführlichen direkten Ansprache des Bischofs Gregor an die Könige.[7] Obwohl der Autor der Historien bereits das Ende von Buch IV unter die Thematik der Kriege zwischen den Königen gestellt hat – *„Dolorem enim ingerit animo ista civilia bella referre"*[8] –, ist seine eindrucksvolle Einführungsansprache in Buch V ihrerseits bisher immer nur in ihrer Bedeutung als Einleitung zur Schilderung der Bürgerkriegssituation erkannt worden; dadurch konnte man regelmäßig übersehen, daß der Autor, der zunächst noch die *reges* im Plural anspricht, zuletzt die Bürgerkriegssituation auf die Habgier eines einzelnen Königs *(o rex)* reduziert.[9] Daß es sich bei dem angesprochenen König nun tatsächlich um Chilperich handelt, bestätigt in einer weiteren thematisch fingierten Rede des gleichen Buches die eigene Gemahlin dieses Königs (Fredegund), wobei sie die Themen der Rede Gregors mit wörtlichen Bezügen wieder aufnimmt.[10]

Bereits den ersten Teil der beiden Chilperichbücher, also die Jahre 576–580, hat Gregor selbst als Einheit begriffen; dementsprechend hat er sie in Buch V der Historien, dem bei weitem umfangreichsten und zusammen mit Buch VIII „biographischsten" seiner zehn Bücher, ebenfalls als literarisch-historische Einheit gestaltet. Für ihn stand diese Periode, deren Beginn er keineswegs zufällig mit dem ersten Regierungsjahr des jungen Childebert II. zusammenfallen (Hist. V 1) und mit dessen fünftem enden läßt (Hist. V 50: *„explicit liber quintus finitus in anno quinto Childeberti regis"*)[11], im Zeichen eines spirituellen Konfliktes zwischen einem durch seine Handlungen Gott nicht genehmen König (Chilperich), der deshalb mitsamt seinem Hause dem Untergang geweiht ist, und dem *sacerdos Domini,* der in der Tradition alttestamentarischer Propheten immer wieder den rechten Weg weist, der in Gefahr gerät und daraus gerettet wird. Diese letztere Rolle glaubte Gregor an seinem eigenen Beispiel, freilich mehr paradigmatisch als biographisch, aufzeigen zu können, was schon Marc Reydellet gesehen hat:

«Grégoire de Tours se drape dans la robe du prophète pour jeter l'anathème sur le couple diabolique de Chilpéric et de Frédégonde, nouvel Achab et nouvelle Jézabèle.»[12] Auf den dramatisch konstruierten Aufbau des Buches werden wir noch ausführlicher zurückkommen (Teil III.2.c); hier sollen nur diejenigen Elemente zur Sprache gebracht werden, die nach unserer Auffassung das Leben und gleichzeitig das Werk Gregors im genannten Zeitraum besonders beeinflußt haben. Weitere Einzelheiten sind in den ausführlichen Darstellungen von Weidemann (1: 207ff.) und Pietri (1983: 265ff.) leicht zugänglich.

Von besonderer Bedeutung für die Periode seit 576 erwies sich das Asylrecht der Basilika St-Martin, über das der Bischof zu entscheiden hatte; in seiner Argumentation gegenüber Chilperich erklärte Gregor, daß dieses Recht bereits in der vorchristlichen Gesellschaft verankert gewesen sei und eine Verletzung desselben in der neuerlichen christlichen Gesellschaftsordnung noch weniger möglich sei als je zuvor.[13] Konkret bedeutete der mit Abstand wichtigste Asylort des Fränkischen Reiches aber auch, daß er für die jeweiligen Herrscher als Sammelstelle politischer Opposition erscheinen mußte und entsprechende Konflikte mit dem Bischof unausweichlich waren.

Der erste bedeutende Asylant Gregors in der erwähnten Periode scheint der austrasische Herzog Gunthramn Boso gewesen zu sein, der mit dem oben erwähnten Aufgebot von Tours den Prinzen Theudebert zu Tode gebracht hatte; er dürfte St-Martin bald nach der Ermordung Sigiberts im Dezember 575 aufgesucht haben. Tatsächlich präsentierte sich schon in den ersten Januartagen 576 eine militärische Abteilung Chilperichs am Nordufer der Loire, um den Herzog gefangenzunehmen; diesen ersten Auftritt in seinem Geschichtswerk hat Gregor auch gleich als ersten Schritt in dem anschließenden Konflikt mit dem neustrischen Herrscher stilisiert (Hist. V 4). Dieser erfuhr eine merkliche Zuspitzung, als Ende 576 Prinz Merowech, der sich offen gegen seinen Vater Chilperich stellte, ebenfalls um Asyl nachsuchte (Hist. V 14). Die neue Situation war für Gregor um so delikater, als Merowech im gleichen Jahr die verwitwete Königin Brunhild, also seine Tante, geheiratet hatte und damit mit dem Ausschluß von der Kommunion zu bestrafen gewesen wäre. Nur unter Berufung auf den gerade anwesenden Pariser Bischof und auf angebliche Drohungen Merowechs, er würde anderenfalls viele Bürger töten, ließ Gregor sich zur Aufnahme des Chilperichsohnes bewegen, dessen üble Nachreden über seinen Vater und seine Stiefmutter Fredegund er zwar als *„ex parte"* berechtigt erkannte (sic!), aber keinesfalls als Gott genehm.

Obwohl Gunthramn Boso und Merowech Anfang 577 Tours verließen – die Zahl ihres 500 Mann starken Gefolges läßt die zuvor in Tours herrschenden Zustände erahnen (Hist. V 14) –, brachte das gleiche Jahr den ersten direkten Konflikt des Bischofs mit Chilperich. Dieser hatte die Reichsbischöfe in Paris zusammengerufen (Pontal: 146f.), um Bischof Praetextatus von Rouen unter wechselnden Anklagen seiner Würde entkleiden zu lassen und ihn anschließend vor einem eigenen, zivilen Gericht verurteilen zu können (Hist. V 18); als Pate des Merowech war der Bischof eine politische Hauptstütze des Königssohnes. Für den neustrischen König wurde der Vorgang – in der Art moderner Schauprozesse – Mittel zur Demonstrierung seiner politischen Macht; für den Autor der Historien hatte der Vorgang einen nicht weniger großen Symbolwert für die Rolle des Episkopats und dessen Verhältnis zum Königtum in der Gesellschaft des merowingischen Frankenreiches (vgl. Teil IV.2). Bei der Verhandlung vor 45 Bischöfen übernahm Gregor nach eigenen, glaubwürdigen Aussagen die Hauptlast bei der Verhinderung des königlichen Vorhabens der totalen Vernichtung eines politischen Gegners und berief sich dabei ausdrücklich auf die historische Rolle der Bischöfe als geistliche Berater und Partner der Könige. Von seinen wie es scheint mehrheitlich ängstlichen Kollegen unterstützt, erreichte er immerhin, daß der Metropolit von Rouen nur zu einer Kirchenstrafe verurteilt wurde[14], nicht aber zum Entzug der Bischofswürde, was ihn zweifellos das Leben gekostet hätte.

In den Jahren 578 und 579 fehlte es nicht an weiteren Konfliktstoffen mit dem König: zunächst wegen der nicht gerechtfertigten Erhebung einer Geldsumme für versäumte Heeresfolge *(bannum)* der Dienstleute von St-Martin (*„non erat consuetudo“*, Hist. V 26), im folgenden Jahr aufgrund der Ausschreibung neuer, verschärfter Steuern durch Chilperich (Hist. V 28), dessen Missetatenkonto dabei durch die angebliche *(„ut ferunt“)* Folterung von Klerikern weiter belastet wurde. Da der Bischof als unangefochtener Patron der städtischen Verwaltung in vergleichbaren Situationen stets zu protestieren pflegte (Heinzelmann 1988: 44ff.), fällt es auf, daß Gregor nun keinen entsprechenden Protest seinerseits notiert, obwohl dieser als sicher angenommen werden darf. Der Grund dafür ist wie auch sonst bei der Unterordnung seiner Nachrichten unter die spezifische Thematik zu suchen, die er dem 5. Buch seines Geschichtswerkes gegeben hat: dem *spirituellen* Konflikt zwischen Bischof und König.[15] Bei Berücksichtigung dieser Perspektive schien es ihm nicht ratsam, die offensichtlich starke wirtschaftliche und politisch-administrative Rolle seines eigenen Amtes gegenüber einem Fürsten hervorzuheben, zu dessen Habgier (*radix malorum,* Hist. V Prol.) er gerade eine ideelle Alternative aufzeigen wollte. Unter anderen

Umständen hat unser Bischof sehr wohl die steuerlichen Interessen seiner Stadt vertreten, wie etwa gegenüber König Childebert II. im Jahr 589 (Hist. IX 30); bei dieser Gelegenheit hat er in einem historischen Abriß zum Turoner Steuerwesen dargelegt, daß schon seine Amtsvorgänger Iniuriosus und Eufronius die Verteidigung gewisser Steuerprivilegien des Gemeinwesens gegenüber den Königen Chlothar, Charibert und Sigibert erfolgreich verteidigen konnten und daß auch während der bisherigen 14jährigen Amtszeit Childeberts, also zu Gregors Zeiten, keine Gelder an den König abgeflossen seien. Seit Jean Durliat wissen wir nun genau, daß es sich in den aufgezählten Fällen nicht um Steuerbefreiungen handelt, sondern um Privilegien, das betreffende Steueraufkommen in einer einmal festgelegten Form und Höhe selbst einziehen und den entsprechenden Haushalten zuweisen zu können.[16] Dagegen läßt die Bemerkung von 589 aufhorchen, daß Tours „nie unter dem Druck einer Steuerlast geseufzt" habe („*nec ullo tributi onere haec urbs adgravata congemuit*", Hist. IX 30: 449); wenn diese Aussage stimmen sollte, hat die schwere Steuerausschreibung Chilperichs von 579 „*in omne regno suo*" die Civitas Gregors überhaupt nicht betroffen, trotz der suggestiven Zuordnung des Kapitels zu den Vergehen des Königs gegenüber dem Bischof von Tours![17]

Der Höhepunkt der angesprochenen Auseinandersetzung war endlich die Anklage des Bischofs und dessen Freispruch vor der Synode in Berny-Rivière (bei Soissons) im Jahr 580. Die Darstellung aus der Feder des angeklagten Bischofs, die in chronologisch verzerrender Perspektive die letzten Kapitel von Buch V einnimmt (Hist. V 47–50), folgt in erster Linie einer Logik, die die Dramatik der Auseinandersetzung unterstreicht und den genauen Ablauf des Geschehens nur im Nachfassen rekonstruieren läßt. Setzt man die in Buch V verstreuten Nachrichten wie Mosaiksteine in anderer Reihenfolge wieder zusammen, wird deutlich, daß für Chilperich allein der politische Aspekt des Verhaltens Gregors entscheidend gewesen ist: In diesen Jahren des Versuchs einer Stabilisierung der Verhältnisse in den neu erworbenen westlichen Gebieten des Frankenreiches („Chariberterbe" Sigiberts) schien er zu befürchten, daß der Turoner Prälat seine aufrührerischen Söhne aus erster Ehe, Merowech und Chlodowech, stützen und ihnen austrasische Hilfe vermitteln würde. Nachdem die Merowech-Episode nicht ohne erhebliches Aufsehen ausgestanden war (Asyl 576/7 in St-Martin, 577 Prozeß des Merowechpaten Praetextat von Rouen bei führender Rolle Gregors und kurz danach der gewaltsame Tod des Merowech[18]), stand spätestens 580 der Konflikt mit Chlodowech an (Hist. V 39), dessen besondere Beziehungen mit dem Klerus von Tours noch aus den Jahren

567–570/1 offenkundig waren (Hist. V 49: 262 Z. 1–4). Erst als Chilperich durch das Geständnis des Klerikers Riculf entdeckte, daß nicht Gregor, sondern vielmehr dessen Ankläger, der ehemalige Graf Leudast, an der Verschwörung seines Sohnes beteiligt war (ibid.), war für Gregor diese größte Krise seiner Amtszeit ausgestanden. Die entsprechende Einsicht muß bei Chilperich wohl schon vor der Synode selbst eingesetzt haben, was deren für den Bischof außerordentlich glimpflichen Verlauf erklärt. Im Gegensatz zu dem dramatisch gesteigerten Bericht in den Historien dürfte die Synode von Berny-Rivière deshalb tatsächlich nur noch das kirchenrechtliche Nachspiel gewesen sein: Gregor besaß zu diesem Zeitpunkt bereits das Vertrauen Chilperichs, der noch vor Ort mit ihm seine Glaubensthesen diskutierte (Hist. V 44) und der wenige Wochen später auf Grund einer Intervention des Turoners sogar einen ehemaligen Parteigänger des ermordeten Chlodowech begnadigte.[19]

Was wirklich geschehen war, läßt sich wie folgt rekonstruieren: Am Martinsfest vom November 579 wurde Graf Leudast von Tours auf Betreiben Gregors seines Amtes enthoben[20] und Eunomius an seine Stelle gesetzt. Daraufhin verklagte Leudast den Bischof beim König, jener wolle die Stadt dem Sohne Sigiberts, also an Childebert II., ausliefern. Zunächst eingekerkert, kam der ehemalige Graf von Tours erst wieder frei, als die beiden Riculfe von Tours, Priester und Subdiakon des dortigen Klerus, seine zusätzliche Anklage bestätigten, wonach Gregor behauptet habe, die Königin treibe mit Bischof Berthramn von Bordeaux Ehebruch. In der Woche nach Ostern 580 (21.–27. April) häuften sich dann die Demütigungen für Gregor[21]: Der Priester Riculf vergriff sich beinahe tätlich an ihm, und Leudast kam unter einem geschäftlichen Vorwand nach Tours und nahm die beiden engsten Vertrauten Gregors fest, um sie zu gerichtlicher Aussage nach Soissons zu bringen (Hist. V 49: 259 Z. 27ff.). Um die gleiche Zeit drohte ein hergelaufener Vagabund Gregor mit der Rache Chilperichs, wenn er ihn nicht respektiere,[22] und der Bischof, dem die Flucht nach Clermont angeraten wurde, sah sich von jenem Grafen militärisch bewacht, den er vor kaum sechs Monaten noch selbst ernannt hatte (Hist. V 49: 260 Z. 9). In der Folge ließ Chilperich seine Bischöfe zur Untersuchung der Angelegenheit zusammentreten (ibid.: 260 Z. 14); diese (Vor-)Untersuchung wird man mit dem Aufenthalt Gregors vom 27.–29. Mai in Paris in Zusammenhang bringen (Hist. IX 6: 418 Z. 19f.), wo die Vorstation für ein Treffen in Soissons gewesen sein könnte.[23] Danach setzten in Soissons die peinlichen zivilen Untersuchungen ein, mit der Folter eines Zimmermanns, der dem Riculf vorwarf, frevelhaft „*contra episcopum*“ (Thematik des Buches) zu handeln, dann aber wohl auch mit der Folter dieses Riculf selbst, dessen Geständnis die Befürchtungen Chilperichs hinsichtlich Gregors entschärfen mußte. Als endlich die Bischöfe im September auf dem Königshof Berny-Rivière zusammenkamen, wurde es Gregor leichtgemacht, durch einen Reinigungseid die Aussage seines Hauptanklägers Leudast als einer *„persona inferior"* (er war unfreier Geburt) gegenstandslos zu machen; der Bischof von Bordeaux und der König als Ankläger konnten sich nur dadurch vor einer Kirchenstrafe retten, daß die Gesamtlast der Schuld auf Leudast abgewälzt wurde, der seinerseits erst nach drei Jahren gefaßt und hingerichtet wurde (Hist. VI 32).

II.3 Buch VI (581–584): Glanz und Fall des gottlosen Königs

Auch das folgende Buch VI der Historien fällt mit einer in sich geschlossenen Periode in Gregors Existenz als Bischof und gleichzeitig mit einer klar erkennbaren Epoche der «histoire événementielle» zusammen. Chronologisch beginnt der neue Abschnitt mit dem 6. Jahr König Childeberts II. (Titel zu Buch VI: *„Incipit liber VI., inchoatus ab anno sexto Childeberthi regis"*) 581 und endet mit dem Tod Chilperichs, *„Nero nostri temporis et Herodis"* (Hist. VI 46) Ende September/ Anfang Oktober 584 (Ewig 1991: 60). Der Untergang des Königs als Folge seiner den Bürgerkrieg verursachenden *cupiditas* (vgl. Anm. 9) und der schlechten Behandlung, die er dem Bischof-Propheten hatte angedeihen lassen, war ja im Schlußkapitel von Buch V in der Vision des heiligen Bischofs Salvius vom Untergang des Hauses Chilperichs schon antizipiert worden. Die Disposition dieses im Konzept Gregors so zentralen Kapitels an der Nahtstelle zwischen den Büchern V und VI war bereits eine Vorgabe für das Geschehen in Buch VI. Dessen Thematik läßt sich dann auch unschwer in dem antithetischen Gegenüber des – wie wir durch die Vision des Salvius schon wissen – durch einen gewaltsamen Tod endenden Königs Chilperich (Schlußkapitel VI 46 mit resümierender Beurteilung des Königs) und der glanzvollen Situation dieses Königs erkennen, die Gegenstand der Anfangskapitel von Buch VI ist.

Durch einen Umsturz der politischen Führung Austrasiens begünstigt[24] konnte Chilperich in der Tat ein Bündnis mit Childebert II. abschließen (= Kapitel 1), was einer substantiellen Sicherung, gefolgt von einer späteren Ausdehnung (Hist. VI 12) seiner Machtposition gleichkam. Im anschließenden Kapitel (Hist. VI 2) manifestierte der König gegenüber Gregor selbst, der sich bei ihm in Nogent-sur-Marne aufhielt, seinen Stolz und seine zukünftigen Ambitionen. Er führte dem Bischof ein Tafelgerät vor, das er selbst *„ad nobilitandam Francorum gentem"* hatte anfertigen lassen. Auch versicherte er, mehr noch dieser Art in Zukunft machen zu wollen, wenn ihm nur das Leben erhalten bliebe. Gleichzeitig wies Chilperich Goldmedaillen des Kaisers Tiberius vor, die dessen Gesandte gerade überbracht hatten. Die darauf angebrachte Umschrift *„gloria Romanorum"* wird von Gregor keinesfalls zufällig zitiert, sondern dient dem Autor als Vergleichselement für die gerade zitierte Aussage des Königs über seine eigenen Vorhaben im Bereich repräsentativer Kunst. Dieser hier vorgetragene Vergleich zwischen beiden Herrschern war in der Tat bereits ein Schwerpunkt von Buch V der Historien, wo zwei ausführlich erzählte, eindeutige Episoden zu Kaiser Tiberius als *„magnus et verus christianus"* Stoff für ein wirkungsvolles Kontrastprogramm zu der in den Augen Gottes schlechten Herrschaft Chilperichs hergaben.[25]

In anderer Hinsicht nimmt Gregor ebenfalls den roten Faden auf, den er in seiner eindrucksvollen Ansprache an die Könige (Prolog oder vielmehr „Eigenrede"), zuletzt an einen bestimmten König *(o rex)*, zu Beginn von Buch V gesponnen hatte. Das angesprochene Thema der *discordia*, die zum *bellum civile* unter den Herrschern führt – dort noch der Thematik der *„cupiditas"* (Chilperichs, wie in Hist. V 34 durch die Rede der Königin Fredegundis selbst bestätigt werden wird) untergeordnet[26] –, erscheint erneut in den Kapiteln 1, 2 und 12 des 6. Buches: Der von Gregor hier hergestellte Zusammenhang mit den „Untaten" Chilperichs zeigt an, daß der König weiterhin als eigentlich Verantwortlicher des gegenwärtig herrschenden Bürgerkrieges anzusehen ist.

Auch die Bestrebungen Chilperichs, sich im theologisch-dogmatischen Bereich hervorzutun, finden eine Fortsetzung: War es in Buch V noch ein *indiculum* über die Dreifaltigkeitslehre aus seiner Feder (Hist. V 44), versuchte er nun in Nogent (581) in Anwesenheit Gregors, einen Juden zu bekehren (Hist. VI 5). Als seine für einen Laien zweifellos beachtlichen theologischen Kenntnisse ihn im Stich ließen, sprang der Bischof für ihn ein, freilich ohne Erfolg. Ebenso erfolglos blieben Versuche des letzteren, drei Jahre später durch die Erschütterung der arianischen Thesen des westgotischen Botschafters Oppila eine Bekehrung desselben hervorzurufen (Hist. VI 40): Bei der Aufzeichnung seines Geschichtswerks muß folglich die bloße Aufzeichnung der vorgebrachten, eigenen Argumente für die Ziele des Bischofs wichtiger gewesen sein als ein sekundärer, wenn auch potentiell spektakulärer missionarischer Effekt (vgl. dazu Teil IV Vorbemerkung).

Weitere Auftritte Gregors in dieser Periode bleiben ebenfalls im religiösen Bereich, wie zum Beispiel sein Eintreten für das verwirkte Leben von Dieben, die in St-Martin gestohlen hatten und vom König gefangengenommen worden waren (Hist. VI 10), und seine Rolle als Metropolit der Kirchenprovinz. Als solcher wies er den 25jährigen Neffen des Bischofs von Nantes ab, der als Laie zu Lebzeiten des Onkels und mit dessen Einverständnis zum Nachfolger geweiht werden wollte (Hist. VI 15); der Rat Gregors an den jungen Mann, erst einmal die kirchliche Laufbahn einzuschlagen, um dann leicht *(„facile")* Bischof zu werden, scheint indirekt an die Adresse von Königen gerichtet gewesen zu sein, die bei der Nominierung von Kandidaten für das höchste Kirchenamt Kleriker und keine Laien berücksichtigen sollten.[27] Als Felix von Nantes Anfang 582 tatsächlich starb, wurde dann ein anderer seiner Verwandten vom König (Chilperich) zum Nachfolger eingesetzt, der nach einem allgemeinen Urteil Gregors über die Bischofseinsetzungen Chilperichs wohl ebenfalls Laie gewesen sein dürfte (vgl. Anm. 27). Bei der Ordination dieses Bischofs muß der Bischof von Tours als zuständiger Metropolitanbischof auf Befehl des Königs aber ebenso anwesend gewesen sein[28] wie bei der Weihe des Maior domus Chilperichs zum Bischof von Le Mans Ende 581;[29] in beiden Fällen läßt Gregor über seine persönliche Beteiligung freilich nichts verlauten.[30]

II.4 Buch VII (584–585): Hiskija/Ezechias und die *mala* Jerusalems. Der erste Teil der Gunthchramn-Trilogie

Der Tod König Chilperichs zwischen dem 27. September und dem 9. Oktober 584 (Ewig 1991: 60 Nr. 34) schloß eine Epoche ab, die für das Frankenreich wie für Gregor gleichermaßen bedeutsam war. In der Konsequenz des inzwischen schon deutlich gewordenen Geschichtsverständnisses Gregors, wonach in erster Linie die Könige als Hauptverantwortliche historischen Geschehens im Mittelpunkt seines Darstellungsinteresses standen, wäre zu erwarten, daß der Bischof von Tours die anschließende Epoche seinem eigenen, rechtmäßigen Souverän Childebert II. widmen würde. Daß er das nicht getan hat, obwohl er seit Beginn von Buch V regelmäßig und fast annalistisch nach den Regierungsjahren des jungen Königs datiert[31], zeigt erneut das Vorhandensein eines didaktischen Konzeptes, das in der Person von König Gunthchramn einen besseren Exponenten finden konnte als in dem jugendlichen Childebert (geb. 570), der zudem meist unter dem Einfluß von offiziellen Ratgebern und Erziehern oder seiner Mutter Brunichild stand. Ohne Zweifel weisen nun die thematischen Kapitel der Bücher VII–IX durch die Häufung der gottgefälligen Taten und Reden Gunthchramns mit den entsprechenden Kommentaren Gregors aus, daß der Herrscher des burgundischen *regnum* vom Bischof von Tours dazu ausersehen war, wie ein neuer König Hiskija/Ezechias (Prolog zu Buch II) Vorbild königlicher Herrschaft zu werden.[32] Dementsprechend stellte er in seiner Gunthchramn-Trilogie einen *rex bonus* vor[33], der in zahlreichen, in direkter Rede erscheinenden Ansprachen an Volk, Bischöfe und Aristokratie den richtigen, gottgefälligen Weg in der christlichen Gesellschaft aufzeigt (Hist. VII 6, 8, 14, 33, etc.; VIII 1–2, 4–5, 30, 37; IX 11, 20), der sich voll Gottvertrauen auf das *iudicium Dei* berufen darf (VII 6; IX 20) und der die heiligen Bischöfe ehrt, ja ihnen sogar gleichkommt (Hist. IX 20 und vor allem 21); dieser König wird immer wieder durch göttliche Hilfe vor mörderischen Anschlägen seiner Feinde gerettet (VII 18, auch 31–39 zum Prätendenten Gundowald; VIII 44; IX 3, 9), Anschläge, die seinen Brüdern Sigibert und Chilperich aufgrund ihres eigenen schuldhaften Verhaltens noch zum Verhängnis werden konnten.[34] Gleichzeitig knüpft Gregor aber auch an das im Prolog zu Buch II aufgestellte Programm an, wenn er über die vielfältigen Übel aus der Zeit dieses Königs berichtet, so wie ja zu Zeiten König Hiskijas, den Gott selbst auszeichnete, die Bevölkerung Jerusalems wegen ihrer Sünden Schlechtes erlitten hat. Im Gegensatz zu Buch IV, wo der Historiograph die allgemeine Sündenlast und die entsprechende göttliche Bestrafung der Gesamtheit des Volkes, Bischöfe und Könige miteinbegriffen, zugewiesen hatte (vgl. Teil III.2.c), wird nun der „gute König" Gunthchramn den „Übeln der Zeit", das heißt den Sünden des Volkes, antithetisch gegenübergestellt.

Daß der Beginn von Buch VII im Konzept Gregors tatsächlich einen Neubeginn darstellt, läßt sich an der Figur des hl. Bischofs Salvius ablesen (Hist. VII 1). Dieser hatte noch im Schlußkapitel von Buch V, nach dem Abschluß des Bischofsgerichts von Berny-Rivière, den Untergang Chilperichs angekündigt; nun, zum chronologischen Anlaß seines Sterbedatums 584/5, war er es wiederum, der durch eine weitere Vision im Mittelpunkt einer Episode stand, deren Aufgabe und Funktion in der Ankündigung einer neuen historischen Epoche besteht: In längst vergangenen Zeiten, vor seinem Episkopat, war er bereits einmal gestorben und in die himmlischen Gefilde eingedrungen, von wo er doch wieder zurückgeschickt wurde, denn, so sagte die Stimme Gottes, „unsere Kirchen bedürfen seiner" („*quoniam necessarius est aeclesiis nostris*", S. 325 Z. 18). Dem Zusammenfallen seines endgültigen Todes mit dem von Chilperich muß der Leser nach dem gerade Gesagten entnehmen, daß von diesem Zeitpunkt an die irdische Präsenz des Bischofs zum Schutz der Kirchen weniger Bedeutung hatte als zu Lebzeiten Chilperichs: Diese Rolle würde von nun an König Gunthchramn, der „*etiam sacerdus Domini putaretur*" (Hist. IX 21), ausfüllen. Den über die erzählte Episode hinausgehenden Stellenwert als Prolog, entsprechend zum „Prolog" der beiden Chilperichbücher zu Beginn von Buch V, erhält das Kapitel VII 1 auch durch das formale Element der Eigenrede des bischöflichen Autors („*Ego vero haec scribens vereor...*"). Mit dem Heranziehen eines Zitats des „*Salustius historiam scribens*" (De Catilinae coniur. 3,2) möchte Gregor zum einen die Wahrhaftigkeit des Berichteten untermauern, auch wenn dies *incredibile* erscheine, und zum anderen die Zuordnung der Vision des Salvius zum Bereich der „Geschichte" deutlich werden lassen.[35]

Als erster Teil der Gunthchramntrilogie behandelt Buch VII die politisch unruhige Zeit, die der Ermordung Chilperichs folgte; das Buch ist bemerkenswert durch seinen kurzen Berichtszeitraum, der weniger als ein ganzes Jahr umfaßt. Wie bereits die beiden Chilperich gewidmeten Bücher verfügt auch dieser Teil der Gunthchramntrilogie über zumindest *eine* zusätzliche Unterthematik, deren Gegenstand das von Gott nicht gebilligte Streben eines merowingischen Prätendenten nach der Königswürde ist: die sogenannte Gundowaldaffäre.[36] Auf welche Weise Gregor dieses Thema neben dem Guter-König-Gunthchramn-Motiv entwickelt hat, soll an einer zusammenfassenden Kapitelübersicht gezeigt werden[37]:

VII 5 König Gunthchramn weint und trauert bei der Nachricht vom Tod seines Bruders Chilperich (trotz der vorhergehenden Auseinandersetzungen mit ihm).

VII 6 König Gunthchramn verurteilt in einer Rede die austrasischen Gesandten (Childeberts II.) und legt ihnen Beweise ihres Verrats an ihm vor. Er gibt einen historischen Abriß der Entwicklung seit dem Tod Chariberts (567) und zeigt das schuldhafte Verhalten seiner Brüder Sigibert und Chilperich auf, die entsprechend durch ein *iudicium Dei* umkamen; als Garanten der allein von ihm eingehaltenen Verträge beruft er sich auf die Heiligen Polyeuctus, Hilarius und Martinus.

VII 7 König Gunthchramn schützt den jungen Chilperichsohn Chlothar und vertritt dessen rechtmäßige Ansprüche. Er restituiert unrechtmäßig weggenommenes Gut und schenkt an die Kirchen und die Armen.

VII 8 Bei der Messe (!) wendet sich König Gunthchramn – wieder in direkter Rede – an das Volk und bittet um Unterstützung für seine große Aufgabe: die Erziehung seiner beiden Neffen. Darauf sendet das Volk seine Gebete zum Herrn *„pro rege"*.

A: VII 10 Gundowald kommt in das Limousin und läßt sich (im Dezember 584) zum König erheben; bei der Schilderhebung fällt er fast vom Schild. Im Ort der Erhebung, Brives-la-Gaillarde (Dep. Corrèze), befindet sich die Kirche eines hl. Martin, der als Schüler des großen Martin von Tours gilt; die Kirche geht in Flammen auf und wird erst später von Bf. Ferreolus wieder hergerichtet, das heißt (nach dem Aufstand) der Normalzustand wiederhergestellt. Die Bedeutung der Zeichen und die historiographische Methode Gregors sind nicht zu übersehen: obwohl der Brand auf Kosten der Parteigänger Gunthchramns gehen dürfte – mit *„inminente hoste"* bleibt der Bischof von Tours bewußt vage –, symbolisiert er die Gegnerschaft des hl. Martin gegenüber dem Streben Gundowalds nach der Königswürde.

A: VII 11 *„De signis quae apparuerunt"*; nach Gregors Meinung (*„ut opinor"* = Eigenrede) kündigten diese Zeichen (scil. Gottes) den Untergang Gundowalds an.

VII 14 Wieder kommen austrasische Gesandte zu König Gunthchramn, der in ihnen (Bf. Egidius, Guntchramn Boso) die Verantwortlichen für den Aufstand Gundowalds erkennt und benennt. Durch ihre Drohungen („noch gibt es die Axt, die deine Brüder traf ...") gestehen sie ihre Verantwortung für die politischen Krisen der Vergangenheit (Mord von zwei Königen, Erhebung des Gundowald) indirekt ein; sie werden mit Kot beworfen und davongeschickt: Daß Gunthchramn sie nicht tötete, bezeugt seine wahrhaft christliche Gesinnung.

VII 16 König Gunthchramn hört auf die Bischöfe und restituiert den von Chilperich exilierten Bf. Praetextatus von Rouen (vgl. dagegen Gundowald: VII 26 und 27).

VII 17 König Gunthchramn hört auf die Bischöfe *(„iudicium episcoporum")* bei der Regelung der Unteilbarkeit der Diözese von Chartres (vgl. dagegen Gundowald: VII 26 und 27).

VII 18 König Gunthchramn wird von einem *pauper* vor dem Anschlag seines Kämmerers gewarnt; letzterer stirbt bald danach (Gottesurteil). – König Gunthchramn besucht regelmäßig die *loca sancta* (vgl. V 30, *„De imperio Tiberii"*, wo der *„verus christianus"* Tiberius gerettet wird, weil er zu den *loca sancta* und nicht in den Circus geht; siehe auch oben Anm. 25 zum Vergleich Tiberius–Chilperich).

VII 19 König Gunthchramn befiehlt, alles Gut zu restituieren, das Große Chilperichs an sich gerissen hatten.

VII 21 König Gunthchramn leitet Untersuchungen zum Tod seines Bruders ein.

A: VII 26 In Périgueux straft Gundowald den Bischof, *„episcopum iniuratum reliquid"*, weil dieser ihn nicht ehrenvoll aufgenommen hatte (vgl. dagegen oben die gute Behandlung der Bischöfe durch König Gunthchramn!).

A: VII 27 *„De iniuria Magnulfi episcopi"*: die schändliche Behandlung des Bischofs von Toulouse durch die Großen Gundowalds (vgl. auch zu VII 26).

A: VII 28 Die unredlichen Genossen Gundowalds.

VII 29 König Gunthchramn will den Mörder seines Bruders bestrafen und trägt auf, ihn aus seinem Asyl in St-Martin zu schaffen, freilich mit der Auflage, auf keinen Fall der Kirche Schaden zuzufügen. Als dann doch Gewalttaten in der Kirche geschehen – Gregor selbst hielt sich weit weg von Tours auf (!) –, gerät der König Gunthchramn in Zorn und beruhigt sich erst, als er erkennt, daß der hl. Martin selbst zugelassen hatte *(„talia beatus antestis perferre permisit")*, was dem Asylanten an Bösem zustieß (schon in VII 22 hatte Gregor dem Asylanten angekreidet, daß er dem Titelheiligen der Kirche keine *reverentia* erwies).

A: VII 31 Gundowald und seine Verbündeten nehmen in Bordeaux einem Syrer die Reliquien des hl. Sergius weg und zerteilen diese. Das geschah, so die Eigenrede des Kommentators Gregor *(„ut credo")*, „nicht mit der Gnade des Märtyrers, wie auch die Folge zeigen sollte" (ein weiterer Heiliger findet sich nun unter den Gegnern Gundowalds).

A: VII 32 Gundowalds Gesandte gestehen unter der Folter (die hier offenbar von Gregor gutgeheißen wird) Zusammenhänge der Gundowaldverschwörung, die diese in schlechtem Licht erscheinen lassen.

VII 33 König Gunthchramn zieht König Childebert zur Vernehmung der Gesandten heran; die Schuld der austrasischen Großen wird offensichtlich. In einer gottesfürchtigen Rede investiert König Gunthchramn seinen Neffen offiziell als seinen Erben und gibt ihm die Anteile seines Vaters Sigibert am Chariberterbe zurück. (Damit wird auch Tours wieder Teil des austrasischen *regnum,* was Gregor im übrigen nicht für erwähnenswert erachtet!)

A: VII 34 Gundowald bemächtigt sich der befestigten Civitas Comminges und sperrt den Bischof aus (vgl. schon oben zu VII 26, 27).

[V 35 Das Heer König Gunthchramns begeht Untaten, unter anderem auch an der Kirche des Märtyrers Vincentius (vgl. Heinzelmann 1991: 255f.). Im Gegensatz zu Gundowald werden solche Übergriffe (vgl. auch VII 12, 13, 24, 28, 29) dem König selbst von Gregor *nicht* zur Last gelegt. Vgl. aber die wichtige Rede von König Gunthchramn selbst, die er in einem vergleichbaren Zusammenhang vor seinen Heerführern in VIII 30 hält!]

A: VII 36 Große Rede Gundowalds, die dafür spricht, daß der Berichterstatter Gregor ihm selbst Aufrichtigkeit zubilligt, im Gegensatz zu seinen Verbündeten, den austrasischen Großen.

A: VII 37 Schlechtigkeit der Verbündeten Gundowalds; Sagittarius, der Bischof ist, kämpft bei der Belagerung eigenhändig mit!

A: VII 38 Untergang Gundowalds, der von den Seinen verraten wird.

A: VII 39 Untergang der Großen Gundowalds.

VII 40 Abschluß der Kämpfe durch König Gunthchramn; er verteilt die gewonnenen Schätze an die Armen und die Kirchen (vgl. auch VIII 3). So fällt ihm aus der Beute des Mummolus, der einen *„antiquus thesaurus"* gefunden hatte, ein weiterer Schatz zu! Gregor knüpft hier offensichtlich an eine zuvor in Hist. V 19 erzählte Episode an: Wie nun Gunthchramn hatte auch Kaiser Tiberius, „*magnus et verus christianus*", den Armen reich ausgeteilt und so einen Schatz im Himmel angelegt (nach Mt 6,20); zur Belohnung fand er dann auch auf Erden einen reichen Goldschatz! (Vgl. auch oben zum kontrastierenden Vergleich von Tiberius–Chilperich.) – Dieses Schatzmotiv findet sich verstärkt bei Paulus Diaconus, Historia Langobardorum III 34, wonach Gunthchramn auf Grund einer Traumvision „*inaestimabiles thesauri*" findet; Paulus Diaconus, der darauf hinweist, daß er diese Geschichte *nicht* in der „*Francorum historia*" gefunden hat (MGH SRL: 112), berichtet aber III 11–12 ausführlich vom Schatzfund des Tiberius nach Gregors Historien (ibid.: 98f.).

Alle anderen, in dieser Zusammenstellung *nicht* aufgeführten Kapitel haben ebenfalls einen deutlich erkennbaren gemeinsamen Nenner: Es handelt sich jeweils um Episoden von Unglücksfällen, Gewalttaten, bis hin zu bürgerkriegsähnlichen Situationen in einem regional begrenzten Rahmen von Poitiers bis Orléans, in allererster Linie aber in Tours selbst (Hist. VII 2, 3, 12, 13, 21–25, 28, 29, 42, 45–47); die gleichmäßige Verteilung der Episoden über das ganze Buch und ihre übereinstimmende Aussage weisen auf das Vorhandensein einer weiteren Thematik des Buches hin. Die geschilderten, mehr oder minder gravierenden Ereignisse entsprechen in Gregors Konzept den *mala* Jerusalems, die jene Stadt gerade zur Zeit des gottgefälligen Königs Hiskija erlitt, was Gregor selbst in einem seiner programmatischen Vorworte (Buch II) ausgeführt hat. Im Sinn des dort festgelegten antithetischen Verlaufs der „Geschichte" zwischen den Spannnungsfeldern von Gut und Böse, von Heiligkeit und Verworfenheit, fehlt ausnahmsweise in Buch VII jener Typus von Kapiteln, dessen Funktion der Nachweis von „Heiligkeit" in einer verdorbenen Umwelt ist; die spezielle Eigenschaft von Hist. VII 1 (Vision des hl. Salvius) als Quasiprolog und von VII 31 (Reliquien des hl. Sergius) als Indikator des Untergangs von Gundowald hat sich bereits zeigen lassen. Im Gegensatz zu den Chilperichbüchern, wo entsprechende Manifestationen von Heiligkeit gegenüber einem unheiligen König für das Gleichgewicht historischen Geschehens eine wesentliche Rolle spielten[38], haben in Buch VII exemplarisches Verhalten und moralisierende Reden Gunthchramns einen so hoch veranschlagten Wert, daß sie ausreichen, um im Sinn der erwähnten Konzeption Gregors von historischer Antithese den „Übeln Jerusalems" ein ausreichendes Gegengewicht zu geben.

Tatsächlich wurde Tours–Jerusalem nach dem Tod Chilperichs von heftigen Auseinandersetzungen erschüttert, womit wir wieder bei der eigentlichen Biographie Gregors angelangt sind. Die ehemalige Civitas aus dem Chariberterbe wurde nämlich trotz der ausdrücklichen austrasischen Option der *Turonici,* zu denen sich auch Gregor selbst rechnete, ein von Gunthchramn beanspruchtes Gebiet (Hist. VII 12). Als sich aufgrund der militärischen Gegebenheiten Tours doch Gunthchramn *„ad tempus"* unterwarf und wohl noch im Dezember 584 von der benachbarten Stadt Poitiers aus aufgefordert wurde, sich Childebert II. anzuschließen, zeigte sich Gregor in seiner ganzen Bedeutung als verantwortlicher Regionalherrscher und Diplomat. An der Spitze seiner Kurie sandte er dem Bischof von Poitiers und dessen Stadtrat *(„episcopo et civibus")* ein offizielles Schreiben mit der Aufforderung, sie selbst sollten sich Gunthchramn unterwerfen, da dieser allein den *„regni principatum"*, also die Gesamtherrschaft „wie ehemals Chlothar", ausübe; die beiden Söhne Sigiberts und Chilperichs (Childebert II., Chlothar II.) habe er an Sohnes Statt angenommen (Hist. VII 13). Die hier von Gregor vertretene politische Theorie war ohne Zweifel mit der Einsicht des Bischofs verbunden, daß zu diesem Zeitpunkt nur Gunthchramn für stabile Verhältnisse in Tours sorgen konnte, nachdem sich die austrasischen Großen Gundowald angeschlossen hatten, dessen Einfluß in allen aquitanischen Gebieten deutlich wurde.

An stabile Verhältnisse in Tours war im ersten Halbjahr nach dem Tode Chilperichs freilich nicht zu denken. Neben den Rückwirkungen der „nationalen" Ereignisse, die die Anwesenheit fremder Truppen (Hist. VII 12) und die unglückliche, von Gregor mißbilligte Teilnahme von Turonern am Feldzug gegen Gundowald mit sich brachte (Hist. VII 28), fanden im Gebiet der Civitas selbst Ereignisse statt, die vom Mord an einem jüdischen Gläubiger und seinen Begleitern (Hist. VII 23), dem eines Kaufmanns durch seine Knechte (Hist. VII 46), über die spektakuläre Tötung eines Asylanten mitsamt Gefolge und Verfolgern in St-Martin (Hist. VII 21, 22, 29) bis hin zu Auseinandersetzungen reichten, die Gregor – wenn auch maßlos übertreibend – als *„bellum civile"* bezeichnete (Hist. VII 47, Titel).

Die beiden zuletzt genannten „Affären" haben im Konzept des Bischofs ein spezielles Gewicht, weniger durch seinen in beiden Fällen erwähnten persönlichen Anteil als durch Umfang und Plazierung der betreffenden Episoden: Die Eberulfkapitel beherrschen mit umfangreichen drei (!) Kapiteln den Mittelteil von Buch VII[39], die Sichar-Chramnesind-Fehde nimmt gar den für das Gesamtthema der jeweiligen Bücher aussagekräftigen Platz des Schlußkapitels ein. Die breit erzählte Tötung des Eberulf, der als ehemaliger Kämmerer Chilperichs Hauptverdächtiger an dessen Ermordung war und der deshalb von König

Gunthchramn verfolgt wurde, wird von Gregor, der mit ihm durch die *compaternitas* verbunden war – er hatte dessen Sohn aus der Taufe gehoben –, auf das gleiche Motiv zurückgeführt wie der gleichzeitige Untergang seines Mörders: Beide hatten sie dem hl. Martin nicht die gebührende Reverenz erwiesen. Während die moderne Kritik sich vordringlich mit der Frage beschäftigt, welchen Anteil Gregor am Untergang des von ihm nicht geschätzten, einflußreichen Aristokraten gehabt haben könnte[40], stand für den Autor der Historien eindeutig die Banalität des gewalttätigen Geschehens im Vordergrund, das sich seit dem typologischen Mord Abels durch Kain in der menschlichen Geschichte immer wieder zutragen sollte (Hist. I 2–3: „das ganze Geschlecht befleißigte sich seither der abscheulichsten Greuel"). Dieser Banalität vermochte der Bischof von Tours adäquaten Ausdruck zu geben: „als Eberulf stürzte und sein Gehirn aus dem Kopf trat, zeigte sich, daß er nicht verdiente, von jenem gerettet zu werden, den er zuvor nie gläubig um Hilfe anzurufen vermocht hatte (scil. der hl. Martin), Claudius aber (scil. der Mörder) begab sich eiligst und voller Furcht zum Abt (von St-Martin), um von dem geschützt zu werden, dessen Schutzherren er genauso wenig Ehrerbietung hatte erweisen können."[41] Hier gibt es nicht die sonst oft deutlich werdende Gegenüberstellung von Gut und Böse, sondern beide Parteien exemplifizieren die gewöhnliche Verderbtheit des Menschengeschlechts als solche; eventuelle Verantwortlichkeiten von Bischof und König waren im Vorfeld mit großer Sorgfalt aus dem Wege geräumt worden.[42]

Die gleiche Ausgangslage im Kontext der *mala* von Tours–Jerusalem gilt für das ebenso berühmte wie berüchtigte Schlußkapitel des Buches Hist. VII 47 (Titel: *„De bello civile inter cives Toronicus"*); daß es im Gegensatz zu den vorangehenden Buchschlüssen keinen wirklichen Abschluß bedeutet, unterstreicht seine untergeordnete Stellung innerhalb der dem *bonus rex* gewidmeten Trilogie. Bereits der im Sinn einer rhetorischen Hyperbel überzogene Begriff des „Bürgerkriegs" in Titel und Textanfang[43] für die private Fehde zweier Personen und ihrer Sippen deutet auf eine besondere Stellung des Kapitels im Konzept Gregors; dementsprechend ist die Anordnung als Schlußkapitel sicher nicht der objektiven chronologischen Folge der Episoden zu verdanken, zumal die Geschehnisse über einen längeren Zeitraum hinweggehen. Die Verworrenheit der Handlungsabläufe und -bezüge, der Erich Auerbach ein Kapitel seiner ›Mimesis‹ gewidmet hat, ist für diese Episode tatsächlich auffälliger als für jeden anderen von Gregor geschriebenen Text.[44] Freilich erscheint gerade an dieser Stelle, bei Berücksichtigung des Konzepts unseres Autors, die besondere Form der Darstellung auch als sprachlich kongeniale Adaptation einer verworrenen, komplexen Situation mit wiederholtem Totschlag und Racheakten, in der sich bei fortschreitender Erzählung der Eindruck erhärtet, daß es bei den geschilderten Auseinandersetzungen weder Gerechte noch Ungerechte geben konnte, daß alle Akteure gleichzeitig potentielle Täter und Opfer der eigenen, für die Menschheit als solche charakteristischen Friedlosigkeit waren. An beide Streitparteien richtet dann auch zuletzt der Berichterstatter das in den Mund des Bischofs gelegte Schlußwort, das eine eindringliche, biblisch untermauerte Mahnung zur Friedfertigkeit zum Gegenstand hat, freilich ohne sichtbaren Effekt; entsprechend lapidar und wider besseres Wissen schließt dann auch unser Autor: „*... et sic altercatio terminum fecit.*"[45]

II.5 Die Bücher VIII und IX (585–589): *bonus rex* und *sacerdos Dei.* Höhepunkt und Ende der Gunthchramn-Trilogie

Daß Buch VIII einer König Gunthchramn gewidmeten Folge angehört, läßt Gregor neben den zentralen thematischen Kapiteln, von denen noch die Rede sein wird, auch aus eher beiläufigen Details erkennen. So erscheint Gunthchramn in den *capitula* (Kapitelüberschriften) nur als *rex,* ohne Namensnennung, wie schon im ersten Kapitel: „*De eo quod rex Aurilianis venit*" (vgl. auch 2, 5, 27). Childebert dagegen, der eigentliche Souverän Gregors, wird stets durch seinen Namen identifiziert, nie durch das vertrauliche Anführen des Titels *rex* allein (vgl. Kapitel 4, 13, 18, 29, 37). Während oben die beiden Bücher der Chilperich-Thematik jeweils durch die provokatorische Datierung nach dem rechtens für Tours zuständigen Kinderkönig Childebert II. eingeleitet wurden (Hist. V 1 und VI 1), beginnt Buch VIII mit einer Datierung nach Gunthchramn *(„Igitur G. rex anno XXIIII. regni sui..."),* obwohl der Bischof von Tours zu Beginn dieses Jahres 585 wieder offizieller Untertan des austrasischen Königs geworden war (vgl. Hist. VII 33).[46]

In diesem Jahr spielte sich im Juli nun der als glanzvoll geschilderte Einzug und Aufenthalt Gunthchramns in Orléans ab, bei dem sich der König als ein Großer der Geschichte manifestierte („*magnum se tunc civibus suis praebens*", Hist. VIII 1: 370 Z. 10f.). Bei dieser Epiphanie war der Turoner Prälat selbst anwesend. In Übereinstimmung mit dem in Buch V schon einmal gewählten Schema schrieb der Autor der Historien seiner eigenen Person wiederum eine exemplarische Rolle im

Welttheater „Von Königen und Bischöfen" auf den Leib. War es dort noch die des Widersachers des gottlosen Königs, sollte es nun die des spirituellen Partners des *gottgefälligen* Königs sein, der in der biblischen Tradition der Propheten den Willen des Höchsten interpretiert. Gleichzeitig sollten die moralischen Qualitäten und Taten des Königs zum Zeugnis und zur Belehrung festgehalten werden, wie es seinerzeit die Bücher der jüdischen Könige und die prophetischen Schriften getan hatten.

Der gemeinsame Aufenthalt von Bischof und König in Orléans füllt die ganzen ersten sieben Kapitel von Buch VIII des Geschichtswerks; daß er gerade am Sommerfest Martins von Tours (4. Juli) begann, mußte ihn unter ein besonders günstiges Vorzeichen stellen und das Gewicht des Berichteten erhöhen. In auffälliger Weise steht in der gesamten Kapitelfolge das Verhältnis Gunthchramns zu den Bischöfen im Vordergrund: Gleich zu Beginn erbittet der König, den Gregor in einer einführenden Eigenrede soeben *„o regem admirabili prudentia clarum"* gepriesen hatte, den Segen der *sacerdotes* und ihre Gegenwart in seinem Haus (VIII 1); er zeichnet Gregor durch seinen Besuch aus, als er die *loca sancta* von Orléans aufsucht (vgl. oben Anm. 25 zur paradigmatischen Bedeutung dieses Tuns) und maßregelt mit gerechter Strenge mehrere Prälaten wegen ihrer Beteiligung an der Gundowaldaffäre (VIII 2). Eigenartig muten die Details der nun folgenden Sequenz (VIII 3) an: Gunthchramn läßt die versammelten Bischöfe unter der ausdrücklich angeordneten Leitung Gregors, assistiert von ihren jeweiligen Klerikern, „vorsingen"[47], bevor er sie demutsvoll bittet, für seinen „Sohn" Childebert zu beten (VIII 4). Beim gemeinsamen Mahl mit den Prälaten tragen sowohl der König als auch sein Prophet (Gregor[48]) eine retrospektive Bewertung der Chilperichherrschaft vor, deren Übereinstimmung und visionärer Charakter den Rahmen einer subjektiven historiographischen Bewertung sprengt und abschließende, moralische Gültigkeit beansprucht (Hist. VIII 5). Gregor bestätigt Gunthchramn, daß es tatsächlich dessen eigenes, königliches Gebet gewesen sei, das den ungerechten Bruder zu Fall gebracht habe, und berichtet eine Vision, in der Chilperich mit geschorenem Haar, als Bischof geweiht, auf einer eingeschwärzten *cathedra* umhergetragen wurde, wohl als Bischof der Kirche des Antichrist.[49] Den episkopalen Charakter der Verurteilung Chilperichs vor der Geschichte hebt nun auch die vom König selbst erfahrene und berichtete Vision hervor: Drei in den letzten 15 Jahren verstorbene Bischöfe des burgundischen *regnum,* von denen im übrigen mindestens zwei Verwandte Gregors gewesen sind, verurteilten den König und vollstreckten ihr Urteil in einem Kessel mit kochendem Wasser.[50]

Die Folge der konzeptträchtigen Kapitel von Buch VIII bestätigt nachdrücklich, daß der Autor mit dem Gunthchramnthema zugleich das Motiv des Bischofs und seiner überragenden Rolle in der christlichen Gesellschaft anschlug, so wie er es unter anderen, negativen Vorzeichen bereits in Buch V getan hatte.[51] Nebensächlich erscheinen dabei zunächst die deutlich kritischen Töne in der Beurteilung eines Episkopats, in dem die *„zezania diabuli“* wucherte (Hist. VIII 7);[52] daß die Prälaten im gleichen Zusammenhang als *„sacerdotes Domini“* tituliert werden, zeigt dagegen die grundsätzlich hohe Meinung Gregors von seinem eigenen Stand und dessen Funktion. Charakteristisch ist in dieser Perspektive die Beurteilung des Bischofs Theodor von Marseille, dem Gregor heiligmäßige Tugenden zuerkannte, den er aber gleichzeitig keineswegs von dem Verdacht enthob, beim Aufstand Gundowalds eine politisch dubiose Rolle gespielt zu haben (Hist. VIII 5, 12, 13). Als König Gunthchramn den Bischof mit Eifer verfolgte und dieser tatsächlich von einem *dux* festgenommen wurde, traf letzteren mitsamt seinen Angehörigen die furchtbare Rache Gottes, der „seine Diener (scil. die Bischöfe) dem Rachen räuberischer Hunde zu entreißen pflegt“ (VIII 12); nichts jedoch stieß dem *„bonus rex“* zu, der sich allerdings auch hütete, ihm ein Leid zu tun.

Höhepunkt der eingeschlagenen Thematik und damit einen der Höhepunkte des Geschichtswerkes überhaupt stellt die Ansprache König Gunthchramns Ende August 585 in Autun an seine Heerführer dar, in der er nach einem gescheiterten Gotenfeldzug und den damit zusammenhängenden Untaten der Armee im eigenen Lande die Niederlage und die Übel der Zeit in einer von Gregor zweifellos fingierten Rede analysierte (Hist. VIII 30). Die Siege der vorausgehenden Merowingergeneration werden dabei mit dem gezeigten Gottvertrauen, dem Bau von Kirchen und der Verehrung von Märtyrern und Bischöfen verbunden, die Übel der eigenen Zeit dagegen mit den Vergehen gegen die Kirchen, die Heiligen und die Bischöfe;[53] der letztere Punkt erfuhr im gleichen Jahr durch die Ermordung des Bischofs Praetextatus in Rouen eine Illustration (Hist. VIII 31), die schon in der fiktiven Aussage des Königs vorweggenommen worden war (*„ministros [Dei] interficimus“*, Hist. VIII 30: 395 Z. 13). Dabei ist sich der Herrscher sehr wohl bewußt, daß er selbst in erster Linie dem Zorn Gottes ausgesetzt sein würde, wenn die aufgezählten Mängel ihm zur Last gelegt werden könnten: *„Ergo si hoc meae culpae adscribitur, iam ea Deus capite meo restituat.“*[54] Dieser Möglichkeit einer Eigenschuld Gunthchramns begegnet Gregor freilich durch die anschließende Antwort der *duces*, wonach die Verantwortung aller gegenwärtigen Übel dem *„omnis popu-*

lus" aufgeladen wird, wogegen die *bonitas* und *magnamitas* des Königs außer Zweifel stünden. Die genannten Tugenden werden anschließend als Kirchenliebe, *reverentia* gegenüber den Bischöfen und väterliche Fürsorge für die Bedürftigen näher bestimmt. Die Einseitigkeit dieses Programmes unterstreicht, daß auch in der Antwort der Heerführer eine ihnen in den Mund gelegte Rede des *Bischofs* Gregor zu sehen ist.

In diesem durch die Rede des Königs abgesteckten Rahmen einer grundsätzlichen Fragestellung bezüglich der Verantwortlichkeit für das rechte Leben in der christlichen Gesellschaft und des dafür ausschlaggebenden Verhältnisses von König und „Kirche" – letztere repräsentiert vom Bischof und den Heiligen – sah auch der Bischof von Tours den ihm zukommenden Platz. Den entsprechenden Standpunkt hat er durch ausgewählte Beispiele aus der eigenen Tätigkeit exemplarisch zum Ausdruck gebracht. Sein Rollenverständnis im Sinne eines Gottesdieners mit hohem, nicht von Menschen kommendem Auftrag läßt er auch gleich zu Beginn von Buch VIII deutlich werden. Bei dem bereits erwähnten Aufenthalt Gregors mit König Gunthchramn in Orléans erklärt er nämlich dem König, daß er von seinem Herrn *(„a domine meo"),* das heißt vom hl. Martin gesandt sei, *„in legatione ad te directus sum"* (Hist. VIII 6). Diese Erklärung dient nur zum Teil dem Hinweis, daß Gregor nach Orléans gekommen war, um wieder einmal die Interessen von Asylanten von St-Martin zu vertreten (so auch VIII 18); ansonsten glaubte sich der Autor der Historien nirgendwo verpflichtet, auch nur den geringsten Hinweis auf die aktuellen politischen Anlässe zu geben, die Gunthchramn, seine Bischöfe und den Bischof von Tours nach Orléans geführt haben könnten. Gleichzeitig ist seine lächelnd *(„subridens")* vorgetragene Behauptung ein ernstzunehmendes Indiz für den hohen Anspruch seiner Mission, ein Anspruch, der gerade in diesem Buch des Geschichtswerkes, das am Tag des Martinsfestes einsetzt, durch mehrere Erzählungen über die Wunder „seines Herrn" (Martin von Tours) immer wieder wachgerufen wird: (Kap. 14) Reliquien Martins retten das Schiff Gregors bei Koblenz vor dem Versinken; (Kap. 15–16) Berichte von den Wundern Martins durch einen großen Martinsverehrer in der Diözese Trier; (Kap. 33) Brand von Paris mit wunderbarer Erhaltung eines Martin geweihten Oratoriums mitsamt umliegenden Häusern *(„tantaque fuit virtus beati pontificis");* (Kap. 40) in der Martinskirche von Candes wird das Grab eines Mannes wunderbar zerstört, der sich gegen Gregor und die Kirche gestellt hatte.

Das erste Martinswunder dieser Reihe fand bei einem Aufenthalt Gregors bei seinem Souverän Childebert II. in Koblenz statt

(Hist. VIII 13), wohin er möglicherweise von Orléans aus angereist ist (Juli 585). Wie so oft hält er es nicht für nötig, seine Leser über die Verbindung der beiden Aufenthalte und den Grund seines Zusammentreffens mit Childebert aufzuklären, dagegen läßt er an seiner Rolle als Friedensvermittler zwischen dem burgundischen und austrasischen Herrscher keine Zweifel; zwischen den Fürsten waren Unstimmigkeiten wegen des Scheiterns des Gunthchramnprojektes bezüglich eines gemeinsamen Reichskonzils aufgekommen. Im Oktober dieses Jahres 585 war Gregor wiederum auf einer Reise in den austrasischen Osten, von der er ausführlich (in drei Kapiteln VIII 15–17) sein Treffen mit dem heiligmäßigen Styliten Wulfilaich erzählt, aber kein Wort über seine wahrscheinliche Beteiligung am Hoftag König Childeberts II. in Nieder-Beßlingen (Luxemburg) verliert (Hist. VIII 21), welcher der eigentliche Grund für die neuerliche Reise gewesen sein dürfte.[55]

Als exemplarisch verstand Gregor auch das letzte Martinswunder der Serie, das sich gegen einen mächtigen Turoner richtete (VIII 40), der wie seinerzeit Eberulf (Hist. VII 21, 22, 29; vgl. weiter oben) als überregionaler Beamter in der Lage war, der auf die Civitas beschränkten Macht des Bischofs zu trotzen. Von der Exkommunikation des Bischofs bedroht, leistete sich der Betroffene im Sommer 586 einen Meineid (Reinigungseid), der ihm die Strafe der Gottesmutter zuzog, in deren Kirche er falsch geschworen hatte; der hl. Martin tat ein zusätzliches und rächte seinen Bischof Gregor, indem er das Grab des Toten aus seiner Kirche in Candes vertrieb.

Die Folge von thematisch ausgewählten „biographischen“ Kapiteln setzt sich nach einer längeren chronologischen Pause von über einem Jahr[56] in Buch IX mit der Erzählung Gregors von seiner Beteiligung am Begräbnis der hl. Radegundis am 16. August 587 in Poitiers fort. Während die Umstände dieser Grablege einer der größten Heiligen der Merowingerzeit im Bekennerbuch (GC 104) ausführlich behandelt werden, dient die bloße Evokation vom glorreichen Ende der Radegund in Hist. IX 2 im Sinn einer antithetischen Typologie der Ankündigung von Ereignissen, die Gregor später, am Ende des gleichen Buches und im folgenden Buch ausführlich entwickeln würde: das Treiben der *unheiligen* Nonnen in dem Radegundiskloster Ste-Croix bei Poitiers in den Jahren 589/590.[57]

Bei den anschließenden Ereignissen dieses und des folgenden Jahres muß die Antwort auf die Frage direkter oder indirekter Beteiligung des Bischofs von Tours noch häufiger in der Schwebe bleiben als zuvor. Das gilt bereits für die Taufe des neugeborenen Childebertsohnes

Theuderich durch den zum burgundischen *regnum* gehörenden Bischof Veranus von Cavaillon, die an einem nicht präzisierten Ort im September/Oktober 587 stattgefunden hat (IX 4).[58] Da Gregor nach dem Zeugnis der Martinsschriften im gleichen Jahr mit Veranus in Chalon zusammengetroffen ist[59], wird man einen Zusammenhang mit der Taufe und der Möglichkeit, daß auch der Bischof von Tours an ihr teilgenommen hat, nicht ausschließen. Ebenfalls nicht auszuschließen ist ein Zusammenhang dieser burgundisch-austrasischen Taufe (vgl. Anm. 58) mit der Vorbereitung des nur wenig später stattfindenden Paktes von Andelot (28. Nov. 587) in der Diözese Langres, bei der, wie aus dem Vertragstext selbst – nicht aber bei Gregor! – hervorgeht, die Bischöfe und Großen mitgewirkt haben, *„mediantibus sacerdotibus atque proceribus“* (Hist. IX 20 [Vertragstext]: 435 Z. 2–3). Vor den beiden Kapiteln Hist. IX 10–11, die über das Königstreffen an einem ungenannten Ort berichten – der Name *Andelao* findet sich nur in dem erst in einem späteren Kapitel überlieferten Vertragstext –, bringt der Verfasser der Historien ein großes Kapitel über eine austrasisch-neustrische Adelsverschwörung gegen Childebert und seine Mutter Brunichild, die durch eine göttliche Eingebung Gunthchramns (sic) rechtzeitig entdeckt und so überwunden werden konnte, *„pietas Domini haec verba* (scil. Worte der Verschwörer) *in aures Gunthchramni regis prius inposuit“* (Hist. IX 9: 422 Z. 6). Auch hier muß der Leser auf einen direkten Kontakt Gottes mit Gunthchramn schließen und nicht mit dem eigentlich betroffenen austrasischen König, der nur als Nebenfigur der Geschichte erscheint.

In der wissenschaftlichen Literatur wird die Aufeinanderfolge beider Kapitel regelmäßig als politische Reaktion des Königtums auf die Adelsverschwörung gewertet[60], was chronologisch durchaus möglich wäre. Der Tod eines der Verschwörer, des *dux* Rauching, fand am Crispin-Crispiniansfest (25. Okt., vgl. S. 423 Z. 5) oder kurz zuvor statt, und die Kämpfe der Verbündeten des letzteren mit der Armee Childeberts dürften sich über den Monat November des Jahres hingezogen haben. Dennoch ist es wahrscheinlicher, daß die Adelsverschwörung, ebenso wie ein Mordversuch an Gunthchramn vom 4. September (Hist. IX 3), ihrerseits eine Reaktion auf die sich ohne Zweifel länger hinziehenden Vorbereitungen des Paktes von Andelot darstellten, der unter anderem die Verantwortlichkeit Gunthchramns in Austrasien im Falle eines vorzeitigen Todes Childeberts festlegte und damit den Großen die angestrebte *tuitio* über die unmündigen Königskinder verwehrte.[61] Wenn der Vertrag heute als wichtiges Anzeichen einer „monarchischen Restauration“ gewertet wird, hat ihn Gregor selbst in allererster Linie als einen der großen Verdienste, als Friedenswerk des *„bonus rex"* gesehen und dementsprechend stilisiert. So betont er, daß auf Gunthchramns Initiative das Königstreffen zustande gekommen war: *„iterum misit Gunthchramnus rex ad nepotem suum Childeberthum"* (Hist. IX 10: 424 Z. 9). Allein in der Perspektive der Hervorhebung der Verdienste dieses Königs hat er dann auch den vollständigen Text *nicht* an seinem chronologisch richtigen Standort eingefügt, sondern erst zum Anlaß einer Mission des Bischofs Gregor bei Gunthchramn, das heißt ein volles Jahr später. Diese Mission von 588 hat der Autor der Historien dann tatsächlich als glanzvollen Höhepunkt seines sorgfältig konstruierten Königslobes ausgestaltet (Hist. IX 20–21). Darüber hinaus gibt er praktisch keine weitere Verständnishilfe, um die Handlungen der jeweils in sich abgeschlossenen Episoden/Kapitel miteinander zu verknüpfen. Wir erfahren beispielsweise nicht, was die vielen Turoner und Pictavenser an jenem Tag bei Childebert zu tun hatten, der für dessen Ermordung vorgesehen war, und ob sich Gregor selbst unter ihnen befunden hat;[62] ebensowenig wird deutlich, ob die Tötung Guntchramn Bosos durch die beiden Könige (Hist. IX 10) in einem Zusammenhang mit der Adelsverschwörung stand oder ob sie nur chronologisch mit dieser zusammenfiel.[63]

Im Frühjahr 588 wurde Gregor an den austrasischen Hof nach Metz gerufen und mit einem gewissen Felix zu Gunthchramn nach Chalon *„in legationem"* abgesandt (Hist. IX 20). Der diesbezüglichen Mission hat Gregor das bei weitem längste Kapitel von Buch IX gewidmet[64], ein Kapitel, das fast in der Art eines diplomatischen Handbuches, unter Einfügung eines Originaldokumentes (Vertragstext von Andelot), den wahrhaft christlichen König am Werke beschreibt. Die im anschließenden Kapitel Hist. IX 21 dargebrachte Laudatio auf den gleichen Fürsten (Kapitelüberschrift: *„De elymosinis et bonitate ipsius regis"*) macht dem Leser deutlich, daß er am nicht mehr zu übertreffenden Höhepunkt der Gunthchramnsequenz angekommen ist.

Schon die Begrüßungsworte Gregors an den Herrscher sind außergewöhnlich, da sich nach ihnen König Childebert durch seinen bischöflichen Botschafter für die ständigen Ermahnungen des Onkels bedankte, die ihn das tun ließen, „was Gott gefällt, dir (scil. Gunthchramn) genehm und dem Volk förderlich ist" *(„ut ea agat, quae et Deo placeant et tibi sint accepta et populo congrua");* auch hier begegnen wir dem auf Gunthchramn ausgerichteten Konzept des Autors Gregor, das dieser durch den Mund des Bischofs Gregor ausdrücken läßt, wenn auch sicher nicht ohne Bezug auf die tatsächliche historische Situation des Augenblicks. Solchen gegenstandsbezogenen Realismus jedenfalls verrät die anschließende Diskussion, die die verschiedenen politischen Interessen beider *regna* in objektiver Weise zum Ausdruck bringt. Auffällig ist hier das Fehlen der üblichen Gegenüberstellung von Gut und Böse, Recht und Unrecht; zur Sprache kommen die jeweiligen Beziehungen zum neustrischen *regnum*, zu den Langobarden und zum westgotischen Reich. Die bilateralen Beziehungen zwischen dem austrischen und burgundischen Reich waren durch das Vorhaben Gunthchramns betroffen, ein Konzil zu veranstalten, das die Bischöfe beider – oder aller drei – Teilreiche versammeln sollte, so wie bei dem Konzil von Mâcon 585 die Prälaten Burgunds und Neustriens vertreten waren (Pontal: 161 f.). Gregor vertrat die Position seines Königs durch die Anführung der Autorität des Kirchenrechts *(„consuetudo canonum")*, das nur Versammlungen innerhalb einer Kirchenprovinz vorsehe. Es gebe keinen Anlaß, so viele Prälaten an einem Ort zusammenzubringen *(„ut tanti debeant in unum coniungi domni sacerdotes")*, da der Glaube von keiner *„nova haeresis"* bedroht sei. Das letzte Wort überließ er dann aber dem König und dessen Aufzählung von konkreten, einschlägigen Themen, die den Bischof von Tours beeindruckt, wenn nicht sogar überzeugt haben müssen, auch wenn er wissen mußte, daß der austrasische Episkopat aus politischen und praktischen Gründen ein gemeinsames Konzil nicht wünschen würde.[65]

Die Themenvorschläge Gunthchramns bezüglich der zukünftigen Reichskirchenversammlung betrafen die Aufklärung des Mordes an Bischof Prätextat von Rouen (Hist. VIII 31), aber vor allem Probleme des allgemeinen Kirchenrechts wie Inzestehen, öffentliche Sanktionen oder auch Exkulpationen (sic) von Personen, die wegen Vergehen gegen die Sittlichkeit *(„luxoria")* angeklagt worden waren. Die hier demonstrierte Art der Mitwirkung des Königs bei Maßnahmen zur sittlich-religiösen Reglementierung der christlichen Gesellschaft zeigt, in wie hohem Maße der *christianus rex* in den Augen Gregors mit Aufgaben befaßt war, die nach einer immer noch verbreiteten Meinung für „die Kirche" reserviert gewesen wäre (vgl. dazu Teil IV.2). Daß diese Mitwirkung sich freilich nicht auf eine ohne den Episkopat getroffene Entscheidung zu Glaubensfragen beziehen konnte, hatte Gregor bereits in seiner Diskussion mit Chilperich in Hist. V 44 deutlich werden lassen. Nun aber befand er sich in Gegenwart eines Fürsten, dessen Sinn und Rede, wie bereits bei ihrem gemeinsamen Aufenthalt in Orléans drei Jahre zuvor (Hist. VIII 1–7), ständig – *„semper"* – auf Gott und die Erbauung von Kirchen sowie den Schutz der Schwachen ausgerichtet war (Hist. IX 20: 441 Z. 3 f.). Als Gunthchramn endlich noch zur Bekämpfung der Drüsenpest neben sanitären Maßnahmen wie der Verabreichung von Gerstenbrot und reinem Wasser ausgedehnte religiöse Gottesdienste und Fasten anordnete, erfüllte er in den Augen des Prälaten von Tours alle Voraussetzungen für einen *„rex acsi bonus sacerdos"* (Hist. IX 21), welchem vom Volke entsprechende Wunderkräfte zugeschrieben werden konnten. So kommentiert er abschließend wie folgt: „Ich meinerseits kann daran nicht zweifeln (scil. an einer vom König ausgehenden Wunderheilung), da ich selbst mehrfach gehört habe, wie böse Geister von Besessenen durch die Macht seiner *virtus* seinen Namen ausriefen und ihre Verbrechen gestanden." Die doppelte Bedeutung von *„virtus"* als „Tugend" und – daraus abgeleitet – von „Wunderkraft, die als direkte Folge der entsprechenden (christlichen) Tugenden auftritt", macht den Sinn dieses Kapitels aus: Die rechte Lebens- und Regierungsweise des Königs läßt diesem die von Gott verliehene *„virtus"* als sichtbaren Ausdruck seiner Gottgefälligkeit zuteil werden![66]

Der Lobpreis des Königs, mitten in Buch IX plaziert, beendet offensichtlich den Gunthchramnuszyklus. In der Folge setzen die signifikanten Auftritte des Herrschers, sieht man von Hist. X 10 (vgl. dazu Anm. 46) und X 28 einmal ab, fast ganz aus, was den Eindruck entstehen läßt, daß er sogar seinem eigenen Tode entgehen konnte; diesen hat Gregor zwar in seinen Martinsbüchern (VM IV 37), nicht aber in den Historien erwähnt, obwohl er chronologisch durchaus in die Zeit vor der Fertigstellung der ›Decem libri historiarum‹ fiel. Bei der abschließenden Jahresberechnung der letzten Zeilen von Buch X und damit des Gesamtwerks überschneiden sich die angegebenen Regierungsdaten Childeberts, des Bischofs von Tours und des gleichnamigen Bischofs von Rom in der Zeit zwischen April und August 594, die von Luce Pietri als Periode der letzten Redaktion identifiziert wurde (Pietri 1982: 608); das ebenfalls angegebene Regierungsjahr Gunthchramns stellt demgegenüber eine keinesfalls zufällige Abweichung vom Synchronismus der anderen Zählungen dar: Das angegebene 31. Regierungsjahr dieses Königs war in der Tat das seines Todes am 28. März 592.[67]

In der zweiten Hälfte des 9. Buches ist die Beteiligung des Verfassers der Historien am geschilderten Geschehen ebenso wie im letzten, 10. Buch in regelmäßiger Konstanz auch weiterhin von ihm selbst bezeugt, ohne daß man nun endlich von „(auto-)biographischen" Elementen sprechen könnte. Seine eigenen Auftritte sieht er vielmehr als die eines mehr oder minder beteiligten Zeugen am historischen Auf und Nieder der Ereignisse. Dementsprechend identifiziert er auf der einen Seite die Witwe König Chariberts zum Anlaß ihres Todes im Jahr 589, nicht zuletzt wohl wegen ihrer großzügigen Schenkungen an die Kirche des hl.

Martin, als beispielhaft lebende Christin („*accessi, fateor, vidi hominem timentem Deum*“, Hist. IX 26) und illustriert in einer weiteren Episode die Macht des hl. Martin durch die Bestrafung derer, die seinem Bischof und seiner Kirche schaden wollten (Hist. IX 30);[68] auf der anderen Seite beschreibt er seine zunächst weitgehend auf Mahnungen beschränkte Beteiligung an zwei Klosterskandalen der Jahre 589/90, von denen zumindest einer die Welt der gallischen Kirchen im 6. Jahrhundert in Aufruhr bringen sollte (Hist. IX 33 und IX 39–43).

Die beiden letzten Fälle – Streit im Kloster von Tours und in Ste-Croix von Poitiers – besitzen mehrere Gemeinsamkeiten: Beide haben sie eine lange Vorgeschichte und finden in Buch X einen Abschluß, beide gehen sie auf das Fehlverhalten von Angehörigen des merowingischen Königshauses zurück und provozieren das unglückliche Eingreifen der Könige, was für eine gewisse Zeit zur Ohnmacht der zuständigen religiösen Autoritäten, der Bischöfe, führen mußte. In dem – zumindest teilweise konfliktuellen – Funktionieren der beiden von Gott eingesetzten Institutionen hat Gregor ein erstes didaktisches Fazit seiner Episoden angelegt, wobei er schließlich in Buch X, wie wir noch sehen werden, die besondere Rolle der „die Kirche“ repräsentierenden Bischofsversammlung herausstellen würde. Gleichermaßen zum Ausdruck gebracht hat er allerdings auch die allen zehn Büchern zugrundeliegende Antithese von Heiligkeit und menschlichem Fehlverhalten. Die erstere personifizierte er durch die in Buch IX besonders gegenwärtige Gründerin von Ste-Croix, Radegundis, Königin und Heilige (IX 2, 39–42), und durch die bereits erwähnte königliche Witwe Chariberts (IX 26), die antithetische Gegenseite durch die beiden Töchter Chariberts (!): Chrodieldis in Ste-Croix von Poitiers („*insidiante diabolo in corde Chrodieldis*“, IX 39: 460 Z. 1) und Berthefled im Kloster des Atriums von St-Martin in Tours *(„gulae et somno dedita et nullam de officio Dei curam habens“);*[69] im letzten Fall war freilich der Konflikt der Klostergründerin Ingotrudis mit ihrer eigenen Tochter Veranlassung zu Auseinandersetzungen, in deren Verlauf Bischof Gregor durch Ermahnung und schließlich sogar durch ein Gerichtsverfahren eingriff, freilich ohne Erfolg: „*nec scandalum resedatum est*“.

Auf Grund mehrerer Kriterien scheint der Klosterstreit von Poitiers für Gregor eine besondere Bedeutung gehabt zu haben, der hier kurz nachgegangen werden soll; dabei interessiert uns allein die *Funktion* der erzählten Episoden innerhalb des Konzeptes unseres Autors und seine eigene, „biographische“ Rolle bei den Ereignissen, während die zahlreichen Entwicklungen und Einzelheiten der „Affäre“ bei Georg

Scheibelreiter (Anm. 57) und natürlich bei Gregor selbst nachgelesen werden können (vgl. auch unten Teil III.2.c).

Schon der Umfang des Textes, den Gregor der Auseinandersetzung einer vom Teufel geführten Merowingerprinzessin mit ihrer Äbtissin zubilligte, ist beeindruckend: Die fünf aneinandergereihten Kapitel 39 bis 43 repräsentieren genau ein Viertel des tatsächlichen Gesamtumfangs von Buch IX und kaum weniger in Buch X.[70] Ebenso auffällig ist das Verfahren Gregors, nun plötzlich größere vollständige Originaltexte in das eigene Werk aufzunehmen.[71] Dieses Verfahren hatte er in den ersten acht Büchern nur in einem einzigen Fall angewandt, als er einen Brief des (heiligen) Bischofs Eugenius von Karthago an seine Gemeinde dem Kapitel Hist. II 3 hinzufügte. In Buch IX erneuerte er den einmal applizierten Vorgang gleich viermal. Beim ersten der wörtlich übernommenen Texte handelt es sich um den Vertragstext von Andelot (IX 20), den wir als Höhepunkt des Friedenswerkes des *bonus rex* Gunthchramn erkannt hatten, in drei anderen Fällen sind es Briefe, die in den engeren Zusammenhang des Skandals der Nonnen von Poitiers gehören; schließlich würde mit dem abschließenden Urteil des Bischofsgerichts in Buch X ein weiterer Originaltext aus dem gleichen Aktenpaket von Gregor publiziert werden (Hist. X 16)!

Im voraus resümierend läßt sich sagen, daß die vom Autor der Historien ausgewählten Dokumente die Etappen des Streits ideal repräsentieren und daß sie das Konzept des Bischofs, der sich gerade im vorliegenden Zusammenhang als Teil des gesamten Episkopats verstanden sehen will, besser zum Ausdruck bringen als es die Person des Turoner Kirchenvorstehers allein hätte tun können:

1. Etappe (Vorspiel): Brief von sieben Bischöfen aus der Zeit des Eufronius von Tours an Radegundis,[72] nach welchem die Prälaten als Garanten und Wächter der monastischen Lebensweise der Nonnen von Ste-Croix auftreten; bei ihrem Auszug aus dem Kloster im Frühjahr 589 ließ Gregor den über 40 entwichenen Nonnen, die bei ihm in Tours Station machten, diesen Brief vorlesen, wobei er schon auf die möglichen Sanktionen durch die *„coniuncti sacerdotes eclesiarum“* hinwies (Hist. IX 39: 460 Z. 19).

2. Etappe (Höhepunkt): Nach dem Zwischenspiel von Hist. IX 40 (die Nonnen versammelten sich mit allen möglichen Verbrechern in der Kirche St-Hilaire von Poitiers) begaben sich die zuständigen Bischöfe nach St-Hilaire, um die Nonnen zurechtzuweisen, wurden aber von diesen übel zugerichtet und verprügelt; diese Beschimpfung berichteten sie ihren Kollegen, die sich bei König Gunthchramn aufhielten. Die Antwort der letzteren ist nun in einem *„exemplar rescripti“* als zweites Originaldokument in besagtem Streit von Gregor überliefert: Zehn Bischöfe Gunthchramns bestätigen die Richtigkeit der Ent-

scheidung der Prälaten, die am Ort den Ausschluß der Nonnen von der Kirchengemeinschaft ausgesprochen hatten (Hist. IX 41). – Die zuständige Autorität des Bischofsgremiums als solches wird durch ein noch wichtigeres, drittes, zu Lebzeiten der hl. Radegund abgefaßtes Originaldokument hervorgehoben, in dem diese an *alle* Bischöfe schreibt (*„omnibus episcopis"*) und ihnen als den wahren Nachfolgern der Apostel noch vor den Königen den Schutz und die Aufsicht über das Kloster anvertraut; nach dem Wunsch der Verfasserin sollte dieser Brief den Archiven der *ganzen Kirche* (*„universalis aeclesiae"*) einverleibt werden (Hist. IX 42).

3. Etappe (Abschluß und Urteil in Buch X): Da der kirchlichen Sanktion der „burgundischen" Bischöfe im austrasischen Poitiers der staatliche Vollzug fehlte, verschlimmerten sich die Zustände im Kloster zusehends, was Gregor zu drastisch übertreibenden, ja apokalyptischen Ausführungen verleitet;[73] der Bischof von Tours, dessen als solche nicht kenntlich gemachte Nichte, die Pröpstin Justina (vgl. oben Teil I.1 zu Nr. 2), bereits aktiv an handgreiflichen Auseinandersetzungen mit den revoltierenden Nonnen und deren Anhang beteiligt war, wurde nun endlich mit zwei weiteren austrasischen Bischöfen und den „burgundischen" Prälaten der Provinz von Bordeaux von *beiden* Königen beauftragt, mit kirchenrechtlichen Sanktionen einzugreifen (Hist. X 15: 503 Z. 7ff.); obwohl der Bischof von Tours am weiteren Verlauf der Dinge maßgeblich beteiligt gewesen sein muß, läßt er von nun an seine Person in den Historien völlig in den Hintergrund treten. Nach dem militärischen Eingreifen des örtlichen Grafen traten die erwähnten Bischöfe in oder auf dem *tribunal aeclesiae* zusammen (ibid.: 504 Z. 5); ihr ausführliches Urteil wurde im Wortlaut als *„exemplar iudicii"* den Historien einverleibt (Hist. X 16 in seiner Totalität). Bemerkenswert ist der nicht nur örtlich gemeinte Begriff des *„tribunal aeclesiae"*, der an das *„tribunal Christi"* von Hist. X 13 anknüpfen könnte (vgl. Anm. 85). Noch bemerkenswerter freilich ist die fiktive Anonymität der zusammengetretenen Prälaten, die sich in dem genannten Dokument in der Adresse an die *„gloriosissimi reges"* (ohne Namensnennung) nur als *„episcopi qui adfuerunt"* präsentieren;[74] ebenso anonym bleibt der Ort des Zusammentretens der Bischöfe (*„sacerdotes qui aderant"*: Das *tribunal aeclesiae* verweist wohl auf die Kathedrale von Poitiers), was das Exemplarische des Vorganges weiter unterstreicht. Diese Indizien sind unzweideutig: Im Anschluß an den Brief der Radegundis und dessen Appell an die Gesamtheit der Bischöfe beansprucht das Urteil der nun versammelten Kirchenfürsten nach dem Konzept Gregors ebenfalls universale Geltung und versteht sich als Emanation eines ebenso universellen Episkopats, der in der Vorstellung Gregors die Autorität der „Kirche" und damit die gesamte christliche Gesellschaft in der denkbar besten Weise repräsentiert (vgl. Teil III.2.b und Teil IV.1.a). Die Qualität der Angeklagten als Angehörige des Königshauses zeigt sowohl den Anspruch als auch die Dimension des Vorgangs (vgl. S. 92f. zur *„regalis persona"*). Die abstrakte Ebene, auf die unser Autor den handgreiflichen Prozeß der Nonnen von Ste-Croix geführt hat, zeigt sich auch im Fehlen der Königsnamen: Der Episkopat wendet sich an die Könige! Unter diesem gesellschaftspolitischen

Aspekt ist letztendlich auch der Schlußsatz des Urteils geschrieben, an dem Gregor zweifellos maßgeblich beteiligt gewesen ist.

Hier wird also in völliger Übereinstimmung mit dem Konzept seines Geschichtswerkes das grundsätzliche Verhältnis von „*catholici reges*" und „*religio*" angesprochen: „es soll unter der Herrschaft katholischer Könige Gott alles erhalten, was ihm zusteht und die (von den Bischöfen vertretene) *religio* nichts verlieren, damit die bewahrte Überlieferung der Väter und der Kirchengesetze *uns* (scil. den Bischöfen) beim Dienste Gottes nütze und *euch* (scil. den angesprochenen „*reges*") zum Segen gereiche" (Hist. X 16: 508–9 Z. 26ff.), „*sub catholicis regibus totum adqueratur Deo, nihil perdat relegio, ut status conservatus tam patrum quam canonum nobis proficiat ad cultum, vobis propagetur ad fructum.*"

Mit anderen Worten: In der bestehenden christlichen Gesellschaft tragen die Könige die Verantwortung auch für den Bereich der *religio*, insoweit sie deren Vertreter, die Bischöfe, voll bei deren Bemühungen um die Aufrechterhaltung der überlieferten religiös-moralischen Normen unterstützen; (nur) für diesen Fall wäre der entsprechende göttliche Segen für die Könige (und damit das ganze Land) voll gewährleistet.

II.6 Buch X (589–591): „*Mater aeclesia*"[75], Weltende und Jüngstes Gericht

Das letzte Buch der Historien Gregors von Tours unterscheidet sich in mehrfacher Beziehung von seinen Vorgängern. Die geringe Anzahl von nur 31 Kapiteln gegenüber einer sonst zwischen 37 (Buch III) und 51 (Buch IV) variierenden Ziffer hat zur Vermutung Anlaß gegeben, die Historien seien wegen Krankheit Gregors vorzeitig abgebrochen worden (vgl. unter anderen Pietri 1982: 609). Daß dem nicht so ist, zeigt nicht nur das Studium der abgeschlossenen Thematik in diesem letzten Buch, sondern auch sein Realumfang, der hinter Buch V der größte des Gesamtwerkes ist (vgl. Anm. 70).

Eine weitere Besonderheit in diesem Buch präsentiert Hist. X 31, das sich als das bei weitem umfangreichste Kapitel überhaupt erweist und gleichzeitig sowohl den Stellenwert eines abschließenden Rahmenkapitels für das zehnte Buch als auch die Qualität eines Epilogs für das Gesamtwerk besitzt. Zur ersteren der beiden Funktionen: Sein umfangreichster Bestandteil ist die vollständige Bischofsliste von Tours, beginnend mit Catianus (Gatianus), „der vom *papa* der römischen Kirche hierher gesandt worden war" (S. 526 Z. 5 f.). Mit dieser Feststellung knüpft das Endkapitel an das Anfangskapitel von Buch X an, in dem unser Autor die Anfänge des Pontifikats seines berühmten gleichnamigen römischen Kollegen im Jahr 590 geschildert hatte; als Zeuge der eklatanten Heiligkeit des neuen Kirchenvorstehers war die mit Rom verbundene Kirche von Tours durch einen Abgesandten ihres eigenen Bischofs vertreten.[76] An die Bischofsliste von Hist. X 31, deren Notizen im übrigen ein vorliegendes Modell des römischen *Liber Pontificalis* nachahmen (vgl. Pietri 1982: 560 f.), schließt der ausführliche Tätigkeitsbericht Gregors und danach eine letzte Berechnung der Weltjahre an, ausgehend von den synchronistischen Regierungsjahren von Königen und Bischöfen, wobei der Turoner Prälat neben seinem eigenen, gegenwärtigen Amtsjahr unter anderem auch dasjenige von Papst Gregor dem Großen anführt. Da es der Bischof von Tours sonst weitgehend vermieden hat, auf die besondere Stellung und die Privilegien Petri und seiner Nachfolger einzugehen[77], wird man die auffallende Beteiligung der römischen Kirche an Buch X mit einer neuen Thematik verbinden, die der Autor für den Schlußteil seiner Historien gewählt hat. Wie die oben im Abschnitt zu Buch IX schon behandelte Entwicklung des Nonnenskandals von Poitiers gerade in Hist. X 15–17 erkennen ließ – eine Entwicklung, die im übrigen durch die mühsam erreichte Versöhnung der Schuldigen und ihre Wiederaufnahme in die Kirchengemeinschaft durch die Bischöfe zumindest in den Historien (X 20) ein versöhnliches Ende gefunden zu haben scheint –, erweist sich der abstrakte Gegenstand einer eschatologischen, nicht institutionellen Kirche, bestehend aus der „Gemeinschaft der Heiligen" und repräsentiert in der Gestalt von Bischofsgremien, als eine solche Thematik. Dieser Typus der von Christus geschaffenen und in seiner Person symbolisierten Kirche weist unter den Vorzeichen des nahenden Weltendes auf das letzte Weltgericht vor dem Richter Christus hin und führt in Gestalt einer Arche schützend „durch die Fluten und Klippen dieser Zeit" (vgl. Anm. 75). In dieser Form bildet Buch X das genaue Gegenstück zum ersten Buch, in dem die Entstehung und das Wesen der *ecclesia Dei* beschrieben und ihre auf das Weltgericht hinführende Funktion typologisch ausgedeutet wird (vgl. Teil III.2.c). Der Vergleich mit einem anderen Werk der gleichen historiographischen Gattung vermag die spezifische Bedeutung des letzten Buches weiter zu erläutern; demzufolge nimmt Buch X tatsächlich die gleiche Rolle ein, die etwa 550 Jahre später ein anderer Bischof, Otto von Freising, dem achten und letzten Buch seiner eigenen

Historien, also der ›Chronica sive Historia de duabus civitatibus‹ geben würde: die Beschreibung des definitiven Endes der irdischen „gemischten" Gesellschaft *(ecclesia)* mit dem Erscheinen des Antichrist, der Auferstehung der Toten und dem Gottesgericht[78].

Da im ersten Buch der gregorianischen Historien die Person Christi selbst das Wesen seiner Kirche repräsentiert und der hl. Martin als idealer Exponent dieser christologischen *ecclesia*-Konzeption Gregors erscheint (vgl. Teil IV.1), hat unser Autor im zehnten Buch zum ersten Mal keine natürliche Person als thematische Leitfigur eines Buches gewählt.[79] Sein Konzept illustriert er dagegen in diesem besonderen Fall anhand der Kontinuität der Liste der Bischöfe von Tours, die er durch ihren möglicherweise mythischen ersten Bischof Catianus[80] an die *„eclesia Dei"* (Hist. X 1: 477 Z. 13), die apostolische Kirche von Rom (vgl. Anm. 76), anknüpft. An anderer Stelle hat Gregor die Apostel, die typologisch die Gemeinschaft der Bischöfe präfigurieren, tatsächlich als Körper der „ganzen Kirche" definiert (VP XVIII Prolog: *„Hii enim apostoli merito pro tota accipiuntur eclesia"*). Nun aber gibt der Autor der Historien mit der signifikativen Präsenz der beiden Bischofskirchen von Tours und von Rom im ersten und letzten Kapitel von Buch X nicht nur diesem letzten Teil seines Werkes einen bedeutsamen Rahmen. Vielmehr ist das Thema von Hist. X gleichzeitig im Zusammenhang eines alle zehn Bücher umgreifenden Konzeptes zu sehen, das bereits im Prolog von Buch I angekündigt wird: Ausdruck dafür ist das dort ausführlich wiedergegebene Glaubensbekenntnis des Bischofs Gregor, das nach seiner eigenen, abschließenden Aussage auf der Autorität der Bischofsversammlung von Nikäa aufbaut: *„et omnia quae a 318 episcopis Nicaene instituta sunt credo fideliter"* (Hist. I Prol.: 4 Z. 15f.).

Noch in anderer Hinsicht knüpft die Thematik von Buch X an den Prolog des ersten Buches des Geschichtswerks an. Dort läßt der Bischof von Tours seinem Credo unvermittelt längere Ausführungen über das Ende der Welt folgen (S. 4 Z. 16ff.), die in mehreren Kapiteln von Buch X in der Art eines Leitmotivs immer wieder anklingen. Die Jahresberechnung der Weltjahre in Hist. X 31 beruht ja letztlich ebenfalls auf einem der möglichen Anlässe, die zum Schreiben des Werkes überhaupt führen konnten: die weit verbreitete Sorge um das Nahen des Weltendes, *„propter eos, qui adpropinquantem finem mundi disperant"* (Hist. I Prol.: 3 Z. 15f.). In welchem Maß unser Autor selbst an ein unmittelbar bevorstehendes Ende der Welt glaubte, läßt sich trotz mehrfacher Aussagen zu diesem Thema nicht endgültig klären; für entsprechende Überlegungen wäre freilich auch die offensichtliche Funktion seines Geschichtswerkes als didaktisches Vermächtnis an eine Nachwelt zu berücksichtigen, welcher der Bischof von Tours offensichtliche Chancen einer längeren historischen Existenz einräumte.[81] Viel wichtiger aber war für Gregor und sein historiographisches Konzept das sichere Wissen um das – frühere oder spätere – Eintreten von Weltende und Jüngstem Gericht. Dieses Wissen um das Ende aller menschlichen Geschichte stellte für ihn einen entscheidenden historischen Faktor dar, der von allen Gliedern der Gesellschaft, voran aber von König und Klerus, vorrangig berücksichtigt werden müsse; von den daraus zu ziehenden sozialen Konsequenzen, die konkret auf eine Verstärkung der klerikalen Elemente der Gesellschaft hinausliefen, wird noch die Rede sein.

Erste Vorzeichen des kommenden Weltendes hatte Gregor bereits in Buch IX behandelt, als er das Auftreten von religiösen Volksverführern *(„seductiones exercentes“)* mit der bei Mt 24,24 überlieferten Ankündigung Christi verband, wonach in der Zeit vor dem Ende, *„novissimis temporibus“*, Pseudochrist und Pseudopropheten aufträten;[82] noch im gleichen Buch hatte der oben erwähnte Brief der hl. Radegundis von der Unsicherheit der *„conditio humana“* gesprochen, „weil sich die Welt ihrem Ende zubewegt“ (Hist. IX 42: 471 Z. 5f.).

Hier setzt nun Buch X mit der römischen Pest von Anfang 590 als Paukenschlag ein, die Gregor nach apokalyptischen Vorzeichen stattfinden läßt; den „Anfang vom Ende“, das heißt das typologisch zu deutende Einsetzen des Weltendes – und gleichzeitig den Beginn des letzten Buches! – leitet er durch das am Tod des Papstes Pelagius verdeutlichte Ezechielwort (Ez 9,6) *„a sanctoario meo incipite“* ein (Hist. X 1: 477 Z. 11). Anschließend kommt die Wahl Gregors I. zur Sprache, *„quia eclesia Dei absque rectorem esse non poterat“* (ibid.: 477 Z. 13), eines Mannes, den der Turoner Historiograph als wahren Heiligen der eschatologischen Kirche Christi vorstellt (ibid.: 477 Z.14–479 Z. 3). Dieser neue, heilige Bischof erläutert nun seinerseits die Bedeutung der aktuellen Situation in der gewichtigen ›Oratio Gregorii papae ad plebem‹ (Hist. X 1: 479 Z. 4). In der anläßlich der großen römischen Seuche von 590 zum ersten Mal gehaltenen und von Gregor überlieferten Predigt[83] ist die Sprache davon, daß möglicherweise die Gesamtheit des Volkes *(„non ex parte . . . sed pariter corruunt“)* ohne Vorbereitung vor den ewigen Richter treten müsse: *„ad conspectum districti Iudicis pervenit, cui non vacat flere quod fecit.“* Es sei deshalb nun an der Zeit, die entsprechenden Vorbereitungen zu treffen, das heißt Buße zu tun, zu bereuen, zu beten und organisierte Bittgänge abzuhalten[84]; die in dieser

Weise aufgezählten Elemente der übergeordneten Thematik durchziehen anschließend das gesamte letzte Buch.

An diese Ouvertüre läßt Gregor das Kapitel Hist. X 13 anknüpfen, in dem er über eine ausführliche Diskussion mit einem Priester seines eigenen Klerus berichtet, der als Anhänger der „sadduzäischen Irrlehre" die Realität der zukünftigen Auferstehung bestritt. In dieser langen Abhandlung stellte der Bischof von Tours in handbuchartiger Form fast alles an biblischen Texten zusammen, was sich auf Auferstehung und Jüngstes Gericht beziehen konnte. Ob er vom hier erwähnten *„tribunal Christi"* (S. 498 Z. 27 f.) eine Linie zu dem *„tribunal aeclesiae"* (Hist. X 15: 504 Z. 5) aus dem Zusammenhang der oben besprochenen Ste-Croix-Affäre gesehen hat, ist nicht auszuschließen[85]: Gerade für den in Buch X berichteten Teil der „Affäre" hatten wir bereits oben eine deutlich erkennbare Tendenz Gregors feststellen können, die historisch-konkreten Begebenheiten zur eher abstrakten Thematik „Präsenz und Aufgabe der in der Gemeinschaft der Bischöfe konstituierten Kirche in der Welt" umzufunktionieren.[86] Das dabei festgestellte Zurücktreten der eigenen Person des Bischofs von Tours im Zusammenhang eines kirchlichen Tribunals gilt anschließend gleichfalls für den Prozeß des Bischofs Egidius von Reims, der seinerzeit Gregor zum Bischof geweiht hatte und sich nun im November des Jahres 590 wegen Landesverrats zur Zeit Chilperichs verantworten mußte (Hist. X 19). Obwohl Gregor bei dieser Versammlung *aller* Bischöfe des Childebertreiches notwendigerweise anwesend gewesen sein muß[87], gibt er das nicht direkt zu erkennen; wie in dem ausführlichen Dokument des Urteils über die Nonnen von Ste-Croix (Hist. X 16) wird trotz seiner detaillierten Schilderung des Prozeßablaufs keiner der *„episcopi, qui evocati fuerant"*, namentlich hervorgehoben, wodurch ein weiteres Mal der anonyme und deshalb um so stärker hervortretende exemplarisch-typologische Charakter der Bischofsversammlung in den Vordergrund gerückt wird.

Im weiteren Verlauf von Buch X kommt der Bischof von Tours wiederholt auf die Anzeichen zurück, die nach ihm die historische Realität des sich nähernden Weltendes ausdrücken. In dieser Perspektive einschlägig sind die Kapitel 23–25 mit Episoden, die von Erdbeben, Sonnenfinsternis, Seuchen, Pest und dem Auftauchen eines Antichristus berichten.[88] Aufschlußreich für die Intentionen und die historiographische Technik Gregors ist seine Behandlung des Erdbebens von Antiochia (Hist. X 24). Demnach sei im Jahr 591 ein Bischof Symon *„de transmarinis partibus"* zu ihm gekommen und habe ihm die Zerstörung von Antiochia (wohl des Jahres 573) berichtet. Die Umstände, unter denen dieser Bischof aus Armenien nach Persien verschleppt und später von einem anderen Bischof freigekauft wurde, weisen auf Eroberungen des Perserkönigs in den siebziger Jahren des 6. Jahrhunderts, von denen Gregor an dem ihnen zukommenden chronologischen Platz in Hist. IV 40 längst erzählt hatte; nach Rudolf Buchner käme als Quelle für diese dort berichteten Ereignisse nur Bischof Symon in Frage, und Hist. IV 40 wäre dementsprechend über 15 Jahre nach der Berichtszeit, das heißt 591 oder wenig später entstanden.[89]

Der Armenier berichtete seinem Turoner Kollegen nun auch die Geschichte eines frommen Mannes in Antiochien, dessen Haus bei einem Erdbeben, das die Hälfte der Stadt niederlegte, als Lohn für sein Gebet und seine Gaben an die Armen als einziges verschont wurde. Wörtlich an die *„antiqua historia"* des Loth in Sodom anknüpfend (1. Buch Mose: Gen 19,2; S. 516 Z. 11), bleibt in dieser Episode von dem zweifellos historischen Erdbeben (vgl. Anm. 89) nur noch das didaktische Fazit, daß eine *richtige* Lebensweise von Gott honoriert wird. Der exotische Schauplatz, der den potentiellen Lesern der Historien durch Bibellektüre und Erwähnung des berühmten Stadtheiligen, des auch in Gallien verehrten Styliten Symeon (vgl. Ewig 2: 407 ff.), vertraut sein mußte, schien dazu geeignet, dieses Fazit auf eine den gallischen Rahmen überschreitende Ebene zu heben.[90]

Den massivsten Hinweis auf die Thematik des letzten Teils der Historien bringt unser Historiograph endlich im 25. Kapitel des 10. Buches. Im Anschluß an das Erdbeben von Antiochien (X 24) und an zwei Sätze zu Seuche und Hungersnot in Gallien zu Beginn von Hist. X 25 erklärt der Bischof von Tours: „Dies sind die ‚Anfänge aller Leiden' nach der eigenen Aussage des Herrn in seinem Evangelium: ‚Es werden sein *Pestilenz* und *Hungersnot* und *Erdbeben* an verschiedenen Orten. Und *Pseudochrist* und Pseudopropheten werden sich erheben und Zeichen (auf der Erde und) im Himmel geben, daß auch die Auserwählten verführt würden', wie solches gegenwärtig geschehen ist."[91] Die Geschichte eines solchen Pseudochristus, deren evidente soziale Mechanismen – Seuchen und Hungersnot erzeugen soziale Unruhen und religiöse Bewegungen – Gregor mit einem für moderne Vorstellungen erstaunlichen Unverständnis kommentiert, schließt sich an die zitierte Einführung an; nach der Aussage des Bischofs von Tours versuchte er selbst mehrmals, solche Wanderprediger *„ab errore"* abzuhalten.

Die danach folgenden und dem „Epilog" (Hist. X 31) vorangehenden Kapitel 28–30 sind in der wissenschaftlichen Diskussion noch zuletzt hinsichtlich ihrer eventuellen Eigenschaft als Indikatoren eines durchgehenden Konzeptes des Gesamtwerks befragt worden. In dem letzten

„historischen“ Kapitel der Historien, X 28, mit der Taufe des jungen Chlothar und der zum letzten Mal dominierenden Figur seines Taufvaters König Gunthchramn erkennt Marc Reydellet ein eindeutig positives Indiz: Das Königtum sei für die Zukunft gestärkt, die Mission des *bonus rex* damit abgeschlossen.[92] Diese Deutung ist von Goffart (1988: 185f.) mit guten Gründen in Zweifel gezogen worden. Die Vorbehalte Gregors gegen die Eltern des Täuflings, Chilperich und Fredegunde – von den Missetaten der letzteren war noch im vorangehenden Kapitel Hist. X 27 die Rede! –, aber auch gegen die gesamte (neustrische) Linie als solche (Hist. V 14: 210 Z. 20–211 Z. 2) seien allzu evident und der gleichzeitig berichtete Einspruch Childeberts gegen die Taufe zu schwerwiegend, um eine ausschließlich optimistische Note aus diesem Kapitel herauszulesen. Demgegenüber vermag der kanadische Historiker in dieser letzten Episode zeitgeschichtlicher Politik nur eine Bestätigung dafür zu erkennen, daß Gregor auch die Zukunft unter den unveränderten Auspizien der gewalttätigen merowingischen Familienzwiste gesehen hat. In völliger Übereinstimmung mit der Hauptthese seiner eigenen Gregorinterpretation, wonach das historiographische Werk des Turoners keine Ziele, Höhepunkte und Entwicklungen, sondern nur das mehr oder minder gleichmäßige Auf und Ab historischen Geschehens kenne, mußte gerade die Taufe Chlothars II. für Goffart die Absurdität des Lebens der *„civitas terrena“* illustrieren (ibid.: 186). Bestätigt sieht er dieses Konzept auch durch die beiden folgenden, nach ihm insignifikanten Kapitel[93], von denen das erste (X 29) den hagiographischen Lebensbericht eines Heiligen, das zweite (X 30) "a brief record of abnormalities in nature as of April 591" enthält (ibid.).

In beiden Fällen bedarf es freilich einer zusätzlichen Erläuterung, um die beiden Berichte verstehen und im historiographischen Konzept Gregors einordnen zu können. Die Episode zum Abt Aredius etwa: Beim ersten Blick erscheint die ausführliche Vita des Freundes unseres Autors nur als ein stilistisches Mittel, um „Heiligkeit“ darzustellen und diese, wie schon häufig zuvor, der Verderbtheit dieser Welt in antithetischer Form entgegenzusetzen. Worauf es Gregor bei der ausführlichen Erzählung gerade dieses Heiligenlebens ankam, das in Wirklichkeit einer vollständigen hagiographischen Biographie entspricht, faßte er selbst in der Titelüberschrift des Kapitels zusammen: *„De conversione ac mirabilibus vel obito beati Aridi abbatis Lemovicini“* (S. 476 Z. 21). Zum Stichwort *obitus:* Die Erwähnung des Todes des Abtes, zum August 591, gibt den Grund für die Einreihung der Episode an ihrem durch die Chronologie vorgegebenen Platz. Die *mirabilia* des Aredius sind der Ausweis seiner Heiligkeit und, gerade hier, sichtbarer Ausdruck der mit göttlichem Segen honorierten *conversio,* also des Übertrittes vom Laien- in den Klerikerstand. Wie wir noch an anderer Stelle sehen werden, war die Klerikalisierung der Gesellschaft ein wichtiger Punkt der sozialen Vorstellungen Gregors; die zusätzliche Übereinstimmung mit der speziell ekklesialen Thematik von Buch X muß hier nicht eigens betont werden.

Aredius von Limoges war aber auch ein enger Freund des Bischofs von Tours, der ihm das auszeichnende und vertrauliche Possessivpronomen *„noster"* zukommen läßt (Heinzelmann 1992: 542 Anm. 24). Gleichzeitig war er wie Gregor selbst ein großer Verehrer und Propagandist des hl. Martin, der durch ihn sogar Wunder wirkte (Hist. X 29: 524 Z. 16–17; VM III 24). Aredius, der noch kurz vor seinem Tod Tours und das Grab Martins aufsuchte und dessen eigene Leichenfeier seinerseits nach dem Zeugnis einer Besessenen einen guten Monat später durch die Anwesenheit Martins ausgezeichnet war (S. 525 Z. 3), hatte letzteren schließlich noch zu seinem Erben eingesetzt (ibid.: 524 Z. 23f.). Wenn wir uns nun ins Gedächtnis rufen, daß Buch X innerhalb des Gesamtwerks in mehrfacher Hinsicht eine Rahmenfunktion einnimmt und infolgedessen mehrfach an Prämissen des ersten Buches anknüpft, läßt sich die ausführlich erzählte Episode zum *Martinsschüler („alumnus beati confessoris")* Aredius als typologisches Gegenstück zur Rolle des verehrten Meisters in Buch I deuten: Martin ist in der Tat die überragende Figur dieses ersten Teils der Historien, wo ihm Gregor eine Position an der Scheidegrenze von alter und neuer Geschichte einräumt, die nach formalen und typologischen Kriterien nur mit derjenigen der Christusfigur selbst in den Historien des Orosius verglichen werden kann (vgl. dazu unten Teile III und IV).

Auch das letzte Kapitel X 30 – wenn wir den tatsächlich abschließenden Schlußteil Hist. X 31 in seiner offensichtlichen Sonderstellung als „Epilog" belassen – ist weit weniger belanglos, als Goffart das sieht. Richtig ist, daß Gregor auch schon zuvor das Ende eines Buches mit Aussagen über Naturerscheinungen und Prodigien verbunden hat: Hist. III 37 schildert den rauhen Winter, der das Jahr des Todes König Theudeberts abschloß; in Hist. IV 51 annoncierte ein außergewöhnlicher Blitz den Tod König Sigeberts („wie ich es früher schon vor dem Tod König Chlothars gesehen habe"); das Ende von VI 45 mit Reif, Hagel, Dürre und Verwüstungen durch das Heer Chilperichs kündigten den Tod dieses Königs (Hist. VI 46) und seine Verurteilung durch das göttliche Gericht an; in Hist. IX 44 wird von Überschwemmungen und einem Spätherbst mit blühenden Bäumen und Rosen berichtet.[94]

In Hist. X 30 endlich handelt Gregor von drei verschiedenen Phänomenen, die alle in engem Bezug zum Thema von Buch X, *„ecclesia* in der Gewißheit von Weltende, Auferstehung und Jüngstem Gericht", stehen: 1. Eine Seuche, *„gravis lues"*, trat im April des Jahres im Gebiet von Tours und Nantes auf; als Bittgänge, allgemeine Fasten und Spenden für die Armen organisiert wurden, ging das Übel zurück. – 2. In Limoges erschlug der Blitz mehrere Leute, die am Sonntag, dem Tage des Herrn und als solcher Zeuge seiner Auferstehung *(„dominicae resurrectionis testis")*, gearbeitet hatten. 3. Eine „ungeheure Dürre" bewirkte die Dezimierung von Hausvieh und Wild, was den Berichterstatter an ein Wort des Propheten Habakuk zum Gericht Gottes erinnert.[95]

Im Gegensatz zu den zuvor erwähnten Textstellen über Prodigien ist im vorliegenden Kapitel hervorzuheben, daß „die Kirche" in ihrer institutionellen Form, die die eschatologische Kirche Gregors typologisch ankündigt (vgl. unten Teil IV.1), durch ihre erfolgreiche Aktion eindrucksvoll in Erscheinung tritt.[96] Gregor selbst, der mit dem Bischof von Nantes notwendigerweise der Organisator der erwähnten Bittprozessionen gewesen sein muß, stellt seine eigene Person zugunsten des von ihm erwähnten abstrakten Konzeptes zurück, wie er es im übrigen im gleichen Buch bereits mehrfach getan hatte.[97] Damit verzichtete er auf den direkten Vergleich mit Vorgängern wie den Bischöfen Mamertus von Vienne und Gallus von Clermont, deren ebenfalls erfolgreiche *„rogationes"* in früheren Büchern entsprechende Würdigung gefunden hatten (Hist. II 34 und IV 5); dagegen ist durch die Überlieferung eines ausführlichen Prozessionsprogramms aus der Seuchenpredigt Gregors des Großen von 590 im ersten Kapitel des 10. Buches (Hist. X 1: 480 Z. 13 ff.) wiederum der „universalkirchliche" Bezug, die Thematik und der Rahmen dieses Buches hergestellt.

Was die zweite Nachricht des Kapitels betrifft, so ist auch hier der Bischof von Tours nur indirekt beteiligt, obwohl man annehmen darf, daß er die Kenntnis der Vorgänge in Limoges aufgrund eigener Beteiligung an der Leichenfeier des Aredius vom Ende August 591 mitgebracht hat, der ja nicht nur sein engster Freund, sondern zugleich bedeutender Erblasser für St-Martin gewesen ist.[98] Im Zusammenhang der hier erzählten Begebenheiten gibt Gregor auch seinen bischöflichen Kommentar, in dem er auf die strenge Verpflichtung – *„a christianis observari debet"* – hinweist, am Sonntag nicht zu arbeiten; dem Hinweis folgt dann auch die bischöfliche Anordnung: *„ne fiat in eo* (scil. *die) omne opus publicum."* Neben dem hier zum Ausdruck gebrachten Willen des Bischofs, auf die Gestaltung seiner Gesellschaft direkten Einfluß zu nehmen[99], wird im Anschluß an die allgemeine Thematik des Buches wiederum die Präsenz der Bischofskirche dokumentiert. Die Kommentare Gregors belegen, daß es sich bei dem vorliegenden Kapitel nicht um einen Prodigienbericht wie viele andere handelt.

Mit den Ereignissen vom Sommer 591 brechen die Nachrichten in den ›Zehn Bücher Geschichte‹ ab. Nur im letzten der vier Martinsbücher finden sich Informationen über Ereignisse der Zeit bis zum Sommer 593 (VM IV 45–47). Dort erfährt der Leser von einer Reise Gregors nach Ste-Croix, Poitiers, Ligugé und Saintes im Jahr 591 (VM IV 29–33). Im Zusammenhang dieser Reise war er übrigens auch bei der Einsetzung seines Freundes, des Turoner Klerikers Plato, als Bischof von Poitiers anwesend, was freilich nur bei Venantius Fortunatus überliefert ist (Fort. Carm. X 14). Eine weitere Reise hat ihn 592 nach Orléans geführt, wo er mit König Childebert zusammentraf, der dort die Erbschaft des burgundischen *regnum* des am 28. März verstorbenen Gunthchramn antrat (VM IV 37–38). Vergleicht man den Stellenwert, den Gregor seinem Zusammentreffen mit Gunthchramn in der gleichen Stadt sieben Jahre zuvor eingeräumt hat (Hist. VIII 1–7), mit dem Schweigen zur Zusammenkunft von 592 in den Historien, läßt sich die Problematik des Geschichtswerks als biographische Quelle für den Bischof von Tours ein weiteres Mal ermessen. Die elliptische Behandlung oder gar – wie hier – das völlige Auslassen von so wichtigen historischen Ereignissen zeigt aber auch, daß sich für Gregors Werk die Frage der Repräsentativität des historischen Berichtes völlig anders stellt, als dies früher gesehen wurde. Wie bisher immer wieder deutlich wurde, hat unser Autor über den positivistischen Wert der Erwähnung eines historischen «événement» den Wert seiner jeweils intendierten Aussage gestellt, die er gerade durch eine entsprechende Selektion der Ereignisse und ihre entsprechende Kommentierung deutlich werden ließ.

II.7 Zusammenfassung: Probleme der Gregorbiographie sowie ein Nachwort zur Persönlichkeit des Bischofs von Tours

In höchstem Maße gelten die gerade gemachten Einschränkungen hinsichtlich eines möglichen biographischen Stellenwertes der Aussagen in den Historien für den „Epilog" (Hist. X 31), wo Gregor im Anschluß an die Bischofsliste von Tours einen Leistungsbericht zu seinem eigenen Episkopat zusammenstellt. In diesen ›Gesta Gregorii‹ ist die eine Hälfte den Schriften des Bischofs und deren Vermächtnis gewidmet, die andere Hälfte seiner kirchlichen Bau- und Gründungstätigkeit. In wie hohem Maße sich dieser Bereich seiner Aktivitäten in der Bischofsstadt an Traditionen seiner eigenen Vorfahren im Dienste der Kirche von Tours anschließt, war bereits Gegenstand längerer Ausführungen (Teil I.2). Eine Vielzahl von weiteren Gründungen, die vor allem in den hagiographischen Schriften aufgeführt werden, hat Gregor dagegen mit einer eher beiläufigen Bemerkung abgetan: „*In multis vero locis infra Turonicum terminum et ecclesias et oratoria dedicavi sanctorumque reliquiis inlustravi*" (X 31: 535 Z. 17f.). Gerade aber für die in dieser Weise zusammengefaßten und aus dem Leistungsbericht der Historien ausgeklammerten Kirchengründungen lassen sich nun tatsächliche *biographische* Bezüge zum Gründer erkennen: Daß er in den ersten Jahren seiner Amtstätigkeit ein Oratorium in Tours mit Reliquien des hl. Illidius weihte (VP II 3 und GC 20), in dessen Clermonteser Kirche er einst seine definitive *conversio* zum Klerikerstand gelobt hatte, ist ebenso Teil einer persönlichen religiösen Strategie wie die Verbreitung des auvergnatischen Julianuspatroziniums und die Ersteinführung des Kultes seines Großonkels Nicetius im Territorium von Tours, in Pernay, Le-Petit-Pressigny und „*in aliis basilicarum altaribus*";[100] ebensowenig zufällig kann die Deposition von Reliquien des hl. Benignus von Dijon in der alten Taufkapelle von Tours gewesen sein (Hist. X 31: 535 Z. 16f.), wodurch er den Kult eines Märtyrers in seiner Bischofsstadt einpflanzte, dessen Begründer und Hauptpropagandist sein eigener „Spitzenahn", Bischof Gregor von Langres, gewesen ist.[101] Was den Ursprung der Nachrichten zu den entsprechenden Tätigkeiten Gregors betrifft, so bleibt die Feststellung, daß insgesamt die hagiographischen Schriften persönlichere Details vom Leben Gregors überliefern als das von ihm verfaßte Geschichtswerk, trotz der auserlesenen thematischen Rolle, die der Autor der Historien dem Bischof von Tours ganz offensichtlich reserviert hatte.

Einem aufmerksamen Leser wird nicht entgangen sein, daß trotz des Vorhandenseins zahlreicher biographischer Elemente unsere hier vorgelegte, dem Werk folgende Behandlung des Textes keinesfalls zu der vielleicht erhofften neuen Gregorbiographie geführt hat.[102] Die Gründe für diesen Umstand sind in der Einleitung zu dem vorliegenden Kapitel dargelegt worden und konnten in der Folge an zahlreichen konkreten Beispielen erhärtet werden, die immer wieder den hohen Grad der Selektion der Nachrichten und ihre funktionale Verwendung im Sinne der jeweiligen Buchthematik durch unseren Autor belegten. Das wichtigste Ergebnis dieses Kapitels ist dementsprechend der Nachweis eines konsequent ausgeführten *Planes* innerhalb der ›Zehn Bücher Geschichte‹ für den gesamten hier untersuchten, bei weitem umfangreichsten Teil, das heißt für die Bücher V–X. Dieser Befund ist überraschend: zum ersten, weil er trotz seiner Evidenz in der wissenschaftlichen Literatur in der vorliegenden Form bisher noch nicht realisiert worden ist, zum zweiten, weil er gerade am Material der zeitgeschichtlichen Geschichtsschreibung deutlich werden konnte, die sich naturgemäß für eine Unterordnung unter ein stringentes Konzept weit weniger eignet als die Darstellung längst vergangener Geschichtsperioden. Der Plan Gregors verbindet historische Ereignisse nach einem auch sonst durchaus bekannten, für den Bischof von Tours aber vor allem in den *„historiae regum Israhelitiorum“* (Prolog von Buch II) vorgebildeten Modell, mit der Darstellung von beispielhafter Königsherrschaft. Der von ihm dabei angelegte Maßstab ist die Gottgefälligkeit des jeweiligen Herrschers, die vor allem an dessen Beziehungen zu den Dienern Gottes, den *sacerdotes Dei*, gemessen wird. Unter Einbeziehung solcher Gesichtspunkte ordnete Gregor die Bücher V und VI unter die Thematik des schlechten Königs (Chilperich) und faßte die Bücher VII–IX zu einer Trilogie um den *bonus rex* (Gunthchramn) zusammen. Nicht weniger deutlich erscheint endlich die Thematisierung des letzten Buches der Historien unter dem Vorzeichen des Endes aller Geschichte im göttlichen Weltgericht; im Hinblick auf dieses letzte Ereignis trat dabei die Konstituierung der *„ecclesia“* in den Mittelpunkt von Gregors historiographischem Interesse, das heißt einer von christlichen Königen, Heiligen und Bischöfen geleiteten, ebenso spirituellen wie institutionalisierten Gesellschaft. Die im Zusammenhang mit Buch I ausgefüllte Rahmenfunktion dieses letzten Teils macht seine außerordentliche Bedeutung für die Konzeption von „Geschichte“ bei unserem Autor sichtbar.

Auf dieses zuletzt zusammengefaßte Ergebnis wird in Teil IV noch ausführlich zurückzukommen sein; in Ermangelung eines tatsächlich biographischen Berichtes sollen hier nun noch diejenigen Ereignisse eine kurze Zusammenfassung finden, die unseren Autor offensichtlich bewegt und möglicherweise auch geprägt haben. Zu diesen ist der Tod seines Bruders Petrus 574 und die anschließende Polemik um dessen Rolle im Bistum Langres zu rechnen, welche sich sogar in den Beziehungen zwischen den Bistümern von Tours und Nantes niederschlagen konnte (Hist. V 5). Neben dieser durch die biographischen Implikationen außergewöhnlichen Episode sind die positiven und negativen Höhepunkte seines Episkopats relativ rasch zusammengefaßt, zumal sie eng mit der Geschichte des Fränkischen Reiches verbunden sind: zunächst die lange Krisenzeit nach dem Tod König Sigiberts, ab Januar 576 (erste militärische Intervention Chilperichs in Tours) bis zum Herbst 580, Zeitpunkt des gegen Gregor gerichteten Verfahrens von Berny-Rivière, eine Zeit mit ständiger Gefahr für Leib und Leben und dramatischen Höhepunkten wie dem Schauprozeß gegen Bischof Praetextatus von Rouen; danach, vom Sommer 585 („Martinsmission": Treffen mit Gunthchramn in Orléans) bis zum Jahr 590 (austrasisch-burgundisches Bischofsgericht in Poitiers), eine Periode, die durch privilegierte Beziehungen des Bischofs von Tours mit dem Herrscher des burgundischen *regnum* geprägt war. Auch abgesehen von solchen Gelegenheiten der Mitwirkung am politischen Entscheidungsprozeß auf höchster Ebene gilt Gregors Darstellungsinteresse, soweit es die eigene Person betrifft, ausschließlich dem Träger der spirituellen bischöflichen Funktion, ohne Repräsentativität für seine tatsächliche Amtsführung zu erheischen.

Eine letzte Bemerkung sei der Person des Bischofs von Tours gewidmet. Zugang zu seiner *Persönlichkeit,* die in den zahlreichen an ihn gerichteten Gedichten des Venantius Fortunatus leider nicht deutlich wird[103], läßt sich noch am ehesten über Rückschlüsse erreichen, die von einer angemessenen Interpretation seiner eigenen literarischen Hinterlassenschaft ausgehen. Bis in die jüngste Zeit haben hier freilich der Mythos vom „naiven" und durch Aberglauben (französisch: «crédulité») charakterisierten Gregor diesen Zugang zum Verständnis seiner Person erfolgreich verhindert (vgl. Einführung); die dadurch entstandene forschungsgeschichtliche Blockierung dürfte durch Ansätze der neuen Gregorinterpretation durch Walter Goffart zumindest teilweise behoben sein.[104] Auch wenn wir dessen Interpretation der Historien des Turoners als bloßer Satire nicht teilen, das heißt einer literarischen Form, die durch das Fehlen eines durchgehenden Planes und damit einer konstruktiven Aussage zur Gestaltung der zeitgenössischen Gesellschaft charakterisiert wäre (Goffart 1988: 200–202), kann doch seine Erkenntnis hervorgehoben werden, daß das literarische Gesamtwerk des Bischofs nicht auf unreflektierter Naivität, sondern eher auf einer realistischen, vielleicht sogar eher pessimistischen Lebenseinstellung beruht. Tatsächlich gibt es eine Reihe von Indizien, daß eine gewisse ironische Haltung unseres Autors der historischen Persönlichkeit des Bischofs von Tours entsprochen hat. In diesem Sinn spricht beispielsweise seine Bezeichnung des Feindschaftsverhältnisses der Königinnen Fredegund und Brunichild als *„amicitiae"*, wobei er sich in direkter Ansprache an König Gunthchramn adressiert (Hist. IX 20: 439 Z. 19), oder auch der ebenso direkte wie sarkastische Vorwurf des Turoner Bischofs an den offiziellen Botschafter des spanischen Königs, *Oppila,* er habe *„aures oppilatas"* (verstopfte Ohren; Hist. VI 40: 312 Z. 14), weil er die Botschaft des Evangeliums nicht recht vernehmen wolle.[105] Ein Zitat aus einem eigenen Brief an den Bischof Felix von Nantes läßt sich in diesem Zusammenhang erwähnen, wonach Gregor jenem den Episkopat in Marseille wünschte, damit er über genügend Schreibmaterial (Papyrus) zur Verleumdung seiner Zeitgenossen verfüge (Hist. V 5: 200 Z. 11–13).

Die hier angedeutete, zur Ironie tendierende Haltung der historischen Person Gregors erscheint bei näherer Betrachtung auch als der auffälligste durchgehende Charakterzug des Autors der Historien. Besonders deutlich wird er im Zusammenhang all jener Episoden, in denen sich die nach ihm seit Kain und Abel virulente Gewalttätigkeit des Menschengeschlechts manifestiert (Hist. I 3: *„Exhinc cunctum genus in facinus exsecrabile ruit"*). Seine sarkastische Formulierung zum Totschlag des Eberulf von 585 in der Martinsbasilika (vgl. oben zu Anm. 41) wurde bereits angeführt; nicht weniger charakteristisch ist seine Beschreibung einer größeren Auseinandersetzung *(„non mediocris disceptatio")* aus nichtigem Anlaß unter den Franken von Tournai, wobei sich die beiden streitenden Parteien derart zu Tode brachten, daß endlich nur ein letzter Überlebender übrigblieb, „für den sich kein Totschläger mehr fand" (*„cui percussor defuit"*, Hist. X 27: 520 Z. 4). Typisch für Gregors Ironie erscheint das Muster des betrogenen Betrügers, das der Autor der Historien gleich in vier Schlüsselsituationen mit dem jeweiligen, ausdrücklichen Verweis auf die Sprüche Salomons „wer (andern) eine Grube gräbt, fällt in dieselbe" (Spr 26, 27) als eine allgemeinmenschliche Grundsituation in der Geschichte erkennt und beschreibt.[106]

Der Schlüssel für Gregors Einstellung liegt aber nicht in der Wahl der literarischen Satire für die Darstellung der Geschichte (so Goffart 1988: 203), sondern in einer grundsätzlichen Rezeptivität seiner Person für Inhalt und Geist der biblischen Texte, vor allem der historischen Bücher des Alten Testaments. Diese spezifische Spiritualität bei Gregor, die über eine bloße *literarische* Beziehung weit hinausgeht, ist trotz seines ausdrücklichen Bekenntnisses einer eigenen, quasi exklusiv biblischen literarischen Ausbildung nie angemessen aufgezeigt und dokumentiert worden[107]: Über die zahlreichen Anleihen von Sätzen und

Satzteilen bei biblischen Schriften müßten Worte und Wortfelder, aber auch Situationen und Verhaltensmuster biblischer Personen herangezogen und zur Welt Gregors in Beziehung gesetzt werden. Nach den entsprechenden Vorarbeiten wird endgültig deutlich werden, daß die Persönlichkeit des Bischofs von Tours in erheblichem Maße durch die Rezeption biblischer Texte geprägt war, wo er in der Tat eine angesichts menschlichen Fehlverhaltens vergleichbare Reaktion bei Autoren besonders des Alten Testamentes vorfinden konnte.[108] Dadurch wird Gregor zu einem Vorläufer einer *neuen Spiritualität*, die sich durch weitgehende Ausschließlichkeit des Einflusses biblischer und – wie wir noch sehen werden – patristischer Traditionen (vgl. zur antithetischen und typologischen Denkform Gregors Teile III und IV, besonders Teil III Zusammenfassung) charakterisieren läßt: ein Vergleich mit seinem auvergnatischen Bischofskollegen und Vorbild Sidonius Apollinaris († ca. 490) illustriert den Weg, der in einem Jahrhundert dabei schon zurückgelegt wurde.

III. ›ZEHN BÜCHER GESCHICHTE‹: GATTUNG, STRUKTURELEMENTE UND PLAN

III.0 Vorbemerkung: Gregors „Fluch" und seine sprachlichen Implikationen

„Auch wenn ich diese Bücher in einem anspruchslosen Stil *(stilo rusticiori)* geschrieben habe, beschwöre ich doch alle Bischöfe des Herrn, die nach meiner Wenigkeit die Kirche von Tours leiten werden, bei der Wiederkunft unseres Herrn Jesu Christi und bei dem für alle Schuldigen fürchterlichen Jüngsten Gericht: So wenig sollt ihr durch dieses Gericht beschämt und mit dem Teufel verurteilt werden, wie ihr jene Bücher nicht vernichtet oder, durch die Auswahl des einen oder das Übergehen des anderen (Teils), umschreibt; vielmehr sollen sie bei euch ebenso unversehrt und ungekürzt verbleiben, wie sie von mir hinterlassen werden."[1]

Der Stellenwert dieser gewaltigen Beschwörungs- und Fluchformel[2] im letzten Kapitel der Historien ergibt sich aus der Tatsache, daß in der Offenbarung des Johannes (Apokalypse) eine vergleichbare Formel diese biblische Schrift abschließt (Offb 22,18–19); durch die Anknüpfung an dieses Modell erinnert Gregor zum einen an die apokalyptische Thematik von Buch X der Historien, schließt diese ab und gibt zum andern der Formel als solcher im Rahmen des Gesamtwerkes, in dem Hist. X 31 die Funktion eines Epilogs einnimmt, ein erhebliches, nicht zuletzt sakrales Gewicht. Dieses Gewicht wird auch dann nicht geringer, wenn man feststellt, daß sich Gregor im Wortlaut seiner Beschwörung eher an einen Text des Irenäus von Lyon anlehnt, der in der Übersetzung der Kirchengeschichte Eusebs durch Rufinus überliefert ist.[3]

Im Anschluß an seine Beschwörung wendet sich Gregor nun direkt an seinen präsumtiven Nachfolger, *„o sacerdos Dei"*, damit dieser nicht wegnehme, was er geschrieben habe: *„nec sic quoque, deprecor, ut avellas quae scripsi."* Er möge dies nicht tun, meint Gregor, auch wenn er von „unserem Martianus" (Martianus Capella) in den Sieben Freien Künsten unterrichtet worden sei und wenn ihm infolgedessen Gregors Stil als *„rusticus"* erscheine. Die vertrauliche Bezeichnung *„Martianus noster"*, das heißt die angedeutete Vertrautheit mit der Enzyklopädie der *sieben „artes liberales"*, als auch die ausführliche Aufzählung der einzelnen Disziplinen derselben[4] ist durchaus geeignet, die in einer hagiographischen Vita gemachten Selbstaussagen Gregors, nur eine ausschließlich an geistlichem Schrifttum erfolgte literarische Ausbildung genossen zu haben, dahingehend zu vervollständigen, daß man dem Bischof von Tours ein zusätzliches Eindringen in die profane Literatur nicht absprechen wird; diese Ergänzung seiner Grundausbildung dürfte wohl *nach* der schulmäßigen Ausbildung beim Leiter der Clermonteser Bischofsschule, dem Archidiakon Avitus, stattgefunden haben.[5]

Möglicherweise hat aber die Bekanntschaft Gregors mit dem Werk des heidnischen Enzyklopädisten doch schon in dieser frühen Periode, also während seiner Ausbildung durch Avitus stattgefunden: Noch zuletzt hat Serge Antès wahrscheinlich machen können, daß unserem Gregor, wie vor ihm bereits Cassiodor, eine unvollständige, für den christlichen Gebrauch umgearbeitete Ausgabe des Standardwerkes vorgelegen haben dürfte (Antès, wie Anm. 4: 292), in der vor allem die ersten beiden mit heidnischer Mythologie belasteten Bücher der christlichen Zensur des 5. Jahrhunderts zum Opfer gefallen waren. Expressis verbis hat Gregor die *„artes liberales"* in den Historien nur ein einziges Mal angesprochen, und zwar – sicherlich nicht zufällig – im ersten Satz des Generalprologes, der das direkte Gegenstück zum gerade besprochenen Epilog des Werkes darstellt!

In diesem ersten Satz der Historien überhaupt bezeugt nun der Bischof von Tours den Niedergang der *„artes"* in den gallischen Städten, demzufolge sich kein ausgebildeter Redner gefunden habe, um Geschichte, speziell Zeitgeschichte, nach den Regeln der Kunst niederzuschreiben.[6] Deshalb habe er selbst zur Feder gegriffen, obwohl er nur kunstloser Rede mächtig sei *(„incultu effatu")*. Im übrigen habe man ihm häufig bestätigt, daß nur wenige den philosophierenden Rhetor verstehen könnten, viele dagegen den rustikal Sprechenden[7]: auch dieses Thema werden wir in Prolog und Epilog gleichermaßen ausgeführt finden.[8]

Es ist hier nicht der Ort und noch nicht an der Zeit, die Problematik der Sprache Gregors im größeren Zusammenhang der Entwicklung der lateinischen Sprache abschließend zu behandeln.[9] Dringend notwendig sind dafür noch Vorarbeiten zum Einfluß der Bibelsprache auf Gregor, zu den von ihm verwendeten Satzschlüssen (Kursus), zum Einfluß profaner und patristischer Literatur mit besonderer Beachtung seiner Gestaltung der Prologe, sowie vergleichende Arbeiten zur Sprache von weiteren Originaldokumenten des 6. Jahrhunderts.

Zum jetzigen Zeitpunkt erscheint nur die Tatsache als sicher, daß der Bischof von Tours sich des Zustandes seiner Sprache sehr wohl bewußt war und daß diese Sprache nicht als bloßer Spiegel der „fürchterlichen Verrohung" seiner Zeit angesehen werden kann.[10] Walter Goffart hat auch hier gezeigt, daß die Aussagen des Generalprologs keinesfalls als literaturgeschichtliche Verdikte aufzufassen sind, schon gar nicht als Brandmarkung der Merowingerzeit, die von Gregor an keiner Stelle als Einheit gesehen und beschrieben worden ist (Goffart 1988: 117). So muß versucht werden, die Sicht unseres Autors vom Zustand der zeitgenössischen – und damit auch seiner eigenen – Sprache auf andere Weise zu beleuchten.

Bei der Beschreibung von Personen hat Gregor in seinem Geschichtswerk in vielen Fällen Kriterien der Bildung und der Sprache angelegt, wobei er mehrere gallische Zeitgenossen in günstigem Licht erscheinen läßt; daß sein Kollege Cautinus von Clermont über keinerlei Kenntnisse in kirchlicher wie profaner Literatur verfügte, hat er durchaus als kritikwürdige *Ausnahme* dargestellt.[11] Auffällig ist in diesem Zusammenhang dagegen seine mit Autorität vorgetragene Beurteilung der literarischen Produktion König Chilperichs, *„quae nulla ratione suscipi possunt";* bei den auf diese Weise von ihm abgelehnten Texten handelte es sich hauptsächlich um geistliche Lieder und Messen.[12] Annehmbar fand er demgegenüber die Gebetstexte, die Bischof Praetextatus von Rouen auf dem Konzil von Mâcon vorlegte, deren Stil er als *aeclesiasticus* und *rationabilis* bezeichnete. Einige Kollegen hatten indessen Kritik laut werden lassen, da bei diesen Texten die Regeln der Kunst nicht beachtet worden seien, *„quia artem secutus minime fuerat"* (Hist. VIII 20: 387 Z. 6–7), worunter wohl der Versbau zu verstehen sein dürfte, wie er etwa von Martianus Capella gelehrt wurde. Das Schlüsselwort der beiden letzten literarischen Urteile Gregors ist *„ratio"*, ein Begriff, der in den Historien auch sonst immer wieder synonym mit „Regel/Norm der christlichen Gesellschaft" gebraucht wird und damit regelmäßig im Zusammenhang religiöser Normen steht, die meist von Bischöfen verkündet werden.[13] In diesem Sinne ist auch zu verstehen, daß sich Gregor im Vorwort zum ersten Buch der Historien für seine grammatikalischen Verstöße entschuldigt *(„veniam legentibus praecor, si... grammaticam artem excessero")* und dafür die reine Wahrheit der christlichen Lehre anbietet: *„illud tantum studens, ut quod in eclesia credi praedicatur sine aliqua fuco aut cordis hesitatione reteneam"* (Hist. I prol.: 3 Z. 17–20).

Der oben deutlich gewordene Zusammenhang solcher gesellschaftlicher Normen mit den sprachlichen Kriterien Gregors geht auf die allgemeine Situation der schulischen Ausbildung in Gallien zurück, die wir im Anschluß an die Arbeiten von Pierre Riché in dessen Mélanges behandelt haben (Heinzelmann 1990). Bezeichnend für diese Situation ist der im 6. Jahrhundert überhandnehmende Einfluß des Bischofs auf die städtische Institution der Schule; mit diesem auf institutionellem Wege vollzogenen Wandel der Bildungsträger werden geistliche Stoffe und Texte immer mehr zur ausschließlichen Grundlage der literarischen Primärausbildung. Der Verlust des Einflusses der *„artes“*, der sich noch 585 bei der erwähnten Beurteilung der Praetextatustexte durch einige Bischöfe bemerkbar gemacht hatte, scheint dabei von Gregor in Kauf genommen worden zu sein, was man seinem Urteil zu den besagten Texten entnehmen können wird. Das bedeutete freilich keineswegs, daß er sprachlichem Ausdruck eine geringe Rolle zugemessen hätte; allein das Studium seiner Prologe, der dort eingesetzten Rhetorik und rhythmischen Satzschlüsse überzeugen schnell vom Gegenteil.[14]

In diesem Sinn spricht ebenfalls die negative Charakterisierung des „Pseudopropheten“, eines Vagabunden, mit dem der Bischof von Tours in den Jahren 580 und 587 zu tun hatte: *„Erat enim ei et sermo rusticus et ipsius linguae latitudo turpis atque obscoena; sed nec de eo sermo rationabilis procedebat“* (Hist. IX 6: 418 Z. 17 f.). Beachtenswert ist in dieser Beurteilung die Betonung der Absenz der von uns gerade als wesentlich erkannten *„ratio“* sowie der Umstand, daß der Ausdruck *„sermo rusticus“* hier in einem eindeutig negativen Zusammenhang auftaucht. Damit stellt sich die Frage der Bewertung dieses *„sermo rusticus“*, den Gregor im Anschluß an eine lange Reihe von christlichen Autoren für sich in Anspruch nimmt (vgl. Anm. 8): Handelt es sich dabei jeweils nur um eine rhetorische *excusatio*, um einen Tribut an die rhetorische Schultradition, oder spricht aus der Anwendung dieses sogenannten Bescheidenheitstopos ein aufrichtiges Bewußtsein eigener sprachlicher Minderwertigkeit?

Helmut Beumann ist dieser Frage ausführlich nachgegangen und hat wahrscheinlich gemacht, daß der erwähnte Topos im 6. Jahrhundert eine gewisse Wandlung erfahren hat und nicht mehr nur noch reine Rhetorik geblieben ist;[15] dementsprechend hat man die Stellungnahme Gregors zu seiner Sprache im Anschluß an ein Diktum Erich Auerbachs nun als „aufrichtigen Bescheidenheitstopos“ gekennzeichnet (Thürlemann: 59–72). Bei der Überprüfung dieser Position hat schließlich auch Felix Thürlemann aufgrund eingehender Analysen der dialogartigen Form, in der die betreffenden Aussagen gemacht wurden, festgestellt, daß sich die Selbstbezichtigungen Gregors weitgehend als wahrhaftig erweisen, ohne daß er „wörtlich zu nehmen sei, wenn er sich etwa auf dem Gebiete von Literatur und Grammatik als ‚*rusticus*' bezeichnet" (ibid.: 70).

Auch ohne die noch ausstehende, definitive Behandlung der Sprache unseres Autors läßt sich nun schon an dem Fazit festhalten, daß die Berufung auf die eigene *rusticitas* bei Gregor keine rhetorische Übung darstellt, sondern einen tatsächlichen Bezug zu einem überlegenen literarischen Sprachniveau aufzeigt, das nicht dasjenige seines Werkes war. Darüber hinaus gibt es freilich starke Indizien, daß Gregor die Verschiedenheit seines literarischen Ausdrucks etwa gegenüber dem eines Sulpicius Severus nicht nur klar gesehen, sondern darüber hinaus positiv eingeschätzt hat. In diesen Zusammenhang des Bekenntnisses zur eigenen Sprache gehört eben auch die anfangs angesprochene Beschwörung der Historien, keine Veränderungen an seinem Text zuzulassen. Eine solche positive Selbsteinschätzung seiner Sprache, trotz der klaren Erkenntnis ihrer Mängel, geht weiterhin aus dem wichtigen Prolog der Martinsschriften hervor, wo Gregor seine Mutter sagen läßt, daß gerade *sein* literarischer Ausdruck – *„sicut tu loqui potens es"* – unter den Zeitgenossen Berühmtheit erlangt habe: *„habetur praeclarum."*[16]

Die stärksten Indizien in dem von uns angesprochenen Sinn kommen aber gerade aus dem Bereich der Interpretation der Form, dem Thürlemann mit Recht besonderes Gewicht zuerkannt hat. Es zeigt sich nämlich bei eingehender Untersuchung der Prologe Gregors, daß diese sprachlich, rhetorisch und rhythmisch viel ausgearbeiteter sind als der eigentliche Textkörper.[17] Daß in diesem Bereich die wissenschaftliche Aufarbeitung erst noch geleistet werden muß, wurde oben schon angemerkt; zur Zeit stehen nur erste Einzelbeobachtungen zur Verfügung wie die von Walter Berschin, der etwa im Generalprolog „mit Verblüffung" feststellt, daß ausgerechnet der Satz *„philosophantem rhetorem intelligunt pauci, loquentem rusticum multi"* als Parallelismus von Satzschlüssen gebaut ist, was folglich bedeutet, daß Gregor „als Gestaltungselement eines antirhetorischen Dictums" einen klassischen Satzschluß verwendet! Und um fragend fortzufahren (Berschin: 298f.): „Ist das Zufall, oder ist Gregor doch in viel höherem Grad Stilist, als man das lange anzunehmen geneigt war?"

Selbst wenn man den unglücklicherweise nicht abgeschlossenen Arbeiten von J.-B. Jungblut mit Walter Berschin kein unbegrenztes Vertrauen schenken wird, läßt sich aus diesen dennoch schon ablesen, daß der Bischof von Tours gewisse Kenntnisse vom rhythmischen Satzbau spätantiker Autoren gehabt haben muß; sein Interesse an Metrik (vgl. Anm. 5) gibt hier eine zusätzliche Bestätigung. Mit anderen Worten: Gregor scheint über ein literarisches und sprachliches Instrumentarium verfügt zu haben, das ihm unter Umständen durchaus ermöglicht hätte, in Anlehnung an Autoren wie Hieronymus oder Caesarius von Arles ein im klassischen Sinn ‚korrekteres‘, aber dagegen zweifellos weniger zeitgemäßes literarisches Latein zu schreiben. Daß er dies nicht getan hat, geht nicht nur auf die ihm eigene "pastoral strategy" zurück (Goffart 1988: 147), sondern auch auf seinen Konsens zu einer Gesellschaft, in der die literarische Grundausbildung weitgehend von Geist und *„ratio“* (siehe oben) der christlichen Religion und damit der Bischofsschule des 6. Jahrhunderts bestimmt war. Dabei hat er zugunsten der Verständlichkeit seines Werkes durchaus auch den Verlust von klassischen Bildungswerten in Kauf genommen. Eine solche Entscheidung könnte sich zuletzt gegen die Überlieferung der Historien selbst gerichtet haben, wie sie von Gregor selbst intendiert war: Die direkte Benutzbarkeit des Werkes hat es schon seit der ersten Hälfte des 7. Jahrhunderts als ein überaus reiches und attraktives Dokumentationsmaterial erscheinen lassen und hat damit seine vielfache Verwendung in Form von Überarbeitungen und Auszügen begünstigt (vgl. Teil IV.3).

In der Tat ist in der eingangs erwähnten Fluchformel von Hist. X 31 deutlich ausgedrückt, daß sich ihr Autor gegen jede Veränderung seines Textes durch Auslassung oder Selektion wendet, bevor er ausführlicher auf die sprachlich-stilistische Problematik, von der gerade die Rede war, zu sprechen kommt. Diese vorausahnende Aussage erhält ihre besondere Bedeutung durch die Kenntnis des Schicksals der Historien in den zwei oder drei Generationen, die Gregors Tod folgten. Selten ist eine Quelle, wie wir anhand der handschriftlichen Situation des Geschichtswerks noch sehen werden, mehr zerstückelt und – gemessen an den Intentionen des Autors – mißbraucht worden als gerade das Hauptwerk Gregors. Ob der Fluch Gregors im gleichen Maße für die Gesamtheit seiner im Werkkatalog aufgeführten Schriften, also auch für die Hagiographie und für die beiden Traktate über den Psalter und die Zeiten des kirchlichen Gottesdienstes gegolten hat[18], geht aus seiner Formel nicht klar hervor. Der Ort der Formel im Schlußkapitel der Historien sowie der Umstand, daß Gregor Teile seiner hagiographischen Schriften längst schon gesondert herausgegeben hatte (Goffart 1988: 153 zu den Martinsbüchern), plädieren in erster Linie dafür, daß er speziell die ›Zehn Bücher Geschichte‹ im Auge hatte, als er die Unantastbarkeit seines Werkes mit schwerwiegenden Worten zu beschwören versuchte. Ein weiteres Argument in diesem Sinne ergibt endlich der dem Werk zugrundeliegende historiographische Plan, dem, wie wir noch sehen werden, textuelle Eingriffe in jedem Fall abträglich sein mußten.

III.1 ›Zehn Bücher Geschichte‹: Gattung, Gegenstand und Realisierung

III.1.a Prinzip und Faktoren der Geschichtsschreibung Gregors

Die Untersuchung der Äußerungen Gregors zu seiner eigenen sprachlichen Ausdrucksweise ließ bereits deutlich werden, daß diesen Selbstaussagen mehr Gewicht zugemessen werden muß, als dies bisher der Fall gewesen ist. Dieser Befund muß notwendigerweise Konsequenzen für die gesamte Rhetorik dieses Autors nach sich ziehen, die entsprechend neu zu überprüfen ist. Es liegt also nahe, bei der Beschreibung des Geschichtswerks sich in erster Linie auf die Aussagen zu stützen, die der Autor selbst über Charakter und Bestimmung seines literarischen Vorhabens sowie über das Wesen der ›Geschichte‹ gemacht hat. Auch für diesen Bereich läßt sich feststellen, daß die Prologe der Historien als faktische Gebrauchsanweisung für das Verständnis des Textes, nimmt man Goffarts Interpretation von 1988 einmal aus, bei weitem nicht die ihnen angemessene Beachtung gefunden haben.

In seiner *„praefatio prima“* (Generalprolog) gibt Gregor schon im ersten Satz eine Zusammenstellung der guten wie bösen Dinge, die sich zugetragen haben *(„nonnullae res gererentur vel rectae vel inprobae“);* mit der anschließenden Detaillierung dieser *„res“* erfolgt eine erste Definition dessen, was der Bischof von Tours als Elemente der Geschichte und damit als Gegenstand seines Werkes versteht: *„(cum) feretas gentium desaeviret, regum furor acueretur, eclesiae inpugnarentur ab hereticis, a catholicis tegerentur, ferveret Christi fides in plurimis, tepisceret in nonullis, ipsae quoque eclesiae vel ditarentur a devotis vel nudarentur a perfides …“* Gleich im ersten Satz des Prologes zum ersten Buch läßt Gregor eine übereinstimmende, wenn auch erheblich gerafftere Version seines historiographischen Vorhabens folgen: *„Scripturus bella regum cum gentibus*[19] *adversis, martyrum cum paganis, eclesiarum cum hereticis …“*[20]

Beide an besonders exponierter Stelle angebrachten Aussagen lassen sich leicht auf ein Prinzip und zwei Faktoren reduzieren, die nach Gregors Anschauung offensichtlich den Verlauf der Geschichte bestimmt haben. Das Prinzip ist das des antithetisch dargestellten Gegensatzes von Gut und Böse, von Rechtgläubigen *(„catholici, devoti, martyres, [episcopi] eclesiarum“)* und Kirchenfeinden *(„heretici, perfides, pagani“)*. Als Faktoren sind *Könige* und Vertreter der *Kirchen*, d.h. der „Kirche“, anzusprechen, also Märtyrer, Heilige und vor allem Bischöfe, was in den Prologen der anschließenden Bücher, besonders aber dem von Buch III vollends deutlich werden wird.

Im Generalprolog kommt Gregor ein zweites Mal auf sein Vorhaben zu sprechen, wenn er notiert, daß er sich außerstande fühle, die Kämpfe der Sündhaften und das Leben der Rechtschaffenen *(„certamena flagitiosorum vel vitam recte viventium“)* – zur Erinnerung an das Vergangene und zur Kenntnis für die Nachkommenden *(„pro commemoratione praeteritorum, ut notitiam adtingerint venientium“)*[21] – *nicht* zu beschreiben. Dieser Gedanke, der ›Geschichte‹ auf die Antithese von Guten und Bösen zu reduzieren scheint, ist für Gregor Begründung wie Rechtfertigung. Rechtfertigung, da er kaum umhinkonnte, sich mit den traditionellen Vorstellungen zum Gegenstand der ›Geschichte‹ und zu den Anforderungen an ihre Autoren auseinanderzusetzen. Für den Bischof von Tours bedeutete dies vor allem die Auseinandersetzung mit Argumenten zweier von ihm aus guten Gründen hochgeschätzter Autoren wie Sulpicius Severus und Sidonius Apollinaris. In der Tat hatte der erstere im Prolog seiner Vita Martini ein unerhörtes und über Jahrhunderte hinaus wirksames Veto gegen jede Art profaner Geschichtsschreibung abgegeben; der letztere hatte sich in einem seiner Briefe fast ebenso programmatisch gegen geschichtsschreibende Kleriker ausgesprochen.[22] Demgegenüber definiert Gregor nun seinen Gegenstand als Personen, die sich im Sinne der christlichen Gesellschaftsmoral oder im Gegensatz zu dieser verhalten. Dadurch entzieht er sich einerseits dem Vorwurf, in der heidnischen literarischen Tradition nur *„clari viri“* zu verherrlichen, und zeigt andererseits die Notwendigkeit auf, als Bischof, dem allein das Urteil über das richtige moralische Verhalten in der Gesellschaft obliegt, die Feder zu ergreifen.

Die Präsenz des „Heiligen“ als inhärentes Element in der Geschichte ist dann auch das Thema des Prologes zu Buch II der Historien. (Die volle Bedeutung dieses Befundes wird bei der Erklärung des *„ecclesia“*-Konzeptes Gregors unten in Teil IV.1 deutlich werden.) Hier rechtfertigt unser Autor nun seine Konzeption, die Wundertaten der Heiligen und die Unfälle der Völker zwar im chronologischen Zusammenhang *(„prosequentes ordinem temporum“)*, aber ansonsten bunt durcheinander, *„mixte confusaeque"*[23] zu erzählen *(„memorare")*. Er halte es nicht für unvernünftig – *inrationabiliter* (vgl. Vorbemerkung mit Anm. 13) –, gleichzeitig vom glückseligen Leben der Heiligen und den unseligen Schicksalen der Gottlosen zu berichten *(„si filicem beatorum vitam inter miserorum memoremus excidia")*, da dies der Verlauf der Zeiten mit sich bringe *(„temporum series praestitit")*. Mit Recht hat Goffart in diesen Worten "the moral pattern of history" bei Gregor erkannt und es abgelehnt, dem Ausdruck *„mixte confusaeque"* mit Massimo Oldoni eine programmatische Ablehnung jeglicher Struktur zu entnehmen.[24] Gleichzeitig hat er gesehen, daß dieses Konzept alle Möglichkeiten in sich birgt, vergangene Ereignisse bedeutungsvoll zu ordnen, eine Ordnung freilich, die er zu ausschließlich mit der generell moralischen und didaktischen Zielsetzung Gregors identifiziert.[25] Eine bessere Erklärung des Gregor vorschwebenden Konzepts gibt im nachhinein die ›Chronica sive Historia‹ des Bischofs Otto von Freising, die die irdische Gesellschaft seit Kaiser Theodosius als *Vermischung* der beiden Civitates, des (augustinischen) Gottesstaates und der *„civitas mundi"* definiert: *„non enim… has civitates, ut supra, duas dixerim, sed proprie unam, sed* permixtam *tanquam grana cum paleis"* (›Chronica‹, wie Teil II Anm. 78, Prol. V: 374).

Das Konzept eines konkreten Planes präsentiert Gregor noch im gleichen Prolog anhand von fünf antithetisch zusammengestellten Personengruppen aus den historischen Büchern des Alten Testamentes, auf deren Konstellation wir weiter unten zurückkommen werden. Die Eigenschaft dieser Personen – hauptsächlich Könige und Propheten – als typologische Faktoren von ›Geschichte‹ wird durch die anschließende Aussage unseres Autors bestätigt, wonach, wie schon im zuvor erwähnten Vorgang der *„historia regum Israheliticorum"*, auch Eusebius, (Sulpicius) Severus, Hieronymus in ihren Chroniken, endlich noch Orosius, *„bella regum et virtutes martyrum"* nebeneinander berichtet haben. Mit den *reges* und *martyres* hebt Gregor wiederum die bestimmenden Faktoren seiner in früheren Prologen bereits gemachten Geschichtsdefinition hervor und bestätigt die grundsätzliche Bedeutung vom Zusammenwirken von Königen und Kirchenführern für seine Geschichtsschreibung insgesamt. Als späterer Vertreter der durch Gregor selbst praktizierten historiographischen Gattung wird im 12. Jahrhundert der Bischof Otto von Freising ausführlich erklären, daß es in der Kirche Gottes, das heißt in der christlichen Gesellschaft, zwei Personen gibt, eine priesterliche und eine königliche: *„cum duae in ecclesia Dei personae, sacerdotalis et regalis, esse noscantur"* (›Chronica‹, wie Teil II Anm. 78, Prol. VII: 496); beide zusammen repräsentieren sie die *„ecclesia“*, solange die Könige keine Häretiker oder exkommuniziert sind (ibid.).

III.1.b *Historia*

Bereits im Prolog des ersten Buches hatte Gregor von Tours ausführlich von den Autoren gesprochen, deren Beispiel er folge *(„ergo et nos scriptorum memoratorum exsemplaria sequentes“).* Wie schon im erwähnten Prolog zu Buch II nennt er die Chroniken des Euseb und des Hieronymus sowie den Orosius und führt dazu noch den ›Cursus paschalis‹ des Victor von Aquitanien an (Hist. I Prol.: 5 Z. 11–19). Die Gemeinsamkeit der in den genannten Prologen aufgeführten Autoren, an die er in seinem eigenen Werk anknüpfen will, sieht er in der von ihnen angewandten chronologischen Methode[26] und besonders in der gemeinsamen Einbeziehung der biblischen, vorchristlichen Zeiten. Er selbst betont: „... so wollen wir von der Erschaffung des ersten Menschen ... bis in unsere Zeit die gesamte Zahl der Jahre berechnen“, und fährt fort: *„ab ipso Adam sumamus exordium“*.[27] Somit schließt er in erster Linie an Paulus Orosius an, der als erster Historiograph sein neues Standardwerk christlicher Geschichtsschreibung ›Historiarum adversum paganos libri VII‹ nicht erst mit dem Assyrerkönig Ninus und dem diesem zeitgleichen Abraham einsetzen ließ, sondern auf der Basis der Schriften des AT bereits mit der Erschaffung der Welt.[28] Durch diesen Schritt war nicht nur ein Anspruch auf die Überlegenheit christlicher Historiographie aufgrund ihrer größeren Vollständigkeit erhoben, sondern auch die Geschichte selbst im Anschluß an die biblischen Schriften in einen eminent moralischen Zusammenhang gestellt, da die Erschaffung Adams und damit der Beginn der Geschichte mit dem Sündenfall gleichgesetzt wurde: *„ergo initium miseriae hominum ab initio peccati hominis ducere institui“*, hatte sich dazu schon Orosius vernehmen lassen (Historiarum adversum paganos I 4: 6). Daß unser Gregor mit der Erschaffung des ersten Menschen den Beginn eines christologischen Heilsplanes gleichgesetzt hat, in dessen Mittelpunkt die Passion Christi und an dessen Ende das Weltgericht stehen würde, wird ausführlich in Teil IV behandelt werden.

In dem Werk des Orosius hat Karl Ferdinand Werner den Prototyp eines spezifisch christlichen Zweiges der Geschichtsschreibung, der *historia,* identifiziert, der in Fortsetzung der biblischen *historiae,* also den historischen Büchern des AT, ›Geschichte‹ durch die Aktion Gottes in der Welt zu erklären versucht.[29] Es handelt sich dementsprechend um eine offizielle, das heißt von der Autorität kirchlicher Hierarchie getragene Interpretation von Geschichte und hatte als solche im Mittelalter für die Könige wie für den gesamten Adel praktische, erlernbare Bedeutung, die auch die erstaunlich große Handschriftenverbreitung erklärt.[30] Daß Gregors ›*Historiarum* libri decem‹ ein typisches Exemplar dieser Gattung repräsentiert, zeigen nicht nur der vom Autor zu Orosius mehrfach hergestellte Bezug[31] und der damit erhobene Anspruch, einen Überblick über die gesamte Geschichte von ihrem Beginn an geben zu wollen. Vergleichbar sind ebenfalls – um nur die wichtigsten Punkte zu nennen – die Prinzipien der Gliederung des Textes in Bücher und Kapitel, die moralisch-didaktische Bewertung der berichteten Ereignisse und die herausragende Rolle des *rex* – König oder Kaiser[32] – für die Geschichte ihrer Zeit.

Bemerkenswert ist dabei die Kontinuität der genannten Kriterien bei allen Vertretern dieser besonderen Gattung bis hin zur ›Chronica sive Historia de duabus civitatibus‹ Ottos von Freising, ein Werk, das K. F. Werner mit Recht ebenfalls als eine „historia" verstanden sehen will (vgl. Teil II Anm. 78). Gerade hier wird durch die weitgehenden Erläuterungen des Freisinger Bischofs deutlich, daß der eigentliche Gegenstand seines Werks die konsequente Verwirklichung christlicher Ideologie in der irdischen Gesellschaft ist; diese wird mit den Begriffen *„civitas permixta"* oder einfach *„ecclesia"* bezeichnet und gibt die Vorstellung einer „christlichen Gesellschaft" wieder. Bei gleichzeitiger Zurückstellung ethnischer oder ‚nationaler' Kategorien werden damit, neben der Präsentation eines generellen Heilsplanes, vorrangig solche Gesichtspunkte behandelt, die das Verhältnis des christlichen Herrschers zu den Führern der Gotteskirche, das heißt der bestehenden (Bischofs-)Kirchen betreffen (vgl. besonders ›Chronica‹, wie Teil II Anm. 78, Prologe zu den Büchern V, VII, VIII). Daß sich diese hier angedeuteten historiographischen Perspektiven bereits in den Historien Gregors ausgebildet vorfinden, werden wir später bei der Behandlung seiner Ekklesiologie deutlich machen.

Ein Indiz der Gattungszugehörigkeit ist auch der Werktitel, den Gregor in seinem Werkkatalog wie folgt aufführt: *„Decem libros Historiarum, septem miraculorum, unum de vita Patrum scripsi..."* (Hist. X 31: 535 Z. 20). Aufgrund dieses Passus bestehen heute kaum noch Zweifel, daß ›Decem libri historiarum‹ oder ›Historiae‹ der vom Autor gewollte und damit korrekte Titel ist und nicht ›Historia ecclesiastica‹, ›Historia Francorum‹ oder ähnliche Bezeichnungen, die dem

Werk seit dem 8./9. Jahrhundert gegeben wurden (vgl. Einführung Anm. 3). Darüber hinaus hat man regelmäßig übersehen, daß in dem als Überschrift fungierenden Titel, der dem Prolog von Buch I vorangeht, alle Handschriften – also Vertreter von so unterschiedlichen Familien wie A, B und C – übereinstimmend die Worte „Liber primus Historiarum" führen und damit einen sicheren Hinweis auf den ursprünglichen Werktitel geben (SRM I–^{2}1: 3 Z. 12 mit Anm. a).

Die gleiche Bezeichnung *„historia"* oder *„historiae"* erkennt Gregor weiterhin den Büchern der (jüdischen) Könige, weiteren biblischen Schriften vor allem des AT, einzelnen Märtyrerakten (Passionen) sowie den Werken der Orosius, Sulpicius Alexander, Renatus Profuturus Frigiretus zu, aber auch den Chroniken der Eusebius, Severus und Hieronymus.[33] Dabei fällt auf, daß der Bischof von Tours einige dieser Werktitel nicht nur im Plural, sondern ebenfalls im Singular aufführt: Hist. II 8 ist die Rede von der *historia* des Frigiretus wie auch von dessen *„duodecimo historiarum libro"* (S. 50 Z. 17 f.), Hist. II 9 zitiert Gregor aus dem *„tertio Historiae libro"* des Sulpicius Alexander (S. 54 Z. 6); die ›Historiarum adversum paganos libri VII‹ des Orosius erscheinen bei ihm als *„Horosi historia"* (Hist. I 6: 8 Z. 5). Der wie es scheint synonyme Gebrauch des Singulars *„historia"* für die niedergeschriebene Geschichte läßt das abstrakte Verständnis von „fortlaufender Geschichte" anklingen, das Gregor in der Tat auch innerhalb seines eigenen Werkes dem Begriff der *„historia"* gegeben hat: In Hist. II 10 ist *„sequens historia"* nicht, wie Buchner (1: 93 Z. 36 f.) übersetzt, „die folgende Geschichte" (das wäre die in Hist. II 11 folgende Episode), sondern „der zukünftige, spätere Geschichtsverlauf"; Hist. IV 36, *„ad historiam recurramus"*, markiert nicht den Unterschied der Historiographie gegenüber der in Hist. IV 35 erzählten Heiligengeschichte, die als solche integrierender Bestandteil des Geschichtswerkes ist (Heinzelmann 1991), sondern bedeutet „zur vorher angefangenen (chronologischen) Geschichtserzählung zurückkehren". Gleich dreimal erscheint der Begriff in Hist. VII 1, in einem Kapitel, das wir oben (Teil II, zu Anm. 35) in der Funktion eines Prologes zur Gunthchramntrilogie identifiziert haben. Gregor markiert auch hier die berichtete Geschichte des Salvius als ein Anhalten in der Erzählung, wenn er sich eingangs entschuldigt, *„Licet sit studium historiam prosequi ..."* (S. 323 Z. 15); später schließt er das lange Kapitel ab mit *„dum ad historiae ceptum reverti cupio"* (S. 327 Z. 7), nachdem er zuvor seiner gerade erzählten Geschichte durch ein Zitat aus der ›Coniuratio Catilinae‹ des *„Salustius historiam scribens"* (S. 326 Z. 10) zusätzlichen *historischen* Wahrheitsgehalt zu geben versucht hatte.

Gregor hat „Geschichte" geschrieben und sein Werk im Kontext der historiographischen Gattung der *„historia"* oder *„historiae"* (wenn diese mehrere Bücher umfaßte) definiert und angesiedelt. Plural und Singular des Terminus technicus bezeichnen für ihn unterschiedslos ein Geschichtswerk. Für die deutsche Übersetzung seines nur einmal genannten Werktitels scheint es dementsprechend angebracht, diesen nicht mit ›Zehn Bücher *Geschichten*‹ wiederzugeben, sondern, als ein Werk der Interpretation von „Geschichte", den Titel ›Zehn Bücher *Geschichte*‹ vorzuziehen. Die mit dem Begriff des „Geschichtenerzählers" verbundene Vorstellung der weitgehend unreflektierten Wiedergabe von Geschehenem läßt Gregor keine Gerechtigkeit widerfahren: Der geänderte deutsche Werktitel trägt dagegen den Intentionen und der historiographischen Leistung des Bischofs von Tours eher Rechnung.

III.1.c Von der Universalgeschichte zur Zeit- und Gesellschaftsgeschichte: Redaktionelle Wandlungen eines Projekts

Bei aller Vergleichbarkeit mit seinen historiographischen Vorgängern gibt es in Gregors Werk doch ein besonders auffallendes Element, für das sich keine Parallele finden läßt: der überwältigende Anteil der *Zeitgeschichte* in den ›Historiae‹. Bei der Nachprüfung dieser Aussage läßt sich leicht erkennen, daß die *gesta* der vom Autor selbst erlebten Zeit für die von Gregor als Vorläufer eingestuften Werke der Eusebius und Hieronymus, Sulpicius Severus und Orosius eine erheblich geringere Bedeutung haben als für den Bischof von Tours[34], der im Generalprolog *(„praefatio prima")* den Mangel von Berichterstattern zu den *„gesta praesentia"* beklagen läßt, seine anschließende Geschichtsdefinition weitgehend an der Existenz christlicher Kirchen orientiert und damit schon frühzeitig die nachchristliche Periode in das Zentrum seines Darstellungsinteresses stellt. Deutlich wird dieser Unterschied im Vergleich mit den sieben Geschichtsbüchern des Orosius, die Gregor offensichtlich als eigentliches Referenzwerk angesehen hat. Für den spanischen Priester stellte die Geburt Christi zur Zeit des augustäischen Friedens den eigentlichen – chronologischen wie ideellen – Einschnitt in die Geschichte dar; dieses Ereignis läßt er im Schlußkapitel seines 6. Buches und zu Beginn des 7. stattfinden. Da seine Berichterstattung mit dem Jahr 417 endet, umspannt das letzte seiner sieben Bücher einen Zeitraum von etwa 400 Jahren, den man in der Perspektive des Orosius als „Neuzeit" ansprechen könnte; von den 43 Kapiteln dieses 7. Buches behandelt freilich erst das 27. Kapitel Kaiser Konstantin, und die engere

Zeitgeschichte setzt sogar erst mit Kapitel 36 (Regierung des Arcadius im Jahr 395) ein.

Ein vergleichbarer Einschnitt, wie ihn Orosius vom 6. zum 7. und letzten Buch gesetzt hat, findet sich in den gregorianischen Historien schon nach dem ersten der zehn Bücher, was in einer besonders ausführlichen *explicit*-Zeile nach dem letzten Kapitel seinen Ausdruck findet: *„explicit liber primus, continens annos 5596 qui conputantur a principio (mundi) usque ad transitum sancti Martini episcopi“* (Hist. I 48: 34). Daß Martin von Tours aber für seinen Nachfolger im 6. Jahrhundert bereits ein Vertreter der Moderne gewesen ist, zeigt der letztere an einer anderen Stelle, wo er ihn einer alttestamentarischen Reihe von Königen und Propheten mit den Worten gegenüberstellt: *„et nunc praesens suffragatur Martinus noster vel possidit in pectore vel ostendit in opere“* (scil.den rechten Glauben; Hist. V 43: 252 Z. 9 f.). Sein zweites Buch führt Gregor bereits vom Nachfolger Martins, Bischof Brictius, bis zum Tod Chlodwigs im Jahr 511, also über den Beginn des 6. Jahrhunderts hinaus; das dritte endet 548 mit dem Tode König Theudeberts.[35] Von den Büchern V bis X, die zusammen insgesamt nur eine Periode von 15–16 Jahren betreffen, behandelt das fünfte mit den Jahren 575 (Ende)–580 die höchste Zeitspanne, das siebte mit weniger als einem einzigen Jahr die geringste (Oktober 584–Anfang Juli 585). Ob dazwischen Buch IV, das von 548 bis zum Ende des Jahres 575, also in die Zeit von Gregors Episkopat reicht (*„nostro tempore“*: vgl. Heinzelmann 1992: Anm. 7), einer engeren oder weiteren Auffassung von „Zeitgeschichte“ Gregors entspricht, ist dabei ohne jeden Belang: In der Auffassung des Bischofs selbst erscheint nur die Person seines Vorgängers Martin († 397) am Ende von Buch I als Markstein einer bedeutungsvollen Zeitwende, als Anfang der „neueren Zeiten“.[36]

Dagegen läßt sich nicht leugnen, daß mit dem Ende von Buch IV einerseits ein neuer chronologischer Rhythmus einsetzt und daß andererseits die Ereignisse der anschließenden Epoche mit einem unterschiedlichen Darstellungsinteresse geschrieben wurden. Ja, eine Reihe von Indizien weist darauf hin, daß Gregor selbst vorhatte, ein Geschichtswerk in vier Büchern abzuschließen und seinem Publikum vorzulegen. Die in diesem Sinn bisher schon angeführten Argumente bestehen zum ersten aus der abschließenden Jahresberechnung des letzten Kapitels von Buch IV, die, in Gestalt einer Rekapitulation der Weltjahre *„a principio“* gehalten, den Eindruck eines nicht nur vorläufigen Endes der Historien erwecken.[37] Dazu tritt als zweites Argument die von Gregor mit Einsetzen des 5. Buches gewählte Darstellung in Form eines quasi annalistischen Verfahrens, aufgrund dessen das erste Kapitel dieses Buches, nach dem „Prolog" (vgl. Teil II Anm. 7), mit dem ersten Regierungsjahr Childeberts beginnt.[38] Beim Vergleich der Bücher IV und V fällt nun tatsächlich auf, daß gerade im letzteren die zeitlichen Bezüge zu Beginn der einzelnen Kapitel zahlreicher sind als im ersteren. Formeln wie *„hoc (eo) tempore"*, *„eo(dem) anno"*, aber auch durch *tunc, post haec, his diebus, his gestis,* etc. angedeutete chronologische Bezüge, in der Regel zu Beginn der Kapitel, sind in Buch V bei etwa gleicher Kapitelzahl dreimal so häufig wie in Buch IV.[39] Ein vergleichbares Phänomen läßt sich freilich auch in den Historien des Orosius beobachten, der in seinem sechsten und vorletzten Buch acht von 22 Kapiteln mit der Nennung des Jahres seit der Stadtgründung *„ab urbe condita"* einleitet, im siebten und letzten Buch dagegen, das de facto dem Abschnitt der „neueren Geschichte" entspricht, in 35 von 43 Kapiteln einen solchen „annalistischen" Anfang gewählt hat.

In beiden Fällen muß nicht mehr eigens unterstrichen werden, daß es sich keineswegs um Annalenwerke handelt. Hinsichtlich Gregors haben wir bereits oben festgestellt, daß er gerade die Datierung nach Childebert im Sinne der von ihm bezweckten Aussage, das heißt zur Dokumentierung der Unrechtherrschaft Chilperichs eingesetzt hat (Teil II Anm. 31); im übrigen ist der Befund von Buch V keinesfalls typisch für die Gesamtheit der zeitgeschichtlichen Bücher, wie wir noch sehen werden. Wichtiger scheint uns aber eine Reihe von Belegen zu sein, die in den vier ersten Büchern der Historien darauf hinweisen, daß Gregor an eine voraussehbare Veröffentlichung seines Werkes zu eigenen Lebzeiten gedacht hat, was für den zweiten Teil (Bücher V–X) ohne Frage nicht mehr zutrifft; allein sein definitives Vermächtnis an seine bischöflichen Nachfolger spricht in diesem Sinne eine klare Sprache (Hist. X 31).

Daß Gregor noch 575/6 eine solche frühe Publikation im Auge hatte, läßt sich seiner Bemerkung zur Geschichte eines jungen Mönchs entnehmen, der in einem Kloster von Bordeaux ein Wunder wirkte, das der Bischof von Tours neben anderen Ereignissen des Jahres 571 geschildert hat (Hist. IV 34 und Titel im Kapitelverzeichnis). Gregor will den ihm bekannten Namen des Mönchs nicht nennen, damit jener nicht in Ruhmsucht verfalle, wenn ihm die Historien zu Gesichte kommen sollten *(„cum haec scripta ad eum pervenerit")*. Am Ende der Geschichte fordert unser Autor schließlich noch sein Publikum auf, für diesen Mann zu beten: *„Quem Dominus, orantibus vobis ... custodire* dignetur." Die durch das *„orantibus vobis"* angedeutete Beziehung zu seinem zeitgenössischen Publikum hat einige Parallelen, die sich aber ausschließlich im ersten Teil der Historien (Bücher I–IV) finden: Dazu gehört etwa der Ausdruck *„ut nostis"* („wie ihr wißt"), den Gregor in seinen topographischen Exkurs über Ägypten in Hist. I 10 eingefügt hat[40] und den er später bei der Beschreibung der Beeren des Holunderbaumes ein weiteres Mal anführt.[41] Im gleichen Zusammenhang verwendet er bei der Bezeichnung des Baumnamens die persönliche Form *„quem savucum vocamus"* (Anm. 41), die er in Hist. IV 31 wiederholt: *„aves coredallus, quam alaudam vocamus"* (ibid.: 165 Z. 7f.); alle anderen vergleichbaren Erklärungen volkssprachlicher Ausdrücke hat er sonst durch die unpersönlichere Formel *„quas (quos) vulgo ... vocant"* wiedergegeben.[42]

Aus dem üblichen Rahmen des Geschichtswerks fällt weiterhin ein Abschnitt des 14. Kapitels von Buch II, in dem Gregor die neue Martinskirche von Bischof Perpetuus detailliert beschreibt und ihre beiden Hauptfeste den Gläubigen zum direkten „Gebrauch" anpreist: „(das Sommerfest Martins) wirst du am 4. Juli begehen *(observabis)*, seine Depositio aber am 11. November, wie du wissen sollst *(cognoscas)*. Und wenn du diese Feste im rechten Glauben feierst *(celebraveris)*, so wirst du in diesem und jenem Leben dir den besonderen Schutz des heiligen Bischofs gewinnen *(promereberis)*." Nehmen wir die große Eingangsrede des Pseudoprologs von Buch V einmal aus, in der sich der Autor der Historien direkt an die Könige wendet, finden sich vergleichbare, direkte Adressen an ein zeitgenössisches Publikum neben seinem Traktat ›De cursu stellarum ratio‹ (vgl. Teil IV Vorbemerkung, mit Anm. 17) nur in den hagiographischen Schriften, vor allem in den ersten Martinsbüchern, die Gregor in der Tat dem ihm anvertrauten Kirchenvolk von Tours gewidmet hat.[43] Offensichtlich hat er im ersten Teil seines Geschichtswerks noch an ein entsprechendes Publikum gedacht, als er die Historien mit Buch IV abschließen wollte. In diesem ersten Projekt war das Verhältnis der „alten" zur „neueren" Geschichte noch bei weitem ausgewogener, und das Interesse der Darstellung lag eindeutig auf der Periode, die sich vom Abschluß der Orosianischen Historien, an die Gregor anknüpfte, bis in die eigene Zeit des Bischofs von Tours erstreckte (Bücher II–IV). Diesem Vorhaben entspricht in Buch IV nicht nur die abschließende Jahresberechnung vom Beginn der Welt bis zum Tode König Sigiberts (575), sondern der gesamte Schlußteil Kapitel 47 bis 51, der durchaus charakteristische *Merkmale eines Epilogs* des zunächst in vier Büchern konzipierten Geschichtswerks aufweist. Eine solche Funktion läßt sich der allgemeinen, ausführlich ausgebreiteten

Bürgerkriegsthematik entnehmen, die in Buch V unter anderen Vorzeichen und mit der Hinführung auf die spezifische Verantwortlichkeit König Chilperichs neu aufgenommen werden sollte. Einschlägig sind in dieser Perspektive in erster Linie die wichtigen „Eigenreden“ des Autors, die als *Kommentare* des Geschehenen den Lauf der Ereignisse unterbrechen und damit im Text seltene und gezielt eingesetzte Höhepunkte darstellen (vgl. Anm. 112); dementsprechend kommt dieses Stilmittel vorzugsweise in Prologen oder Epilogen zur Anwendung. Hier die Paraphrase dieser Kapitel, wobei die von Gregor verwendete Redeform besondere Beachtung finden soll:

Kap. 47. – Streit zwischen den Königen Gunthchramn und Sigibert; der erstere versammelt seine Bischöfe in Paris, um zu entscheiden, wer von ihnen recht habe. Gregor *kommentiert:* Doch daß der Bürgerkrieg zu noch größerem Verderben anwachse, weigerten sie sich (scil. die Könige), auf die Bischöfe zu hören, *„peccatis facientibus“*, aufgrund der allgemeinen Sündenschuld.[44] – Das Heer Chilperichs zerstört darauf Kirchen und Klöster und tötet Kleriker. *Kommentar:* „Zu jener Zeit war ein schlimmeres Wehklagen in den Kirchen als zu den Zeiten der Diokletianischen Verfolgungen.“

Kap. 48. – *Eigenrede* Gregors: *„Et adhuc obstupiscimus et admiramur, cur tantae super eos plagae inruerint.“* Darauf folgt der *Kommentar* des Bischofs mit seiner Interpretation der gegenwärtigen Übel als strafendes Eingreifen Gottes in die Geschichte wegen der Haltung der Zeitgenossen (scil. der Könige) gegenüber den Kirchen: Die Generation ihrer Eltern hatte sich noch nach der Predigt der Bischöfe den Kirchen zugewandt, die nun täglich beraubt werden. Jene verehrten die Bischöfe und hörten auf sie, nun werden diese sogar verfolgt. Jene statteten die Kirchen und Klöster mit Gütern aus, die jetzigen (Könige) zerstören und verwüsten sie.[45] Das Beispiel des Klosters Latta mit Martinsreliquien zeigt das Eingreifen des Heiligen gegen die, die sich an den Kirchen vergehen. Ein weiterer, abschließender *Kommentar* Gregors: „Sollte aber jemand meinen, dies alles sei Zufall gewesen, so möge er bedenken, daß nur ein Unschuldiger unter den vielen Schuldigen (der Rache des Heiligen) entkam.“

Kap. 49. – Sigibert (!) beginnt den Bürgerkrieg gegen seine Brüder. Gunthchramn läßt sich einschüchtern, fällt von Chilperich ab, der um Frieden bittet. Chilperich gibt auch alle zuvor eingenommenen Städte zurück und bittet für deren Einwohner: Er erscheint hier zweifellos in einem weitaus günstigeren Licht als Sigibert! *Kommentar* Gregors: Das Ausbleiben des Kampfes hängt mit der *„virtus“* Martins zusammen, da am Tag des Friedensschlusses drei Gelähmte in der Martinskirche geheilt wurden.[46] – Zu beachten ist hier wie im Kapitel zuvor die große Rolle Martins, die in den endgültigen Schlußkapiteln Hist. X 29 und 31 wieder aufgegriffen werden wird; die Rolle Martins hatten wir im vorhergehenden Kapitel als die einer Klammerfunktion des Geschichtswerks gesehen, da der Turoner Heilige als Abbild des Kirchengründers Christus eine der beiden Zentralfiguren von Buch I darstellt.

Kap. 50. – Gregor leitet mit *Eigenrede* ein: *„Dolorem enim ingerit animo ista civilia bella referre."* Nach einem Jahr, das damit hier einfach übersprungen wird, beginnt Chilperich wieder die Feindseligkeiten; sein Sohn Theudebert wird erschlagen und sein Leichnam geplündert, was Gregor wieder mit großem Schmerz *kommentiert* (vgl. oben Teil II mit Anm. 5).

Kap. 51 (Schlußkapitel). – Himmelszeichen, wie sie Gregor vor dem Tode Chlothars gesehen hat *(„sicut vidimus": Eigenrede)*. Sigibert dringt vor und läßt plündern; der heilige Bischof Germanus von Paris warnt ihn *(Fremdrede)*, ja nicht gegen den Bruder zu ziehen, da er sonst sterben würde: *„peccatis facientibus"* (vgl. Anm. 44) mißachtet der König die Worte des Heiligen und wird ermordet (vgl. Teil II Anm. 8). – Es folgt die ausführliche Jahreszählung *„a principio"* (der Weltschöpfung) bis zum Tod Sigiberts.

An diesen ursprünglich einem Epilog entsprechenden Teil hat Gregor schließlich zu einem späteren Zeitpunkt und zweifellos nach reiflicher Reflexion die sechs Bücher seines Werks angeschlossen, die zwar kaum 16 Jahre seines eigenen Episkopats abdecken, die aber letztendlich für die Nachwelt die eigentliche Originalität der Historien darstellen. Neu in diesem Teil ist nun nicht nur der „annalistische" Ansatz; einschneidender erscheint vielmehr das strukturelle Element des eigenen Auftretens des bischöflichen Autors (vgl. Teil II), dem auch entspricht, daß sich das angesprochene Publikum auf die Könige zu reduzieren scheint, an die sich in einer überdimensionalen „Eigenrede" Gregors der Beginn von Buch V richtet. Auf diese Weise entsteht in diesem zweiten Teil der Historien ein Dialog zwischen dem Episkopat und dem Königtum mit vorrangigem Bezug auf ihre komplementäre Rolle in der Gegenwartsgesellschaft vom Ende des 6. Jahrhunderts. Dabei verändert sich der Charakter der Geschichtsbücher Gregors: Neben der Präsentation eines theologisch-eschatologischen, also geschichtsübergreifenden Konzeptes entsteht ein aktuelles Gesellschaftskonzept, von dem im nächsten Teil die Rede sein wird. Gleichzeitig schien der Autor der ›Zehn Bücher‹ nun auch von seinem ursprünglichen Vorhaben abgekommen zu sein, sein Werk noch zu Lebzeiten veröffentlichen zu wollen. Kein Wunder: Die kompromißlose, scharfe Kritik, die er im 5. Buch und danach an König Chilperich und seinem Hause laut werden ließ – vergleiche besonders die feierliche, thematisch erscheinende Vision in Hist. V 14 (S. 210 f. Z. 20 f.–Z. 4) –, hätte beim Versuch einer früheren Veröffentlichung dem Autor wie seinem Werk zweifellos bald existentielle Probleme zugezogen. Wie sehr Gregor sein historiographisch-politisches Vorhaben geheimhalten konnte, zeigt nicht nur das totale Fehlen entsprechender Hinweise des Venantius Fortunatus, der hier seinen Gönner ohne Zweifel gerühmt hätte, sondern die ebenso auffällige wie totale Absenz von Verweisen in den hagiographischen Schriften Gregors; umgekehrt wird diese Absenz durch die große Anzahl der Verweise in den Historien auf das eigene hagiographische Werk noch stärker hervorgehoben (Heinzelmann 1991).

Die zur Verfügung stehenden Hinweise auf die Chronologie der historiographischen Tätigkeit Gregors weisen ebenfalls in die Richtung, daß die Bücher I–IV an einem Stück 575/6 geschrieben wurden (Buchner 1: XXI); so konnte auch in Hist. IV 42, wo Ereignisse des Jahres 573 behandelt werden, ein Vorgang von 569/70 noch als *„nuper“* datiert werden.[47] Für die folgenden Bücher haben sich alle Anstrengungen einer präzisen Datierung der schriftstellerischen Tätigkeit Gregors nicht nur als äußerst schwierig, sondern de facto als unmöglich erwiesen (Buchner 1: XXI). Goffart (1988: 124) meint sicher zu Recht: “The work is homogeneous enough to discourage a sustained concern with his chronology of composition.” Wenn demgegenüber Massimo Oldoni schrieb: „È l’anno 580 Gregorio ... scrive il quinto dei suoi Libri Historiarum“ (Studi Medievali 13, 1972: 564), läßt sich das keinesfalls mit Hist. V 3 (S. 198 Z. 11–12) vereinbaren, wo der Bischof von Tours ein Ereignis von 576 schildert und dabei bereits das elf (!) Jahre später stattfindende Ende des Übeltäters Rauching (Hist. IX 9) moralisierend in seine Episode einbezieht; ähnlich erwähnt er in Hist. V 20 (S. 229 Z. 3) zum Jahr 577 bereits das Ende der schlechten Bischöfe Salonius und Sagittarius, das 579 beziehungsweise 585 eintreten sollte.

Aus den vorliegenden Datierungselementen geht zweifellos hervor, daß Gregor sein gesamtes Werk mindestens einmal gründlich redaktionell überarbeitet hat. Den Zeitraum einer solchen abschließenden Redaktion, bei der zumindest der „Epilog“ (Hist. X 31) und der Generalprolog völlig neu geschrieben wurden, wird man mit Luce Pietri (1982: 608 f.) in sein letztes Lebensjahr 594 setzen. Im Lichte unserer eigenen Ergebnisse zu dem überwiegend stringenten Plan der Geschichtsbücher auch in ihrem zweiten Teil ist darüber hinaus damit zu rechnen, daß ihr Autor seine Hauptarbeit, das heißt die Selektionierung des Materials, die Zusammenstellung und endgültige Überarbeitung der dem definitiven Werkplan entsprechenden Episoden, an einem Stück geleistet hat.[48] Im allgemeinen wird man in jedem Fall gut daran tun, die ›Zehn Bücher Geschichte‹ Gregors als ein einziges, homogenes Werk anzusehen und damit im Sinne seines Autors zu verstehen.

III.2 Formale Gliederungs- und Darstellungsprinzipien der ›Zehn Bücher Geschichte‹: Kapitel um Kapitel, Prolog um Prolog, Buch für Buch

III.2.a Kapitel und *capitula*: Die Elemente

Die Rolle der Kapitel als eigentliche Bausteine des historiographischen Gebäudes der Historien ist, soweit wir sehen, in der wissenschaftlichen Literatur nirgendwo beschrieben worden. Ohne das Verständnis der einzelnen Kapitel als jeweils abgeschlossene Einheit ist freilich weder Gregors Konzeption der antithetischen und typologischen Darstellungsweise verständlich noch die ihm eigene Methode, durch die Auswahl thematischer Kapitel und deren einschlägige Plazierung innerhalb der betreffenden Bücher diesen ein übergeordnetes Thema zu geben.

Der Umfang dieser Grundelemente der Historien ist außerordentlich ungleichmäßig: Er geht von drei Zeilen der Edition Bruno Kruschs (z. B. Hist. I 11, 37, 40, etc.) bis zu 172 oder 155 Zeilen (Hist. V 18 und IX 20) und von einem Zeilendurchschnitt von 13 pro Kapitel in Buch I bis 41 in Buch X.[49] Die Zahl der Kapitel pro Buch bewegt sich zwischen 31 (Buch X) und 51 (Buch IV).

Neben solchen großen Unterschieden des Umfangs der einzelnen Kapitel ist ihre jeweilige Abgeschlossenheit und relative Selbständigkeit ein weiteres auffälliges Merkmal. Das Nebeneinander von solchen thematisch in sich abgeschlossenen Kapiteln hat bei den Gregorkommentatoren regelmäßig den Eindruck erweckt, in den Historien stehe Wichtiges und Unwichtiges, Belangloses und Belangvolles unverbindlich Seite an Seite.[50] Tatsächlich hat Gregor innerhalb eines einzelnen Kapitels nur selten mehrere *nicht* zusammenhängende Nachrichten zusammengestellt. Selbst in den scheinbaren Ausnahmen von dieser Regel haben die entsprechenden Angaben doch einen gemeinsamen Nenner, wie etwa in Hist. VIII 18, wo die sechs verschiedenen Informationen personelle Veränderungen im zivilen und militärischen Bereich betreffen (Titel: „*... et qui duces vel comites aut institute sunt aut remote*"); ähnlich wird in Hist. VIII 22 von vier Bischofsnachfolgen und vom Tod zweier bedeutender Funktionäre berichtet.

Auch wenn man mit dem Beginn von Buch V eine Präsentation der Kapitel jeweils im chronologischen Rahmen eines Jahres annehmen kann (vgl. oben mit Anm. 39), bleibt die kausale und oft sogar chronologische Verbindung zwischen den einzelnen Kapiteln häufig aus oder verliert sich in einer approximativen Formulierung.[51] In Buch VII etwa findet sich als einzige absolute Datierung nur das Regierungsjahr Childeberts in Hist. VII 24, zweimal ist die Rede von „diesem" oder vom „gegenwärtigen" Jahr (VII 23, 45), die Naturereignisse von Kapitel 11 werden in den Dezember, „*mensis decimus*", eines nicht genauer bezeichneten Jahres gelegt. Häufiger werden relative chronologische Bezüge hergestellt, wenn zum Beispiel das Geschehen „nach dem Tode Chilperichs" datiert wird (Hist. VII 2, 13) oder wenn das folgende Kapitel mit einem Anschluß durch den Ablativus absolutus (Hist. VII 7: „*Quibus discedentibus...*", vgl. auch die Kapitel 15, 18, 33 des gleichen Buches) oder ein „*post*", „*postquam*" (VII 20, 28, 32, 42) eingeleitet wird; das Beispiel von VII 28, wo der Anschluß durch eine solche Formel gerade nicht mit dem direkt vorangehenden Kapitel, sondern mit Hist. VII 24/25 hergestellt wird, deutet die Problematik der zeitlichen Bezüge zwischen den einzelnen Kapiteln an. Typisch sind Formulierungen der Kapitelanfänge wie „*dum haec agerentur*" (VII 9, 22, 29; „*cum haec agebatur*" VII 11), das ebenso vage „*eo tempore*", „*tunc temporis*" (VII 31, 35, 44), oder nur „*tunc*" allein (VII 41, 47). Als charakteristisch erscheint zuletzt das Verhältnis der Kapitel 45 und 46: Im ersteren beschreibt Gregor die Folgen der Hungersnot von 585, in welchem Zusammenhang er die großen Gewinne der Kaufleute aufgrund der entstandenen, allgemeinen Lebensmittelknappheit erwähnt. Hier knüpft er dann im folgenden Kapitel durch ein „*His diebus*" an und erzählt die Geschichte eines solchen Kaufmannes, die sich über lange Monate, vielleicht sogar Jahre, bis zur Sühnung seines Mordes hingezogen haben muß. Die in Gregors Formulierung angedeutete Verbindung zwischen beiden Kapiteln ist dementsprechend nur scheinbar chronologischer Natur. Ihre eigentliche Funktion besteht in einer hier tatsächlich vorhandenen thematischen Verbindung zum vorhergehenden Kapitel: Gemeinsamer Nenner ist die Habgier der Menschen, als deren Verursacher und Opfer zugleich die Kaufleute erscheinen (vgl. Teil II Anm. 45).

Die in sich abgeschlossene Handlung der jeweiligen Kapitel sowie deren Verfügbarkeit hinsichtlich einer kapitelübergreifenden Thematik läßt sich auch an den *capitula* ablesen, die als resümierende Überschriften der einzelnen Kapitel in ihrer Gesamtheit jeweils vor dem Prolog oder dem ersten Kapitel des betreffenden Buches übersichtlich zusammengestellt wurden. Daß es sich bei dieser Konstellation nicht um eine Erfindung späterer Kopisten, sondern um die Disposition des Autors selbst handelt, hat dieser durch eine letzte Bemerkung in seinem Generalprolog klargemacht: *„libri primi poniretur initium, cuius capitula deursum subieci.“*[52]

In ihrer pointierten Form verraten die *capitula* einige der Intentionen des Autors und geben den Kapiteln zum Teil ein Gewicht, das aus dem Text selbst so nicht erkennbar ist. Ein aufschlußreiches Beispiel ist etwa Hist. I 36, in dem Gregor nach Hieronymus die Regierung Kaiser Konstantins beschreibt und dazwischen nur einen Satz zur Geburt des hl. Martin während der Regierungszeit des Kaisers Konstantin einfügt; das *capitulum* formuliert unser Autor aber *„De nativitate sancti Martini et crucis inventione“*. Damit bringt er zum Ausdruck, daß im vorliegenden Buch nicht Konstantin als Leitfigur zu gelten hat, sondern Martin, den der Begriff der *„nativitas“* als auch die gleichzeitig mitgenannte Auffindung des wichtigsten Christussymbols, des Kreuzes, zu einem Antitypus oder Abbild des – zur Zeit des Augustus geborenen – „Typus“ Christus gestaltet![53] Das typologische Bezugsschema wird vor allem durch das Schlußkapitel des Buches (Hist. I 48 *„De transitu sancti Martini“*) vervollständigt und erhält eine zusätzliche Dimension durch den naheliegenden Vergleich mit dem Referenzwerk Gregors, den Historien des Orosius: Dort wird am Übergang von Buch VI zu Buch VII, von „alter“ zu „neuer“ Geschichte, Christus als Gestalt der Zeitenwende dargestellt; diese Rolle nimmt bei Gregor folglich Martin ein, wenn auch als Abbild Christi. In unserem Ausgangskapitel Hist. I 36 wird durch diesen Zusammenhang Konstantin übrigens in gewisser Weise zum Antitypus des Kaisers Augustus, was durch die Erwähnung seines Mordes an Gattin und Sohn in Hist. I 36 freilich eine spezielle Note erhält: Ohne die Absicht, das Bild des ersten christlichen Kaisers grundsätzlich „verteufeln“ zu wollen, dessen Regierung immerhin als *„feliciter“* (eigener Zusatz Gregors zu seiner Hieronymus-Vorlage!) gekennzeichnet wird, lag dem Bischof von Tours hier vor allem daran, die überragende Rolle Martins im Zusammenhang seiner Präsentation der *ecclesia* herauszustellen.[54]

Nicht weniger aufschlußreich für die Methode Gregors ist die Titelüberschrift von Hist. V 18: *„De Praetextato episcopo et interitu Merovechi“*. Das Kapitel selbst, im übrigen das längste der ›Zehn Bücher Geschichte‹, beschreibt mit dem Schauprozeß des Bischofs von Rouen einen Höhepunkt der fundamentalen Auseinandersetzung zwischen dem schlechten König (Chilperich) und dem ihn zurechtweisenden Propheten (Gregor selbst). An dieses bereits überlange Kapitel zum Prozeß hängt nun der Autor der Historien eine, wie es auf den ersten Blick erscheint, unabhängige zweite Episode zum Tod des Chilperichsohnes Merowech an, die nur 15 % des Gesamtkapitels ausmacht:

Durch die Überschrift wird freilich deutlich, daß beide Teile in Beziehung zu setzen sind und daß folglich der Untergang des Königssohnes als die Konsequenz des Fehlverhaltens seines Vaters gegenüber einem *sacerdos Dei,* in diesem Falle Praetextatus, anzusehen ist.

Auch sonst werden gerade solche antithetischen Beziehungen in einer Reihe von *capitula* deutlich,[55] die in ihrer geschlossenen Aufstellung in erster Linie aber das angesprochene *„mixte confusaeque"* Gregors (vgl. oben mit Anm. 23–24) illustrieren. Mit anderen Worten: Die Kapitelüberschriften indizieren über den Katalog durchweg unglücklicher historischer Ereignisse hinaus, den Gregor bereits bei Orosius vorfinden konnte[56], eine geballte Präsenz von „Heiligkeit", also Märtyrern, Heiligen, Bischöfen und guten Königen, und damit Angehörigen der von Christus gestifteten, eschatologischen *„ecclesia"*. Die Richtlinien, nach denen die hier aufgeführten Elemente in eine aussagekräftige Beziehung zu setzen sind, hat Gregor anhand der Prologe zu den Büchern I–III geliefert.

III.2.b Prologe: Die Schlüssel

Die Rolle der Prologe für die Erkenntnis des Geschichtsverständnisses und der historiographischen Standortbestimmung Gregors ist in Teil III.1 wiederholt schon zur Sprache gekommen. Mindestens ebenso groß wie in diesen Bereichen ist ihre Funktion bei der Aufschlüsselung des Werkplanes im einzelnen; tatsächlich sind sie als eine Art Gebrauchsanweisung anzusehen, ohne die das eigentliche Anliegen des Autors nur unzureichend verständlich wäre. Diese besondere Rolle gilt in erster Linie für die Prologe der drei ersten Bücher, da in ihnen sowohl die Thematik des jeweils eingeleiteten Buches angesprochen als auch das Verständnis geliefert wird, das den Zugang zu allen weiteren Büchern eröffnet.

Die Funktion von „Prologen"[57] nehmen aber auch die ersten Kapitel der Bücher V, VII und X ein, jeweils mit einer spezifischen Aufgabe, die wir in Teil II ausführlich behandelt haben: Einleitung des zwei Bücher umfassenden Chilperichzyklus (Bücher V und VI), der Gunthchramntrilogie (Bücher VII–IX) und des „Ecclesia- und Weltgericht"-Buches X. Ebenfalls bereits behandelt wurde die *„praefatio prima"*, der Generalprolog der Historien (Teil III.1.a), in dem ein erstes Muster der Auseinandersetzungen entworfen wird, die nach unserem Autor das eigentliche Wesen historischen Geschehens und damit den zentralen Gegenstand seines Werkes ausmachen.

Dieses Muster von antithetisch vorgestellten Exponenten (Faktoren) der Geschichte findet sich in kürzerer Form nun auch im Prolog zum ersten Buch; eine kurze Gegenüberstellung der inhaltlichen Bestandteile der beiden Prologe zeigt, daß auch sonst Überschneidungen zwischen beiden Texten stattgefunden haben.

praefatio prima:

1 – Definition der treibenden Kräfte der Geschichte (die sich hauptsächlich an ihrer jeweiligen Haltung gegenüber den Kirchen beweisen) [S. 1 Z.2–6, 12f.],

2 – Literarisches Argument: Vor dem allgemeinen Niedergang der rhetorischen Ausbildung fehlt es an geeigneten Berichterstattern für die *„gesta praesentia"*; deshalb muß der Autor trotz seiner mangelhaften Eignung selbst zur Feder greifen [Z.1f., 6–14],

3 – Erwähnung des chronologischen Prinzips der Jahreszählung *„ab ipso mundi principio"*.

Prolog von Buch I:

1 – Definition der geschichtsbestimmenden Faktoren: Könige–Völker, Märtyrer–Heiden, Katholiken–Ketzer [S. 3 Z. 13f.],

2 – Chronologische Methode der Jahreszählung *„ab exordio mundi"* [Z.15–17],

3 – Literarisches Argument: Der Autor ist kein ausgebildeter Literat, bietet dafür aber die (christliche) Wahrheit an [Z. 17–21],

4 – Ausführliches *Credo* mit dem Verweis auf die Autorität der Bischöfe von Nikäa [S. 3 Z. 22 S. 4 Z. 16],

5 – Verweis auf das Weltende [S. 4 Z. 16 S. 5 Z. 10],

6 – Quellenangabe und Begründung, daß die eigene Jahreszählung *„ab ipso Adam"* beginnt [S. 5 Z. 11–19].

Die Überschneidungen zwischen beiden Prologen lassen gewisse Inkohärenzen erscheinen, die darauf zurückgehen werden, daß nach der Erweiterung des ursprünglichen Vier-Bücher-Projektes erst ganz zuletzt die *„praefatio prima"* ohne eine entsprechende Änderung des ersten Buchprologs vorangestellt wurde; diese kompositionelle Reihenfolge erklärt auch die allzu einseitige Betonung des zeitgeschichtlichen Elementes im Generalprolog, den Gregor zweifellos erst beim Abschluß des Gesamtwerkes diesem vorangestellt hat (vgl. oben Anm. 21 und Teil III.1.c).

Bemerkenswerte neue Elemente im Prolog zu Buch I stellen Gregors Credo und die Passage zum Weltende dar.

Das Glaubensbekenntnis fällt durch seine Ausführlichkeit und die

Besonderheiten einiger Formulierungen auf; dazu tritt der überaus persönlich gehaltene Ton seines Ausdrucks. Durch die Ausführlichkeit übertrifft es bei weitem sowohl das sogenannte *Apostolicum* (apostolisches Glaubensbekenntnis) als auch das Bekenntnis von Nikäa, wie es zum Beispiel im ersten Buch der Kirchengeschichte des Rufinus, in der ›Historia tripartita‹ des Cassiodor oder in den Akten des Konzils von Toledo vom Jahr 589 überliefert ist.[58] In der Form hält der Bischof von Tours sein Bekenntnis im Singular „*credo*", nicht „*credimus*" wie im Bekenntnis von Nikäa, ein *credo*, das er elfmal (!) ausdrückt, während das „*credimus*" in den genannten Texten jeweils nur einmal, zu Beginn der Formel erscheint. Nicht aufgenommen hat Gregor in seinen Text, der wie seine Vorgänger eine bedeutende anti-arianische Komponente enthält, den Hinweis auf die eine „*catholica et apostolica ecclesia*"[59], der bei ihm offensichtlich durch seinen resümierenden Schlußsatz ersetzt ist: „*Et omnia quae a 318 episcopis Nicaene instituta sunt credo fideliter.*"

Die Verbindung des Credo mit der Geschichtsschreibung des Bischofs wird von diesem nicht in Zweifel gelassen: „*Scripturus bella regum … prius fidem meam proferre cupio, ut qui legerit me non dubitet esse catholicum*", also: „*bevor* ich die Kriege der Könige … beschreibe, will ich meinen Glauben vortragen …"[60] Damit bestätigt sich, was oben zur Gattung der *historia* als christlicher Geschichtsinterpretation gesagt wurde, deren Ziel Christus ist, was im gleichen Prolog wenig später abschließend ausgedrückt wird: „*Noster vero finis ipse Christus est, qui nobis vitam aeternam … praestabit.*"

Gleichzeitig handelt es sich um eine *autorisierte* Interpretation der Geschichte durch die Person seines Autors, der sich zu Beginn seines Werkes ebenso in den Mittelpunkt stellt, wie er es im „Epilog", also im letzten, durch Dimension und Inhalt herausfallenden Kapitel des zehnten Buches (Hist. X 31) getan hat. Dort berichtet er mit ebensoviel persönlichem Engagement (und Gebrauch persönlicher Verbformen!) von seinen *gesta* als Bischof und seiner literarischen Hinterlassenschaft, für die er Unantastbarkeit wie für ein Heiligtum fordert.[61] Spätestens hier wird deutlich, daß Prolog und Epilog unbedingt im Zusammenhang gelesen werden müssen: Im ersteren – und nur hier! – erhält man eine Erklärung dafür, daß im letzteren die Forderung nach Gleichstellung der Historien mit einer „Heiligen Schrift" gestellt wird, das heißt als das Werk eines durch kirchliche Tradition und Hierarchie autorisierten Autors zu einem sakral konzipierten Gegenstand. Es ist keinesfalls ein Zufall, daß Gregor in seinem Prolog sein durchweg persönlich formuliertes Credo durch den Hinweis gerade auf die Bischofsversammlung von Nikäa autorisiert; auf diese geht in der Tat eine neue Tradition der Kirchengeschichte zurück, wonach die richtige Interpretation der Heiligen Schriften sich eine vergleichbare Autorität erwerben konnte wie diese selbst: die Autorität der „Väter".[62] Es ist weiterhin kein Zufall, daß Gregor sich auch im Epilog mit einer langen Reihe von Bischöfen (von Tours) verbindet, die ihrerseits an einen Abgesandten eines römischen Bischofs und Apostelnachfolgers anschließt. Vielmehr wird deutlich: Gregors Autorität bei der Interpretation von „Geschichte", das heißt von der Präsenz und vom Wirken Gottes in der Welt, wurzelt in dem starken Bewußtsein, teilzuhaben an der Autorität rechtgläubiger Bischofsgremien. Eine solche „Gemeinschaft der Heiligen" mußte der Vorstellung Gregors von einer die Geschichte determinierenden *„ecclesia"* am nächsten kommen, deren Darstellung für den Bischof von Tours letztendlich die Essenz seiner Historiographie gewesen ist (vgl. Teil IV.1).

Die Klammer- oder Rahmenfunktion vom Prolog des ersten Buches und vom Epilog der ›Zehn Bücher Geschichte‹ wird auch an der Berechnung der Weltjahre deutlich, deren Begründung, Quellen und Grundsätze im Prolog behandelt werden und deren definitive Berechnung den Epilog abschließt. Als Grund für die einschlägigen Berechnungen hat Gregor diejenigen genannt, *„qui adpropinquantem finem mundi disperant"* (S. 3 Z. 15 f.), mit anderen Worten die Furcht vor dem Weltende.[63] Dieses Weltende hat er im Anschluß an sein Credo so beschrieben, wie er es von den „Früheren" erfahren hat.

Mit dem ersten Buchprolog und mit dem Epilog hat Gregor einen spirituellen Rahmen seiner Historien konstruiert, der aus der Präsentation des Herrn der Geschichte im Credo und der Bezeichnung des Endes aller Geschichte im Weltgericht besteht; Rahmenfunktion haben ebenfalls die in beiden Teilen gegenwärtigen Repräsentanten (und Interpreten) von Gottes *ecclesia:* Bischöfe und Bischofsgremien. Dieser Rahmen bezieht im übrigen das erste und letzte der ›Zehn Bücher‹ jeweils in seiner Gesamtheit mit ein. Hier schließt der Prolog von Buch II an und geht zum ersten Mal auf den eigentlichen Plan der Geschichte ein.

Kaum ein anderer Text Gregors ist so gründlich und so folgenreich mißverstanden worden wie gerade seine Erläuterung des *„mixte confusaeque"* in der Geschichte (Buch II Prolog). Der Ausdruck war für viele Gregorinterpreten Indiz und „Beweis" für das völlige Fehlen von Struktur in den Historien (vgl. oben mit Anm. 23 und 24); selbst Goffart (1988: besonders 172–174) hat in seiner zweifellos weiterführenden

Interpretation nur das Muster geschichtlicher Koexistenz von wunderwirkenden Heiligen und menschlicher Verderbtheit gefunden, das die Aussage des Bischofs von Tours aber keineswegs erschöpft.

Nach dieser programmatischen Aussage fährt unser Autor nämlich mit der ausführlichen Beschreibung von historischen Grundsituationen fort, dargestellt am Beispiel von fünf typologischen Paarungen biblischer Personen mit Personen oder Personengruppen. Typologisch, das heißt Träger von Bedeutung, ist im übrigen bereits die Quelle, aus der Gregor alle seine Beispiele schöpft und die er expressis verbis hervorhebt: die *„historiae regum Israheliticorum"*, die gerade durch ihre Blickrichtung auf die Könige zum Typus christlicher Historiographie werden. Die beiden ersten Paare seiner Geschichtstypologie bestehen aus den antithetischen (Priestern) Samuel und Pinhas sowie (den Königen) David und Goliath: *„sub Samuhel iustum Fineen interisse sacrilegum ac sub David, quem Fortem manu dicant, Golian alophilum conruisse"* (S. 36 Z. 12–13). Die Bedeutung der beiden „Typen" wird durch ihre „neuzeitlichen" Entsprechungen oder – im Sinn des Typus – Erfüllungen erhellt, die Gregor als solche *(„... ad nostra tempora revertamur")* im anschließenden Prolog von Buch III erscheinen läßt: Hilarius von Poitiers und der Erzketzer Arius, der rechtgläubige König Chlodwig und der häretische Alarich (S. 96 Z. 18–S. 97 Z. 5). Wie bewußt Gregor den Typus des gerechten und ungerechten Priesters *konstruiert* hat, läßt die Person des Pinhas erkennen, deren Untergang im ersten Buch der Könige eigentlich nur die Geschichte seines Vaters, des Hohepriesters Eli beleuchten soll. Erst Gregor hat seiner Person eigenes dramatisches Profil gegeben, indem er sein Schicksal aus dem ursprünglichen, biblischen Zusammenhang löste und vor allem von dem seines Bruders Hofni trennte, mit dem er stets gemeinsam genannt wird (*„Ophni et Phinees"*, 1 Sam 1–2 und 4), der aber im Konzept unseres Autors keine Funktion hatte und deshalb wegfallen konnte. Die Stilisierung bei der zweiten Gruppe, die der „Könige", ist ebenfalls unleugbar: Der biblische *„puer et rex"* David wird durch seinen Beinamen „Starkhand" wohl im Hinblick auf den *„pugnatur egregius"* Chlodwig (Hist. II 12: 62 Z. 12) zum großen Kämpfer; Goliath, dessen Qualität als König unausgesprochen durch die Assoziierung mit David konstruiert wird, erscheint als *„alophilus"*, das heißt als Nichtangehöriger des (jüdischen) Gottesvolkes und damit als Un- oder Falschgläubiger.[64]

In den folgenden drei Paarungen, die im direkten Anschluß weitere typologische Situationen der Geschichte darstellen, wird jeweils einer der beiden Teile durch das jüdische Volk *(„Israheliticum populum")* und dessen Leiden repräsentiert, der andere Teil durch die Gottesmänner Elija (Elias), Hiskija (Ezechias) und Elischa (Eliseus). Beim ersten und dritten handelt es sich um große Propheten, die in der Lage waren, erstaunliche Wunder zu vollbringen[65], beim zweiten um einen König, den Gott offensichtlich mit seiner Gnade ausgezeichnet hatte, *„cui Deus ad vitam quindecim annos auxit“*, was Gregor im Fall der beiden Propheten nicht eigens unterstreichen mußte: Ihre Wunder sind bereits greifbarer Ausdruck der göttlichen Zustimmung.

Auf den ersten Blick scheint die Koexistenz der fünf Paarungen wertungsfrei zu sein und damit ein scheinbar unverbindliches Nebeneinander von historischen Faktoren: Priester, Volk und Könige, wiederzugeben. Das im gleichen Prolog gerade zuvor angesprochene Programm *„filicem beatorum vitam inter miserorum excidia (memorare)“* läßt freilich durch den eindeutig negativen Stellenwert von *„miser“* als Gottlose[66] erkennen, daß der erste Eindruck trügt und auch hier eine Wertung im Sinn einer Antithese vorliegt; diese muß wie folgt paraphrasiert werden: „Trotz der offensichtlichen göttlichen Gnade gegenüber den Propheten (oder dem König) folgt das Volk nicht ihren Ermahnungen, betreibt Abgötterei und wird dafür mit Strafen belegt.“[67] Eine entsprechende Wertung liegt in jedem Fall unverkennbar in den beiden zuerst aufgeführten Beispielen vor, die unzweifelhaft dem Thema der Ketzerei gewidmet sind, welches als Generalthema des zweiten Buches überhaupt anzusprechen ist. In diesen Zusammenhang paßt dann auch tatsächlich die Situation des israelitischen Volkes, das sich trotz der Warnungen der Propheten der *„idolatria“* zugewandt hatte (Anm. 67) und dafür von Gott bestraft wurde.

Im Prolog zum *dritten* Buch verfährt unser Autor genau wie im vorhergehenden: Zunächst formuliert er ein Programm, um daran die direkte Umsetzung seines Konzeptes am Beispiel typologischer Personenkonfigurationen anzuschließen. Das Programm wird in einem Satz vorgestellt, der wie auch sonst in Form einer Antithese gekleidet ist: „Ich möchte kurz einiges aufzeigen, was den die Dreieinigkeit bekennenden Christen zum Wohl geriet und was die die Dreieinigkeit spaltenden Ketzer ins Verderben brachte.“[68] Das darauf folgende „Beweismaterial“ im Sinn des Konzeptes wird in mehreren verschiedenen Gruppen zusammengefaßt: Eine erste Gruppe, von Abraham über Moses bis zu David, zählt die Personen auf, die bereits in alttestamentarischen Zeiten nach Gregors Auslegung die Heilige Dreieinigkeit erkannt und verehrt haben.[69] Nach diesem ersten Kreis von Personen, auf die er nur elliptisch eingeht (*„omittamus autem, qualiter illam* [scil. *Trinitatem*] *Abraham veneratur ad elicem…“*), kommt er anschließend auf die eigene Zeit zu sprechen, *„nostra tempora"*, in der er auf die beiden Paarungen abhebt, die er im vorausgehenden Prolog durch Samuel–Pinhas und David–Goliath typologisch schon angekündigt hatte: Arius und Hilarius, Alarich und Chlodwig. Nun aber bleibt Gregor nicht mehr allein bei typologischen Hinweisen, sondern geht auf die ganze Konsequenz falschen historischen Verhaltens ein, aufgezeigt am jeweiligen Resultat. Der Urheber der „schändlichen Irrlehre" Arius würde dem Höllenfeuer verfallen und zugleich, als sichtbarer Beweis seiner Schuld, einen schrecklichen Tod sterben; Hilarius von Poitiers dagegen würde nach seiner Verbannung nicht nur die Heimat wiedergewinnen, sondern auch das ewige Leben. Chlodwig bekennt die Trinität und breitet durch den Sieg über die Ketzer seine Herrschaft über ganz Gallien aus; Alarich leugnet die Trinität und verliert *regnum, populus* und ewiges Leben.

In einem Satz zieht unser Autor das Fazit: *„Dominus ... centuplicata restituit ..."* (er gibt denen, die an ihn glauben, wogegen den Ketzern alles genommen wird); damit ist Gott als ständig gegenwärtige und wirkende Kraft in der Geschichte bezeichnet.

Daran wird mit den drei Burgunderkönigen Godegisel, Gundobad und Godomar eine letzte Gruppe aufgeführt, deren Tod die These Gregors beweisen soll *(„probavit hoc"):* Alle Genannten hätten durch ihr Hinscheiden gleichzeitig Land und Seele verloren. So klar wie der Sinn der gemachten Aussage ist, so zweifelhaft erscheint allerdings ihre historische Richtigkeit. Zwar verlor Godegisel, wie Gregor in Hist. II 33 *(„De interitu Godigisili"),* also noch im Buch zuvor selbst berichtet hatte, Leben und Herrschaft im Kampf gegen seinen Bruder Gundobad, der seinerseits freilich 516 durchaus im vollen Besitz seiner Herrschaft gestorben zu sein scheint.[70] Ebenso fragwürdig ist der exemplarische Tod des Godomar, von dem in Hist. III 11 zwar berichtet wird, daß er in die Flucht geschlagen und sein Reich von den Franken erobert worden sei, nicht aber sein Tod; im übrigen dürfte er eher Katholik als Arianer gewesen sein.[71]

Wenn man in Betracht zieht, daß die ›Zehn Bücher Geschichte‹ geschrieben wurden, als der Arianismus für das Fränkische Reich längst keine wirkliche Bedrohung mehr darstellte, könnte das Gewicht überraschen, das der Bischof von Tours dieser Häresie in seinem Werk gegeben hat, angefangen beim Credo bis hin zum Prolog des dritten Buches, den er noch einmal durch ein eindringliches *„confitemur"* zur Trinität abschließt. Der relativ geringe historische Stellenwert, den der Arianismus als Bedrohung für Gregor haben mußte – vgl. etwa seine eigenen, an König Gunthchramn gerichteten Worte „der Glaube der Kirche ist von keiner Gefahr bedroht, keine neue Irrlehre ist festzustellen" (Hist. IX 21: 440 Z. 17f.) –, macht deutlich, daß er von diesem weitgehend als Vehikel für die Verdeutlichung des eigenen Konzeptes gebraucht wurde. So konnte der Bischof an historischen Beispielen das Eingreifen Gottes gegen die *„iniqua secta"* beweisen. Noch wichtiger muß für ihn aber der Umstand gewesen sein, daß er am Verhalten gegenüber der Häresie über einen Maßstab verfügte, an dem er die historische Bewährung von Königen und Bischöfen, den von Gott gegebenen Faktoren oder Exponenten der Geschichte, messen und bewerten konnte. So wird die antiarianische Orthodoxie im politischen Verhalten der Könige zu einem zentralen Anliegen von Gregors didaktischer Historiographie, eine Orthodoxie, die Kathleen Mitchell überzeugend als die Überwindung eines materialistischen Arianismus gedeutet hat (Mitchell 1983: 84ff., 114ff., 223). Daß aber das Verhalten von Königen in der christlichen Gesellschaft tatsächlich im Mittelpunkt von Gregors Darstellungsinteresse stand, kann schlechterdings nicht mehr bezweifelt werden. Der Schlüssel von Gregors Historiographie ist demnach in erster Linie bei den handelnden Personen zu suchen, die er in allen vier Prologen typologisch herausgestellt hat. Diese Personen, die er als mandatierte Vertreter der christlichen Gesellschaft und als vor Gott verantwortlich für ihre Gestaltung betrachtete, sind Heilige, Bischöfe und Könige.

III.2.c Bücher: Thematik und Plan

Das erste der zehn Bücher Gregors ist ein Außenseiter unter seinesgleichen, nicht nur wegen der 5596 Jahre, die es zusammenfaßt. Bei der Beschäftigung mit den Historien wurde es in der Regel bisher nur wenig beachtet; bereits Fredegar, der sich im 7. Jahrhundert auf eine gekürzte Sechs-Bücher-Version des Werkes stützte (vgl. Teil IV.3), hat dieses **Buch I** praktisch unbenutzt gelassen. Der Grund dafür lag offensichtlich in seiner Erkenntnis, daß seine Vorlage keinesfalls, wie es auf den ersten Blick erscheinen könnte, nur eine bloße Zusammenstellung von Quellenmaterial der älteren Historiographie darstellt. So ist die Frage nach der tatsächlichen Funktion und dem neuen Stellenwert der von seinen Vorgängern übernommenen Texte im ersten Teil der vorrangig an Zeitgeschichte interessierten ›Zehn Bücher Geschichte‹ der Anlaß, gerade diesen Teil des Werkes eingehend zu untersuchen.

Im Grunde genommen hat Gregor in keinem seiner Bücher seine Geschichtstheologie und gleichzeitig seine historiographische Methode so einfach und schematisch appliziert wie in diesem ersten Teil. Parallel zu dem in den Prologen vorgeführten Modell stellt er zunächst biblische Konstellationen historischer Situationen zusammen. Dabei läßt er keinen Zweifel an der Tatsache, daß diese Konstellationen auch – oder vor allem – typologisch zu sehen sind, das heißt als Bedeutungsträger und Erklärungsmuster für die Geschichte seiner eigenen Zeit. Daß er im gleichen Aufwasch das traditionelle zeitgenössische Geschichtswissen über die älteren Reiche „erledigt" (Kap. 17), zeigt, wie fließend Gregor die Grenzen von typologischen Figuren der Geschichte und historischem Geschehen gesehen hat.

Eine zentrale Bedeutung erhält in dieser Perspektive das erste Kapitel des Buches, in dem vom Anfang aller Geschichte die Rede ist. Schon der vorangehende Prolog hatte in der Aussage gegipfelt, daß Ziel und Ende aller Geschichte Christus sei; hier knüpft Gregor mit der Feststellung an, daß Gott Himmel und Erde *„in christo suo, qui est omnium principium, id est in Filio suo, formavit"*. Daraufhin unternimmt Christus selbst die Schöpfung des ersten Menschen, wird dadurch zum eigentlichen Initiator der Geschichte, und Adam kann bereits zum Abbild des „Typus" Christus werden: *„tipum Redemptoris domini praetulisset"* (Hist. I 1: 5 Z.25). Die Erschaffung der Eva aus seiner Seite präfiguriert das Leiden Christi am Kreuze, als Blut und Wasser aus seiner Seite floß; beides *bedeutet* die *„ecclesia"*, die mystische Gemeinschaft Christi mit den Menschen. In dieser Idee der *„ecclesia"*, die von Christus ihren Ausgang nimmt und alle Menschen, die an ihn glauben, in einer Gemeinschaft (von „Heiligen") vereinigt, hat der Bischof von Tours das Thema des ersten Buches angelegt. Da aber gleichzeitig, wie oben (Teil II.6) schon ausgeführt wurde, auch das letzte Buch eine entsprechende, parallele Thematik erhalten hat, muß diese offensichtlich als Rahmenthematik des gesamten Werkes angesehen werden. Mit anderen Worten: Das vorgeführte christologisch-ekklesiologische Programm ist Anfang, Ende und damit gleichzeitig auch Essenz der gregorianischen Geschichtsschreibung!

Die Auswirkungen einer solchen ideologischen Verankerung der Historien, die über eine punktuelle theologische Spekulation zur Geschichte weit hinausgeht, werden in Teil IV am gesellschaftlichen Konzept der *„ecclesia"* Gregors zur Sprache kommen. Hier interessiert zunächst nur die formale Präsentation des Themas und seine Entwicklung.

Die überwiegend paradigmatische Bedeutung des Buches, das in dem „thematischen" Kapitel 1 seine spezifische Ausrichtung erhält, wird in der Folge durch mehrere Typologien, also Erklärungsmodelle, anhand von Ereignissen biblischer *historiae* offenbart. In direkter Verfolgung des eingangs angeschlagenen Themas behandelt Gregor die Geschichte des Gottesvolkes bis zu Kapitel 16; dabei sind seine wichtigsten Etappen:

– Kap. 4, Sintflut wegen der *„iniquitates populi"*; Noah, der das Abbild Gottes darstellt *(„suique tipus speciem")*, wird in der Arche gerettet, die Gregor als Sinnbild *(„tipum")* der *ecclesia* deutet, was er wie folgt auslegt: „Denn diese (scil. die Arche) führt durch die Fluten und Klippen dieser Welt *(huius saeculi)* und bewahrt uns durch ihre mütterliche Sorgfalt vor drohenden Übeln durch ihre liebevoll-elterliche *(pius)* Umarmung und ihren Schutz."[72]

– Kap. 7, Abraham *„initium fidei nostrae"* (vgl.GC 40); ihm offenbart sich Christus und enthüllt ihm seinen zukünftigen Opfertod. Als Symbol dieses für die Entstehung der *„ecclesia"* zentralen Ereignisses (Kap. 1) nennt Gregor hier das hl. Kreuz, von dessen Auffindung er später, in Hist. I 36, im Zusammenhang der Geburt Martins berichten wird! Gleichzeitig erwähnt Gregor das Blut, das bei der Passion aus der Seite Christi rinnen wird, und verweist damit auf das Anfangskapitel mit seiner Typologie „Blut Christi = *ecclesia*".

– Kap. 10, Durchzug durch das Rote Meer, der für Gregor zum Sinnbild *(„tipus") „nostri baptismatis"* wird; *„noster"* in Verbindung mit der Taufe zeigt die Zugehörigkeit zur *„ecclesia"* an![73] – Interpretation Gregors der „Teilungen" des Roten Meeres nach Psalm 136,13: *„Quas nos divisiones spiritaliter et non secundum littera intellegere oportit"*; für Gregor stellen die *„divisiones"* die vielfachen Möglichkeiten dar, je nach gestuften Verdiensten, auf die er ausführlich eingeht, zum ewigen Leben zu gelangen.

– Kap. 12, die *„Israhelitae"* werden unterjocht, wenn sie Gottes Gebote mißachten, und mit Gottes Hilfe befreit, wenn sie sich bekehren; sie fordern von Gott einen König *„sicut reliquae gentes habent":* Von diesem Zeitpunkt an fokalisiert sich das Interesse der Darstellung neben den Propheten weitgehend auf die Könige (David, Salomo, Roboam, Kap. 13 ff.).

– Kap. 15, *„Zorobabil, id est Christus"*, führt aus der typologisch gedeuteten babylonischen Gefangenschaft (Gefangenschaft der Sünde); er baut den Tempel neu auf, was unser Autor mit der Errichtung eines Tempels in den Herzen der Menschen durch Christus verbindet: eine weitere Etappe der *„ecclesia"*-Darstellung Gregors.

Mit einem Sprung von etwa 500 Jahren, von Kapitel 15 *(„De captivitate in Babillonia")* zu Kapitel 16 *(„De nativitate Christi")*, schließt Gregor seinen eigenwilligen, selektiven Überblick über die Geschichte des Gottesvolkes ab, der de facto als Zusammenstellung der im Sinne Gregors typologisch aussagekräftigsten Personen und Situationen zu sehen ist. Auch der oberflächliche Überblick über die *„regna"* der anderen *„gentes"* („damit es nicht so aussieht, als ob wir nur die Geschichte der Hebräer kennen würden, führen wir auch die anderen Reiche auf ...", Hist. I 17: 16 Z. 1 f.) läßt kein wirkliches Eigeninteresse an der Geschichte dieser Reiche erkennen (vgl. auch Goffart 1988: 165). Im übrigen zeigt seine Auflistung synchronischer *regna* in Kapitel 17 – wodurch im übrigen die *Königsherrschaft* als gottgegebene Institution herausgestellt wird –, daß Gregor bewußt nicht an die ihm vorliegenden historiographischen Schemata des Hieronymus oder des Orosius zur Abfolge der „Weltreiche" angeknüpft hat.[74]

Das Interesse des Autors konzentriert sich dagegen ganz auf die Konstitution der *„ecclesia Dei"* durch Christus, seine Apostel, die Märtyrer, Kirchengründer und Heiligen angesichts der Verfolgungen durch die heidnischen römischen Kaiser. Der Typus dieser Haltung wird durch den Gegensatz Herodes–Jesus verkörpert, was in der Antithese der Kapitelüberschrift von Hist. I 24 mitsamt den fatalen Konsequenzen des vorausgegangenen Fehlverhaltens ausgedrückt wird: *„De ascensione Domini et de interitu Pilati atque Herodis";* bezeichnenderweise wird Gregor später seinen zeitgenössischen „Anti-König" Chilperich in dessen Schlußbeurteilung als *„Nero nostri temporis et Herodis"* (Hist. VI 46: 319 Z. 13) charakterisieren.[75]

Der Gestaltungswille Gregors im Sinne seiner Thematik kommt unter anderem in der Beurteilung Kaiser Konstantins zum Ausdruck, dessen Bedeutung für die Geschichte der *„ecclesia"* zugunsten von Bischof Martin erheblich beschnitten wird, was unser Autor durch die Hervorhebung der Familientragödien des Kaisers bewerkstelligt; gleichzeitig verbannt er die Erwähnung des Kirchenfriedens unter diesem Kaiser in einen Nebensatz.[76] Solcher Gestaltungswille gilt auch für die Geschichte des Kaisers Valens, den noch Hieronymus und Orosius zum Hauptverantwortlichen des Arianismus gemacht hatten: Seine Geschichte erzählt der Bischof von Tours in den Worten seiner beiden Vorlagen, denen er schließlich ein selbstformuliertes Fazit anhängt: Die *„ultio divina"* hat den Kaiser *„ob sanctorum effuso sanguinem"* ereilt (Hist. I 41). Damit blieb Gregor in der Kirchenverfolgungsthematik des ersten Buches und reservierte den Arianismus für das anschließende zweite Buch.

Eine ebenso originelle wie folgenreiche Schöpfung unseres Autors ist der Stellenwert, den er dem großen Heiligen von Tours, Bischof Martin, im Rahmen seines *ecclesia*-Konzeptes gegeben hat. In einem vorangehenden Kapitel (vgl. oben zu Anm. 53) haben wir bereits auf den Parallelismus der Rolle Christi bei Orosius und der Martins bei Gregor aufmerksam gemacht. Beide schließen sie jeweils die Epoche der Vergangenheitsgeschichte ab und eröffnen eine neue Zeit (vgl. auch

Anm. 65). Daß Gregor, der fast drei Jahrhunderte nach Orosius schrieb, diesen Zeitpunkt der „Wende" später setzte, erscheint in der Perspektive einer Aktualisierung seines historiographischen Modells naheliegend. Im gleichen Zusammenhang hatte er die Entstehung der *„ecclesia"* aus dem Blut Christi typologisch schon mit der Erschaffung der Welt identifiziert (Kap. 1), hatte durch Abraham auf den Kreuzestod vorverwiesen (Kap. 7), hatte der Menschwerdung Christi und seiner Heilsgeschichte den gesamten Mittelteil von Buch I eingeräumt (Kap. 16–24), hatte im gleichen Kapitel mit der Ankündigung der Geburt Martins die Auffindung des Kreuzes verbunden und damit auf den *typus* Christus zurückverwiesen (Kap. 36), hatte in Kap. 39 *„De adventum sancti Martini"* charakteristische Christussymbolik aufgefahren[77] und endlich auch das Schlußkapitel dieses ersten Buches der *ecclesia*-Thematik dem Tode Martins, das heißt seinem Heimgang zum Christ gewidmet (Hist. I 48: 32 Z. 4, *„filiciter migravit ad Christum"*): Durch die besondere Position des Schlußkapitels (vgl. auch unten die Zusammenfassung!) stilisiert Gregor seinen Martin, der schon in historischen Zeiten in die eschatologische Kirche eingeht und diese damit verwirklicht, zum Typus aller Christusnachahmer, das heißt aller Heiligen; mittels dieser folgenreichen, formalen Anordnung bewirkt unser Autor, daß die Vertreter der traditionellen hagiographischen Hierarchie, also Apostel (Petrus!) und Märtyrer, de facto auf einen sekundären Rang hinter Martin verwiesen werden.

Die weitere Präsenz Martins in den Historien, häufig im Zusammenhang von Schlüsselsituationen von Geschichte und Gesellschaft im 6. Jahrhundert – siehe unten zu den Büchern II–IV, sowie in Teil II zu den Büchern VII–X –, ist eine der wichtigsten Konstanten des Geschichtswerks überhaupt.[78] Alle Nachfolger auf seinem Bischofsstuhl ab Brictius, der das zweite Buch in Hist. II 1 einleitet, werden unter Bezugnahme auf ihn eingeordnet; *„quintus post beatum Martinum"* ist dementsprechend Bischof Perpetuus (Hist. II 14), *„octavos decimus post b.M."* der Vorgänger Gregors, Eufronius (Hist. IV 15; Pietri 1982: 560 Anm. 26). Da Gregor in seinem ausführlichen Bischofskatalog von Hist. X 31 die Turoner Prälaten mit Catianus als dem ersten der Liste anführt, hat Luce Pietri in ihrer Arbeit zur Gregorchronologie geschlossen, daß die zwei Konzeptionen der Turoner Liste auf zwei verschiedene Redaktionen des Geschichtswerks zurückgehen (Pietri 1982: 559 ff.). Der von uns erhellte Plan Gregors macht eine solche Erklärung freilich überflüssig: Unser Autor hat bewußt im Text die Bischöfe von Tours, an deren Ende er selbst steht, als Nachfolger des Apostels der gallischen Kirchen präsentiert, aber ebenso bewußt in Hist. X 31 die

Reihe dieser Prälaten über Catian auf apostolische Ursprünge zurückgeführt, als er die Kontinuität der *„ecclesia“* aufzeigen wollte (dazu oben Teil II.6). Das hat ihn nicht daran gehindert, in der abschließenden Chronologie der Historien (X 31: 537 Z. 1 ff.) mit dem Tod Martins das Ende und gleichzeitig den Anfang eines historischen Abschnittes festzulegen und dieses Ereignis ausdrücklich auf eine gleiche Stufe mit Sintflut, Durchzug durch das Rote Meer und Passion zu stellen; dieser Stellenwert Martins ist natürlich zuerst im Zusammenhang der typologischen Beziehung zu Christus als dem Schöpfer der *„ecclesia“* zu sehen. Daß das Gewicht des charismatischen Bischofs von Tours, in der Geschichte und für die Geschichte, für die Selbsteinschätzung seines Nachfolgers Gregor als Bischof und Historiograph von erheblicher Bedeutung sein mußte, kann hier am Rande miterwähnt werden.

So generell wie Gregor in Buch I Kirchenverfolgungen mit römischen Kaisern verknüpft hat, verbindet er in **Buch II** das Thema der Häresie mit den Königen der *„gentes“*.[79] Das Thema selbst war, wie oben festgestellt, typologisch im Prolog angekündigt worden. Die dem Buch entsprechende Geschichtsperiode leitete er durch ein Kapitel zu dem Nachfolger Martins in Tours, Brictius, ein und schloß sie durch Chlodwig, den Überwinder der Häresie, ab.

Das erste Kapitel *„De episcopatu Brictii“* wurde keinesfalls zufällig an den Anfang des Buches gesetzt, wo es an das letzte Kapitel des vorausgehenden Buches mit dem Tode Martins anknüpft. Wichtiger noch ist aber die Tatsache, daß es das Thema des zweiten Buches einführt: Sein Gegenstand ist in der Tat die unwürdige Behandlung, die das Turoner Volk, *„in sua malitia perdurantes“* (S. 38 Z. 16), seinem Bischof zuteil werden ließ; dieses Fehlverhalten ist im übrigen im Prolog durch dasjenige des Volkes von Jerusalem typologisch bereits angekündigt.[80] In der Mitte des gleichen Buches, in Kap. 23, kommentiert nämlich Gregor eine solche Situation, die sich durch Kleriker der Kirche von Clermont gegenüber ihrem Bischof Sidonius wiederholte, wie folgt: „... denn es kann nicht ohne Ketzerei geschehen (sic!), daß man in der Kirche dem Bischof Gottes nicht gehorcht, dem es (von Gott) übertragen ist, die Schafe zu weiden.“[81] Damit hat Gregor den Anspruch der Bischöfe auf eine besondere Rolle in der *„ecclesia“* unterstrichen und diese gleichzeitig als von Gott selbst eingesetzte Partner der *„reges“* stilisiert: Den Wandalen wird dementsprechend der vorbildhafte Bischof Eugenius von Karthago und dessen vollständig zitierter Brief an seine Gemeinde gegenübergestellt (Kap. 3), den Westgoten mit Eurich (Kap. 25) und Alarich (Kap. 35 ff.) die Bischöfe Sidonius Apollinaris,

Volusianus und Quintianus, dem burgundischen Gundobad der rechtgläubige Avitus von Vienne (Kap. 34). Für beide Teile positiv erscheint diese Partnerschaft allerdings nur im Fall Chlodwigs und des Reimser Bischofs Remigius (Hist. II 31). Diesen stellt Gregor dem hl. Papst Silvester gleich, wodurch für Chlodwig auf indirektem Wege der Mythos des „ersten christlichen Herrschers", Konstantin, beansprucht wird (vgl. Anm. 76). Chlodwig, dessen Geburt (Hist. II 12: 62 Z. 11 f.) in den Worten des Evangelisten Lukas mit Bezug auf die Ankündigung der Geburt Christi erwähnt wird[82], übernimmt damit im Konzept Gregors wie Martin von Tours in Buch I die Rolle eines herausragenden Mitglieds der *„ecclesia"*, einer christlichen Gesellschaft, an der Bischöfe und Könige maßgeblichen Anteil haben. Dagegen lag es keinesfalls in der Absicht unseres Autors, durch den Verweis auf Konstantin auch politisch an eine kaiserliche Tradition anzuknüpfen, die im Verständnis Gregors zu sehr mit den Verfolgungen der *„ecclesia"* verbunden gewesen ist.

Im Gegensatz zum ersten Buch gehört Buch II zu den von der Forschung am intensivsten befragten Texten Gregors, wobei das berühmte Kapitel über die Ursprünge der Franken (Hist. II 9) und die den „Reichsgründer" Chlodwig betreffenden Passagen natürlich die Hauptrolle spielen.[83] Der Versuch, gerade diesem Teil der Historien ein besonderes Gewicht geben zu wollen, lag ja nicht nur im direkten Interesse der frühesten Nationalgeschichtsschreibung fränkischer Nachfolgestaaten wie Deutschland, Frankreich oder Belgien, sondern schien bereits in dem im 8. Jahrhundert aufkommenden Titel ›Historia Francorum‹[84] angelegt zu sein. Auch wenn die Erkenntnis noch nicht eingesetzt hat, daß das erste Buch im Verhältnis zum zweiten im Konzept Gregors eine mit Sicherheit ebenso große – eher freilich eine größere – Bedeutung hatte, haben gerade einige jüngere historische Einzeluntersuchungen gezeigt, daß die Kriterien moderner historischer Wissenschaft mit denen Gregors nicht notwendigerweise übereinstimmen müssen.

Die Bedeutung Chlodwigs als thematische Zentralfigur von Buch II ist nicht die des historischen Frankenkönigs, sondern die des Vollstreckers des göttlichen Willens gegenüber den Feinden der Orthodoxie. Diese Stilisierung ist schon im Einfluß der Bibelsprache auf die politische Terminologie der Ehrentitel Chlodwigs angekündigt, dem Gregor in seinem *capitulum* den Patriziat, im Text (Hist. II 38) aber den Konsulat zuspricht, was Michael McCormick (wie Anm. 83: 159–163) wohl mit Recht auf den biblischen Gebrauch des Terminus *„consul"* für „hoher Staatsbeamter" zurückführt. Daß der Chlodwig der Historien in erster Linie nicht der historische Frankenkönig, sondern «le Clovis de Grégoire de Tours» ist, hat zuletzt auch C. Carozzi (wie Anm. 83) festgestellt. Die gründlichste historische Kritik des gesamten zweiten Buches ist aber Ian Wood zu verdanken, dessen Forschungen erkennen lassen, in welchem Maße unser Autor die ihm vorliegenden historischen Fakten seinem antiarianischen Konzept unterordnet und dabei nicht zögert, zum Teil offensichtlich falsche chronologische wie kausale Zusammenhänge zu konstruieren;[85] dabei nennt er auch nichtreligiöse Gründe für die fränkisch-westgotische Auseinandersetzung, die Gregor völlig unberücksichtigt ließ.[86] Daß gerade eine solche bewußte Selektion von Nachrichten den Gestaltungswillen des Bischofs von Tours deutlich macht, hat schon Walter Goffart gezeigt;[87] für das Thema der von Gott bestraften Ketzerei im zweiten Buch führt er die bezeichnende Abwesenheit des großen Wandalenkönigs Geiserich an, "a fine example of unpunished wickedness" (ibid.: 160).

Mit den Jahren 511–548 behandelt **Buch III** zum ersten Mal eine Gesellschaft unter christlichen Königen, die im Prinzip nicht mehr von Heidentum und Christenverfolgung wie in Buch I oder von der Häresie wie in Buch II existentiell bedroht war. Für die an extremen Beispielen ausgerichtete didaktische Geschichtsschreibung Gregors mußte dieser Zustand zu einer gewissen Banalisierung des Stoffes führen, die tatsächlich erst wieder durch die Bürgerkriegssituation in Buch IV und vor allem durch den Gegensatz der Gesellschaftskonzepte Chilperichs und Gunthchramns in den Büchern V–IX beendet wird. Diese Übergangssituation[88] ist im übrigen bereits im Prolog des dritten Buches ersichtlich, der de facto die Fortsetzung und Einlösung der im vorausgegangenen Prolog gemachten typologischen Aussagen enthält. So würde nun in Buch III die burgundische Königsdynastie gründlich „bestraft" werden (vgl. weiter oben), und die fränkischen, katholischen Waffen würden im west- wie ostgotischen Reich weiterhin siegen! Wie in Buch II würde der Widerstand gegen seinen Bischof von Gott wie Ketzerei mit Strafe an Leib und Seele belegt werden, was nach einer Eigenrede des Autors der Festung *Lovolautrum* und ihren Verteidigern widerfuhr, unter denen sich der Priester Proculus aufhielt, der zuvor Bischof Quintianus schwer gekränkt hatte: *„Et credo, ob illius causa fuerit ipsum castrum in manibus traditum iniquorum…"* (Hist. III 13: 109 Z. 3–4).

Ebenfalls wie im Buch zuvor erscheint Martin von Tours als der eigentliche Erhalter des Fränkischen Reiches. In Hist. II 37–38 hatte Gregor den Sieg Chlodwigs über Alarich mit der Unterstützung des größten fränkischen Heiligen verknüpft und zum Tode des Reichsgründers ausführlich erwähnt, daß seine Witwe – quasi als Anerkennung des geschuldeten Dankes gegenüber Martin – an dessen Grabe „diente" („*deserviens*", Hist. II 43: 94 Z. 2). Bei der größten Krise des Frankenreiches innerhalb der von Buch III abgedeckten Periode war es dann auch Chlothild, die in der Martinsbasilika betete, daß der Bürgerkrieg *(„bellum civile")* nicht unter ihren Söhnen ausbrechen möge (Hist. III 28); ein Unwetter auf dem Schlachtfeld deuteten die verbündeten Könige Childebert und Theudebert richtig als Eingreifen Gottes und fügten sich seinem Willen. Um jeden Zweifel auszuschließen, meldet sich hier wiederum der Kommentar unseres Autors: „*Quod nullus ambigat, hanc per obtentum reginae* (scil. Chlothilds) *beati Martini fuisse virtutem.*"

Neben der Kontinuität von Themen der beiden ersten Bücher enthält Buch III aber auch sein eigenes, spezifisches Thema. Die Methode zu dessen Identifizierung ist uns durch das beispielhafte Modell der beiden Vorgänger nun schon geläufig: Zu berücksichtigen sind jeweils die thematischen Kapitel von Beginn, Mitte und Ende eines Buches; das am Buchausgang erscheinende Leitmotiv wird in der Regel zuvor in mehreren Kapiteln entwickelt.[89]

Aufgrund dieser Methode läßt sich eindeutig König Theudebert als die gesuchte Zentralfigur erkennen[90]: Sein Lob als „*elegantem atque utilem*" wird in Kap. 1 angestimmt, in dem eigentlich die Rede von den vier Erben Chlodwigs sein sollte: „*De filiis Chlodovechi*". Sein Tod wird in den beiden Schlußkapiteln erwähnt, wobei die Formulierung Gregors „*quia eum iam Dominus vocare iubebat*" (Hist. III 36: 131 Z. 8) an das „*migravit ad Christum*" vom Tode Martins (I 48) erinnert. Seine Laudatio endlich beansprucht ein Kapitel der Buchmitte: „*De bonitate Theudoberthi*" (III 25); sie führt Eigenschaften ins Feld, die wir später in jeder positiven Würdigung eines christlichen Herrschers durch den Turoner Historiographen wiederfinden werden: „*cum iustitia regens, sacerdotes venerans, eclesias munerans, pauperes relevans et multa multis beneficia pia ac dulcissima accomodans voluntate.*" Als Illustration werden die königlichen Steuervergünstigungen für die Kirchen der Auvergne angeführt. Schlichtweg ausgelassen hat Gregor aber in den Historien, daß der König ursprünglich viel Unrechtes tat *(„multa inique exercuit")*, was ihm nach der hagiographischen Vita des Nicetius von Trier (VP XVII 2), ebenfalls aus der Feder des Turoners, scharfe Zurechtweisungen des heiligen Bischofs zugezogen hat. Daß Theudebert dagegen „*magnum se atque in omni bonitate praecipuum reddidit*", entspricht späteren Würdigungen Gunthchramns: „*magnum se tunc civibus suis praebens*" (Hist. VIII 1), und „*De ... bonitate ipsius regis*" (Hist. IX 21). Ausgehend von diesem Grundmuster läßt sich erkennen, daß die militärischen Siege über einen Dänenkönig (Hist. III 3), über die Ostgoten der Provence (III 21) und über kaiserliche Truppen in Italien („*magna enim ei felicitas in his conditionibus fuit*", Hist. III 32: 128 Z. 18) von Gregor als göttliche Konzessionen für einen guten König betrachtet werden, der seine Qualifikation durch eine positive Einstellung gegenüber den Bischöfen seines Reichs beweist.[91]

Auch das folgende **Buch IV** (Jahre 548–575) muß in der gleichen Weise systematisch aufgeschlüsselt werden, wie es anhand seines Vorgängers gerade beschrieben wurde; diese Systematik war ja vom Autor in den ersten Büchern appliziert und festgeschrieben worden. Auszugehen ist wieder vom Schlußteil des Buches, den wir oben schon als Quasiepilog eines Werkes in vier Büchern in seinen Grundzügen erklärt haben (Teil III.1.c, S. 99–101).

Der Schlußteil umfaßt die Kapitel 47–51 und behandelt eindringlich die Bürgerkriegssituation, in der sich die Merowinger Chilperich, Gunthchramn und Sigibert engagiert hatten. Nach dem Zeugnis von Kap. 47 ließ sich Gunthchramn noch von seinen Bischöfen beraten, aber er und sein Bruder Sigibert weigerten sich *peccatis facientibus,* auf sie zu hören. In Kap. 51 ermahnt Bischof Germanus König Sigibert, die Bürgerkriegssituation nicht fortzusetzen (vgl. Teil II Anm. 8); dieser hört aber *peccatis facientibus* nicht auf ihn und wird ermordet. Die erste Erwähnung des „*bellum civile*" in diesem Buch findet sich in der bedeutungsträchtigen Buchmitte, als nach Chlothars Tod und anschließender „*divisio regni*" (Hist. IV 21–22) Chilperich in das Reich des Bruders einfiel: „*Ex hoc enim inter eos ... bellum civile surrexit*" (Hist. IV 23). Der dem Einfall folgende Frieden wurde beschworen, „*quod postea, peccatis facientibus, est inruptum*" (ibid.).

Der damit dreifach belegte Ausdruck *peccatis facientibus*, „wegen der allgemeinen Sünden Schuld", den Gregor in seinem gesamten Werk ausschließlich an den drei von uns bezeichneten Stellen einsetzt[92], ist offensichtlich der Schlüssel zum Verständnis von Buch IV.

Erwähnenswert ist der Umstand, daß nicht ein besonderer König die Schuld als Kriegsverursacher zugewiesen bekommt, wie es etwa in Buch V der Fall sein wird, sondern daß die Strafe, die der Bürgerkrieg in den Augen des Bischofs von Tours darstellt, auf eine allgemeine Situation der Gesellschaft zurückgeführt wird. Dem entspricht nun tatsächlich die Beschreibung der zahlreichen Könige, die in diesem Buch als Hauptpersonen der Geschichte Revue passieren, deren Fehler zwar erkannt und aufgezeigt werden, ohne daß dies aber zu ihrer kategorischen Verurteilung durch den Geschichtsschreiber geführt hätte. So widmet Gregor beispielsweise den wichtigen Buchanfang[93] den außergewöhnlichen Steuerbelastungen, die Chlothar allen Kirchen des Reiches auferlegen wollte (Hist. IV 2), was von Bischof Iniuriosus von Tours, gestützt auf die Autorität Martins, als extremes Vergehen gegen Gott selbst gebrandmarkt wurde; das hat unseren Autor aber nicht daran gehindert, in der Folge Chlothar durchaus positiv zu zeichnen und ihn etwa in seinem Kampf gegen den Sohn Chramn als *„novus David contra Absolonem filium"* (Hist. IV 20: 153 Z. 15) zu stilisieren. Gunthchramn, dessen *„bonitas"* zweimal hervorgehoben wird (Hist. IV 25 und 30), verschließt nichtsdestoweniger seine Ohren vor dem Rat der heiligen Bischöfe (IV 47), ebenso wie sein Bruder Sigibert, den Gregor zuvor ausdrücklich wegen seines Friedens mit den Awaren gelobt hatte: *„idque ei magis ad laudem ... iusta ratione pensatur"* (Hist. IV 29: 162 Z. 5 f.). Dennoch wird letzterer durch sein schuldhaftes Verhalten und durch seinen konsequenten Tod[94] zu einer Leitfigur des vierten Buches und zum Sinnbild der göttlichen Strafe, die dem allgemeinen Sittenverfall folgt.

Die hier vertretene Idee ist eine Adaptation Gregors von Vorstellungen, die Orosius gleich zu Beginn seiner ›Historiae‹ ausgedrückt hatte, wonach er Sünde und die darauf folgende Strafe seit den ersten Menschen als Leitthema der Geschichte definiert und Krieg als Manifestation der Sünde und als geheime Bestrafung derselben erkennt;[95] danach kann kein Zweifel darüber bestehen, daß auch Gregor die Greuel des Bürgerkrieges auf offene oder geheime Sünden der Christengesellschaft zurückführt, die nach Gottes Willen in erster Linie an ihrem Haupt, dem König, gerächt werden.[96]

Beispiele für solche „Sünden" bietet Buch IV tatsächlich im Überfluß. Besonders schmerzlich mußten sie für Gregor sein, wenn ihre Urheber Bischöfe waren wie Cautinus von Clermont, von dem er selbst wohl zum Diakon geweiht worden war (vgl. Teil I. 3), der einen Priester wegen eines Besitzes wie einen Toten unterirdisch einschloß und sich deshalb mit Nero und Herodes vergleichen lassen mußte (Hist. IV 12: 143 Z. 32); die Schwere des Falles unterstreicht er noch im nächsten Kapitel durch die Anführung eines Sallustzitates gegen den – von ihm wohl erwarteten – Vorwurf der Parteilichkeit und des Neides kritisierender Geschichtsschreiber.[97] Nicht minder bewegte unseren Autor das Verhalten von Bischof Priscus, der gegen die Memoria seines Vorgängers Nicetius von Lyon, des heiligmäßigen Großonkels Gregors vorging; diesen Frevel bestrafte die Majestät Gottes, *„divina maie-*

stas", am Hause des Bischofs (Hist. IV 36: 168 Z. 36). „*Divina ultio*" führte nach Gregor auch den Grafen Palladius zum Selbstmord, der seinen Bischof schwer beleidigt hatte; in diesem Zusammenhang macht unser Autor in seiner Schlußbemerkung noch einmal ganz deutlich: „*quod non ob alia causa nisi ob iniuriam episcopi haec ei evenisse probantur*" (Hist. IV 39: 171 Z. 16 f.; vgl. auch 170 Z. 14 f.). „*Non sine gravi suspirio*" vermag Gregor vom Brand der Turoner Martinsbasilika von 558 zu sprechen, den er in erster Linie auf die „*peccata populi*" zurückführt, womit er das Leitthema des Buches mit geringfügiger Abwandlung erneut anklingen läßt[98], was freilich nicht das letzte Mal in den Historien der Fall sein wird.

Die eigentliche Neuigkeit bei der Illustrierung von Gregors Geschichtsplan ab **Buch V** mit dem eigenen Auftreten des bischöflichen Autors in einer paradigmatischen Rolle konnten wir oben schon deutlich machen (Teil II). Neu ist ebenfalls, daß sich die angesprochene Thematik wie in den beiden Chilperichbüchern V und VI über mehr als ein einziges Buch erstrecken kann. Aber auch diese neue Disposition ändert nichts an dem grundsätzlichen Stellenwert, den die Kapitel vor allem an Anfang und Ende jedes Buches für die Entwicklung der gregorianischen Konzeption weiterhin einnehmen. Das entsprechende Schema wird am Beispiel der beiden Bücher realisiert, die der Bischof von Tours der Darstellung einer Königsherrschaft „wie sie *nicht* sein soll" gewidmet hat: Das Thema entwickelt er in einem Quasiprolog zu Beginn von Buch V und schließt es mit dem Tod und der ausführlichen Analyse der Eigenschaften des „schlechten Königs" im letzten Kapitel von Buch VI ab. Das letzte Kapitel des fünften Buches, also die Mitte der gesamten Chilperichsequenz, ist dabei nur eine Zwischenstation, die aber das in der göttlichen Strafe angelegte Ende des Königs bereits vorwegnimmt und damit typologisch ankündigt (so wie das irdische Ende des Königs eine typologische Ankündigung seiner jenseitigen Verurteilung darstellt).

In Buch V wird besonders deutlich, wie sehr Gregor seine Aussage in eine dramatisch-paradigmatische Darstellung kleidet, die dem eigentlich historischen Geschehen in seinem chronologischen Ablauf nur eine untergeordnete Rolle zuweist. Zur Illustrierung dieses Befundes, der für die Einschätzung des *Historikers* Gregor nicht ohne Bedeutung sein kann, soll die folgende kurze Analyse der Gesamtheit der Kapitel des fünften Buches dienen. Dabei ist vor allem auf die Entwicklung des speziellen, antithetischen Buchthemas „*sacerdos Dei*" zu achten, der sich dem „*rex iniustus*" widersetzt und dessen Gegner von Gottes Strafe schwer heimgesucht werden. Das eigentliche Opfer dieser göttlichen Strategie wird endlich der *„rex iniustus"* selbst sein, dessen Untergang am Ende des Buches annonciert und im folgenden Buch VI dargestellt wird (vgl. Teil II.3).

Buch V, Kapitelübersicht[99]:

„Prolog" (vgl. Teil II Anm. 7): Es handelt sich um eine figurierte Rede des *„sacerdos Dei"* an die Könige, zunächst mit Anprangerung der *discordia.* – In einem zweiten Teil spricht der Bischof einen besonderen König und dessen Habsucht an: „du König sollst Christus dienen, der du bisher der ‚Wurzel alles Übels' gedient hast" (1 Tim 6,10: *„radix enim omnium malorum est cupiditas"*). Das Thema der Habsucht wird in V 34 von der Gemahlin Chilperichs, Königin Fredegund, aufgegriffen und damit bestätigt werden.

V 1: Der rechtmäßige König (Childebert) beginnt zu regieren: Seine Regierungsjahre werden regelmäßig aufgeführt. – Chilperich nimmt die Schätze der Witwe seines ermordeten Bruders an sich: Thema der Habsucht.

V 2–3: Zerwürfnis zwischen Chilperich und seinem Sohn Merowech: Der Zerfall seines Hauses deutet sich an.

V 4: Erste Konfliktsituation Gregors mit dem König, dessen Vertreter das Asylrecht von St-Martin verletzen will. Warnung des Bischof-Propheten: Gewaltsames Eingreifen sei dem König nicht förderlich *(„prosperum").* – Chronologisch müßte das Kapitel eigentlich vor Kap. 2 (was Gregor selbst mitteilt, vgl. V 1: 195 Z. 1–4). Der Gestaltungswille Gregors wird auch durch den Vergleich mit VM II 27 ersichtlich, wo anstelle Gregors und des Königs dessen Vertreter und der hl. Martin in der gleichen historischen Situation als Kontrahenten stilisiert werden (Heinzelmann 1991: 252–5).

V 5: Ungerechtfertigte Verleumdung des *„sacerdos Dei"* Gregor.

V 6: Viele Wunder Martins in seiner Basilika, die mit dem Regierungsbeginn des gerechten Königs (Childebert) koinzidieren; nach den Akten der Martinsbasilika (VM) ist aber die Wunderhäufigkeit 577 (also ein Jahr später) größer! (Vgl. Heinzelmann 1981: 240.)

V 7–10, 12: Nach dem Motto der Antithese *„felix vita beatorum"* und *„excidia miserorum"* (Prol. Buch II) werden Gottesmänner aufgezählt, die Gott *„suo paradiso collocavit"*; die Heiligkeit der Genannten stellt ein Gegengewicht gegen die Herrschaft des schlechten Königs dar.

V 11: *„Et quia semper Deus noster sacerdotes suos glorificare dignatur..."*; es folgt die Judenbekehrung des Avitus von Clermont, die das Gegenstück der Judenbekehrungen Chilperichs in VI 17 darstellt.

V 13: Chilperich schickt seinen Sohn Chlodowech nach Tours. – Keine Erwähnung der Reaktion Gregors auf den Angriff Chilperichs.

V 14: Zweite Konfliktsituation Bischof (Gregor)–König mit Steigerung und thematischer Vision (Untergang des Hauses), die die Vision von V 50 vorwegnimmt. – Der mit dem Vater verfeindete Königssohn Merowech (vgl. V 2–3) erzwingt seine Aufnahme im Asyl von St-Martin. Chilperich verlangt unter

Drohungen die Aufhebung des Asyls und ergreift Repressalien gegen die ganze Region. Der Bischof (Gregor) antwortet: Das Asylrecht, das selbst in den vergangenen Zeiten der häretischen Könige gewahrt wurde, kann in einer katholischen Gesellschaft nicht gebrochen werden (damit Gleichsetzung des Königs mit einem Häretiker!). – Visionärer Traum des Bischofs in der Martinsbasilika: Ein Engel verkündet den Untergang des Hauses Chilperichs (Hauptthema des Chilperichzyklus).

V 15–16: Beweise für das direkte Eingreifen Gottes in die Geschichte: *„Domini miseratio, quae iustitiam facit"* (V 15); *„cui tandem misertus Deus..."* (V 16).

V 17: Gunthchramn nimmt Childebert an Sohnes Statt an und zeigt den Weg zum Frieden. – Chilperich lehnt das Friedensangebot der beiden Könige ab und gibt dafür Circusspektakel: Durch dieses Element, dessen Stellenwert auch auf der Verurteilung des Phänomens durch Orosius beruht (Hist. adv. paganos IV 21,5), provoziert Gregor den Vergleich mit dem „wahrhaft christlichen" Kaiser Tiberius von V 30. – Zur gleichen Zeit feiert der Bischof (Gregor) das Osterfest von 577 zum rechten Zeitpunkt, wie ein Wunder erweist.

V 18: Dritter (und erster direkter) Konflikt des Propheten (Gregor) mit dem ungerechten König anläßlich des Prozesses gegen einen Bischof (Praetextatus von Rouen). Gregor spricht Chilperich in der Linie des „Prologes" direkt an: *„si vero tu excesseris, quis te corripiet?"*. – In der Bischofsversammlung spricht Gregor *„verba prophetici"*, tritt also als Prophet auf: das entsprechende „Zitat" schließt sich zwar an Ezechiel 23,6 an, respektiert aber kaum die Vorlage; Gregors Text legt das ganze Gewicht seiner Aussage auf den Begriff des *„speculator"*, bei dem es sich um den von Gott in seine Verantwortung eingesetzten Propheten = Bischof handelt, von dem das Blut der Unschuldigen gefordert werden wird! – Im historischen Teil seiner Ansprache führt Gregor Beispiele der jüngsten Zeit an *(„quid novum gestum fuerit tempore"):* Chlodomer und der *„Dei sacerdos"* Avitus (wobei die Verbindung vom Tod Chlodomers mit dem Sieg der Feinde nicht der „historischen" Wahrheit entspricht, wie Gregor auf Grund seiner eigenen Darstellung sehr wohl wissen mußte), Kaiser Maximus und Martin von Tours. – *„Signa in caelo":* Der Bischof-Prophet Gregor interpretiert die Zeichen des Untergangs des Merowech, dessen Tod damit als strafende Reaktion Gottes auf die Ungerechtigkeit Chilperichs gegenüber von Bischof Praetextatus gedeutet wird.

V 19: Kaiser Tiberius, *„magnus et verus christianus erat"*, wird durch seine Freigebigkeit zur antithetischen Figur und Referenz für die Habsucht Chilperichs. Gleiche Bedeutung wird in VI 30 die Charakterisierung dieses Kaisers für die spätere Charakterisierung Chilperichs haben.

V 20: Beispiel zweier schlechter Bischöfe, über die der Zorn Gottes kommen wird (Voraussage des Bischofs Gregor).

V 21: Beispiel wirkender Heiligkeit des hl. Martin.

V 22: Tod des Chilperichsohnes Samson, der geboren wurde, als Chilperich von seinem Bruder in Tournai belagert wurde. Thema „Untergang des Hauses Chilperichs".

[V 23: Am Martinsfest erscheinen dem Bischof Gregor Zeichen, die er nicht deuten kann.]

V 24: Chilperich überfällt Poitiers.

V 25: Ein eidbrüchiger Großer Chilperichs wird mit Hilfe des hl. Martin bestraft.

V 26: Chilperich fordert ungerechtfertigte Zahlung des Bannes *„de pauperibus et iunioribus eclesiae vel basilicae"* (von Tours); Thema: Habsucht (und Ungerechtigkeit). – Keine Erwähnung der zweifellos erfolgten Reaktion Gregors auf die ungerechten Maßnahmen Chilperichs: Der Anlaß schien ihm im Zusammenhang der grundsätzlichen Auseinandersetzung mit dem König wohl nicht schwerwiegend genug!

V 27: Prozeß gegen die schlechten Bischöfe von V 20 unter Gunthchramn: Seine Darstellung stellt die Antithese zu dem Prozeß von V 18 unter Chilperich dar.

V 28: Chilperich schreibt neue Steuern aus, wobei selbst der Klerus nicht verschont wird; Thema: Habsucht. – Wie in V 13 und 26 wird von keiner Reaktion Gregors berichtet.

[V 29: Einfall der Bretonen (Leiden des Volkes).]

V 30: Wie V 19 ein antithetisches Kapitel zur Unrechtherrschaft Chilperichs: Kaiser Tiberius wird gerettet, weil er *„loca sancta"* und *nicht* den Circus besucht (vgl. V 17 zu Chilperich).

[V 31–32: Einfall der Bretonen; bestrafter Eidbruch in St-Denis.]

V 33: Prodigien, die den Tod der Chilperichkinder einleiten.

V 34: Eine auf die Vorzeichen von V 33 folgende Seuche rafft die Chilperichsöhne Dagobert und Chlodobert dahin (Thema: Untergang des Hauses). – Große figurierte Eigenrede der Königin Fredegund, die in Anknüpfung an die Aussagen des „Prologes" die eigene (ihre und Chilperichs) Habsucht brandmarkt und den Tod der beiden Kinder darauf zurückführt. – Chronologisch müßte das Kapitel nach Kap. 50 angesiedelt werden (vgl. ibid.: 263 Z. 15 f.), wurde aber wegen des angestrebten dramatischen Steigerungseffektes (vgl. V 39!) früher plaziert.

[V 35: Die Gemahlin Gunthchramns stirbt als schlechte Königin.]

V 36: Gott schützt seine Bischöfe! Einleitung: *„Sed quae contra sacerdotes vel ecclesias Dei egerit, altius repetenda sunt."* Nach dem ausführlich geschilderten Exempel eines Grafen, der gegen seinen Bischof vorgegangen war und deshalb Leben und Seele verwirkte, folgt die dick aufgetragene Eigenrede Gregors: „Jedermann möge in Bestürzung geraten, staunen und fürchten, den *sacerdotes* ein Leid anzutun: Gott rächt seine Diener, die ihm vertrauen."

V 37: Der gute Bischof (Martin von Braga).

V 38: Königin Goiswintha verfolgt die *„servi Dei"* in Spanien und wird dafür bestraft, *„prosequente ultione divina"*.

V 39: Fortsetzung und Steigerung beim Untergang des Hauses Chilperichs: der Untergang seines Sohnes Chlodowech. – Auch diese Episode ist von Gregor bewußt chronologisch zu früh eingereiht, um einen Steigerungseffekt in Hinsicht auf seinen eigenen Prozeß (V 47–49) zu erzielen. Der *„interitus"* Chlodowechs fand tatsächlich erst nach dem Prozeß statt. – Der gerechte Bischof (Gregor) tritt für Leute des getöteten Chlodowech ein und erwirkt deren Begnadigung.

V 40: Ein schlechter Bischof.

V 41: Prodigien mit anschließender Seuche. (Die Häufigkeit der Prodigienkapitel wird in Buch VI noch ansteigen, wo sie zu dem Tod Chilperichs in Beziehung zu setzen sind: VI 14, 21, 25, 33, 44).

V 42: Der gute Bischof (Maurilio von Cahors, *„in iudiciis iustus“*, Verteidiger der Armen).

V 43: Der gerechte Bischof (Gregor) verteidigt die rechte Lehre gegenüber einem Häretiker.

V 44: Der ungerechte König (Chilperich) stellt falsche (häretische) Lehren auf, die vom gerechten Bischof zurückgewiesen werden. Letzterer wird dabei von einem hl. Bischof (Salvius) unterstützt, der später die definitive Vision vom Untergang des Hauses Chilperichs (V 50) haben wird. – 4. Konflikt des gerechten Bischofs mit dem König, der ebenfalls chronologisch zu früh angesetzt wird, da er zweifellos erst *nach* dem Prozeß von Berny-Rivière (V 47–49) stattfand.

V 45–46: Die guten Bischöfe Agroecula von Chalon und Dalmatius von Rodez; ein Priester, der den toten Bischof Dalmatius schmäht, wird mit sofortigem Tode bestraft! (Gott schützt seine Bischöfe.)

V 47–49: Höhepunkt des Konfliktes zwischen dem gerechten Bischof und dem ungerechten König: falsche Anklage und Prozeß des Bischofs. Der schlechte Ankläger, Graf Leudast (vgl. für ihn das typologische Beispiel des Grafen in V 36), wird bestraft: *„humiliatus est“* (Titel von Kap. 49); in Wirklichkeit hatte diese Demütigung, d. h. seine Absetzung, längst stattgefunden. – Der Prozeß erscheint als Abschluß einer dramatischen Entwicklung, deren tatsächlicher Ablauf mit seinen politischen Implikationen (Umsturzpläne Chlodowechs) rekonstruiert werden kann: vgl. Teil II.2.

V 50 (Schlußkapitel–Epilog): Der hl. Bischof Salvius (vgl. V 44) erkennt in einer Vision, die sich an eine frühere Vision Gregors anschließt (V 14), den Untergang des Hauses Chilperichs: *„Video ego evaginatum irae divinae gladio super domum hanc dependentem.“* Der gerechte Bischof bestätigt diese Vision durch den darauf erfolgten Tod der Königskinder 20 Tage später (der bereits in V 34 berichtet worden war!).

Die Abgeschlossenheit und Kohärenz der Darstellung einer schlechten Königsherrschaft am Beispiel von Leben und Tod Chilperichs durch die Feder des Bischofs von Tours wird in der Regel auch einem modernen Leser einleuchtend und leicht verständlich erscheinen. Dies gilt nun nicht in gleichem Maße für die antithetische, aber bei weitem weniger konsequente und kohärente Darstellung der Herrschaft des *„bonus rex“* Gunthchramn in den **Büchern VII–IX** (vgl. dazu ausführlich Teil II.4–5). Die geringere Durchschlagskraft bezüglich des Themas „der gute König“ liegt nun aber nicht allein am fehlenden Abschluß – Gunthchramns Tod wäre für Gregors Darstellung allenfalls „brauchbar“ gewesen, wenn er mindestens zwei bis drei Jahre früher stattgefunden hätte –, sondern auch an der theologisch-typologischen Deutung, die einer solchen Königsherrschaft im Rahmen der *ecclesia*-Ideologie unseres Autors tatsächlich zukommen konnte. So stellte für den Theologen Gregor die Beschreibung der christlichen Gesellschaft *(„ecclesia“)* unter einem „wahrhaft christlichen“ König zwar ein anstrebbares Ziel dar, gleichzeitig war ihm jedoch voll bewußt, daß die endgültige Realisierung eines solchen idealen Projektes nicht in der Gegenwartsgesellschaft, sondern erst zum Zeitpunkt des Jüngsten Gerichts möglich sein würde.

Es ist deshalb auch kein Zufall, daß der dritte und letzte Teil der Gunthchramnsequenz ohne eine Zäsur, ohne den bewußt übergangenen Tod des Königs (vgl. Teil II. 5 mit Anm. 67), mit der mehrere Kapitel umspannenden Darstellung eines Meisterwerkes des Teufels ausklingt (*„insidiante diabolo“*, Hist. IX 39: Z. 1). Der Widersacher hatte nämlich einen exemplarischen Ort der Heiligkeit, die Gründung der Radegundis in Poitiers, in sein Gegenteil pervertiert. Tatsächlich hatten Nonnen dieses Klosters noch zu Zeiten Chilperichs dessen Unrechtsherrschaft durch ihre eklatante Heiligkeit kontrastiert (Hist. VI 29: *„De puellis monasterii Pictavensis“*). Nun aber wurde die Empörung der königlichen Insassen von Ste-Croix gegen die sakrale und definitive Autorität von Bischofsgremien für Gregor zum Symbol des Auftretens vom Antichrist, eine Parusie, die nach biblischer Voraussage dem Jüngsten Gericht vorangehen würde. Dieses letzte Gericht und die in Christus angekündigte und offenbar werdende *ecclesia* sind die oben (Teil II.6) bereits ausführlich erläuterten – und hier deshalb nicht noch einmal behandelten – Themen des letzten, zehnten Buches, dem das große Königslob in Buch IX vorangeht. Daß es sich bei diesem eher um die Hervorhebung persönlicher Qualitäten eines gottgefälligen Königs als um die uneingeschränkte Akzeptierung der durch ihn repräsentierten Gegenwartsgesellschaft handelt, zeigt die formale Anordnung des thematisch gewichtigen Königslobs im Mittelteil des Buches (Hist. IX 20–21); dem gegenüber stehen nämlich die in zahlreichen Episoden ausgedrückte Verderbtheit vieler Zeitgenossen und insbesondere die Werke des Teufels in Ste-Croix, die den gesamten Schlußteil des Buches beanspruchen.

Obwohl König Gunthchramn bereits in Hist. IV 25 und 30 wegen seiner *„bonitas“* als „guter König“ gekennzeichnet ist, konzentriert sich das Darstellungsinteresse des Bischofs von Tours erst *nach* dem exemplarischen Tod Chilperichs auf ihn. Unser bisher mit Erfolg an die einzelnen Bücher angelegtes formales Interpretationsschema läßt in allen drei in Frage kommenden Büchern erkennen, daß die Herrschaft Gunthchramns ebenso wie die seiner biblischen Vorgänger im Kontext von widrigen äußeren Umständen gesehen werden muß. Zu diesen gehört zunächst der durch Gundowald repräsentierte Konkurrent auf die Königsherrschaft, der freilich Gott und seinen Heiligen nicht genehm erschien und dementsprechend mit göttlichem Beistand überwunden werden konnte. Mehr noch stellt aber das in Sünden befangene Volk einen durchgehend antithetischen Faktor zur „Güte" des Königs dar; diese Konstellation war typologisch im Prolog zum zweiten Buch in der Assoziierung von König Ezechias und den *„mala"* der Bevölkerung Jerusalems bereits angekündigt und hatte in der biblischen Geschichte einschlägige Parallelen (vgl. oben Anm. 96 zu Hist. I 14). Die „Bürgerkriege" von Tours vom thematisch wichtigen Ende dieses siebten Buches sowie die großen Reden Gunthchramns und seiner Heerführer bezüglich des *„populus"*, der *„in vitio est dilapsus"* (Hist. VIII 30: 396 Z. 3), als auch die Wiederaufnahme des Turoner „Krieges" in Buch IX[100] sprechen in diesem Sinn eine deutliche Sprache, deren Deutung uns nun geläufig ist.

Demnach hat Gregor in den Büchern VII und IX die Kontinuität der zu Gunthchramn antithetischen Kräfte formal festgehalten; in der Perspektive des Autors drückt sich der erhebliche Stellenwert der Kapitel zu diesem Thema durch ihre Plazierung am Ende der beiden Bücher aus. Nur in Buch VIII findet sich eine Anordnung, die das übergreifende Leitthema *„bonus rex Gunthchramnus"* nach den erarbeiteten formalen Kriterien schon auf den ersten Blick erkennen läßt. Dahingehend spricht vor allem die lange Einleitung des Buches (Kapitel 1–7), die bereits ausführlich gewürdigt wurde (Teil II.4). In dieser Perspektive ist endlich auch das Buchende konzipiert, das in drei Kapiteln den von Gott bewerkstelligten Triumph Gunthchramns über seine Feinde beschreibt: In Hist. VIII 44 entkommt er einem Mordanschlag der Fredegund, *„quod misericordia Domini non permisit"*, in den beiden folgenden Kapiteln ist vom Tod früherer Feinde des Königs die Rede, vor allem des Westgotenkönigs Leuvigild, dem unser Autor unterstellt, sieben Tage lang vor seinem Ende geweint zu haben, *„pro his quae contra Deum iniquae molitus est"*.[101]

III.3 Zusammenfassung: „*Eloquentia rerum*" – typologische und antithetische „Beredsamkeit der Schöpfung"

Die Übersicht über die formalen Prinzipien des Aufbaus der ›Zehn Bücher Geschichte‹ hat gezeigt, daß diese Prinzipien in Buch I am deutlichsten in Erscheinung treten. Zur Illustrierung der Ergebnisse, die wir aus der Analyse der zehn Bücher gewonnen haben, soll der regelmäßig angewandte typologische Aufbau der Bücher am Beispiel des ersten Buches in schematischer Form wiedergegeben werden, der von einer ausführlichen Erläuterung begleitet ist (vgl. dazu auch oben Teil III.2.c und unten Teil IV.1.a).

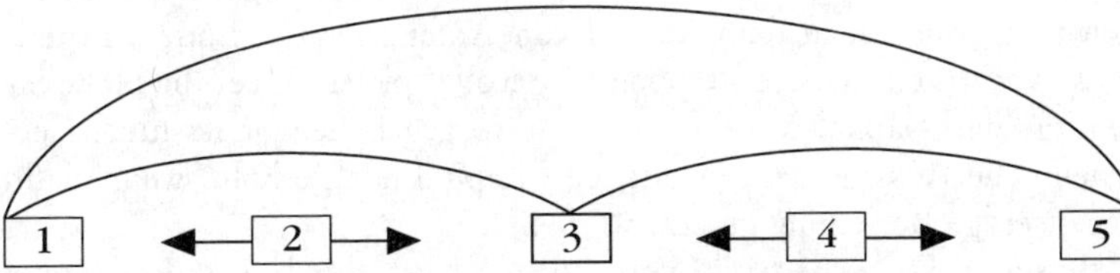

1 – [Kap. 1] Erschaffung der Welt „*in Christo*"; Christus formt Adam nach seinem eigenen Abbild, was den wirklichen Beginn der Geschichte bedeutet. Gleichzeitig ist die Schöpfung aber auch Präfiguration des Opfertodes Christi, wodurch die Richtung der geschichtlichen Entwicklung verdeutlicht wird. Schöpfung mit Entnahme der Rippe und Opfertod (Blut Christi) präfigurieren gleichzeitig auch die *ecclesia*, die mystische Gemeinschaft Christi mit allen, die an ihn glauben.

2 – [Kap. 7] Abraham ist „*initium fidei nostrae*" und wird dadurch ebenfalls Antitypus Christi und der Kirche („*noster fides*": Kirchendefinition von Kap. 15). Christus offenbart ihm seinen Opfertod am Kreuz.

3 – [Kap. 15–24] Zentrale Stellung des Christ: Als Zorobabel führt er das Volk aus der Gefangenschaft der Sünde und gründet einen Tempel (seine *Kirche*) in vielen Menschen [Kap. 15]; Wunder und Passion [Kap. 20]; Auferstehung und Verderben seiner Feinde [Kap. 24]. Mit dem Opfertod am Kreuz Entstehung der *ecclesia* [vgl. Kap. 1]. Der Sonntag *(„dominica dies")* wird Symbol seiner Auferstehung [Kap. 23].

4 – [Kap. 36 und 39] Geburt Martins und gleichzeitige Kreuzesauffindung (Verweis auf den Opfertod) [Kap. 36]; „*adventus*" in Gallien, Predigt, Wundertätigkeit und Christussymbolik [Kap. 39] machen Martin zum wichtigsten Antitypus Christi, den er am getreusten nachahmt und auf den er folglich zugeht (vgl. 5). Die Tugenden Martins symbolisieren das Wesen der *ecclesia*, wie es in der Tätigkeit Christi (Kap. 15 und 20) ausgedrückt ist.

5 – [Kap. 48] Martin stirbt an einem Sonntag, Symbol der Auferstehung Christi (= Kap. 23): Er „geht heim zum Christ"; dadurch verwirklicht er schon in historischen Zeiten die *ecclesia* des Christ und wird durch die besondere Stel-

lung dieses Schlußkapitels zum wichtigsten Antitypus (oder zur Figur) Christi (und damit seinerseits zum Typus aller weiteren Christusnachahmer = Heiligen).

Das vorliegende Schema läßt erkennen, wie Gregor seinen Kapiteln und deren Gegenstand eine *Bedeutung* gegeben hat, die bei isolierter Betrachtung der einzelnen Texte nicht sichtbar wird. Dieses Resultat erreicht unser Autor durch den regelmäßigen Rückgriff auf zwei *Bezugssysteme,* innerhalb deren die einzelnen Elemente in bestimmte, vorgegebene Beziehungen gesetzt werden und so ihre Bedeutung(en) und ihren Stellenwert erhalten.

Eines dieser Bezugssysteme ist die vom Autor selbst geschaffene Einheit jedes Buches, in dem Kapitel von Anfang, Mitte, Ende und teilweise auch intermediäre Etappen eine Rolle spielen. Über die bloße Situation der Kapitel an einer solchen vorgegebenen Stelle hinaus erscheint die Aussage der betreffenden Kapitel noch erhöht, wenn sie in gegenseitige Beziehung gesetzt werden.

Beispiel: Die Thematik von Buch VI ist durch das Endkapitel (Kap. 46) mit dem Untergang Chilperichs vorgegeben; das Anfangskapitel 1 zeigt den gleichen König durch ein Bündnis mit Childebert auf dem Wege zur Alleinherrschaft in Gallien; Kap. 27 (Buchmitte) schildert den vertragsbrechenden Einzug Chilperichs in Paris als absoluten Höhepunkt seiner Unrechtsherrschaft; im Zusammenhang damit steht die Taufe seines neugeborenen Sohnes (mit der Hoffnung auf den Fortbestand seiner Dynastie, nachdem in Buch V bereits der Untergang seines Hauses vorweggenommen worden war); Kap. 34 ist bereits Zwischenetappe zum Untergang: Der gerade getaufte Sohn stirbt; Kap. 46: Vollzug des Gottesurteils an Chilperich. Durch die Verbindung der einzelnen Elemente entsteht eine Dynamik, und die Antithese von der scheinbaren Machtfülle zum Sturz wird deutlich.

Dieses schematische Organisationsmodell beruht aber bereits auf einem wichtigeren Bezugssystem, das als *typologische* oder figurale Denkform angesprochen werden kann. Daß diese für Gregor eine besondere Rolle gespielt hat, ist schon in der außerordentlich suggestiven Studie von Felix Thürlemann erkannt worden, der seinerseits erstaunlicherweise nicht gesehen hat, daß in Wirklichkeit die gesamte Organisation der historiographischen Darstellung in den ›Zehn Büchern‹ auf solchen typologischen Voraussetzungen und Konstruktionen aufbaut.[102]

Typologie im engeren Sinne ist „eine Methode der Bibelexegese, wonach zwischen den beiden Testamenten Sinnbezüge hergestellt werden; ein Ereignis (oder eine Person) des Alten Testamentes wird als Präfiguration (*typus* oder *figura*) eines entsprechenden Ereignisses (oder Person) des Neuen Testamentes betrachtet, das als dessen Erfüllung (*antitypus* oder *materia*) erscheint" (Thürlemann: 86). Eine Erweiterung erfuhr diese Grundform der Typologie vor allem durch die Komplexität des Typus Christi, der durch Passion und Auferstehung nicht nur seine ‚Erfüllung' fand, sondern gleichzeitig durch die in ihm angelegte Verheißung von Weltende und Jüngstem Gericht eine dritte Stufe „bedeutete".[103] Mit der *ecclesia*-Idee gekoppelt hat eben dieses Verständnis, wie wir selbst gezeigt haben, in den Historien zur Rahmenfunktion des ersten und letzten Buches überhaupt geführt.

Mit Recht hat Thürlemann ebenfalls darauf aufmerksam gemacht, daß das entsprechende figurale Denkschema auch für außerbiblische Bezüge eingesetzt werden konnte. Unter diesen Vorzeichen erscheinen geschichtliche Ereignisse der entferntesten Zeiträume durch typologischen Sinnbezug verbunden, gleichzeitig präsent und „überlagert von einem Raster paradigmatischer, außerzeitlicher Bezugsschemata" (ibid.: 88).

Mehrere Belege lassen erkennen, daß diese Art der Exegese geschichtlicher Gegebenheiten, die für die Gregorinterpretation erstaunlicherweise bisher so gut wie keine Rolle gespielt hat[104], für unseren Autor und seine Zeitgenossen selbstverständlich gewesen ist. So spricht er etwa davon, daß die Teilungen des Roten Meeres (beim Durchzug des jüdischen Volkes) „*spiritaliter et non secundum littera*" zu verstehen sind (Hist. I 10: 12 Z. 17f.) und daß unsere irdische Welt „*figuraliter mare dicitur*"[105]; siebenmal erwähnt er expressis verbis einen „*typus*" (Thürlemann: 86 Anm. 5). Entscheidend war für den Bischof von Tours aber in erster Linie, daß er durch das Heranziehen biblischer Parallelen ein wichtiges Instrument für die auf sakrale Autorität gestützte Darlegung und Interpretation aktueller Situationen zur Verfügung hatte. Mit der auf König Chlothar gemünzten Bezeichnung „*novus David contra Absalonem*" (Hist. IV 20) verbindet er dementsprechend gleichzeitig sein Urteil über die Unzulässigkeit der Empörung des Chlotharsohnes Chramn gegen den Vater, das seinen „*interitus*" zur Folge haben würde[106]: In der herangezogenen Typologie ist also bereits eine sakrale Exegese und das entsprechende Urteil des Historikers angelegt! Diese Methode, den Sinn und die „Wahrheit" einer bestimmten historischen Situation im Parallelismus biblischer Situationen zu finden, ist im 6. Jahrhundert keinesfalls auf die literarische Exegese beschränkt. Gregor erzählt von einem eigenen, persönlichen Besuch bei seinem Asylgast Merowech und erkennt im Zusammenhang der bei dieser Gelegenheit erfolgten Lektüre „*ad instructionem animae*", daß der zufällig von ihm herangezogene Text mit der Situation des Königssohnes übereinstimmte.[107] Letzterer griff im übrigen wenig später selbst auf diese Methode zurück und versuchte, eine eigene Standortbestimmung nach angemessener spiritueller Vorbereitung anhand von zufällig aufgeschlagenen Texten in Psalter, Buch der Könige und Evangelien durchzuführen.[108]

Auf gar keinen Fall zufällig ist dagegen die Auswahl der Personen und Situationen, die der Bischof von Tours in seinen historiographischen Prologen durchgehend in antithetischer Form zusammengestellt hat. Solche Paarungen zeigen vielmehr ein Muster des Geschichtsverlaufs auf, das Gregor anschließend regelmäßig verifiziert und bestätigt hat (vgl. oben III.2.b). Mit dem Stilmittel der *Antithese* ist nun zweifellos das zweite Hauptmerkmal der Darstellungsweise unseres Autors genannt. Es beruht wie die Typologie auf christlichem Analogiedenken[109] und wird in den Historien sowohl für das organisatorische, interne Bezugssystem angewandt – etwa in der formalen Gegenüberstellung von Buchanfang und Buchende, vom ersten und letzten Buch – als auch für die ideelle Struktur, die die Darstellung durchgehend erhalten hat. Hier ist natürlich besonders an den stets gegenwärtigen Gegensatz von Heiligkeit und Verworfenheit, von "Miracles and Slaughters" zu denken, den Walter Goffart durchaus zutreffend als Rhythmus von Gregors Geschichtswerk aufgezeigt hat (Goffart 1988: 174ff.), der sich aber schon in den *„bona malaque alternantia"* des Orosius vorgebildet findet (vgl. Teil IV Anm. 46). Es wäre müßig, hier Beispiele aufzeigen zu wollen, in wie vielfältiger Weise und wie konsequent unser Autor Antithesen in der Folge seiner Kapitel appliziert hat, was in unserer vorausgehenden Interpretation der Prologe und der Strukturen der einzelnen Bücher ad liquidum zum Ausdruck gekommen sein dürfte. Die überwältigende Häufigkeit dieses Stilmittels macht im übrigen mehr als wahrscheinlich, daß Gregor die entsprechende Darstellungsform wohl schon seit seiner Ausbildung als Kleriker durchaus vertraut gewesen ist.

Eine erst kürzlich erschienene Studie zum Gebrauch rhetorischer Formen bei Leo dem Großen und Augustin hat in überzeugender Weise gezeigt, daß gerade die Antithese als das wichtigste Stilmittel für die Erklärung christlicher Glaubensinhalte bei den beiden genannten Autoren, aber wohl auch sonst, angesehen werden muß (vgl. Anm. 109). So ist nach Augustin „das Stilmittel der Antithese ... bereits im Wesen der Schöpfung angelegt", und Gott selbst ist der Redner, der in der *„rerum eloquentia"* zu den Menschen spricht: *„Apertissime hoc positum est in libro ecclesiastico isto modo: ‚Contra malum bonum est* *et contra mortem vita; sic contra pium peccator. Et sic intuere in omnia opera Altissimi, bina bina, unum contra unum.*' «[110]

Kein Zweifel: Ohne eine direkte Abhängigkeit Gregors von Augustin – die Beziehung zu dessen Schüler Orosius wurde bereits erwähnt – postulieren zu wollen (oder zu können), läßt sich festhalten, daß der Turoner Bischof in gerader Verfolgung der von Augustin angesprochenen Prinzipien Geschichte verstanden und niedergeschrieben hat.[111] Ebenso deutlich wird a posteriori, daß gerade dieses Verfahren, historische Episoden – scheinbar – unkommentiert[112] und ohne direkten Bezug nebeneinander stehen zu lassen, Gregor den Ruf eingetragen hat, unreflektiert und naiv ans Werk gegangen zu sein. Unsere Analyse der Bezugssysteme, die den Erzähleinheiten der ›Zehn Bücher Geschichte‹ zugrunde liegen und diese zu vielfältigen und komplexen Aussagen zusammenschließen, sollte diesem Mythos ein definitives Ende bereiten.

IV. GREGORS „*ECCLESIA DEI*“: ESCHATOLOGISCHE „KIRCHE“ UND ZEITGENÖSSISCHES GESELLSCHAFTSKONZEPT

IV.0 Vorbemerkung: Gregor als Theologe

Im Verlauf der bisherigen Untersuchung ist die besondere Bedeutung des formalen und geistigen Rahmenwerks zutage getreten, das der Autor der Historien im ersten und letzten der ›Zehn Bücher Geschichte‹ geschaffen hat. In Buch I war sein Hauptgegenstand die Beschreibung einer spirituellen *ecclesia,* einer Gemeinschaft von Menschen, die durch typologische Deutung und Zuweisung ihren Ausgangspunkt in der Schöpfung genommen hatte, wo sie bereits mit der Person Christi verknüpft worden war, in welcher Gregor schon im Prolog zum ersten Buch das Prinzip und das Endziel aller menschlichen Geschichte erkannt hatte. Dieses Ziel, das heißt die Erfüllung der Geschichte vor dem Weltenrichter Christus, unter den Begleitumständen von Apokalypse und Auferstehung der Toten, hatte Gregor in seinem zehnten und letzten Buch durch zahlreiche einschlägige Kapitel typologisch (anagogisch) vorweggenommen (Teil II.6).

Innerhalb dieses systematischen Aufbaus, der nach den aufgezählten Anhaltspunkten einem christlichen, besser noch christologischen oder sogar christozentrischen Heilsplan gleichkommt, hat der Bischof von Tours seine Geschichtserzählung angesiedelt. Man wird also kaum fehlgehen, wenn man bei der Behandlung des Historiographen auch die Dimension des Theologen anspricht.

Bei einer Person, die bereits in jugendlichem Alter in den Klerus eingetreten war und eine dementsprechende Ausbildung genossen hat, könnte die gerade gemachte Bemerkung eigentlich als überflüssig, zumindest aber als banal erscheinen. Sie ist es erstaunlicherweise nicht, wenn man sich die gegenwärtige communis opinio über die theologischen Ansätze unseres Geschichtsschreibers vor Augen führt und realisiert, daß der gerade beschriebene „Heilsplan“ Gregors in seinem ganzen Umfang nach unserer Kenntnis bisher keineswegs gesehen oder beschrieben worden ist.[1]

Der gegenwärtige Standpunkt zum Theologen Gregor von Tours

geht in erster Linie von dem überwältigenden Eindruck aus, den der hagiographische Anteil an seinem Werk – auch innerhalb der Historien – auf seine Kritiker gemacht hat; „durch die massive Betonung der Heiligenverehrung bei gleichzeitiger Vernachlässigung der ‚hohen' Theologie ergibt sich doch eine starke Akzentverschiebung hin zu einer sinnlich-handgreiflichen, stark emotionalen, ‚volkstümlichen' Auffassung des christlichen Glaubens", wird in einer im ganzen sonst relativ ausgewogenen Beurteilung von B. K. Vollmann (wie Einführung Anm. 16: 906) formuliert. Die hier erwähnte Nichtberücksichtigung „hoher Theologie" wird unter anderen auch von Pierre Riché angesprochen, wenn er – fast anklagend – meint, Gregor habe Sulpicius Severus und Prudentius weit besser gekannt als Hieronymus und Augustin.[2] Neben der Bevorzugung konkreter Heiligenverehrung und der geringen Benutzung patristischer Traditionen hat man gegen den Bischof von Tours endlich auch ins Feld geführt, daß er als „Realist" oder «visuel» abstraktes Denken kaum geschätzt und praktiziert habe.[3] Die systematischste Kritik der Theologie des Turoners hat Gustavo Vinay vorgenommen (vgl. Anm. 2), der dessen Werk Punkt für Punkt nach seiner Position zur Ekklesiologie, zur Erbsünde, zur Gnade usw. abgefragt hat und dabei „ohne größere Schwierigkeit" die mangelhafte Substanz in der Argumentation des Bischofs erkennen will.[4] Nicht ohne eine gewisse Pikanterie ist dabei die nachträgliche Feststellung, daß die abfällige Kritik an der Ekklesiologie Gregors, bei der der große italienische Historiker die Referenz an *eine* römisch-katholische Kirche schmerzhaft – „fatto più doloroso" – vermißt (ibid.: 24–26), ihn letztendlich daran gehindert hat, die tatsächliche ekklesiologische Struktur der Historien als eine eigenständige und für die Interpretation des Geschichtswerks unabdingbare Schöpfung des bischöflichen Historiographen zu erkennen.

Hier kann es freilich nicht darum gehen, die theologischen Kenntnisse unseres Autors zu rehabilitieren; daß die ernsthafte Aufarbeitung seiner theologischen Positionen und der Quellen, auf die er sich dabei stützte, ein tatsächliches Forschungsdesiderat ist, braucht nicht noch einmal erwähnt zu werden.[5] Wichtiger scheint vielmehr, seinen Ausdrucks- und Gestaltungswillen deutlich zu machen, vor allem in Hinsicht auf die Funktion des theologischen Ansatzes im historiographischen Zusammenhang. Die bereits festgestellte Einbettung geschichtlicher Abläufe in einen christologischen Heilsplan in den ›Historiae‹ läßt die ganze Bedeutung der Verknüpfung beider Bereiche jetzt schon sichtbar werden.

Gemessen wird Gregors Theologie erstaunlicherweise so gut wie nicht an seinen durchaus selbständigen Ausführungen in dem weitgehend typologisch-paradigmatischen Aufbau des ersten Buches. Mehr

Aufmerksamkeit haben dagegen seine fünf Exkurse erhalten, die er in ebenso vielen, durchweg längeren Kapiteln wiedergibt, wobei seine eigene Person jeweils die Rolle eines von zwei Diskussionspartnern einnimmt.

– Hist. V 43, Gregor diskutiert mit dem westgotisch-arianischen Gesandten Agila über Grundsätze des trinitarischen Glaubens, dessen Prinzipien er dabei ausbreiten kann. Er zeigt dabei, daß die Dreifaltigkeit bereits im Alten Testament angelegt ist (vgl. dazu Teil III mit Anm. 68).

– Hist. V 44, Gregors Angriff auf König Chilperich wegen eines unorthodoxen (sabellianischen) *„indicolum“*, das der Herrscher über die Dreifaltigkeit verfaßt hatte.

– Hist. VI 5, der gleiche König will einen Juden bekehren und zieht Gregor dazu mit heran, der seine christologische Argumentation entwickeln kann.

– Hist. VI 40, ein weiterer westgotischer Gesandter, Oppila, der sich als orthodox präsentiert, wird von Gregor als *„hereticus“* entlarvt.

– Hist. X 13, Gregor überzeugt einen Priester seines eigenen Klerus von der faktischen, körperlichen Auferstehung und stellt die wichtigsten biblischen Zitate zur *„resurrectio“* und zum Jüngstem Gericht zusammen.

Wie in dem zuletzt aufgeführten Kapitel, wo die Thematik des zehnten Buches (Auferstehung und Jüngstes Gericht) in kompakter Form aufgegriffen und theologisch untermauert wird (vgl. oben Teil II.6), ist auch in den vier vorangehenden Kapiteln der Zusammenhang mit einer speziellen Thematik gegeben. Nicht von ungefähr gehören alle Beispiele der Chilperichsequenz an und verifizieren dementsprechend das zugrundeliegende Leitmotiv von Orthodoxie-Häresie in exemplarisch kompakter Form. Die Rolle des Königs als Wächter über die Orthodoxie wird durch das zweimalige Auftreten Chilperichs negativ beleuchtet und läßt die Funktion des Arianismus in den ›Zehn Büchern‹ deutlich werden, wo er zum Maßstab der Beurteilung richtigen Verhaltens des christlichen *„rex“* wird. Eine weitere wichtige Dimension dieser Kapitel hat die überzeugende Interpretation von Kathleen Mitchell erschlossen, nach welcher Gregor den Arianismus als eine materialistische Konzeption der Gottheit einer mehr spirituellen Auffassung vom Wesen Gottes gegenübergestellt hat.[6] Eine solche Interpretation ergänzt im übrigen unsere eigene Erkenntnis, wonach die Übel des Chilperichregimes tatsächlich auf die *„radix malorum“*, das heißt die *„cupiditas“* dieses Königs nach materiellen Gütern zurückzuführen sind (vgl. Teil II.3).

Die Funktion der „theologischen Kapitel“ Gregors wird aber auch durch ihre besondere Überlieferung beleuchtet. Drei kanonistische Handschriften vom Ende des 8. und Beginn des 9. Jahrhunderts haben nämlich vier oder drei Kapitel Gregors aus seinen Büchern V und VI mit aufgenommen; eine weitere Sammelhandschrift mit zum Teil identischen Texten, die um das Jahr 800 in einem burgundischen Kloster geschrieben wurde, enthält Hist. I 21 und I 23, beide mit Bezug auf die Auferstehung.[7] Hier wird deutlich, daß zumindest die karolingische Theologie die Ausführungen des Bischofs von Tours in ihrer kompakten Form geschätzt hat. Auch wenn unser Autor die fragmentarische Überlieferung seines Werkes keinesfalls billigen konnte (vgl. Teil III Vorbemerkung), so haben die bezeichneten Kapitel ihre Aufgabe als signifikative, handbuchartige Vermittler orthodoxer Theologie erfüllt und dabei wohl auch die gewünschten Adressaten erreicht[8]; bei der Abfassung eines offiziellen Gutachtens für König Robert II. bei der Deutung außergewöhnlicher Naturerscheinungen hatte man auf die Historien wegen des religiösen Prestiges ihres Autors zurückgegriffen, *„propter auctoritatem religionis sue"*.[9]

In seinem Werkkatalog führt Gregor einen Titel auf, der ebenfalls theologische Beschäftigung verrät: *„In Psalterii tractatu librum unum commentatus sum"* (Hist. X 31: 536 Z. 1). Aufgrund der nicht überprüften Angaben von Bordier (3: 402 f.) hat Bruno Krusch in seiner Edition der hagiographischen Werke Gregors von 1885 vier Folioseiten abgedruckt, die er als Fragmente des erwähnten Psalmenkommentars identifiziert hatte (SRM I–2: 424–427). Diese Fragmente gehören zu drei verschiedenen Textteilen, wovon der erste von Krusch als Einleitung des Kommentars aufgefaßt wird und in den beiden Haupthandschriften unter dem Titel *„Incipit explanatio Florentii Georgii Gregorii de titulis psalmorum"* erscheint.[10] Der zweite Teil besteht aus 89 solcher *„tituli psalmorum"*, die Krusch im Anschluß an Bordier als Kapitelindex auffaßte; der dritte Teil endlich setzt sich aus zwei kürzeren Fragmenten zusammen, die nach Mabillon als Teile des gregorianischen Kommentars anzusehen wären.[11] Da die *„tituli psalmorum"* von der Forschung neuerdings als Quelle betrachtet werden, die unabhängig von Gregor existiert haben könnte, will B. K. Vollmann den gesamten Kommentar als verloren betrachten, obwohl der erste Teil, die sogenannte „Einleitung", unmißverständliche Elemente gregorianischer Diktion trägt; aus diesem Grund muß das erwähnte Verdikt als willkürlich und in jedem Fall unberechtigt erscheinen.[12] Unseres Erachtens hat deshalb zumindest die Einleitung weiterhin als Werk Gregors zu gelten, welches deutlich die typologische Methode der Textauslegung beleuchtet, die Gregor in erster Linie im ersten Historienbuch erkennen läßt (vgl. Teil III Zusammenfassung).

Wirklich verloren scheint dagegen die Einleitung Gregors zu einem

Buch, in dem er selbst Texte zur Messe zusammenstellte, die Sidonius Apollinaris geschrieben hatte; in Hist. II 22 erzählt er eine Begebenheit, die er bereits in der betreffenden *„praefatio“* beschrieben hatte.[13]

Während der Bischof von Tours das gerade erwähnte Meßbuch, dessen praktische Bestimmung anzunehmen ist, nicht in seinen Werkkatalog aufgenommen hat, zitiert er dort *„de Cursibus ecclesiasticis unum librum“* (Hist. X 31: 536 Z.1 f.), das in der einzigen vollständig erhaltenen Handschrift mit ›In Christi nomine incipit de cursum (sic) stellarum ratio, qualiter ad officium implendum debeat observari‹ überschrieben wird. Abgekürzt wird das Werk deshalb meist als ›De cursu stellarum (ratio)‹ wiedergegeben.[14] Der Inhalt dieser originellen Schrift besteht aus drei unterschiedlichen Teilen: 1. Beschreibung von Weltwundern (Kap. 1–16), wobei sieben dieser *„miracula“* von menschlicher Hand (mit zwei christlichen Beispielen: Arche Noahs und Tempel Salomons) ebenso viele „natürliche“ Wunder gegenübergestellt werden, die, wie Ebbe und Flut, Sonne und Mond, von Gott geschaffen wurden; 2. ein Sternbildatlas (Kap. 16–34[15]); 3. astronomische Anhaltspunkte für Zeitmessungen in der Nacht in Hinsicht auf den möglichen „Gottesdienst“ durch Gebet und Psalmenrezitation (Kap. 35–47[16]). Da man bisher regelmäßig angenommen hat, es handle sich bei dem vorliegenden Traktat um eine liturgische Ordnung für die Klöster und Kirchen der Diözese von Tours, ist es nicht überflüssig, darauf hinzuweisen, daß der Autor die Möglichkeiten des jeweiligen Gotteslobes in durchaus fakultativer Form ausgedrückt hat[17] und daß er an keiner Stelle die Adressaten als Mönche oder Kleriker spezifiziert. Zusammen mit der gefälligen literarischen Einkleidung der Schrift scheint dies darauf hinzuweisen, daß Gregor einem breiteren Kreis von Gläubigen – also auch Laien – die Möglichkeit geben wollte, am Loblied des Schöpfers durch die *„ecclesia Dei“* teilzuhaben: *„ad officium Dei observandum possit devotio humana consurgere.“*[18] Diese Beobachtung unterstreicht auch die Konzeption der *„ecclesia Dei“* als eines gesamtgesellschaftlichen Phänomens, innerhalb dessen der Klerus nur einen, wenn auch wichtigen Bestandteil repräsentiert.

Auch ohne Einbeziehung der hagiographischen Quellen, von denen noch die Rede sein wird, erscheint der praktische, in Richtung auf christliche Lebensgestaltung umsetzbare Aspekt der theologischen Werke Gregors als deren gemeinsamer Nenner. Dagegen sind die Auswirkungen einer zweifellos doch bedeutenden theologischen Ausbildung ihres Autors nicht zu übersehen, die in der regelmäßigen Exegese, sei es von Texten wie im Psalmenkommentar oder von Naturerscheinungen wie in ›De cursu stellarum ratio‹, zum Ausdruck kommt.[19] Das bedeutet allerdings nicht ein gleichzeitiges Interesse Gregors für ausschließlich abstrakte theologische Fragestellungen; sein Zeitgenosse Venantius Fortunatus hat ihn deshalb wohl vergeblich aufgefordert, durch sein „*dogma*" hervorzutreten wie sein berühmter Bischofskollege und Namensvetter von Nazianz.[20]

IV.1 Gregors ekklesiologisches Programm: Terminologie, Inhalt und historiographische Konsequenz

IV.1.a Bischofskirche und eschatologische Kirche: „*ecclesia – ecclesiae – ecclesia(e) Dei*"

Bildlich – Gregor würde sagen *spiritaliter* – und formal im Mittelpunkt von Buch I der ›Zehn Bücher Geschichte‹ steht die Person Christi, des Stifters der „Kirche" und des zukünftigen Weltrichters (vgl. oben Teil III.2.c und Zusammenfassung).

Formal hat der Bischof von Tours die Bedeutung der Figur Christi für sein Geschichtswerk in dessen erstem Buch durch eine Kapitelfolge der Buchmitte dargestellt, die von Kapitel 15, der Befreiung aus der babylonischen Gefangenschaft der Sünde und der Errichtung eines Tempels in den Menschen, bis zu den Kapiteln 23 und 24 geht, die jeweils von der Auferstehung und der Himmelfahrt Christi handeln.[21] Diese Kapitelfolge der Christusthematik schlägt also bereits einen ersten Bogen von der Gründung der Kirche, des Tempels, bis zum Jüngsten Gericht, das in der Auferstehung vorbedeutet ist.[22]

Gregor hatte diesen Bogen zum Ende der Geschichte hin bereits in der Aussage des Prologs zum 1. Buch geschlagen, wonach Christus „*noster finis*", also Endziel aller Geschichte (und Geschichtsschreibung!) sei (Hist. I Prol.: 5 Z. 9); durch die im gleichen Zusammenhang gemachte Aussage „*qui nobis vitam aeternam, si ad eum conversi fuerimus ... praestabit*" (ibid. Z. 10) wird auf die Belohnung im letzten Gericht verwiesen und auf die Erfüllung der Verheißungen für die Mitglieder der „*ecclesia Christi*". Ebenso deutlich erscheint dann auch der Anfang: Bereits im ersten Kapitel der Historien verbindet Gregors Exegese die Erschaffung der Welt mit der Person Christi[23], die sodann als Typus des ersten Menschen vor dem Sündenfall gedeutet wird. Daran anschließend kann in diesem gleichen Kapitel in einem dritten typologischen Schritt die Wunde Adams bei der Entnahme der Rippe zur Wunde Christi bei der Passion werden und demzufolge symbolisch die Entstehung der *ecclesia* „bedeuten".[24]

Hier ist der wirkliche Anfang der Geschichte und gleichzeitig von Gregors *historia* gesetzt, ein Anfang für den Menschen wie für die heilbringende Aktion des Erlösers, die in seiner „Kirche" symbolisiert ist.

In diesem ersten Teil von Gregors Werk – Anfang und Mitte von Buch I –, der in den langen Jahren der Gregorrezeption unzählige Male als christliches Alibi des bischöflichen Historiographen, als stereotypes Beiwerk ohne spezifische Funktion gedeutet wurde und dadurch dem wissenschaftlichen Zugriff entging, verdichtet sich die Aussage des Autors in weit höherem Maße als an jeder anderen Stelle des Werks. Diese Erkenntnis ist untrennbar mit der Interpretation des Begriffs *„ecclesia"* verbunden, dessen Gebrauch hier zunächst untersucht wird, bevor auf seine Funktion im historiographischen Zusammenhang eingegangen werden kann.

In den Historien hat der Bischof von Tours den Begriff *„ecclesia"* im Singular 222mal angeführt[25]; unter diesen Belegen ist die abstrakte, eschatologische Bedeutung des Wortes weniger als 20mal in eindeutiger Weise erkennbar. Alle anderen Belege lassen eine institutionell und geographisch festlegbare Kirche erscheinen, als deren Grundeinheit diejenige *„ecclesia"* sichtbar wird, die als Diözesanverband dem Bischof untersteht. Wie wir noch sehen werden, ist diese Bischofskirche freilich das Abbild oder der Antitypus jener eschatologischen, in Christus angelegten Kirche[26]: Nur aufgrund dieser Voraussetzung kann Gregor im letzten Buch seines Geschichtswerkes seiner Vorstellung von der *„ecclesia Dei"* durch die Kontinuität der Bischofssukzessionen von Rom und Tours sowie durch die zum gemeinschaftlichen Gericht versammelten Bischöfe einen ebenso konkreten wie „bedeutsamen" Ausdruck geben.[27]

Die wichtigsten Belege für den eschatologischen Kirchenbegriff Gregors finden sich durchweg im ersten Buch:

– Hist. I Prolog (S. 3 Z. 19), der Autor selbst versichert, an all dem festzuhalten, *„quod in eclesia credi praedicatur"*.

– ibid. (S. 4 Z.2), der gleiche Autor bezeugt in seinem Glaubensbekenntnis, daß diejenigen, die sagen: „es gab eine Zeit, wo er (Christus) nicht war", von der Kirche zu scheiden sind, *„ab eclesia segregare"*; die Bedeutung dieser Ausdrucksweise wird dadurch unterstrichen, daß Gregor die Kirchengemeinschaft – und vor allem den Ausschluß aus dieser – sonst nur durch den bloßen Begriff *„communio" („a communione removere/suspendere")*, ohne Verweis auf „die Kirche" wiedergegeben hat (vgl.Anm. 25).

– Hist. I 1, Blut und Wasser bei der Passion Christi „bedeuten" die unbefleckte *eclesia* (1. Typologie der Kirche, vgl.auch Anm. 22).

– Hist. I 4, die Arche Noahs, die die Menschen durch die Fluten und Klippen der Welt führt, ist *„tipus matris aeclesiae"* (2. Typologie der Kirche). Eine Anknüpfung an die *„mater ecclesia"*-Typologie stellt der Bericht Gregors von der Judenbekehrung in Clermont durch den dortigen Bischof Avitus dar (Hist. V 11: 206 Z. 12 f.), *„cunctos* (scil. die Juden) ... *in sinu matris eclesiae congregavit"*[28]; durch die Plazierung innerhalb einer Folge von Episoden über „Heilige" (Hist. V 7–12), das heißt die Glieder der eschatologischen Kirche, die alle im Jahr 576 *„a Domino sunt vocati"* (Hist. V 7: 203 Z. 29 f.), gewinnt auch die Zurückgewinnung der Juden für die Kirche Christi ihren besonderen Stellenwert.

– Hist. I 15, Christus, der als Zorobabel die Menschen aus der (babylonischen) Gefangenschaft der Sünde führt, errichtet sich *„in nobis templum"*, in dem der Glaube wie Gold leuchtet, *„eloquium praedicationis"* wie Silber, und wo der Schmuck dieses Tempels in der ehrbaren Gesinnung der Menschen besteht (3. Typologie der Kirche).[29]

– Hist. I 28, die ersten Häresien erscheinen unter den Christen. Der Philosoph Iustinus wird Märtyrer, nachdem er Bücher über die *catholica ecclesia* geschrieben hat[30]; Gregor führt den Begriff hier in seine Hieronymusvorlage ein, wo er nicht gestanden hat.

– Hist. I 30, nach dem Märtyrertod der Dionysius von Paris und Saturninus von Toulouse gewannen die übrigen fünf der *„septem viri episcopi ordenati ad praedicandum in Galliis missi"* (ibid.: 22 Z. 16) durch die Ausbreitung des Glaubens der „Kirche" viel Volk und *„felice confessione migrarunt"* (ibid.: 23 Z. 19); die *eclesia* ist hier unzweifelhaft mit der eschatologischen Kirche gleichzusetzen: der anzunehmende Ordinator der „Sieben", der römische Bischof, wird ebensowenig genannt wie der Ort, von dem aus die Bischöfe entsandt wurden.[31]

Die Besonderheit des in unserer Aufstellung dokumentierten Kirchenbegriffs beleuchtet nun e contrario der pluralische Gebrauch von *ecclesia* in zahlreichen Beispielen, wo die moderne Gregorkritik eher den Singular „die Kirche" erwarten zu können glaubte.[32] Dazu gehören zuallererst die gewichtigen Belege im Generalprolog sowie im Prolog zu Buch I, wo die Häretiker „den Kirchen" und nicht „der Kirche" gegenübergestellt werden (S. 1 Z. 4 und S. 3 Z. 13 f.). Nach der Zeit der Verfolgungen hat dann Konstantin den Kirchenfrieden = Frieden der *„ecclesi-ae"*, hergestellt (Hist. I 36: 26 Z. 23 f.), und in den Wirren des Jahres 573 erhob sich *„in ecclesiis"* und nicht etwa „in der Kirche" ein großes Wehklagen wie zu Zeiten der Diokletianischen Verfolgungen (Hist. IV 47: 184 Z. 11 f.). Bezeichnenderweise hat Chilperich in seiner Invektive gegen die *„episcopi eclesiarum"* behauptet, daß die königlichen Reichtümer *„ad eclesias sunt translatae"*, und nicht, wie man erwarten könnte, „an die Kirche" (Hist. VI 46: 320 Z. 14); der gleiche

König hat in seinem Haß gegen die Kirchen – *„nullum plus odio quam eclesias habens"* (ibid.: 320 Z. 13) – Testamente vernichtet, die zugunsten der Kirchen und nicht etwa „der Kirche" gemacht worden waren.[33] In der theologischen Diskussion mit unserem Bischof spricht König Chilperich Gregor als *„tu vel reliqui doctores eclesiarum"* an.[34]

Besonders bedeutungsvoll wird in diesem Zusammenhang der pluralische Kirchenbegriff, den Gregor in der Vision des Salvius Gottvater selbst in den Mund legt, als er ihn sagen läßt *„(Salvius) necessarius est aeclesiis nostris"* (Hist. VII 1: 325 Z.18; vgl. oben Teil II.4), und der damit den Bischof von Albi nach seinem Jenseitsaufenthalt in die irdische Welt zurückschickt; die Pluralbildung mußte sich für unseren Historiographen auch deshalb hier aufdrängen, weil Salvius als „Heiliger" bereits zu Lebzeiten der eschatologischen Gotteskirche („Kirche" im Singular) angehörte, was seinen Verbleib im Paradies nahegelegt hätte!

Zwischen dem an wenigen, aber bedeutsamen Stellen aufgeführten eschatologischen Kirchenbegriff[35] und den zahlreichen, meist pluralisch angewandten *ecclesia*-Belegen für die sichtbare Bischofskirche hat Gregors typologische Denkweise und Methode eine wesentliche Beziehung gesetzt. Diese Beziehung zwischen der bestehenden Bischofskirche und der eschatologischen Kirche des Christ drückt sich am deutlichsten durch die überragende Rolle aus, die Gregor dem Bischofsamt in seinem Werk durchgängig zuweist. Es kann danach nicht verwundern, wenn er etwa in Buch II (Kap. 23) die Empörung gegen einen Bischof schlichtweg als Ketzerei definiert, das heißt als Vergehen gegen „die Kirche" und ihren Schöpfer: *„nec istud sine heresi potest accipi, ut in ecclesiam non obaudiatur sacerdos Dei."*[36] Wie hier die typologische Verbindung der beiden Kirchen – der sichtbaren und der unsichtbar-eschatologischen – durch die Qualifizierung des Bischofs als *„sacerdos Dei"* hergestellt wird, hat Gregor anderenorts die gleiche Beziehung durch seine ausnahmslos gezielt eingesetzte Formel *„ecclesia Dei"* zum Ausdruck gebracht. Diese Formel findet sich noch nicht im ersten Buch, wo die wiederholt vorgetragene Kirchentypologie eine solche zusätzliche Erläuterung überflüssig machte, so jedenfalls nach der Auffassung Gregors. Sie erscheint aber in Form eines Leitmotivs in Buch II, wo sie der Autor ausführlich und in eindeutig exemplarischer Absicht durch einen gut ausgewählten Brieftext illustriert (Hist. II 3). Nachdem er in seinem einführenden Kommentar ankündigt, er wolle aufzeigen, was die wandalischen Ketzer an den rechtgläubigen Kirchen, *„circa Dei eclesias"*[37], verbrochen haben (und dafür aus ihrem Reich verjagt wurden!), läßt er den Brieftext des Bischofs Eugenius, *„virum enarrabili* *sanctitate*", für sich selbst sprechen; dieses eher erbaulich-spirituelle als historische Dokument wurde während der Verfolgungen an die – im übrigen an keiner Stelle lokalisierte – Gemeinde des Eugenius (von Karthago) zur Bewahrung der „*fides catholica*" geschrieben.[38] Die Epistel wendet sich an die „Söhne und Töchter der mir von Gott anvertrauten Gemeinde *(ecclesia)*", deren Glieder anschließend als „Schafe Christi" und „*vestra sanctitas*" apostrophiert werden: Damit wird der angesprochene Personenkreis über eine bestimmte lokale Gemeinde hinaus in den Rang der Herde und „Heiligen des Christ" erhoben! Gleichzeitig betont der bischöfliche Briefschreiber, die „*ecclesia Dei*" nicht im Ungewissen lassen zu wollen, und verbindet diesen Begriff mit dem Kreis der gerade zuvor Angesprochenen[39]; die generelle Bedeutung der verwendeten Terminologie wird durch den Umstand unterstrichen, daß an keiner Stelle die Gemeinde des Bischofs als diejenige von Karthago identifiziert wird. Die Referenz der „*ecclesia Dei*" an die eschatologische Kirche wird im übrigen durch den zusätzlichen Verweis auf das „*tribunal Christi*" deutlich, bei welcher Gelegenheit der Brief des Eugenius Vorlesung finden soll.[40]

Die gleiche doppelte Bedeutung von „Bischofskirche" und eschatologischer Kirche kommt dem Beleg in Hist. X 1 zu, einem Kapitel, das die Thematik von Buch X, „Weltende, Gericht und Offenbarung der *ecclesia*", einleitet (dazu oben Teil II.6). Nur in diesem speziellen thematischen Zusammenhang erscheint die römische Kirche als Symbol der „*ecclesia Dei*", was für Gregor keinesfalls selbstverständlich sein konnte.[41] Der Begriff erhält aber gerade hier, in der Einleitung zum letzten Buch, seine spezifische Funktion hinsichtlich der spirituellen Einordnung der Kirche von Tours, die ein Hauptgegenstand des „Epilogs" sein würde und deren erster – wahrscheinlich nur mythischer – Bischof „*a Romanae sedis papa*" gesandt worden war.[42]

IV.1.b Die „*ecclesia (Dei)*" als Gemeinschaft der „Heiligen"

Die im Eugeniusbrief angesprochene Konzeption vom Wesen und der Zusammensetzung der „*ecclesia Dei*" macht das dritte Kapitel des zweiten Buches nicht nur durch seinen besonderen Umfang – der bei weitem größte des gesamten Buches – zu einem Schwerpunkt der gregorianischen Gedankenführung. Das formale und thematische Gegenstück dieses Dokumentes stellt am Ende des 9.Buches mit einer Epistel der hl. Radegundis ein weiterer ausführlicher, inserierter Brieftext dar.[43] Dessen Inhalt steht ebenfalls ganz im Zusammenhang des Konzepts der eschatologischen Kirche[44]: Eine notorische Heilige der Merowingerzeit, im Text Gregors kurz zuvor von mehreren Bischöfen als *„filia ecclesiae in Christo“* angesprochen (Hist. IX 39: 460 Z.22), wendet sich ihrerseits an eine nicht näher beschriebene oder lokalisierte Versammlung von Bischöfen, *„domini sancti… et patres in Christo“* (Hist. IX 42: 470 Z.4f.) oder *„sancti episcopi“* (ibid.: 473 Z.13) und *„patres aeclesiae et viri apostolici“* (ibid.: 474 Z.9). Gleichzeitig bittet sie auch die merowingischen Könige, über ihre Klosterstiftung zu wachen, und setzt die heiligen Bischöfe Hilarius von Poitiers und Martin als Garanten ihrer Bestimmungen ein, die der Förderung des *„propositum sanctitatis“* (ibid.: 472 Z.12) der Klosterfrauen dienen sollen.

Die Fiktion der Mitgliedschaft in der spirituellen Kirche des Christ ist keineswegs eine Schöpfung Gregors, sondern Teil der zeitgenössischen Spiritualität, die sogar in das damals übliche Geschäftsformular einfließen konnte. In den zur Zeit Gregors geschriebenen und vor allem zusammengestellten Epistolae Austrasicae erscheint die Anrede *„in Christo sancte ecclesiae filia“* für die Königinnen Chlodswind und Brunichild, *„filius in Christo“* für einen vom Bischof angesprochenen König, *„fratres in Christo“* für Bischöfe unter sich (Ep.Austrasicae, MGH Epp.III: Nrn.3, 4, 8, 9, 10, 11). Die Auffassung der Kirche als „Körper Christi“ und „Gemeinschaft der Heiligen“ ist für unseren Bischof also ein durchaus traditionelles Konzept, das in den biblischen Schriften wie in der Patristik reichlich belegt und vertreten ist.[45] Im mehr theologischen Zusammenhang seines Psalmenkommentars hat Gregor im Bezug auf Psalm 5,1 *„Pro his qui hereditabuntur“* die angesprochene geistige Erbschaft als *„retributionem sanctorum sive eclesiae, quae est corpus Christi“* (SRM I–2: 424 Z.8) deuten können; in einem Prolog einer seiner spirituellen Biographien schildert er Christus und seine Kirche als Lichter in der Finsternis, in der auch Patriarchen, Propheten und besonders Apostel als Sterne leuchten, die durch ihre Verdienste stellvertretend für die ganze Kirche stehen können (VP XVIII Prol.: 283 Z.14–23).

In unserer eigenen Perspektive liegt es nun nahe, nach den *sancti* der „Kirche“ speziell im historiographischen Kontext zu fragen, nicht zuletzt auch deshalb, weil man dem Bischof von Tours wegen seiner angeblich naiven Wundergläubigkeit eine zu starke Betonung der „handgreiflichen Heiligenverehrung“ auf Kosten der „hohen“ Theologie angelastet hat (vgl. oben die Vorbemerkung). Diese Position hat Walter Goffart freilich erheblich modifiziert, indem er zwar auch Gregors “concern to multiply the holy” notierte (Goffart 1988: 135), aber gleichzeitig pointiert formulierte, “Gregory was no more superstitious than Augustine had been" (ibid.: 142). Durch die Akzeptierung des „Heiligen" als ein den profanen Ereignissen gleichwertiges Element der gregorianischen Geschichtsschreibung vermag der kanadische Historiker "the moral pattern of history" der ›Zehn Bücher Geschichte‹ zu erkennen (ibid.: 172). Während für ihn aber der Bereich der Wunder und Heiligen undifferenziert – etwa im Sinne der orosianischen *„bona malaque alternantia"*[46] – das positive Moment der antithetischen Bestandteile der Geschichte darstellt, hat Kathleen Mitchell die aktive soziale Rolle der Heiligen Gregors erkannt und beschrieben: "They promulgated a program of Christian public action not unlike that of the sixth-century Gallic church councils" (Mitchell 1987: 77). Beide Interpretationen zusammen lassen erkennen, daß Gregors historiographische Aussage zumindest auf zwei verschiedenen Ebenen angelegt ist: Zum einen liegt sie im abstrakten, eschatologischen Bereich einer Heilsgeschichte der Menschheit, zum anderen in demjenigen einer konkreten sozialen Bedeutung für die Bestimmung der Werte in der Gegenwartsgesellschaft des Bischofs von Tours.[47]

Die Rolle der Heiligen in der Geschichte hat Gregor in den Historien bereits in seinen Prologen festgehalten, deren Schlüsselbedeutung oben ausführlich erläutert worden ist (Teil III.2.b). Am klarsten erscheint diese Rolle im Prolog zu Buch II, in dem der Autor begründet, weshalb er im gleichen historiographischen Zusammenhang über die *„virtutes sanctorum"* und *„strages gentium"* berichtet. Im folgenden Satz präzisiert er diese Antithese mit dem glückseligen Leben der *„beati"* und dem Untergang der *„miseri"*, um noch im gleichen Prolog die angeschnittene Dichotomie anhand von fünf typologischen Paarungen von Heiligen und „Unheiligen" der biblischen Geschichte zu verdeutlichen. Der Prolog schließt sich unmittelbar an das erste Buch an, in dem Gregor seine Hagiologie und deren Zusammenhang mit dem *„ecclesia"*-Konzept entwickelt. Diesen Zusammenhang illustriert er am Beispiel der typologischen Beziehung des Kirchengründers Christus mit seinem Antitypus Martin von Tours, eine Relation, die durch ihre formale Präsentierung im ersten Buch – man vergleiche unsere schematische Darstellung in der Zusammenfassung von Teil III – und durch ihre Exemplarität zum Paradigma *aller* Christus-Heiligen-Beziehungen wird. In dieser exemplarischen Beziehung ist aber gleichzeitig das Wesen der „Kirche" ausgedrückt. Beide Personen, sowohl der Schöpfer/Gründer als auch sein für Gregor alle anderen überragender Nachahmer in den „neueren Zeiten" (Teil III mit Anm. 36), bleiben durch ihr regelmäßiges Eingreifen in den Verlauf des Geschehens wesentliche Elemente der Geschichte bis zu deren Erfüllung im Weltgericht: Dort und dann würde der erstere Richter und Vollender sein, der zweite als „*amicus Dei*“ und „*patronus*“ Anwalt der Sünder.[48]

Das Verständnis Martins als Antityp Christi und dann als einer tragenden Säule der christologischen Kirche beruht auf den Werten, die er verkörpert. Solche Werte hat Gregor innerhalb der Christussequenz des ersten Buches in der Kirchentypologie von Kapitel 15[49] und anhand der Heilstätigkeit des Christ auf Erden in Kapitel 20 ausgeführt. Predigt (Bußpredigt und Verkündung des Gottesreiches), Spende des Taufsakramentes und das Wirken von „*prodigia et signa per populos*“ sind der Inhalt dieser Heilstätigkeit, wobei die Wunder bereits in Gattungen zusammengestellt werden, die das traditionelle, mittelalterliche Repertoire der Heiligen, das heißt der Nachahmer Christi, vorwegnehmen.[50] Das somit vorgegebene Muster des perfekten Heiligen wird dann noch im gleichen Buch von mehreren Nachfolgern des Christ wiederholt, allen voran, und in Erfüllung des typologischen Schemas, Martin von Tours: „*Martinus in Gallias praedicare exorsus est, qui Christum, Dei filium, per multa miracula verum Deum in populis declarans, gentilium incredulitatem avertit.*“[51]

Der einzigartige Rang Martins ist wohl nicht zu bestreiten. Es zeugt aber von einem beträchtlichen Geschick seines Historiographen, wenn ihn dieser zwar typologisch an die Seite Christi stellt und ihn als Patron der gesamten Welt – „*peculiaris patronus toto orbi*“ (VM IV Prol., SRM I–2: 199 Z.24) – anspricht, als Apostel oder apostelgleich aber nur in einem inserierten Fremdtext erscheinen läßt, dessen gemeinsame Autoren, sieben heiligmäßige Bischöfe, dem betreffenden Briefdokument eine ungeheure sakrale Autorität verleihen. „*Qui licet apostolorum tempore non fuerit, tamen apostolicam gratiam non effugit*“, hatten Eufronius von Tours, Germanus von Paris und fünf weitere Kollegen an die „*filia ecclesiae*“ Radegundis mit Bezug auf Martin geschrieben (Hist. IX 39: 461 Z.13f.). Damit gaben sie ihren Segen zu einer schon von Bischof Perpetuus von Tours (458/9–488/9), gleichzeitig Vorfahre und Vorgänger Gregors, eingeleiteten Politik der Gleichstellung Martins mit dem Apostelfürsten Petrus; ihre Qualität als Bischofsgremium verlieh ihnen in der Vorstellung Gregors eine auf Erden unwiderrufliche, definitive Sanktion.[52]

Der vollkommene Weg Martins und seiner heiligen Kollegen[53] ist freilich nicht der einzig mögliche, um zum ewigen Leben zu gelangen und damit Teil der Kirche Christi zu werden: „*non enim aequaliter possunt aut per unam viam ad vitam cuncti transire*“ (Hist. I 10: 12 Z. 19f.). Die verschiedenen *Wege* stehen im Zusammenhang mit den individuellen Verdiensten der Betreffenden, von denen Gregor im angesprochenen Zusammenhang und in Anlehnung an den Evangelisten Matthäus („*sicut euangelista conmemorat*", ibid.: 13 Z. 2 [Mt 20,1 ff.]) drei Stufen einer Werteskala erläutert. Die erste Gruppe von „Heiligen" umfaßt dabei diejenigen, die nach der Taufe bis an ihr Lebensende von den Befleckungen des Fleisches frei bleiben, die zweite Gruppe solche, die sich erst später bekehren[54], die letzte Gruppe endlich besteht aus denjenigen, die ihre Fleischeslust im Zaume halten. Diese Verdienste der „*vitam recte viventes*" (Praefatio prima, SRM I–^{2}1 : 1 Z. 12) werden dann auch bei der Auferstehung entgolten werden, wie der Bischof von Tours seinem eigenen Kleriker in einem längeren theologischen Diskurs erklärte: „*de resurrectione, quam sancti expectant pro merito, quam peccatores metuunt pro reatu*".[55]

Es ist unschwer zu erkennen, daß in dem zuletzt angesprochenen Zusammenhang der Terminus *sanctus* als Gegenposition zum Begriff des „*peccator*" angewandt wird; damit unterliegt er ebensowenig einem speziell hagiographischen, kultbezogenen Verständnis wie die Bezeichnung der Gemeindeglieder, die der Bischof von Karthago als „*vestra sanctitas*" angesprochen hatte (vgl. Anm. 39), oder der Mönch von Bordeaux, dessen *sanctitas* Gregor zwar evident schien, dessen Name er aber verschweigen will, um ihn nicht eitler Ruhmsucht auszusetzen.[56] Solche „*sancti Dei*" sind vielmehr die – bis zu ihrem Tod nur potentiellen – Glieder der „*ecclesia Dei*", deren Verfolgung durch Chrocus, Kaiser Valens oder den Wandalenkönig die göttliche Strafe nach sich zieht[57]; ganz zu schweigen von den „*sancti episcopi*", deren besonderer Schutz durch Gott eines der zentralen Anliegen des gregorianischen Geschichtswerks darstellt. Ihrer aller Heiligkeit besteht im „*propositum sanctitatis*"[58], und ihr Ziel ist die Durchführung dieses *propositum* bis zu ihrem Tod, der für sie ein „*migrare ad Christum*" bedeutet[59]; dann erst würde die Kirche des Christ definitiv hergestellt sein. Unter diesen Voraussetzungen ist es leicht verständlich, weshalb Gregor es vorgezogen hat, bereits verstorbene Heilige hervorzuheben, deren Heiligkeit durch von Gott gewirkte Wunder bestätigt worden war und deren Zugehörigkeit zur perfekten „*ecclesia*" dementsprechend außer Zweifel stand.[60] In jedem Fall muß die Heiligkeit von Personen in der Vorstellung Gregors und seiner Zeitgenossen im Zusammenhang ihres jeweiligen Status innerhalb der eschatologischen Kirche gesehen werden; das bedeutet, daß moderne Abgrenzungen von lebenden und toten Heiligen oder Reliquien für die Erfassung der Spiritualität des 6. Jahrhunderts nur wenig effizient sein können (dazu auch Mitchell 1987: 89 Anm. 34).

Die Heiligkeit der Kirche des Christ und ihre eschatologische Bestimmung macht freilich nur einen Teil der Historien aus und erschöpft bei weitem nicht die Aussage dieses Werks. Wir wissen längst, daß Gregor wenig von theologischer Spekulation gehalten hat und daß er gemäß einem natürlichen Interesse den Hauptteil seines Geschichtswerks der eigenen Zeitgeschichte gewidmet hat. Demzufolge liegt es nahe, danach zu fragen, welche zeitgenössischen Botschaften der Bischof von Tours mit den Historien verbunden hat, deren grundsätzlich ekklesiologische Struktur inzwischen deutlich geworden ist. Daß eine solche konkrete, aktuelle Aussage tatsächlich auch bestanden hat, ist nicht zuletzt in der uns nun vertraut gewordenen, an typologischer Exegese geschulten Denkweise des Bischofs angelegt, nach der ein figurales Verständnis, wie das der eschatologischen Kirche, immer auch ein Verständnis *„secundum littera"* (Hist. I 10: 12 Z. 17 f.) beinhaltet. Der Sinnbezug zwischen beiden Ebenen wird also Gegenstand einer weiteren Untersuchung sein; mit anderen Worten, es stellt sich uns die Frage nach dem Wesen, der Realisation und der Aufgabe „der Kirche" im Leben der Merowingergesellschaft des späten 6. Jahrhunderts.

IV.2 Die soziale und politische Botschaft der Historien

IV.2.a *„Aedificatio ecclesiae"*: Gregors Hagiographie als Träger sozialer Werte in der Gesellschaft des 6. Jahrhunderts

Die beiden Bedeutungsebenen der *„ecclesia"*, die wir zuletzt sowohl in ihrer eschatologischen als auch konkret-zeitgenössischen Dimension angesprochen haben, werden in dem Konzept der *„aedificatio ecclesiae"* am deutlichsten sichtbar. Der Begriff, der durch die allzu häufige, stereotype Anwendung bis in die neueste Zeit vor dem Hintergrund der Laisierung der modernen Gesellschaft als geistliche „Erbauung" weitgehend banalisiert worden ist, hat bei unserem Autor noch die patristische Bedeutung von „Errichtung des Gottesreiches durch das Wort und die Tat"[61]; den großen Realitätsbezug dieses spirituellen Konzeptes wollen wir im folgenden aufzeigen. Die Elemente einer solchen spirituellen „Erbauung", die gemäß dem Modell des antithetischen Berichtens über „die Wunder der Heiligen und die Unfälle der Völker" (Prolog von Buch II)[62] einen der beiden Hauptbestandteile der Historien ausmachen – „denn die Erbauung der Kirche ist im Ruhm der Märtyrer und in der Wunderkraft der Heiligen angelegt"[63] –, sind in noch konzentrierterer Form Bestandteile der hagiographischen Literatur. Ein kurzer Blick auf diesen Teil von Gregors literarischem Werk soll uns deshalb Klarheit darüber verschaffen, wie dessen „Erbauung" aussieht und an wen sie sich wendet. Die dabei erzielten Ergebnisse sollen dann wiederum für die Interpretation des Geschichtswerks umgesetzt werden.

In den Historien selbst erscheint der Ausdruck *„aedificatio ecclesiae"* nur ein einziges Mal. Im Zusammenhang des Kampfes für die trinitarische Orthodoxie hatte Gregor die Aktion von Bischof Avitus von Vienne gegenüber dem arianischen Burgunderkönig hervorgehoben und dabei dessen Briefe erwähnt, die damals, *tunc*, „die Häresie zurückdrängten", jetzt aber, *nunc*, immer noch *„eclesiam Dei aedificant"* (Hist. II 34: 82 Z. 21–83 Z. 1); der Gegensatz von *„tunc"* und *„nunc"* scheint einen gewissen Wandel bei der Einschätzung der literarischen und spirituellen Funktion der Avitusbriefe am Anfang und am Ende des 6. Jahrhunderts anzudeuten. Die bis auf dieses Beispiel zu konstatierende, auffällige Absenz des Erbauungsbegriffs in den Historien läßt Gemeinsamkeiten zwischen beiden Quellen erscheinen: Ursprünglich direkt an die zeitgenössischen Könige gerichtet, sind beide in erster Linie nicht erbaulich; tatsächlich wendet sich die *„aedificatio"* an *alle* Glieder der *„ecclesia"*, was in den hagiographischen Schriften Gregors immer wieder zum Ausdruck kommt.

Mehr als in den restlichen sieben „Wunderbüchern"[64] steht das Erbauungsmotiv im Zentrum des ›Liber Vitae Patrum‹ (VP).[65] Im Prolog zu diesem Werk, das zwanzig selbständige Biographien zusammenfaßt, die ihrerseits jeweils über einen eigenen Prolog verfügen, hatte Gregor seine ursprünglichen Skrupel bei der Konzeption dieser Schrift erkennen lassen: Eigentlich wollte er nur über Wunder an Heiligengräbern berichten! Dieses ursprüngliche Vorhaben schien ihm größere Sicherheit bezüglich der „Heiligkeit" der Beteiligten zu gewährleisten als das Berichten über die *„beata conversatio"* von Zeitgenossen; diese „rechte Lebensführung" wurde im Generalprolog der Historien noch als *„vita recte viventium"* wiedergegeben oder im Prolog von Buch II als *„felix vita beatorum"* und repräsentierte somit jeweils das positive Element in Gregors antithetischer Geschichtsschreibung.[66] In diesem Zusammenhang ist auch die Frage des Bischofs von Tours im Prolog des VP zu verstehen, ob es korrekter sei, den Singular oder Plural von *„vita"* anzuwenden, *„utrum vita sanctorum* [scil. *patrum*] *an vitas dicere debeamus"* (SRM I-2: 212 Z. 19 f.). An der spirituellen Bedeutung seiner Antwort ist nicht zu zweifeln: „Besser ist es, *vita* als *vitas patrum* zu sagen, da, trotz der Vielfalt ihrer (scil. der Väter) Verdienste und Tugenden, sie nur ein Leben in der Welt erhält."[67] Mit anderen Worten, die heiligen *patres* haben ein gemeinsames Leben in Christo, dessen mystischer Leib „die Kirche" und „die Gemeinschaft der Heiligen" symbolisiert.[68] Dagegen werden die in den Prologen des Geschichtswerks angeführten ruchlosen Sünder in der Vielzahl unseliger Schicksale verstrickt *(„certamena, excidia")* dargestellt (vgl. Anm. 66).

Die Besonderheit des ›Lebens der (heiligen) Väter‹ gegenüber den anderen Mirakelbüchern sieht Gregor in der Erläuterung der Lebensweise der Heiligen, *„quia sanctorum vita ... eorum pandit propositum"* (ibid.: 212 Z.18). Das dadurch gegebene *„exemplum"* ist der eigentliche Gegenstand der *„aedificatio ecclesiae"*: Indem er sich ständig das Leben der Heiligen vor Augen führt, „wird der menschliche Geist zur Nachahmung des Beispiels angeregt und wird endlich den Menschen selbst mit Gottes Hilfe in die Lage versetzen, heiligmäßig zu denken, richtig zu reden und ehrbar zu handeln"[69]. Die hier wiedergegebene, paraphrasierende Übersetzung eines Prologabschnittes des VP läßt erkennen, wie man sich „Erbauung" oder – konkreter – den Aufbau der mystischen kirchlichen Gesellschaft vorzustellen hat, nämlich durch die Hinzugewinnung neuer Mitglieder aus dem Kreis der irdischen Gesellschaft sterblicher Menschen. Der Beleg zeigt aber auch die Bedeutung dieses zunächst spirituellen Phänomens für die existierende, aktuelle Gesellschaft auf, da die erwähnten Prinzipien notwendigerweise auf das soziale Verhalten Einfluß nehmen würden. Nur am Rande kann bemerkt werden, daß diese Ausrichtung im ›Leben der Väter‹ keinesfalls mit den heute verbindlichen Definitionen der „hagiographischen" Literatur übereinstimmt, wonach es deren Bestimmung sei, «susciter, maintenir et entretenir le culte des saints»[70]. Dieser Zusammenhang mit einem Heiligenkult ist zwar in einigen Viten des VP denkbar, wogegen er in anderen kaum wahrscheinlich ist. Zu diesen letzteren gehört etwa der Bericht über das Leben des Theifalen Senoch (VP XV), der eher einer Predigt des Bischofs von Tours gegen Arroganz, *„arrogantia"* und *„iactantia coturnosa"*, derjenigen entspricht, die sich gerade wegen ihres heiligmäßigen Lebens überheblich zeigen; zu diesen gehörte nach Gregor eben sein eigener Kleriker Senoch, den nach dem Prolog die *„exhortatio fidelium fratrum"* gerade noch vor dem Abgrund rettete, was nach der Vita selbst auf das persönliche, autoritäre Eingreifen Gregors zurückzuführen ist.[71] Ein vergleichbares, für den „Heiligen" zweifellos ebensowenig rühmliches Eingreifen unseres Autors liegt nach der erbaulichen Biographie des Reklusen Leobardus vor (VP XX), dem der Bischof nach einer schroffen Ermahnung einschlägige Bücher über die ›Vita patrum‹ und Mönchsregeln zustellen ließ und ihn damit doch noch auf den rechten Weg brachte.[72] Ebensowenig kultbezogen oder auch nur kultdienlich erscheint die Biographie des ehemaligen *„servus cuiusdam barbari“* Portianus (VP V), dem der Eintritt in den Klerus zweifellos nicht nur eine tugendhafte Lebensweise, sondern auch einen deutlichen sozialen Aufstieg bescherte; den Satz der Vita *„(Deus) nam saepius de servis liberos, de liberos efficit gloriosos“* hat der Autor Gregor als Ausgangspunkt seiner Überlegungen im Prolog gewählt, in denen er soziale Termini der irdischen Gesellschaft *(„servus, liber“)* mit solchen der eschatologischen Kirche *(„gloriosus“)* vermengt.[73] Im Sinn traditioneller Vorstellungen von kultwürdiger „Heiligkeit“ sind dagegen die Biographien der Bischöfe Gallus von Clermont (VP VI) und der Nicetii von Lyon und Trier gehalten, von denen die beiden letzten nicht zufällig das Thema der göttlichen Vorbestimmung zur Heiligkeit entwickeln.[74]

Nach dieser punktuellen Analyse bietet sich eine Synthese an. In seinem hagiographischen Buch über das Leben der Väter hat der bischöfliche Autor in zwanzig Biographien die Lebensweise von 23 Menschen vorgestellt, die alle ein *„propositum sanctitatis“* bis zu ihrem Lebensende ausführten. Die 23 kommen aus allen sozialen Schichten: mindestens fünf – alles spätere Bischöfe – aus der Oberschicht (VP IV, VI–VIII, XVII), ebenso viele aus einer gutgestellten Mittelschicht (VP IX, XII [Aemilian], XVI, XVIII–XX) und zwei aus der untersten sozialen Stufe der *„servi“* (VP V und XII [Brachio]); vertreten ist ebenfalls der *„inferior sexus“* (VP XIX; vgl. ibid. Prol.: 286 Z. 10 ff.).

Allen gemeinsam ist ein Ziel, dem sie, jeder auf seine Weise, ihr Leben widmen: die Abkehr von einer materialistischen Einstellung und die Hinwendung zu spirituellen Gütern, die in der „Kirche des Christ“ vorgebildet sind. Die Instrumente bei der Erreichung des gemeinsamen Ziels sind in erster Linie die Verteilung der irdischen Güter an die Bedürftigen und die Befreiung von den Fesseln des Fleisches durch Abstinenz und geistliche Werke. Mehr noch: Allen gemeinsam ist die Zugehörigkeit zum Klerus oder – seltener – zu einer monastischen Gemeinschaft.

Hier ist ein wesentlicher Punkt in Gregors Dogmatik festzuhalten: Der Zugang zu den spirituellen Werten, die der Bischof von Tours unablässig in seinen Biographien, um zunächst nur von diesen zu reden, anpreist, schien am einfachsten über den Eintritt in den Klerus erreichbar; die *Klerikalisierung der Gesellschaft* ist folglich ein Hauptpunkt in Gregors Sozialprogramm gewesen. Diesen Schritt hat er darüber hinaus für die früheste Stufe der menschlichen Persönlichkeitsentwicklung gewünscht, was er zum Gegenstand des letzten Prologes seines Väterzyklus gemacht hat: „Die Kirche Christi hat die größte Freude an denjenigen, die seit frühster Jugend *(ab initio aetatis)* ein klerikales Leben *(religiosam vitam)* führen und dies bis zu ihrem Tode beibehalten, aber sie freut sich auch über diejenigen, die erst nach einer späteren Konversion *(conversio a saeculo)* dieses Vorhaben zum guten Ende führen" (VPXX Prol.: 291 Z.7–11). Die Nachprüfung bei den anderen Texten ergibt, daß hier tatsächlich ein Schwerpunkt im Programm Gregors vorliegt. Fast alle in dem VP vorgestellten Heiligen streben seit ihrer Jugend nach Gott, „*ab ineunte aetate*"[75]; dieses spirituelle Anliegen wird dann regelmäßig durch eine frühe Klerikalisierung oder den Eintritt in eine Mönchsgemeinschaft realisiert. Ausnahmen, also eine spätere Klerikalisierung nach einer Konversion (VPXV 1: 271 Z.10 „*conversus ad Dominum clericusque factus*"; vgl. auch VPXIX), sind erstaunlich selten; im Fall der Biographie seines Urgroßvaters, der erst nach 40jähriger Amtszeit als „*comes*" zum Klerus konvertierte, hat er dessen Streben nach extremer Gerechtigkeit als Vorbereitung aller anderen, später folgenden Tugenden gewertet.[76]

Bei der Formulierung einer Zusammenfassung wird man nicht an der Tatsache vorbeigehen können, daß Gregor von Tours diese institutionelle Gemeinsamkeit aller seiner „Heiligen" und ihre Bedeutung für die Struktur der Gesellschaft, in der er lebte und für die er schrieb, gesehen haben muß. Mit anderen Worten: Der Bischof hat bewußt versucht, in die vorhandenen sozialen Strukturen durch eine Moralisierung der Gesellschaft einzugreifen. Als konkretes Mittel dieser Moralisierung hat er das Institut des Klerus angesehen.

Nach dieser Zwischenbilanz bleibt noch die Frage, ob und wie sich die gerade aufgezeigte soziale Problematik auch in den Historien nachweisen läßt. Aussagekräftige Hinweise in diese Richtung hat eine Untersuchung von Kathleen Mitchell ergeben, die die Rolle der Heiligen in den Historien genauer beschrieben hat und mit Recht feststellte, daß diese Rolle weniger die von Wunderheilern ist als vielmehr von "spokesmen for principles of Christian charity who carry out social and political duties similar to those of the living bishops and holy men with whom they interact".[77] Als die besten Interpreten sozialer Vorstellungen, die sonst noch von Konzilien des 6. Jahrhunderts oder den Predigten eines Caesarius von Arles propagiert wurden, erkennt sie Martin von Tours und den Autor des Geschichtswerkes selbst (Mitchell 1987: 78ff., 82f., 84f.) an.

Eine gewisse Korrektur an dem hier entworfenen Bild ergibt sich durch die Definition der „Heiligen", die bei Gregor, wie wir gesehen haben, keinesfalls auf „kanonisierte" Heilige (vgl. Anm. 77) beschränkt werden darf, sondern potentiell die Gesamtheit der Gläubigen begreift. In Erinnerung zu rufen ist ebenfalls noch einmal die typologische Beziehung der „Gemeinschaft der Heiligen" jener eschatologischen Kirche mit der Gemeinschaft der Gläubigen in der von christlichen Prinzipien regierten Gesellschaft des 6. Jahrhunderts; diese Parallele ist im vorliegenden Zusammenhang von erheblicher Bedeutung, da sie der uns heute vertrauten Scheidung von religiösen und sozialen Werten den Boden entzieht. Die Vorstellung Gregors von der „Kirche" läßt sich demnach durch den Begriff der „christlichen Gesellschaft" wiedergeben. Für diese gelten entsprechend die Werte, die der Bischof von Tours in seiner Kirchentypologie von Hist. I 15 entwickelt hat: voran steht die orthodoxe *fides*, gefolgt vom *„eloquium praedicationis"*, der Ausbreitung der Gottesbotschaft durch die Kleriker, und schließlich der Ehrbarkeit menschlicher Gesinnung, *„honestas sensuum nostrorum"* (vgl. Anm. 49). Diese elementaren Werte werden durch den Herrn der Geschichte in das Herz jedes einzelnen Mitgliedes seiner Kirche gepflanzt: Die hier deutlich werdende, ausschließliche Personenbezogenheit der Werte erklärt im übrigen die Absenz von Aussagen Gregors zu Institutionen der Gesellschaft.[78] Für eine etwaige Verschlechterung der sozialen und politischen Lage verweist der Historiograph dementsprechend stets auf das persönliche Versagen, auf die Nichtkonformität mit den erwähnten Tugenden, bei König, Bischof oder Volk.

Bei der Identifikation der *Werte*, die das soziale Leben nach Aussage der Historien am stärksten prägen, gilt die schon oben gemachte Erfahrung: Spirituellen Werten ist in allen Fällen der Vorzug vor dem Materiellen zu geben. So wird der Verzicht auf irdische Güter, die *„minima cupiditas"* (Hist. VII 1: 327 Z.1) und die Verteilung dieser Güter zugunsten Bedürftiger, was der Eigenschaft des *„elemosinarius"* entspricht, zum wichtigsten Maßstab guten Sozialverhaltens. E contrario werden die Habsucht – *„o terque quaterque exsecranda cupiditas"* (GM 105 SRM I–2: 110 Z.8) – und die wiederholt zitierte „verfluchte Gier nach Gold"[79] zu Wurzeln allen Übels im sozialen Verhalten.

Die Übersicht über Personen, die Gregor als *„elemosinarius"* hervorhebt, gibt Aufschlüsse über die Rolle, die er dieser Eigenschaft zumißt, und über das Publikum, das er anspricht. Gerade von dieser Warte aus wird der überragende Stellenwert des Königtums deutlich, wovon gleich noch die Rede sein wird. Außerhalb dieses privilegierten Bereiches wird reichliches Almosengeben in den Historien an einem reichen Mann aus Antiochia gelobt, dem ein Engel gar bestätigt, daß er speziell durch diese Tugend sich und seine Familie vor dem Untergang der Stadt bewahrt hat.[80] Weitere notorische Almosengeber sind fünf Bischöfe, drei konvertierte Königinnen und, wohl als einziger Laie, der *dux* Chrodinus, dem Gregor eine ebenso auffallende wie exzeptionelle Bewertung als Wohltäter der Armen und des Klerus zukommen läßt: *„vir magnifice bonitatis et pietatis, aelimosinarius valde pauperumque refector, profluus ditatur eclesiarum, clericorum nutritur"*[81]. Diesem kleinen Personenkreis gegenüber stehen die Beispiele großer Bösewichte, die sich in erster Linie durch ihre *„cupiditas"* nach dem Besitz anderer auszeichnen und deren Ungeheuerlichkeit leicht anhand der Menge des Goldes abgelesen werden kann, das nach dem – zwangsläufigen – Untergang des Betreffenden, der seinerseits die Verurteilung im Jüngsten Gericht typologisch vorwegnimmt, in seiner Hinterlassenschaft gefunden wird.[82]

Daß unser Autor in erster Linie an Kirchenbesitz gedacht hat, läßt sich durch eine eindrucksvolle „Eigenrede" seiner Martinsbücher belegen, wo er zunächst von einem Gut der Turoner Kirche berichtet hatte, das König Charibert, *„exosis clericis... dispectisque sacerdotibus"*, für sich selbst beanspruchte. „Hört alle her, die ihr über Macht verfügt", läßt sich der Bischof vernehmen, „kleidet die einen, ohne damit andere zu berauben; fügt euren Reichtümern (an Gutem) hinzu, die Kirchen nicht zu schädigen."[83] In der Tat spielt bei allen Ausführungen unseres Autors mit Bezug auf Besitz und Besitzwahrung das Kirchenvermögen eine besondere Rolle. Es wäre freilich zu einfach, das auch von anderen Bischöfen immer wieder vorgebrachte Motiv der Verteidigung des Kirchengutes nur auf egoistische Tendenzen der Kirchenfürsten zurückzuführen; dabei würde übersehen, daß die Aufforderung an die Gläubigen, ihren Besitz an kirchliche Institutionen zu übertragen, die wohl einzig denkbare Möglichkeit bot, eine gerechtere Besitzverteilung im Sinn einer neuen sozialen und moralischen Ordnung anzustreben.[84] Nutznießer solcher Besitzübertragungen waren dabei nicht nur die *„pauperes"*, sondern auch die mit diesen regelmäßig assoziierten Kleriker, deren *conversio* in den Klerikerstand zumindest in der offiziellen kirchlichen Nomenklatur mit Entäußerung des Besitzes gleichgesetzt und deren Besitz von Gregor als *„possessio in caritate"* in idealer Form wiedergegeben werden konnte.[85]

Die überragende Rolle des *„elemosinarius"* als Kriterium sozialen Verhaltens zeigt sich aber insbesondere an ihrer Verbindung mit dem Königtum. Diese grundsätzliche Feststellung wird sowohl in dem Teil der Historien verifiziert, der dem *„bonus rex Gunthchramnus"* gewidmet ist, als auch – in noch höherem Maße und e contrario – in den beiden Chilperichbüchern. Es sei daran erinnert, daß Gregor schon im

„Prolog" zur Herrschaft Chilperichs (Beginn von Buch V) die Habsucht des Königs als „Wurzel aller Übel" angesprochen hatte (vgl. Teil II.2 mit Anm. 9); nicht weniger explizit ist der „Epilog" dieses Abschnitts der Historien (Hist. VI 46), in welchem dem gleichen Herrscher in seiner abschließenden Beurteilung zur Last gelegt wird, „daß ihm die Sache der Armen verhaßt gewesen ist" (ibid.: 320 Z. 9). Zur antithetischen Hervorhebung dieses neuralgischen Punktes der Königsherrschaft Chilperichs führt Gregor in jedem der beiden Bücher (V und VI) je ein Kapitel über den Herrscher ein, den er als unübertrefflichen *„elemosinarius"* darstellt, den *„magnus et verus christianus"* Kaiser Tiberius (vgl. Teil II mit Anm. 25); besonders in Hist. V 19 *(„De aelimosinis Tiberii")* wird dabei der spirituelle Zusammenhang von irdischen und jenseitigen Schätzen dargelegt.[86]

Die gleiche Bewertungsgrundlage gilt dann auch für König Gunthchramn. Im Quasiprolog zu der ihm gewidmeten Buchtrilogie (Hist. VII 1; vgl. Teil II.4 mit Anm. 35) evoziert Gregor am Beispiel des heiligen Bischofs Salvius die Tugend der *„minima cupiditas"* offensichtlich antithetisch zur Habgier Chilperichs.[87] In Referenz zu Kaiser Tiberius läßt unser Autor den König einen gefundenen Schatz an die Armen und die Kirchen verteilen (Hist. VII 40) und formuliert das zentrale Königslob Gunthchramns im entsprechenden *capitulum* zusammenfassend mit *„De elymosinis et bonitate ipsius regis"* (Hist. IX 21).

Danach kann es kaum mehr überraschen, daß auch der dritte König, den unser Historiograph thematisch in den Mittelpunkt eines Buches gestellt hat, nicht nur an seiner politischen Haltung gegenüber den Bischöfen, sondern auch an seinen Schenkungen an Kirchen und Arme *(„eclesias munerans, pauperes relevans et multa multis beneficia ... accomodans")* gemessen wird.[88] An dieser deutlichen Aussage läßt sich noch einmal messen, in wie hohem Maße die Historien an die spezielle Adresse von Königen gerichtet sind. Deren Rolle als Leiter der zeitgenössischen christlichen Gesellschaft, also einer vorläufigen, irdischen *„ecclesia"*, wird vom Bischof von Tours in der christologischen Perspektive der eschatologischen Kirche bewertet, die nach seiner Meinung das Ziel jeder Gesellschaftsentwicklung darstellt (vgl. Teil IV.1.a). Dieser Ausgangspunkt von Gregors Gesellschaftskritik hat für seine historiographische Darstellung grundsätzlich zur Folge, daß die Herrschaftsausübung von Königen an den gleichen spirituellen und sozialen Werten ausgerichtet wird, die letztlich für alle Glieder der „Kirche Christi" gelten.

IV.2.b Die zeitgenössischen politischen Gesellschaftsmodelle der Könige Chilperich und Gunthchramn in der ekklesiologischen Perspektive des Bischofs von Tours

Das ekklesiologische Gesellschaftsmodell Gregors konnte im Zusammenhang seiner typologischen „Bedeutungen“ im 6. Jahrhundert zweifellos als eine angemessen dargestellte Interpretation von Gesellschaft und Geschichte erscheinen. Für das moderne Verständnis stellt diese Darstellungsform freilich einen kaum ganz durchdringbaren Filter dar. Das ausschließlich auf Personen und ihr ethisches Verhalten gerichtete Licht des bischöflichen Historiographen läßt zwar gerade noch typische Verhaltensmuster erkennen, verweigert aber direkte Einblicke in Institutionen und politische wie soziale Konzepte außerhalb ihres theologischen Zusammenhangs.

Das gilt in erster Linie für die königliche Herrschaft, deren Präsentation anhand der Geschichte Gunthchramns und Chilperichs nicht weniger als das Kernstück der Historien zu sein beansprucht. Wegen der auf die Persönlichkeit beider Könige ausgerichteten Erzählungen hatte man bisher stets angenommen, das Urteil des Bischofs über die beiden *„reges“* gründe jeweils auf persönlicher Antipathie oder Sympathie; die Unstimmigkeiten dieses Bildes, das heißt die Schattenseiten bei Gunthchramn und positive Züge bei Chilperich nach Gregor, hat freilich schon Godefroid Kurth bemerkt.[89] Deshalb werden wir noch einmal kurz die wichtigsten Elemente von Gregors Urteil über Könige aufgreifen, um die Verschiedenheit der Einstellung beider Herrscher zur Rolle der Kirchen des Reichs und damit der Bischöfe deutlich zu machen. Die in diesem und anderen Punkten tatsächlich nachweisbare Differenz bei der Konzeption von *Strukturen* christlicher Königsherrschaft im 6. Jahrhundert wird zuletzt auch zu dem Ergebnis führen, daß unserem Historiographen das Denken in den Kategorien der Gestaltung des öffentlichen Lebens keineswegs fremd war, auch wenn seine literarisch-historiographische Darstellung dies nicht ohne weiteres zu erkennen gibt.

Das Herzstück seiner Darstellung eines schlechten Königs hat Gregor im „Epilog“ der Chilperichsequenz gegeben, wo er den Tod des Königs zum Anlaß einer ausführlichen Beurteilung des „Nero und Herodes unserer Zeit“ nimmt (Hist. VI 46: 319 Z. 13 f.). Durch diese Anspielung ist der Ton bereits gegeben, da Nero zuvor schon als erster Kirchenverfolger (*„primus contra Christi cultum persecutionem excitat“*: Hist. I 25: 20 Z. 8), Herodes gar als Widersacher des Heilands selbst gebrandmarkt worden war (Hist. I 19 und 24). Konkret wirft nun der Bischof von Tours dem neustrischen König seinen Materialismus vor („*cuius deus venter fuit*", Hist. VI 46: 320 Z. 5) und, in erster Linie, seine Habgier: Ließ er doch häufig Menschen ungerechterweise verurteilen, um ihr Vermögen einziehen zu können, und verschaffte Laien gegen Bezahlung die Bischofswürde (ibid.: Z. 3–4).

Ebenso ausführlich wie grundsätzlich wird Chilperichs Einstellung zu den Kirchen behandelt; daß Gregor den längeren Passus an die Aussage anknüpft, dem König sei die Sache der Armen verhaßt (ibid.: Z.9), ist – wie auch sonst bei unserem Historiographen – keineswegs zufällig: Hier werden die „*causae pauperum*" mit den Bischöfen und dem Besitz der Kirchen identifiziert! Diese Prälaten sind es, deren Eigenschaft als „*sacerdotes Domini*" der König nicht (an)erkennt, weshalb er sich ständigen Blasphemierens schuldig macht, „*sacerdotes Domini assiduae blasphemabat*" (ibid.: Z. 10); sie sind die „*episcopi eclesiarum*", über die Chilperich im geheimen („*dum secricius esset*", ibid.) seinen Spott ausgießt. Dann nennt Gregor den Grund, weshalb der König die Kirchen haßte, und erwähnt die Mittel, durch die jener versuchte, diese Situation zu ändern. Nach ihm hätte Chilperich nämlich öfter gesagt: „Schaut, unser Fiskus ist arm, schaut, unser Reichtum ist an die Kirchen gekommen; keiner herrscht wirklich außer den Bischöfen: unsere Würde ist dahin und an die *episcopi civitatum* übergegangen"; worauf er Testamente zugunsten von Kirchen kassiert und „*praeceptiones*" Chlothars I. – zweifellos Immunitätsurkunden zugunsten einzelner Bischofskirchen – mit Füßen getreten habe.[90]

Dieser Spruch Chilperichs ist oft kommentiert und auch schon auf den offensichtlichen Kontrast mit Hist. V 34 angesprochen worden, wo die großen Reichtümer von Chilperichs Schatz durch die Königin Fredegundis selbst herausgestellt wurden.[91] Durch die Erläuterungen von Jean Durliat kennen wir nun auch die steuer- und budgettechnischen Mechanismen, die der königlichen Analyse erst ihren Sinn geben: Als Leiter der zivilen Stadtverwaltung fiel dem merowingischen Bischof in immer größerem Maße die Verfügungsgewalt über alle Posten des städtischen Budgets zu, die in den zeitgenössischen Quellen vereinfachend unter der Rubrik „Kirchenbesitz" zusammengefaßt wurden.[92] Der Umstand, daß der Bischof nun nicht nur über die öffentlichen Gelder für den Kultus, sondern auch für alle anderen Bereiche des öffentlichen Lebens der Civitas mitbestimmte, änderte natürlich nichts am Einkommen des Königs selbst; dieser verlor über das Instrument der steuerlichen Immunität für die Kirchen zwar die *direkte* Verfügungsgewalt über bestimmte Teile des Steueraufkommens, gewann aber durch die entstandene Vereinfachung des Einziehungsverfahrens der Steuer unter der Leitung der Bischöfe erhebliche Vorteile.

Daß die Macht der Kirchen im öffentlichen Bereich durch Besitzübertragungen und Immunitäten tatsächlich ungeheuer gestiegen war, zeigt auch die Reaktion Gregors auf die Anschuldigungen Chilperichs: Die vorgebrachten Argumente werden keineswegs geleugnet; beanstandet wird nur, daß der König die wie es scheint zutreffend geschilderte Situation ändern will! Besonders bitter stößt unserem Autor auf, daß der König die Bischöfe nicht zu Teilhabern und Beratern seiner Machtausübung heranzieht, wie dies etwa Gunthchramn getan hat.[93] Deshalb Gregors Kritik an der Selbsteinschätzung Chilperichs, „der keinen klüger als sich selber hielt" (S. 320 Z.5) und der verächtlich über Bischöfe herzog, wenn auch nur im geheimen (!). Dagegen wird man den parteiischen Ausführungen des Bischofs von Tours nicht entnehmen dürfen, daß der König *grundsätzlich* antiklerikal eingestellt war. Mehrere Beispiele lassen erkennen, daß Chilperich die dem Königtum traditionell auferlegten Konventionen im kirchlichen Bereich geflissentlich beachtet hat: Er schenkte reichlich an Kirchen und Arme (Hist. V 34: 241 Z.3–4), bestätigte kirchliche Besitzungen (Hist. IX 42 [Radegundisbrief]: 472 Z.1), ließ Gefängnisse öffnen und verfügte gar eine Steueramnestie (Hist. VI 23), erwies sich St-Martin gegenüber ehrerbietig (Hist. V 14: 211 Z.16 ff. und VI 10: 280 Z.11 f.) und nahm aktiven Anteil an der Bekehrung von Juden (Hist. V 5 und 17); sein Einzug in Paris vollzog sich unter Wahrung der religiösen Formen, das heißt in Begleitung von zahlreichen Reliquien (Hist. VI 27). Mehr noch: Er dürfte der einzige Merowingerkönig gewesen sein, der selbst eine Schrift im Bereich der Kirchenlehre verfaßte (Hist. V 44). Bei unparteiischer Prüfung der einschlägigen Stellen erscheint im übrigen auch sein Verhalten gegenüber Bischöfen durchaus korrekt, solange sich die Prälaten nicht außerhalb des engeren Bereichs ihrer religiösen Zuständigkeit bewegten.[94] Bei der Gegenüberstellung mit König Gunthchramn werden wir noch feststellen, daß hier in der Tat der springende Punkt im Urteil unseres Bischofs zu sehen ist.

Der Bereich, der die verschiedenen Konzeptionen Chilperichs und Gunthchramns von der Rolle der Kirche im fränkischen Staat am schärfsten beleuchtet, ist ihre jeweilige *Konzilspolitik*. Der neustrische König hat selbstverständlich ebenso wie seine Vorfahren die ihm zur Verfügung stehende Möglichkeit genutzt, die Bischöfe seines Reiches zu versammeln. Wahrscheinlich ist es aber kein Zufall, daß in beiden uns bekannten Beispielen der einzige Versammlungsgegenstand die

Verhandlung über einen Bischof gewesen zu sein scheint: Sowohl im Prozeß des Praetextatus von Rouen (Hist. V 18) als in der eigenen Angelegenheit Gregors (Hist. V 49) dürfte es sich jeweils allein um eine „*sacerdotalis audientia*" (Hist. V 18: 216 Z.18), also ein Bischofsgericht auf Anweisung des Königs gehandelt haben (vgl. Teil II.2); andere Konzilien Chilperichs sind nicht bekannt. Dagegen wird diesem König „das höchste Lob von der modernen Rechtsgeschichte zuteil", die sich dabei an einem von ihm überlieferten Edikt orientiert.[95] In unserer Perspektive sind hier zwei Punkte besonders aufschlußreich. Zunächst fällt auf, daß Chilperich in der Arenga des Textes nur von seinen „*viri magnificentissimi obtimates vel antrustiones*" spricht (Const.I: 8 Z.11 f.) und damit die Bischöfe ausläßt, die in der Adresse des noch zu behandelnden Gunthchramnediktes von 585 an erster Stelle genannt werden (ibid.: 11 Z.7). Noch einschlägiger ist aber die einzige Passage des Textes, in der von den Kirchen gesprochen wird: „*Illos et wargos qui nuntiabantur [per] ecclesias, nuntientur, ubi consistentes admallant.*"[96] Ohne auf die uns hier nicht betreffenden rechtlichen Einzelheiten einzugehen, bedeutet der Satz, daß Personen, die wegen gewisser Vergehen in Acht standen, zur Ankündigung (und eventuellen Auslösung) *früher* in den Kirchen ausgerufen wurden; das sollte sich nun ändern, und der gleiche Rechtsvorgang sollte am Ort des Prozesses, der Dingstatt, stattfinden. Die Rolle der Kirche in der Gesellschaft erfuhr durch eine solche Änderung des Rechtslebens, die von weiteren, vergleichbaren Verordnungen begleitet gewesen sein dürfte, zweifellos eine erhebliche Beschneidung. Vielleicht hat Gregor gerade an diese Bestimmung gedacht, als er die Herrschaft Chilperichs typologisch mit der biblischen Zeit der Tempelschließung gleichsetzte (vgl. oben Teil II Anm. 47); auf jeden Fall läßt sich im Edikt des Königs der ausdrückliche Wille des Gesetzgebers erkennen, den religiösen vom rechtlichen Bereich zu trennen.[97]

Die absolute Gegenposition zu dem zuletzt deutlich gewordenen Gesellschaftskonzept nimmt nach dem Ausweis einer günstigen Quellenlage König Gunthchramn ein. Die bevorzugte Behandlung, die der *rex* den Bischöfen nach Gregors von Tours durchgehend hat zuteil werden lassen (vgl. Teil II.4–5), wird mit der gleichen Nachdrücklichkeit in seinem eigenen Edikt und in den Konzilstexten deutlich, die unter seiner Herrschaft promulgiert wurden.[98]

Im Prolog eines Konzils, das wohl 581 in Mâcon stattfand, verkünden die versammelten 21 Väter bereits im ersten Satz, daß sie auf Veranlassung des Königs zur Beratung über *staatliche* wie *kirchliche* Belange zusammengetreten sind: „*Cum ad iniunctionem gloriosissimi domni*

Guntramni regis tam pro causis publicis quam pro necessitatibus pauperum ... nostra mediocritas convenisset ...“[99] Eine ähnliche Vermischung beider Bereiche muß bereits die Versammlung geprägt haben, die unter dem Vorsitz von Bischof Nicetius von Lyon und der Assistenz zahlreicher Bischöfe wie „*principes saecularium*“ im Jahr 572/3 die Anklage gegen den Bruder Gregors von Tours behandelt hatte.[100]

Das zweite Konzil von Mâcon vom 23. Oktober 585 bedeutet durch die Einführung eines für alle Gläubigen obligatorischen Zehnten (Kanon 5), durch die ebenso obligatorische Teilnahme am Abendmahlsopfer (Kan.4), durch die Festsetzung eines protokollarischen Vorranges der Geistlichkeit vor den Laien (Kan.15) und andere Dispositionen einen großen Schritt hin zu einer weitgehend klerikalisierten Gesellschaft.[101] Auffallend in diesem wichtigen Konzilstext ist aber die Absenz eines Hinweises auf die oben im ersten Konzil von Mâcon noch hervorgehobene Mitwirkung des Königs.[102] Diese Absenz wird freilich mehr als kompensiert durch das Edikt, das Gunthchramn gute zwei Wochen nach dem Konzil erließ und durch das er dessen Text erläuterte, korrigierte und schließlich rechtswirksam veröffentlichte.[103] Gerichtet an „alle Bischöfe, Priester und Staatsbeamten unseres Reichs“ überrascht das Dokument durch seine ausführliche Ansprache besonders an die Adresse der Bischöfe, die ermahnt werden, ihrer Aufgabe der ständigen Sittenpredigt und -verbesserung auch tatsächlich gerecht zu werden. Unter Hinzuziehung der Kirchenoberen und der „*iudices locorum*“ (Conc.I: 11 Z. 38f.) – also der örtlichen Grafen im Gegensatz zu den hohen Amtsträgern der Zentralregierung – sollen sie dafür sorgen, daß die Übeltäter, die sich nicht von der „*canonica praedicatio*“ bessern lassen, von der „*legalis ultio iudicum*“ ereilt werden (ibid.: 11 Z. 38–12 Z. 9).

Unbeachtet blieb bisher der eigene Beitrag des Königs zu dem vorangegangenen Konzil: Als einzige konkrete Bestimmung greift er den ersten der zwanzig „*canones*“ von Mâcon auf, korrigiert die ihm zugrundeliegende theologische Definition und hebt im eklatanten Gegensatz zu den Konzilsvätern die Rolle hervor, die ihm selbst bei der Wahrung der „*canones*“ zukommt. Der betroffene Abschnitt des Konzils behandelt die Sonntagsheiligung und definiert dabei die besondere Qualität des Tages wie folgt: „*Ipse est igitur dies requietionis perpetuus, ipse nobis per septimi diei umbra insinuatos noscitur legibus et profetis.*“[104] Das Edikt Gunthchramns dagegen erklärt die „*dies dominica*“ als Feier des Gedächtnisses der heiligen Auferstehung (Capit.I: 11 Z. 33); der Gegensatz zwischen beiden Konzeptionen gewinnt nun durch den Rückgriff auf Gregors Geschichtswerk erst sein tatsächliches Relief.

Dort nimmt die Sonntagsdefinition durch ihren Bezug auf die Auferstehung im Rahmen der Kirchentypologie einen beträchtlichen Platz ein, der durch ein ganzes Kapitel (Hist. I 23: *„De die resurrectiones dominicae"*) im ersten Buch und durch das letzte Kapitel des zehnten – lassen wir den „Epilog" Hist. X 31 einmal beiseite – umgesetzt wird (Hist. X 30: vgl. oben Teil II.6). In beiden Fällen steht der Bezug auf die Auferstehung im Vordergrund, wobei Gregor ausdrücklich betont, daß dieser Auferstehungstag der *erste* Tag gewesen ist „und keinesfalls der siebte, wie viele glauben".[105]

Zu den *„multi"*, die der Bischof von Tours demnach einer falschen Einschätzung des Sonntags bezichtigt, gehören die 54 Bischöfe und 12 Bischofsdelegierten des Konzils von Mâcon, dessen entsprechende Formulierungen auf der sogenannten „Sabbattheologie" aufbauen.[106] Wichtiger als die Definition als solche sind allerdings die Konsequenzen, die sich aus ihr ergeben: So haben die Väter von Mâcon im Anschluß an eine Bestimmung des dritten Konzils von Orléans (538), das die bezüglich eines Arbeitsverbots radikalen Konsequenzen der Sonntagstheologie als eine „eher jüdische als christliche Observanz" abwertete (Conc.I: 82 Z. 12f., *„quae res ad Iudaicorum magis quam ad Christeanam observantiam pertenere probatur"*), ihrerseits die Befolgung einiger Vorschriften zur Sonntagsheiligung nur als *freiwilligen* Gottesdienst definiert: *„Exhibeamus Dominum liberam servitutem..."* (ibid.: 165 Z.23f.). Dagegen ist nicht von einer obligatorischen Abstinenz jeglicher Arbeit die Rede, die im 6. Jahrhundert bei weitem nicht so selbstverständlich war, wie dies häufig angenommen wird.[107] Für die Konzilsväter von Mâcon stand aber gleichzeitig im Vordergrund, daß die Übertretung der Sonntagsheiligung allein der *bischöflichen* Ahndung überlassen werden müsse: *„principaliter a Deo punire et deinceps sacerdotali quoque irae implacabiliter subiacere"* (ibid.: 165 Z.28f.). Auch hier ist wieder der Anschluß an Orléans III deutlich *(„castigatio sacerdotalis")*, wo die Einmischung nichtkirchlicher Instanzen wortwörtlich ausgeschlossen wird: *„qualiter emendari debeat, non in laici districtione... consistat"* (Conc.I: 82 Z.17f.).

Die in diesem Text erkennbare Einstellung läßt also eine Konzeption von der strengen Trennung staatlicher und kirchlicher Belange erkennen, die offensichtlich weder von Gregor noch von König Gunthchramn getragen wurde, die aber ohne Zweifel die Konzilsbeschlüsse von Mâcon 585 beeinflußt haben. In diesem Sinn ist dann auch die scharfe Reaktion Gunthchramns in seinem eigenen Edikt zu verstehen, der nicht nur durch die Wiederaufnahme dieser *einen* Bestimmung (unter zwanzig *„canones"*) der Theologie der Sonntagsheiligung seiner eigenen Bischöfe den Boden entzog, der nicht nur diese Bischöfe in einer eindringlichen Ermahnung dazu anhielt, mit den staatlichen Instanzen Hand in Hand zu arbeiten, sondern der endlich auch die Aufsicht über die Sonntagsheiligung in die staatliche Zuständigkeit übernahm. Dadurch hat der König im übrigen den präzisen Strafenkanon vorbereitet, den sein Rechtsnachfolger Childebert II. kaum zwei Jahre nach Gregors Tod in einem Dekret von 596 tatsächlich promulgierte.[108]

Ebenso deutlich wie der Gegensatz Gunthchramns zu seinen Bischöfen erscheint seine vollständige Übereinstimmung mit dem Tenor der Historien Gregors. Das gilt auch für ein Detail wie die Einschränkung des am Sonntag verbotenen „*opus*“ auf „*opus publicum*“ bei Gregor (Hist. X 30: 525 Z. 22f., „*ne fiat in eo [die] omne opus publicum*“), das im Edikt dem Zusatz entspricht: „(Verboten sind alle Arbeiten) bis auf die zum Lebensunterhalt notwendigen.“[109] Wichtiger als diese Übereinstimmung ist aber die immer deutlicher werdende Beziehung der ›Zehn Bücher Geschichte‹ mit einem konkreten, aktuellen Gesellschaftskonzept. Hier könnten direkte Beziehungen zwischen dem König und dem Turoner Prälaten eine Rolle gespielt haben. Demnach ist es vielleicht kein Zufall gewesen, daß Gregor nur vier Monate vor der Veröffentlichung des Edikts längere Zeit mit dem Herrscher des burgundischen „*regnum*“ in Orléans zusammengewesen ist und augenscheinlich in ungewöhnlicher Weise über dessen Gunst verfügte (Hist. VIII 1–7; vgl. Teil II.5). Die von unserem Bischof hervorgehobenen Begleiterscheinungen der Zusammenkunft sind speziell in dieser Perspektive erwähnenswert: zum ersten die Hervorhebung des Treffens gerade am Sommerfest Martins, während das Edikt an der Martinsvigil des gleichen Jahres (10. November) erlassen wurde; so zum zweiten die starke Betonung der antijüdischen Position des Königs („*O regem admirabili prudentia clarum!*“, Hist. VIII 1: 371 Z.4), dessen Sonntagsdefinition später den Auswirkungen der Sabbattheologie seiner Bischöfe Einhalt gebot; endlich als Höhepunkt die klägliche Rolle des burgundischen Episkopats bei dieser Gelegenheit – mit anderen Worten der zukünftigen Konzilsväter von Mâcon –, die unter der persönlichen Leitung des Bischofs von Tours („*per meam commonitionem*“, Hist. VIII 3: 372 Z. 22), auf ausdrücklichen Befehl des Herrschers („*secundum regis imperium admoniti*“, ibid.: 372 Z. 1), an der gemeinsamen Tafel vorsingen müssen! Dagegen ist noch einmal das ungewöhnliche Einverständnis Gregors mit Gunthchramn zu erwähnen, das in ihrem Berichten von praktisch parallelen Visionen zum Ende Chilperichs einen bedeutsamen spirituellen Ausdruck findet (Hist. VIII 5). Auch wenn unser Autor die Form einer religiös-moralischen Erzählung gewählt hat, darf man annehmen, daß die Parallelität ihrer jeweiligen Vision letztendlich als Ausdruck der gemeinsamen Verurteilung des Gesellschaftskonzeptes Chilperichs gewertet werden kann. Welch tiefe Bedeutung liegt demnach in dem Umstand, daß ausgerechnet in der Vision Gunthchramns drei burgundische Bischöfe als Vollstrecker der Verurteilung Chilperichs erscheinen, Bischöfe, die mit Tetricus von Langres und Nicetius von Lyon in die engere Verwandtschaft Gregors gehören! Wurde durch diese Beziehung nicht auch der Sieg von dessen Konzeption einer christlichen Gesellschaft angedeutet? Gleichzeitig vertraten diese heiligen Reichsbischöfe – zu Nicetius vergleiche oben mit Anm. 100 – eine Generation von burgundischen Prälaten, die für den Episkopat Gunthchramns des Jahres 585, in dessen Reihen die *„zezania diabuli"* wucherte (Hist. VIII 7: 376 Z. 4), zweifelsohne als Referenz gedacht war![110]

Nach unserer Beschreibung der typologisch-eschatologischen *„ecclesia"* als dem ideologischen Rahmen und Hintergrund der Geschichte und als Leitthema der Historiographie der ›Historiarum libri decem‹ haben wir in einem zweiten Schritt die Auswirkungen dieser konzeptionellen Voraussetzungen für die zeitgenössische Gesellschaft des Bischofs von Tours untersucht. Dabei wurde zunächst deutlich, daß der Wertmaßstab der überzeitlichen *„ecclesia Dei"* durchaus dazu bestimmt war, auf den Kanon der sozialen Werte der aktuellen merowingischen Gesellschaft angewandt zu werden; von diesem Ausgangspunkt ließ sich auch die programmatische gesellschaftliche Ausrichtung der Historien mit Händen greifen. Noch konkreter erschien zuletzt die offensichtlich thematische Gegenüberstellung der Könige Chilperich und Gunthchramn. Es zeigte sich, daß ihre durch Gregor illustrierte Gegensätzlichkeit nur aufgrund der historiographisch-literarischen Fiktion als Gegenüberstellung persönlicher Qualitäten zweier *reges* erscheint. Das eigentliche, tiefere Anliegen unseres Autors ist aber vielmehr die Glorifizierung des von Gunthchramn repräsentierten Herrschafts- und Gesellschaftsmodells, welches durch die starke Mitwirkung des klerikalen Elementes für Gregor einen bedeutsamen Schritt zur perfekten Gesellschaft „im Christ" darstellte.

Die zentrale Idee von Gregors Gesellschaftskonzept meint die totale Einbeziehung der Bischofskirchen in alle Bereiche staatlicher Aktivität, zumindest auf der Ebene der Civitas. Das Modell solcher kirchlicher Partizipation an der Macht ist im Edikt Gunthchramns von 585 so deutlich vorgegeben, als ob Gregor selbst dem König die Feder geführt hätte[111]: Ausgehend von einem jeweiligen göttlichen Auftrag zur Herrschaft für die Könige und zur sittlichen „*correctio*" für die Bischöfe werden die letzteren vom *rex* aufgefordert, unter Beteiligung von höheren Klerikern und örtlichen Staatsbeamten („*iudices locorum*"), deren Auswahl aufgrund ihres sittlichen Lebenswandels den Bischöfen überlassen wird (!), die Vergehen des Volkes durch „*canonica severitas*" und – bei Nichtbeachtung – durch „*legalis poena*" zu ahnden; sonst sei das göttliche Strafgericht für alle, insbesondere aber auch für den König selbst, zu erwarten.[112]

Die Mitwirkung von Bischöfen an öffentlich-staatlichen Geschäften ist natürlich keine neue Konzeption, weder von Gregor noch von Gunthchramn. Dieses Phänomen, das in der deutschen Forschung unter dem Begriff der „Bischofsherrschaft" beschrieben wurde und seinen historischen Höhepunkt in zahlreichen gallischen Civitates des 7. Jahrhunderts erlebte, hat seine weiter entfernten Wurzeln im Staat Konstantins und ist in Gallien seit der zweiten Hälfte des 5. Jahrhunderts fest etabliert.[113] Daß Chlodwig und Theudebert zu den Förderern dieser Entwicklung gehörten, ist unter anderem auch ihrem Ehrenplatz in den Büchern II und III der gregorianischen Historien zu entnehmen. Gegner dieser Entwicklung sind zweifellos nicht nur unter merowingischen Herrschern wie Charibert und vor allem Chilperich zu finden; eine entsprechende Interpretation der Konzilstexte aus dem 6. Jahrhundert würde wie schon im Fall der Väter von Mâcon zeigen, daß erhebliche Widerstände gegen eine zu weitgehende Einbindung in staatliche Belange gerade auch im Episkopat vorhanden waren.[114]

Gregor dagegen hat ein solches Engagement der Bischöfe an der Ausübung öffentlicher Macht befürwortet. Unter dieser Voraussetzung lassen sich leicht die großen sozialen Hoffnungen ermessen, die unser Bischof auf dieses Gesellschaftsmodell gesetzt haben mag: Wenn Bischöfe uneingeschränkt über die Gelder verfügen würden, die aus dem Steueraufkommen für das Globalbudget ihrer Civitas vorgesehen waren, wie sehr mußte dann – zumindest im Prinzip – diese Verteilung zugunsten der tatsächlich Bedürftigen in der Bevölkerung ausfallen! Wie sehr mußte unter diesen Umständen die „*conversio*" zum Klerus und damit – wiederum im Prinzip – die Hinwendung zu einem Ideal der Besitzlosigkeit und des Antimaterialismus gefördert werden und damit der gesamten Gesellschaft zum Nutzen gereichen![115]

Die tatsächlich erfolgte, weitere politische Realisierung des Systems der Bischofsherrschaft in zahlreichen gallischen Städten des 7. Jahrhunderts gibt Gregors Hoffnungen, die er auf die unter Gunthchramn einsetzenden Entwicklungen setzen mußte, nicht unbedingt recht. Für uns bleibt allerdings festzuhalten, daß Gregors Hauptwerk in der zeitgenössischen Diskussion um das beste Herrschafts- und Gesellschaftsmodell seinen festen Platz hatte oder zumindest suchte. Durch die folgenreiche Aufhebung des traditionellen Gegensatzes von „*ecclesia*“ und „*res publica*“, den er in seinen patristischen Vorlagen noch gefunden haben muß, hat der Bischof von Tours die theologischen Grundlagen einer aktiven Teilnahme der Bischöfe und des hohen Klerus an der staatlichen Herrschaftsausübung geliefert. Mit anderen Worten: Die Historien repräsentieren nicht zuletzt das theoretische Konzept eines bereits installierten, aber noch nicht völlig zur Entfaltung gekommenen Gesellschaftsmodells, das wir heute verkürzend als „Bischofsherrschaft“ wiedergeben. Daß auch in diesem Fall in erster Linie die Könige als Adressaten angesprochen sind, muß nicht mehr eigens betont werden.

IV.3 Der Handschriftenbefund der Historien und die Gregorrezeption im 7./8. Jahrhundert: Die Verfälschung einer Erbschaft

Es gibt neben den Historien kein weiteres historiographisches Werk des Frühmittelalters, dessen Überlieferung in so unterschiedlicher und fragmentarischer Form vorliegt und für das gleichzeitig so zahlreiche frühe Zeugnisse erhalten sind. Die Ungewöhnlichkeit dieses Befundes steht nach dem Ausweis der ältesten Handschriften im Zusammenhang mit dem Inhalt der ›Zehn Bücher Geschichte‹ und seiner frühesten Rezeption. Es bietet sich daher an, die Aussagen der Überlieferung hinsichtlich des Verständnisses des von uns aufgezeigten spirituellen Planes im Werk Gregors zu überprüfen.[116]

«La mesure du succès»: In seiner außerordentlich anregenden „Hitliste“ der großen Geschichtswerke, gemessen am für uns nachvollziehbaren Erfolg der überlieferten Handschriften, hat Bernard Guenée den Abstand aufgezeigt, der den Beliebtheitsgrad der Historien des Orosius von denen Gregors trennt: 245 zu 50 Handschriften.[117] Wenn man dann noch berücksichtigt, daß in der hier für die ›Zehn Bücher‹ angegebenen Zahl auch solche Manuskripte miteinbezogen wurden, die wie die Familien E und F nur eine thematische Selektion von einem oder einigen wenigen Gregorkapitel(n) darstellen und damit eigentlich nicht zur Überlieferung des Werkes als solcher gehören[118], vergrößert sich das genannte Verhältnis noch weiter zuungunsten unseres Autors. Deutlich wird am Beispiel der beiden genannten Handschriftenfamilien freilich bereits die Zerstückelung des Gregortextes, die auch die restliche Überlieferung in ungewöhnlicher Weise charakterisieren sollte.

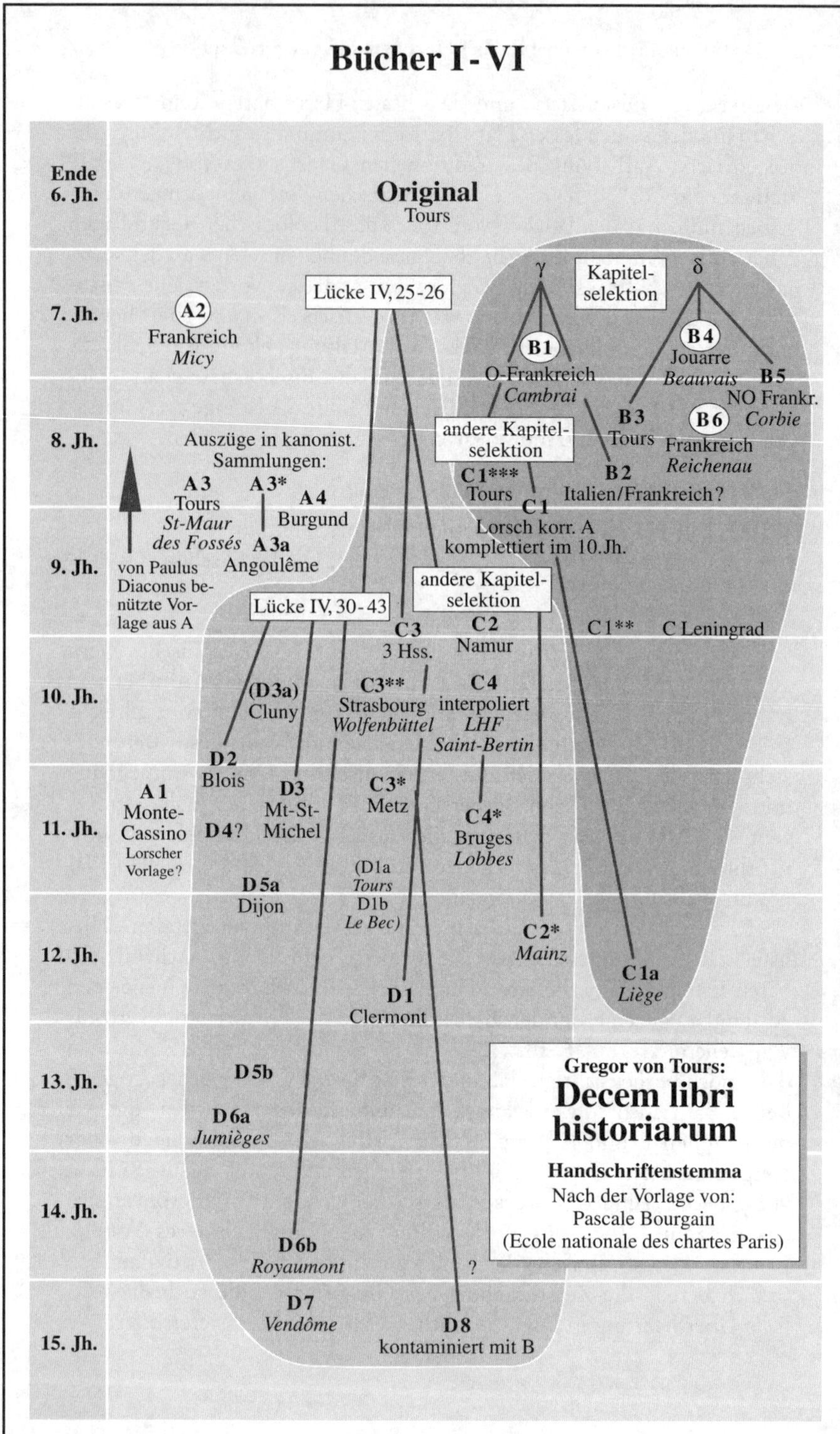
Bücher I - VI
Ende 6. Jh.
7. Jh.
8. Jh.
9. Jh.
10. Jh.
11. Jh.
12. Jh.
13. Jh.
14. Jh.
15. Jh.
Original
Tours
Lücke IV, 25-26
γ
Kapitel-
selektion
δ
A2
Frankreich
Micy
B1
O-Frankreich
Cambrai
B4
Jouarre
Beauvais
B5
NO Frankr.
Corbie
B3
Tours
B6
Frankreich
Reichenau
andere Kapitel-
selektion
B2
Italien/Frankreich?
Auszüge in kanonist.
Sammlungen:
A 3
Tours
St-Maur
des Fossés
A 3*
A 3a
Angoulême
A 4
Burgund
C 1***
Tours
C 1
Lorsch korr. A
komplettiert im 10.Jh.
von Paulus
Diaconus be-
nützte Vor-
lage aus A
Lücke IV, 30-43
andere Kapitel-
selektion
C 3
3 Hss.
C 2
Namur
C 1**
C Leningrad
(D 3a)
Cluny
C3**
Strasbourg
Wolfenbüttel
C 4
interpoliert
LHF
Saint-Bertin
D 2
Blois
A 1
Monte-
Cassino
Lorscher
Vorlage?
D 4?
D 3
Mt-St-
Michel
C 3*
Metz
C 4*
Bruges
Lobbes
(D1a
Tours
D1b
Le Bec)
D 5a
Dijon
C 2*
Mainz
C 1a
Liège
D 1
Clermont
D 5b
D 6a
Jumièges
D 6b
Royaumont
?
D 7
Vendôme
D 8
kontaminiert mit B
Gregor von Tours:
Decem libri
historiarum
Handschriftenstemma
Nach der Vorlage von:
Pascale Bourgain
(Ecole nationale des chartes Paris)

Bücher VII - X

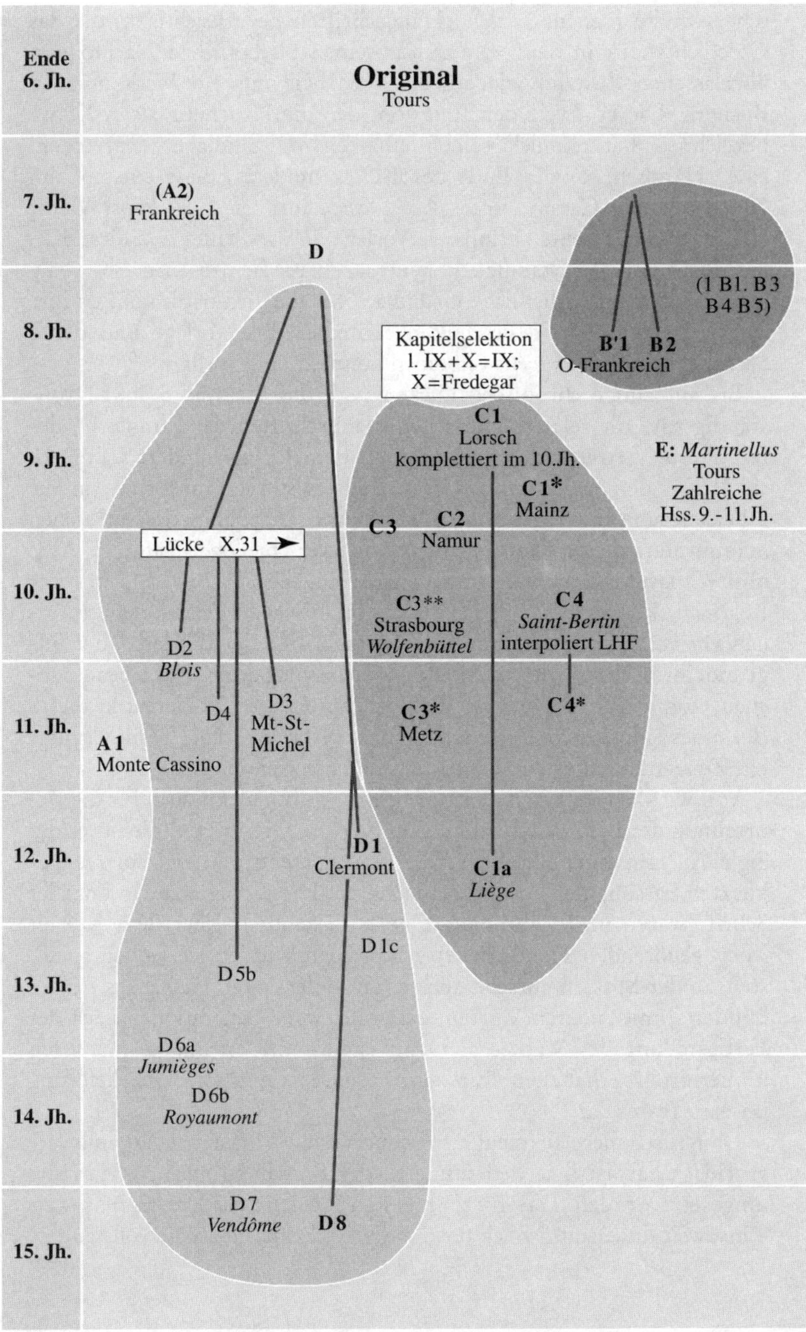

Ende 6. Jh.
7. Jh.
8. Jh.
9. Jh.
10. Jh.
11. Jh.
12. Jh.
13. Jh.
14. Jh.
15. Jh.
Original
Tours
(A2)
Frankreich
D
(1 Bl. B3
B4 B5)
Kapitelselektion
l. IX+X=IX;
X=Fredegar
B'1 B2
O-Frankreich
C1
Lorsch
komplettiert im 10.Jh.
E: *Martinellus*
Tours
Zahlreiche
Hss. 9.-11.Jh.
C1*
Mainz
C3
C2
Namur
Lücke X,31 →
C3**
Strasbourg
Wolfenbüttel
C4
Saint-Bertin
interpoliert LHF
D2
Blois
D4
D3
Mt-St-
Michel
C3*
Metz
C4*
A1
Monte Cassino
D1
Clermont
C1a
Liège
D1c
D5b
D6a
Jumièges
D6b
Royaumont
D7
Vendôme
D8

Das Bild dieser Überlieferung würde in der Tat noch problematischer, wollte man nur solche Handschriften berücksichtigen, die das Geschichtswerk in dem vom Autor seinen bischöflichen Nachfolgern überlassenen Zustand wiedergeben, das heißt als ein Werk in zehn Büchern. Dieser Zweig der Tradition, den die Forschung als A-Klasse bezeichnet, hat nämlich seinen einzigen vollständigen Vertreter in einer Handschrift vom Ende des 11. Jahrhunderts; diese entstand im Kloster Monte Cassino unter Abt Desiderius, seit 1086 Papst Victor III., nach einer heute verlorenen Vorlage.[119] So wichtig wie diese Kopie durch ihre Vollständigkeit heute auch erscheinen mag, so wenig kann sie eine ausschließliche Grundlage für die Textkritik sein, da ihre an klassischem Latein geschulten Schreiber ihre Vorlage und deren Sprache nicht immer recht verstehen konnten oder wollten.[120]

Bis auf einige chronische Lücken (vgl. das Stemma S. 168f.) vollständig sind die relativ zahlreichen Handschriften der Familie D, deren älteste Vertreter allerdings erst aus dem 10. Jahrhundert stammen; sie haben den irreführenden Werktitel ›Historia Francorum‹ in die Überlieferung miteingebracht. Die genauen Ursprünge des verlorenen Stammvaters dieser Klasse zwischen den verschiedenen Familien A, B und C lassen sich nicht mehr nachvollziehen.[121] So liegt bei der Rekonstruktion eines möglichst „gregorianischen" Textes das Schwergewicht auch heute noch auf den Handschriften der B-Klasse, die aufgrund ihres ehrwürdigen Alters einen privilegierten Platz beanspruchen können.[122] Bevor wir auf die besondere Problematik dieses Befundes eingehen, soll noch von einem bisher zu wenig berücksichtigten Zeugen der ältesten Textgestalt der Historien die Rede sein.

Von wirklich überragender Bedeutung, nicht zuletzt auch für die Beurteilung der B-Handschriften, sind hier drei Fragmente, die unter der Sigle A 2 zusammengefaßt werden und dementsprechend einer ungekürzten Fassung der Historien angehören. Diese Fragmente in unzialer Schrift waren im 9. Jahrhundert noch Bestandteil einer dem Kloster Micy gehörenden Handschrift; geschrieben wurden sie jedoch spätestens in der Mitte, wahrscheinlich sogar in der ersten Hälfte des 7. Jahrhunderts, mit anderen Worten, eine oder zwei Generationen nach der Fertigstellung des Werkes.[123] Damit stellen die Fragmente mit ihren immerhin 17 erhaltenen Kapiteln die eindeutig älteste Überlieferung unseres Textes dar!

Da Krusch diese Textzeugnisse um etwa ein Jahrhundert zu jung veranschlagt hat, ist ihre Bedeutung in der Forschung noch nicht richtig umgesetzt worden. Das gilt zum ersten für den zusätzlichen Nachweis – insoweit dieser tatsächlich notwendig erscheint –, daß die vollständige

Ausgabe der ›Zehn Bücher‹ dem von Gregor seinen Nachfolgern überlassenen Werk entspricht (vgl. Goffart 1987: 73 Anm. 50). Zum zweiten gilt unser Satz der Latinität des Textes selbst: Das durch die B-Handschriften überlieferte Sprachniveau wird nämlich durch die A 2-Fragmente eher bestätigt als in Frage gestellt.[124]

Damit sind wir bei der alten B-Klasse sowie den von ihr abhängigen C-Handschriften angelangt.[125] Beiden gemeinsam ist der Umstand, daß sie die Einheit des Gregorwerkes nicht respektieren; vielmehr haben sie das dort zusammengetragene Material nach einer beträchtlichen Kapitelselektion in neuer Form einer neuen Epoche als historischen Lesestoff angeboten. Der dabei auftauchende Bezug auf die Franken, sei es als *„ecclesiastica historia Francorum“* (C 1a, SRM I–^{2}1: 1 Z.25), sei es als *„liber historiarum gesta Francorum“* (C 2, ibid.: 3 Z.35), weist in die Richtung des neuen Publikumsinteresses: Die allzu generell erscheinende christliche Gesellschaftsgeschichte des Bischofs von Tours sollte auf eine Geschichte des Fränkischen Reiches, seines Volkes und seiner Herrscher, zugeschneidert werden.

Diese Tendenz läßt sich am deutlichsten an den C-Handschriften ablesen, von denen Krusch längst gezeigt hat, daß sie „ihren Ursprung den Bedürfnissen des karolingischen Zeitalters“ verdanken.[126] Tatsächlich ist diese Klasse, deren genauer Wert wegen ihrer vielfältigen Berührungspunkte auch mit vollständigen Familien wie dem Stammvater von D oder selbst A (besonders C 1!) nur schwer eingeschätzt werden kann, stets im Verbund mit anderen Quellen wie Fredegar und seinen Fortsetzungen zu finden. In der Tat ist die fünfte Klasse der Fredegarhandschriften mit Manuskripten der C-Familie der Historien Gregors identisch, wobei dessen Bücher IX und X in einem einzigen Buch zusammengefaßt wurden, um Platz für die anschließende Fredegarchronik mit ihren Folgen zu schaffen.[127] Dabei fielen eine Reihe von Historienkapiteln dieser neuen Redaktion zum Opfer; auf die Tendenz der Kürzungen, die dann vom Verfasser des Liber Historiae Francorum konsequent fortgesetzt wurde, werden wir zurückkommen, da die gleiche Tendenz schon ein Charakteristikum der B-Familie und von Fredegar selbst gewesen ist.[128]

Im Gegensatz zur C-Klasse überliefern die B-Handschriften die Historien nicht im Verbund mit anderen Geschichtswerken und erwecken demzufolge den Eindruck eines vollständigen, abgeschlossenen Werkes. Ihr nicht erhaltener Stammvater muß vor ca. 660 entstanden sein, da der um diese Zeit schreibende Fredegar sich auf eine Vorlage aus dieser Klasse gestützt hat, als er Epitomae aus Gregorkapiteln für sein eigenes Werk zusammenstellte. In seinem Vorwort zum vierten Buch hat er dann auch behauptet, daß Gregor mit dem Tod Chilperichs seine *„gesta“* beendet habe.[129] Tatsächlich enthalten die B-Handschriften bis auf die Ausnahme der relativ jungen B 2 (vgl. Anm. 122) nur die Bücher I–VI der Historien; die alte Handschrift B 1, wohl vom Ende des 7. Jahrhunderts, ist weniger als ein halbes Jahrhundert später um die Bücher VII–X ergänzt worden.[130] Durch das ihnen zugeschriebene, zum Teil etwas zu hoch angesetzte Alter haben die B-Handschriften einen so großen Eindruck auf die Forschung ausgeübt, daß selbst ernstzunehmende Forscher wie Gabriel Monod glauben konnten, es handle sich bei der in B überlieferten Textgestalt um eine von Gregor selbst geschaffene erste Fassung, «la première rédaction» des Geschichtswerks;[131] diese wäre dann von ihrem Autor nachträglich durch eine Anzahl von Kapiteln, die in der B-Klasse fehlen, und um die Bücher VII–X ergänzt worden.

Diese Ansicht ist um so erstaunlicher, als bereits 1735 die ›Histoire literaire de la France‹ zum gleichen Gegenstand mit Recht feststellen konnte, daß Dom Ruinart, in seiner exzellenten Gregorausgabe von 1699, «a réfuté cette frivole prétention par des preuves si solides & si convaincantes, qu'il ne lui reste plus la moindre ombre de fondement».[132] So hatte der Maurist Thierry Ruinart schon gesehen, daß in den Handschriften, die wir heute als zur B-Klasse gehörig identifizieren, die Kapitel Hist. VII 7 und 8 durch eine Blattverwechslung fälschlich in Buch IV (direkt hinter oder vor dem *„Explicit liber quartus“*, SRM ^{2}I: 190 Z.33–36) gelandet sind und daß sie folglich auf einer vollständigeren Ausgabe beruhen müssen.[133] Zu den auch sonst schon bemerkten Indizien in der gleichen Frage tritt nun auch die Existenz der noch früheren A 2-Fragmente (vgl. weiter oben) oder das Detail, daß die originale Kapitelzählung von B 1 im zweiten Buch mit der römischen Ziffer II beginnt, obwohl das Kapitel I der Kürzungswut der Urheber der B-Überlieferung zum Opfer gefallen war.

Nicht zuletzt bestätigen auch unsere eigenen Ausführungen hinsichtlich des stringenten Werkplanes der Historien, daß die gekürzte Überlieferung mit dem eigentlichen Anliegen Gregors nichts mehr zu tun hat, daß sie vielmehr im Kontext einer völlig anderen historiographischen Tendenz entstanden ist, nämlich der fränkischen Volks- und Herrschergeschichtsschreibung. Trotz solcher Voraussetzungen bleibt der Überlieferungszweig B aufgrund seines enormen Erfolges im 7. Jahrhundert nicht weniger als beeindruckend: Die tatsächliche Anzahl der in diesem Säkulum zirkulierenden B-Handschriften kann erahnt werden, wenn man sich vor Augen führt, daß etwa B 5 aus Corbie vom Ende des 7. Jahrhunderts bereits die dritte Generation dieser speziellen Klasse repräsentiert.[134] Die Identität ihres so erfolgreichen Urhebers, der nach dem Ausweis der erhaltenen B-Exemplare im Nordosten Frankreichs gewirkt haben könnte (vgl. oben das Handschriftenstemma), wird allerdings kaum faßbar, obwohl er durch die von ihm weggestrichenen Kapitel in den Büchern I–VI deutliche Spuren seiner Arbeit hinterlassen hat.

In unserer eigenen Perspektive wäre es von Interesse zu wissen, ob diesem großen Unbekannten die fatale Tragweite seiner Kürzungen bezüglich des gregorianischen Werk- und Weltplanes tatsächlich bewußt gewesen ist. Es gibt gewichtige Gründe anzunehmen, daß dies *nicht* der Fall war, da er höchstwahrscheinlich den Text der Historien nie gelesen hat. Seine Kürzungen hat er nachweisbar anhand der *„capitula"* oder *„tituli"* vorgenommen, also den vor dem Buchtext zusammengestellten Kapitelüberschriften; sein für ihn arbeitender Kopist hat in der Folge nur diejenigen Kapitel abgeschrieben, deren Titel nicht gestrichen worden waren. Die dementsprechend wegfallenden 69 Kapitel stellen fast genau ein Viertel der insgesamt 275 Kapitel der Bücher I–VI dar, von denen nur das kürzeste Buch (III) ohne Streichungen blieb; aufgrund der neuen Kapitelanzahl entstand auf diese Weise eine größere Ausgewogenheit zwischen allen sechs Büchern.

Die Kürzungen in Buch I setzen erst mit Kapitel 28 ein, also *nach* dem „biblischen Teil" der Historien, an den sich der Stift unseres Redakteurs nicht heranwagte; in der zweiten Hälfte des Buches strich er freilich fast alle Kapitelüberschriften, die einen Märtyrer oder Bischof erwähnen: Die *„capitula"* mit dem Namen des Kirchenverfolgers (27: Trajan, 32: Chrocus, 41: Valens, 43: Maximus) ließ er dagegen stehen! Da das Konstantinkapitel einen mißverständlichen, auf Bischof Martin gemünzten Titel trägt *(„De nativitate sancti Martini..."),* wurde es glatt gestrichen; ansonsten bildet der Reichsheilige Martin die einzige Ausnahme bei den Streichungen von Heiligen und Klerikern. Die *„septem viri"* von Kapitel 30 waren unserem Redakteur anscheinend nicht als sieben Bischöfe erkennbar und konnten deshalb die Streichungen überstehen.

Alle elf Kapitelausfälle von Buch II betreffen Textteile, deren *tituli* Bischöfe, einmal einen Märtyrer, anführen; die Verfolgungen unter Wandalen und Hunnen sowie in den Titeln ablesbare Nachrichten zur Metzer Kirche (Kap. 6) entgingen den Streichungen; die Epistel des Eugenius in Hist. II 3 fiel der Redaktion zum Opfer, ohne daß die entsprechende einleitende Formulierung Gregors geändert worden wäre.[135]

In dem ungekürzten Buch III wird der Redakteur seiner antiklerikalen Tendenz nur zweimal untreu, als er *„capitula“* zu Bischöfen von Clermont und Tours (Hist. III 2 und 13) durchgehen läßt; ein Jahrhundert später wird der Redakteur von C 2 konsequenterweise auch Hist. III 2 wegfallen lassen. Im übrigen stimmt die Tendenz der Streichungen der C-Klasse mit der unseres großen Unbekannten überein, ohne daß das Resultat völlig identisch wäre.

In Buch IV erreicht die Streichwut unseres Redakteurs zweifellos ihren Paroxysmus: 100 %ige Kürzung aller Kapitel, deren *tituli* einen Kleriker, Mönch oder ein Kloster nennen (15 Fälle). Daß die Streichungen ohne entsprechende Lektüre des Kapitels selbst erfolgte, zeigt Hist. IV 43 über die Regierung im austrasischen Marseille und einen Aufsehen erregenden Prozeß, mit Revision vor dem Königsgericht, gegen einen hohen Kleriker, der die „Schlagzeile“ des Kapitels besetzte *(„De archidiacono Massiliense“)* und deshalb dem laizistischen Purismus des Redakteurs nicht entging; die C-Klasse kürzt hier im übrigen nicht!

In Buch V sind neben den 17 gestrichenen Kapiteln diejenigen interessant, die nicht unterdrückt wurden, obwohl ihr *„titulus“* oder *„capitulum“* klerikal erscheinen könnte: ein Kapitel über Bischof Germanus von Paris (Hist. V 8), die Judenkonversion von Clermont (V 11), die Diskussion Gregors *„cum heretico“* (V 43). *„De Salunio et Sagittario episcopis“* (Hist. V 20) wird gestrichen, nicht aber *„De eiectione Saloni et Sagittari“* (Hist. V 27), zweifellos wegen des Fehlens von *„episcopus“*! Gleiches Unverständnis des Redakteurs bei Hist. V 21 *„De Winnoco Brittone“*, bei dem es sich um einen im Titel nicht entsprechend bezeichneten Kleriker handelt und der so die Streichungskampagne überstehen konnte. Wirklich unverständlich bleibt der Wegfall der Kapitel 47–49 zu Gregors eigenem Prozeß.[136]

Buch VI: gleiche Tendenz, mit zwei inkonsequenten „Versehen“ des B-Redakteurs, der Kapitel zum Klausner Hospitius (VI 6) und zu den *„puellae“* des Klosters von Poitiers (VI 29) stehenläßt. Bestehen bleiben auch wie schon zuvor theologische Kapitel (Hist. VI 5 und 40) und solche über Prodigien (Hist. VI 14, 21, 25, 33, 44). Sicherlich irrtümlich gestrichen wurden die Kapitel Hist. VI 11 und 22 zu Konflikten der Könige: In den *capitula* sind allerdings wieder Kleriker genannt!

Eine generelle Charakterisierung unseres Abbreviators fällt schwer, da seine häufigen Mißgriffe doch eher seine Unkenntnis des Gregortextes belegen. Möglicherweise hat er aber im Auftrag von Personen gehandelt, die die Vorlage tatsächlich gelesen haben. Nur in diesem Fall wäre auch die Weglassung der Bücher VII–IX zum *„bonus rex“* zusammen mit der Beibehaltung der Chilperichsequenz erklärlich: Die neue Redaktion könnte dann auf Kreise um die austrasischen Hausmeier und auf Spannungen zurückgeführt werden, die nach dem Tode Dagoberts (638/9) tatsächlich bestanden haben. Die brutale Unterdrückung der Gunthchramn-Bücher VII–IX (und X), die letztendlich die Vorherrschaft eines „burgundischen" Herrschers über Austrasien und Neustrien feiern, läßt freilich auch die Deutung zu, daß der verantwortliche Redakteur neustrischer Herkunft gewesen ist; in jedem Fall siedeln sich die frühesten B-Handschriften im neustrisch-austrasischen Grenzbereich an. Ungeklärt muß allerdings vorerst noch das Problem bleiben, auf welchem Wege das Manuskript Gregors aus dem Besitz der Bischöfe von Tours in die Hände austrasischer oder gar neustrischer Redakteure gelangte.

In der Perspektive unseres Buches ist es wichtiger festzustellen, daß das ehrgeizige Historienprojekt Gregors keinen Platz in einer Gesellschaft fand, die ihre Ursprünge historisch fixiert und glorifiziert sehen wollte. Die Behandlung des im 7. Jahrhundert zentralen Anliegens der Suche nach „nationaler Identität" hatte im Plan Gregors nur einen lächerlich nebensächlichen Rang: Für ihn stand die moralische Ordnung einer Gesellschaft im Vordergrund, die er in erster Linie durch das rechte Funktionieren der von Gott eingesetzten Institutionen König und Episkopat gewährleistet sah.

V. ZUSAMMENFASSUNG UND ERGEBNISSE

«L'emprise encombrante» (vgl. Einführung Anm. 1), das heißt, die erdrückende Präsenz des Geschichtswerks Gregors von Tours für das Verständnis der Merowingerzeit hat sich in vierzehn Jahrhunderten der Gregorrezeption bis heute im Grunde nicht geändert. Den vielfältigen Manipulationen, denen das umfangreiche, teilweise wohl als unhandlich empfundene Werk vom 7. bis zum 20. Jahrhundert ausgesetzt war und deren Ziel durchweg die Erhöhung der Benutzbarkeit des Textes für das Verständnis der frühen fränkischen Volks- und Königsgeschichte gewesen ist, steht die verzweifelt anmutende Beschwörung des Autors selbst gegenüber, die Integrität seiner ›Historiarum libri decem‹ nicht anzutasten. So mag es als ein Hauptergebnis der vorliegenden Zeilen betrachtet werden, den tiefen Sinn der Beschwörungsformeln des Bischofs im nachhinein aufgezeigt zu haben. Tatsächlich dürfte Gregor das Schicksal seines so sorgsam erarbeiteten Werkes erahnt haben; er wußte aber auch besser als jeder andere: Die strenge Komposition der literarischen Elemente und der damit geschaffenen formalen Strukturen der zehn Bücher mußte in der Tat jede partielle Behandlung von Teilen des Werkes an seinem eigentlichen Verständnis vorbeigehen lassen.

Als geeigneter Einstieg in die Problematik der Historien erwies sich dagegen die Person ihres Autors. Man findet den bischöflichen Historiographen bei allen Gelegenheiten, die ihm im Rahmen der formalen Präsentation seiner Schrift zur Verfügung stehen, um seine Konzeption von Geschichte und Geschichtsschreibung vorzutragen: Werkprolog, „Epilog“, Bücherprologe, Eigenreden mit ausgewählten Kommentaren zum Berichteten. Im gleichen Maße gegenwärtig ist die historische Persönlichkeit des Bischofs, die durch ihre exemplarische Aktion ausgewählten Kapiteln einen paradigmatischen und didaktischen Stellenwert verleiht.

Von diesem Ausgangspunkt haben wir unsere Analyse des gregorianischen Geschichtswerks in vier Teilen entwickelt, die in der vorgelegten Reihenfolge den tatsächlichen Forschungsvorgang widerspiegeln; auf die Verbindungen zwischen den vier Teilen und deren jeweiligen

Stellenwert innerhalb des Gesamtergebnisses wird in der Folge eingegangen.

Die erste Stufe dieses Eindringens in das Verständnis der Geschichtsbücher bestand in der Darlegung der prosopographisch-biographischen Voraussetzungen des Autors in Teil I. Dabei zeichneten sich deutlich zwei Konstanten ab, die Gregors Selbstverständnis so sehr geprägt haben, daß sein Hauptwerk ohne sie a posteriori undenkbar erscheint. Es handelt sich um das Bewußtsein des Bischofs von Tours, über mehrere Generationen hinweg in väterlicher wie mütterlicher Linie auf Vorfahren zurückblicken zu können, die das Bischofsamt ausgeübt haben. Gregor hat zu keinem Zeitpunkt den geringsten Zweifel daran gelassen, daß er seine moralische Autorität aus einem evidenten göttlichen Auftrag zur *„praedicatio"* bezog, die nach ihm in erster Linie dem Bischofsamt so wie davor dem der Propheten eignete; es geschah demnach in Konsequenz dieser Auffassung, daß er zuletzt auch sein Geschichtswerk selbst, das für ihn das wichtigste Instrument seiner *„praedicatio"* gewesen ist, seinen Amtsnachfolgern in erblicher Verfügung übergab.

Die zweite Konstante ist die ebensoweit zurückreichende Bindung an eine besonders charismatische Leitfigur. Die gleichen bischöflichen Vorfahren Gregors hatten sich in der Tat schon vor der Mitte des 5. Jahrhunderts in den Dienst Martins, des bischöflichen Titelheiligen von Tours gestellt, an dessen Promotion zum gallischen Apostel und Hauptheiligen des jungen merowingischen Königtums sie maßgeblichen Anteil hatten. Die weitere propagandistische Verbreitung von Martins Ruhm ist demnach kein originelles Verdienst Gregors gewesen. Ein solches war dagegen die Verknüpfung des größten Turoner Heiligen mit einem globalen Geschichtsbild, in dem dieser als Archetypus der Nachfolger Christi und damit als Begründer „moderner Heiligkeit" und charismatischer Führer einer neuen christlichen Gesellschaft erscheint.

Die in der Gregorbibliographie oft praktizierte Zuordnung der Historien zur Memoirenliteratur legte es nahe, den biographischen Standpunkt des ersten Teils auch im zweiten beizubehalten. Entsprechend wurden die Teile des Werks, in denen Gregor sich selbst als historisch agierende Figur auftreten läßt, also die Bücher V–X, auf ihre Bezüge zum Autor untersucht. Erst das letztliche Scheitern des auf Biographie ausgerichteten Ansatzes in Teil II und die entsprechende zwangsläufige Neuorientierung unserer Forschung auf die Intentionen des Historiographen erlaubten die Erkenntnis eines bis dahin übersehenen spirituellen Werkplans der zehn Bücher.

Den Verlauf des heuristischen Vorgangs charakterisieren die drei Begriffe Thematik, Chronologie und Selektion. *Thematik,* da früh zu erkennen war, daß die einzelnen untersuchten Bücher des Werks eindeutige Schwerpunkte mit dem Bezug auf Königsherrschaft setzten. Am meisten in sich geschlossen erschien dabei die Darstellung des schlechten Königs in den beiden Büchern V und VI der Chilperich gewidmeten Folge, welche der des *„bonus rex"* Gunthchramn in den Büchern VII–IX antithetisch gegenübersteht; bisherige Schwierigkeiten, diesen Zusammenhang als solchen zu realisieren, beruhen in erster Linie auf dem Übergang der Thematik bereits in Buch IX zu dem in Buch X illustrierten Thema: Ankündigung des Jüngsten Gerichts mit der Offenbarung der eschatologischen Kirche.

Als zweiter Schlüssel für das Verständnis der Historien erschien der Gebrauch der *Chronologie* durch ihren Autor. Die grundsätzlich chronologische Anordnung seiner Fakten war für Gregor zunächst die einzige Möglichkeit, sein riesiges Material während der Jahre seiner schriftstellerischen Tätigkeit (etwa 573–594) grob vorzuordnen; überdies entsprach eine solche Ordnung den Traditionen der literarischen Gattung, der er sich verpflichtet fühlte. Zum dritten verfügte er durch das Mittel der Chronologie über eine scheinbar konkrete Möglichkeit, das Jüngste Gericht zu „berechnen", das heißt, es in die Geschichte einzubeziehen; als deren Erfüllung und Abschluß mußte dieses Ereignis einen hervorragenden Platz innerhalb seines spirituellen Werkplans einnehmen. Gregors Chronologie ist aber nicht zuletzt eine falsche Spur, der das Publikum des Geschichtswerks über Jahrhunderte hinaus blind gefolgt ist. Die eingehende Untersuchung der Kapitelfolgen vor allem in Buch V und von scheinbar „annalistischen" Elementen wie der Zählung nach Jahren der königlichen Regierung ergab zweifelsfrei, daß die Anordnung der Historienkapitel chronologische Vorgaben in der Regel einhält, aber in letzter Instanz doch der jeweiligen Thematik der Bücher untergeordnet ist.

Im Hinblick auf die einmal gewählte Thematik war bei genereller Einhaltung einer chronologischen Ordnung die *Selektion* thematischer Episoden ein wichtiges, wenn nicht sogar das wichtigste Instrument für die Gestaltung eines Werkplans überhaupt. Das entsprechende methodische Vorgehen Gregors wurde durch die fehlenden oder durch ihre Formulierung unbestimmt gehaltenen Verknüpfungen zwischen den einzelnen Episoden ermöglicht; zu der Auswahl von thematisch einschlägigen Episoden trat die entsprechende Bearbeitung der tatsächlich ausgewählten Kapitel, entweder durch übertreibende Hervorhebung oder durch Weglassung wichtiger, für unser Verständnis objektiver Elemente.

In der Konsequenz dieses Befundes, auf den die Erschließung der Bücher V–X in Teil II regelmäßig zurückführte, mußte Teil III eine Analyse der tatsächlichen Bau- und Gliederungselemente der Historien erbringen, wozu nun auch die Interpretation der ersten vier Bücher ihren besonderen Beitrag leistete.

Im Vergleich mit den literarischen Modellen Gregors zeigte sich zunächst die überraschend starke Ausrichtung seines Werks auf Belange seiner *Zeitgeschichte*, für die man vergeblich nach Parallelen suchen wird. Der mit der Lektüre zusehends wachsende Eindruck, die Historien seien mehr aktuelle Gesellschaftsgeschichte als reproduktive Geschichtserzählung, wird durch das überdimensionale Interesse ihres Autors für Könige und die Beschreibung ihrer Herrschaft bestätigt; innerhalb dieses Schwerpunktes kommt freilich auch den Bischöfen und anderen – toten wie lebendigen – Heiligen eine gesellschaftliche Bedeutung zu, die aus ihren komplementären, oft antithetischen Funktionen bei der sittlichen Gestaltung christlicher Königsherrschaft erwächst.

Nachdem man Gregor von Tours über Jahrhunderte hinaus jede Fähigkeit zur Strukturierung und Gliederung seiner Erzählung abgesprochen hat, mußten gerade der Nachweis eines stringenten Werkplans und dessen formaler Voraussetzungen eine besondere Bedeutung gewinnen. Unsere im Anschluß an Thürlemann erfolgte „Entdeckung" der typologischen oder figuralen Denkform Gregors, die als allgegenwärtiges *Bezugssystem* für den spirituellen wie formalen Aufbau seiner ›Historiarum libri decem‹ gelten muß, öffnete gleich mehrere Türen zum Verständnis des Geschichtswerks.

Den regelmäßigen Gebrauch typologischer Bezüge hatte die Patristik vor allem an der vielbedeutenden Figur Christi entwickelt, die als Schöpfer am Anfang, als Richter am Ende, durch die Passion in der Mitte der Geschichte steht. In Verbindung mit der Identifikation von Christus = *„ecclesia"* – Christus ist Schöpfer, Mittelpunkt und Vollender seiner *„ecclesia"* – hat Gregor seinen spirituellen Rahmen für das Geschichtswerk geschaffen. Aber mehr noch: Typologische Bezüge beruhen auf der Vorstellung, daß sich Geschichte ständig wiederholt und daß die Wiederholungen miteinander in enger, wesentlicher Beziehung stehen. Dadurch wird die biblische Geschichte, vorzugsweise die *„historia regum Israheliticorum"* zum didaktischen *exemplum* der christlichen Geschichte überhaupt. Durch dieses Bezugssystem erhalten Personen und Situationen der eigenen Geschichte „Bedeutung": Ein Königssohn (Chramn) kämpft gegen seinen Vater und muß deshalb wie Absalon elendiglich umkommen; das Volk zu Zeiten Gregors leidet trotz eines guten Königs (Gunthchramn) ebenso wie das israelitische Volk unter seinem guten König Ezechias, weil es sich – und die Autorität des biblischen Verdiktes gilt hier als Beweis – offensichtlich durch nichtchristliche Lebensweise schuldig gemacht hat.

Solche Deutungen, die Gregor aufgrund seiner klerikalen Ausbildung vertraut gewesen sein müssen, präsentiert er paradigmatisch in seinen Prologen und setzt sie jeweils in der Thematik der einzelnen Bücher im Bericht über aktuelle Begebenheiten um. Auch die formalen Mittel bei dieser Umsetzung stehen im Zusammenhang typologischer Bezüge, wobei die rhetorische Figur der Antithese eine Hauptrolle einnimmt: Kapitel von Anfang, Mitte und Ende jedes Buches werden zueinander/gegeneinander in Beziehung gesetzt und schaffen dadurch eine Struktur im Aufbau und eine komplexe, aber identifizierbare Aussage. Ausgehend von diesen Vorgaben mußte es dem zweifellos gebildeten, in Hofkreisen zu suchenden Publikum Gregors möglich sein, die in den einzelnen Kapiteln angeschlagene Thematik aufzuspüren. Auf diese Weise stellt sich Geschichte gleichsam von selbst dar, ohne daß vom Historiographen weitere, verbale Bezüge zwischen den einzelnen Episoden (Kapiteln) hergestellt werden müssen; diese Darstellungsform, die auf der patristischen Konzeption von der Überlegenheit der göttlichen Schöpfung über das menschliche Wort beruht, ist schon von Augustinus signifikativ mit dem Ausdruck „*eloquentia rerum*“ beschrieben worden.

Erst mit Benutzung dieses Schlüssels lassen sich die Intentionen des Bischofs von Tours sichtbar machen. Dieser letzte Schritt wurde in Teil IV vollzogen.

Als Dreh- und Angelpunkt der historiographischen und sozialen Konzepte des Autors wurde der Begriff der *ecclesia* erkannt, dessen Inhalte Gregor im ersten und letzten Buch seines Werks beschreibt; beide Bücher, besonders das erste mit seiner keineswegs traditionellen Behandlung biblischer und „alter“ Geschichte, sind bisher in bezeichnender Weise von der Forschung großzügig übergangen worden. Neben den literalen Bedeutungen von „*ecclesia*“ (Kirchengebäude sowie institutionell verstandene Bischofskirche) baut Gregors Werk auf einem doppelten, typologischen Verständnis der Figur der „*ecclesia*“ auf: Zum einen die Kirche des Christ, die in der Patristik als „Leib Christi“ oder „Gemeinschaft der Heiligen“ beschrieben wird und welche die Gesamtheit der Gläubigen begreift, die nach dem Jüngsten Gericht mit Christus definitiv vereint sein wird. Zum anderen ist das Prinzip der eschatologischen Kirche aber schon vorgeformt in der christlichen Gegenwartsgesellschaft, deren vordringlichstes Ziel der Bischof von

Tours in der Vorbereitung auf das Jüngste Gericht erkennt. Die berufenen Führer auf diesem Weg sind die von Gott dem Volk gegebenen „*christiani reges*" und „*sacerdotes*" zusammen mit anderen, durch göttliche „*virtus*" (= Wunder) bereits konfirmierten Heiligen.

Die Rolle dieser Heiligen für die Geschichtsschreibung Gregors als Exponenten sozialer Vorstellungen und als antithetisch wirkende Gegengewichte zu einer von „*multa mala*" heimgesuchten Welt ist kürzlich von Mitchell und Goffart schon gesehen worden. Im Zusammenhang der „*ecclesia*"-Typologie wird die soziale Funktion der „*sancti*" freilich erst richtig deutlich: Ihre Heiligkeit beruht auf der Ausübung von Tugenden, die sie selbst schon zur Perfektion „im Christ" geführt haben und die sie nun nach dem Willen des Historiographen durch ihr lebendiges Vorbild in das soziale Leben der Gesellschaft einbringen sollen. Prinzipiell sind die Tugenden, die zur Seligkeit führen – und daran läßt Gregor keine Zweifel –, jedem und allen Schichten der Bevölkerung zugänglich: Die notwendige Abwendung von einer materialistischen Einstellung läßt sich nach dem Bischof von Tours auf vielfältige Weise bewerkstelligen, wofür er im ›Liber vitae patrum‹ eine Serie einschlägiger Illustrationen liefert. Im gleichen Atemzug läßt er deutlich werden, daß die so frühzeitig wie möglich zu erfolgende „*conversio*" zum Klerus in seinen Augen das sicherste Mittel darstellt, die aktuelle Gesellschaft zu bessern, die materiellen Güter dieser Welt (über die Institution der Bischofskirche) angemessener zu verteilen und gleichzeitig einen großen Schritt zur persönlichen spirituellen Vollendung zu machen.

Das synchronistische Wirken von Heiligen vieler Jahrhunderte in den relativ wenigen Jahren der von Gregor beschriebenen Zeitgeschichte mußte für den Historiographen als eine weitere Bestätigung der realen Existenz der überzeitlichen „*ecclesia*" erscheinen. Umgekehrt wird durch diese offensichtliche Aufhebung der „normalen" historisch-chronologischen Ordnung der Charakter der ›Historiarum libri decem‹ völlig verändert und die inhaltlichen Aussagen treten gegenüber den faktisch-chronologischen stärker in den Vordergrund: Es ist nicht auszuschließen, daß die entsprechende Veränderung der Zielsetzung der Historien im Zusammenhang mit der redaktionellen Weiterentwicklung eines ursprünglich nur auf die ersten vier Bücher vorgesehenen Projektes steht (Teil III.1.c).

Die wachsende Zuspitzung auf gegenwartsbezogene Aussagen gilt nun aber nicht nur für den sozialen Bereich, sondern gerade auch für die politische Sicht Gregors von der Gesellschaft, in der er lebte und an deren Reglementierung er tatkräftig zu arbeiten gedachte. Obwohl er sich dabei nach seiner eigenen Auffassung auf die sittlichen Aspekte dieser Reglementierung konzentrierte, muß ihm klar gewesen sein, daß sein Konzept eminente Auswirkungen in Bereichen haben würde, die im traditionellen kirchlichen Verständnis nicht unbedingt episkopaler Zuständigkeit zugeordnet wurden.

Auch im politischen Bereich, der von seinen religiösen und sozialen Aspekten selbstverständlich nicht zu trennen ist, muß die Deutung der Aussage des Bischofs von Tours wieder von seinem „*ecclesia*"-Konzept ausgehen. Ein wichtiges Charakteristikum des Kirchenbegriffs Gregors ist in der Tat die Aufhebung des traditionellen Gegensatzes von *ecclesia* und *res publica*. Dadurch wird seine Ekklesiologie weit mehr als ein abstraktes theologisches Konzept: Sie bedeutet für ihn in Wirklichkeit die aktuelle Lehre von der „totalen sittlichen oder christlichen Gesellschaft" mit vorrangigem Bezug auf die komplementäre Leitungsfunktion von König und Klerus, allen voran der Bischof. Mehr noch: Die von Gregor von Tours vorgetragenen Aussagen zur christlichen Königsherrschaft entsprechen keineswegs einem abstrakten, rein ethischen Konzept, sondern geben die in einem einschlägigen Gesetzestext niedergelegten Vorstellungen eines zu Zeiten des Bischofs regierenden und von ihm möglicherweise beeinflußten merowingischen Königs wieder!

Die Wahl Gunthchramns als paradigmatischen Helden der Bücher VII–IX der Historien ist demnach ebenso auf eine in der zeitgenössischen Diskussion vorhandene Gesellschaftskonzeption zurückzuführen wie die Wahl des klassischen Bösewichts Chilperich in den Büchern V und VI. Auch in seinem Fall ließen ergänzende Quellen (Konzilien, Edikt) erkennen, daß Gregors Stellungnahme nicht aufgrund von Antipathie, sondern in Opposition zu einem vorliegenden Herrschafts- und Gesellschaftsmodell entwickelt wurde, das der neustrische König ebenso wie große Teile des „burgundischen" Episkopats vertraten; trotz der grundsätzlich verschiedenen Ausgangsposition dieser beiden Parteien war ihr gemeinsames Ziel eine stärkere Trennung des religiösen vom zivilstaatlichen Bereich.

Bestrebungen dieser Art haben demnach den Bischof von Tours veranlaßt, dem von König Gunthchramn praktizierten Herrschaftsmodell eine theologisch-historische Grundlage zu geben; die Richtigkeit seiner eigenen Anschauungen „bewies" er durch zahlreiche *exempla*, die das göttliche Eingreifen in die Geschichte für die gerechte Sache demonstrieren. Die Hervorhebung des bischöflichen Gewichts in der von Gregor angestrebten Gesellschaft und bei der Mitwirkung an der königlichen Herrschaft machen sein Werk darüber hinaus zu einer

Programmschrift des Phänomens, das heute in der Forschung als „Bischofsherrschaft“ bezeichnet wird und das erst nach Gregors Tod seinen institutionellen Höhepunkt erlebte; vor dem Hintergrund der Gregorrezeption, die den bischöflichen „Chronisten“ fast ausschließlich auf seine Zuverlässigkeit bezüglich der Wiedergabe historischer, objektiver Fakten beurteilte und seine Fähigkeit zur Darstellung abstrakter Gegenstände grundsätzlich verneinte, sollte die Interpretation seines Werks als einer programmatischen Schrift den Weg zu einem neuen Gregorbild eröffnen. Die allzulang bewiesene Mißachtung der konzeptionellen Anliegen des Turoners ist zu einem guten Teil darauf zurückzuführen, daß seine regelmäßig bewunderte Erzählkunst abstrakte Gegenstände oder auch die Schilderung von Institutionen ausspart; dagegen scheint sein Interesse ausschließlich der Darstellung von Personen zu gelten, Unfreien und Armen, Vertretern des „Volkes“, der Mächtigen und des Klerikerstandes, „Heiligen“ und Königen. Diese Darstellungsform gewinnt durch die Beziehung auf das typologische Modell der *ecclesia* als „Gemeinschaft der Heiligen“, also als Gesellschaft aller wahren Christen, ihre Erklärung und ihre spirituelle Bedeutung. Das gleiche Modell liefert auch die Kriterien der Beurteilung von Personen, da die Eigenschaften, die zur Aufnahme in die eschatologische „Gemeinschaft der Heiligen“ führen, gleichfalls für alle Menschen der zeitgenössischen Gesellschaft Gregors Geltung haben. Eine besondere Rolle spielt hier allein der König, der nicht nur nach seinen persönlichen Eigenschaften beurteilt wird, sondern dem im Anschluß an die Exegese alttestamentarischer *historiae* eine spezielle Verantwortlichkeit vor Gott auch für das sittliche Verhalten des Volkes zukommt; als Wächter und Interpreten dieser besonderen Verantwortlichkeit sind ihm die *„sacerdotes Domini“* zugeordnet.

Ein eindrucksvolles Bild dieser Situation hat Gregor in der Bischofsbiographie des Nicetius von Trier gegeben (VP XVII 5: 282): Der heilige Bischof sieht in einer von Gott geschenkten Vision das Schicksal der fränkischen Könige; auf einem hohen Turm hält ein Engel ein großes Buch in Händen und liest die Namen der Könige und ihre Epoche laut vor, König für König. Gleichzeitig sagt er die *„qualitas regni“* (sic: nicht *„regis“*) an und die Länge ihres Lebens. (Vergleiche den in den Historien nicht sterbenden Gunthchramn!) Die Applizierung dieser Vision im Rahmen der irdischen Gesellschaft ist Sache des Bischofs als Interpret und Verkünder des göttlichen Willens: Aufgrund dieser Logik hat der gleiche Bischof Nicetius seinen König, den mächtigen Chlothar I., wegen Ungerechtigkeit aus der „Gemeinschaft der Heiligen“ ausgeschlossen (VP XVII 2: 280 Z. 8f.).

Mit einem weiteren, letzten Bild wollen wir schließen und gleichzeitig eine in unserer Einführung (mit Anm. 2) zitierte Aussage aufgreifen. Es handelt sich um den Satz von J. M. Wallace-Hadrill, nach dem das Werk Gregors allzuoft als ein "store-house of information" benutzt werden müsse, wodurch die Eigenschaft des Autors als Historiker nicht genügend berücksichtigt werde. Hier kann unsere eigene Arbeit einen nennenswerten Fortschritt bringen, indem sie das "storehouse" als eine *„ecclesia“* definiert, als ein Kirchengebäude, das ja im Verständnis der typologischen Kirche stets mitschwingt.

Bei dieser dem Weltenrichter Christus und der hl. Trinität geweihten Kirche handelt es sich um ein großes, ja universelles, kunstvolles Bauwerk, das reich mit ansprechenden Darstellungen aus dem Leben von Königen und Völkern, Heiligen und Sündern ausgestattet ist, mit Bildern von Prodigien, Apokalypse und Jüngstem Gericht; zahlreiche Seitenaltäre bezeugen die lebendige Präsenz vieler Heiliger. An das riesige Kirchenschiff schließt sich ein Chorraum an, zu dem vorzugsweise Kleriker Zutritt haben: Sie nähern sich dem Allerheiligsten, einem Altar, der gleichzeitig dem Kirchengründer Christus und seinem perfekten Nachahmer Martin von Tours geweiht ist. Im Sinne Gregors würde auf der einen Seite des Altars der *„rex et sacerdus Domini“* mit seinem Opfer stehen, das seine orthodoxe, Materialismus überwindende Gesinnung bezeugt. Ihm gegenüber würde ein Bischof die heilige Handlung begleiten und die Formen der Liturgie bestimmen; er würde schließlich auch dem *„populus“* den Vollzug und den Sinn der Handlung verkünden und erläutern.

Gregors Historiographie entspricht einem solchen, wider alle Erwartungen geordneten Gebäude mit seinen suggestiven Illustrationen. Viel zu lange hat man die häßlichen Fratzen der figurierten menschlichen Barbarei oder die allzu engelsgleichen Heiligen als bloßen Abklatsch einer historischen, merowingischen Realität gesehen. Demzufolge hat man nicht wahrgenommen – oder nicht wahrnehmen wollen –, daß Gregors „Illustrationen“ (Erzählungen) in vorderster Linie der spirituellen Finalität der „Kirche“ untergeordnet sind, für die sie ausgewählt und ausgestaltet wurden, das heißt für seine historisch-theologische Projektion einer wahrhaft christlichen Gesellschaft auf dem Weg zu ihrer eschatologischen Erfüllung. Der Zugang zu einer merowingischen Realität wird durch diese Feststellung keinesfalls verweigert: Gregors Werk ist ein Gebäude des 6. Jahrhunderts und erlaubt als solches subtile Aussagen über die Gesellschaft dieser Zeit, für die und in der es gebaut wurde. Es sollte aber keinesfalls mehr möglich sein, seine Bilder der „*historia*“ aus dieser typologischen Kirche zu entnehmen, ohne den Blick auf das Ganze zu richten, das heißt ohne die Intentionen des bischöflichen Baumeisters mit in Betracht zu ziehen.

ANMERKUNGEN ZU TEIL I–IV

Einführung

1 Introduction, in: La Neustrie. Les pays au nord de la Loire de 650 à 850, hrsg. von H. Atsma, Sigmaringen 1989 (Beihefte der Francia 16–1): XV.

2 Gregory of Tours and Bede: their views on the personal qualities of kings, in: Early Medieval History, Oxford 1975: 96f. (Erstveröffentlichung 1968). – Vom gleichen Autor vgl. auch: The Long-Haired Kings and Other Studies in Frankish History, Oxford 1962, vor allem ibid.: 49–70, The work of Gregory of Tours in the light of modern research.

3 Vgl. B. Krusch SRM I–^{2}1: IX sowie ibid.: 3 Z. 31–38. Die älteste Hs., die diesen Titel führt (›liber historiarum gesta Francorum‹), ist C2 aus Namur, geschrieben wohl in St-Hubert, und gehört – gegen Krusch (ibid.: XXVIII) – wohl schon der Mitte des 9. Jh. an (Mitteilung von Bernhard Bischoff, vgl. unten Teil IV Anm. 123). Demnach ist die Bezeichnung ›Francorum historia‹ in der Langobardengeschichte des Paulus Diaconus (MGH SRL, III 34: 112) der älteste Zeuge dieses Titels, wobei der Bezug auf Gregors Werk keineswegs sicher ist; ein namentlicher Bezug findet sich dagegen ibid. III 1: 93 Z. 9f. mit der vagen Angabe *„in libris venerabilis viri Gregorii Turonensis episcopi“*. – Zur Frage der Werktitel vgl. neben den Bezeichnungen mittelalterlicher Bibliothekskataloge (M. Manitius, in: NA 32, 1906: 657f. und ibid. 36, 1910: 759) die Erwähnung in Quellen des 9./10. Jh., die bei Bordier 4: 265ff. zusammengestellt wurden.

4 Vgl. die Äußerungen von Nikolaus Faber, Hieronymus Bignon („digniorem historicum non habemus“) u. a. bei Bordier 4: 274f. – Ebenso aufschlußreich sind die zahlreichen Editionen seit dem Beginn des 16. Jh., ibid.: 281ff. – Wie bei Faber, der Präzeptor Ludwigs XIII. gewesen ist, fällt auch bei den Editionen von Jodocus Badius und Joannes Parvus (Petit) von 1512 (Bordier 4: 283f.) auf Veranlassung von Guillaume Petit, Konfessor Ludwigs XII. seit 1509, sowie der ›L'Histoire françoise de S. Grégoire de Tours ...‹ von C[laude] B[onnet] D[auphinois] aus dem Jahr 1610 die Verbindung mit Hofkreisen auf, vgl. Bordier 4: 292; die bedeutende Hss.-Sammlung des Philippe Hurault mit einer ›Historia Francorum‹ Gregors wurde 1622 auf Anordnung des Conseil d'Etat in die königliche Bibliothek überführt, vgl. R. McKitterick, The study of frankish history in France and Germany in the sixteenth and seventeenth centuries, Francia 8, 1980: 556–572, hier 570. – Das besondere Interesse an Gregor im 16./17. Jh. ist u. E. noch nicht zusammenhängend dargestellt worden, wie gerade auch aus dem Beitrag von McKitterick hervorgeht; Hinweise vgl. bei J. Voss, Das Mittelalter im historischen Denken Frankreichs, München 1972: 107 Anm. 15 (zu E. Pasquier), 115 (J. Bodin), 143 (La Mothe le Vayer).

5 Vgl. den Nachdruck bei Migne, PL 71: 15, „*Ea enim est Gregorii nostri fortuna, ut quantumlibet rustico sermone scripserit, nemo de Francorum regni primordiis absque ejus subsidio scribere valeat.*" So auch die Histoire literaire [sic] de la France, Bd. III, Paris 1735: 392, wo die Verdienste Gregors gelobt werden: «... par rapport au fonds de nôtre histoire qui en est le but principal.» – Der gleiche Ausgangspunkt, natürlich entsprechend später, gilt auch für das deutsche Gregorinteresse, wie Krusch im ersten Satz seiner neuen Edition in SRM I–^{2}1: IX ausdrückt: „*Gregorii libri Historiarum vetustissimi et uberrimi in Monumentis Germaniae historicis primum locum habere debuissent...*"

6 Histoire literaire... (wie Anm. 5): bes. 391 f. – Vgl. auch J.-J. Ampère, Histoire littéraire de la France avant le douzième siècle, Bd. II, Paris 1839: 294 ff.; zu letzterem auch de Nie: 1 und 10 f.

7 „Beschränktheit" bei W. Meyer und B. Krusch, vgl. dessen Rezension zu S. Hellmann (wie Anm. 8), in: NA 37, 1912: 332, wo Krusch auch von „Sorglosigkeit" spricht und „viele liebenswürdige Züge von seiner (scil. Gregors) Bescheidenheit, Offenherzigkeit und kindlichen Pietät" entdeckt.

8 „So wenig wie der kunstlose, ist Gregor der treuherzige und naive Barbar", S. Hellmann, Studien zur mittelalterlichen Geschichtsschreibung I, HZ 107, 1911: 77; Hellmann hat auch die direkte Rede als Kunstmittel Gregors erkannt (ibid.: 72 ff.); L. Halphen, Grégoire de Tours, historien de Clovis, in: Mélanges d'histoire du moyen âge offerts à F. Lot, Paris 1925: 235–244. – In einer Besprechung von Hellmann (vgl. Anm. 7) übernahm B. Krusch die Verteidigung Gregors gegenüber Hellmann, bevor er den ersteren in seinem Beitrag ›Die Unzuverlässigkeit der Geschichtsschreibung Gregors von Tours‹ (MIÖG 45, 1931: 486–90) selbst heftig angriff. – In der Tradition von Halphen schreibt K. F. Werner (wie Anm. 1): «L'immense talent de raconteur, mais aussi d'inventeur d'histoires de cet auteur (scil. Gregor), sa mauvaise langue aussi...»

9 G. Vinay, San Gregorio di Tours (Saggio), Carmagnola s. a. [1940] (Studi di letteratura medievale I); zu ihm vgl. Goffart 1988, sowie unten Teil IV. – Als weitere selbständige Arbeit zu Gregor vgl. auch F. L. Ganshof, Een historicus uit de VIe eeuw. Gregorius van Tours, Brüssel 1966 (Mededelingen van de koninklijke Vlaamse Academie..., Kl. der Letteren, XXVIII Nr. 5), dessen Interesse etwas einseitig dem Quellenwert der Historien gilt.

10 Vgl. Teil IV Anm. 116 zu Arbeiten Buchners, ebenso wie dessen Einleitung in Buchner 1. – Wir haben uns regelmäßig zunächst an den Übersetzungen Buchners orientiert, selbst wenn wir diese im Zitat verändert oder verbessert haben, was nicht in allen Fällen speziell angemerkt wurde; die anderen genannten Übersetzungen wurden gelegentlich konsultiert.

11 Zu Ausgaben, Übersetzungen, Sekundärliteratur vgl. die ausführliche Bibliographie des Repertorium fontium historiae medii aevi (primum ab Augusto Potthast digestum...), Bd. V, Rom 1984: 233–238. Weitere gute Bibliographien bieten Vollmann (wie Anm. 16): 928–930, Pietri 1983: XX–XXXVII, de Nie: 301–330 (1987).

12 Zu Thürlemann (1974) vgl. besonders unten Teil III Zusammenfassung und ibid. Anm. 112. – Seine zu grundsätzliche Scheidung eines historischen

von einem hagiographischen Diskurs wird kritisiert in Heinzelmann 1991: 241–242.

13 Concordance de l'Historia Francorum de Grégoire de Tours, par Denise St-Michel, 2 Bde., Montréal s. a. [1979]. Die beiden Bände erscheinen als erster Teil der Reihe ›Collectum‹, «la collection de listes de mots en concordances». – Unser Dank gilt dem Geschäftsführer der MGH Dr. Setz, der uns ein Restexemplar der Ausgabe von Arndt zur Verfügung stellte.

14 Vgl. dazu die einschlägigen Bibliographien (Anm. 11), sowie Mitchell 1987 mit Anm. 1, zu Peter Brown, John Corbett, etc.

15 Vgl. u. a. die kritischen Arbeiten von Ian Wood, Gregory of Tours and Clovis, RBPH 63–2, 1985: 249–272, sowie ders., Clermont and Burgundy: 511–534, Nottingham Medieval Studies 32, 1986: 119–125 (zu Buch III der Historien); vgl. auch unten Teil III Anm. 83 zu Breukelaar, McCormick und Carozzi.

16 Vgl. Weidemann 1 und 2 (1982) und dies., Zur Chronologie der Merowinger im 6. Jh., Francia 10, 1982: 471–513; Pietri 1983 und dies. 1982 zum chronologischen Verfahren Gregors; der letzte Beitrag wird in gewisser Weise ergänzt von Regine Sonntag, Studien zur Bewertung von Zahlenangaben in der Geschichtsschreibung des früheren Mittelalters: Die Decem Libri Historiarum Gregors von Tours und die Chronica Reginos von Prüm, Kallmünz 1987; B. K. Vollmann, Gregor IV (Gregor von Tours), in: RAC, Bd. XII, 1983: 895–930. – Hervorzuheben ist auch der gute Artikel von W. Maaz in der Enzyklopädie des Märchens, Bd. VI, 1988: 117–125, zu vergleichen sind die eher konventionellen Beiträge in der Theologischen Realenzyklopädie (Bd. XIV, 1984), sowie im Lexikon des Mittelalters (Bd. IV, 1989).

17 Vgl. unser Literaturverzeichnis: Goffart 1987 und ders. 1988, Mitchell 1983 und dies. 1987.

18 De Nie: 23; vgl. zu ihrem Buch unsere Rezension in: Mittellateinisches Jahrbuch 26, 1991: 307–310. – Die Aussagen von de Nie sind um so erstaunlicher, als sie völlig richtig die Bedeutung von "typological or 'figural' thinking" (ibid.: 12) für Gregor erkannt hat, womit sie freilich assoziatives Denken im Zusammenhang von Bildern und Symbolen verband, nicht aber die normale Denkweise eines durch entsprechende Ausbildung an biblischen und patristischen Schriften geprägten Bischofs; vgl. dazu unten Teil III Zusammenfassung.

19 Goffart 1988: 142; vgl. auch ibid.: 135: "Gregory's determination to multiply the holy".

Teil I

1 J. W. George, Portraits of two Merowingian bishops in the poetry of Venantius Fortunatus, Journal of Medieval History 13–3, 1987: 189–205.

2 Vgl. dazu R. W. Mathisen, The Family of Georgius Florentius Gregorius and the Bishops of Tours, Medievalia et Humanistica, New Series, 12, 1984: 92 Anm. 5.

3 Nach dem letzten Kapitel der Historien (X 31) sieht sich Gregor selbst als

19. Bf. von Tours, wobei er allerdings die gleichzeitigen Theodorus und Proculus einer Nummer (X) zuordnet und die Bischöfe Iustinian und Armentius, die während des Exils des Brictius (Nr. IV) amteten, überhaupt nicht zählt. Zu den verschiedenen Redaktionen der Bischofsliste vgl. Pietri 1982: 569–570.

[4] Als sichere Ausnahmen, d. h. Personen nichtsenatorischen Ranges, können Catianus (I), Martinus (III) und Iniuriosus (XV) gelten, von denen der letztere als einziger eine sozial einschränkende Bemerkung erhält: „*civis Turonicus, de inferioribus quidem populi, ingenuus tamen*“, Hist. X 31: 533 Z. 3.

[5] In Sid. Ep. 7, 17 fordert Sidonius Apollinaris den Volusianus auf, die Leitung des Klosters persönlich zu übernehmen und nicht zu delegieren; vgl. Sidoine Apollinaire, Lettres, hrsg. von A. Loyen, Bde. 2 und 3, Paris 1970, hier 3: 76–78.

[6] In Sid. Ep. 4, 18 (ca. 467) sendet Sidonius ein Gedicht für die neue Martinsbasilika des Perpetuus, der ihn um einen solchen Beitrag gebeten hatte, zur Begutachtung an einen Lucontius, der zusammen mit seinem „*frater Volusianus*“ im Bessin unterwegs war.

[7] Vgl. auch die Förderung Julians durch den Onkel Gregors, Bf. Gallus, der in einer Laurentiuskirche begraben wurde, die der höchste Beamte des ehemals mit Avitus verbündeten Westgotenkönigs in Clermont gebaut hatte! – Zur Verwandtschaft der *Ruricii* mit den *Aviti* vgl. C. Settipani in: Francia 18–1, 1991: 196–199.

[8] Nach dem ›Libellus de ecclesiis Claromontanis‹ aus dem 10. Jh. ist in St-Vénérand zu Clermont neben den auvergnatischen Bischöfen Venerandus, Nepotianus und Avitus (II.) eine „*sancta Clara*“ beerdigt, die die Gattin des Francilio gewesen sein könnte, MGH SRM VII: 460 Z. 1.

[9] Vgl. Hist. VIII 39: (Von den vielen Bischöfen, die im Jahre 586 starben) „*unusquisque in urbe sua sui reliquerit monimenta*“. – Zur sozialen Bedeutung solcher kirchlichen Bauten für die Gründer vgl. die Ausführungen von Ian Wood, The audience of architecture in post-Roman Gaul, in: The Anglo-Saxon Church, hrsg. von L. A. S. Butler und R. K. Morris, 1986: 74–79.

[10] Zum Kirchenbau und zu den Inschriften, die damals durch Sidonius Apollinaris (vgl. Anm. 6), Paulinus von Périgueux und andere für den Bau fertiggestellt wurden, vgl. ausführlich Pietri 1983: passim und besonders 798 ff. (Sylloge des inscriptions tourangelles).

[11] Topographie chrétienne V: 30 f. Nicht aufgeführt wird hier die „*domus aeclesiae ultra Legerim*“ (Hist. V 4), die sich an der Stelle befunden haben muß, wo die erst karolingerzeitlich bezeugte Symphorianskirche gestanden hat; die Bedeutung des Märtyrers von Autun gerade für die Liturgie (Kalender des Perpetuus, Hist. X 31: 530 Z. 14) und die Geschichte der Bischöfe im 5. Jh. scheint nahezulegen, daß diese „*domus aeclesiae*“ schon zu Gregors Zeiten über ein Symphorianusoratorium verfügt hat.

[12] „*Quae confessori non erat aequa suo*“: Vers 4 der von Sidonius verfaßten Inschrift (wie Anm. 6); dazu auch Pietri 1983: 810.

[13] Einzige Ausnahme: Iniuriosus, der die unvollendete Marienbasilika des Ommatius abschloß und zu dessen Zeit eine Germanusbasilika (St-Germain-sur-Vienne) gebaut wurde.

[14] Vgl. M. Borgolte, ‚Bischofssitz' und ‚Sitz der Ruhe'. Zur Kirchenorganisation gallischer Städte nach Gregor von Tours und der Bistumsgeschichte von Auxerre, in: Litterae medii aevi, Fschr. für J. Autenrieth, Sigmaringen 1988: 40ff.

[15] In diese Richtung könnte der Hinweis eines Lektionars der Basilika gehen, das in der Überlieferung des 13./14. Jh. vorliegt, vgl. J. Van der Straeten, Manuscrits hagiographiques d'Orléans, Tours et Angers, Brüssel 1982 (Subsidia hagiographica 64): 94f., 133ff. zur Hs. 1021 (früher 221) von St-Gatien in Tours. In diesem Band werden die *legendae* der Bischöfe Brictius, Eustochius, Perpetuus, Eufronius und Gregor mit folgender Begründung zusammengestellt: *„quorum corpora sunt in ipsa ecclesia bbmi Martini iuxta suum corpus divinitus ordinata"* (ibid.: 134). Der Wert dieses Zeugnisses für die Zeit vor 997 (Zerstörung der Kirche) ist natürlich sehr gering, da nicht bekannt ist, inwieweit der Neugründer Hervé de Buzançais sich an die alte Anordnung der Gräber gehalten hat (vgl. Topographie chrétienne V: 33). – Nach der Gregorvita Odos von Cluny hätte Gregor einen Grabplatz für sich vorgesehen, der seine eigene Verehrung unmöglich gemacht hätte; er sei aber bald von dort erhoben und zur Linken Martins niedergelegt worden, PL 71: 128 C.

[16] Zum wichtigsten Beleg Hist. V 49 vgl. oben Teil I.2. Die ausführliche Schilderung der Belange des clermontesischen Bistums spricht ebenfalls für den parteiischen Standpunkt Gregors, auch wenn dessen durch die Wir-Form ausgedrückte Selbstidentifizierungen überwiegend das Bistum Tours betreffen, vgl. Heinzelmann 1992: 540f. Ausnahmen gelten für Besitzungen in der Auvergne (*„domus nostra"*, *„ager noster"*, etc.): GM 47, 50, 83; VM I 34 etc.; vgl. auch GC 34 *„quidam nostrorum"*, für einen Mitbewohner von Clermont (oder einen Angehörigen der dortigen *„familia"* Gregors).

[17] GC 39 und VP VIII 2; dazu Pietri 1983: 256 Anm. 49 und P. Riché, Education et culture dans l'Occident barbare, VIe–VIIIe siècles, 3. Aufl. 1967: 235 mit Anm. 106.

[18] Diese besondere Beziehung zu seinem Urgroßvater wird auch durch geltendes Recht unterstrichen: Nach Kanon IV des Konzils von Orléans a. 511 benötigten alle Laien für den Übertritt in den Klerikerstand die Zustimmung des Königs; Ausnahmen gelten für *„filii clericorum"*, bis hin zum *„proavus"*! Wenn man also annimmt, daß Gregor seinen Rufnamen tatsächlich erst später angenommen hat (vgl. dazu aber Anm. 23), muß der Zeitpunkt der des Übertritts in den Klerikerstand gewesen sein. – Der uns namentlich nicht bekannte Sohn des Gregor von Langres, der Großvater Gregors wurde, hat kaum lange genug gelebt, um nach der Gründung seiner Familie die geistliche Laufbahn einzuschlagen: Seine Tochter Armentaria, die Mutter Gregors, scheint bereits im Hause ihres Großvaters aufgewachsen zu sein, vgl. VP VII 2 und Pietri 1983: 256.

[19] VP II Prolog. Zu Avitus, der 571 als Archidiakon Bischof von Clermont wurde und der noch nach 592 gelebt hat, vgl. Weidemann 1: 156. Fort. Carm. V 5 Vers 145 bezeichnet ebenfalls Gregor als *„alumnus"* des Avitus, der zu Beginn der 50er Jahre kaum älter als 30jährig gewesen sein dürfte; dennoch war

er wohl schon damals Archidiakon, da es ihm in diesem Amt oblag, Kleriker auszubilden, vgl. Weidemann 1: 234. Die Miracula s. Germani des Heiricus von Auxerre (BHL 3462; Edition Duru Bd. 2: 134) reproduzieren Gregors Text GC 40 mit einer Variante (Zusatz gesperrt): *„cum Avito*, avunculo meo, Arvernorum antistite (Gregor: *episcopo*) *accessimus*"; auch wenn mehrere prosopographische Indizien ein Verwandtschaftsverhältnis der beiden wahrscheinlich machen, muß die Bezeichnung des Avitus als Onkel Gregors auf einer unzutreffenden Interpretation des 9. Jh. beruhen.

20 Dazu richtig Pietri 1983: 253 Anm. 40; vgl. auch Topographie chrétienne IV: 73 n° 6.

21 Nach seiner ältesten Vita (I) wurde Nicetius von Bf. Agricola von Chalon zum Priester ordiniert, MGH SRM III: 521; in seiner Vita II (= VP VIII) berichtet Gregor, daß sein Großonkel, *„clericus in domo paterna resedens"*, körperliche Arbeit mit seinen *„famuli"* verrichtete, 30jährig Priester wurde, weiterhin körperliche Exerzitien betrieb und immer noch seiner Mutter untertan war: Daraus ist zu schließen, daß die *„domus paterna"* im Gebiet von Chalon lag und nicht in Genf; die letztere Stadt wurde in Betracht gezogen, weil der Vater des Nicetius vom burgundischen König als Kandidat für das Bistum Genf nominiert worden war, was nicht bedeuten muß, daß er dort auch tatsächlich ansässig war. Für Chalon, wo sich eine Martinskirche befand (vgl. Topographie chrétienne, wie Anm. 20), spricht auch die Martinsverehrung des Nicetius, vgl. VP VIII.

22 Die Datierung nach Sigibert und nicht nach Charibert oder Gunthchramn unterstreicht die in der Folge vertretene Auffassung, wonach Gregor 563 Diakon der auvergnatischen Kirche gewesen ist.

23 Bereits Bruno Krusch (MGH SRM I–^{2}1: X Anm. 2) glaubte aufgrund der Formulierung einiger Hss.: *„Georgi Florenti* sive *Gregorii"*, daß Gregor seinen Rufnamen erst später angenommen habe. Nach Pietri 1983: 252 mit Anm. 35 hätte er den Namen seines Urgroßvaters bei seiner Bischofskonsekration adoptiert, wobei auf die Verse 9f. bei Fort. Carm. V 3 verwiesen wird: *„iura sacerdoti merito reverenter adeptus / nomine Gregorius, pastor in urbe gregis"*. Es handelt sich hier aber um ein Wortspiel mit Bezug auf die Bedeutung des Wortes *„gregorius"* = *„pastor gregis"* (vgl. auch oben Anm. 18 mit Bezug auf *„iura"*); vgl. eine andere etymologische Erklärung in der Vita Odos vom 10. Jh., Kap. I, „... *Gregorius competenti praesagio nominatur. Sic enim Graecus vigilantem appellat*...", PL 71: 116 B.

24 Aufgrund kanonischer Vorschriften, die das 25. Lebensjahr für einen Diakon fordern, errechnet Weidemann 1: 205 ein Datum im Spätjahr 563 für Gregors Amtsantritt als Diakon. Die Unsicherheit bei der Einhaltung solcher Vorschriften bei Mitgliedern des Adels ist allerdings zu groß, um dieses Argument zwingend zu machen.

25 Nicht in Betracht gezogen wurde erstaunlicherweise, daß auch Eufronius von Tours durchaus der Ordinator Gregors hätte sein können: Als Diakon ist der letztere zum ersten Mal *nach* seiner Toursreise (VM I 35) von 563 bezeugt!

26 Vgl. Reydellet: 299ff., wonach sich Fortunat in den Jahren 565–567 am austrasischen Hof aufhielt, um danach zu Charibert und vor allem zu Chilperich

überzusiedeln; Kontakte mit Gregor sind in erster Linie am austrasischen Hof denkbar.

27 Migne PL 71: 121. Die Autorschaft Odos von Cluny (927–942), eines ehemaligen Kanonikers von St-Martin in Tours, wird zu Unrecht häufig angezweifelt. Vgl. dazu demnächst, vor allem mit Zeugnissen der Textgeschichte, einen Beitrag von François Dolbeau.

28 VJ 2; vgl. aber auch etwa VM III 24, wo Aridius von Limoges als *„alumnus"* Martins von Tours angesprochen wird, ohne einen institutionellen Bezug zur Kirche von Tours zu haben, welcher er freilich einen erheblichen Teil seines Besitzes vermacht hat.

29 Auch für Sidonius Apollinaris (*„Sollius noster"* für Gregor) war Julian ein spezieller *„patronus"*: vgl. VJ 2, mit einem Zitat aus einem Brief des Bischofs von Clermont. Zur Juliansverehrung des Avitus vgl. VJ 48. – Vgl. auch oben die Notiz Nr. 5 zu Gallus.

Teil II

1 Der Onkel Gregors, Gallus, ebenfalls zunächst Diakon, wurde wohl im austrasischen Trier in Gegenwart König Theuderichs zum Priester, kurz später in Clermont zum Bischof geweiht, VP VI 3; Theuderich scheint die kanonischen Vorschriften ernster genommen zu haben als Sigibert.

2 Vgl. M. Heinzelmann, Pater populi. Langage familial et détention de pouvoir public (Antiquité tardive et très haut moyen âge), in: Aux sources de la puissance: sociabilité et parenté, Rouen 1989: 47–56, hier 50–51.

3 Für Tours zum ersten Mal ausdrücklich belegt im Jahr 579 (vgl. unten mit Anm. 20); vgl. aber Heinzelmann 1988: 67f. mit Anm. 222.

4 Hist. V 48: 258; Heinzelmann 1988: 68 und Anm. 222.

5 Direkte Ansprache Gregors an sein Publikum in VM II 27: Im Asyl der Basilika befinden sich Männer, „die euch wegen ihrer Schuld sehr wohl bekannt sind!" (Es handelt sich um den ehemaligen Führer des Aufgebots von Tours). – Hist. IV 50, „Sein Leichnam (scil. Theudeberts) wurde von Feinden geplündert, was nur mit Schmerzen berichtet werden kann."

6 Weitere Todesfälle in seiner Verwandtschaft seit 572: Tetricus, Silvester und dessen Sohn, Nicetius und Eufronius; vgl. die Notizen, 1, 13, 10, 18, 12.

7 Nach der hs. Überlieferung ist die große Eingangsrede Gregors zu Beginn von Buch V *„Taedit me"* im Gegensatz zur Edition von Krusch formal *kein* Prolog, auch wenn sie die Funktion eines solchen (im Rahmen des Chilperichzyklus) übernimmt: A 1 und D 1.2 zählen den „Prolog" als Kapitel 1; „Prolog" und Kap. 1 formen in C 1.3 und B 3 ein einziges Kapitel. Auch B 4 zählt Kap. 1 der Edition als Kap. 2: Also entspricht der „Prolog" de facto Kapitel 1! Keine Kapitelzahlen überliefert B 2. – Die Lage in den drei ersten Büchern mit den „echten" Prologen ist völlig anders: Dort fügt nur D 2 Prolog und 1. Kap. zusammen; in Buch III zählt allein B 2 gegen die Hss. der Familien A, B, C den Prolog als Kap. 1.

[8] Hist. IV 50: 187 Z. 1. – Die Rolle des hl. Bfs. Germanus von Paris als nicht befolgter Berater König Sigiberts im Schlußkapitel von Buch IV (Kap. 51) findet eine erstaunliche Parallele in einem Brief des gleichen Bischofs an Königin Brunichild: Die Übereinstimmung beider Texte läßt vermuten, daß Gregor das Dokument der Epistolae Austrasicae (MGH Epp. III 9: 122–124) gekannt hat. So warnt der Bf. von Paris in seinem Brief schon vor der *„cupiditas, quae* radix *est omnium* malorum" (ibid.: 123 Z. 15, vgl. dazu die folgende Anm.) und sagt voraus, daß der Verlust des *„regnum"* der einen Seite keinesfalls den Triumph für die austrasische Königsfamilie bedeuten würde (ibid.: 123 Z. 25f.). In beiden Texten finden sich auch ausführliche Warnungen vor Brudermord (Germanus, Ep. 9: 124 Z. 5ff. – Gregor, Hist. IV 51: 188 Z. 7ff.).

[9] Hist. V Prol.: 194 Z. 5ff., *„Si tibi, o rex, bellum civili delectat..."*, und weiter: „so kämpfe besser den Kampf des Geistes gegen das Fleisch und den der Tugenden gegen das Laster, und diene lieber deinem Herrn, Christus, du, der du bisher in Banden größten Übels gedient hast" *(„qui quondam* radicem malorum *servieras conpeditus")*. Die *„radix malorum"* (vgl. Anm. 8) ist nach 1 Tim 6,10 die *„cupiditas"*, das Zusammenraffen irdischer Güter, das Gregor im gleichen Text zuvor gebrandmarkt hatte: *„Cur unus tollit alteri suum? Cur alter concupiscit alienum?"* – Die Bürgerkriegsthematik ist bereits im Buch IV entwickelt (Hist. IV 23, 47, 49, 50 Auftreten des Begriffs), wo sie durch den Tod Sigiberts im Schlußkapitel IV 51 durch dessen schuldhaftes Verhalten zum Teil mit diesem König in Zusammenhang gebracht wird (vgl. auch Teil III.2.a).

[10] Hist. V Prol., *„Quid non habundatis? In domibus dilitiae supercrescunt, in prumtuariis vinum, triticum oleumque redundat, in thesauris aurum atque argentum coacervatur."* – Hist. V 34 (Fredegund zu Chilperich) *„Numquid non exundabant prumptuaria vino? Numquid non horrea replebantur frumento? Numquid non erant thesauri referti auro, argento, lapidibus praeciosis..."* Vgl. dazu auch Mitchell 1983: 82f.

[11] Die Datierungen nach Childebert sind gleichmäßig über die Kapitel der Bücher V–X verteilt und haben neben dem im Text zitierten *explicit*-Titel in zwei *incipit*-Titeln (jeweils vor dem 1. Kap.) Eingang gefunden: S. 265 (Buch VI), S. 414 (Buch IX). Ansonsten sind die Buchein- und -ausgänge nicht nach den Regierungsjahren Childeberts ausgerichtet; der zunächst bestehende Eindruck eines annalistischen Verfahrens kann bei Prüfung keinesfalls aufrechterhalten werden: vgl. Anm. 31. – Datierungen nach Childebert: Hist. V 1, 14, 25, 27, 33; VI 1, 14, 25, 33; VII 24; VIII 38, 43; IX 20, 26, 30, 36; X 1, 10, 24, 31. Bis zu seinem 16. Regierungsjahr ist jedes Jahr dieses Königs belegt, danach erscheint erst wieder das 19. in Hist. X 31.

[12] Reydellet: 448. Zur Rolle, die sich Gregor in seinem Werk selbst zugedacht hatte, vgl. auch Mitchell 1983: 188ff. und dies. 1987: 83f.

[13] Hist. V 4: 199 Z. 5 und V 14: 209 Z. 1–2, *„inpossibile esse, quod temporibus hereticorum non fuerat, christianis nunc temporibus fieri."* Bemerkenswert ist hier die positive Einstellung zur Gegenwartsgesellschaft.

[14] So Hist. VII 16; in Hist. V 18 bezeichnend ist die durch Auslassung tendenziöse Darstellung Gregors, der beim Bericht über den Prozeß selbst diese von

Bischöfen auferlegte Strafe nicht erwähnt (!), wohl aber die brutale Reaktion des Königs, der den Praetextatus geißeln und exilieren läßt.

15 Im „Prolog" von Hist. V fordert Gregor den König – *„o rex"* – auf, sich darin zu üben, *„ut spiritus concupiscat adversus carnem et vitia virtutibus caedant"* (194 Z. 6f.; vgl. Anm. 9 mit Übersetzung); vgl. Mitchell 1983: 88 und passim, die gut zeigt, daß der Gegensatz spiritueller und materieller Werte zur zentralen Thematik Gregors gehört.

16 J. Durliat, Les finances publiques de Dioclétien aux Carolingiens (284–888), Sigmaringen 1990, besonders S. 310–4 zu Hist. IX 30, wo er die Suggestionskraft der Formulierungen Gregors erkennt. Vgl. auch ibid.: 105f. und 137f. zu Hist. IV 2.

17 Entweder hat Chilperich wie seine Vorgänger tatsächlich die Privilegien von Tours respektiert oder er hat nur die Civitates aus dem Chariberterbe von 567 neu besteuert; diese letzte Hypothese gewinnt an Kredit durch das einzige aufgeführte Beispiel: die Steuererhebung in Limoges. – Das Thema der Steuern als Ausdruck der Habgier Chilperichs wird vor allem anhand der Fredegundisrede von Hist. V 34 an Chilperich mit anschließender Verbrennung der Steuerbücher deutlich.

18 Nach Hist. V 48: 258 Z. 26f. behauptete Leudast später, daß Gregor Einfluß auf Merowech ausgeübt habe!

19 Hist. V 39: 247 Z. 14–17. – Zur Chronologie: Die Söhne Chlodobert und Dagobert starben während der Seuche von 580, die im August des Jahres eingesetzt hatte (Hist. V 34: 239 Z. 9 und Z. 15ff.), 20 Tage *nach* der Synode (Hist. V 50: 263 Z. 15). Chlodowech wurde danach ermordet: Noch während der Trauer über den Tod der beiden Fredegundissöhne schickte Chilperich seinen ältesten Sohn im Monat Oktober (Hist. V 39: 245 Z. 16ff.) in das Seuchengebiet, wo er ihn dann erstechen ließ. Nach Weidemann 1: 211 starb Chlodowech am 11. Okt.; vgl. auch Pontal: 148f. zur Synode.

20 Hist. V 47. Daß es sich nicht, wie meist angenommen, um das Sommerfest von 580 (4. Juli) handelte, hat schon Pietri 1983: 286 gesehen; als Leudast im April 580 nach Tours kam, brauchte er bereits einen Vorwand und war folglich zu diesem Zeitpunkt nicht Graf von Tours.

21 Die Überschrift des Kapitels: *„De insidiis quas (Leudast) nobis fecit, et qualiter* humiliatus *est"*, dürfte e contrario auf Gregor selbst zu beziehen sein: Die Demütigung des Grafen hatte ja längst zuvor in dessen Absetzung bestanden (Hist. V 47).

22 Hist. IX 6: 418 Z. 14f.; Ende Mai traf Gregor den Menschen in Paris wieder. – Die Probleme unseres Autors in diesem Jahr 580 spiegeln sich auch in der Unordnung der Notizen zu den Wundern Martins in seiner Basilika, die sonst streng chronologisch geordnet sind, vgl. Heinzelmann 1981: 251 Anm. 44 und (bestätigend) Weidemann 1: 207 Anm. 435, wo allerdings einige Daten (wie z. B. das der Absetzung Leudasts) zu korrigieren sind.

23 Vgl. auch Weidemann 1: 370, die Paris als Tagungsort annimmt.

24 Tod des Regenten Gogo, des Befürworters eines austrasisch-burgundischen Bündnisses; zu ihm Selle-Hosbach: Nr. 112.

[25] Hist. V 19 und 30; danach wird Tiberius gerettet, weil er *nicht* zu den Circusspielen, sondern zu den „heiligen Stätten" ging. Antithese: Hist. V 17, Chilperich veranstaltet Circusspiele in Soissons und Paris und beharrt auf seinem Unrecht. – Vgl. auch die Laudatio des Tiberius in Hist. IV 40 als *„virissimum christianum"*.

[26] Zur *„cupiditas"* vgl. oben Anm. 8 und 9. *„Discordia"* erscheint in Hist. V Prol. (zweimal), V 34. 48, VI 1. 2. 12, dreimal in VIII 13 im Rückblick; unspezifisch, das heißt für eine nicht von Chilperich verursachte Bürgerkriegssituation erscheint der Begriff sonst nur noch in Hist. IX 43 und X 3. 12.

[27] In seinem abschließenden Urteil zu Chilperich Hist. VI 46 schreibt Gregor: „zu seiner Zeit erhielten nur wenige Kleriker die Bischofswürde"; der *„bonus rex"* Gunthchramn versprach sogar eidlich, nie einen Laien zum Bischof zu machen (ohne es zu halten), Hist. VIII 22.

[28] Zum administrativen Vorgang ist der schriftliche königliche Befehl an den Bischof von Bourges (Anfang 7. Jh.) zu vergleichen, seinen Suffraganbischof von Clermont zu weihen, vgl. Heinzelmann 1988: 75 mit Anm. 259.

[29] Hist. VI 9 und Weidemann 1: 212 f.

[30] Aufgrund der Reise Gregors zu Bf. Egidius von Reims, die nach VM III 17 im Jahr 583 stattgefunden haben dürfte, und aus dem Schweigen des Bischofs zum Anlaß dieser Reise, die mit der Abreise Gundowalds in diesem Jahr in Zusammenhang gebracht wird, will Weidemann 1: 214 eine Beteiligung Gregors an der Gundowaldverschwörung erschließen, zu deren Teilnehmer Egidius vielleicht gehört hat (vgl. ibid.: 183). Als weitere Begründung für diese Hypothese führt sie die Beziehungen Gregors mit mehreren der Verschwörer an: Gunthchramn Boso, Bischof Sagittarius u. a. (Weidemann 1: 210 f.); sie übersieht dabei aber, daß Gregor die Betreffenden regelmäßig als Negativbeispiele („Antiheilige") präsentiert!

[31] Zu den Datierungen nach Childebert vgl. Anm. 11. – Zum Eindruck annalistischen Verfahrens bei Gregor: Die Datierungen beginnen nicht, wie ein solches System erfordern würde, bereits bei Sigibert, sondern erst im ersten Kapitel von Buch V; dort wird aber nach Childebert datiert, um in antithetischer, provokatorischer Form die Unrechtsherrschaft Chilperichs über Tours und den eigenen Widerstand gegen diese Herrschaft zu demonstrieren. In diesem Sinne ist auch der Satz zu verstehen: *„Anno igitur primo regni eius* (scil. Childeberti) *Chilpericus rex Parisius venit . . ."* – Entsprechend bringt Gregor zu Beginn von Buch VIII eine Datierung nach dem *„bonus rex"* Gunthchramn; nicht zufällig ist ebenfalls, daß in Buch X in drei von vier Datierungen nach Childebert *und* Gunthchramn datiert wird, ohne daß die beiden Herrscher mit der speziellen Thematik dieses Buches etwas zu tun hätten: Sie erscheinen hier als Vertreter der königlichen Herrschaft als solche, wobei das Reich des minderjährigen Chlothar seinem Vormund Gunthchramn untergeordnet wurde.

[32] Mitchell 1983: 123 setzt Gregors Gunthchramnperiode mit den Büchern VII–X gleich; Goffart 1988: 225 spricht von "Gregory's portrayal of Guntram, extending over seven books". Die spezifische Thematik *„bonus rex Gunthchramnus"* betrifft aber nur die Bücher VII–IX, was auch erklärt, daß man die

unterschiedliche Beurteilung des Königs durch den Historiographen nicht recht verstanden hat: vgl. Goffart 1988 (ibid., mit Anm. 495) zu Vinay und Oldoni. – Der Vergleich mit Hiskija/Ezechias bietet sich nicht nur wegen dessen Nennung in dem programmatisch wichtigen Vorwort von Buch II an, sondern auch wegen des Bildes, das im Buch der jüdischen Könige (2 Kön 18–21) und, mehr noch, in den Ergänzungen der Chronik oder Paralipomena (2 Chr 29–33) von Ezechias entworfen wird: seine intensive Zusammenarbeit mit den *sacerdotes*, die Neuregelung des religiösen Lebens, Geschenke an das Volk, Reden, Gottvertrauen, Auszeichnung durch Gott, Verlängerung des Lebens, Krankheit.

33 Der Terminus erscheint schon Hist. IV 25, kommt aber erst im Zusammenhang des zentralen Königslobs in IX 21 unter dem Titel *„De elymosinis et* bonitate *ipsius regis"* zum Ausdruck; unklar ist der Text von Hist. VII 14: 334 Z. 14 *„ut pagos hos rex Gunthchramnus accipiat"*, allein nach C 1.2, während A 1, B 1.2, D haben: *„pacis* (oder *pacem*) *bonus rex G."*, vgl. HVj 27, 1933: 702. – Die anderen Epitheta des Königs sind *„magnus"* (VIII 1), *„benignus"* (VI 36) und *„misericordissimus"* (sic, IX 27); letzteres erscheint nicht zufällig nur noch ein einziges Mal in den Historien, mit Bezug auf Chilperich (V 18), der für Gregor ja die antithetische Gegenfigur Gunthchramns darstellt. Gleichzeitig werden beide Könige an dem *„magnus et vere christianus"* Tiberius gemessen: zu Chilperich vgl. oben mit Anm. 25, für Gunthchramn dient ein Schatzfund und dessen Verteilung an die Armen (Hist. VII 40) als Vergleichspunkt mit dem Schatzfund des Tiberius von V 19, wo auch der Zusammenhang von Almosengeben mit dem *„thesaurizate vobis thesauros in caelo"* (Mt 6,20), dem Anlegen eines himmlischen Schatzes hergestellt wird.

34 Der Zusammenhang der Ermordung Chilperichs mit seiner Schuld ist Teil des Themas der Bücher V und VI; ähnlich deutlich ist dieses Konzept für Sigibert im Schlußkapitel von Buch IV (IV 51): Gegen den Rat des heiligen Bischofs Germanus will der König seinen Bruder töten und kommt deshalb zu Fall.

35 Vgl. zur Funktion von Hist. VII 1 auch unten Teil III.1.b. – Diese ›*Visio Saluii episcopi*‹ ist als selbständige Quelle mit vier weiteren Visionen in einer um das Jahr 1000 in Süddeutschland verfaßten Hs. enthalten, vgl. M. Lapidge, in: Scire litteras. Forschungen zum mittelalterlichen Geistesleben, 1988: 258; eine weitere Überlieferung vgl. Teil IV Anm. 118.

36 Vgl. dazu ausführlich, aber im Sinne eines „romanischen" Aufstandes überinterpretiert, M. Rouche, L'Aquitaine des Wisigoths aux Arabes 418–781, Paris 1979: 66–77; E. Ewig, Die Merowinger und das Frankenreich, 1988: 45–48; vgl. jetzt auch B. S. Bachrach, The Anatomy of a Little War: A Diplomatic and Military History of the Gundowald Affair (568–585) [im Druck].

37 Die Gundowald-Episoden sind durch A: (Antithese) gekennzeichnet.

38 Heiligkeit in den beiden Chilperichbüchern: Hist. V 6–12, 21, 23, 37, 42, 45, 46; Hist. VI 6–9, 20, 29, 37, 39.

39 Nach Kap. 1 („Prolog") ist Kap. 29 (Untergang des Eberulf) mit 70 Zeilen in der Edition Kruschs das umfangreichste Kapitel des Buches, gefolgt von Kap. 22 („Von der Bosheit des Eberulf") mit 63 Zeilen.

40 Das Töten in der Basilika fand statt, als Gregor nach seiner eigenen, vielleicht

allzu ausdrücklichen Aussage (Hist. VII 29: 348 Z. 1) 30 Meilen weit weg war; vgl. dazu nun B. Jussen, Patenschaft und Adoption im frühen Mittelalter. Künstliche Verwandtschaft als soziale Praxis, Göttingen 1991: 221–225.

41 Hist. VII 29: 349 Z. 5–8: „*nec promeruit ab eo salvari, quem fideliter numquam intellexit exposcere. Igitur Claudius timore perterritus, cellolam abbatis expetiit, ab eo tutari se cupiens, in cuius patronum reverentiam habere non sapuit.*"

42 Vgl. besonders VII 22, wo Gregor durch den Bericht einer eigenen Vision seine bischöfliche Rolle als Verteidiger des Asyls mit großem Nachdruck hervorhebt und gleichzeitig die bösen, gegen den hl. Martin gerichteten Absichten Eberulfs durch dessen eigenes Geständnis belegt.

43 Im Text von VII 47 wird im übrigen im Gegensatz zum Titel der Plural „*bella civilia*" benutzt. Eine Beziehung besteht zweifellos auch zu der Anführung des Begriffs am Ende von Buch IV und im „Prolog" von Buch V: Während dort aber die Bürgerkriegssituation der Schuld der Könige, später eines einzigen Königs (Chilperich) zugerechnet wird, entspricht sie hier einem Zustand der Friedlosigkeit des Menschengeschlechts als solchem.

44 Die isolierte Behandlung dieser Episode durch E. Auerbach, Mimesis, 3. Aufl. 1964 Kap. IV, hat die Gregorforschung zweifellos in einer völlig falschen Richtung bestärkt, vgl. auch oben unsere Einführung; besser erkennt Goffart 1988: 210 die Intentionen Gregors durch die Anknüpfung an Hist. I 2–3 (Kain und Abel). Zur Legende geworden ist die Diskussion zwischen Gabriel Monod und Fustel de Coulanges (1886/7) zum juristischen Gehalt des Textes, der nun gut bei H. Grahn-Hoek, Die fränkische Oberschicht im 6. Jh., Sigmaringen 1976: 101–108 dargelegt wird, wenn auch mit falschen Vorstellungen von der Rolle des Bischofs bei dem Verfahren. – Im angelsächsischen Bereich ist die wichtigste Referenz immer noch J. M. Wallace-Hadrill, The Bloodfeud of the Franks, in: The Long-Haired Kings (wie Einführung, Anm. 2): 121–147. – Gerade an diesem Kapitel zeigt sich, daß jede isolierte Betrachtung an den Intentionen des Autors vorbeigehen muß, da sich dieser hier weder für Wergeldbestimmungen noch für das germanisch-romanische Prozeßrecht interessierte!

45 Da diese Episode de facto in Hist. IX 19 zum Jahr 588 eine Verlängerung findet, wurde der lapidare Schlußsatz oft zum Beweis dafür herangezogen, daß die Redaktion von Buch VII im Jahr 588 abgeschlossen gewesen sein muß, vgl. z. B. Buchner 2: 157 Anm. 5. – Vgl. aber den Anfang von IX 19: „*Bellum vero illud, quod... superius diximus terminatum*"; unser Autor war sich also seiner vorangehenden Formulierung von VII 47 – die er hätte ändern können! – durchaus bewußt. Er hat sie aber nicht geändert, da die Episode im Zusammenhang von Buch VII eine unabhängige Rolle spielte, ebenso wie IX 19 im Zusammenhang von Buch IX. – Zum Thema der allgemeinen Friedlosigkeit des Menschengeschlechts vgl. auch die beiden vorangehenden Kap. 45 und 46, in denen von der Habgier der Kaufleute die Rede ist, die aber gleichzeitig als Opfer ihrer eigenen Habsucht erscheinen!

46 Die wichtigsten Kapitel zum Thema „*bonus rex Gunthchramnus*" in Buch

VIII sind neben VIII 1–7, 12, 30, die wir ausführlicher im Text behandeln, VIII 10, 11, 13, 20 (Synode von Mâcon), 27, 44 (mißlungener Anschlag auf G.: „*quod misericordia Domini non permisit*“), 45–46 (Schlußkapitel: Die Feinde des Königs sterben, Herzog Desiderius und vor allem König Leuvigild, dessen Tod und Zerknirschung „*pro his quae contra Deum iniquae molitus est*“ im Zusammenhang mit dem Gotenfeldzug Gunthchramns in VIII 30 und der dabei vom König gehaltenen Rede zu sehen sind). – Gregor hat auch eine Reihe kritischer Punkte am König vermerkt, was durchaus in der Tradition biblischer Königsportraits steht, vgl. gerade zu Ezechias, der zumindest teilweise dem Bild Gunthchramns als Vorlage gedient hat, 2 Chr 32,25–26 (Überhebung des Königs, seine Bestrafung und Demütigung). Kritisch: Hist. VIII 12, 20 (G. will Bischöfe in Verbannung schicken, wird aber durch eine von Gott gesandte Krankheit daran gehindert); VIII 22: Trotz seines Eides setzt G. einen Laien zum Bischof ein, was von Gregor resignierend als eine allgemeine menschliche Schwäche konstatiert wird („*auri sacra famis*“); IX 32: unberechtigter Argwohn des Königs gegen seinen Neffen; besonders aber X 10: G. läßt im Zorn seinen Diener hinrichten und bereut anschließend, „*multum se ex hoc deinceps rex paenitens*“; gerade zum letzten Punkt vgl. die ›Apologia prophetae David‹ des Ambrosius 4, 15, PL 14: 898 (nach Reydellet, Bible [wie Anm. 66]: 438, dessen Übersetzung hier übernommen wird): «David a péché, comme souvent les rois, mais il a fait pénitence, il a pleuré, gémi, ce que ne font pas souvent les rois.»

[47] Ohne daß direkte wörtliche Anleihen zu erkennen wären, erinnert die Szene nachhaltig an die Ezechiastypologie, die aufgrund des Prologs zu Buch II oben schon für Gunthchramn in Anspruch genommen wurde. Dabei ist speziell an den ausführlichen Bericht der Chronik (2 Chr 29) zu denken, nach dem Ezechias den Tempel wieder öffnet und reinigt, die „*sacerdotes*“ und „*levitae*“ versammelt, einsetzt und ermahnt; dabei läßt er die Priesterschaft Psalmen singen und Musik machen, „*. . . secundum dispositionem David regis . . . et Nathan prophetae* [= Typus Gregors!]“, 2 Chr 29,25. – Auf die Situation Gunthchramns bezogen, bedeutet die Bibelepisode, daß nach einer längeren gottlosen Zeit (Tempelschließung = Herrschaft Chilperichs; vgl. in VIII 5 die ausführliche Retrospektive zur Herrschaft Chilperichs) ein Neuanfang gemacht wird, der durch die Reinigung des Tempels „bedeutet“ wird, die der König vornimmt; dazu paßt die *zezania* „*inter sacerdotes Domini*“ (Hist. VIII 7), die das ordnende Eingreifen des Königs notwendig machte. Unten Teil IV.2.b wird die unterschiedliche gesellschaftliche Konzeption des Königs und seines Episkopats dargestellt, wobei deutlich werden wird, daß Gregor hier eindeutig auf seiten des Königs steht.

[48] Vgl. die vorangehende Anm. zur Gleichung Nathan = Gregor. In Hist. VIII 6 zeigt letzterer bei einer Intervention für Asylanten von St-Martin, daß er sich berufen fühlt, im Auftrag des hl. Martin zu handeln und zu sprechen, der nach seiner Konzeption in Gallien die höchste Autorität nach Gott darstellt.

[49] Vgl. Mt 24,24; dazu auch de Nie: 286. Beachte die perfekte Antithese des „Pseudobischofs“ Chilperich zu einem Gunthchramn, der in Hist. IX 21 als „*sacerdus Domini*“ hochstilisiert wird!

50 Es handelt sich um Tetricus von Langres, Nicetius von Lyon, Agroecula von Chalon, gestorben jeweils 572, 573 und 580.

51 Wichtige Aussagen zu Bischöfen und ihrer gesellschaftlichen Rolle enthalten die folgenden Kapitel von Buch VIII: 1–7, 12, 13, 20 (Synode von Mâcon), 22, 27, 30 (Rede Gunthchramns), 31, 39 *(„eo anno multi episcoporum obierunt...")*, 41, 43.

52 Vgl. dazu Anm. 47; in diesen Zusammenhang gehört auch die Absicht Gunthchramns, *„multus episcoporum"* in die Verbannung zu schicken (Hist. VIII 20), was eine von Gott gesandte Krankheit aber verhindert.

53 Die gleichen Kriterien verwendet Gregor in Hist. III 25 beim Lob König Theudeberts und in VI 46 bei der Verurteilung Chilperichs; zu Hist. VIII 30 vgl. auch Goffart 1988: 171.

54 Hist. VIII 30: 395 Z. 16f. – Vgl. dazu die erstaunliche Übereinstimmung mit dem Edikt Gunthchramns vom gleichen Jahr 585, das die Rede des Königs in den Historien beeinflußt haben könnte: *„Nam nec nos, quibus facultatem regnandi superni regis commisit auctoritas, iram eius evadere possumus, si de subiecto populo sollicitudinem non habemus"*, MGH Leges sectio II Capit. I: 11 Z. 29–31. Zu diesem Text vgl. ausführlich Teil IV.2.b.

55 Weidemann 1: 215f. verbindet den Besuch bei Wulfilaich mit dem Aufenthalt in Koblenz, wohin Gregor „alsbald" nach seinem Orléansaufenthalt gereist wäre, und schließt eine Beteiligung Gregors am Hoftag von Nieder-Beßlingen aus; demnach wäre Gregor vier Monate von Tours abwesend gewesen: Anfang Juli (Orléans) bis Ende Oktober (der Hoftag fand zur Zeit der Synode von Mâcon, ca. 23. Okt., statt); zwei Reisen erscheinen hier eher plausibel. An chronologischen Problemen dieser Art wird das historiographische Anliegen Gregors deutlich, der praktisch keine Erklärungen zur logischen Verbindung zwischen den verschiedenen Episoden gibt: Die Chronologie wird zwar formal eingehalten, aber das eigentliche Interesse des Autors gilt der thematischen Aussage der Episode.

56 Weidemann 1: 216 setzt eine Aquitanienreise in die erste Jahreshälfte von 586, die Gregor nach Bordeaux und Umgegend geführt (VM III 50–51; GC 45–47) und u. a. seine Anwesenheit bei der Ordination des neuen Bischofs von Bordeaux zum Ziel gehabt hätte.

57 Hist. IX 39–43 und X 15–17, 20. Der antithetische Verweis auf Radegundis wird in diesen Kapiteln eine große Rolle spielen, vgl. besonders den Titel von Kap. 42: *„Exemplar epistolae, quam sancta Radegundis episcopis direxit"*. – Die Beschreibung der Vorgänge vgl. bei G. Scheibelreiter, Königstöchter im Kloster. Radegund († 587) und der Nonnenaufstand von Poitiers (589), MIÖG 87, 1979: 1–37.

58 Das vorangehende Kapitel IX 3 zeigt Gunthchramn beim Fest des hl. Marcellus am 4. Sept. 587 in Chalon. Zur Patenschaft des Veranus vgl. Jussen (wie Anm. 40: 206–210), der den Nutzen dieses Paten, der „nur einem unbedeutenden Bistum vorstand", in dessen Wunderkraft sehen möchte; er übersieht, daß es sich bei ihm um einen politisch einflußreichen Prälaten handelt, der mehrfach in königlichem Auftrag die Interessen des burgundischen *„regnum"* vertrat;

vgl. Weidemann 1: 147f., die mit Recht auf die burgundischen Ambitionen Childeberts II. (für seinen Sohn) verweist. Gerade deshalb läßt sich an eine Taufe in Burgund selbst (Chalon?) denken.

59 VM III 60, *„ad visitandam genetricem meam in terretorium Cavellonensis urbis adirem"* (zum Ort Chalon – und nicht Cavaillon – vgl. Pietri 1983: 253 Anm. 40); bei diesem Besuch hörte Gregor einen Bericht von Bf. Veranus über ein Wunder in der Martinsbasilika von Chalon. Zur Datierung vgl. Weidemann 1: 217, wo *„Cavellonensis"* unrichtig mit Cavaillon wiedergegeben ist. Vgl. auch die Episode Hist. IX 6, die sich in Abwesenheit Gregors *(„praesens non eram")* im Oktober ereignet haben dürfte.

60 Vgl. Grahn-Hoek (wie Anm. 44): 260ff., E. Hlawitschka, [Art.] Andelot, Vertrag v., in: Lexikon des Mittelalters, Bd. I, 1980, 595. – Zum Vertrag selbst vgl. A. M. Drabek, Der Merowingervertrag von Andelot aus dem Jahre 587, MIÖG 78, 1970: 34–41; zu seinem Datum Weidemann, Chronologie (wie Einführung, Anm. 16): 473–476.

61 Den Plan der Verschwörer, nach der angestrebten Ermordung Childeberts II., vgl. Hist. IX 9: 421 Z. 21ff.; dabei ist auch von verbündeten Großen des Chlotharreiches die Rede, von denen aber keiner mit Namen genannt wird: In diesen Zusammenhang dürfte die Gesandtschaft Fredegunds wohl vom Sommer 587 (Hist. VIII 44) gehören, deren Ziel nach Gregor die Ermordung Gunthchramns war. Der dabei festgenommene Leiter der Delegation Baddo wurde nach Abschluß des Vertrages abgeurteilt, aber auf Verwendung des Bischofs von Bayeux begnadigt.

62 Hist. IX 9, *„multi Thoronorum atque Pectavorum"*; möglicherweise handelt es sich um die Grafen von Tours und Poitiers, die nach Hist. IX 7 wegen der Absetzung des *„dux"* Ennodius zu Childebert gingen.

63 Fredegar (Chronik IV 8, MGH SRM II: 125) zählt Boso zu den Verschwörern, was bei Gregor nicht deutlich wird, der dagegen von seinen Aussöhnungsversuchen mit Childebert II. berichtet (Hist. IX 8). Ebenso wie die Mordversuche an Gunthchramn im gleichen Jahr (Hist. VIII 44 und IX 3) dürfte die angestrebte Versöhnung Bosos mit dem König darauf hinweisen, daß die „monarchische Restauration" längst eingesetzt und erheblichen Eindruck auf den Adel gemacht hatte.

64 Nach der Zeilenzahl in der Edition (155 Zeilen) sind im gesamten Geschichtswerk nur noch das Kapitel über den Praetextatusprozeß (V 18: 172 Zeilen) und das den Rahmen sprengende Schlußkapitel X 31 (217 Zeilen) umfangreicher.

65 Die Gesandtschaft in Chalon fand wohl Ostern 588 statt (18. April), *„erat enim dies illa dominicae resurrectionis solempnitas"*. Gunthchramn gab anschließend den Befehl, die gemeinsame Synode bis Anfang Juni zu verschieben, was schließlich zur Aufgabe des Projektes geführt haben dürfte, auch wenn das Schweigen Gregors dazu kein definitives Argument darstellt. Der austrasische Episkopat mußte befürchten, bei einem gemeinsamen Konzil eine so untergeordnete Rolle zu spielen wie die neustrischen Bischöfe 585 in Mâcon (Hist. VIII 20). – Typisch für die Erzählweise Gregors ist wieder die totale Absenz von Be-

merkungen zum Abschluß seiner „*legatio*“ und deren Aufnahme bei seinem eigenen König, dem er zweifellos Rechenschaft ablegen mußte.

66 Vgl. M. Reydellet, La Bible miroir des princes du IVe au VIIe siècle, in: Le monde antique et la Bible, sous la direction de J. Fontaine et C. Pietri, Paris 1985: 431–453, hier 449, der auf die Verwandtschaft von Mt 9,20–22 und Lk 8,44 mit dem „Wunder“ Gunthchramns hinweist, aber einschränkt: «De là à dire que Gontran nous est ainsi présenté comme un saint, imitateur du Christ, il y a un pas.» – Die Bemerkung ist zutreffend, soweit sie die kultische Bedeutung von „*sanctitas*“ angeht, die erst seit der Karolingerzeit fixiert ist; für Gregor steht freilich der Zusammenhang von „*virtus*“ und der dadurch ausgedrückten Gottgefälligkeit im Vordergrund. – Zu Gunthchramn „*sacerdos*“ (Hist. IX 21: 441 Z.17 und 23) vgl. Anm. 49 sowie Teil IV.2.b zu seinem christlichen Gesellschaftskonzept.

67 Nicht folgen wird man hier Pietri 1982: 609, die wie vor ihr schon Buchner (1: XXIV) einen Fehler Gregors vermutet; dagegen Goffart 1988: 184 mit Anm. 309, wonach Gregor einen Eindruck der Unabgeschlossenheit der Historien erhalten wollte; vgl. auch Reydellet: 427. – Die von Gregor damit noch weiter verlängerte Langlebigkeit des Königs erinnert wieder an die Ezechiastypologie, d. h. eines Königs, „*cui Deus ad vitam quindecim annos auxit*“ (Prolog zu Buch II); sein Tod mag nicht in das eschatologische Konzept von Buch X gepaßt haben, wo er als „*rex paenitens*“ erscheint (Anm. 46, 79).

68 Der Hausmeier Florentianus und der Pfalzgraf Romulf, die gerade in Poitiers (auf Veranlassung des dortigen Bischofs) eine neue Steuerveranlagung vorgenommen hatten, begaben sich in gleicher Absicht nach Tours, obwohl diese Civitas seit König Charibert vor Eingriffen der Zentralregierung in die Steuererhebung durch entsprechende Immunitäten geschützt war. Die neuerliche Aktion in Tours ging auf Veranlassung eines Magistrats der Stadt zurück, der sich über den Kopf des Bischofs direkt mit den Beamten der Regierung in Verbindung gesetzt hatte und einschlägige Dokumente auslieferte, zweifellos um dem Bischof (Gregor) zu schaden. Letzterer berichtet dann, daß der Sohn dieses Turoners damals starb und daß in der Folge König Childebert „*pro reverentia sancti Martini*“ die Neuveranlagung von Tours abbrach, wonach die genannten Beamten *statim* in die Heimat zurückgekehrt seien: Einen ganz anderen Befund ergibt der Bericht der Martinsbücher (VM IV 6), wonach die Beamten beim Sommerfest des Heiligen (4. Juli) dessen Wunder in der Basilika miterlebten; Florentianus erscheint sogar als Informant des Wunders von VM IV 7. Beide scheinen sich aber schon seit Ostern des Jahres (sic!) in St-Martin aufgehalten zu haben, vgl. Fort. Carm. X 11 „*Versus facti in mensa in villa sancti Martini ante discriptores*“ (Vers 7 zum Osterdatum), sowie ibid. 12 a–12 d, wonach Venantius Fortunatus für ein Mädchen als Intervenient auftritt und sich ausdrücklich an Bf. Gregor, Romulf, Gallienus (Freund Gregors und Graf von Tours), sowie Florentinus (sic, für Florentianus) wendet. Die Diskrepanz im Bericht vom Aufenthalt der Beamten, die wir auch sonst in einer Serie von Parallelberichten Gregors beobachtet haben (vgl. Heinzelmann 1991), zeigt die Unterordnung der Episode der Historien unter eine spezielle

Thematik, was in mittelalterlichen Quellen sonst eher als Indiz für den „hagiographischen Diskurs" gilt.

69 Die Einbeziehung der am eigentlichen Streit unbeteiligten „unheiligen" Berthefled zu Beginn von Kap. 33 – sie verließ das Kloster noch vor den eigentlichen Auseinandersetzungen – beleuchtet die Methode des Autors Gregor: Er hebt ihre Verwandtschaftsbeziehung hervor, da diese sie auf eine Stufe mit der anderen Chariberttochter Chrodieldis stellt und gleichzeitig antithetisch dem Beispiel der heiligmäßigen Charibertwitwe (Hist. IX 26) kontrastierend gegenüberstellt; die tatsächlich bestehende Verwandtschaft der ebenfalls „unheiligen" Ingotrud und ihrer Tochter mit dem *„bonus rex"* Gunthchramn dagegen ist nur ganz beiläufig zu erkennen (Hist. IX 33: 453 Z. 10f.).

70 Unsere Angaben beziehen sich wieder auf die Zeilenzahl der MGH-Edition, die für Buch IX 1269 Zeilen und für Buch X (ohne das epilogartige Schlußkapitel 31) 1063 Zeilen ergibt, wovon die Ste-Croix-Episoden 310 und respektive 201 Zeilen beanspruchen. – Die Zeilenzahl der restlichen Bücher: I (48 Kapitel) – 622 Z.; II (43 Kap.) – 1169 Z.; III (37 Kap.) – 700 Z.; IV (51 Kap.) – 1113 Z.; V (50 Kap.) – 1458 Z.; VI (46 Kap.) – 1136 Z.; VII (47 Kap.) – 965 Z.; VIII (46 Kap.) – 918 Z.; X (mit Schlußkapitel) – 1280 Z.

71 Nicht mitberechnet werden dabei die zahlreichen Auszüge aus Bibeltexten oder Historien wie denen des Sulpicius Alexander, Frigiretus, etc.

72 Der Brief in Hist. IX 39 stammt wohl aus dem Zusammenhang des Konzils von Tours vom 18. Nov. 567, vgl. Pontal: 130.

73 Hist. X 15: 503 Z. 4–6, *„vel quis umquam tantas plagas tantasque strages vel tanta mala verbis poterit explicare, ubi vix praeteriit dies sine homicidio, hora sine iurgio vel momentum aliquod sine fletu?"* – Obwohl in der langen Zeit der Auseinandersetzung „kein Tag ohne Totschlag verging", berichtet Gregor konkret doch nur von einem einzigen Toten, einem Diener der Basina (ibid.): In dem ausführlichen Text des Urteils (Hist. X 16) ist ebenfalls nur von diesem einen Toten die Rede!

74 Hist. X 16: 505 Z. 4. Im Originaldokument dürften ebenso wie in den bereits erwähnten Briefen die Namen der unterzeichnenden Bischöfe stehen, die Gregor demnach wegläßt, obwohl sein eigener Name dabei gestanden haben muß. Die Bischöfe sind indessen bekannt: Neben den „Austrasiern" Gregor, Merowech von Poitiers und Ebergisel von Köln handelt es sich nur noch um die „burgundischen" Bischöfe der Provinz von Bordeaux.

75 Vgl. Hist. I 4: 6 Z.21–7 Z.2, *„Sed nec hoc ambigo, quod species illa arcae tipum* matris *gessisset* aeclesiae. *Ipsa enim inter fluctus et scupulos huius saeculi transiens, nos ab inminentibus malis materno gestamini fovens, pio amplexu ac protectione defendit"*; vgl. unten Teil III mit Anm. 72. – Vgl. auch A. P. Orbán, Der Ursprung des Ausdrucks mater ecclesia, Archiv für Begriffsgeschichte 21, 1977: 114–119.

76 Die Mission des zum Reliquienerwerb nach Rom gesandten Diakons, *„diaconus noster"* (Hist. X 1), berichtet Gregor auch VP VIII 6 (dort mit Namensnennung: Agiulfus) und GM 82. Im letzten Fall wird Papst Pelagius erwähnt, in Hist. X 1 dagegen Gregor der Große; dieser Umstand war für Owen Chadwick (Gregory of Tours and Gregory the Great, Journal of theological studies 50,

1949: 38–49, bes.: 46, 48) ein gewichtiger Grund, um die Mission des Agiulf und eventuell das ganze Kap. X 1 als spätere Interpolation zu verdächtigen. Wie seine Argumentation hinsichtlich der vermeintlich interpolierten Predigt von Hist. X 1 (vgl. Anm. 83) ist seine Begründung im vorliegenden Fall nicht stichhaltig: Chadwick läßt unerwähnt, daß der Turoner Diakon die Reliquien von Gregor empfing, als „dieser selbst noch Diakon war" („*dum adhuc in diaconato degeret*", X 1: 481 Z. 13 f.) und folglich im Auftrag des (damals noch lebenden) Papstes Pelagius handelte; entsprechend hat Gregor von Tours im Märtyrerbuch den Pelagius genannt, während er in Hist. X 1, wo der neue Papst im Vordergrund stand (Chadwick hat diese Rahmenfunktion in Buch X ebensowenig gesehen wie die erneute Referenz an den römischen Gregor in Hist. X 31: 537 Z. 7), selbstverständlich diesen als Reliquiengeber hervorhob!

[77] Relativ spät erwähnt Gregor die Mission des Petrus in Rom (Hist. I 25), d. h. erst *nach* dem Bericht über Lyon und seine Märtyrer von 177 (Hist. I 18); im übrigen stellt Martin von Tours als Leitfigur des ersten Buches den Apostelfürsten völlig in den Schatten. – Auch in den hagiographischen Schriften nimmt Petrus eine vergleichsmäßig bescheidene Rolle ein, was etwa aus dem liturgisch-hierarchisch aufgebauten Märtyrerbuch (GM) hervorgeht: Eher beiläufig wird in Kap. 27, also in relativ untergeordneter Position, die Ordination des Petrus durch die übrigen Apostel zum Bischof berichtet; er habe in Rom dann seinen Sitz gewählt („*qui ab apostolis ceteris episcopus ordinatur, Romae cathedram locavit*", SRM I–2: 53 Z. 22 f.). Dagegen fällt die Absenz des Verweises auf Mt 16,18 auf, Petrus als Fels, auf den Jesus seine Kirche baut! – Vgl. auch unten Teil IV mit Anm. 41.

[78] „*Octavus* (scil. *liber*) *de Antichristo resurrectioneque mortuorum et de fine utriusque civitatis*", Ottonis episcopi Frisingensis Chronica sive historia de duabus civitatibus, ed. (nach A. Hofmeister) W. Lammers, Darmstadt 1960 (Ausgewählte Quellen zur Deutschen Geschichte des Mittelalters 16), Prol. I: 16; vgl. auch ibid. Buch VIII: 582 ff. und besonders den Prolog zu diesem letzten Buch, in dem in erster Linie vom Schicksal der „*ecclesia*" die Rede ist, die auch als *civitas, regnum* oder *corpus Christi* angesprochen wird. Zu den frappierenden Übereinstimmungen der auf Orosius und Augustin basierenden „*civitas Dei*"-Definition Ottos mit der „*ecclesia*"-Konzeption Gregors (vgl. Teil IV) werden wir an anderer Stelle ausführlicher eingehen. Zur Bedeutung der Chronik Ottos für die Gattung „*historia*" vgl. Werner 1987: 7 f. und passim.

[79] Vgl. Mitchell 1983: 218, "The entire tenth book of the *Historiae* could, in fact, be considered to be like the exhortation on the judgement . . .". Goffart 1988: 161 f. verweist auf das geringe Interesse Gregors an der Kirche als "an abstract collegial body" (vgl. aber auch ibid.: 226, ". . . the Catholic Church mattered very much"). – Die *ecclesia*-Thematik wird de facto bereits in der zweiten Hälfte des 9. Buches vorbereitet, wie das mehrfache Vorkommen des sonst sparsam verwendeten, abstrakten Begriffs „*ecclesia*" (dazu ausführlich Teil IV.1.a) bezeugt: „*aeclesiae fides*" im Mund von Gregor selbst (Hist. IX 20), „*universalis aeclesia*" und „*patres aeclesiae*" im Radegundisbrief von IX 42, dessen Autorin in IX 39 als „*filia aeclesiae*" bezeichnet wurde. – Die neue Thematik

von Buch X läßt sich e contrario aufgrund der reduzierten Rolle der Könige und der fehlenden Konzentration auf einen bestimmten König erkennen; das trifft vor allem auf Gunthchramn zu, der in Hist. X 10 als „*paenitens*" gezeigt wird, was zum Buchthema gehört: die rechtzeitige *Buße* vor dem Jüngsten Gericht (vgl. dazu besonders den Aufruf Gregors d. Gr. zur Buße in seiner Predigt Hist. X 1). Gunthchramn erscheint auch noch einmal bei der Taufe seines Neffen Chlothar (X 28). Childebert wird von Gregor vor allem wegen seiner Steuererleichterungen für die Kleriker von Clermont genannt (X 7) und weil er einem Mordanschlag entkommen konnte (X 18); weniger charakteristisch sind der von ihm unternommene Italienfeldzug, Beziehungen mit Gunthchramn und den Neustriern sowie seine zugunsten der Bischofsversammlung untergeordnete Rolle beim Egidiusprozeß (Hist. X 19).

80 Nach Pietri 1983: 30ff. ist die Gründung der Kirche von Tours um 250 durch einen römischen Missionsbischof eine «pieuse fiction»; gegenüber der Meinung von Duchesne und Griffe, die Catian chronologisch in die konstantinische Zeit vordatieren möchten, meldet sie Zweifel an und zieht in Betracht, Litorius als ersten Bischof von Tours anzusehen, weil Catian im liturgischen Kalender des Perpetuus keinen Eingang gefunden hat.

81 Goffart 1988: 187 spricht von einer "ambiguous message" Gregors, dessen Überzeugung von einem unmittelbar bevorstehenden Weltende er mit dem Hinweis auf Hist. I Prol. (Mk 13,32: nur Gottvater allein weiß die Zeit) sicher zu Recht ausschließt; dagegen wird man seiner Beurteilung Gregors: "His consistent tendency was to depreciate apocalyptic thinking by vulgarizing it" (ibid.) nicht folgen: zu evident sind die Versuche des Turoners, die apokalyptische Drohung als notwendiges historisches Faktum jeder Gesellschaftsentwicklung darzustellen. Vgl. auch ibid.: 187 Anm. 323, wo Goffart in Hist. VI 45–46 "an apocalyptic flavor" entdeckt: Gerade hier ist der Zusammenhang mit dem Ende des gottlosen Königs Chilperich gegeben, dessen Verurteilung durch das Jüngste Gericht vorweggenommen wird. – Einen vom nahen Weltende überzeugten Gregor will de Nie: 46ff. und 66–68 sehen, vor allem aber Pietri 1982: 575ff. mit Anm. 74. Letztere weist darauf hin, daß die Berechnungen Gregors zum Alter der Welt eschatologische Vorstellungen voraussetzen, nach denen die 6 Tage der Schöpfung 6000 Jahren Geschichte entsprechen; nach Hist. X 31 stünde die Welt während des 21. Amtsjahres Gregors in ihrem 5792. Jahr (ibid.: 577). Vgl. zuletzt die gute Übersicht von R. Landes zu apokalyptischen Vorstellungen im ersten Jahrtausend, Teil III Anm. 63.

82 Hist. IX 6: 420 Z. 2–6, „*Multi enim sunt, qui, has seductiones exercentes, populum rusticum in errore ponere non desistunt, de quibus, ut opinor, et Dominus in euangelio ait, consurgere in novissimis temporibus pseudochristus et pseudoprophetas, qui, dantes signa et prodigia, etiam electos in errore inducant.*" – Bezeichnend für den Umgang Gregors mit der Chronologie ist hier wieder der Umstand, daß eine der von ihm berichteten Episoden sieben Jahre zurücklag (was er wahrheitsgemäß zu erkennen gibt), daß er aber einen „Aufhänger" findet, um die Geschichte zu einem späteren Zeitpunkt in den weiteren Zusammenhang des Buchthemas von Hist. X plazieren zu können.

[83] Daß Owen Chadwick die Predigt und das gesamte Kapitel X 1 als später hinzugefügt ansehen kann (vgl. Anm. 76), zeigt seine Nichtbeachtung des gestalterischen Konzeptes Gregors; so hat er auch nicht gesehen, daß Gregor d. Gr. in Hist. X 31 ein weiteres Mal genannt wird, was er als zusätzliches Insert hätte deuten müssen. – Durch einen Vergleich des Predigttextes in Hist. X 1 mit einer zum gleichen Anlaß gehaltenen Rede von 602, die in den Briefen Gregors d. Gr. überliefert ist (Ep. XIII 2, in MGH Epp. Greg. II: 365 ff.), schließt Chadwick aufgrund von drei keinesfalls überzeugenden Kriterien, "the Rome version is probably the early version" (S. 45): 1. aufgrund der Titulierung der hl. Maria in beiden Dokumenten (Hist. X 1: *„beatae Mariae semper virginis genetricis Domini nostri Jesu Christi"*, eine Formel, die Gregor d. Gr. zwar gekannt, aber hier wahrscheinlich nicht benutzt habe, "for in instructions for a litany we are dealing with formulae"); 2. nach der Bezeichnung des hl. Stephanus als *„protomartyr"* in X 1 (im Brief Gregors d. Gr. *„primus martyr"*); 3. nach der Anführung der Kirche der hl. Euphemia, die nach Chadwick zwar "in ruins" existiert habe, aber erst wieder von Papst Sergius ca. 700 restauriert worden sei (sic). – In bezug auf den Sprachgebrauch in X 1 (im Einführungstext Gregors v. T. zur Predigt seines Namensvetters) bemängelt er die sonst bei unserem Gregor nicht vorkommende Wendung *„rector ecclesiae"* (tatsächlich: *„quia eclesia Dei absque rectorem esse non poterat"*, was nicht das gleiche ist), die aber nun innerhalb der von uns beschriebenen Rahmenfunktion gerade Hist. X 31: 536 Z. 3 entspricht: *„sacerdotes Domini, qui post me humilem ecclesiam Turonicam sunt* recturi". – Zur angezweifelten Mission des turonischen Diakons von 590 vgl. Anm. 76. Zwei Punkte (S. 46 f.) betreffen die keineswegs stichhaltigen Vorstellungen Chadwicks zur Datierung von GC, GM und VP VIII, die nach ihm die Erwähnung der Mission von 590 ausgeschlossen hätten. Ein letzter, fünfter Punkt betrifft die Datierung zu Beginn von Buch X *(„anno quinto decimo Childeberthi regis")*, die in X 10 wiederholt würde und deshalb ein Abweichen vom System Gregors sei, das nur eine einzige Datierung eines Regierungsjahres Childeberts zulasse (am Anfang des betreffenden Jahres, zur Wahrung der annalistischen Form). Wir haben oben (vgl. Anm. 31) schon gezeigt, daß Gregor seine Datierungen nicht in rein chronistischer, sondern stets thematischer Absicht gesetzt hat; zudem hätte Chadwick eher die Wiederholung der Datierung in X 10 in Frage stellen müssen, wo es sich in erster Linie um eine synchronistische Angabe zu dem dort genannten Regierungsjahr Gunthchramns handelt. Im übrigen wird auch die Datierung nach dem 14. Regierungsjahr Childeberts wiederholt, und zwar gleich zweimal: Hist. IX 26, 30 und 36.

[84] Zu beachten ist die Übereinstimmung dieses Programms und des Anlasses dafür mit den Umständen der Apotheose Gunthchramns in Hist. IX 21: Die Seuche von 588 bekämpfte der König ebenfalls durch Wachen, Fasten, Gebete und Bittgänge!

[85] Der Gebrauch des Wortes *„tribunal"* weist eindeutig in diese Richtung: Im hagiographischen Werk kommt es u. a. in der technischen Bedeutung als „Podest für den vorlesenden Diakon" vor, vgl. VJ 2 mit SRM I–2: 114 Anm. 10; vgl. aber auch das *„tribunal aeterni Iudicis"* im Prolog von GC (SRM I–2: 37 Z. 20).

In den Historien erscheint es viermal: Kaiserthron in II 8: 52 Z. 6 (nach Quellenvorlage); bedeutsamer im Brief des hl. Eugenius von Karthago an seine Gemeinde (dazu oben Teil IV mit Anm. 40), endlich noch die eigenen Worte Gregors an seinen Priester in X 13 *(„omnes nos repraesentari oportet ante tribunal Christi")*, sowie der einzigartige Beleg für das wohl nicht nur örtlich zu begreifende Tribunal in Hist. X 15: Der Begriff wird von Gregor weder im Zusammenhang seines eigenen Prozesses noch dem des Praetextatus von Rouen (Hist. V 18) gebraucht. – Auch der Sprachgebrauch der Konzilien kennt den Begriff nicht, der hier durch *„audientia"* wiedergegeben ist, vgl. MGH Conc. I: 264 (Register).

86 Zur Typologie der Bischofskirche, die die eschatologische Kirche Gregors „bedeutet", vgl. Teil IV.1. – In den Zusammenhang des Themas der Bischofskirche, das Gregor besonders anhand der letzten Etappe des Streites von Ste-Croix entwickelt hatte (Hist. X 15–17), stellt unser Autor den Untergang des Chulderich Saxo (Hist. X 22), der von einigen als der Hauptverantwortliche für die Prügel bezeichnet wurde, die Bf. Gundegisel von Bordeaux und seine Kollegen von den Nonnen in St-Hilaire zu Poitiers bezogen hatten: *„ultusque est Deus, si ita est, iniuria servorum suorum."*

87 Hist. X 19: 510 Z. 12f., „*(Childeberthus rex) dirigens epistulas ... ad omnis regni sui pontifices, ut* ... (in Verdun) *adesse deberent*"; der Prozeß wurde dann nach Metz verlegt.

88 In den gleichen Zusammenhang gehören auch die zahlreichen Bezüge auf Naturerscheinungen (Prodigien); vgl. dazu Goffart 1988: 187ff. (und passim), ibid.: 188 Anm. 325, "Prodigy passages as narrative pauses are particularly noticeable in the last books." Gerade in Buch X sind die beiden einschlägigen Kapitel 23 und 30 aber keine "narrative pauses", sondern Träger der in den Kap. 23–25 entwickelten Thematik der dem Jüngsten Gericht vorangehenden apokalyptischen Verhältnisse: Kap. 23, Erdbeben, Sonnenfinsternis und Auftreten der Drüsenpest; Kap. 30, Seuche, Tod durch Blitzschlag, Dürre mit anschließender Viehseuche, die mit Worten des Propheten Habakuk (3,17) zu Gottes Gericht beschrieben wird.

89 Vgl. Buchner 2: 383 Anm. 4. Vgl. auch die Anmerkungen SRM I–^{2}1: 171 (Anm. 2) – 173 (mehrere Anm.) mit Bezug auf einen ausführlichen Aufsatz von A. Carrière (1897); vgl. auch ibid.: 515–517, bes. 516 Anm. 2, wonach als Datum des in X 24 berichteten Erdbebens sowohl das Jahr 581 als auch 588 in Frage kommen (nach Evagrius, Hist. eccl. V 17 und VI 8).

90 Dazu sonst noch in Buch X: das römische Element (Kap. 1 und 31), Byzanz (Kap. 2 und 4), Italienfeldzug Childeberts (Kap. 3), die spanischen Quellen von Kap. 23, die von Syrern aufgekaufte Bischofskirche von Paris (Kap. 26).

91 Hist. X 25: 517 Z. 17–20, *„Initia sunt enim haec dolorum iuxta illud quod Dominus ait in euangelio: Erunt pestilentiae et fames et terrae motus per loca; et exurgent pseudochristi et pseudoprophetae et dabunt signa et prodigia in caelo, ita ut electos in errore mittant, sicut praesenti gestum est tempore."* – Gregor stützt sich wie schon oben in Hist. IX 6 (vgl. Anm. 82) auf Texte aus Mt (24,7–8, vgl. aber auch 24,24) und auf Mk 13,22, die er sehr frei zitiert. Der Zusatz *„in*

caelo", den de Nie: 55 als Werk eines späteren Kopisten ansieht, obwohl das Kapitel von drei verschiedenen Hss.-Familien überliefert wird, steht in Joel 2,30–31 und vor allem in den Apostelakten 2,19, jeweils mit verstärktem Bezug auf das Jüngste Gericht, vgl. de Nie: 53f. – Zu den „*electi in errore*" mag Gregor auch Bf. Egidius von Reims gezählt haben, dessen Absetzung durch die lamentierenden *(„lamentantes")* Kollegen er in Hist. X 19: 513 Z. 4f. berichtet, vielleicht auch den für eine Schuld Buße tragenden *(„paenitens")* König Gunthchramn (Hist. X 10). – Eine Interpretation von X 25 vgl. auch bei Landes, Millenarismus (wie Teil III Anm. 63): 375–377, der aus dem Kapitel auf eine «grave crise apocalyptique» im Gallien der Jahre 590–592 schließen will: Auch hier wird wieder die Gefahr der isolierten Betrachtung einzelner Kapitel der Historien deutlich, wenn ihre Funktion im Werkplan nicht berücksichtigt wird.

92 Reydellet: 427f.; vgl. dazu Goffart 1988: 185 mit Anm. 313, wo er unterstreicht, daß die Taufe, die als politisches Ereignis seit 585 anstand (Hist. VIII 9 und öfter), nach Fredegar (Chronik IV 3) bald nach dem Tode Chilperichs stattgefunden hätte und nicht erst, wie bei Gregor, sechs Jahre später! Diese chronologische Problematik erscheint leider nicht in der Behandlung von Jussen (wie Anm. 40): 229–270.

93 Goffart 1988: 186, "The three chapters that follow ... persist in denying us a climax. They have a strong dash of Gregory and his particular world ..."

94 Zu den betreffenden Kapiteln vgl. de Nie: 345f. (Stellenverzeichnis) und Goffart 1988: 187ff.

95 Hab 3,17: dazu auch de Nie: 55, nach der – zweifellos im Gegensatz zu Gregor – das Bibelwort nicht einer speziellen Thematik zum Jüngsten Gericht zuzuordnen wäre.

96 Eine überwiegend positive Rolle der „Kirche", neben den behandelten Rahmenkapiteln X 1 und X 31, der Regelung des Prozesses von Poitiers durch ein Bischofsgericht und der Versöhnung der exkommunizierten Nonnen in X 20, ist Gegenstand von Hist. X 6: der Bf. von Clermont tritt für wunderbar befreite Gefangene ein; X 8: eine Bischofssynode entscheidet den Streit zwischen Großen der Auvergne; X 11: Fredegund verspricht St-Martin für die Genesung ihres schwererkrankten Sohnes Chlothar viel Geld, was tatsächlich eintritt; X 13: Gregor bekehrt seinen Priester von falschem Glauben; X 22: der „böse" Chulderich wird von Gott wegen Handlungen gegen die Bischöfe bestraft (vgl. Anm. 86); X 23: die korrekte Festsetzung des Ostertermins durch Bf. Gregor wird durch ein Wunder bestätigt; zu X 29 und 30 vgl. im Text.

97 Vgl. dazu oben zu seiner Beteiligung am Verfahren gegen die Nonnen von Ste-Croix. Der Bf. von Tours muß beteiligt gewesen sein – ohne es deutlich werden zu lassen – am Verfahren gegen den Vikar von Tours (Hist. X 5), bei den Übergriffen des geschlagenen Gunthchramnheeres in seiner Civitas (X 10), bei der Auflösung des Ingitrud-Klosters im Atrium von St-Martin (X 12), beim Egidiusprozeß (X 19), bei der Zahlung einer größeren Summe an St-Martin durch die neustrische Königin für die Genesung ihres Sohnes (X 11). – Zu Nachrichten der hagiographischen Quellen vgl. weiter unten.

98 Hist. X 29: 524 Z. 23f., „... *testamento condito, ordinatis omnibus ac sancto*

Martino Hilarioque antistitibus heredibus institutis..." – Zu dem bei Pardessus I Nr. 180, S. 136 überlieferten Testament des Aridius vgl. ausführlich K. H. Debus im ADipl 14, 1968: Nr. 18, S. 119f., der den Text als Fälschung einstuft.
99 Vgl. dazu unsere ausführliche Interpretation in Teil IV.2.b.
100 Vgl. VP VIII 8; VP VIII 11 und VJ 50. Zu den Julianusreliquien: VJ 35, VJ 50 (zusammen mit Nicetius), vielleicht auch in Joué-les-Tours, VJ 40, nach Pietri 1983: 498 Anm. 261. Vgl. auch die folgende Anm. zu Artanne.
101 Vgl. oben Teil I.1 Notiz 14. – Zu den Reliquien Gregors vgl. Pietri 1983: 487ff., zu seinen Gründungen ibid.: 795. – Einen ausgesprochen persönlichen Charakter trägt die Zusammensetzung der Reliquien des Oratoriums von Artanne-sur-Indre, von dem wiederum nur Venantius Fortunatus berichtet, daß es von unserem Gregor restauriert – und zweifellos mit Reliquien ausgestattet – wurde, Fort. Carm. X 5 Vers 9 und bes. X 10: Zu Reliquien Martins, Julians und des Nicetius treten die von Kosmas und Damian, die Gregor nach Hist. X 31 bereits in der „*cellula sancti Martini ecclesiae*" niedergelegt hatte, aber auch von den Märtyrern Victor (wohl von Mailand: vgl. GM 44) und Gregor von Spoleto, der ein weiterer Namenspatron des Bischofs gewesen sein könnte.
102 Die ausführliche Zusammenstellung bei Weidemann 1: 207–220 hebt stark auf die Reisen Gregors ab, vor allem aufgrund seiner Anwesenheit/Abwesenheit bei den beiden Martinsfesten des Jahres; sie stützt sich dabei auf die Chronologie bei Heinzelmann 1981. Die weitgehenden Schlußfolgerungen aus den Angaben Gregors sind aber nicht immer nachvollziehbar; zudem scheinen sich auch keine zusätzlichen, neuen Elemente für das Gregorbild aus diesen Angaben zu ergeben.
103 Zum Verhältnis Gregors zu Venantius Fortunatus vgl. zuletzt B. Brennan, The career of Venantius Fortunatus, Traditio 41, 1985: 49–78, bes. 70ff., sowie J. W. George (wie Teil I Anm. 1): 189–205, bes. 194–196 und 200ff.; letztere stellt fest, daß Fortunat die pastoralen Verantwortlichkeiten Gregors stärker hervorhebt als in den Gedichten zu Bf. Leontius von Bordeaux. Für die Persönlichkeit Gregors fällt bei dem angezogenen Vergleich aber kaum etwas ab, zumal der Bischof Gregor, der die Bürde seines Amtes kaum ertragen konnte (Fort. Carm. I 16 Verse 37–40: „*karus sacerdos ordinem / Hilarius non ambiit / Martinus illud effugit / Gregorius vix sustulit*"), nach Brennan: 64 Anm. 67 sicherlich Gregor von Nazianz gewesen ist. – Zu den wenigen Informationen der Lebensbeschreibung Gregors durch Odo, die nicht den Werken des Bfs. von Tours selbst entnommen sind, gehört, daß er „*erat enim statura brevis*" (PL 71: 126 Kap. XXIV): Ein Schluß auf die geringe Körpergröße Gregors könnte in Tours im 10. Jh. aufgrund gewisser Indizien (Grab, Kleiderreliquien) möglich gewesen sein.
104 Vgl. unsere Einleitung mit Anm. 19; Goffart 1988: 114f. zur „Naivität" Gregors, ibid.: 175ff. zu dessen ironischer Grundhaltung, bes. ibid.: 197–203 zu einer Gesamtwürdigung von Gregors "personality".
105 Vgl. auch Hist. IX 23, wonach Gregor für Bucciovaldus, einen hochmütigen Kandidaten für das Bischofsamt in Verdun, dessen Spottnamen „*Buccus validus*" (starker Bock) nicht ohne Schadenfreude überliefert. – Für den Humor

Gregors hat sich besonders die angelsächsische Forschung interessiert, wobei freilich die Kriterien des 20. Jh. ausschlaggebend sind; vgl. etwa das Vorwort zur Übersetzung von L. Thorpe in der Reihe der Penguin Books, 1974: 46–49 ("Humour and irony"). Die Bedeutung des Scherzes für Gregor geht am deutlichsten aus dem Vergleich der beiden antithetischen Königsdarstellungen zu Chilperich (Hist. VI 46) und Gunthchramn (IX 20–21, hier 20) hervor: Der erste *„exercebat ridicola vel iocos de eclesiarum episcopis"*, der zweite erfreute sich in der Gegenwart des Bfs. Gregor an geistlichen (spirituellen?) Scherzen, *„ridebat interdum, spiritali ioco delectans"*; Beispiele solcher Scherze: Hist. IV 32: 166 Z. 15–17 und GC 81: 349 Z. 30f.

[106] Hist. II 40, mit Verweis auf ein *„iudicium Dei"* zugunsten Chlodwigs, der das Reich des (betrogenen) Vatermörders Chloderich übernimmt; Hist. IV 51 zu König Sigibert, der trotz der Warnung eines Heiligen gegen seinen eigenen Bruder vorgeht und selbst umkommt; Hist. V 49 zu Leudast, der Gregor ins Verderben bringen will, das ihn selbst ereilt.

[107] Der wichtigste Beleg für Gregors Ausbildung an kirchlichen Schriften findet sich im Prolog der Vita von Bf. Illidius, an dessen Grab er seine *„conversio"* in den Klerus beschworen hatte (VP II 2: 218 Z. 27–219 Z. 3): *„Non enim me artis grammaticae studium imbuit, neque auctorum saecularium polita lectio erudivit, sed tantum beati patris Aviti Arverni pontificis studium ad eclesiastica sollicitavit scripta; si mihi non ad iudicium contingerent, quae ipso praedicante audivi vel cogente relegi, qui ea nequeo observare; qui me post Davitici carminis cannas ad illa euangelicae praedicationis dicta atque apostolicae virtutis historias epistolasque perduxit."* – Eine ausgewogene Stellungnahme zum Einfluß der Bibel auf Gregor vgl. bei Vollmann (wie Einführung Anm. 16): 908f., 910, 919, 919ff.; vgl. auch de Nie: 19f. – Zum sprachlichen Einfluß der Bibel auf unseren Autor vor allem M. Bonnet, Le latin de Grégoire de Tours, Paris 1890: 54–61 (und passim), aber auch P. Antin, Emplois de la Bible chez Grégoire de Tours et Mgr Pie, Latomus 26, 1967: 778–82, Thürlemann: 90, 94, etc., Goffart 1988: 149ff. – Das Ausbleiben von Untersuchungen zur Sprache der Bibelübersetzungen hat bisher auch präzisere Aussagen über die Verwandtschaft von Gregors Sprache (und Mentalität/Denkweise: vgl. Anm. 108 und Teil IV Vorbemerkung) mit der der Bibel verhindert, vgl. R. Braun, L'influence de la Bible sur la langue latine, in: Le monde antique et la Bible (wie Anm. 66): 129–142, hier 132 und 141.

[108] Vgl. bes. die Beobachtungen bei Thürlemann, der die Affinitäten Gregors und alttestamentarischer Autoren gut gesehen hat (ibid.: 76f. und passim). Ähnlich wie Thürlemann hat auch Halphen (Einführung Anm. 8): 242 die spirituelle Verwandtschaft von Ri III, 15–26 mit den Chlodwigepisoden Hist. II 40–42 gesehen, ohne daß ein direktes Abhängigkeitsverhältnis nachgewiesen werden könnte. Vgl. auch Reydellet, Bible (wie Anm. 66): 448, «Cette sombre fresque emprunte les couleurs et la mentalité du livre des Rois pour nous peindre les splendeurs et les horreurs du monde franc au VIe siècle»; ebenso ibid.: «Grégoire de Tours est imprégné de l'esprit de la Bible.»

Teil III

1 Hist. X 31: 536 Z. 2–8, „*Quos libros licet stilo rusticiori conscripserim, tamen coniuro omnes sacerdotes Domini, qui post me humilem ecclesiam Turonicam sunt recturi, per adventum domini nostri Iesu Christi ac terribilem reis omnibus iudicii diem, sic numquam confusi de ipso iudicio discedentes cum diabolo condempnemini, ut numquam libros hos aboleri faciatis aut rescribi, quasi quaedam eligentes et quaedam praetermittentes, sed ita omnia vobiscum integra inlibataque permaneant, sicut a nobis relicta sunt.*"

2 Vgl. W. Speyer, Fluch, in: RAC, Bd. VIII, 1969: 1160–1288, hier 1267f.; vgl. auch Vollmann (Einführung Anm. 16): 908. – Unter den Arbeiten, die besonders auf die sprachlichen Konsequenzen von „Gregors Fluch" eingegangen sind, soll hervorgehoben werden: H. Beumann, Gregor von Tours und der Sermo Rusticus, in: Spiegel der Geschichte. Fschr. für Max Braubach, Münster 1964: 69–98, hier 95–98.

3 Hist. X 31: 536 Anm. 3 mit Verweis auf W. Levison; es handelt sich um Hist. eccl. V 20, 2. Im gleichen Zusammenhang sind noch zwei weitere Formeln heranzuziehen, einmal eine Origenesübersetzung des Rufinus, zum anderen von Hieronymus, vor seiner Übersetzung der Chronik des Euseb (PL 27: 39–40); vgl. beide bei Monod: 66 Anm. 1 und 2.

4 Zur Stelle vgl. S. Antès, Témoignages précarolingiens sur Martianus Capella: Cassiodore, le pseudo-Cassiodore et Grégoire de Tours, in: Hommages à J. Cousin. Rencontres avec l'antiquité classique, Paris 1983: 289–297, hier 291 ff., der gegen J. Préaux zeigt, daß Gregor den Martianus Capella tatsächlich gekannt haben muß (frdl. Hinweis von F. Dolbeau). – Zum „*Martianus noster*" vgl. auch Heinzelmann 1992: 541 f.

5 Zur Ausbildung und Bibelkultur Gregors vgl. Teil II Anm. 107; zu seiner allgemeinen Kultur Bonnet (wie Teil II Anm. 107): 48–80, Beumann (wie Anm. 2): 72 f. Anm. 15, Vollmann (Einführung Anm. 16): 919–924 (mit Lit.) und 924–928 zu „Sprache und Stil". Vgl. auch die Einführungen bei Buchner 1 und MGH SRM I–^{2}1. – So gut wie nicht wurde das Zeugnis des Venantius Fortunatus mit in die Diskussion einbezogen, dem Gregor aus der eigenen Bibliothek ein Buch über Metrik lieh, das nach frdl. Auskunft von M. Reydellet nach Wilhelm Meyer wohl mit dem des Terentianus Maurus (Ende 2. Jh.) zu identifizieren ist, vgl. Fort. Carm. IX 7 Verse 33 ff. Im gleichen Gedicht, Verse 5 ff., berichtet Fortunat, daß Gregor von ihm ausdrücklich sapphische Verse verlangt habe (vgl. auch ibid. IX 6)! Nach M. Reydellet hat man aufgrund von Fort. Carm. VIII 19 Vers 2 und ibid. 21 Verse 1–4 zu Unrecht angenommen, daß Gregor selbst Verse gemacht habe; sein grundsätzliches Interesse an Metrik ist aber wohl unbezweifelbar.

6 Hist. Praefatio prima: 1 Z. 1 f., 6–10, „*Decedente atque immo potius pereunte ab urbibus Gallicanis liberalium cultura litterarum ... nec reperire possit quisquam peritus dialectica in arte grammaticus, qui haec aut stilo prosaico aut metrico depingeret versu: ingemescebant saepius plerique, dicentes: ‚Vae diebus nostris, quia periit studium litterarum a nobis, nec reperitur rethor in populis qui gesta praesentia promulgare possit in paginis'.*"

[7] Ibid.: Zeile 13f., *„quod a nostris fari plerumque miratus sum, quia: ‚Philosophantem rethorem intellegunt pauci, loquentem rusticum multi‘.“* – Das hagiographische Gegenstück dieser Aussage findet sich im wichtigen Prolog der Martinschriften, wo Gregor eine Vision berichtet, deren Glaubhaftigkeit er durch die Anrufung Gottes selbst überzeugend vorbringt: In der Vision bedauert unser Autor die Abwesenheit der (Sulpicius) Severus, Paulinus und (Venantius) Fortunatus, die die Martinswunder beschreiben könnten, worauf ihm seine Mutter bestätigt, daß er selbst durchaus geeignet sei, dies zu tun; danach schließt Gregor ab: *„Sed quid timeo rusticitatem meam cum dominus ... ad distruendam mundanos sapientiae vanitatem non oratores sed piscatores, nec philosophos sed rusticos praeelegit?“*, VM I praefatio: 136 Z. 14–16.

[8] Von seiner eigenen Sprache handelt Gregor in den Historien nur noch im Prolog zum ersten Buch mit der Feststellung, daß er in der grammatischen Wissenschaft nicht vollständig bewandert sei, *„de qua adplene non sum inbutus“*, was aber einen gewissen Wissensstand voraussetzt. – Im hagiographischen Werk finden sich häufigere Bezüge zur eigenen *„rusticitas“*: VM praef. (wie Anm. 7, vgl. auch Hist. V 6: 203 Z. 6f.), VJ 4 *(„nec inbutum grammaticis artibus nec litteris liberalibus eruditum“)*, VP praef. (mit Verweis auf Gellius und Plinius!), VP II praef., VP VIII praef., VP IX praef., GC praef.

[9] Die von der klassischen lateinischen Literatur herkommende sprachwissenschaftliche Forschung hat das mittelalterliche Latein lange nur als dekadent empfinden können. Hier ist nun ein gewisser Wandel zu erkennen, wie etwa bei W. Berschin oder M. Banniard deutlich wird; letzterer hat uns freundlicherweise seine Thèse von 1988 zur Einsicht überlassen, die nun auch gedruckt vorliegt (Paris 1992): Viva voce: communication écrite et communication orale du IVe au IXe siècle. – Es zeigt sich nun die Notwendigkeit, das verdienstvolle Werk von Bonnet (Teil II Anm. 107) unter Berücksichtigung der sprachwissenschaftlichen Forschung zum Merowingerlatein zu ersetzen.

[10] So noch Auerbach, Mimesis (wie Teil II Anm. 44): 90f. – Trotz der nuancierteren Stellungnahme in seinem Buch: Literatursprache und Publikum in der lateinischen Spätantike und im Mittelalter, Bern 1958, das S. 78 eine Art von Retractatio enthält, hat gerade bei den Philologen die Behandlung Gregors in ›Mimesis‹ einen besonders nachhaltigen Eindruck hinterlassen.

[11] Hist. IV 12: 144 Z. 1f., *„In Cautino autem nihil sancti, nihil pensi fuit. De omnibus enim scripturis, tam ecclesiasticis quam saecularibus, adplene immunis fuit“*; vgl. dazu Thürlemann: 39ff. – Sprache und Bildung gallischer Zeitgenossen (zu Sidonius Apollinaris vgl. Hist. II 22) in der Beurteilung Gregors: Hist. II 31 (Remigius von Reims), II 34 (Avitus von Vienne), III 33 (Asteriolus und Secundinus, Adlige), IV 27 (Brunichild), IV 46 (der Sklave Andarchius), V 42 (Bf. Maurilio von Cahors), V 45 (Bf. Agroecula von Chalon), VI 7 (Bf. Ferreolus von Uzès), VI 9 (*„senatores sophistici“* und *„iudices philosophi“* von Avignon), VI 39 (Bf. Sulpicius von Bourges). Vgl. auch Anm. 7 zu Venantius Fortunatus und GC praef., wonach Gregor die Kritik zeitgenössischer *litterati* vorwegnimmt, für die er einen hohen Bildungsstand vorauszusetzen scheint.

[12] Hist. VI 46 (zusammenfassende Beurteilung des Königs!): 320 Z. 6–9, *„Con-*

ficitque duos libros, quasi Sidulium meditatus, quorum versiculi debilis nullis pedibus subsistere possunt, in quibus, dum non intellegebat, pro longis sillabas breves posuit et pro breves longas statuebat, et alia opuscula vel ymnus sive missas, quae nulla ratione suscipi possunt." Vgl. auch schon Hist. V 44.

13 Vgl. Hist. V 48, wonach Leudast seinem Bischof schwört, „*numquam se contra rationis ordinem esse venturum*"; V 49, Gregor zu seinem Subdiakon: „*Si quid incongruum rationi effatus es, sermo tuus in caput tuum ...*"; IX 39 und 40, Gregor zu den rebellischen Nonnen von Poitiers: „*Quare rationi resistitis? Ob quam rem sacerdotale monitum* (d. h.: *ratio*!) *non auditis?*", und: „*Intendetis contra rationem*", sowie: „*rationem praetermittetis*". Häufig wird die „*ratio*" aufgrund eines Urteils hergestellt: Hist. V 20, zwei Bischöfe wenden sich an den Papst, weil sie „*nullius rationis existentibus causis*" abgesetzt worden seien; einer der beiden nimmt das spätere königliche Urteil schlecht an: „*hanc rationem dure suscipiens*"; Bischofsgericht Gregors Hist. VII 47 „*accepta ratione, cum pace discederent*", sowie IX 33: „*coegimus eam ... rationem sequi*".

14 Vgl. J.-B. Jungblut, Recherches sur le «rythme oratoire» dans les ›Historiarum libri‹, in: Gregorio di Tours: 327–364, sowie Berschin: 298f. Goffarts Aussagen zum Problem der Sprache erscheinen etwas widersprüchlich: In ders. 1988: 147 meint er gleichzeitig Verachtung des literarischen Ausdrucks bei Gregor als auch die Bedeutung der Sprache "in his pastoral strategy" feststellen zu können.

15 Beumann (wie Anm. 2): 77ff. zu Eugipp. Zur Selbstbezichtigung präziser grammatikalischer Fehler, bei Gregor besonders GC praef. (aber auch Hist. I Prol.), vgl. T. Janson, Latin prose prefaces, Stockholm 1964: 162–168, der damit vergleichbare Selbstbezichtigungen Gregors d. Gr. in Beziehung setzt. Nur zum römischen Gregor: L. Holtz, Le contexte grammatical du défi à la grammaire: Grégoire et Cassiodore, in: Grégoire le Grand, hrsg. von J. Fontaine u. a., Paris 1986: 531–540.

16 VM I praef.: 136 Z. 5f. In diesem Sinn auch Beumann (wie Anm. 2): 91.

17 Vgl. Auerbach, Literatursprache (wie Anm. 10): 80 (zu Hist. X 31, dem epilogartigen „Fluch Gregors"): „Der Stil des Absatzes bemüht sich sogar, was bei Gregor zuweilen, besonders in Vorworten, aber doch selten vorkommt, um rhetorischen Ausdruck und rhetorische Fülle ..."; das danach direkt anschließende Urteil läßt freilich die Voreingenommenheit Auerbachs erkennen: „es klingt ungeschickt, aber es klingt ergreifend." Angemessener ist die Beurteilung bei Berschin: 298ff. – Vgl. auch den Übersetzer O. M. Dalton zum Prolog von GC (The History of the Franks by Gregory of Tours, transl. with an Introduction, 2 Bde., Oxford 1927: 20 Anm. 1): "it is amusing to find Gregory thus excusing his defects in the very diction of Sidonius."

18 In diesem Sinn Wallace-Hadrill, Modern research (wie Einführung Anm. 2): 50.

19 Der Parallelismus der beiden aufgeführten Prologe läßt erkennen, daß die „*gentes*" des ersten Zitates mit den von den Königen bekämpften Völkern gleichzusetzen sind und nicht, wie Buchner 1: 3 übersetzt, mit „Heiden".

20 Berschin: 292 hat in diesem Zitat einen Bezug zum Beginn der Vita Hilarionis

des Hieronymus gesehen (PL 23: 29, „*Scripturus Vitam beati*...“), und es damit als „biographisches Zitat“ gekennzeichnet. In diesem ersten Buchprolog hat Gregor vor allem durch das ausführliche Glaubensbekenntnis aber eher den Standpunkt des geschichtsschreibenden *Bischofs* markiert, eine Position, die im „Epilog“ (Hist. X 31) ihr thematisches Gegenstück erhalten wird.

21 Daß die *praesentes* als Publikum nicht genannt werden, ist wohl nicht zufällig: Der Generalprolog ist von Gregor bei der letzten Redaktion seines Werks geschrieben worden, als ihm längst klargeworden sein muß, daß dieses nicht mehr zu seinen Lebzeiten publiziert werden würde.

22 Zum Prolog der Vita Martini, gegen deren Verdikt noch der karolingische Einhard subtil vorgehen mußte, vgl. die wichtigen Ausführungen von H. Beumann, Die Historiographie des Mittelalters als Quelle für die Ideengeschichte des Königtums, HZ 180, 1955: 47ff. („Heiligengeschichte und Profanhistorie“). Zu Sidonius vgl. Sid. Ep. IV 22 (ed. Loyen, wie Teil I Anm. 5, 2: 160–162), bes. 5: „*Illicet, scriptio historica uidetur ordine a nostro multum abhorrere, cuius inchoatio inuidia, continuatio labor, finis est odium*“; vgl. dazu auch Goffart 1988: 117.

23 Kruschs Edition hat „*confusequae*“, allein nach der Hs. B 1; die späteren Hss. A 1.C 2 haben „*confuseque*“ (C 1 „*confusique*“), die alte B 5 „*confusaeque*“, das wir als korrektere Form, die aber dennoch das sicher gregorianische „*ae*“ reproduziert, der verderbten Form von B 1 bevorzugen. Der Fall muß als typisch für die Wahl Kruschs gelten, der die orthographisch am stärksten korrumpierte Hs. B 1 auch dann bevorzugt, wenn eine korrektere Lesart der alten Familie B zur Verfügung steht. So ist an der gleichen Stelle (S. 36) noch zu ändern: „*si*“ für „*se*“ (Z. 8), „*idcirco*“ für „*idcircum*“ (Z. 21), „*scripsimus*“ für „*scripsemus*“ (Z. 22). – Der Ausdruck selbst hat bei den Kommentatoren Gregors viel Verwirrung angerichtet, vor allem durch die unangemessene englische Übersetzung von “mixed and muddled”, die noch von de Nie: 1ff. (“Introduction: ‘In a mixed and muddled manner’?”) völlig mißverstanden wurde, vgl. ibid.: 26, “The fact that Gregory himself called his arrangement of historical events ‘mixed and muddled’ can only mean that he was capable of imagining a more obvious order, but did not use it.” Einige Zeilen weiterlesend hätte de Nie im Prolog von Buch II erkennen können, daß Gregor die gleiche historiographische Methode bei Vorgängern wie Euseb etc. als *texere* = „ineinanderweben“ beschreibt, wozu das *confundere* = „ineinandergießen“ als Synonym anzusehen ist.

24 Goffart 1988: 172–174, Zitat S. 172, die Kritik an Oldoni (Gregorio di Tours, La storia dei Franchi, a cura di M. Oldoni, 2 Bde. 1986, Bd. 1: XLIII, „è un programmatico rifiuto di qualsiasi struttura“) S. 174. Vgl. auch ibid.: 173 mit der korrekten Interpretation von „*series temporum*“ als “course of events”, gegen Vinays (vgl. Einführung Anm. 9) Überstrapazierung der angeblich rein chronologischen (annalistischen) Anordnung der Nachrichten bei Gregor.

25 Goffart 1988: 174, “... the preface to book II sets out Gregory’s concept of the inner morality of history and, by the same token, outlines the possibilities for meaningfully ordering past and recent events.“ – Da Goffart als einzigen

Plan der Historien den aller Geschichte zugrundeliegenden, ständigen Gegensatz von "Miracles and Slaughters" (Kap. 6: 174ff.) identifiziert, mußte er zu dem Schluß kommen, Gregors Werk sei Satire (ibid.: 197ff.).

[26] Hist. I Prol.: 5 Z. 11–15, „*De subpotatione vero huius mundi evidenter chronicae Eusebii Caesariensis episcopi ac Hieronimi presbiteri prolocuntur et rationem de omni annorum serie pandunt. Nam et Horosius diligentissime haec inquaerens, omnem numerum annorum ab initio mundi usque ad suum tempus in unum colligit. Hoc etiam et Victurius...*" – Zu den Quellen der Chronologie Gregors und zu seiner Methodik in diesem Bereich vgl. Pietri 1982: 572ff. Vgl. auch oben Teil II Anm. 81 zur Funktion der Chronologie im Zusammenhang der Berechnung des Weltendes.

[27] Hist. I Prol.: Z. 16f. Vgl. auch den Generalprolog (1 Z. 15) „*ab ipso mundi principio libri primi poniretur initium*". – Erstaunlicherweise nennt Gregor unter seinen historiographischen Modellen zwar die mit Abraham einsetzende Chronik des Euseb, nicht aber dessen mit Christus beginnende Kirchengeschichte, obwohl er diese in der Übersetzung des Rufin auch benutzt hat (vgl. Hist. I 22–29: 18–21): Dort wird mit einem Kirchenbegriff gearbeitet (vgl. Mitchell 1983: 19–27), der dem Gregors vom Konzept zwar verwandt war, in seinem wichtigsten Punkt, dem Verhältnis von „*ecclesia*" und „*res publica*", aber entscheidend differiert (vgl. dazu Teil IV).

[28] Paulus Orosius, Historiarum adversum paganos libri VII..., ed. C. Zangemeister, Wien 1882 (CSEL 5): 5 (1, 1, erster Satz nach dem Prolog!) „*apud Graecos quam apud Latinos studiosi ad scribendum viri... initium scribendi a Nino Beli filio, rege Assyriorum, fecere...*". Vgl. auch Victorius Aquitanus im Prolog (Widmungsbrief) seines Cursus paschalis, MHG AA IX 7: 681 Z. 16f., „*a cuius tempore* (scil. des Ninus) *etiam gestarum rerum publici scriptores esse coeperunt. quapropter... Eusebius chronicorum abhinc exorsus est historiam...*"

[29] Werner 1987: 7ff. zu Orosius; zu diesem ebenfalls: H.-W. Goetz, Die Geschichtstheologie des Orosius, Darmstadt 1980, sowie Mitchell 1983: 35ff. und 183 zum Vergleich der historiographischen Methode der Orosius und Euseb.

[30] Werner 1987: 18 mit Anm. 53; zur Wirkungsgeschichte des orosianischen Werkes vgl. auch Goetz (wie Anm. 29): 148–165; B. Guenée, Histoire et culture historique dans l'Occident médiéval, Paris 1980: 250 (wo Orosius nach Valerius Maximus an zweiter Stelle der Erfolgsliste der verbreitetsten Werke steht); zuletzt noch Orose, Histoires (Contre les Païens), texte établi et traduit par M.-P. Arnaud-Lindet, 3 Bde. Paris 1990–1991, hier 1: LXVIIff.

[31] Nach Goffart 1988: 117ff. ist Gregor der erste Historiker seit Orosius; seine im Generalprolog vorgetragene Klage „*Vae diebus nostris, quia... (non) reperitur rethor*" (vgl. Anm. 6) sei deshalb auf die Zeit seit dem Beginn des 5. Jh. zu beziehen.

[32] Bei allgemeinen Erörterungen (Kommentaren) spricht auch Orosius von „*rex*" anstelle von „*imperator*", vgl. Hist. VII 33, 16 („*temporibus et regibus christianis*") und VII 35, 6 („*Ecce regibus et temporibus christianis...*"). – Vgl. Goetz (wie Anm. 29): 88, „Orosius macht zwischen *imperator* und *rex* keinen grundsätzlichen Unterschied."

[33] Vgl. die Zusammenstellung bei Heinzelmann 1991: 238f. Anm. 10. – Im Prolog von Buch I (3 Z. 16 und 5 Z. 11–13) scheint Gregor noch zwischen „*chronicae*" und „*historiae*" zu unterscheiden, ebenso wie in dem von Buch II (36 Z. 20f.), wo freilich durch die Formel „*antedictorum auctorum* historias" (37 Z. 1) die zuvor genannten Chroniken ebenfalls unter den Begriff der „*historia*" subsumiert werden. Dem würde entsprechen, daß er Hist. I 36: 27 Z. 4 schreibt „*historiographus in chronicis scribit Eusebius*", wobei „*in chronicis*" eine Einfügung Gregors in seine Hieronymusvorlage ist! – Als Chronik hat Fredegar im 7. Jh. das Werk Gregors bezeichnet, vgl. den Prolog zu Buch IV, MGH SRM II: 123 Z. 6, wobei er „Chronik" lateinisch mit „*gesta temporum*" erklärt.

[34] Goffart 1988: 157f. und 166f. – Vgl. auch ibid.: 121, wonach Goffart, der die Arbeit von K. F. Werner zur „*historia*" noch nicht kannte, meint, für Gregor habe der unspezifische Begriff „*historia*" die Bedeutung von "contemporary history" angenommen; dazu unsere Ausführungen im vorhergehenden Abschnitt. – Faßt man den Begriff der „Zeitgeschichte" etwas weiter, so nähert sich am ehesten noch Eusebs Kirchengeschichte (in 10 Büchern!) dem Konzept Gregors, der aber gerade dieses Werk nicht unter seinen Modellen aufführt (vgl. Anm. 27); vgl. zur Kirchengeschichte Eusebs neben der Darstellung bei Mitchell 1983: 14ff. und passim, F. Winkelmann, Historiographie, in: RAC, Bd. XV, 1991: 755–7.

[35] Hist. III 37 (Schlußkapitel): 133 Z. 1f., „*A transitu igitur Chlodovechi usque in transitum Theudoberthi conputantur anni 37.*"

[36] Die unterschiedliche Einschätzung des zeitgeschichtlichen Anteils in der Gregorbibliographie steht im Zusammenhang mit der jeweiligen Bewertung des Ungleichgewichts von der Zeitgeschichte zu den vorausgehenden Epochen, vgl. Goffart 1988: 124 Anm. 54, 166f. Goffart selbst meint, Gregor habe nie „Weltgeschichte" schreiben wollen (vgl. ibid.: Anm. 236): Demgegenüber ist aber der Wille des Bischofs festzuhalten, durch exegetische Bezüge, durch Bibelauszüge, Texte der Euseb und Orosius eine geschichtliche *Gesamtschau* als Rahmen seiner spezifischen Aussagen herzustellen. Daß er aber bereits die Zeit seit dem 4. Jh. der „modernen Geschichte" zurechnete, zeigt nicht nur die Einschätzung Martins, sondern auch die Behandlung von Arius und Hilarius von Poitiers im Rahmen von „*nostra tempora*" (Hist. III Prol.: 96 Z. 18); vgl. auch Anm. 65, wonach Martin dem Zeitalter Gregors *(„saeculo nostro")* angehört.

[37] In diesem Sinn Pietri 1982: 557f. mit Anm. 19, ausgehend von der Verschiedenheit der beiden Bischofslisten von Tours zu Beginn und am Ende der Historien (bes. ibid.: 563). Vgl. dazu aber unten Teil III.2.a zur Interpretation von Buch I. – Für Mitchell 1983: 168ff. besteht eine Zäsur zwischen den Büchern I–VI und VII–X.

[38] Hist. V 1: 194 Z. 15. Zu den Datierungen nach Childebert vgl. Teil II Anm. 11. – Durch drei Zusätze von Regierungsjahren Chlodwigs hat man schon im 7. Jh. versucht, das „annalistische" Vorgehen Gregors ab Buch V auf dessen Buch II auszudehnen: Hist. II 30: 76 Z. 5, II 37: 87 Z. 12, II 43: 93 Z. 17; vgl. dazu neben den Anmerkungen Kruschs in SRM I–^{2}1 auch Bonnet (wie Teil II Anm. 107): 697 (Anm. 1) und Buchner 1: 116 (Anm. a), 132 (Anm. a), 140.

39 Vgl. bei Buch IV: 10, 13, 14, 17–19, 21, 32, 34, 51; Buch V: 1, 4–6, 8, 9, 11, 12, 14, 15, 17, 18, 21–23, 25–27, 30, 31, 33, 35, 37–40, 44–46, Explizit. – Die Häufigkeit chronologischer Bezüge in Buch V steht in flagrantem Gegensatz zu der gerade in diesem Buch nachweisbaren Durchbrechung der rein chronologischen Ordnung zugunsten der Thematik! Vgl. oben Teil II.2 und S. 125–8.

40 Hist. I 10: 11 Z. 2 ff.: „*Nilus per Aegyptum, sicut optimae* n o s t i s, *decurrit*...“ Gregor dürfte sich hier an konkrete Personen gewandt haben, die Ägypten tatsächlich besucht hatten: Er spricht in der Folge von den „*multi locorum perlustratores*“; nicht Ägypten, aber Bethlehem besuchte ein „*diaconus noster*“, also Diakon Gregors (GM 1), weitere nahöstliche Pilger aus seiner näheren Bekanntschaft werden GM 18, 20, 87 genannt.

41 Hist. IV 9: 141 Z. 1–3, „*uvas in arbore quem savucum vocamus... vidimus, et flores ipsorum arborum, quae nigra, ut* n o s t i s, *grana proferre solitae sunt*...“

42 Vgl. Hist. III 15: 115 Z. 7 („*pruna*“), IV 43: 177 Z. 15 („*orcas*“), IV 51: 188 Z. 13 („*scramasaxos*“), IX 28: 446 Z. 17 („*bacchinon*“); in die gleiche Kategorie dürften die Benennungen der „*rustici*“ gehören, wie Hist. IV 31 und V 25: „*quod rustici soles voca(b)ant*“, vgl. auch Hist. IV, 5, 9, 31 und V 34.

43 VM I praefatio (Widmungszeile): 135, „*Dominis sanctis et in Christi amore dulcissimis fratribus et filiis eclesiae Turonicae mihi a Deo commissae Gregorius peccator*“. Vgl. VM I 29: 152 Z. 27 f. („*A u d i t e haec omnes*...“), VM I 40: 156 Z. 18 f. („*v o b i s ... enarrabo*“), VM II 1: 159 Z. 28 („*v o b i s exposui*“), VM II 24: 167, Z. 25 („*c a v e t e, o viri*“), VM II 25: 167 Z. 29 („*v o b i s orantibus*“), VM II 27: 169 Z. 11 („*homines qui propter culpam minime* v o b i s *incognitam*“: vgl. Teil II Anm. 5). Sonst noch: VJ 46 a: 132 Z. 22 f. („*Intellegite ergo nunc, o omnes qui insipientes* e s t i s *in populo*“), GC 105: 110 Z. 30–111 Z. 9 („*Vides ergo*...“); direkte Adressen an sein Publikum gibt es ebenfalls in ›De cursu stellarum ratio‹, vgl. Teil IV Vorbemerkung mit Anm. 17. – Generell zur Form der „Eigenrede“ im hagiographischen Werk Gregors vgl. Thürlemann: 17 und passim.

44 Buchner 1: 265 Z. 32 f. übersetzt hier zu Recht „nach *unserer* Sünden Schuld“; zu diesem für Buch IV thematischen Begriff der allgemeinen Schuld (des Volkes *und* der Könige) vgl. unten Teil III.2.a mit Anm. 92.

45 Die Hss. C 4.4* setzen diese Passage an das Ende von Kap. 49 und fügen an: „*et ideo non inmerito isti tot malis iusto Dei iudicio subiciuntur.*“

46 Darauf notiert Gregor: „*Quod in sequentibus libris... desseruemus*“; diese dreifache Heilung wird in der Tat in den Martinswundern erzählt (VM II 5–7, bes. 7: 161 Z. 29 f.): „*Tres virtutes istas ipsa die facta fuisse constat, quo Sigiberthus gloriosissimus rex... pacem cum fratribus fecit*“; auffallend ist hier die positive Beurteilung Sigiberts, die von der der entsprechenden Historienkapitel völlig abweicht, wo der Untergang Sigiberts durch eigene Schuld in Hist. IV 50 berichtet wird. – Die „*libri sequentes*“ sind wohl eher *libri* der Martinswunder als der Historien gewesen.

47 Hist. IV 42: 175 Z. 2–3 „*Amatus patricius, qui* n u p e r *Celsi successor extiterat*“. Dem Celsus, der sein Amt wohl schon 569 verlor und 570 starb (SRM I–^{2}1: 175 Anm. 2), war das Kapitel IV 24 gewidmet. – Zur Chronologie der Redaktion der Historien vgl. gut Buchner 1: XX–XXV, der die diesbezüglichen Er-

gebnisse von Krusch, Bonnet, Monod und Köpke (ibid.: XXI Anm. 1) mitverwertet; Oldoni (wie Anm. 24) 1: XXXVIf. nennt genauere Jahre der Redaktion, ohne diese zu begründen; Goffart 1988: 124 mit Anm. 56. – Zum redaktionellen Verhältnis zwischen Passagen des historiographischen und des hagiographischen Werkes vgl. auch Heinzelmann 1991: Anm. 35, 41, 48.

48 Diese Überarbeitung hat selbstverständlich den gesamten ersten Teil Hist. I–IV miteinbezogen: So erwähnt Gregor z. B. in Hist. IV 36 seine Vita des Nicetius von Lyon (VP VIII), die erst viel später abgeschlossen worden sein kann. Nach Buchner 1: XXIII Anm. 1 finden sich in Hist. I–IV zehn Verweise Gregors auf sein hagiographisches Werk, die größtenteils nachträglich eingefügt wurden (Liste im Register bei Buchner 2: 440). – Als Parallele für die Arbeitsweise Gregors wird man die sofortige Notiz und spätere Redaktion der martinischen Wunderberichte in den vier Büchern der VM heranziehen können, vgl. dazu Heinzelmann 1981: 240f.

49 Nicht mitgerechnet ist in dieser Aufstellung Hist. X 31 mit 213 Zeilen, da das Kapitel als „Epilog" eine andere Funktion hat als alle anderen Kapitel. Ab Buch V sind im übrigen die umfangreichsten Kapitel auch die wichtigsten für den Plan Gregors, vgl. etwa V 18 zum Praetextatusprozeß, IX 20 mit der Laudatio Gunthchramns; vgl. auch oben Teil II Anm. 70.

50 Vgl. etwa Buchner 1: XX, „Ein Historienmaler ist der Bischof vielmehr, der mit liebevollem Pinsel, mit ursprünglicher Freude am geringfügigen Einzelzug, an der Anekdote, am Persönlichen, an der Stimmung, an Spannung und Dramatik malt, was ihn interessiert: große und kleine, wichtige und unwichtige Ereignisse, nicht zuletzt auch die Menschen in ihrem Zusammenleben, ihrem täglichen Handeln. Kurz berichtende Kapitel fehlen keineswegs. Aber sie wechseln in bunter Folge mit breit ausholenden, ja mit wahren Riesenkapiteln, die jeden streng gezogenen künstlerischen Rahmen sprengen."

51 Typisch in Buch VII ist etwa das einführende *„igitur"*: Kap. 2, 5, 12, 14, 30, 34, 39, 40; vgl. auch *„vero"* (als zweites Wort): 10, 15, 17, 18, 25, 26, 43.

52 Praefatio prima: 1 Z. 15f. – Vgl. auch das *capitulum* von V 49 *„De insidiis, quas nobis fecit"* (Bezug auf den vorhergehenden Titel); VI 40 *„De altercatione nostra . . ."*; VIII 5, *„De visiones quas rex vel nos de Chilperico vidimus"*; IX 20 *„De eo quod ad Gunthchramno regem in legatione pro custodienda pace directi sumus"*. – Einzelne Titel sind nur im Zusammenhang der Kapitelüberschriften verständlich, da sie sich auf ein gerade zuvor genanntes *capitulum* beziehen; das zeigt, daß Gregor die Kapitelüberschriften im Zusammenhang geschrieben hat und nicht zusammen mit dem betreffenden Kapitel: So ist in V 24 der Fehler im Titel erklärbar, nach dem Boso seine Töchter aus St-Hilaire geholt hätte (richtig: aus St-Martin, um sie *nach* St-Hilaire zu bringen); von größerer Bedeutung ist noch der Titel von Hist. II 38 *„De patriciato Chlodovechi regis"*, der dem im Text benutzten Ausdruck *„de consolatu"* gegenübersteht (vgl. McCormick, wie Anm. 83: 159–183). – Vgl. auch die Liste der Kapitelüberschriften, die sich auf zuvor genannte *capitula* beziehen: Hist. I 21 *„De Ioseph, qui eum* (scil. Christus, vom *capitulum* zu I 20) *sepelivit"*; II 9 (Bezug auf das *capitulum* von 8), 17 (vgl. 16), 29 (vgl. 28); IV 3 (vgl. 2), 22 (vgl. 21), 42 (vgl. 41); V 49

(vgl. 48); VII 6 (vgl. 5), 20 (vgl. 19), 22 (vgl. 21); VIII 2 (vgl. 1), 16 (vgl. 15); IX 16 (vgl. 15), 21 (vgl. 20), 40 (vgl. 39), 43 (vgl. 39); X 7 (vgl. 6), 17 (vgl. 16), 20 (vgl. 16), 28 (vgl. 27).

53 Vgl. oben Teil III.1.c und unten S. 116f. – Zu Martin als «figure du Christ», u. a. aufgrund von Epitheta wie „*lumen nostrum*", vgl. Heinzelmann 1992: 546 mit Anm. 36. – Zur (positiven) Rolle des Augustus im Konzept des Orosius vgl. Mitchell 1983: 41.

54 Vgl. auch weiter unten mit Anm. 76. – Die Interpretation von Hist. I 36 zeigt deutlich den funktionalen Gebrauch historischer Figuren (Figur hier im Sinn von „Bedeutungsträger") durch Gregor von Tours, was ebenso aus Hist. I 41 zu Kaiser Valens hervorgeht, der in den Historien, im Gegensatz zu dem als Quelle angegebenen Orosius (!), nicht wegen Verbreitung der arianischen Häresie, sondern wegen der Zwangsmilitarisierung von Mönchen angeprangert und als von Gott gestraft geschildert wird! Vgl. dazu Goffart 1988: 215.

55 Vgl. in Buch I: Kap. 19 „*De muneribus magorum et necem infantum*"; 24 „*De ascensione Domini et de interitu Pilati atque Herodis*"; 25 „*De passione apostolorum atque Neroni*"; 28 „*De Adriano et adinventionibus hereticorum et passione sancti Policarpi atque Iustini*".

56 Hist. adv. paganos (wie Anm. 28) I prol.: 3 Z. 12 ff. – Nach Orosius hätte ihm Augustinus aufgetragen, aus historischen Quellen folgende Elemente zusammenzustellen, die sich bei Gregor als solche ebenfalls identifizieren lassen: Kriege, Krankheiten, Hungersnot, Erdbeben, Überschwemmungen, Vulkanausbrüche, Blitzschlag, Hagelstürme, besonders verruchte Mordtaten und Laster! – Goffart 1988: 190 erwähnt, daß Gregor in seinen Schilderungen nie *gutes* Wetter oder *gute* Ernten hervorhebt.

57 Ebensowenig wie der „Epilog" (Hist. X 31) werden die Prologe der Bücher I–III als solche bezeichnet; sie erhalten auch kein eigenes *capitulum*. Ihre Eigenschaft als Prologe läßt sich nur daran erkennen, daß die Kapitelzählung später einsetzt (vgl. Teil II Anm. 7); nur der „Generalprolog" wird unter der Bezeichnung „*praefatio prima*" (nach B 1.C 1) als solcher hervorgehoben, was seinerseits weitere „*praefationes*" voraussetzt. Weitere Anfangskapitel nehmen wie zumindest V 1, VII 1, X 1 ebenfalls die Funktion von Prologen ein, was aufgrund von inneren Merkmalen erschlossen werden muß.

58 Zu Gregors Formel vgl. SRM I–^{2}1: 4 Anm. 1; weiter: Artikel „Apostolisches Glaubensbekenntnis" in LThK^{2} 1, 1957: 760f. und A. Jungmann, Missarum sollemnia, Bd. 1, Wien 1952: 591 ff. (Credo). Zur Bedeutung des Konzils von Nikäa vgl. H. J. Sieben, Die Konzilsidee der Alten Kirche, Paderborn, etc. 1979: 232–242 (Fides Nicaena und Konzilstheorie), sowie ibid. (Schluß): 514 „. . . die Gewißheit, daß dieses *eine* Konzil . . . den Christusglauben der Heiligen Schrift unverkürzt wiedergegeben hat". Dazu auch W. Rordorf und A. Schneider, L'évolution du concept de tradition dans l'Eglise ancienne, Bern–Frankfurt a. M. 1982 (Traditio christiana 5): XVI f. – Das „*Exemplum fidei Nicaenae*" bei Rufinus I 6, PL 21: 472f., bei Cassiodor II 9, PL 69: 928f., in der Einführung des Toletanum III (das erste Konzil nach der westgotischen Abkehr vom Arianismus) Mansi IX: 981.

[59] Den auf die Arianer gemünzten Passus *„Illos vero, qui dicunt: ‚Erant (aliquando) quando non erat'"*, den das Bekenntnis von Nikäa am Ende anführt und mit dem Anathem bedroht *(„anathemizat catholica et apostolica ecclesia")*, führt Gregor bereits bei seiner Definition der Eigenschaften des Sohnes an und sanktioniert: *„(Illos) execrabiliter rennuo et ab eclesia segregare contestor"* (Hist. I Prol.: 4 Z. 2f.). – Man hat auf die Verwandtschaft der Formel Gregors mit der Taufformel hingewiesen (SRM I–^{2}1: 4 Anm. 1 zu A. Hahn), aber auch dann muß das Fehlen des Bekentnisses zur *„unam sanctam catholicam et apostolicam ecclesiam"* auffallen (Text vgl. bei Jungmann, wie Anm. 58: 593).

[60] Die Übersetzung „meinen Glauben bekennen" (Buchner 1: 7) trifft nicht den Sachverhalt, da Gregor nicht die übliche Formel des Bekenntnisses benutzt, sondern seine eigene Definition *vor*trägt; dem entspricht auch sonst der häufige Gebrauch von *„proferre"* als „behaupten", „ausdrücken". U. E. ist die Selbständigkeit der Formulierung Gregors nicht genügend beachtet geworden, vgl. etwa Goffart 1988: 143, "The only theology he shows himself capable of consists in recitation of the Creed . . ." (zur Fehleinschätzung Gregors als Theologen oder zumindest seiner theologischen Ausbildung vgl. Teil IV Vorbemerkung).

[61] Vollmann (wie Einführung Anm. 16): 908; vgl. auch Teil III Vorbemerkung. Zur Eigenrolle Gregors in den Historien vgl. auch Mitchell 1987: 82, "The bishop Gregory . . . was one of his best saints".

[62] Vgl. besonders Rordorf/Schneider (wie Anm. 58): XVII, «Les Pères – en particulier les Pères de Nicée – constituent maintenant une nouvelle autorité à laquelle il faut se soumettre. Leur définition du dogme trinitaire a créé une nouvelle tradition qui se juxtapose à l'ancienne en tant qu'interprétation et élucidation correcte de celle-ci. De même, les évêques ne sont plus uniquement les garants et les gérants du patrimoine apostolique (par exemple face aux falsifications hérétiques), mais ils sont habilités – en tant qu'assemblée conciliaire – à créer une nouvelle tradition, au nom de l'esprit apostolique.» – Die Auffassung Gregors von der Rolle zeitgenössischer Bischofsgremien läßt sich kaum besser ausdrücken als in dem gerade zitierten Text.

[63] Eine zusammenfassende Darstellung der apokalyptischen Vorstellungen vgl. nun bei R. Landes, Lest the Millenium be Fulfilled: Apocalyptic Expectations and the Pattern of Western Chronography 100–800 CE, in: The Use and Abuse of Eschatology in the Middle Ages, hrsg. von W. Verbeke, D. Verhelst, A. Welkenhuysen, Leuven 1988: 137–211, zu Gregor: 166–168, sowie ders., Millenarismus absconditus. L'historiographie augustinienne et le millénarisme du haut Moyen Age jusqu'à l'an Mil, M-A 98, 1992: 355–377, zu Gregor: 375–377. Landes überschätzt freilich die historische Realität apokalyptischer Vorstellungen nach Gregor, da er die Funktion entsprechender Schilderungen – besonders in Buch X! – im historiographischen Konzept des Bischofs nicht realisiert, wonach das angekündigte Weltende den formalen Abschluß der Geschichte und die Realisierung der definitiven *„ecclesia"* bedeutet.

[64] Vgl. ThLL, Bd. I: 1692 (Vorkommen ausschließlich in christlichen Quellen), wo die lateinische Entsprechung als *„alienigenas"* aufgeführt wird. Der Begriff taucht besonders regelmäßig in der Chronik des Sulpicius Severus für die Geg-

ner des Gottesvolkes auf, z. B. I 27 (3mal), 28 (3mal), 34 (5mal), etc., PL 20: 112 ff.

65 Vgl. VM II 43, wo der hl. Martin als *„novus Heliseus saeculo nostro"* bezeichnet wird; in VJ 46 a spricht Gregor selbst die Worte *„quod Dominus per Heliam* (scil. Elias) *prophetam Oziae regi pronuntiat . . ."* (nach 2 Kön 1,16).

66 *„Miser"* ist bei Gregor ausschließlich den Feinden Gottes, seiner Ordnung und seiner *„sacerdotes"* vorbehalten: vgl. Hist. II 3 mit zwei Belegen für Häretiker; VI 5 für einen Juden, der seine Bekehrung ablehnt; V 5 und VI 43 für einen Mörder und einen König, die jeweils dem *„iudicium Dei"* verfallen; IV 16, VII 29, VIII 16, IX 6 für Feinde des hl. Martin; V 49 und VIII 4 für Feinde des Bischofs Gregor.

67 Dieses paraphrasierte typologische Modell bezieht sich auf die entsprechende historische Periode der israelitischen Geschichte bei Gregor, Hist. I 14: (die Israeliten) *„. . . ad idolatria declinantes nec prophetarum vaticinia nec eorum interitus nec cladis patriae nec ipsorum etiam regum eos excidia domuerunt."* Das Situationsmodell hat der Bischof von Tours auch sonst seinen Überlegungen immer wieder zugrunde gelegt; vgl. auch Anm. 80 und 96.

68 Hist. III Prol.: 96 Z. 10 f. *„Vellim, si placet, parumper conferre, quae christianis beatam confitentibus Trinitatem prospera successerint et quae hereticis eandem scindentibus fuerint in ruinam."*

69 Eine ähnliche, aber nicht identische Reihe biblischer Autoritäten zum Beweis der Richtigkeit der Trinitätsdoktrin stellt Gregor in Hist. V 43 zusammen, wo er seine eigenen Bekehrungsversuche an dem westgotischen Gesandten Agila schildert; an diese Reihe schließt er *„nunc praesens"* den hl. Martin und endlich sich selbst an (!); vgl. auch die Reihe in VJ Prolog. – Die theologische Interpretation der „Belege" Gregors ist nicht immer evident, was auch bei der Identifizierung der zugrundeliegenden Bibelstellen durch Krusch und in der Übersetzung Buchners deutlich wird; in jedem Fall ist aber eine ausgedehnte Kenntnis exegetischer Literatur bei Gregor zu erschließen, die freilich nicht in das von der Literatur gezeichnete Bild des „Untheologen" Gregor paßt (vgl. noch oben mit Anm. 60). Vgl. auch weiter unten Teil IV Vorbemerkung.

70 Vgl. auch Hist. II 34: 82 Z. 16 f. (Gundobad) *„. . . usque ad exitum vitae suae in hac insania perduravit."* – Zu den drei Herrschern vgl. Gall. Prosop.: 618 (Godigisel, Godomarus 1 und 2), 619 f. (Gundobadus 2).

71 So die freilich späte Vita seines Bruders Sigismund (Kap. 4, vgl. MGH SRM II: 335), dessen katholisches Bekenntnis überliefert ist. – Eventuell könnte man an den gleichnamigen Bruder Gundobads denken, der schon 474 gestorben zu sein scheint und den Gregor Hist. II 28 namentlich erwähnt; in dem Kapitel ist aber vom Mord Gundobads an seinem Bruder Chilperich und an dessen Gattin die Rede, was wohl ebenfalls in Zweifel gezogen werden kann, vgl. Hist. II: 73 Anm. 3.

72 Vgl. das Zitat oben Teil II Anm. 75. Zum Verständnis des *„pius amplexus"* der *„ecclesia"*, dem *„pietas"* und *„pius"* als zentrale Eigenschaften des merowingischen Bischofs im 6. Jh. entsprechen, vgl. Heinzelmann 1976: 157–159. – Daß *„saeculum"* hier durch „Welt" und nicht „Zeit" (wie bei Buchner 1: 13 Z. 16)

wiedergegeben werden muß, zeigt wenig später die Definition von Hist. I 10 *„in hoc saeculo, quod figuraliter mare dicitur"*.

73 Die Anwendung des bei Gregor festzustellenden Possessivpronomens *„noster"* bezieht sich überwiegend auf Merkmale der *„ecclesia"*, besonders häufig ist *„Deus noster"*, *„dominus noster Iesus Christus"*, *„fides nostra"*, *„nostra religio"*, auch *„pascha noster"* (Hist. V 17 und X 23); vgl. Heinzelmann 1992: 540f.

74 Zur Weltreichslehre des Orosius, auch im Vergleich mit Hieronymus, vgl. Goetz (wie Anm. 29): 71–79. – Für Gregor haben die früheren Völker ein Interesse nur im Rahmen seiner Typologien, vgl. etwa zu Babylon Teil IV Anm. 106.

75 Zu Herodes vgl. schon Hist. I 19 zum Kindermord, wo auf das spätere *„iudicium divinum"* vorverwiesen wird; dieses „Urteil" scheint in dem Hist. I 24 beschriebenen, fürchterlichen Tod des Herodes zu sehen sein: Gregor hat die beiden Herodes (H. der Große und H. Agrippa) zu einer einzigen Figur verschmolzen, die er den Tod des älteren Herodes sterben ließ. Bei der Schilderung des Todes stützte er sich auf die Kirchengeschichte des Rufin, wo er die unterschiedliche Identität der beiden Herodes gesehen haben muß, was er aber aus offensichtlich didaktischen Gründen unberücksichtigt ließ; vgl. dazu auch SRM I–^{2}1: 19 Anm. 3.

76 Hist. I 36, vgl. dazu oben mit Anm. 53. – Wood, Gregory (wie Einführung Anm. 15): 251 erkennt richtig: "Gregory has little time for Constantine"; daß später bei der Taufe Chlodwigs Gregor den König als *„novus Constantinus"* bezeichnet (Hist. II 31: 77 Z. 8), kommentiert er "the images of Clovis as a new Constantine and Remigius as a new Silvester can hardly have been Gregory's". Auch wenn Gregor die typologische Verbindung beider Paare in anderen Quellen gefunden hat, macht er sie sich im vorliegenden Zusammenhang zu eigen. Seine Quellen (über die Silvesterakten hinaus) dürften die gleichen wie die seines Freundes Venantius Fortunatus gewesen sein, der sich Carm. Appendix II Vers 67 (MGH AA IV: 277) auf die Akklamation *„novus Constantinus"* stützte, die 518 bei der Wahl Justins I. bezeugt ist, vgl. Ewig 1: 78 (ibid. auch weitere Quellen zum Konstantinsbild). Für Gregors Methode ist die Auslassung der Taufe Konstantins in Hist. I 36 durchaus schlüssig, wo er den hl. Martin in den Vordergrund stellt (vgl. oben mit Anm. 54); dem widerspricht keinesfalls, daß er in Hist. II 31 mit Bezug auf ein allgemein positives Konstantinbild Chlodwig die Verdienste des ersten christlichen Herrschers zusprechen kann.

77 Christussymbolik: Neben dem *„adventum"* besonders der Eingangssatz *„Tunc iam et lumen nostrum exoritur novisque lampadum radiis Gallia perlustratur"*; vgl. auch VM I 12, wo Martin als *„sidus"* bezeichnet wird, das die Dunkelheit der Welt beleuchtet: dazu wiederum Hist. I 19, wo von Christus als *„immensum sidus"* die Rede ist; zur Lichtsymbolik des Christ vgl. Heinzelmann 1992: 546 Anm. 36. – Der Bezug auf Gallien bedeutet keinesfalls die simple Reduzierung auf den gallischen Bereich, da sich die *„ecclesia"*-Typologie Gregors nicht geographisch festlegen läßt, vgl. auch VM IV praef.: 199 Z. 24 *„toto orbi peculiare patrono Martino antistite"*.

[78] Die Präsenz Martins in den Historien ist überwältigend: Er wird 164mal genannt, wobei die Nennungen seines Grabes und seiner Basilika (weitere 75mal) nicht mitgerechnet werden!

[79] Im Sinn der Thematik besonders deutlich ist das gesamte Kapitel Hist. II 4, mit seinem ersten Satz: „*Multae enim heresis eo tempore Dei eclesias inpugnabant, de quibus plerumque ultio divina data est. Nam et Athanaricus Gothorum rex magnam excitavit persecutionem*...“ (45 Z. 10–11), bis zum letzten: „*Unde factum est, ut, inminente iudicio Dei, pro effusione sanguinis iusti a regno depelleretur et esset exsul a patria, qui Dei eclesias inpugnabat. Sed ad superiora redeamus*“ (ibid.: Z. 13–15). – Die historiographische Antithese in diesem Buch stellt dazu das Chlodwigkapitel II 40 dar, mit seinem Schlußsatz (91 Z. 6–9: „*Prosternebat enim cotidiae Deus hostes eius* (scil. die Feinde Chlodwigs) *sub manu ipsius et augebat regnum eius, eo quod ambularet recto corde coram eo et facerit quae placita erant in oculis eius*“ (zu den benutzten Bibelzitaten vgl. ibid.: 91 Anm. 2).

[80] Zu den „*mala Hierusolima*“, dem Leiden des Volkes im Prolog von Buch II, vgl. oben mit Anm. 67; dazu auch Hist. II 6: 47 Z. 19f., „*Invaluit enim peccatum populi, et clamor malitiae eorum ascendit coram Deo; ideo civitas haec cremabitur incedio*“: die Heimsuchungen des Volkes, hier das von Metz, werden durch dessen „*malitia*“ ausgelöst; gleiches gilt für den Einfall der Hunnen in Gallien, den der hl. Bischof Aravatius von Tongern „*pro dilictis populi*“ nicht abwenden kann (Hist. II 5: 46 Z. 4).

[81] Hist. II 23: 68 Z. 17–19, „*quia nec istud sine heresi potest accipi, ut in ecclesiam non obaudiatur sacerdos Dei, cui ad pascendum oves commissae sunt.*“ – Bezeichnenderweise widerfährt einem der Kleriker der Tod des Erzketzers Arius auf dem Abort, vgl. ibid.: Z. 15–17, „*non minoris criminis hunc reum esse quem Arrium illum, cui similiter in secessum fuerunt interna deposita per partis inferioris egestum*“; durch die Figur des Arius wird im übrigen direkt an die Prologe der Bücher II und III angeknüpft, wo er, beziehungsweise sein biblischer Typus, der Priester Finees (Pinhas), den Typus des häretischen Priesters personifiziert.

[82] Lk 1,31f., gesehen von F. Brunhölzl, Histoire de la littérature latine du moyen âge, Bd. I–1, 1990 (Übers. der deutschen Ausgabe von 1975): 136 Anm. 35; vgl. auch Carozzi (wie Anm. 83): 172, 184.

[83] Vgl. dazu zuletzt, nach dem Artikel von E. Ewig im Lexikon des Mittelalters, Bd. II, 1983: 1863–1868 (mit Literatur), Ian Wood, Gregory (wie Einführung Anm. 15), A. Breukelaar, Christliche Herrscherlegitimation. Das Darstellungsinteresse bei Gregor von Tours, Hist. II 9, ZKG 98, 1987: 321–337, M. McCormick, Clovis and Tours. Byzantine public ritual and the origins of medieval ruler symbolism, in: Das Reich und die Barbaren, hrsg. von E. Chrysos und A. Schwarcz, Wien–Köln 1989: 155–180, C. Carozzi, Le Clovis de Grégoire de Tours, M-A 98, 1992: 169–185.

[84] Vgl. Einführung Anm. 3 und Teil IV.3, sowie M. Heinzelmann, Die Franken und die fränkische Geschichte in der Perspektive der Historiographie Gregors, Historiographie-Symposium Zwettl 1993 [im Druck]. – Die traditionelle Kon-

zeption vertritt noch J. Verdon, Grégoire de Tours «le père de l'histoire de France», o. O., o. D. [Le Côteau 1989], der sich aber wohl kaum an ein wissenschaftliches Publikum richtet.

85 Vgl. u. a. im Zusammenhang der Vertreibung des frankenfreundlichen Bischofs Quintianus von Rodez Hist. II 36, die Gregor chronologisch zu früh in den Zusammenhang der Vorbereitung des Krieges Chlodwigs gegen Alarich stellt, Wood, Gregory (wie Einführung Anm. 15): 256f.; vgl. auch die verzeichnende Darstellung König Eurichs in Hist. II 25 allein aufgrund eines einzigen Sidoniusbriefes (Wood: 255). – Eine gründliche Kritik von Buch III der Historien bringt Wood in seinem Beitrag ›Clermont and Burgundy‹ (Einführung Anm. 15): 119–125. – Zur Einstellung Gregors gegenüber den Westgoten und zu seiner Zeichnung Chlodwigs vgl. ebenfalls H. Messmer, Hispania-Idee und Gotenmythos, Zürich 1960 (Geist und Werk der Zeiten 5): 64ff. („Die Polemik gegen die Westgoten in den merowingischen Chroniken").

86 Wood, Gregory: 263. Es ist allerdings überzogen, wenn Wood dem fränkischen Feldzug von 507 und Chlodwig selbst jede religiöse Motivierung absprechen will: Die Martinsverehrung des fränkischen Königs und seiner Gattin Chlothild ist sicher keine Erfindung Gregors. Zu wenig beachtet hat er die politische Haltung des katholischen gallischen Episkopats, die weit weniger arianerfreundlich sein konnte, als dies Wood dargestellt hat: Auch wenn Gregor ein falsches Beispiel für Arianerfeindlichkeit eines Bischofs vor 507 (Bf. Quintian, wie Anm. 85) präsentiert, darf man daraus nicht auf das genaue Gegenteil schließen (ibid.: 265)! Das westgotische Exil der Bischöfe von Tours Volusianus und Verus (Hist. II 26 und X 31), die daraus auch nicht mehr zurückkehrten, dürfte ebenfalls keine Erfindung Gregors gewesen sein.

87 Goffart 1988: 164 und passim. Vgl. auch Wood, Gregory (wie Einführung Anm. 15): 263 zu Gundobads Feldzug gegen die Westgoten von 508, "a fact significantly overlooked by Gregory".

88 Auch Wood, Clermont (wie Einführung Anm. 15): 119 erkennt die Situation von Buch III als "transitional book"; er unterstreicht die für Gregor schwierige Quellenlage, weshalb dieser sich vor allem auf orale Traditionen gestützt hätte.

89 Die Bedeutung der Buchschlüsse für die Historien des Orosius hat Goetz (wie Anm. 29): 30 gesehen und beschrieben.

90 So auch Goffart 1988: 207. Vgl. zu ihm auch Reydellet: 412ff. und R. Collins, Theodebert I, 'Rex Magnus Francorum', in: Ideal and Reality in Frankish and Anglo-Saxon Society, Oxford 1983: 7–33.

91 Vgl. dazu besonders das „*sacerdotes venerans*" seiner thematischen Laudatio und Hist. III 34. – Dazu auch Collins (wie Anm. 90): 18 generell zu seiner Zusammenarbeit mit der Kirche.

92 In zwei Fällen übersetzt Buchner richtig mit „*unseren* Sünden" (1: 227 Z. 9f. und 265 Z. 32f.), vgl. auch Anm. 44; nur bei IV 51 gibt er – nicht richtig – den gleichen Ausdruck durch „nach seiner (scil. Sigiberts) Sünden Schuld" wieder (1: 271 Z. 31). – In den gleichen Zusammenhang gehören zwei verwandte Ausdrücke: Gunthchramn beklagt sich, daß ihm „*facientibus peccatis*" (Hist. VII 33), wegen seiner (?) Sünden, keine Nachkommen geblieben sind; sowie

Hist. VI 3, „*peccatis increscentibus*", wonach Chilperich ebenfalls (in einer Eigenrede) den Tod seiner Söhne beklagt, hier ohne Zweifel mit Bezug auf seine Schuld, die durch das „*increscere*" sogar noch gesteigert erscheint. Es wird deutlich, daß Gregor seinen Herrschervergleich bis ins Detail durchgeführt hat.

[93] Kap. 1 betrifft den Tod der Chlothild, die an der Seite Chlodwigs, der Leitfigur von Buch II, bestattet wird: Auch hier ist der Zusammenhang mit dem Folgenden gegeben, zumal die Periode Chlodwigs, die mit dem Tod seiner heiligmäßigen Gattin nun definitiv abgeschlossen ist, von Gregor später wiederholt als Referenzepoche zitiert wird, vgl. Hist. V Prol., Hist. VIII 30, etc.

[94] Der in diesem Zusammenhang angewandte Ausdruck „*obitus*" läßt erkennen, daß Gregor den Tod Sigiberts zwar als Folge seines eigenen schuldhaften Verhaltens ansieht, das aber für ihn nicht unbedingt die Verdamnis des Königs beinhaltet, wie dies etwa im Fall des „*interitus*" (Hist. III Prolog) der burgundischen „Ketzerkönige" Godegisel, Gundobad und Godomar der Fall ist. Vgl. auch die aussagekräftige Kapitelüberschrift von Hist. IV 20, „*De obitu Childeberthi et interitu Chramni*" (der Untergang des letzteren ist durch sein Vorgehen gegen den Vater auch von ewiger Verdamnis begleitet, vgl. Anm. 106), oder zu anderen Bösewichten von Buch IV: „*De interitu Palladi Arverni*" (Kap. 39, es handelt sich um einen Bischofsfeind und Selbstmörder), „*De interitu Andarci*" (Kap. 46: ein Betrüger aus dem Sklavenstand).

[95] Hist. adv. paganos (wie Anm. 28) I 1, 11–12: 7f., „*... cum ab ipso primo homine peccatum punitionemque peccati coepisse doceamur; ... quae bella quid aliud dicenda sunt, nisi uergentia in alterutrum mala; mala autem ... sine dubio aut manifesta peccata sunt aut occultae punitiones peccatorum.*"

[96] Die typologische Ausgangssituation hat Gregor in Hist. I 14 wie folgt umrissen: „Hierauf nun verfielen die Israeliten in Abgötterei (dieser entspricht zur Zeit Gregors jede Art unchristlicher, vor allem zu materialistischer Lebensweise), und ihren Sinn beugten weder die Weissagungen der Propheten (d. h. die Ermahnungen der Bischöfe), noch ihr eigenes Unglück, weder die Leiden des Landes noch selbst der Sturz ihrer Könige" (vgl. Anm. 67 mit dem lateinischen Zitat).

[97] Hist. IV 13: 145 Z. 14ff., „*Sed nos haec narrantes, Salustii sententiam, quam in detracturibus historiografforum protulit, memoramus. Ait enim: ‚Arduum videtur res gestas scribere ... quia plerique quae delicta repraehenderis malevolentia et invidia dicta putant.*'" – Den Tod des Cautinus durch die Pest schildert Gregor in IV 31 im weiteren Zusammenhang eines Kapitels über Prodigien, d. h. unter Verzicht auf eine stärker betonte Darstellung des „*interitus*" (vgl. Anm. 94) des Bischofskollegen, wohl aus Rücksicht auf seinen Stand.

[98] Hist. IV 20: 152 Z. 15. Der Ausdruck „*peccata populi*" schließt Könige und Bischöfe im Gegensatz zu dem sonst dreifach verwendeten „*peccatis facientibus*" (vgl. oben mit Anm. 92) aus.

[99] Die Kapitel, die mit den beiden Hauptthemen „*rex iniustus* und der Untergang seines Hauses" (übergreifendes Thema der Bücher V und VI), sowie „Verfolgungen und Rettung des *sacerdos Dei*" (Buch V, mit antithetischen Beispielen von guten und schlechten Bischöfen), augenscheinlich *nicht* in Verbindung stehen, werden in eckige Klammern gesetzt.

100 Hist. IX 19: 432 Z. 18–19, *„Bellum illud, quod inter cives Toronicus superius diximus terminatum, in rediviva rursum insania surgit."* – Vgl. auch Gregors Behandlung der „amoralischen" Lebensweise des Herzogs Beppolen Hist. IX 13: 428 Z. 17f., *„(Beppolinus) ignorans, quod corruptio incorruptionem non possedebit"* (nach 1 Kor 15,50).

101 Hist. VIII 46; daß die von Gregor behauptete Konvertierung des Königs „fabulosa" sei, hat schon Krusch SRM I–^{2}1: 412 Anm. 1 festgestellt. Zum Bild des Arianers Leuvigild bei Gregor vgl. Wood, Gregory (wie Einführung Anm. 15): 259–261. Zu dem im vorausgehenden Kapitel 45 erwähnten Desiderius vgl. Selle-Hosbach: 76–80 (Nr. 73); Desiderius war eine Hauptstütze des Thronprätendenten Gundowald, den Gunthchramn aber begnadigt und in sein Amt wiedereingesetzt hat. Seine Einschätzung durch Gregor wird durch die Erzählung seines Untergangs (*„interitus"*, vgl. Anm. 94) deutlich: Dieser fand bei einem Feldzug statt, der zweifellos von Gunthchramn angeordnet war, was Gregor hier wieder verschweigt!

102 Thürlemann: 86–94, auf den wir uns in der Folge weitgehend berufen. Zu einer Kritik an Thürlemann vgl. Heinzelmann 1991: 241f. – Vgl. auch de Nie: 342 (Register), s. v. "figurative or typological thinking", wobei Typologie fast ausschließlich in der Deutung von Naturereignissen (Prodigien, etc.) gesehen wird.

103 Thürlemann: 87; ibid. auch zur „rückwärtsweisenden Typologie", die vor allem bei der Präsentation von Heiligen als Nachahmer Christi *(„imitatio Christi")* Anwendung findet, wobei das zentrale Ereignis, der Typus des Christ, in der Vergangenheit liegt. Das Beispiel Martins in Buch I stellt die perfekte, von Thürlemann nicht identifizierte Illustration einer solchen Typologie dar.

104 Goffart 1988: 165, "Gregory's concern was to select paradigmatic events", allerdings ohne die Bedeutung dieser Auswahl zu erläutern, die er zudem auf Buch I beschränkt glaubt, wo Gregor mehrfach ausdrücklich das Wort *„tipus"* verwendet.

105 Hist. I 10: 12 Z. 18f., vgl. dazu oben Anm. 72. *„Spiritaliter"* vgl. noch in V 11: 205 Z. 6 und V 44: 253 Z. 15. – *Figurare* = „bedeuten" findet sich zweimal im Zusammenhang der Interpretation von Naturerscheinungen, V 23: 230 Z. 7 (dort im Gegensatz zu *„significare"*), VI 34: 305 Z. 2. – Vgl. auch Teil IV Vorbemerkung, zur Anwendung exegetisch-typologischer Methode im Psalmenkommentar Gregors und in ›De cursu stellarum ratio‹.

106 Vgl. oben Anm. 94. Zu diesen sogenannten Vossianischen Antomasien des Stils *„novus Moyses"*, *„novus Constantinus"*, etc. vgl. Thürlemann: 90–94 (seine Liste: 90 Anm. 12). – Zur Bewertung der Empörung gegen den Vater vgl. auch den Psalmenkommentar Gregors, SRM I–2: 424 Z. 23, *„ad Absalon transiit, qui erat hostis patris sui, sicut Iudas Christi."*

107 Hist. V 14: 209f. Z. 19ff. – Zu der verbreiteten Sitte der *„sortes sanctorum"*, die in mehreren Konzilien scharf verurteilt wurden, vgl. gut J.-C. Poulin, Entre magie et religion. Recherches sur les utilisations marginales de l'écrit dans la culture populaire du haut moyen âge, in: La culture populaire au moyen âge, hrsg.

von P. Boglioni, Montréal 1979: 123–143, hier S. 135, der allerdings zu Unrecht meint, Gregor habe in dem erwähnten Beleg die Konzilsvorschriften selbst übertreten: Im Gegensatz zu den beiden folgenden Beispielen handelt es sich beim Vorgehen unseres Bischofs durchaus um „erlaubte" Bibelexegese.

108 Hist. V 14: 212 Z. 5 ff. Vor der Konsultierung der Schriften hatte Merowech drei Tage gefastet, gewacht und gebetet; als er die ihm ungünstige Aussage der Schriften erkannte, weinte er, was bedeutet, daß er sie nicht angezweifelt hat. – Das System der „Drei-Bücher-Interpretation" *(„propheticae, apostoli atque euangeliorum")* wird nach Hist. IV 16: 149 Z. 13 ff. von Klerikern der Kirche von Langres ebenfalls mit Bezug auf einen abtrünnigen Königssohn (Chramn) appliziert, dem aufgrund dieser Konsultation dann der Zugang zur Stadt verwehrt wird.

109 Besonders instruktiv dazu W. Blümer, Rerum eloquentia: christliche Nutzung antiker Stilkunst bei St. Leo Magnus, Frankfurt a. M. u. a. 1991: bes. 171–178. – Vgl. nun auch den Artikel „Antithese" von J. Villwock, in: Historisches Wörterbuch der Rhetorik, Bd. 1, Darmstadt 1992: 722–750, hier 731–736, wo der Zusammenhang von Antithese und Typologie (Antithese ist „Integral der typologischen Denkform") und die zentrale Bedeutung der Christusfigur deutlich gemacht werden.

110 De civitate Dei 11, 18, zitiert nach Blümer (wie Anm. 109): 175; im gleichen Text, den man als eine theoretische Grundlage der *„antitheta"* ansehen kann, findet sich auch der Hinweis auf die *„non verborum sed rerum eloquentia"*. In seiner Ep. 102, 6, 33 spricht Augustin von *„divina eloquentia"* (Blümer: 176).

111 Vgl. auch Thürlemann: 51, „Gregor hat nämlich auf wunderbare Weise begriffen, daß Geschichte erzählen eigentlich heißt, die Geschichte ohne eigenes Zutun sich selber erzählen zu lassen." – Die „wunderbare Weise" dürfte auf die literarische Ausbildung Gregors an den Väterschriften zurückzuführen sein; entsprechende Kenntnis von der Gattung der christlichen Historia wird noch am Beispiel Ottos von Freising deutlich, der sich in seinen eigenen, direkt an Augustin anknüpfenden Historien entsprechend äußert: *„Nemo autem a nobis sententias aut moralitates expectet. Historiam enim ... non disputantis more, sed disserentis ordine prosequi intendimus"* (›Chronica sive historia‹, wie Teil II Anm. 78, Buch II Prolog: 106 Z. 22–26).

112 Als Mittel der „Geschichtsdeutung" hat Felix Thürlemann vor allem den Gebrauch der *Rede* bei Gregor erkannt und herausgearbeitet: Diese kann als *„ornatus"*, anders als die feststehende *„materia"* der Geschichte, gestaltet und fingiert werden (ibid.: 36 ff. „Geschichtsschreibung als Paraphrase" sowie 106 ff. „Das Ethos der figurierten Rede"). Verfasser unterscheidet zwischen *Fremdrede* und *Eigenrede*, eine Terminologie, die wir uns zu eigen gemacht haben; nicht akzeptabel erscheint uns dagegen die von Thürlemann gemachte, grundsätzliche Unterscheidung eines historiographischen und hagiographischen Bereichs bei Gregor, wobei er die *Eigenrede* (als „Metadiskurs", der die Wahrheit des historischen Diskurses zu begründen versucht) dem hagiographischen Bereich zurechnet. Gerade solche Eigenreden aber haben wir als essentielle Bestandteile der wichtigen Quasiprologe der Historien erkannt: Buch V

Prolog, Buch VII 1 („*ego vero haec scribens vereor*...“, ibid.: 326 Z. 9f.), Buch VIII 1 („*O regem admirabili prudentia clarum*...“, ibid.: 371 Z. 4), sowie im „Epilog“ von Buch IV („*Et adhuc obstupiscimus et admiramur*...“, IV 48: 184 Z. 13). – Zur Bedeutung der wichtigen *Fremdreden* muß besonders auf die Fredegundisrede in V 34 verwiesen werden, die praktisch an den Prolog von Buch V anknüpft, ebenso auf die thematischen Reden Gunthchramns und seiner Heerführer in VIII 30. Die Disponibilität dieser Reden für den Autor zeigt sich etwa im Vergleich der identischen Episode von Hist. I 47 und GC 31, mit 10 Redeteilen im historischen Text und nur zwei im hagiographischen (Heinzelmann 1991: 248f. mit Anm. 47). – Unberücksichtigt ließ Thürlemann Kommentare Gregors, die nicht ausdrücklich in Redeform gehalten sind und die man tatsächlich als „Metadiskurs“ bezeichnen könnte: vgl. z. B. „*quod misericordia Domini non permisit*“ (Hist. VIII 44: 411 Z. 2) zu einem Mordversuch am „*bonus rex*“, oder „*Ideoque documentum sit haec causa clericis*“ (Hist. VIII 19: 386 Z. 2f.), als „die Moral von der Geschicht'“, etc.

Teil IV

1 Wenn Buchner 1: XVI schreibt, „Zwischen Schöpfung und Jüngstem Gericht sieht Gregor das Leben der Menschheit, die Geschichte der Welt eingespannt“, gründet sich der Satz allein auf den Beginn der Historien mit der Schöpfung und das Ende mit der Zählung der Weltjahre, nicht auf die Erkenntnis der rahmengebenden Thematik der Bücher I und X mit ihrem ekklesiologischen Gegenstand.

2 Riché, Education (wie Teil I Anm. 17): 317. – Während Gregor Hieronymus in den Historien mehrfach zitiert und wohl auch über die Chronik hinaus benutzt hat, bleibt sein Schweigen zu Augustin unerklärt, obwohl er ihn mindestens über Orosius gekannt haben muß; vgl. auch oben zur „*eloquentia rerum*“ und der von Gregor gehandhabten Exegese der Patristik, sowie Fort. Carm. V 3, Verse 39ff., wo Venantius Fortunatus in einem an Gregor adressierten Gedicht Augustin mit anderen Bischöfen als Vorbilder des Bischofs von Tours nennt, deren „*dicta*“ er erfülle! – Einige negative Stimmen zu Gregors patristischen Kenntnissen sind gesammelt bei Mitchell 1983: 83 Anm. 53 (McDermott, Laistner, Riché): die Liste ließe sich beliebig verlängern, wobei in erster Linie Vinay zu nennen wäre (Vinay: 21–32).

3 In diesem Sinn sogar noch Goffart 1988: 142, "... he repudiated philosophy in all its systematizing manifestations" (vgl. auch S. 143 zur allzu geringschätzigen Beurteilung von Gregors "theology"); de Nie: 209, "his handling of metaphors shows that Gregory prefers thinking in visual units to thinking in abstract categories", worauf sie auch Gregors mangelndes Interesse an "concrete causal connections" und an einer Struktur der Historien zurückführt. Zur Eigenschaft des «visuel» vgl. ausführlich Latouche 2: 20, der glaubt, Gregor habe Szenen «de la vie réelle» quasi gefilmt!

4 Vinay: 26, „Le frequenti discussioni che Gregorio deve sostenere con ariani ed

ebrei... non si tratta che di precisione verbale la quale non riposa su di una coscienza teologica attenta e sveglia e lascia quindi intravvedere, senza difficoltà eccessive, la sua sostanza incerta, sconnessa e alquanto povera."

5 Durchweg positiv zu Gregors Theologie ist die Kritik Ruinarts in der Einleitung zu seiner epochemachenden Gregoredition von 1699, vgl. PL 71: col. 51 (Nr. 59), bereits mit dem Hinweis auf die Sammlung von St-Maur (Anm. 7); vgl. auch die Benediktiner von St-Maur in ihrer ›Histoire literaire de la France‹ von 1735: 393f., «Soit qu'on ait égard aux principes généraux de la doctrine, soit que l'on considère en détail les points particuliers qui en font l'objet, rien n'est plus exact que ce qu'on en trouve dans les écrits de S. Grégoire.»

6 Mitchell 1983: 83ff. zu Hist. V 43, 86ff. zu V 44 und 114ff. zu X 13; vgl. auch allgemein 77ff. – Nicht zu vergessen ist der ausdrücklich christologische Standpunkt des Theologen und Historikers Gregor, der in der *„ecclesia Christi"* sowohl die moralischen Werte für seine Geschichtsdeutung als auch die Struktur des Aufbaus seiner ›Zehn Bücher‹ angelegt hat: Vor diesem Hintergrund muß die arianische Konzeption eines dem Vater untergeordneten Gottessohnes völlig unannehmbar erscheinen.

7 A 4 (Codex Veronensis), SRM I–^{2}1: XXV; die beiden Kapitel stehen zwischen Texten mit Osterpredigten. – Die drei weiteren Hss. sind A 3.3*.3 a; vgl. dazu SRM I–^{2}1: XXIVf. mit der wichtigsten Literatur. In der Hs. A 3 von St-Maur (CLA V: Nr. 528, datiert 800/816) stehen die Kapitel Gregors unter dem Titel ›Sententia de chronica‹, vgl. F. Maassen, Geschichte der Quellen und der Literatur des canonischen Rechts im Abendlande I, 1870: 613. – Zu einer weiteren, verlorenen Abschrift der Sammlung von St-Maur, geschrieben 793 in Laon, vgl. M. Heinzelmann, Grégoire de Tours, «Père de l'histoire française», Coll. de Reims 1993, ed. Société de l'Histoire de France [im Druck], Anm. 14; neben den gen. Kap. enthält sie Hist. VIII 30.

8 Zur Funktion der *„historiae"* bei der Ausbildung und Beratung von Königen vgl. Werner 1987: bes. 15ff. – Aufschlußreich ist auch etwa der Gebrauch einer kanonistischen Hs. durch Chilperich, der diese im Zusammenhang des Prozesses gegen Bf. Praetextatus an die bischöflichen Richter überstellt, *„transmittens librum canonum, in quo erat quaternio novus adnixus"* (Hist. V 18: 222f. Z. 24f.). Im gleichen Zusammenhang sagte Gregor selbst dem König: *„Habes legem et canones"* (ibid.: 220 Z. 2f.), wohl im konkreten Verständnis.

9 Brief des Fulbert von Chartres *„ad Robertum regem"*, in dem das ganze Kapitel Hist. VI 14 wegen seiner Deutung eines bestimmten Naturphänomens wiedergegeben wird; der Brief stellt die Antwort auf eine offizielle Anfrage des Königs dar, die gleichzeitig auch an Abt Gauzlin von Fleury gerichtet war, vgl. Werner 1987: 28f. – Zum Text des Briefes vgl. André de Fleury, Vie de Gauzlin..., ed. R.-H. Bautier und G. Labory, Paris 1969 (Sources d'histoire médiévale 2): 164–7.

10 SRM I–2: 424. Die Edition beruht auf 3 Hss., deren wichtigste (St-Aubin von Angers, 9. Jh.) die Einleitung und die Tituli enthält, die zweite, ein Cod. Vaticanus (Nr. 4228) vom 13. Jh., bringt nur die Einleitung, die heute verlorene Hs. aus St. Martin von Tournai bot nur kleinere Textfragmente. Bei

Überprüfung erwies sich die Angabe von Bordier und damit auch von Krusch zu dem Ms. aus Angers als falsch; aufgrund des Inzipitkataloges des I. R. H. T. (Paris) ließ sich die korrekte Angabe ermitteln: Bibl. Angers 275 (266) f° 197 v°.

11 Vgl. Krusch in SRM I–2: 423, „Rationem in Psalterio commentando Gregorius satis simplicem iniit, cum Psalmos omnes de Christo interpretatus sit." Der Text, auf den sich Krusch bezieht, wäre nach Vollmann (wie Einführung Anm. 16): 897 (mit Verweis auf P. Salmon, Les ‹tituli psalmorum› des manuscrits latins, Rom 1959: 135–7) gar nicht von Gregor. – Zu Mabillons Identifizierung vgl. Ruinart (PL 71: 37 f.), der ibid. auch die Behandlung des Kommentars durch Walahfrid Strabo, De rebus ecclesiasticis cap. 25 erwähnt.

12 Vgl. besonders ibid.: 424 Z. 29, *„Sed nec hoc sine mysterio arbitror esse . . ."*. Nach der Gregorkonkordanz (wie Einführung Anm. 12): 926 beginnt Gregor in den Historien 29mal mit *„Sed nec"*, besonders Hist. I 4 *„sed nec hoc ambigo"*, V 49 *„sed nec hoc sileo"*, IV 49 *„sed nec hoc sine beati Martini fuisse vertutem"*. Die persönliche Form *„arbitror"* benutzt der Autor 3mal in den Historien, 8mal im übrigen Werk (VJ 21, VM I 39, VP II 4. XI 2. IX Prol. XVI 4. XVII Prol., De cursu stellarum ratio 30). Auch die entsprechende Form *„ut opinor"* (ibid.: 424 Z. 30) ist sehr „gregorianisch": 7mal wird sie in den Historien gebraucht (Konkordanz: 700), 3mal in der Hagiographie: VM III 35, VP XI 3, GC 38. In dem kurzen Text sind noch weitere Ausdrucksweisen und Typologien charakteristisch für die Diktion und Methode Gregors, vgl. z. B. Teil III Anm. 106. – Es ist anzumerken, daß die Gregor vielleicht zu Recht abgesprochenen „Tituli", die nur in einer der beiden Hss. zu finden sind (vgl. Anm. 10), noch keine sichere Zuweisung gefunden haben; die starke christologische Ausrichtung dieser Titel könnte schon für Gregor ein Grund gewesen sein, diese in seinen Text aufzunehmen, wenn das nicht erst im 8./9. Jh. geschehen ist.

13 Hist. II 22: 67 Z. 29 f., *„Quod in praefatione libri, quem de missis ab eo compositis coniunximus, plenius declaravimus."*

14 Zu der in beneventanischer Minuskel geschriebenen Hs. Bambergensis des 8. Jh. (CLA VIII: Nr. 1029) und zur Geschichte der Edition vgl. Krusch in SRM I–2: 404–7; die Edition ibid.: 407–422; aus der gleichen Zeit stammt das Fragment einer in Salzburg entstandenen Hs., CLA X: Nr. 1510. – Zum Werk vgl. Vollmann (wie Einführung Anm. 16): 896 und zuletzt am besten W. Bergmann, W. Schlosser, Gregor von Tours und der „rote Sirius". Untersuchungen zu den astronomischen Angaben in ›De cursu stellarum ratio‹, Francia 15, 1987: 43–74. Zu den liturgischen Aussagen der Schrift vgl. auch die Thèse de doctorat des Abbé Jean des Graviers am Institut Catholique de Paris, 1933, die durch frdl. Vermittlung von Jean Vezin eingesehen werden konnte: ›La liturgie dans les œuvres de Grégoire de Tours‹, bes. ibid.: 115–118 (L'office de nuit d'après le De cursu stellarum).

15 Bergmann/Schlosser (wie Anm. 14): 48 f. setzen den Übergang des ersten zum zweiten Teil wohl mit Recht (vgl. bes. ibid.: Anm. 33) in die Mitte von Kapitel 16, vgl. SRM I–2: 413 Z. 8. – Zu den Sternbildzeichnungen und -be-

schreibungen Gregors, bei denen sich der Bischof auf eigene Beobachtungen und nicht auf die traditionellen Schilderungen des Genres stützte, vgl. ibid.: 55–62; die beiden Autoren, also auch der Astronom W. Schlosser, haben Gregor als „exakten Beobachter" beschrieben, der seine Erfahrungen aus eigenen Beobachtungen gewonnen hat, ibid.: 69f.

16 SRM I–2: 420 Z. 8–10 (Kap. 35), „*Scripsimus de ortis vel occasibus sive cursibus stellarum, pauca signa . . .; nunc ea pandimus, qualiter ad officium Dei observandum possit devotio humana consurgere.*"

17 Vgl. Anm. 16. In Kap. 36 vgl. z. B., „*quinque psalmis in Dei laude concinere in antyphonis potest*", oder: „*si vigiliam perpetim celebrare volueris . . .*"; Kap. 43 (ibid.: 421 Z. 20) „*si tardius consurgere volueris, observabis . . .*", etc. – Vgl. auch des Graviers (wie Anm. 14): 116, «C'est que ce qui précède revêt un certain caractère facultatif . . .» Nach Bergmann/Schlosser (wie Anm. 14): 63f. wäre ein Zusammenhang der Schrift Gregors mit der Ordnung des Konzils von Tours im Jahr 567 gegeben, wo in Kanon XIX eine Vorschrift der Psalmodie in St-Martin und anderen Kirchen (des Metropolitanverbandes) von Tours gegeben wird, vgl. MGH Conc. I: 127 (dazu auch Pontal: 134); diese Ordnung, die durch ihre strenge Verbindlichkeit *(„id statuimus observandum")*, durch die Nennung der Adressaten *(„in ecclesiabus nostris")* sowie durch den ausführlichen Strafenkatalog (ibid.: Z. 14–18) sich von ›De cursu stellarum ratio‹ deutlich unterscheidet, betrifft im übrigen ausschließlich die „*reverentia domni Martini*", ist also Martinsliturgie.

18 ›De cursu . . .‹ Kap. 35, wie Anm. 16. – Zum angesprochenen Publikum vgl. auch des Graviers (wie Anm. 14): 118, «A qui était-il (scil. De cursu . . .) destiné? A des chefs de communauté certainement qui avaient la responsabilité de donner le signal des Matutini. Evêques, prêtres de campagne, abbés de monastère? Je ne saurais préciser.»

19 Zur typologischen Denkweise Gregors als unverkennbares Indiz seiner professionellen theologischen Ausbildung vgl. Teil III Zusammenfassung und ibid. Anm. 69. – Die Methode typologischer Deutung der Psalmentexte hinsichtlich ihrer christologischen Bedeutung ist in der Einführung zum Psalmenkommentar der eigentliche Gegenstand des Werkes, vgl. den Anfang SRM I–2: 424 Z. 3f., „*Denique psalmi, qui fugam persecutionemque David explicant, percipiunt persecutionem passionemque dominicam*"; erstaunlich ist die Anwendung der Methode bei der Beschreibung der von Gott geschaffenen „Weltwunder" in ›De cursu stellarum‹, Kap. 9–16. Vgl. zum letzteren auch de Nie: 347 (Stellenverzeichnis), bes. 71ff.; wo wir selbst die Auswirkungen der theologischen Ausbildung Gregors erkennen, spricht de Nie von der besonderen Fähigkeit Gregors, „in Bildern zu denken", vgl. unsere Rezension in MJb 26, 1991: 307–310.

20 Fort. Carm. IX 6, Verse 5f., „*cum cupiam, talem qualis fuit ille Nazanzo / Gregorium ut repares dogmate, sede parens*". – Zu einer vergleichbaren, d. h. wenig Interesse verratenden Haltung Gregors im Bezug auf Liturgie als solcher vgl. des Graviers (wie Anm. 14): 1ff.

21 Hist. I 23, „*De die resurrectionis dominicae*", I 24 „*De ascensione Domini et*

de interitu Pilati atque Herodis"; im „*interitus*" ist das Gericht und die letzte Verurteilung schon vorweggenommen, vgl. Teil III Anm. 94. Vgl. auch die schematische Darstellung der typologischen Bezüge des ersten Buches oben in Teil III Zusammenfassung.

22 Zur exegetischen Funktion des Tempels als Leib der Gläubigen oder „Leib Christi" = „Kirche", vgl. H. Langenberg, Biblische Begriffskonkordanz, Metzingen 6. Aufl. 1984, s. v. Gemeinde: 182ff., bes. 185f. Zum *historischen* Verständnis von „Kirche" als „Leib Christi" vgl. S. Wiedenhofer, Das katholische Kirchenverständnis. Ein Lehrbuch der Ekklesiologie, Graz–Wien–Köln 1992: 131–137. Zum Christ als *Gründer* des christlichen Glaubens und der Kirche vgl. W. Speyer, Gründer, in: RAC, Bd. XII, 1983: 1147–1148.

23 Hist. I 1: 5 Z. 20f. „*Dominus caelum terramque in christo suo ... formavit*"; zur Verbindung der Schöpfung mit der Person Christi vgl. Langenberg (wie Anm. 22): 112f. s. v. Erneuerung; zur Theologie der Schöpfung vgl. H. Reinelt, L. Scheffczyk, H. Volk, Schöpfung, in: Handbuch theologischer Grundbegriffe, hrsg. von H. Fries, 2 Bde. München 1962–1963, Bd. 2: 494–517.

24 Hist. I 1: 5 Z. 24–6 Z. 1, „*primus homo Adam, antequam peccaret, tipum Redemptoris domini praetulisset. Ipse enim in passionis sopore obdormiens, de latere suo dum aquam cruoremque producit, virginem inmaculatamque eclesiam sibi exhibuit, redemptam sanguine ...*"

25 Nach der Gregorkonkordanz (wie Einführung Anm. 12): 54–55 (*aec[c]lesia, -e*, etc.), 287–289 (*ec[c]lesia, -e*, etc.). – Vgl. auch „*ecclesiasticus*" *(aecl-, ecl-)*, das sich hauptsächlich auf Sachen bezieht: „*domus eccl.*" (7mal), „*res*", „*ornamenta*"; Personen: „*sacerdotes*", „*nuntius*"; zur Institution: „*officia*", „*ditio*" (vgl. auch „*dominatio aeclesiae*" Hist. VII 22), „*gradus*", „*ordo*"; zum Kult gehörend: „*consuetudo*", „*dogmata*", „*mystiria*", „*scriptura*" (2mal); besonders aufschlußreich: „*communio*" erscheint nur einmal im Zusammenhang mit „*ecclesiasticus*" (Hist. V 32), aber 24mal ohne die zusätzliche Präzisierung. Erwähnenswert ist „*stilus aeclesiasticus*" (Hist. VIII 20), „*in hereditate culturae ecclesiasticae*" (Hist. IX 39: 461 Z. 3, aus einem Fremdtext), und Gregors Werktitel „*de Cursibus ecclesiasticis*" (Hist. X 31).

26 Deshalb kann Gregor auch als Ketzerei definieren, also als gegen Gott gerichtete Handlung, wenn der Bischof „*in ecclesiam*" keinen Gehorsam findet (Hist. II 23: 68 Z. 17f., vgl. Teil III Anm. 81): Die hier herangezogene „Kirche" ist sowohl eschatologisch als auch als Bischofskirche zu verstehen!

27 Vgl. Teil II.6. Die im Bischofsgericht („*tribunal ecclesiae*": Hist. X 15) versammelten Prälaten erscheinen in Hist. X in den Kapiteln 8, 15–17, 19–20; vgl. auch Mitchell 1983: 218, "The entire tenth book of the Historiae could, in fact, be considered to be like the exhortation on the judgement ..."

28 Diese Episode des Jahres 576, über die ebenfalls Venantius Fortunatus (mit bedeutsamen Nuancen) berichtet (Fort. Carm. V 5), ist in der Literatur immer wieder aufgegriffen worden, vgl. unter vielen anderen zuletzt W. Goffart, The Conversions of Avitus of Clermont, and Similar Passages in Gregory of Tours, in: "To see ourselves as others see us". Christians, Jews, "Others" in Late Antiquity. Ed. by J. Neusner and E. S. Frerichs, Chico 1985: 473–497, sowie

D. Claude, Gregor von Tours und die Juden: Die Zwangsbekehrung von Clermont, HJb 111, 1991: 137–147.

29 Vgl. Zitat unten Anm. 49. – Vgl. auch Gregors Psalmenexegese, SRM I–2: 424 Z. 11 f., „*In consummatione vel dedicatione tabernaculi* (= Psalm 99,1) *perfectio eclesiae intellegitur.*“

30 Der Begriff „*catholicus*“ erscheint bei Gregor stets – in den Historien 35mal! – in einem antihäretischen Zusammenhang; als Adjektiv bezieht er sich 12mal auf „*fides*“, 6mal auf „*lex*“ (einmal „*disciplina*“), 2mal auf „*religio*“, 3mal auf „*rex*“ oder „*princeps*“, allem voran aber auf Gregor selbst im Prolog zu Buch I: 3 Z. 13, „*ut qui legerit me non dubitet esse catholicum*“.

31 Zu einem historischen Kommentar der Mission der „Sieben“ vgl. Pietri 1983: 17–30; unberücksichtigt bleibt bei ihr aber das gregorianische Konzept, das gerade aus dem Umstand deutlich wird, daß hier Gregor die römischen Bischöfe als die (wahrscheinlichen) Veranstalter der Mission überhaupt nicht nennt.

32 Vinay: 25, „Gregorio è si cattolico, ma questa sua cattolicità sembra avere ai sui occhi un valore esclusivamente dogmatico come opposizione all'eresia specialmente ariana, una chiesa cattolica invece, egli non riesce più a vederla, l'idea dell'universalità gli è negata. Quello que gli importa sono le ‚ecclesiae', plurale que ritorno ad ogni passo, senza aver peraltro neppur esso un significato esclusivo.“

33 Hist. VI 46: 320 Z. 16, „*testamenta, quae in eclesias conscripta erant*“. Das Gegenteil zum Kirchenhaß Chilperichs ist die Kirchenliebe König Gunthchramns, vgl. Hist. VIII 30: 359 Z. 24 „*amor in aeclesiis*“. – Regelmäßig steht der Plural für die Formel „an die Kirche schenken“: Hist. III 10. 25, IV 24. 48, VI 20 („*ditatur* [*-or*] *eclesiarum*“). 45. 46 („*testamenta in eclesias conscripta*“), VII 7 („*testamenta … quae eclesias haeredes instituerent*“), IX 20. 35, X 31 (S. 531 Z. 12), etc.

34 Hist. V 44: 253 Z. 5, ebenso VI 40: 311 Z. 5; vgl. dazu auch Vinay: 22 f. – E contrario wird die besondere Bedeutung des Kirchenbegriffs im Singular erhellt, wenn König Gunthchramn seine Bischöfe wie folgt anspricht: „*ego provocare vos semper tamquam aeclesiae patres studui …*“ (Hist. VIII 2: 372 Z. 14 f.); als „*patres ecclesiarum*“ wären sie nur Teile seines Reichs und Untertanen, als „*patres aeclesiae*“ hat er ihnen eine besondere Stellung eingeräumt.

35 Vgl. neben den ebenfalls gezielt eingesetzten „*ecclesia Dei*“-Belegen, einige wenige personenbezogene Zeugnisse des Typs „*filia ecclesiae*“ unten Teil IV.1.b. – Die „*eclesia magna*“ (nach Luther: „große Gemeine“) von Hist. II 34 bezieht sich auf Psalm 35,18; zur „*universalis aeclesia*“ von Hist. IV 42: 474 Z. 1 vgl. unten Anm. 44.

36 Hist. II 23: 68 Z. 17 f.; vgl. auch Teil III mit Anm. 81. Das Thema der Orthodoxie, in erster Linie der orthodoxen Haltung der Könige (zwischen den antithetischen Athanerich und Chlodwig), hatten wir ja als Hauptthema von Buch II identifiziert, das im ersten Kapitel mit dem die Orthodoxie verletzenden Verhalten der Turoner Bevölkerung gegenüber ihrem Bischof (Brictius) einschlägig präsentiert wird.

37 Im gleichen Zusammenhang der verfolgten Kirchen (und damit der Verfol-

gung der eschatologischen Kirche) vgl. Hist. II 4 (2 Belege), V 36 (*„contra sacerdotes vel ecclesias Dei"*), IX 15; vgl. auch V 3. – Der Singular *„eclesia Dei"* erscheint in dem von einem Arianer zitierten westgotischen Diktum (Hist. V 43: 252 Z. 2), im Fluch des hl. Quintian *„non surgit de stirpe Hortinsi, qui regat ecclesiam Dei"* (Hist. IV 35: 167 Z. 36); Hist. VI 13: *„heredem institueret Dei ecclesiam"*, was sich sowohl auf die Kirche von Tours als auch auf „die Kirche" bezieht; Hist. II 34: 83 Z. 1, wonach die Briefe des Bfs. Avitus von Vienne *„eclesiam Dei aedificant"*, d. h. die Gläubigen erbauen.

38 Hist. II 3: 41 Z. 4–42 Z. 2. In den B-Hss. ist der Brieftext nicht enthalten, wodurch der einleitende Satz *„epistolam ... hoc modo transmisit:"* seinen Sinn verliert. – Die in Hist. II 3 berichteten Ereignisse werden zum Teil auch von Victor von Vita, ›Historia persecutionis Africanae provinciae‹ (MGH AA III–1) wiedergegeben, ohne daß direkte Bezüge deutlich würden; dennoch scheint uns eine Benutzung durch Gregor wahrscheinlich, nicht zuletzt auch wegen der *„ecclesia Dei"*-Bezüge im Zusammenhang mit dem hl. Bf. Eugenius (ibid. II 6: 14 Z. 26; II 38: 21 Z. 25); auch Victor von Vita hat einen Originalbrief des Eugenius in seinen Text inseriert (II 41. 42: 22f.), der aber nicht der Gregors ist. – Eugenius war Bf. von Karthago von 481 bis 505, als er in der Verbannung im gallischen Albi starb; zu ihm vgl. auch GM 57. Die genauen historischen Umstände, unter denen der Brief geschrieben wurde, bleiben ungewiß: Wie auch sonst hat Gregor keinen besonderen Wert auf die faktische Verknüpfung der Ereignisse gelegt; sein relatives Desinteresse an den objektiven Gegebenheiten der wandalischen Geschichte wird auch von seiner fehlerhaften Vorstellung von der wandalischen Königsnachfolge bestätigt (SRM I–^{2}1: 39 Anm. 2–4 und 40 Anm. 2).

39 Hist. II 3: 41 Z. 7–11, *„Et ideo ne abiens a vobis ecclesiam Dei in ambiguo, hoc est in suspenso, dimitterem, aut oves Christi non verus pastor silentio reliquissem, necessarium duxi has pro me vicarias vestrae dirigere sanctitati, in quibus non sine lacrimis peto, hortor et moneo et satis abundeque obtestor per Dei maiestatem et per tremendum iudicii diem atque adventus Christi terribilem claritatem, ut fixius teneatis catholicam fidem ..."* Buchner 1: 65 Z. 22f. übersetzt *„vestrae sanctitati"* richtig mit „an euch, ihr Heiligen Gottes".

40 Ibid.: 41 Z. 24f., *„quia adversus eos* (scil. die wandalischen Ketzer) *legentur litterae istae ante tribunal Christi, cum venerit reddere unicuique secundum opera sua"*. – Zum *„tribunal"* vgl. oben Teil II Anm. 85.

41 Vgl. oben Teil II Anm. 77. – Aufschlußreich ist das Unverständnis bei Vinay: 24–26 gerade hinsichtlich der Auslassungen des römischen Stuhls und der Petrusideologie im Kirchenverständnis Gregors, vgl. ibid.: 25, „In altri tempi e con altri uomini potremmo sospettare una latente opposizione gallicana al primato romano ..." Ibid.: 25 Anm. 6 meint Vinay, daß der Beleg für die römische *„ecclesia Dei"* (von Hist. X 1) unter 100 Belegen für *„aeclesiae Dei"* stehe, bringt aber nur zwei Beispiele. Tatsächlich lassen sich in den Historien nur 12 entsprechende Belege (Singular und Plural) nachweisen, die nicht ausschließlich mit einer bestimmten Bischofskirche identifiziert werden können, vgl. Anm. 37.

42 Hist. X 31: 526 Z. 5f. Vgl. auch oben in unserer Darstellung der Kirchenty-

pologie von Buch I die Bedeutung der – allerdings vom römischen Zusammenhang gelösten – „Mission der Sieben" (Hist. I 30) für die Kirchenkonzeption Gregors. – Zu der sehr wahrscheinlichen Fiktion des Catianus als erster Bischof von Tours vgl. Teil II Anm. 80.

43 Hist. IX 42. – Die formale Symmetrie ist beeindruckend: Hist. II 3 ist das dritte Kapitel des zweiten, IX 42 das drittletzte Kapitel des zweitletzten Buches; in beiden Fällen handelt es sich um umfangreiche Briefe von als Heiligen anerkannten Personen. Vgl. auch oben S. 67 (mit Anm. 71) zur Bedeutung der doch relativ selten angewandten Methode der Überlieferung vollständiger Fremdtexte.

44 Der im Brief benutzte Ausdruck *„universalis aeclesia"* (Hist. IX 42: 474 Z. 1) mutet augustinisch an; bei Gregor kommt er sonst nicht vor. Vgl. auch im gleichen Brief die Bezeichnung der Bischöfe als *„patres generales"* (ibid.: 470 Z. 6 f.).

45 Vgl. oben Anm. 22. Zur Kirche speziell als „Gemeinschaft der Heiligen": J. Schmid, Y. Congar, H. Fries, H. Küng, Kirche, in: Handbuch der theol. Grundbegriffe (wie Anm. 23) 1: 790–827, hier 792 f., 794 f., 802, 815. Vgl. ibid. auch den Artikel „Gemeinschaft" von J. Höffner (1: 462–468) sowie von H. Langenberg (wie Anm. 22) die Artikel „Gemeinde", „Gemeinschaft" sowie „Heiligkeit, Heiligung, heilig, heiligen" ibid.: 182 ff., 190 ff., 247 ff. (bes. 254–256 zu Menschen als Heiligen). – Einer späteren Untersuchung vorbehalten bleibt besonders das Verhältnis von Gregors *„ecclesia"* zur *„civitas Dei"*-Konzeption Augustins, die sich für die Historien eines Otto von Freising so entscheidend erwiesen hat (vgl. Teil II Anm. 78).

46 Orosius, Hist. adv. paganos I 1, 10. Vgl. dazu auch Augustin, De civitate Dei X 30, *„alternante ... beatitate et miseria"* und ibid. XI 4, *„Si autem semper quidem per saecula retro infinita cum beatitudine alternasse animae miseriam ..."* (Auseinandersetzung mit den Neuplatonikern).

47 Ausgehend von der gegenseitigen Beziehung der beiden Ebenen, die in der typologischen Exegese angelegt ist, wird man auch grundsätzliche Nuancen an den beiden genannten, für die Gregorinterpretation wichtigen Arbeiten anbringen: Während Goffart durch die En-bloc-Behandlung des hagiographischen Elementes (vgl. bes. ibid.: 135 f.) die starke Hierarchisierung der Heiligen und der ihrer Heiligkeit zugrundeliegenden Tugenden (Werte) übersieht, überschätzt Mitchell die soziale Rolle der Heiligen und die Erwartungen Gregors von den Möglichkeiten der irdischen Gegenwartsgesellschaft, da sie sowohl „die Kirche" (Mitchell 1983: 176, "the institution itself was human") als auch „die Geschichte" (ibid.: 170, "Gregory had always considered history to be a human phenomenon") nicht in ihrer übergeordneten Eigenschaft als eschatologische Konzepte erkennt.

48 Zu den Erwartungen, die an diese Rolle Martins geknüpft wurden, vgl. in den Martinsschriften Gregors am besten die Schlußkapitel des 2. und 3. Buches (VM II 60, III 60) und besonders der Prolog von Buch IV.

49 Hist. I 15: 15 Z. 8–10, *„Ipse enim* (scil. Christus) *sibi in nobis templum ... constituat, in quo* fides *ut aurum luceat, in quo* eloquium praedicationis *ut ar-*

gentum splendeat, in quo omnia visibilis templi illius ornamenta in nostrorum sensuum honestate *clariscant.*" Vgl. auch oben mit Anm. 29.

50 Hist. I 20: 17 Z. 8–13, „*Domino autem Deo nostro Iesu Christo paenitentiam praedicante, baptismi gratiam tribuente vel caelestem regnum cunctis gentibus promittente atque prodigia et signa per populos operante, hoc est dum de aquas vina profert, dum febris extinguit, dum caecis lumen tribuit, dum sepultis vitam restituit, dum obsessos ab inmundis spiritibus liberat, dum leprosos miserabili turpentes cute reformat, haec dum alia multa signa faciens manefestissime se Deum populis esse declarat* ..." – Die Anknüpfung an die Christuswunder wird beispielsweise in VM II 10 deutlich, wo eine Frau durch die Berührung der „*palla*" des Martinsgrabes vom Blutfluß geheilt wird: „*qualiter velut ex veste Redemptoris nostri ad beatum sepulchrum* (scil. Martins) *fluxus sanguinis sit siccatus*" (zur „*vestis*" Christi vgl. GM 20). Zu den Christuswundern vgl. auch das hierarchisch gegliederte Werk GM, wo in Kap. 2 diese Wunder detaillierter wiedergegeben werden.

51 Hist. I 39; es folgt: Kampf gegen Heiden („*fana distruxit*"), Häretiker („*heresem oppraessit*"), Bau von Kirchen und drei Totenerweckungen. – Die Anknüpfungen an den Text von I 20 (Anm. 50) in unserem Zitat: „*praedicare*" (vgl. dazu bes. das „*eloquium praedicationis*", wie Anm. 49), „*Deum in populis declarans*", „*incredulitas gentium avertit*" und die Wundertätigkeit, deren Höhepunkt die Erweckung von *drei* Toten darstellt (*drei* Tote hatte auch der Christ nach GM 2 zum Leben erweckt!).

52 Hist. IX 39, das Zitat ibid.: 461 Z. 13 f. – Zu den Inschriften der Perpetuusbasilika, die Martin als Apostel feiern und mit Petrus in Parallele bringen, vgl. Pietri 1983: 818, 820, 821 und ibid.: 809 Inschrift Nr. 15 Z. 1 „*apostolus actu*". Zur Bedeutung von Bischofsgremien in der Kirchenvorstellung Gregors vgl. oben Teil II.6; daß Gregor in dem Brief der sieben Bischöfe einen Zusammenhang mit den „*septem viri episcopi ordenati ad praedicandum in Galliis*" (Hist. I 30) gesehen hat, ist nicht auszuschließen.

53 Zu diesem „Weg" vgl. ausführlich Gregors Prolog der VJ (SRM I–2: 113), „... *Per hanc viam Abel iustus suscipitur* ... *Per hanc viam apostoli diriguntur, martyres beati glorificantur.*" Und um fortzufahren: „Auf welche Weise fragst Du? Durch Krankenheilungen, Totenerweckungen, Verachtung des Gegenwärtigen, Anstrebung des Zukünftigen, spüren sie keine Tortur und erreichen den Himmel."

54 Hist. I 10: 13 Z. 1, „*qui maiore aetate convertuntur*" (vgl. auch den Hieronymuskommentar zur Stelle: SRM I–^{2}1: 13 Anm. 1). – Zum Text vgl. auch VP XX Prolog (SRM I–2: 291 Z. 7 ff.) „*Eclesia fidelis* (die eschatologische Kirche = christliche Gesellschaft) ... *licet de his teneat maximum gaudium, quod hi qui ab initio aetatis religiosam vitam ducentes pervenire meruerunt perfectionis ad portum, tamen et de his* ... *laetatur, quod conversi a saeculo opus inchoatum valuerunt perducere* ... *ad effectum.*"

55 Hist. X 13: 499 Z. 10 f. – Vgl. auch die „*retributio sanctorum*" in Gregors Psalmenkommentar SRM I–2: 424 Z. 8.

56 Hist. IV 34. – Zum Sprachgebrauch von „*sanctus*" im 6. Jh. vgl. Heinzelmann

1976: 124 mit Anm. 170 (Lit.); zur theologische Begrifflichkeit oben Anm. 45 und den Artikel „Heiligkeit" im Handbuch theol. Grundbegriffe (wie Anm. 23) 1: 653–662. Zur Definition von *„sanctitas"* vgl. auch Anm. 58.

57 Hist. I 34: 26 Z. 8, (Chrocus) *„poenas, quas sanctis Dei intulerat, luens"*; Hist. I 41: 28 Z. 6, (Valens) *„ultio divina ob sanctorum effuso sanguinem ..."* (der Kaiser hatte *monachi* zum Kriegsdienst gezwungen); Hist. II 3: 40 Z. 11 f., (Trasamund) *„post scelera, quae in sanctis Dei exercuit"*.

58 Hist. IX 42: 472 Z. 11 f. – Eine anschauliche Beschreibung dieses *„propositum"* (vgl. auch VP Prolog, SRM I–2: 212 Z. 18) gibt Gregor Hist. V 20: 228 Z. 25–27, wo von Bischöfen gesprochen wird, die „Heiligkeit" nur zeitweise ausgeübt haben: *„... numquam a psallentio cessare, celebrare ieiunia, aelemosinas exercere, librum Daviticí carminis explere per diem, noctesque in hymnis ac lectionibus meditando deducere. Sed non diu haec sanctitas inlibata permansit."* – Die wichtigste Voraussetzung der *„sanctitas"* ist im Grund eine antimaterialistische Einstellung, vgl. die charakteristische, antithetische Kennzeichnung des hl. Bfs. Salvius als *„magnae sanctitatis* minimaeque cupiditatis, *aurum numquam habere volens"* (Hist. VII 1: 327 Z. 1 f.).

59 In den Historien ist *„migrare"* der übliche Ausdruck für den „guten", christlichen Tod (51 Vorkommen); 8mal findet sich *„migrare ad Christum* (oder: *Dominum*)", 2mal *„migrare ad caelum (caelos)"*; daneben sind die häufigsten Formeln *„migrare a saeculo"* (9mal) und *„ab (de) hoc mundo migrare"* (9mal); vgl. auch *„tempus migrationis"* (2mal); Gregorkonkordanz (wie Einführung Anm. 12): 620.

60 Dazu ausführlich der Prolog zum VP, SRM I–2: 212 Z. 14 ff. und 25 ff., sowie VP II 2 (SRM I–2: 219 f.): *„quia magis proficit ad laudem virtus egressa de tumulo, quam ea quae quisquam vivens gessit in mundo."* – In diesem Sinn vgl. die Worte des Abtes jenes heiligmäßigen Mönchs aus Bordeaux (oben mit Anm. 56): *„Oportet enim te, fili, in timore et servitio Dei humiliter crescere, non prodigiis atque virtutibus gloriari"* (Hist. IV 34: 167 Z. 21 f.). Einschlägig sind auch die eigenen Erfahrungen Gregors, der nach Hist. V 21 den heiligmäßigen Winnocus in seinen Klerus aufnahm, der dann kaum zehn Jahre später als Säufer im Delirium tremens endete (Hist. VIII 34).

61 Vgl. A. Blaise, Le vocabulaire latin des principaux thèmes liturgiques, Turnhout 1966: 452, «l'édification», mit den entsprechenden Bibelstellen; vgl. ebenfalls ibid.: 348 «le corps mystique», vor allem wegen der Verbindung mit der Idee vom *„corpus Christi"*, nach Eph 4,12 *„in aedificationem corporis* Christi". – Eine hervorragende Zusammenstellung aller einschlägigen Stellen vgl. im: ThLL, Bd. I, s. v. *aedifico*, II [translate], ibid.: col. 926–927.

62 Hist. II Prol., *„mixte confusaeque tam virtutes sanctorum quam strages gentium memoramus"*; vgl. dazu oben Teil III.2.b.

63 GC 30, SRM I–2: 56 Z. 10 f., *„quia aedificatio est eclesiae gloria martyrum virtusque sanctorum"*.

64 In den Büchern über die Wunder der Märtyrer, der Bekenner, des hl. Julian, des hl. Martin (4 Bücher), nimmt Gregor nur zweimal grundsätzlich Stellung zur *„aedificatio"*, in beiden Fällen aber eher unter ihrem literarischen Aspekt

(dazu auch Anm. 63): VM II 19 (SRM I–2: 165 Z. 32–36), „... *historia, quae ad aedificationem eclesiae pertenet, postposita verbositate, brevi atque simplici sermone texatur* ...“, und vor allem der Prolog des Märtyrerbuches (GM, SRM I–2: 37 f.), wo sich Gregor im Anschluß an den berühmten Traum des Hieronymus aus dem Brief an Eustochium (Ep. 22,30) von den Themen der heidnischen Literatur distanziert und nur schreiben und sprechen will, „*quae eclesiam Dei aedificent*“.

65 Vgl. Gregors Werkkatalog (Hist. X 31: 535 Z. 20), „*Decem libros Historiarum, septem Miraculorum, unum de Vita Patrum scripsi* ...“; die richtige Reihenfolge vgl. wohl eher im Prolog von GC (SRM I–2: 298 Z. 18 f.), „... *Septimum* (scil. *librum*) *de quorundam feliciosorum vita. Octavum hunc scribimus de miraculis confessorum* ...“ – Zum Titel des VP vgl. auch dessen Prolog, SRM I–2: 213 Z. 1 f., „... *in hoc, quod vita sanctorum* (sic) *vocitare voluimus.*“

66 Hist. Praefatio prima: 1 Z. 12 f., Hist. II Prol.: 36 Z. 9 f.; der negative Teil der Antithese wird jeweils von den „*certamena flagitiosorum*“ oder „*excidia miserorum*“ repräsentiert, die in der Hagiographie nur funktional, also bei der Illustration des Triumphes der Heiligen Gottes, Berücksichtigung finden; dadurch ist der Anspruch der Historien umfassender als der der hagiographischen Literatur. – Zu den Skrupeln Gregors bezüglich des Berichtens über das Leben der Heiligen vgl. oben mit Anm. 60; aus diesem Grund (der Bestätigung der „Heiligkeit“) hat er in den 20 Biographien des VP dort, wo er konnte, auch die posthumen Wunder aufgezeichnet.

67 SRM I–2: 212 Z. 23 f., „*melius dici vitam patrum quam vitas, quia, cum sit diversitas meritorum virtutumque, una tamen omnes vita corporis alit in mundo.*“ Vgl. dazu auch die Ausführungen von Hist. I 10 über die Vielfalt der Verdienste, die zu einem Leben führen, da nicht alle gleichermaßen und auf einem einzigen Weg das Ziel erreichen können (Hist. I 10: 12 Z. 19).

68 Vgl. Anm. 22. – Vgl. auch den Kommentar von E. James, Gregory of Tours: Life of the Fathers, Liverpool ²1991: XIV, mit dem Beleg, daß spätere Hagiographen mit dem Hinweis auf das *eine* Leben aller Heiligen im Christ auch ohne sichere Nachrichten Heiligenleben und die entsprechenden Wunder konstruieren konnten.

69 VP XVI Prolog, SRM I–2: 274 Z. 14 ff., „*Unde vigilanter incessanterque debet investigare mens humana sanctorum vitam, ut hoc provocata studio, accensa exemplo, ad ea semper extendatur quae Deo novit esse acceptabilia* ..., *quo facilius purgata mens cogitatione, eloquio, actione, cogitaret sancta, loqueretur iusta, operaretur honesta.*“ – Vgl. auch VP IV Prol. (224 Z. 4 f.), VP IX Prol. (252 Z. 20 ff.), VP X 1 (256 Z. 9 f.), VP XIX Prol. (286 Z. 10 ff.), VP XX Prol. (291 Z. 7 f.).

70 B. de Gaiffier, Hagiographie et historiographie. Quelques aspects du problème, in: La storiografia altomedievale (Settimane di studio del Centro italiano di studi sull'alto medioevo, 17), Spoleto 1970: 140; vgl. auch F. Lotter, HZ 229, 1979: 307, „Im Gegensatz zur Historiographie verfolgt die Hagiographie die Absicht, ... Heilige und ihre Kulte (zu) propagieren, etablieren und stabilisieren.“ – Schon 1973 haben wir in einem Beitrag über ›Neue Aspekte der biogra-

phischen und hagiographischen Literatur in der lateinischen Welt (1.–6. Jh.)‹, Francia 1, 1973: 27–44, auf die soziale Einbindung vieler hagiographischer Biographien hingewiesen, die sich ursprünglich *nicht* an einem Heiligenkult orientierten.

71 VP XV Prol.: 271 Z. 7–9, „*pene in illo arrogantiae baratro obrutus occubuit, si eum non exhortatio fratrum fidelium attenta recuperasset*"; ibid. 2: 272 Z. 8 ff., „... *iactantia coturnosa ad requerendos visitandosque parentes ... abiit. Regressusque, tumidus arrogantia sibi soli placere nitebatur; sed obiurgatus a nobis* ..."

72 VP XX 3: 292 Z. 27 ff., „*Ego vero suspirans non minimo dolore, increpare hominem coepi... librosque et vita patrum ac institutione monachorum, vel quales qui recluduntur esse debeant,... abscedens ab eo, direxi.*" Krusch identifiziert die „*vita patrum*" mit dem gleichnamigen Werk Rufins und die „*instituta*" mit den 12 Büchern Cassians ›De coenobiorum institutis‹ (ibid.: Anm. 3).

73 VP V Prol.: 227 Z. 14 ff.; vgl. auch den Abschluß des Prologs mit dem Bezug auf den „*abbas*" Portianus, den Gott „*de onere mundani servitii eruit*", während der „*dominus ille terrenus*", der ihn hindern wollte, in den Klerus einzutreten, vom Himmel ausgeschlossen bleibt! – Fehlende Kultbezogenheit wird zumindest noch an den Biographien VP X (Friardus), XI (Caluppa), XII (Aemilian und Brachio) deutlich.

74 VP VIII (Nicetius von Lyon) Prolog, der nach dem Hieremiaszitat „*Priusquam te formarem in utero, novi te, et antequam exires de vulva, sanctificavi te*" (Jer 1,5) entwickelt wird; VP XVII 1, wonach Nicetius von Trier durch seine Quasitonsur bei der Geburt zum Kleriker bestimmt schien und deshalb „*clericus designatus est*". – Zu Nicetius von Lyon als „echten" Heiligen vgl. ausführlich Heinzelmann 1976: 168 ff.

75 VP V 1, XI 1, XVIII 1; vgl. auch „*ab exordio aetatis suae*" VP I 1; „*ab adolescentia sua*" VP VI 1; „*ab infantia sua*" VP X 1; „*a pueritia sua*" VP XIV 1; „*ab ipso ortus sui*" VP XVII 1; vgl. auch VP XX 1: „*nesciens se clericum esse futurum, iam ad dominicum parabatur innocens ministerium.*" – Aufschlußreich ist auch, daß in VP IX 1 der freiwillige, frühe Schulbesuch als göttlicher Auftrag („*hanc increpationem quasi a Deo sibi transmissam putans*") vom Heiligen (und seinem Biographen!) gedeutet wird: Hier ist möglicherweise ein Zusammenhang mit der Bedeutung der Bischofsschule für die geistige Ausbildung im 6. Jh. zu sehen, vgl. M. Heinzelmann, Studia sanctorum. Education, milieux d'instruction et valeurs éducatives dans l'hagiographie en Gaule jusqu'à la fin de l'époque mérovingienne, in: Haut moyen-âge. Culture, éducation et société, Fschr. P. Riché, 1990: 105–138.

76 VP VII Prol.: 236 Z. 30 ff., „*in quibus ad inchoandum perfectae iustitiae opus illud fuit studium, ut inprimis corpus sine macula praeparatum ... ad reliquorum virtutum excelsa contenderent.*" – Zur Verbindung des „politischen" spätrömischen Tugendkanons mit demjenigen der asketisch-christlichen Ethik des 4.–6. Jh. vgl. Heinzelmann 1976: 33 ff. und bes. 186–210.

77 Mitchell 1987: 77. Da sie die Kirchentypologie Gregors nicht realisiert,

macht Mitchell einen Unterschied zwischen toten (vgl. ibid.: 79 "canonized saints") und lebendigen Heiligen, der bei Gregor nicht besteht: Alle gehören sie gleichermaßen der überzeitlichen, eschatologischen „*ecclesia*" an; vgl. auch Anm. 47.

78 Diese personenbezogene Sehweise Gregors wird besonders deutlich am Beispiel seiner Berichte über Konzilien, die er im übrigen überhaupt nur sehr selektiv anführt; in diesem Zusammenhang geht er so gut wie nie auf Konzilsbestimmungen ein, sondern erwähnt nur Ereignisse, die sich – oft am Rande – auf Personen beziehen; vgl. die übersichtliche Auflistung bei Weidemann 1: 353 (Nr. 11 zu Orléans a. 549), 354 (Nr. 12 zu Paris 552), etc. Charakteristisch ist etwa der Praetextatusprozeß (Hist. V 18) und Gregors eigenes Verfahren (Hist. V 48–50), vor allem aber das bedeutende Konzil von Mâcon von 585 (Hist. VIII 7, dazu auch Pontal: 161–167 und unsere Behandlung unten Teil IV.2.b).

79 „*Auri sacra famis*" wird von Gregor mehrfach zitiert und kommentiert: Hist. IV 46: 181 Z. 14f. (hier als Teil eines Verses aus Vergil, Aen. III 56.57); Hist. VI 36: 307 Z. 7; Hist. VIII 22: 388 Z. 16 (nach Krusch hier mit Bezug auf die Vita Pauli des Hieronymus, SRM I–^{2}1: 388 Anm. 2); GC 110, SRM I–2: 369 Z. 12 („*auri exsecrabilis sacra famis*"), mit zusätzlicher Zitierung eines Prudentiusverses („*Auri namque famis ...*", Hamartigenia Vers 257), der auch im Prolog von VP VII voll zitiert wird. – Die offensichtliche Popularität des Diktums erweist sich auch in der Verwendung durch Isidor von Sevilla bei der Definition von „*sacrum*" in ›De differentiis‹ I 33 (498), vgl. Isidoro de Sevilla, Diferencias libro I, hrsg. von C. Codoñer, Paris 1992: 102.

80 Hist. X 24: 516 Z. 6, „*valde devotus in elymosinis*", und ibid.: 517 Z. 6, „*costodivit enim te oratio assidua et elymosinae*"; der besondere Stellenwert des Kapitels erhellt aus der spezifischen Thematik von Buch X: Auferstehung und Jüngstes Gericht, wobei die Gerechten ihren Lohn „*pro merito*" erwarten (Hist. X 13: 499 Z. 11); im gleichen Zusammenhang vgl. Hist. X 30: 525 Z. 17f., wonach Fasten und Almosen die Pest vertreiben! – „*Elemosinae*" *(eli-, ely-, ael-)* als Bestandteil eines Kanons von heiligmäßig-sozialen Tugenden vgl. Hist. II 3: 41 Z. 27; IV 6: 139 Z. 11; V 20: 228 Z. 26 (vgl. Anm. 58); VIII 15: 381 Z. 3.

81 Hist. VI 20: 288 Z. 17f. Der Stellenwert ergibt sich durch den Zusammenhang innerhalb der beiden Bücher zu König Chilperich, der seinerseits mit der antithetischen „*cupiditas*" verbunden wird; Chrodin erscheint im übrigen als „*dux*" nur im „*capitulum*". – Die anderen „*elemosinarii*": Bischöfe von Clermont, Lyon, Cahors, Rodez, Tours (Hist. I 44, IV 36, V 42. 46, X 31); die drei Königinnen: Radegundis, Chlothild und Ingoberga (Hist. III 7. 18, IX 26), von denen die beiden letzteren wohl zum (geistlichen) Stand der „*viduae*" gehört haben dürften (vgl. „*religiosae vitae praedita*", zu Ingoberga). – Vgl. auch im hagiographischen Werk den Schluß des Bekennerbuches (GC 108–110), den Gregor dieser spezifischen Thematik widmet: „*dum de elymosinis proloqui voluimus*" (SRM I–2: 368 Z. 15); hier wird zunächst Paulinus von Nola als der absolute Champion der Disziplin vorgestellt („*ecce*

quid tribuit elymosina"), bevor das Thema an zwei volkstümlichen Erzählungen erläutert wird.

82 Vgl. bes. Hist. IX 9: 422 Z. 20f., *„Multum tamen cum eo auri repertum est" („De interitu Rauchingi");* Hist. IX 10: 426 Z. 4f., *„Mutitudo autem auri ... in eius regestis reperta est" („De interitu Gunthchramni Bosonis");* Hist. X 19: 513 Z. 8f., *„Multa enim auri ... pondera sunt reperta" („De expulsione Egidi Remensis episcopi").* – Zur Gier nach Gold und zu sonstiger Habgier, nach einer kritischen Quelle des 5. Jh., vgl. H. Brandt, Zeitkritik in der Spätantike. Untersuchungen zu den Reformvorschlägen des Anonymus De rebus bellicis, München 1988: 48f. und passim.

83 VM I 29, SRM I–2: 27ff. Gregor schließt: „Deshalb ermahnen wir die Machthaber *(„qui haec de potestatibus legerit"),* bei der Lektüre sich nicht zu erzürnen, da der Betreffende sonst zugibt, daß er sich tatsächlich zu Recht angesprochen fühlt."

84 Grundsätzlich zum Kirchenbesitz im Rahmen des staatlichen Budgets vgl. jetzt Durliat (wie Teil II Anm. 16): 52ff., 139ff. und passim. Zum Bischof als dem Verwalter und Verteidiger des Besitzes seiner Kirche vgl. Heinzelmann 1988.

85 Zur Assoziierung von Klerikern und Armen vgl. oben mit Anm. 81 die Laudatio des Chrodin sowie die zahlreichen Konzilsbeschlüsse des 6. Jh. zum Schutz des Kirchenvermögens, wobei Zuwiderhandelnde als *„necatores pauperum"* (d. h. Mörder von Armen und Klerikern) definiert werden, vgl. MGH Conc. Merov., 1893: 273 (Register) s. v. *necator pauperum*; zu *„pauperes"* vgl. J. Schneider, Die Darstellung der Pauperes in den Historiae Gregors von Tours, Jb. für Wirtschaftsgeschichte 1966: 57–74. – Zur *„conversio"* vgl. Heinzelmann 1976: 278 (Register). Zum Besitzideal des Klerus bei Gregor einschlägig ist GM 4, SRM I–2: 39 Z. 17–19, *„sancti apostoli domini ... in unam congregati domum, omnia ponebant in medio; nec quicquam suum aliquis esse dicebat, sed unusquisque cuncta possedebat in caritate ..."*

86 Hist. V 19: 225 Z. 6ff. – Vgl. auch Hist. VI 30 und IV 40, wo seine Eigenschaft als Almosengeber der *„avaritia"* von Kaiser Iustinus gegenübergestellt wird.

87 Hist. VII 1: 327 Z. 1 (wie Anm. 58); vgl. auch ibid.: 323 Z. 21f., *„melius uti paupertatem cum Dei timore quam saeculi pereuntis lucra sectari".* – Vgl. allerdings auch Hist. VIII 22, wo Gunthchramn in etwas wehmütiger Weise *„auri sacra famis"* angelastet wird, weil er einen Laien zum Bischof hatte weihen lassen.

88 Hist. III 25 *(„De bonitate Theudoberthi").* – Zu dem weiteren „thematischen" König Chlodwig vgl. Hist. II 27 mit der Episode der Vase von Soissons und II 37 mit seinen Geschenken an St-Martin von Tours.

89 Kurth 2: 192–194; unter vielen anderen vgl. zuletzt Reydellet: 416–420 (zu Chilperich), 420–429 (zu Gunthchramn), und Goffart 1988: 223f.

90 Hist. VI 46: 320 Z. 13–18, *„Aiebat enim plerumque: ‚Ecce pauper remansit fiscus noster, ecce divitiae nostrae ad eclesias sunt translatae; nulli penitus nisi soli episcopi regnant; periet honor noster et translatus est ad episcopus civitatum.' Haec agens, adsiduae testamenta, quae in eclesias conscripta erant, plerumque*

disrupit, ipsasque patris sui praeceptiones, potans, quod non remanerit qui voluntatem eius servaret, saepe calcavit." – Zu Immunitätsverleihungen vgl. E. Magnou-Nortier, Etude sur le privilège d'immunité du IVe au IXe siècle, Revue Mabillon 60, 1984: 465ff.; zu Immunitäten Chlothars I. vgl. auch Heinzelmann 1988: 47f. mit Anm. 113.

91 Hist. V 34: 239f.; die Sätze der Fredegund werden mehrfach mit „*ecce*" eingeleitet, wie schon die Rede Chilperichs (vgl. Zitat Anm. 90). – Dazu Heinzelmann 1988: 52f.; vgl. auch F. Prinz, Die bischöfliche Stadtherrschaft im Frankenreich vom 5. bis 7. Jh., HZ 217, 1973: 1–35, hier 1f.

92 Durliat (wie Teil II Anm. 16): 136–139, bes. 138.

93 Vgl. zu Gunthchramn Teil II.4 und weiter unten. Dieser Punkt wird indirekt bestätigt durch die 148 Verse lange Laudatio Chilperichs durch Venantius Fortunatus (Fort. Carm. IX 1) zum Anlaß der Synode von Berny-Rivière, wo sich der Dichter zunächst an die versammelten „*patres*" wendet (Verse 1–4), um dann ohne Verbindung auf den König überzugehen; in dessen Lob wird zwar ausführlich auf Verdienste im Rechtswesen und der persönlichen literarischen Bildung des Königs eingegangen, aber der sonst übliche Bezug zu den Bischöfen fehlt zweifellos. Bezeichnend in diesem Zusammenhang ist die *Aufforderung* von Vers 144: „*Sis quoque catholicis religionis apex*". – Die aussagekräftige *Absenz* wichtiger, stereotyper Tugenden des Königslobs wird nicht beachtet in der Arbeit von J. George, Poet as politician: Venantius Fortunatus' panegyric to King Chilperic, Journal of Medieval History 15–1, 1989: 5–18.

94 Vgl. etwa das Verhalten Chilperichs gegenüber Gregor selbst beim Prozeß des letzteren, das trotz der einseitigen Darstellung des Bischofs als korrekt erscheint! – Deutlich wird dies auch gegenüber anderen Bischöfen, vgl. Hist. V 32, VI 22, VI 36.

95 Zitat von R. Wenskus in seinem Artikel ›Chilperich I.‹, in: HOOPS^2, Bd. IV, 1981: 460–462, hier 461. – Das Edikt ist ediert in MGH Leges sectio II Capitularia regum Francorum, hrsg. von A. Boretius, Hannover 1883 (zitiert: Capit. I): 8–10; wir stützen uns auf den Text, den F. Beyerle, Das legislative Werk Chilperichs I., ZRG GA 78, 1961: 1–38, auf den S. 5–11 abgedruckt hat; dort finden sich auch die entsprechenden Erläuterungen.

96 Beyerle (wie Anm. 95): 10, als Kap. (12), vgl. den Kommentar ibid.: 21f. In Capit. I: 10 führt Boretius den Abschnitt als Kap. 9.

97 Beyerle (wie Anm. 95): 37, „Es ist bei der Grundhaltung Chilperichs, wie sie Gregor von Tours kennzeichnet, durchaus glaubhaft, daß er mit dem Verlegen der Achtkündung in die Dingstatt eine Verquickung kirchlicher mit staatlicher Autorität im Rechtsbild der Bevölkerung verhindern wollte." – Antithetisch zu Chilperich zeigt Gregor die Haltung Gunthchramns, dessen Aufenthalte in Kirchen er regelmäßig erwähnt und den er gar sein Volk in der Kirche ansprechen läßt (Hist. VII 8).

98 Edikt in Capit. I (wie Anm. 95): 10–12; vgl. dazu auch die Übersetzung von J. Fehr, Staat und Kirche im fränkischen Reich bis auf Karl den Großen, Wien 1869: 19–22. Konzilien: MGH Concilia I Concilia aevi merovingici, hrsg. von F. Maassen, Hannover 1893 (zitiert Conc. I): 153–176; vgl. dazu

Pontal 156–168, aber auch ibid.: 153–155 zu den zahlreichen Provinzialkonzilien, die durch die grundsätzlich positive Haltung Gunthchramns provoziert wurden.

99 Conc. I: 155f. Das hier nach 583 datierte Konzil wird von Pontal: 156 sicher zu Recht zu 581 gesetzt; Kan. 19, gegen ungerechtfertigte Anklagen vor dem König oder vor Grafen, bezieht Pontal: 156 mit Anm. 6 auf den Prozeß Gregors von 580.

100 Hist. V 5 Z. 22ff., *„facto placito in praesentia sancti Niceti episcopi... et ibi, Siagrio episcopo coram adstante vel aliis sacerdotibus vel multis cum saecularium principibus"*; dazu Pontal: 153 Anm. 93, die wegen des Ausdrucks *„placitum"* die Verhandlung nicht zu den Synoden rechnet. Vgl. aber Hist. VIII 20: 386 Z. 6/Z. 17, wo *„placitum"* und *„in hac synodo"* auf die gleiche Versammlung bezogen werden. Zur Datierung der Synode bei Nicetius von Lyon vgl. Weidemann 1: 362 (Nr. 44). Ein gemischtes Konzil dürfte auch das von Lyon 581 gewesen sein, dessen Teilnehmer nach Gregor (Hist. VI 1: 266 Z. 3f.) *„multa de fuga Mummoli ducis, nonnulla de discordiis tractans"*.

101 Conc. I: 164–173; vgl. dazu Pontal: 161–167. Besonders aufschlußreich ist Kanon XV (Conc. I: 170), dessen Regelungen vornehme Laien betreffen und der wie folgt eingeleitet wird: *„Et quia ordinatione sacerdotum annuente Deo congruit de omnibus disponere..."*

102 Vgl. Text zu Anm. 99. – Im Prolog von Mâcon II wird der König, für dessen Gesundheit gebetet wird, selbstverständlich erwähnt (Conc. I: 164 Z. 20f. und 23); nach Hist. VIII 20 sind die Bischöfe *„ex iusso regis"* zusammengetreten. Der Synode scheint ein Gerichtstag vorausgegangen zu sein, auf dem wohl die Angelegenheiten der in die Gundowaldaffäre verstrickten Bischöfe geregelt wurde; vgl. Pontal: 163 zu Faustianus von Dax, der bei den Unterschriften als Bischof ohne Sitz geführt wurde, also bereits verurteilt worden war.

103 Capit. I (wie Anm. 95): 11–12; ibid.: 12 Z. 20–22 die Promulgatio, *„Cuncta ergo quae huius edicti tenore decrevimus, perpetualiter volumus custodiri, quia in sancta synodo Matisconensi haec omnia, sicut nostis, studuimus definire, quae praesenti auctoritate vulgamus."* Damit wurde zumindest die Fiktion einer Mitwirkung des Königs beim Konzil aufrechterhalten.

104 Conc. I: 165 Z. 20f., „Der Ruhetag, den die Gesetze und Propheten als siebten Tag versinnbildlichen" (Figur/Abbild des 7. Tages).

105 Hist. I 23, *„Dominicam vero resurrectionem die prima facta credimus, non septimam, sicut multi putant."* – Nach Krusch hatte Gregor hier das Carmen paschale des Sedulius vor Augen: Dessen Verse 315–318 aus Buch V sind SRM I–²1: 18 Anm. 3 zitiert, wo sich sowohl der Zusammenhang des ersten Schöpfungstags mit der Auferstehung findet als auch der Bezug von *„dominicus dies"* auf Christus. Nicht angeführt hat Krusch den ebenso wichtigen Vers 319 *„Septima nam Genesis cum dicit sabbata, claret"*, woran Gregor seine Kritik der Definition des 7. Tages angeknüpft haben könnte, die, wie wir sehen werden, im engsten Zusammenhang mit der Sabbattheologie steht.

106 Das geht bereits aus der zu Anm. 104 zitierten Formulierung hervor, ebenso wie aus dem Fehlen jeden direkten Bezugs auf die *„resurrectio"* (vgl. auch

Anm. 105). Die beiden weiteren Definitionen des gleichen Kanons, *„Diem Dominicam, quae nos denuo peperit et a peccatis omnibus liberavit“* (Conc. I: 165 Z. 14f.) und: *„hanc diem ... per quem facti sumus, quod non fuimus, sed per eam facti sumus filii iustitiae“* (ibid.: Z. 22f.), beziehen sich auf „die neue Allianz“ und die Befreiung des Volkes aus der ägyptischen Gefangenschaft (Ex 16,19–29; Dtn 5,12–15; Ez 20,12–24; die spirituelle Bedeutung dieser Befreiung aus der ägyptischen Gefangenschaft ist bei Gregor durch die Befreiung aus der *babylonischen* Gefangenschaft Hist. I 15 ersetzt, die bei ihm eine wichtige Stellung in seiner Kirchentypologie einnimmt), beides sind zentrale Elemente der Sabbattheologie, vgl. J. Gaillard, Dimanche, in: DSAM, Bd. III, Paris 1957: 948–982, hier 950 (2. Dimanche et sabbat); P. Haudebert, Sabbat, in: Catholicisme, Bd. XIII Fasz. 59, Paris 1991: 238–240, hier 240. – Zur Spiritualität des Sonntags im 6. Jh. vgl. auch Heinzelmann, Grégoire (wie Anm. 7): Anm. 53.

107 Vgl. dazu nun G. Philippart, Temps sacré, temps chômé, in: Le travail au moyen âge. Une approche interdisciplinaire, Louvain-la-Neuve 1990: 23–34, bes. 29–32; die theologischen Hintergründe (Sabbattheologie) der Reaktion der fränkischen Konzilien des 6. Jh. gegen eine zu strenge Regelung der Sonntagsheiligung werden hier allerdings nicht behandelt.

108 Capit. I (wie Anm. 95): 17, Decretio Childeberti secundi, cap. 14; zur Datierung (1. März 596) vgl. Weidemann (wie Einführung Anm. 16): 489–491. – Die Decretio Childeberti II. wurde im übrigen von einem Asclipiodus rekognosziert (ibid.: 17 Z. 25), der mit dem *„vir illustris Asclipiodetus referendarius“* identisch sein dürfte, der schon für Gunthchramn (!) die Einladungsschreiben zum Konzil von Valence vom 22. Juni 585 schrieb (Conc. I: 162 Z. 23f.) und der entsprechend wohl auch bei der Abfassung des Ediktes knappe vier Monate später mitgewirkt haben wird.

109 Capit. I: 11 Z. 35f., *„praeter quod ad victum praeparari convenit“*. Die Einschränkung der verbotenen Arbeit auf das *„opus publicum“* durch Gregor läßt auch seine Einschätzung als Anhänger einer «mécanique ritualiste maximaliste» durch G. Philippart (Anm. 107): 30 mit Anm. 31 fraglich werden, die sich dieser aufgrund von VM III 31 und 56 sowie GM 15 zu eigen gemacht hat. Vergehen gegen das Sonntagsarbeitsverbot sind noch Gegenstand von VJ 11, VP XV 3, VM III 29. 45, VM IV 45, jeweils zu Feldarbeiten, die schon im Kanon XXXI des 3. Konzils von Orléans (538) untersagt worden waren. Unter *„opus publicum“* kann man noch das Mahlen von Korn und die Anfertigung eines Schlüssels (VM III 3 und 7) rechnen, weniger aber wohl das Kämmen der Haare (VP VII 5); auf alte Tabus geht das Verbot der Zeugung in der Herrennacht zurück (VM II 24). Im Sinn einer „maximalistischen“ Position Gregors ließe sich VM II 40 anführen (eine himmlische Vision fordert *„nullum opus“* am Sonntag), dagegen VM III 55: *„operam ... quam in die illo fieri Patrum inhibet auctoritas“* und *„nullum opus ... quod illi diei esset incongruum“*. Zur Heiligung von Heiligenfesten vgl. GC 80. 97, VM II 57. – Extreme Maßstäbe in der Hagiographie zeigt GC 5, wonach eine Heilige sich selbst das Kopfwaschen am Freitag (Todestag Christi) zur Schuld anrechnet!

110 Vgl. auch G. Tabacco, Re Gontrano e i suoi vescovi nella Gallia di Grego-

rio di Tours, RSI 103, 1991: 327–354, besonders 348: „Gontrano rappresenta ... un momento decisivo nella transformazione delle strutture del potere franco in senso istituzionale cattolico ...“

111 Vgl. dazu oben Teil II.5 mit der Interpretation von Hist. X 16. – Die tatsächliche Beteiligung Gregors am Edikt (vgl. auch oben Teil II Anm. 54) ist zumindest im Stadium von Vorgesprächen im Juli 585 durchaus wahrscheinlich, nicht zuletzt auch aufgrund der im Edikt nachweisbaren Kirchentypologie (vgl. die folgende Anm.).

112 Der göttliche Auftrag für die Bischöfe: „*Ad vos ergo sacrosancti pontifices, quibus divina clementia potestatis paternae concessit officium*“, Const. I: 11 Z. 21f. (vgl. auch ibid.: Z. 23–29); für die Könige: „*Nam nec nos, quibus facultatem regnandi superni regis commisit auctoritas, iram eius evadere possumus, si de subiecto populo sollicitudinem non habemus*“ (ibid.: Z. 29–31). Königlicher Regierungsauftrag für die Bischöfe: „*Sed vos, apostolici pontifices, iungentes vobiscum consacerdotes vestros et filios senioris eclesiae ac iudices locorum, quoscumque agnoscitis quod vitae qualitas honesta commendat, ita universam populi multitudinem ... praedicatione corrigite, ut ...*“ (daß alle ein rechtes Leben führen und die [eschatologische] „*sancta ecclesia*“ die Christen frei von Sünden aufnehmen kann: Anlehnung an die „*ecclesia*“-Typologie!), ibid.: 11, Z. 38ff. – Zur gemeinsamen Anwendung kirchlicher und ziviler Strafen ibid.: 12 Z. 2 und Z. 5f., „*distringat legalis ultio iudicum quos non corrigit canonica praedicatio sacerdotum*“.

113 Vgl. dazu zuletzt den Band ›Herrschaft und Kirche‹, hrsg. von F. Prinz (Monographien zur Geschichte des Mittelalters, 33), Stuttgart 1988, mit einschlägigen Beiträgen von F. Prinz, R. Kaiser, G. Jenal und M. Heinzelmann (= Heinzelmann 1988).

114 In diesem Sinn spricht die Lektüre der Konzilskanones von Paris (561/2) und von Tours (567), vgl. Pontal: 121, 125–6, 128.

115 Zur unseres Erachtens deutlichen „Werbungskampagne“ Gregors zugunsten einer Klerikalisierung der Gesellschaft zählen in Buch X der Historien die Kapitel 7, 8, 29: Hist. X 7 werden die Konzessionen König Childeberts II. an alle Kleriker der auvergnatischen Bischofskirche beschrieben, die praktisch einer Steuerhoheit des Bischofs im Bereich seiner Civitas gleichkommen, vgl. dazu gut E. Magnou-Nortier (wie Anm. 90): 472ff.; in Hist. X 8 ist vor allem von den ungeheuren Verbrechen des Grafen Eulalius die Rede, dessen Sohn zum Kleriker geschoren wird und sich dann als perfekter Asket im Sinn einer lebenden Antithese zu seinem Vater erweist; zur Propaganda der „*conversio*“ des Aredius in Hist. X 29 vgl. oben S. 75–6.

116 Eine ausführlichere Darstellung des Handschriftenbefundes wird die Gregoredition enthalten, an der Pascale Bourgain (Ecole nationale des Chartes, Paris) und wir selbst arbeiten und die 1986–1988 in gemeinsamen Übungen an der Universität Paris-IV (Sorbonne) vorbereitet wurde, an denen auch Frau Suzanne Teillet teilnahm. – Vgl. vorerst in jedem Fall die Praefatio von Bruno Krusch SRM I–²1: XXII–XXXVIII, sowie R. Buchner, Buchner 1: XXXIII–XXXVI; B. Krusch, HVj 27, 1932: 673–757 und ibid. 28, 1933/34:

1–21. Wichtig sind noch die ausführlichen Besprechungen Buchners zu den Faszikeln 2 und 3 der Edition: ZGA GA 62, 1942: 404–414, ibid. 68, 1951: 465–470. – Vgl. sonst noch die reiche Bibliographie im Repertorium fontium (wie Einführung Anm. 11): 233.

117 Guenée (wie Teil III Anm. 30): 250; vgl. auch ibid.: 272 zur Aufschlüsselung der Hss. nach Jahrhunderten, die zwar zu berichtigen ist (vgl. Anm. 118), deren Tendenz aber richtig wiedergegeben ist: Nach einem Höhepunkt der Verbreitung der Hss. bis zum 11. Jh. tritt ein gewisses Desinteresse an den Historien vor allem im 14./15. Jh. ein. Nach dem gegenwärtigen Stand läßt sich wie folgt aufschlüsseln: 7. Jh. – 4 (oder 3) Hss.; 8. Jh. – 3 (oder 4); 9. Jh. – 5; 10. Jh. – 5; 11. Jh. – 8; 12. Jh. – 4; 13. Jh. – 3; 14. Jh. – 1; 15. Jh. – 2; daran schließt dann ein starkes Aufleben des Interesses an Gregor im 16./17. Jh. an (vgl. unsere Einführung). Die tatsächliche Präsenz von Gregors Werk wird aber deutlicher, wenn man seine Benutzung in anderen Werken, mit oder ohne Namensnennung, mit in Betracht zieht: Hier gibt die Aufstellung bei Bordier 4: 265 ff. zu den „testimonia" späterer Autoren einen ersten Eindruck.

118 Es handelt sich dabei um 13 Hss. der Familie E, die Teil des sogenannten „Martinellus" sind, d. h. Überlieferung zu Martin von Tours: Dazu gehören die Kapitel Hist. I 48 (Tod Martins), II 1 (Brictius), II 14 (Beschreibung der Basilika), X 31 (Bischofsliste von Tours); dazu tritt nun noch FB 32.140 B, eine um 800 im rätischen Gebiet entstandene Hs., die Hist. I 48 enthält: Die Texte der Hs. waren ursprünglich Teile eines Homiliars, dessen Urheber wohl Abt Alanus von Farfa (761–770) gewesen ist, vgl. J. Riedmann, MIÖG 84, 1976: 262–289, hier 272–274 (frdl. Hinweis von Dr. L. Auer). – Die beiden Hss. F 1.2 (9. Jh.) stellen 5 erbauliche Geschichten Gregors zusammen (Hist. I 47, VI 29, VII 1, X 1. 24), was für die Gregorüberlieferung charakteristisch ist: vgl. beispielsweise die Sammelhandschrift Paris BN lat. 4892, in der J. Verdon (La chronique de St-Maixent, Paris 1979: XXIV) neben Auszügen aus Orosius solche aus den Historien erkannt hat (II 37, III 7, IV 44), andere wären noch zu identifizieren (wir haben die Hs. bisher noch nicht eingesehen): ibid. fol. 161 d (Visio S. Albini Salbigavensis episcopus [wohl Salvii Albig.]) dürfte mit Hist. V 50 übereinstimmen. – Wichtig sind noch die vier Hss. A 3.3*.3a.4 (8./9. Jh.), welche im Kontext kanonistischer Sammelhandschriften Textauszüge theologischen Inhalts (Hist. V 43. 44, VI 5. 40, VIII 30; A 4*: I 21. 23) bringen, vgl. zu diesen oben Anm. 7.

119 Krusch 1932 (wie Anm. 116): 707; nach dem hier aufgeführten Zitat aus der Klosterchronik des Petrus diaconus (III cap. 63) scheint Gregors Werk als Repräsentant der fränkischen Geschichte, neben Vertretern der „Volksgeschichte" der Langobarden, Goten, Wandalen, Römer und Goten (Jordanes), ausgewählt worden zu sein. – Nach Krusch (ibid.: 707 f.) stammt die Vorlage von A 1 eventuell aus dem Kloster Lorsch und hat gewisse Übereinstimmungen mit der dortigen Hs. C 1; diese Vorlage stammt aus der A-Familie (nicht C wie bei Goffart 1987: 66) und hat wohl Paulus Diaconus vorgelegen.

120 Die Hoffnungen von Goffart (1987: 67), "that an edition must, in the first place, be based on the A-class", müssen nach einigen Jahren der Arbeit an einer

neuen Edition (vgl. Anm. 116) erheblich reduziert werden: Die A 2-Fragmente reichen nicht aus und bestätigen eher die Sprachform der B-Klasse, A 1 ist aber durch seine „Besserungen", die die gregorianische Diktion oft zerstören, mehr als problematisch. Als Einführung in diese Problematik vgl. den Variantenapparat von Buch V Prol.: 193 f., vgl. Z. 26[k], 28[s.t], 31[a.b], 37[t.u], 38[v]; S. 194 Z. 21[m], 23[t.v], 27[k].

121 Die ausführlichsten Bemerkungen zur D-Klasse, die Krusch in seiner Edition nur sporadisch berücksichtigt hat, vgl. bei Krusch 1932 (wie Anm. 116): 685 f., 694 ff., 705.

122 Neben dem Fragment B 6 (CLA VIII: Nr. 1122; Unziale s. VIIIin.) datieren mindestens 2 Hss. in das 7. Jh., B 1 (CLA VI: Nr. 742 a, Unzialis) und B 5 (CLA V: Nr. 671; nur die *„praefatio"* ist in Unziale). B 3.4 (in der Edition Arndts [SRM I–^{1}1] entspricht B 3 B 4 von Krusch und umgekehrt; CLA X: Nr. 1584 und CLA V: Nr. 670) wurden um 700 oder in der ersten Hälfte des 8. Jh. geschrieben, B 2 (CLA X: Nr. 1544) an dessen Ende (von Krusch noch unrichtig zu s. VIIex. gestellt). – Dazu nun zuletzt: R. McKitterick, in: Francia 19–1, 1992: 5 (und Anm. 12), die die Herkunft von B 4 mit Jouarre bestimmt; zu B 5 vgl. nun auch D. Ganz, Corbie in the Carolingian Renaissance, Sigmaringen 1990: 38–40, 124 und plate 1.

123 Vgl. CLA X: **107, S. [37], mit der Datierung s. VII, 1. Hälfte. – In einem Brief vom 14. 4. 1990 schrieb uns Bernhard Bischoff: „Ich bin entschieden für ‚saec. VII' (ohne ‚ex.')." Die drei Fragmente, deren Zusammengehörigkeit außer Frage steht und die wir als Microfiches im I. R. H. T. (Paris) einsehen konnten, sind leider nicht sehr zuverlässig wiedergegeben bei H. Omont, in: Notices et documents publiés par la Société de l'histoire de France, Paris 1884: 3–18.

124 Zu der verbreiteten Vorstellung, die Hss. der B-Familie überlieferten eine Sprachform, die sich durch ihre „Merowingizismen" erheblich vom Original Gregors unterscheidet, vgl. Goffart 1988: 122 Anm. 47, den wir wohl selbst durch den Hinweis auf eine einschlägige Arbeit von K. Zelzer (Zur Frage des Autors der Miracula B. Andreae apostoli und zur Sprache des Gregor von Tours, Grazer Beiträge. Zs. für die klass. Altertumswiss. 6, 1977: 217–241) auf eine falsche Spur gelockt haben: Beim Vergleich der Sprachform der Historien mit der des hagiographischen Werks meinte Zelzer, in letzterem eine „korrektere" Sprache vorzufinden, die allerdings, wie er nicht genügend beachtet hat, der späten, erst im 9. Jh. einsetzenden, „gereinigten" Überlieferung zuzuschreiben ist. – Dagegen ist nicht zu bezweifeln, daß Krusch in seiner Ausgabe der sprachlich extremen Hs. B 1 viel zu großen Kredit eingeräumt hat (vgl. Teil III Anm. 23), was bei einer späteren Edition berücksichtigt werden wird.

125 Vgl. dazu das Handschriftenstemma S. 168 f. – Die ovale Umrandung deutet auf unziale Schrift (zu B 5 vgl. Anm. 122). Korrekturen: B 6 müßte näher bei B 1 stehen, von dem es abhängt, B 4 müßte eher zum Anfang des 8. Jh. (vgl. Anm. 122). Zur Gruppe des sog. Martinellus (E) vgl. unsere Anm. 118. Nach dem in Anm. 123 erwähnten Brief von B. Bischoff sind die beiden wichtigsten Hss. der C-Familie wie folgt zu datieren: C 1 s. IXin. oder sogar noch VIIIex. (Krusch hat saec. IX, SRM I–^{2}1: XXVII); C 2 s. IXmed. oder kurz danach

(Krusch: saec. X); zu einigen Fragmenten dieser Familie aus dem 9. Jh. vgl. auch Scriptorium 20, 1966: 31–40 und 55–57.

[126] Krusch 1932 (wie Anm. 116): 690.

[127] Krusch 1932 (wie Anm. 116): 690 ff. Vgl. nun auch die Einleitung der Fredegaredition von A. Kusternig, Quellen zur Geschichte des 7. und 8. Jh. (Ausgew. Quellen zur deutschen Geschichte des MA, IVa), Darmstadt 1982: 33–38.

[128] Vgl. J. E. Woodruff, The "Historia epitomata" (third book) of the ›Chronicle‹ of Fredegar: an annotated translation and historical analysis of interpolated material (Phil. Diss. Nebraska 1987), Ann Arbor 1988: bes. 5 "Fredegar's obvious disinterest in ecclesiastical matters".

[129] Vgl. die Ausgabe von Kusternig (wie Anm. 127): 162, *„... quo Gregori fines gesta cessavit et tacuit, cum Chilperici vitam finisse scripsit.“* Der Zeitpunkt entspricht dem Ende von Buch VI der Historien; zu Beginn des gleichen Prologes hatte Fredegar allerdings schon gesagt, daß er seine Quellen Hieronymus, Hydatius, „Sapiens“ (Hippolyt von Porto), Isidor und besonders Gregor *„usque decedentem regnum Gunthramni“* ausgeschrieben habe (ibid.: 160), was eher dem Ende der gregorianischen Historien entsprechen würde.

[130] B 1 CLA 742 a, Cambrai, Bibl. municipale 684 (624), Halbunziale, saec. VII –VIII; B 1' CLA 742 b, erste Hälfte 8. Jh.

[131] Dazu nun ausführlich Goffart 1987, der insbesondere auch auf die erstaunliche Interpretation von G. Vinay eingeht, wonach zwar die 10-Bücher-Version die ursprünglichere sei, die dann aber von Gregor selbst durch eine überarbeitete kürzere Fassung ersetzt worden wäre (Vinay: 75 ff., 173 ff.). Zu Monod vgl. Goffart 1987: 60 f.

[132] Histoire literaire de la France, Bd. III, Paris 1735: 377; die Einleitung der Edition von Ruinart ist abgedruckt in PL 71, zur Diskussion vgl. dessen Paragraphen 84 ff. (PL 71: 69 ff.). Ruinart hat auch schon klar das Ziel der Bearbeitung der Historien im 7. Jh. gesehen (ibid.: 75): „Quod si mea non me fallit conjectura, scriptores illi Historiam regum Francorum habere volebant ... omissis aliis rebus, quae ad suum institutum non spectabant.“

[133] Krusch 1932 (wie Anm. 116): 680 f.; zu Ruinart vgl. PL 71: 74–76; vgl. auch Goffart 1987: 62, dort finden sich weitere Hinweise auf den Umstand, daß die 6-Bücher-Versionen Abkürzungen des 7. Jh. repräsentieren. Vgl. auch oben Anm. 38 zur Überlieferung von Hist. II 3 in den B-Hss.

[134] Vgl. das Stemma auf der Grundlage von Buchner 1: XXXV:

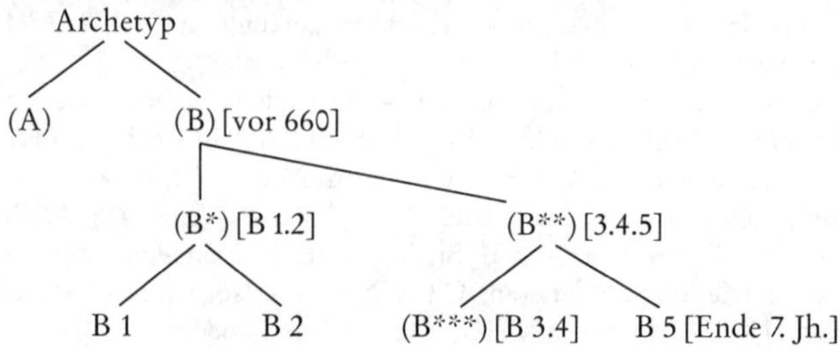

[135] Vgl. oben Anm. 38. Die Hs. C 1, die mit B diese Weglassungen übernommen hat, notiert am Rande: *„hic deest epistola"* (SRM I–²1: 41 Z. 36). Da der Brief nicht in der Kapitelüberschrift genannt ist, muß sich der Redakteur das Kapitel gegen seine sonstigen Gewohnheiten tatsächlich angesehen haben. – Zu den nach Tendenz und Anzahl leicht unterschiedlichen Kürzungen der beiden C-Hss. vgl. nun Heinzelmann, Grégoire (wie Anm. 7): Anm. 25.
[136] Die Folge der *„capitula"* von Hist. V 48–49 zeigt im übrigen, daß diese Überschriften wie ein fortlaufender Text geschrieben und gelesen wurden, vgl. dazu Teil III Anm. 52.

NACHTRAG

Nach Abschluß unseres Buchmanuskripts haben wir in zwei Kolloquiumsbeiträgen mehrere Aspekte unserer Forschungen weiterentwikkelt:

1. Grégoire de Tours «Père de l'histoire française», in: «Histoire de France, historiens de la France», Koll. veranstaltet von der Société de l'Histoire de France, Reims 14.–15. Mai 1993.

Ausgeführt wurden hier besonders Aspekte der Textüberlieferung der Historien, speziell zur Redaktion des 7. Jh., aber auch zu Tendenz und Häufigkeit der Kürzungen der karolingischen C-Familie (ibid. Anm. 25); vgl. auch zur besonderen Überlieferung des „Epilogs" Hist. X 31 ibid. Anm. 10. – Eingearbeitet wurde auch ein Teil der französischen Spezialliteratur zu Typologie und Exegese, mit wichtigen Aufschlüssen zur Theologie des Sonntags, zum Credo (vgl. auch zu *„finis"* im Prolog zu Buch I), zur Verbindung der Schöpfungsgeschichte mit der Entstehung der „Kirche" (des Christ) und zur einschlägigen Ekklesiologie des Nicetas von Remesiana (5. Jh.).

2. Die Franken und die fränkische Geschichte in der Perspektive der Historiographie Gregors von Tours, in: Historiographie-Symposion (I) Zwettl 1993, veranstaltet von Herwig Wolfram, Anton Scharer und Georg Scheibelreiter.

Hier stand die Einschätzung Gregors des historischen Standorts seiner Person und, mehr noch, des undifferenziert behandelten fränkischen Reichsvolks im Vordergrund. Der im Prolog von Buch II von Gregor herausgearbeitete Typos des (sündigen) Gottesvolkes wird mit den Franken des 5. Jh. ebenso wie mit den von Bischöfen geleiteten Bevölkerungen der Civitates verbunden. Die eingehende Interpretation von Buch II (nach der Entwicklung der Ekklesiologie in Buch I: vgl. bes. Anm. 26 zu Hist. I 47 und Anm. 43 zu Hist. I 36) läßt dessen Rolle als historiographische Grundlegung der christlichen gallo-fränkischen Gesellschaft Gregors erkennen. Diese *„fundatio"* wird in der ideologischen Allianz des überragenden Heiligen und Bischofs Martin von Tours mit dem unter allen Königen der *„gentes"* einzig orthodoxen König Chlodwig dargestellt, der durch seine allegorisch-biblische Stilisierung einen Platz als sakraler Reichsgründer zugewiesen erhält. Weiterführend war dabei die Interpretation von Hist. II 10 mit direkten Bezügen zu Hist. II 11. 12, sowie zu Buch V Prol. (ibid. Anm. 71–72). – Vgl. auch ibid. Anm. 52 zu den Interpolationen von Hist. II 30. 37. 43.

LITERATURVERZEICHNIS

A: Titel, die als Sigle zitiert werden
B: Titel, die in den Anmerkungen oder im Text zitiert werden (Kurztitel mit Verweis auf die betreffende Stelle)

A

Berschin — Berschin, W., Biographie und Epochenstil im lateinischen Mittelalter. I. Von der Passio Perpetuae zu den Dialogi Gregors des Großen, Stuttgart 1986 (Quellen und Untersuchungen zur lateinischen Philologie des Mittelalters 8).

Bordier (1–4) — Bordier, H. L., Les livres des miracles et autres opuscules de Georges Florent Grégoire ..., 4 Bde., Paris 1857–1864.

Buchner (1–2) — Buchner, R., Gregor von Tours, Zehn Bücher Geschichten. Auf Grund der Übersetzung W. Giesebrechts neubearbeitet von Rudolf Buchner, Darmstadt 1955–1956 (Ausgewählte Quellen zur Deutschen Geschichte des Mittelalters 2–3).

Ewig (1–2) — Ewig, E., Spätantikes und fränkisches Gallien. Gesammelte Schriften (1952–1973), hrsg. von H. Atsma, 2 Bde., München 1976–1979 (Beihefte der Francia 3, 1–2).

Ewig 1991 — Ewig, E., Die Namengebung bei den ältesten Frankenkönigen und im merowingischen Königshaus. Mit genealogischen Tafeln und Notizen, Francia 18–1, 1991: 21–69.

Fort. Carm. — Venanti Honori Clementiani Fortunati presbyteris italici opera poetica, hrsg. von F. Leo, Berlin 1881 (MGH AA IV–1).

Gall. Prosop. — Heinzelmann, M., Gallische Prosopographie 260–527, Francia 10, 1983: 532–718.

Goffart 1987 — Goffart, W., From *Historiae* to *Historia Francorum* and Back Again: Aspects of the Textual History of Gregory of Tours, in: Religion, Culture, and Society in the Early Middle Ages: Studies in Honor of R. E. Sullivan, Kalamazoo 1987: 55–76.

Goffart 1988 Goffart, W., The Narrators of Barbarian History (A. D. 550–800). Jordanes, Gregory of Tours, Bede, and Paul the Deacon, Princeton 1988.

Gregorio di Tours Gregorio di Tours, Todi 1977 (Convegni del Centro di Studi sulla spiritualità medievale 12).

Heinzelmann 1976 Heinzelmann, M., Bischofsherrschaft in Gallien. Zur Kontinuität römischer Führungsschichten vom 4. bis zum 7. Jahrhundert. Soziale, prosopographische und bildungsgeschichtliche Aspekte, München 1976 (Beihefte der Francia 5).

Heinzelmann 1981 Heinzelmann, M., Une source de base de la littérature hagiographique latine: le recueil de miracles, in: Hagiographie, cultures et sociétés IVe–XIIe siècles, Paris 1981: 235–259.

Heinzelmann 1988 Heinzelmann, M., Bischof und Herrschaft vom spätantiken Gallien bis zu den karolingischen Hausmeiern. Die institutionellen Grundlagen, in: Herrschaft und Kirche, hrsg. von F. Prinz, Stuttgart 1988 (Monographien zur Geschichte des Mittelalters 33): 23–82.

Heinzelmann 1991 Heinzelmann, M., Hagiographischer und historischer Diskurs bei Gregor von Tours?, in: Aevum inter utrumque. Mélanges offerts à Gabriel Sanders, Steenbrugge 1991 (Instrumenta Patristica 23): 237–258.

Heinzelmann 1992 Heinzelmann, M., Histoire, rois et prophètes. Le rôle des éléments autobiographiques dans les *Histoires* de Grégoire de Tours: un guide épiscopal à l'usage du roi chrétien, in: De Tertullien aux Mozarabes. Mélanges offerts à Jacques Fontaine, Bd. 1, Paris 1992: 537–550.

Kurth (1–2) Kurth, G., Études Franques, 2 Bde., Paris–Brüssel 1919 [darin: Grégoire de Tours et les études classiques au VIe siècle, 1: 1–29; De l'autorité de Grégoire de Tours, 2: 117–206; Les sources de l'histoire de Clovis dans Grégoire de Tours, 2: 207–271].

Latouche (1–2) Grégoire de Tours, Histoire des Francs, traduite par Robert Latouche, 2 Bde., Paris 1963–1965 (Les Classiques de l'histoire de France au moyen âge, 27–28).

Mitchell 1983 Mitchell, K., History and Christian Society in Sixth-Century Gaul. An Historiographical Analysis of Gregory of Tours' *Decem libri Historiarum*, Phil. Diss. Michigan State University, 1983.

Mitchell 1987 Mitchell, K., Saints and Public Christianity in the *Historiae* of Gregory of Tours, in: Religion, Culture, and Society in the Early Middle Ages. Studies in Honor of R. S. Sullivan, Kalamazoo 1987: 77–94.

Monod	Monod, G., Études critiques sur les sources de l'histoire mérovingienne, Paris 1872.
de Nie	de Nie, G., Views from a Many-Windowed Tower. Studies of Imagination in the Works of Gregory of Tours, Amsterdam 1987 (Studies in Classical Antiquity 7).
Pardessus	Pardessus, J. M., Diplomata, Chartae, Epistolae, Leges . . ., 2 Bde., Paris 1843–1849.
Pietri 1982	Pietri, L., La succession des premiers évêques tourangeaux: essai sur la chronologie de Grégoire de Tours, MEFRM 94, 1982: 551–619.
Pietri 1983	Pietri, L., La ville de Tours du IVe au VIe siècle: naissance d'une cité chrétienne, Rom 1983 (Collection de l'Ecole française de Rome 69).
Pontal	Pontal, O., Die Synoden im Merowingerreich, Paderborn etc. 1986.
Reydellet	Reydellet, M., La royauté dans la littérature latine de Sidoine Apollinaire à Isidore de Séville, Rom 1981 (Bibliothèques des Écoles françaises d'Athènes et de Rome 243).
Selle-Hosbach	Selle-Hosbach, K., Prosopographie merowingischer Amtsträger in der Zeit von 511 bis 613, phil. Diss. Bonn 1973, Bonn 1974.
SRM I–^{2}1	Gregorii episcopi Turonensis historiarum libri X, editionem alteram curavit Bruno Krusch, Fasz. I und II, Hannover 1937–1942, Fasz. III Praefatio et indices, B. Krusch und W. Levison [und W. Holtzmann], Hannover 1951 (MGH SRM I–^{2}1).
SRM I–2	Gregorii episcopi Turonensis miracula et opera minora, edidit Bruno Krusch, Hannover 1885 [Nachdruck 1969] (MGH SRM I–2).
Stroheker	Stroheker, K. F., Der senatorische Adel im spätantiken Gallien, Tübingen 1948.
Thürlemann	Thürlemann, F., Der historische Diskurs bei Gregor von Tours. Topoi und Wirklichkeit, Bern–Frankfurt a. M. 1974 (Geist und Werk der Zeiten 39).
Topographie chrétienne IV (und V)	Topographie chrétienne des Cités de la Gaule des origines au milieu du VIIIe siècle. Éd. par N. Gauthier et J.-Ch. Picard. Bd. IV Province ecclésiastique de Lyon (Lugdunensis prima), par B. Beaujard u. v. a., Paris 1986; Bd. V Province ecclésiastique de Tours (Lugdunensis tertia), par L. Pietri, J. Biarne, Paris 1987.
Vieillard-Troïekouroff	Vieillard-Troïekouroff, M., Les monuments religieux de la Gaule d'après les œuvres de Grégoire de Tours, Paris 1976.

Vinay Vinay, G., San Gregorio di Tours (Saggio), Carmagnola s. a. [1940] (Studi di letteratura medievale 1).

Weidemann (1–2) Weidemann, M., Kulturgeschichte der Merowingerzeit nach den Werken Gregors von Tours, 2 Bde., Mainz 1982 (Römisch-Germanisches Zentralmuseum. Monographien 3).

Werner 1987 Werner, K. F., Gott, Herrscher und Historiograph. Der Geschichtsschreiber als Interpret des Wirkens Gottes in der Welt und Ratgeber der Könige (4. bis 12. Jahrhundert), in: Deus qui mutat tempora. Fschr. für A. Becker, Sigmaringen 1987: 1–31.

B

Ampère, J.-J., Histoire littéraire, Einführung Anm. 6.
André de Fleury, hrsg. von R.-H. Bautier und G. Labory, IV Anm. 9.
Antès, S., Martianus Capella, III Anm. 4.
Antin, P., Emplois de la Bible, II Anm. 107.
Anton, H.-H., (Francia 14), I Notiz 14.
Arnaud-Lindet, M.-P., Orose, III Anm. 30.
Auerbach, E., Literatursprache, III Anm. 10.
Auerbach, E., Mimesis, II Anm. 44.
Bachrach, B. S., The Anatomy, II Anm. 36.
Banniard, M., Viva voce, III Anm. 9.
Bergmann, W., und W. Schlosser, Gregor, IV Anm. 14.
Beumann, H., Historiographie, III Anm. 22.
Beumann, H., Sermo rusticus, III Anm. 2.
Beyerle, F., Legislatives Werk, IV Anm. 95.
Blaise, A., Vocabulaire, IV Anm. 61.
Blümer, W., Rerum eloquentia, III Anm. 109.
Bonnet, M., Latin de Grégoire, II Anm. 107.
Boretius, A., Capit. I, IV Anm. 95.
Borgolte, M., ‚Bischofssitz', I Anm. 14.
Brandt, H., Zeitkritik, IV Anm. 82.
Braun, R., Influence de la Bible, II Anm. 107.
Brennan, B., Career of Venantius, II Anm. 103.
Breukelaar, A., Herrscherlegitimation, III Anm. 83.
Brunhölzl, F., Littérature, III Anm. 82.
Buchner, R., Rezension SRM I–^{2}1, IV Anm. 116.
Carozzi, C., Clovis, III Anm. 83.
Chadwick, O., Gregory, II Anm. 76.
Chaume, M., Les origines, I Notiz 17.
Claude, D., Gregor, IV Anm. 28.
Codoñer, C., Isidoro, IV Anm. 79.

Collins, R., Theodebert I, III Anm. 90.
Concordance de l'Historia Francorum, Einführung Anm. 13.
Congar, Y., vgl. Schmid, J.
Dalton, O. M., The History of the Franks, III Anm. 17.
Debus, K. H., (ADipl 14), II Anm. 98.
Drabek, A. M., Andelot, II Anm. 60.
Duchesne, L., Fastes épiscopaux, I Notiz 17.
Durliat, J., Finances publiques, II Anm. 16.
Ewig, E., Clodwig, III Anm. 83.
Ewig, E., Die Merowinger, II Anm. 36.
Fehr, J., Staat und Kirche, IV Anm. 98.
Fries, H., vgl. Schmid, J.
de Gaiffier, B., Hagiographie, IV Anm. 70.
Gaillard, J., Dimanche, IV Anm. 106.
Ganshof, F. L., Een historicus, Einführung Anm. 9.
Ganz, D., Corbie, IV Anm. 122.
George, J., Panegyric to Chilperic, IV Anm. 93.
George, J. W., Portraits of bishops, I Anm. 1.
Goetz, H.-W., Geschichtstheologie, III Anm. 29.
Goffart, W., Conversions, IV Anm. 28.
Grahn-Hoek, H., Fränkische Oberschicht, II Anm. 44.
des Graviers, J., Liturgie, IV Anm. 14.
Guenée, B., Culture historique, III Anm. 30.
Halphen, L., Grégoire de Tours, Einführung Anm. 8.
Haudebert, P., Sabbat, IV Anm. 106.
Heinzelmann, M., Die Franken, III Anm. 84.
Heinzelmann, M., Grégoire, IV Anm. 7.
Heinzelmann, M., Neue Aspekte, IV Anm. 70.
Heinzelmann, M., Pater populi, II Anm. 2.
Heinzelmann, M., Rezension de Nie, Einführung Anm. 18.
Heinzelmann, M., Studia sanctorum, IV Anm. 75.
Hellmann, S., Geschichtsschreibung, Einführung Anm. 8.
Histoire literaire de la France (1735), Einführung Anm. 5.
Hlawitschka, E., Andelot, II Anm. 60.
Höffner, J., Gemeinschaft, IV Anm. 45.
Holtz, L., Contexte grammatical, III Anm. 15.
James, E., Life of the Fathers, IV Anm. 68.
Janson, T., Prose prefaces, III Anm. 15.
Jenal, G., (Herrschaft und Kirche), IV Anm. 113.
Jungblut, J.-B., Rythme oratoire, III Anm. 14.
Jungmann, A., Missarum sollemnia, III Anm. 58.
Jussen, B., Patenschaft, II Anm. 40.
Kaiser, R., (Herrschaft und Kirche), IV Anm. 113.
Krusch, B., (HVj 27, 1932), IV Anm. 116.
Krusch, B., Rezension Hellmann, Einführung Anm. 6.

Krusch, B., Die Unzuverlässigkeit, Einführung Anm. 8.
Krusch, B., vgl. SRM I–^{2}1 und SRM I–2 (Literaturverzeichnis A).
Küng, H., vgl. Schmid, J.
Kusternig, A., Quellen, IV Anm. 127.
Lammers, W., vgl. Ottonis ep. Frisingensis.
Landes, R., Apocalyptic Expectations, III Anm. 63.
Landes, R., Millenarismus absconditus, III Anm. 63.
Langenberg, H., Begriffskonkordanz, IV Anm. 22.
Lapidge, M., (Scire litteras), II Anm. 35.
Lotter, F., (HZ 229), IV Anm. 70.
Loyen, A., Sidoine Apollinaire, Lettres, I Anm. 5.
Maassen, F., Conc. I, IV Anm. 98.
Maassen, F., Quellen, IV Anm. 7.
Maaz, W., Gregor von Tours, Einführung Anm. 16.
Magnou-Nortier, E., Immunité, IV Anm. 90.
Manitius, M., Bibliothekskataloge, Einführung Anm. 3.
Mathisen, R. W., Family of Gregorius, I Anm. 2.
McCormick, M., Clovis, III Anm. 83.
McKitterick, R., (Francia 19–1), IV Anm. 122.
McKitterick, R., Study of Frankish History, Einführung Anm. 4.
Messmer, H., Hispania-Idee, III Anm. 85.
La Neustrie, hrsg. von H. Atsma, Einführung Anm. 1.
Oldoni, M., Gregorio, III Anm. 24.
Oldoni, M., (Studi Medievali 13), S. 102.
Omont, H., (Notices et documents), IV Anm. 123.
Orose, hrsg. von M.-P. Arnaud-Lindet, III Anm. 30.
Ottonis ep. Frisingensis Chronica, II Anm. 78.
Paulus Orosius, Historiarum, hrsg. von C. Zangemeister, III Anm. 28.
Philippart, G., Temps sacré, IV Anm. 107.
Poulin, J.-C., Magie, III Anm. 107.
Prinz, F., (Herrschaft und Kirche), IV Anm. 113.
Prinz, F., Stadtherrschaft, IV Anm. 91.
Reinelt, H., und L. Scheffczyk, H. Volk, Schöpfung, IV Anm. 23.
Repertorium fontium historiae medii aevi, Einführung Anm. 11.
Reydellet, M., Bible miroir des princes, II Anm. 66.
Riché, P., Éducation, I Anm. 17.
Riedmann, J., (MIÖG 84), IV Anm. 118.
Rordorf, W., und A. Schneider, Tradition, III Anm. 58.
Rouche, M., L'Aquitaine, II Anm. 36.
Ruinart, Dom T., Gregoredition, S. 172.
Salmon, P., Tituli psalmorum, IV Anm. 11.
Scheffczyk, L., vgl. Reinelt, H.
Scheibelreiter, G., Königstöchter, II Anm. 57.
Schlosser, W., vgl. Bergmann, W.
Schmid, J., und Y. Congar, H. Fries, H. Küng, Kirche, IV Anm. 45.

Schneider, A., vgl. Rordorf, W.
Schneider, J., Pauperes, IV Anm. 85.
Settipani, Ch., (Francia 18–1), I Anm. 7.
Sidoine Apollinaire, Lettres, hrsg. von A. Loyen, I Anm. 5.
Sieben, H. J., Konzilsidee, III Anm. 58.
Sonntag, R., Zahlenangaben, Einführung Anm. 16.
Speyer, W., Fluch, III Anm. 2.
Speyer, W., Gründer, IV Anm. 22.
Tabacco, G., Re Gontrano, IV Anm. 110.
Thorpe, L., Gregory, II Anm. 105.
Van der Straeten, J., (Anal-Boll 79), I Notiz 14.
Van der Straeten, J., Manuscrits d'Orléans, I Anm. 15.
Verdon, J., Grégoire, III Anm. 84.
Verdon, J., St-Maixent, IV Anm. 118.
Villwock, J., Antithese, III Anm. 108.
Volk, H., vgl. Reinelt, H.
Vollmann, B. K., Gregor, Einführung Anm. 16.
Voss, J., Das Mittelalter, Einführung Anm. 4.
Wallace-Hadrill, J. M., Bloodfeud, II Anm. 44.
Wallace-Hadrill, J. M., Gregory and Bede, Einführung Anm. 2.
Wallace-Hadrill, J. M., Long-Haired Kings, Einführung Anm. 2.
Wallace-Hadrill, J. M., Modern research, Einführung Anm. 2.
Weidemann, M., Zur Chronologie, Einführung Anm. 16.
Wenskus, R., Chilperich I., IV Anm. 95.
Werner, K. F., Introduction, vgl. La Neustrie.
Werner, K. F., Vom Frankenreich, I Notiz 17.
Wiedenhofer, S., Kirchenverständnis, IV Anm. 22.
Winkelmann, F., Historiographie, III Anm. 34.
Wood, I., Architecture, I Anm. 9.
Wood, I., Clermont, Einführung Anm. 15.
Wood, I., Gregory and Clovis, Einführung Anm. 15.
Woodruff, J. E., Historia epitomata, IV Anm. 128.
Zangemeister, C. (Hrsg.), Orosius, III Anm. 28.
Zelzer, K., Sprache Gregors, IV Anm. 124.

REGISTER DER GREGORSTELLEN

A. = Anmerkung. Substantiellere Stellen sind durch Kursivdruck wiedergegeben. Seitenzahlen des Textteils S. 1–185 implizieren die jeweiligen Anmerkungen des Anmerkungsteils S. 187–249.

Historiarum libri decem

Libri octo miraculorum

PERSONENREGISTER

Moderne Autorennamen des *Anmerkungsteils* werden nur in ausgewählten Fällen aufgenommen. Zu den Seitenzahlen des Textteils (S. 1–185) werden die zugehörigen Anmerkungen nicht zusätzlich aufgeführt. *Abkürzungen:* Bf. (Bischof von), G. (Gemahl/-in), Hl. (Heilige/-r), Kg. (König), Kgn. (Königin), Ks. (Kaiser), M. (Mutter), S. (Sohn); > (vgl.).